2017
中国价格统计年鉴
CHINA PRICE STATISTICAL YEARBOOK

国家统计局城市社会经济调查司 编
Compiled by
Department of Urban Society and Economic Statistics,
National Bureau of Statistics of China

中国统计出版社
China Statistics Press

图书在版编目（CIP）数据

中国价格统计年鉴 . 2017 : 汉英对照 / 国家统计局城市社会经济调查司编 . -- 北京 : 中国统计出版社，2017.8
ISBN 978-7-5037-8241-1

Ⅰ . ①中 … Ⅱ . ①国 … Ⅲ . ①物价管理－统计资料－中国－ 2017 －年鉴－汉、英 Ⅳ . ① F726.7-66

中国版本图书馆 CIP 数据核字 (2017) 第 186398 号

中国价格统计年鉴—2017
China Price Statistical Yearbook 2017

作　　者 / 国家统计局城市社会经济调查司
责任编辑 / 许立舫
封面设计 / 李雪燕
出版发行 / 中国统计出版社
通信地址 / 北京市丰台区西三环南路甲 6 号　邮政编码 /100073
电　　话 / 邮购（010-63376909）　书店（010-68783171）
网　　址 / http://www.zgtjcbs.com
印　　刷 / 河北鑫兆源印刷有限公司
经　　销 / 新华书店
开　　本 / 880×1230 毫米　1/16
字　　数 / 568 千字
印　　张 / 18.75
版　　别 / 2017 年 10 月第 1 版
版　　次 / 2017 年 10 月第 1 次印刷
定　　价 / 208.00 元　Price:208.00 yuan(RMB)

如有印装差错，由本社发行部调换。

《中国价格统计年鉴—2017》

编委会和编辑人员

2017 CHINA PRICE STATISTICAL YEARBOOK

Editorial Board And Staff

编者说明

一、《中国价格统计年鉴—2017》系统收录了2016年度价格统计调查资料，是一部反映中国主要价格变动的专业性综合年鉴。

二、本年鉴价格指数资料，反映生产、流通、消费与投资等环节的价格变动趋势和变动幅度。主要包括居民消费价格指数、商品零售价格指数、农业生产资料价格指数、工业生产者出厂价格指数、工业生产者购进价格指数、固定资产投资价格指数、住宅销售价格指数等。

三、本年鉴所涉及的全国性统计数据，均未包括香港、澳门特别行政区和台湾省数据。

四、年鉴资料中所使用的度量单位均采用国际统一标准计量单位。

五、价格指数编制工作由国家统计局城市社会经济调查司组织实施，国家统计局各级调查队及相关地方统计机构依据国家统计局统一制定的价格统计调查制度采集原始数据汇总上报。

六、年鉴符号使用说明："空格"表示无该项数据或数据不详；#号表示其中数。

PREFACE

I.***2017China Price Statistical Yearbook*** is a professional annual statistics publication, which covers very comprehensive data in 2016 of price indices.

II.Data on price indices in this book show the changing trends and the change rates in the prices of production, trade, consumption and investment, including mainly consumer price indices, retail price indices, price indices for means of agricultural production, producer price indices for industrial products, purchasing price indices for industrial producers, price indices for investment in fixed assets,housing price index.

III.The national data in this yearbook do not include that of Hong Kong SAR (Special Administrative Region), Macao SAR and Taiwan province.

IV.The units of measurement used in this yearbook are in accordance with internationally standard measurement units.

V.Compilation of statistics on price indices is organized by the Department of Urban Social and Economic Survey, NBS. At levels of National Burear of investigation team and relevant statistics in stitutions collect data in accordance with the scheme of price survey system stipulated by the NBS, tabulate them and report them.

VI.Notations used in the yearbook: “blank space” indicates that the data are unknown or are not available; “#” indicates a major breakdown of the total.

目　录

CONTENTS

1. 综　　合
Integration

1-1-1　各种价格总指数 (1951 ～ 2016 年) …… 3
Price Indices (1951~2016)

1-2-1　各种价格定基指数 (1978 ～ 2016 年) …… 5
Fixed-base Price Indices (1978~2016)

2. 生产者价格
Producer Price Index

2-1-1　全国工业生产者出厂价格分类指数 (1985 ～ 2016 年) …… 9
Producer Price Indices for Industrial Products by Category (1985~2016)

2-1-2　全国按部门分工业生产者出厂价格指数 (1985 ～ 2016 年) …… 10
Producer Price Indices for Industrial Products by Sector (1985~2016)

2-1-3　全国按行业分工业生产者出厂价格指数 (2016 年) …… 11
Producer Price Indices for Industrial Products by Sector(2016)

2-1-4　全国主要产品工业生产者出厂价格指数 (1993 ～ 2016 年) …… 12
Producer Price Indices for Main Industrial Products (1993~2016)

2-1-5　各地区工业生产者出厂价格总指数 (1987 ～ 2016 年) …… 13
Producer Price Indices for Industrial Products by Region (1987~2016)

2-1-6　各地区工业生产者出厂价格分类指数 (2016 年) …… 15
Producer Price Indices for Industrial Products by Region (2016)

2-1-7　各地区按部门分工业生产者出厂价格指数 (2016 年) …… 17
Producer Price Indices for Industrial Products by Branch and Region (2016)

2-1-8　各地区按行业分工业生产者出厂价格指数 (2016 年) …… 19
Producer Price Indices for Industrial Products by Sector and Region (2016)

2-1-9　各地区按行业中类分工业生产者出厂价格指数 (2016 年) …… 27
Producer Price Indices for Industrial Products in the Category by Region(2016)

2-2-1 全国工业生产者购进价格分类指数 (1986 ～ 2016 年) …… 58
Purchasing Price Indices for Industrial Producers (1986~2016)
2-2-2 各地区工业生产者购进价格总指数 (1986 ～ 2016 年) …… 59
Purchasing Price Indices for Industrial Producers by Region (1986~2016)
2-2-3 各地区工业生产者购进价格分类指数 (2016 年) …… 61
Purchasing Price Indices for Industrial Producer by Category and Region (2016)
2-3-1 全国固定资产投资价格分类指数 (1991 ～ 2016 年) …… 62
Price Indices for Investment in Fixed Assets(1991~2016)
2-3-2 各地区固定资产投资价格总指数 (1991 ～ 2016 年) …… 63
Price Indices for Investment in Fixed Assets by Region(1991~2016)
2-3-3 各地区固定资产投资价格分类指数 (2015 ～ 2016 年) …… 65
Price Indices for Investment in Fixed Assets by Region and Category (2015~2016)

3. 居民消费价格
Consumer Price Index

3-1-1 全国居民消费价格分类指数 (2016 年) …… 68
Consumer Price Indices by Category(2016)
3-1-2 各地区居民消费价格总指数 (2000 ～ 2016 年) …… 70
Consumer Price Indices by Region(2000~2016)
3-1-3 各地区居民消费价格指数 (2016 年) …… 72
Consumer Price Indices by Category and Region (2016)
3-1-4 各地区城市居民消费价格指数 (2016 年) …… 90
Urban Consumer Price Indices by Category and Region (2016)
3-1-5 各地区农村居民消费价格指数 (2016 年) …… 108
Rural Consumer Price Indices by Category and Region (2016)
3-2-1 全国商品零售价格分类指数 (2016 年) …… 126
Retail Price by Category (2016)
3-2-2 各地区商品零售价格指数 (2016 年) …… 128
Retail Price Indices by Category and Region (2016)
3-2-3 各地区城市商品零售价格指数 (2016 年) …… 136
Urban Retail Price Indices by Category and Region (2016)
3-2-4 各地区农村商品零售价格指数 (2016 年) …… 144
Rural Retail Price Indices by Category and Region (2016)
3-3-1 各地区农业生产资料价格分类指数 (2016 年) …… 152
Price Indices of Means of Agricultural Production by Category(2016)

4. 70 个大中城市住宅价格
70 Large and Medium-Sized Cities Housing Price Index

4-1-1 2016 年 70 个大中城市新建住宅销售价格指数 …… 157
Housing Price Indices of Newly Constructed Residential Buildings in 70 Large and Medium-Sized Cities 2016
4-1-2 2016 年 70 个大中城市新建商品住宅销售价格指数 …… 159
Housing Price Indices of Newly Constructed Commercial Residential Buildings in 70 Large and Medium-Sized Cities 2016
4-1-3 2016 年 70 个大中城市 90m^2 及以下新建商品住宅销售价格指数 …… 161
Housing Price Indices of 90m^{2}and below Newly Constructed CommercialResidential Buildings in 70 Large and Medium-Sized Cities 2016

4-1-4 2016 年 70 个大中城市 $90\sim144m^2$ 新建商品住宅销售价格指数 ································ 163
Housing Price Indices of $90\sim144m^2$ Newly Constructed Commercial Residential Buildings in 70 Large and Medium-Sized Cities 2016
4-1-5 2016 年 70 个大中城市 $144m^2$ 以上新建商品住宅销售价格指数 ································ 165
Housing Price Indices of Above $144m^2$ Newly Constructed Commercial Residential Buildings in 70 Large and Medium-Sized Cities 2016
4-1-6 2016 年 70 个大中城市二手住宅销售价格指数 ································ 167
Housing Price Indices of Second-Hand Residential Buildings in 70 Large and Medium-Sized Cities 2016
4-1-7 2016 年 70 个大中城市 $90m^2$ 及以下二手住宅销售价格指数 ································ 169
Housing Price Indices of $90m^2$and below Second-Hand Residential Buildings in 70 Large and Medium-Sized Cities 2016
4-1-8 2016 年 70 个大中城市 $90\sim144m^2$ 二手住宅销售价格指数 ································ 171
Housing Price Indices of $90\sim144m^2$ Second-Hand Residential Buildings in 70 Large and Medium-Sized Cities 2016
4-1-9 2016 年 70 个大中城市 $144m^2$ 以上二手住宅销售价格指数 ································ 173
Housing Price Indices of Above $144m^2$Second-Hand Residential Buildings in 70 Large and Medium-Sized Cities 2016
4-2-1 2016 年 70 个大中城市新建住宅销售价格指数 ································ 175
Housing Price Indices of Newly Constructed Residential Buildings in 70 Large and Medium-Sized Cities 2016
4-2-2 2016 年 70 个大中城市新建商品住宅销售价格指数 ································ 177
Housing Price Indices of Newly Constructed Commercial Residential Buildings in 70 Large and Medium-Sized Cities 2016
4-2-3 2016 年 70 个大中城市 $90m^2$ 及以下新建商品住宅销售价格指数 ································ 179
Housing Price Indices of $90m^2$and below Newly Constructed Commercial Residential Buildings in 70 Large and Medium-Sized Cities 2016
4-2-4 2016 年 70 个大中城市 $90\sim144m^2$ 新建商品住宅销售价格指数 ································ 181
Housing Price Indices of $90\sim144m^2$ Newly Constructed Commercial Residential Buildings in 70 Large and Medium-Sized Cities 2016
4-2-5 2016 年 70 个大中城市 $144m^2$ 以上新建商品住宅销售价格指数 ································ 183
Housing Price Indices of Above $144m^2$ Newly Constructed Commercial Residential Buildings in 70 Large and Medium-Sized Cities 2016
4-2-6 2016 年 70 个大中城市二手住宅销售价格指数 ································ 185
Housing Price Indices of Second-Hand Residential Buildings in 70 Large and Medium-Sized Cities 2016
4-2-7 2016 年 70 个大中城市 $90m^2$ 及以下二手住宅销售价格指数 ································ 187
Housing Price Indices of $90m^2$ and below Second-Hand Residential Buildingsin 70 Large and Medium-Sized Cities 2016
4-2-8 2016 年 70 个大中城市 $90\sim144m^2$ 二手住宅销售价格指数 ································ 189
Housing Price Indices of $90\sim144m^2$ Second-Hand Residential Buildingsin 70 Large and Medium-Sized Cities 2016
4-2-9 2016 年 70 个大中城市 $144m^2$ 以上二手住宅销售价格指数 ································ 191
Housing Price Indices of Above $144m^2$ Second-Hand Residential Buildingsin 70 Large and Medium-Sized Cities 2016
4-3-1 2016 年 70 个大中城市新建住宅销售价格指数 ································ 193
Housing Price Indices of Newly Constructed Residential Buildings in 70 Large and Medium-Sized Cities 2016

4-3-2 2016 年 70 个大中城市新建商品住宅销售价格指数 …… 195
Housing Price Indices of Newly Constructed Commercial Residential Buildings in 70 Large and Medium-Sized Cities 2016
4-3-3 2016 年 70 个大中城市 $90m^2$ 及以下新建商品住宅销售价格指数 …… 197
Housing Price Indices of $90m^2$ and below Newly Constructed Commercial Residential Buildings in 70 Large and Medium-Sized Cities 2016
4-3-4 2016 年 70 个大中城市 90~$144m^2$ 新建商品住宅销售价格指数 …… 199
Housing Price Indices of 90~$144m^2$ Newly Constructed Commercial Residential Buildings in 70 Large and Medium-Sized Cities 2016
4-3-5 2016 年 70 个大中城市 $144m^2$ 以上新建商品住宅销售价格指数 …… 201
Housing Price Indices Above $144m^2$ Newly Constructed Commercial Residential Buildings in 70 Large and Medium-Sized Cities 2016
4-3-6 2016 年 70 个大中城市二手住宅销售价格指数 …… 203
Housing Price Indices of Second-Hand Residential Buildings in 70 Large and Medium-Sized Cities 2016
4-3-7 2016 年 70 个大中城市 $90m^2$ 及以下二手住宅销售价格指数 …… 205
Housing Price Indices of $90m^2$ and below Second-Hand Residential Buildings in 70 Large and Medium-Sized Cities 2016
4-3-8 2016 年 70 个大中城市 90~$144m^2$ 二手住宅销售价格指数 …… 207
Housing Price Indices of 90~$144m^2$ Second-Hand Residential Buildings in 70 Large and Medium-Sized Cities 2016
4-3-9 2016 年 70 个大中城市 $144m^2$ 以上二手住宅销售价格指数 …… 209
Housing Price Indices of Above $144m^2$ Second-Hand Residential Buildings in 70 Large and Medium-Sized Cities 2016
4-4-1 2016 年北京市住宅销售价格指数 …… 211
Beijing Housing Price Indices for 2016
4-4-2 2016 年天津市住宅销售价格指数 …… 212
Tianjin Housing Price Indices for 2016
4-4-3 2016 年石家庄市住宅销售价格指数 …… 213
Shijiazhuang Housing Price Indices for 2016
4-4-4 2016 年太原市住宅销售价格指数 …… 214
Taiyuan Housing Price Indices for 2016
4-4-5 2016 年呼和浩特市住宅销售价格指数 …… 215
Hohhot Housing Price Indices for 2016
4-4-6 2016 年沈阳市住宅销售价格指数 …… 216
Shenyang Housing Price Indices for 2016
4-4-7 2016 年大连市住宅销售价格指数 …… 217
Dalian Housing Price Indices for 2016
4-4-8 2016 年长春市住宅销售价格指数 …… 218
Changchun Housing Price Indices for 2016
4-4-9 2016 年哈尔滨市住宅销售价格指数 …… 219
Harbin Housing Price Indices for 2016
4-4-10 2016 年上海市住宅销售价格指数 …… 220
Shanghai Housing Price Indices for 2016
4-4-11 2016 年南京市住宅销售价格指数 …… 221
Nanjing Housing Price Indices for 2016
4-4-12 2016 年杭州市住宅销售价格指数 …… 222
Hangzhou Housing Price Indices for 2016

4-4-13 2016 年宁波市住宅销售价格指数 …… 223
Ningbo Housing Price Indices for 2016
4-4-14 2016 年合肥市住宅销售价格指数 …… 224
Hefei Housing Price Indices for 2016
4-4-15 2016 年福州市住宅销售价格指数 …… 225
Fuzhou Housing Price Indices for 2016
4-4-16 2016 年厦门市住宅销售价格指数 …… 226
Xiamen Housing Price Indices for 2016
4-4-17 2016 年南昌市住宅销售价格指数 …… 227
Nanchang Housing Price Indices for 2016
4-4-18 2016 年济南市住宅销售价格指数 …… 228
Jinan Housing Price Indices for 2016
4-4-19 2016 年青岛市住宅销售价格指数 …… 229
Qingdao Housing Price Indices for 2016
4-4-20 2016 年郑州市住宅销售价格指数 …… 230
Zhengzhou Housing Price Indices for 2016
4-4-21 2016 年武汉市住宅销售价格指数 …… 231
Wuhan Housing Price Indices for 2016
4-4-22 2016 年长沙市住宅销售价格指数 …… 232
Changsha Housing Price Indices for 2016
4-4-23 2016 年广州市住宅销售价格指数 …… 233
Guangzhou Housing Price Indices for 2016
4-4-24 2016 年深圳市住宅销售价格指数 …… 234
Shenzhen Housing Price Indices for 2016
4-4-25 2016 年南宁市住宅销售价格指数 …… 235
Nanning Housing Price Indices for 2016
4-4-26 2016 年海口市住宅销售价格指数 …… 236
Haikou Housing Price Indices for 2016
4-4-27 2016 年重庆市住宅销售价格指数 …… 237
Chongqing Housing Price Indices for 2016
4-4-28 2016 年成都市住宅销售价格指数 …… 238
Chengdu Housing Price Indices for 2016
4-4-29 2016 年贵阳市住宅销售价格指数 …… 239
Guiyang Housing Price Indices for 2016
4-4-30 2016 年昆明市住宅销售价格指数 …… 240
Kunming Housing Price Indices for 2016
4-4-31 2016 年西安市住宅销售价格指数 …… 241
Xi'an Housing Price Indices for 2016
4-4-32 2016 年兰州市住宅销售价格指数 …… 242
Lanzhou Housing Price Indices for 2016
4-4-33 2016 年西宁市住宅销售价格指数 …… 243
Xining Housing Price Indices for 2016
4-4-34 2016 年银川市住宅销售价格指数 …… 244
Yinchuan Housing Price Indices for 2016
4-4-35 2016 年乌鲁木齐市住宅销售价格指数 …… 245
Urumqi Housing Price Indices for 2016
4-4-36 2016 年唐山市住宅销售价格指数 …… 246
Tangshan Housing Price Indices for 2016

4-4-37 2016 年秦皇岛市住宅销售价格指数 …… 247
Qinhuangdao Housing Price Indices for 2016
4-4-38 2016 年包头市住宅销售价格指数 …… 248
Baotou Housing Price Indices for 2016
4-4-39 2016 年丹东市住宅销售价格指数 …… 249
Dandong Housing Price Indices for 2016
4-4-40 2016 年锦州市住宅销售价格指数 …… 250
Jinzhou Housing Price Indices for 2016
4-4-41 2016 年吉林市住宅销售价格指数 …… 251
Jilin Housing Price Indices for 2016
4-4-42 2016 年牡丹江市住宅销售价格指数 …… 252
Mudanjiang Housing Price Indices for 2016
4-4-43 2016 年无锡市住宅销售价格指数 …… 253
Wuxi Housing Price Indices for 2016
4-4-44 2016 年扬州市住宅销售价格指数 …… 254
Yangzhou Housing Price Indices for 2016
4-4-45 2016 年徐州市住宅销售价格指数 …… 255
Xuzhou Housing Price Indices for 2016
4-4-46 2016 年温州市住宅销售价格指数 …… 256
Wenzhou Housing Price Indices for 2016
4-4-47 2016 年金华市住宅销售价格指数 …… 257
Jinhua Housing Price Indices for 2016
4-4-48 2016 年蚌埠市住宅销售价格指数 …… 258
Bengbu Housing Price Indices for 2016
4-4-49 2016 年安庆市住宅销售价格指数 …… 259
Anqing Housing Price Indices for 2016
4-4-50 2016 年泉州市住宅销售价格指数 …… 260
Quanzhou Housing Price Indices for 2016
4-4-51 2016 年九江市住宅销售价格指数 …… 261
Jiujiang Housing Price Indices for 2016
4-4-52 2016 年赣州市住宅销售价格指数 …… 262
Ganzhou Housing Price Indices for 2016
4-4-53 2016 年烟台市住宅销售价格指数 …… 263
Yantai Housing Price Indices for 2016
4-4-54 2016 年济宁市住宅销售价格指数 …… 264
Jining Housing Price Indices for 2016
4-4-55 2016 年洛阳市住宅销售价格指数 …… 265
Luoyang Housing Price Indices for 2016
4-4-56 2016 年平顶山市住宅销售价格指数 …… 266
Pingdingshan Housing Price Indices for 2016
4-4-57 2016 年宜昌市住宅销售价格指数 …… 267
Yichang Housing Price Indices for 2016
4-4-58 2016 年襄阳市住宅销售价格指数 …… 268
Xiangyang Housing Price Indices for 2016
4-4-59 2016 年岳阳市住宅销售价格指数 …… 269
Yueyang Housing Price Indices for 2016
4-4-60 2016 年常德市住宅销售价格指数 …… 270
Changde Housing Price Indices for 2016

4-4-61 2016 年惠州市住宅销售价格指数 ………………………………………………………………… 271
Huizhou Housing Price Indices for 2016
4-4-62 2016 年湛江市住宅销售价格指数 ………………………………………………………………… 272
Zhanjiang Housing Price Indices for 2016
4-4-63 2016 年韶关市住宅销售价格指数 ………………………………………………………………… 273
Shaoguan Housing Price Indices for 2016
4-4-64 2016 年桂林市住宅销售价格指数 ………………………………………………………………… 274
Guilin Housing Price Indices for 2016
4-4-65 2016 年北海市住宅销售价格指数 ………………………………………………………………… 275
Beihai Housing Price Indices for 2016
4-4-66 2016 年三亚市住宅销售价格指数 ………………………………………………………………… 276
Sanya Housing Price Indices for 2016
4-4-67 2016 年泸州市住宅销售价格指数 ………………………………………………………………… 277
Luzhou Housing Price Indices for 2016
4-4-68 2016 年南充市住宅销售价格指数 ………………………………………………………………… 278
Nanchong Housing Price Indices for 2016
4-4-69 2016 年遵义市住宅销售价格指数 ………………………………………………………………… 279
Zunyi Housing Price Indices for 2016
4-4-70 2016 年大理市住宅销售价格指数 ………………………………………………………………… 280
Dali Housing Price Indices for 2016

主要统计指标解释……………………………………………………………………………………………… 283

表4-[illegible] 2016年[illegible]住宅价格指数 ……………………………… [illegible]
[illegible] Housing Price Indices for 2016
表4-[illegible] 2016年[illegible]住宅价格指数 ……………………………… [illegible]
[illegible] Housing Price Indices for 2016
表4-[illegible] 2016年[illegible]住宅价格指数 ……………………………… [illegible]
[illegible] Housing Price Indices for 2016
表4-64 2016年[illegible]住宅价格指数 ……………………………… 274
[illegible] Housing Price Indices for 2016
表4-65 2016年[illegible]住宅价格指数 ……………………………… 275
[illegible] Housing Price Indices for 2016
表4-66 2016年[illegible]住宅价格指数 ……………………………… 276
[illegible] Housing Price Indices for 2016
表4-67 2016年[illegible]住宅价格指数 ……………………………… 277
[illegible] Housing Price Indices for 2016
表4-68 2016年[illegible]住宅价格指数 ……………………………… 278
[illegible] Housing Price Indices for 2016
表4-69 2016年[illegible]住宅价格指数 ……………………………… 279
[illegible] Housing Price Indices for 2016
表4-70 2016年[illegible]住宅价格指数 ……………………………… 280?
[illegible] Housing Price Indices for 2016

综　　合
Integration

1

1-1-1　各种价格总指数(1951 ~ 2016年)

Price Indices (1951~2016)

(上年价格=100)　　　　(Preceding year=100)

年　份 Year	居民消费价格指数 Consumer Price Index	城市居民消费价格指　数 Urban Areas	农村居民消费价格指　数 Rural Areas	商品零售价格指数 Retail Price Index	城市商品零售价格指　数 Urban Areas	农村商品零售价格指　数 Rural Areas	农业生产资料价格指　数 Price Index of Agricultural Production	工业生产者出厂价格指　数 Producer Price Index of Industrial Products	工业生产者购进价格指　数 Purchasing Price Index for Industrial Producer	固定资产投资价格指　数 Price Index for Investment in Fixed Assets
1951		112.5		112.2						
1952		102.7		99.6						
1953		105.1		103.4						
1954		101.4		102.3						
1955		100.3		101.0						
1956		99.9		100.0						
1957		102.6		101.5						
1958		98.9		100.2						
1959		100.3		100.9						
1960		102.5		103.1						
1961		116.1		116.2						
1962		103.8		103.8						
1963		94.1		94.1						
1964		96.3		96.3						
1965		98.8		97.3						
1966		98.8		99.7						
1967		99.4		99.3						
1968		100.1		100.1						
1969		101.0		98.9						
1970		100.0		99.8						
1971		99.9		99.3						
1972		100.2		99.8						
1973		100.1		100.6						
1974		100.7		100.5						
1975		100.4		100.2						
1976		100.3		100.3						
1977		102.7		102.0						
1978		100.7		100.7	102.5	100.1	99.9			
1979		101.9		102.0	101.9	102.0	100.4			
1980		107.5		106.0	108.1	104.4	101.0			
1981		102.5		102.4	102.7	102.1	101.7			
1982		102.0		101.9	102.1	101.7	101.9			
1983		102.0		101.5	101.9	101.2	103.0			
1984		102.7		102.8	102.5	103.0	108.9			

1-1-1 续表 Continued

(上年价格=100) (Preceding year=100)

年 份 Year	居民消费价格指数 Consumer Price Index	城市居民消费价格指数 Urban Areas	农村居民消费价格指数 Rural Areas	商品零售价格指数 Retail Price Index	城市商品零售价格指数 Urban Areas	农村商品零售价格指数 Rural Areas	农业生产资料价格指数 Price Index of Agricultural Production	工业生产者出厂价格指数 Producer Price Index of Industrial Products	工业生产者购进价格指数 Purchasing Price Index for Industrial Producer	固定资产投资价格指数 Price Index for Investment in Fixed Assets
1985	109.3	111.9	107.6	108.8	112.2	107.0	104.8	108.7		
1986	106.5	107.0	106.1	106.0	107.0	105.0	101.1	103.8	109.5	
1987	107.3	108.8	106.2	107.3	109.1	106.3	107.0	107.9	111.0	
1988	118.8	120.7	117.5	118.5	121.3	117.1	116.2	115.0	120.2	
1989	118.0	116.3	119.3	117.8	116.0	118.8	118.9	118.6	126.4	
1990	103.1	101.3	104.5	102.1	100.2	103.2	105.5	104.1	105.6	
1991	103.4	105.1	102.3	102.9	104.5	102.0	102.9	106.2	109.1	109.5
1992	106.4	108.6	104.7	105.4	107.7	103.9	103.7	106.8	111.0	115.3
1993	114.7	116.1	113.7	113.2	114.2	112.6	114.1	124.0	135.1	126.6
1994	124.1	125.0	123.4	121.7	120.9	122.9	121.6	119.5	118.2	110.4
1995	117.1	116.8	117.5	114.8	113.5	116.4	127.4	114.9	115.3	105.9
1996	108.3	108.8	107.9	106.1	105.8	106.4	108.4	102.9	103.9	104.0
1997	102.8	103.1	102.5	100.8	100.8	100.7	99.5	99.7	101.3	101.7
1998	99.2	99.4	99.0	97.4	97.4	97.6	94.5	95.9	95.8	99.8
1999	98.6	98.7	98.5	97.0	97.0	97.1	95.8	97.6	96.7	99.6
2000	100.4	100.8	99.9	98.5	98.5	98.5	99.1	102.8	105.1	101.1
2001	100.7	100.7	100.8	99.2	98.9	99.6	99.1	98.7	99.8	100.4
2002	99.2	99.0	99.6	98.7	98.5	99.1	100.5	97.8	97.7	100.2
2003	101.2	100.9	101.6	99.9	99.6	100.5	101.4	102.3	104.8	102.2
2004	103.9	103.3	104.8	102.8	102.1	104.2	110.6	106.1	111.4	105.6
2005	101.8	101.6	102.2	100.8	100.5	101.4	108.3	104.9	108.3	101.6
2006	101.5	101.5	101.5	101.0	100.9	101.4	101.5	103.0	106.0	101.5
2007	104.8	104.5	105.4	103.8	103.3	104.9	107.7	103.1	104.4	103.9
2008	105.9	105.6	106.5	105.9	105.5	106.7	120.3	106.9	110.5	108.9
2009	99.3	99.1	99.7	98.8	98.7	99.0	97.5	94.6	92.1	97.6
2010	103.3	103.2	103.6	103.1	102.8	103.6	102.9	105.5	109.6	103.6
2011	105.4	105.3	105.8	104.9	104.7	105.5	111.3	106.0	109.1	106.6
2012	102.6	102.7	102.5	102.0	101.9	102.2	105.6	98.3	98.2	101.1
2013	102.6	102.6	102.8	101.4	101.3	101.8	101.4	98.1	98.0	100.3
2014	102.0	102.1	101.8	101.0	101.0	101.0	99.1	98.1	97.8	100.5
2015	101.4	101.5	101.3	100.1	100	100.3	100.4	94.8	93.9	98.2
2016	102.0	102.1	101.9	100.7	100.7	100.9	100.1	98.6	98.0	99.4

注：①本表1985年前城市居民消费价格指数为职工生活费用价格总指数。
②从2011年起，原工业品出厂价格指数改称为工业生产者出厂价格指数，原材料、燃料、动力购进价格指数改称为工业生产者购进价格指数。

a. Urban areas consumer price indices remain with price indices of cost of living of workers and employees before 1985.

b.The original Ex-Factory price Indices of Industrial Products since 2011 Changed its name to the Indices of Industrial Producer,purchasing price Indices of Raw Material,Fuel and power changed its name to the Purchasing Price Indices of Industrial Producer.

1-2-1　各种价格定基指数(1978 ~ 2016年)

Fixed-base Price Indices (1978~2016)

年　份 Year	居民消费价格指数 Consumer Price Index (1978=100)	城市居民消费价格指数 Urban Household (1978=100)	农村居民消费价格指数 Rural Household (1985=100)	商品零售价格指数 Retail Price Index (1978=100)	农业生产资料价格指数 Price Index of Agricultural Production (1978=100)	工业生产者出厂价格指数 Producer Price Index of Industrial Products (1985=100)	工业生产者购进价格指数 Purchasing Price Index for Industrial Producers (1990=100)	固定资产投资价格指数 Price Index for Investment in Fixed Assets (1990=100)
1978	100.0	100.0		100.0	100.0			
1979	101.9	101.9		102.0	100.4			
1980	109.5	109.5		108.1	101.4			
1981	112.2	112.2		110.7	103.1			
1982	114.4	114.4		112.8	105.1			
1983	116.7	116.7		114.5	108.3			
1984	119.9	119.9		117.7	117.9			
1985	131.1	134.2	100.0	128.1	123.6	100.0		
1986	139.6	143.6	106.1	135.8	125.0	103.8		
1987	149.8	156.2	112.7	145.7	133.8	112.0		
1988	177.9	188.5	132.4	172.7	155.5	128.8		
1989	209.9	219.2	157.9	203.4	184.9	152.8		
1990	216.4	222.0	165.1	207.7	195.1	159.0	100.0	100.0
1991	223.8	233.3	168.9	213.7	200.8	168.9	109.1	109.5
1992	238.1	253.4	176.8	225.2	208.2	180.4	121.1	126.3
1993	273.1	294.2	201.0	254.9	237.6	223.7	163.6	159.8
1994	339.0	367.8	248.0	310.2	288.9	267.3	193.4	176.5
1995	396.9	429.6	291.4	356.1	368.1	307.1	222.9	186.9
1996	429.9	467.4	314.4	377.8	399.0	316.0	231.6	194.3
1997	441.9	481.9	322.3	380.8	397.0	315.0	234.6	197.6
1998	438.4	479.0	319.1	370.9	375.2	302.1	224.7	197.3
1999	432.2	472.8	314.3	359.8	359.4	294.8	217.3	196.5
2000	434.0	476.6	314.0	354.4	356.2	303.1	228.4	198.6
2001	437.0	479.9	316.5	351.6	353.0	299.2	227.9	199.4
2002	433.5	475.1	315.2	347.0	354.8	292.6	222.7	199.8
2003	438.7	479.4	320.2	346.7	359.8	299.3	233.4	204.2
2004	455.8	495.2	335.6	356.4	397.9	317.6	260.0	215.7
2005	464.0	503.1	343.0	359.3	430.9	333.2	281.6	219.1
2006	471.0	510.6	348.1	362.9	437.4	343.2	298.5	222.4
2007	493.6	533.6	366.9	376.7	471.1	353.8	311.6	231.1
2008	522.7	563.5	390.7	398.9	566.7	378.2	344.3	251.8
2009	519.0	558.4	389.5	394.1	552.5	357.8	317.2	245.8
2010	536.1	576.3	403.5	406.3	568.5	377.5	347.7	254.6
2011	565.0	606.8	426.9	426.2	632.7	400.2	379.3	271.4
2012	579.7	623.2	437.6	434.7	668.1	393.4	372.5	274.4
2013	594.8	639.4	449.9	440.8	677.5	385.9	365.1	275.2
2014	606.7	652.8	458.0	445.2	671.4	378.6	357.1	276.6
2015	615.2	662.6	464.0	445.6	674.1	358.9	335.3	271.6
2016	627.5	676.5	472.8	448.7	674.8	353.9	328.6	270.0

生产者价格
Producer Price Index

2

2-1-1 全国工业生产者出厂价格分类指数(1985～2016年)
Producer Price Indices for Industrial Products by Category (1985~2016)

(上年价格=100) (Preceding year=100)

年 份 Year	总指数 General Index	轻工业 Light Industry	重工业 Heavy Industry	一、生产资料 Means of Production	01采 掘 Mining & Quarrying Industry	02原 料 Raw Materials Industry
1985	108.7	104.2	106.8			
1986	103.8	102.3	104.8	104.8	100.6	107.5
1987	107.9	108.0	107.5	107.8	114.1	106.9
1988	115.0	115.1	112.0	113.7	109.3	113.5
1989	118.6	118.8	118.5	118.9	114.2	116.4
1990	104.1	103.8	104.3	104.4	107.9	105.9
1991	106.2	102.3	108.2	108.0	112.8	111.8
1992	106.8	103.2	110.6	109.3	112.6	110.2
1993	124.0	109.7	136.9	133.7	146.5	140.4
1994	119.5	122.5	116.9	116.7	133.1	117.9
1995	114.9	119.1	111.3	113.6	119.7	113.6
1996	102.9	101.9	103.9	103.5	108.9	101.7
1997	99.7	98.6	100.4	99.7	105.5	100.0
1998	95.9	96.1	95.8	95.4	98.4	93.4
1999	97.6	96.1	98.7	98.3	104.5	98.2
2000	102.8	98.8	105.4	105.1	124.9	108.4
2001	98.7	98.4	98.9	98.8	100.1	99.7
2002	97.8	97.6	97.9	97.7	101.9	98.0
2003	102.3	99.3	105.4	103.6	113.3	106.7
2004	106.1	102.2	109.8	107.8	118.8	110.2
2005	104.9	100.7	109.1	106.8	125.8	109.8
2006	103.0	100.6	105.2	103.9	114.1	106.6
2007	103.1	102.2	104.0	103.2	103.8	105.6
2008	106.9	103.7	109.6	107.7	123.2	108.9
2009	94.6	97.9	91.8	93.3	84.2	91.9
2010	105.5	102.7	108.0	106.6	122.2	110.1
2011	106.0	105.8	106.1	106.6	115.4	109.2
2012	98.3	99.8	97.7	97.5	97.6	98.0
2013	98.1	100.0	97.4	97.4	94.3	96.9
2014	98.1	99.7	97.5	97.5	93.5	97.0
2015	94.8	98.9	93.2	93.3	80.3	90.5
2016	98.6	99.6	98.2	98.2	95.4	96.7

年 份 Year	03加工 Processing Industry	二、生活资料 Consumer Goods	01食 品 Food	02衣 着 Clothing	03一般日用品 Articles for Daily Use	04耐用消费品 Durable Consumer Goods
1985						
1986	103.6	102.2	102.5	102.0	103.5	100.1
1987	107.2	108.1	109.3	107.9	111.9	100.5
1988	114.7	117.2	116.2	120.5	120.4	106.0
1989	121.8	118.2	114.1	121.4	121.5	131.8
1990	102.5	103.6	101.3	107.3	103.0	99.3
1991	103.8	103.2	103.6	105.4	103.3	96.5
1992	107.4	103.2	106.4	100.8	102.8	101.7
1993	122.7	109.6	113.9	106.2	108.9	108.8
1994	111.1	123.8	123.4	136.4	112.3	108.4
1995	112.0	116.9	123.2	115.6	115.1	105.2
1996	104.1	102.1	104.7	100.5	102.9	97.7
1997	98.1	99.6	100.8	101.1	98.3	94.9
1998	96.8	96.9	98.9	96.2	96.7	94.0
1999	97.1	96.4	97.4	96.1	96.0	95.6
2000	98.6	97.8	96.0	100.6	98.0	96.4
2001	98.1	98.5	100.5	99.0	98.3	95.3
2002	96.9	97.9	99.7	98.8	97.9	94.7
2003	100.2	98.9	100.9	99.8	99.5	95.6
2004	104.8	101.2	105.2	100.9	101.9	96.2
2005	102.2	99.8	100.9	100.8	101.9	96.8
2006	101.1	100.2	100.5	101.3	100.8	98.0
2007	102.0	102.8	107.0	101.2	101.5	99.0
2008	105.2	104.1	108.3	102.2	103.6	99.5
2009	95.1	98.8	98.6	100.1	99.2	97.7
2010	103.1	102.0	103.8	102.0	101.9	99.4
2011	104.6	104.2	107.4	104.2	104.0	99.4
2012	97.3	100.8	101.4	102.1	100.9	99.1
2013	98.0	100.2	100.7	101.2	99.8	99.1
2014	98.2	100.0	100.2	100.7	100.1	99.2
2015	95.7	99.7	100.0	100.7	99.3	99.2
2016	99.0	100.0	100.6	100.9	100.0	98.5

2-1-2 全国按部门分工业生产者出厂价格指数(1985～2016年)
Producer Price Indices for Industrial Products by Sector (1985~2016)

(上年价格=100) (Preceding year=100)

年 份 Year	01 冶金工业 Metallurgical Industry	02 电力工业 Power Industry	03 煤炭及炼焦工业 Coal and Coking Industry	04 石油工业 Petroleum Industry	05 化学工业 Chemical Industry	06 机械工业 Machinery Industry	07 建筑材料工业 Building Materials Industry	08 森林工业 Forest Industry
1985	114.3	103.4	117.6	107.2	102.9	111.8	115.4	114.9
1986	107.4	102.4	96.8	104.6	102.9	102.8	113.7	107.1
1987	107.0	103.1	102.8	104.0	112.2	104.9	105.6	144.9
1988	115.4	101.7	110.6	106.8	120.4	111.8	113.4	119.6
1989	121.0	105.9	112.2	108.4	119.4	121.2	123.6	115.7
1990	110.3	107.4	106.2	107.1	101.6	102.8	99.6	94.6
1991	114.2	116.9	113.1	118.8	102.4	102.8	106.1	100.4
1992	114.2	108.8	116.1	115.3	102.7	106.6	111.1	105.9
1993	157.7	135.9	139.7	171.3	108.3	119.7	142.8	131.8
1994	106.8	139.5	122.2	148.7	115.4	109.5	107.6	106.9
1995	105.5	109.5	111.3	121.2	126.2	106.3	106.4	99.5
1996	97.7	113.1	113.7	104.6	103.4	101.6	104.3	98.2
1997	97.3	114.0	108.0	107.4	95.5	98.1	99.6	99.3
1998	93.1	105.5	96.6	93.0	92.9	97.0	96.6	95.4
1999	95.8	100.9	94.8	109.6	96.5	97.0	97.7	100.1
2000	103.3	102.4	98.1	144.3	101.0	97.4	99.6	99.2
2001	98.6	102.3	106.5	99.1	97.1	96.8	99.0	99.6
2002	97.6	100.8	111.6	95.2	97.6	96.2	97.8	98.6
2003	106.8	100.9	107.0	115.6	102.3	97.0	99.6	99.3
2004	116.9	102.4	115.9	114.2	107.7	99.4	103.5	102.1
2005	106.8	104.2	118.2	122.4	106.8	99.3	100.7	101.9
2006	103.3	102.8	105.8	120.3	100.7	100.4	101.9	102.0
2007	108.4	102.2	105.4	103.4	103.2	100.3	101.7	103.0
2008	111.9	101.8	131.4	118.5	107.4	101.0	107.4	103.8
2009	85.8	102.3	98.5	83.1	92.1	97.4	100.8	99.3
2010	109.4	102.0	110.9	124.7	106.8	100.3	102.4	101.5
2011	109.8	101.6	109.6	118.4	108.2	100.9	107.1	103.7
2012	92.3	103.6	96.2	102.4	96.9	98.8	98.8	102.2
2013	95.1	100.2	88.9	97.6	97.7	98.6	99.2	100.8
2014	94.7	100.2	88.8	97.0	98.3	99.1	100.1	101.0
2015	87.6	98.7	85.4	74.9	95.0	98.7	96.4	100.1
2016	100.3	97.0	99.6	89.7	97.7	98.7	98.7	100.0

年 份 Year	09 食品工业 Food Industry	10 纺织工业 Textile Industry	11 缝纫工业 Tailoring Industry	12 皮革工业 Leather Industry	13 造纸工业 Paper Industry	14 文教艺术用品工业 Cultural, Educational & Handicrafts Articles	15 其他工业 Other Industry
1985	105.5	104.3	105.1	112.1	113.7	103.2	
1986	102.5	102.6	100.0	101.7	105.7	99.6	109.1
1987	109.4	108.3	109.6	102.9	112.1	119.9	110.0
1988	116.3	122.3	116.2	114.4	120.7	112.1	122.3
1989	114.3	122.4	118.9	118.3	123.0	111.0	118.8
1990	101.0	107.2	109.1	106.3	102.3	107.3	104.7
1991	103.3	104.1	109.0	109.0	102.9	105.8	102.1
1992	106.2	99.3	100.8	112.8	102.7	102.3	109.6
1993	113.5	103.8	117.9	111.8	108.9	110.6	119.1
1994	123.4	136.8	116.1	121.9	106.6	109.1	119.1
1995	123.4	117.3	116.5	121.7	144.5	111.4	124.8
1996	104.2	96.0	108.2	111.3	116.1	101.5	108.5
1997	99.6	98.0	103.9	98.3	94.5	100.0	108.8
1998	98.6	94.1	97.7	98.3	94.1	94.4	102.8
1999	96.7	96.0	98.0	96.8	95.9	93.6	99.9
2000	95.8	104.7	99.4	100.2	99.9	99.2	102.1
2001	100.5	98.7	99.2	100.8	99.7	97.9	104.5
2002	99.6	94.7	98.7	99.3	97.9	97.4	101.7
2003	101.1	102.2	99.9	99.8	98.7	98.6	101.9
2004	106.5	104.7	101.1	101.0	101.3	99.8	103.9
2005	100.9	100.3	100.5	102.5	101.4	100.3	103.4
2006	100.4	102.2	101.2	101.1	100.7	99.7	102.4
2007	107.5	100.7	100.8	102.6	101.0	99.7	103.0
2008	109.6	101.3	102.1	102.7	105.8	101.4	106.1
2009	98.4	97.8	100.1	98.8	94.4	99.7	98.9
2010	103.8	109.6	102.2	101.1	103.5	100.3	102.9
2011	107.7	112.2	104.3	104.1	103.0	101.3	105.1
2012	102.2	95.7	102.0	102.3	98.5	101.0	100.6
2013	101.2	99.6	101.2	102.0	97.7	99.5	99.8
2014	100.0	99.2	100.4	101.7	99.2	99.5	100.4
2015	99.3	97.2	100.5	101.2	98.8	99.3	99.5
2016	100.0	98.4	100.6	101.4	99.8	100.6	101.0

2-1-3 全国按行业分工业生产者出厂价格指数(2016年)
Producer Price Indices for Industrial Products by Sector(2016)

(上年价格=100) (Preceding year=100)

		2016
煤炭开采和洗选业	Mining and Washing of Coal	98.3
石油和天然气开采业	Extraction of Petroleum and Natural Gas	83.6
黑色金属矿采选业	Mining and Processing of Ferrous Metal Ores	96.5
有色金属矿采选业	Mining and Processing of Non-Ferrous Metal Ores	102.3
非金属矿采选业	Mining and Processing of Non-Metal Ores	99.0
开采辅助活动	Support Activities for Mining	99.7
其他采矿业	Mining of Other Ores	
农副食品加工业	Processing of Food from Agricultural Products	100.2
食品制造业	Manufacture of Foods	99.8
酒、饮料和精制茶制造业	Manufacture of Liquor,Beverages and Refined Tea	99.1
烟草制品业	Manufacture of Tobacco	100.1
纺织业	Manufacture of Textile	98.7
纺织服装、服饰业	Manufacture of Textile,Wearing Apparel and Accessories	100.5
皮革、毛皮、羽毛及其制品和制鞋业	Manufacture of Leather,Fur,Feather and Related Products and Footware	100.9
木材加工和木、竹、藤、棕、草制品业	Processing of Timber,Manufacture of Wood,Bamboo,Rattan,Palm and Straw Products	99.7
家具制造业	Manufacture of Furniture	101.1
造纸和纸制品业	Manufacture of Paper and Paper Products	99.8
印刷和记录媒介复制业	Printing and Reproduction of Recording Media	99.4
文教、工美、体育和娱乐用品制造业	Manufacture of Articles for Culture,Education,Arts and Crafts,Sport and Entertainment Activities	102.8
石油加工、炼焦和核燃料加工业	Processing of Petroleum,Coking and Processing of Nuclear Fuel	93.3
化学原料和化学制品制造业	Manufacture of Raw Chemical Materials and Chemical Products	97.2
医药制造业	Manufacture of Medicines	100.4
化学纤维制造业	Manufacture of Chemical Fibres	95.0
橡胶和塑料制品业	Manufacture of Rubber and Plastics Products	97.7
非金属矿物制品业	Manufacture of Non-Metallic Mineral Products	98.5
黑色金属冶炼和压延加工业	Smelting and Pressing of Ferrous Metals	102.5
有色金属冶炼和压延加工业	Smelting and Pressing of Non-Ferrous Metals	98.0
金属制品业	Manufacture of Metal Products	98.6
通用设备制造业	Manufacture of General purpose Machinery	99.0
专用设备制造业	Manufacture of Special purpose Machinery	98.8
汽车制造业	Manufacture of Automobiles	98.9
铁路、船舶、航空航天和其他运输设备制造业	Manufacture of Railway,Ship,Aerospace and Other Transport Equipments	99.7
电气机械和器材制造业	Manufacture of Electrical Machinery and Apparatus	98.4
计算机、通信和其他电子设备制造业	Manufacture of Computers,Communication and Other Electronic Equipment	98.6
仪器仪表制造业	Manufacture of Measuring Instruments and Machinery	99.8
其他制造业	Other Manufacture	100.8
废弃资源综合利用业	Utilization of Waste Resources	97.5
金属制品、机械和设备修理业	Repair Service of Metal Products,Machinery and Equipment	102.4
电力、热力生产和供应业	Production and Supply of Electric Power and Heat Power	96.9
燃气生产和供应业	Production and Supply of Gas	90.4
水的生产和供应业	Production and Supply of Water	101.9

注：由于2012年开始执行新的行业划分标准，故表中2011年的大类行业指数是推算而得的。
a)Since 2012,the new standard of industry classification has been implemented,and the data of 2011 in the table were estimated.

2-1-4 全国主要产品工业生产者出厂价格指数(1993～2016年)
Producer Price Indices for Main Industrial Products (1993~2016)

(上年价格=100) (Preceding year=100)

年份 Year	原煤(无烟煤) Raw Coal	原油 Crude Oil	木材(普通锯材) Wood	水泥〔普通硅酸盐水泥(回转窑)〕 Cement	钢材(普通大型钢材) Rolled Steel	生铁 Pig Iron	汽油 Gasoline	重油 Heavy Oil
1993	136.8	184.9	136.9	151.3	252.2	210.3	165.4	157.2
1994	123.1	168.6	99.2	106.9	114.8	108.4	125.9	128.1
1995	113.7	129.9	106.6	100.2	83.9	93.6	113.1	112.8
1996	112.9	110.3	97.2	104.3	91.8	97.1	100.1	106.2
1997	108.6	104.9	99.2	94.4	95.2	96.3	104.8	112.3
1998	100.8	96.5	118.2	99.5	96.5	99.6	99.5	97.7
1999	91.3	120.3	98.5	99.2	94.2	93.3	103.0	108.9
2000	97.3	174.8	99.3	98.2	92.4	98.8	130.5	136.3
2001	102.7	89.9	99.3	99.8	97.4	99.5	89.6	92.9
2002	119.2	94.1	100.1	99.5	95.1	101.2	96.3	96.2
2003	103.9	119.8	101.0	100.1	113.0	122.9	117.1	120.7
2004	118.5	120.3	101.6	104.6	119.3	131.7	111.0	102.5
2005	129.9	131.1	104.5	99.9	101.5	103.7	121.2	120.0
2006	104.6	122.3	103.2	103.6	94.8	94.5	120.8	128.7
2007	103.6	101.9	105.2	102.7	106.2	112.9	101.4	99.6
2008	128.6	122.6	111.5	110.4	124.1	131.4	118.8	113.6
2009	102.4	65.1	101.7	98.7	80.0	79.4	102.6	87.7
2010	110.6	138.7	104.0	102.4	107.4	111.9	112.4	124.7
2011	113.7	129.3	104.2	112.7	111.6	112.8	116.4	114.0
2012	97.4	99.2	103.4	92.2	87.1	90.9	103.6	101.5
2013	89.7	94.6	101.6	95.3	93.2	93.1	97.6	96.8
2014	88.6	95.3	100.6	99.7	91.0	92.5	97.4	93.2
2015	83.4	56.4	99.9	88.4	78.7	83.3	80.0	78.3
2016	94.3	82.9	99.5	98.2	111.9	99.0	94.0	88.7

2-1-5 各地区工业生产者出厂价格总指数(1987 ~ 2016年)

Producer Price Indices for Industrial Products by Region (1987~2016)

(上年价格=100) (Preceding year=100)

地 区	Region	1987	1988	1989	1990	1991	1992	1993	1994	1995	1996	1997	1998	1999
全 国	**National**	**107.9**	**115.0**	**118.6**	**104.1**	**106.2**	**106.8**	**124.0**	**119.5**	**114.9**	**102.9**	**99.7**	**95.9**	**97.6**
北 京	Beijing				107.9	105.8	107.8	128.3	111.8	116.7	103.2	100.6	95.1	97.8
天 津	Tianjin						105.2	126.3	120.4	110.2	102.8	98.3	94.7	96.4
河 北	Hebei						108.6	129.1	119.1	111.4	101.1	98.8	94.4	95.9
山 西	Shanxi				106.4	106.8	114.2	132.5	120.1	113.5	106.4	102.2	97.5	95.3
内蒙古	Inner Mongolia	107.9	110.7	121.5	105.2	108.7	109.8	133.2	112.1	109.1	101.7	101.5	98.0	100.4
辽 宁	Liaoning		122.4	121.2	103.8	119.2	111.8	138.4	119.9	109.9	102.1	100.1	95.8	102.0
吉 林	Jilin		112.9	121.5	104.5	106.4	111.4	127.9	115.7	115.0	103.8	101.4	96.9	100.1
黑龙江	Heilongjiang						111.6	141.3	127.7	116.0	104.6	102.3	97.7	107.4
上 海	Shanghai						111.4	128.1	118.1	111.5	98.6	98.9	93.9	97.6
江 苏	Jiangsu					103.2	103.6	118.5	121.4	114.1	100.7	97.9	94.5	96.1
浙 江	Zhejiang				100.4	101.8	104.8	117.3	117.5	112.3	99.5	99.2	96.0	96.8
安 徽	Anhui						108.7	125.3	120.9	117.1	101.6	99.4	96.4	92.9
福 建	Fujian						102.7	117.1	116.9	115.7	101.8	100.3	95.7	96.6
江 西	Jiangxi							115.3	124.7	114.8	104.1	101.7	98.4	96.1
山 东	Shandong			123.8	104.7	103.0	109.5	123.0	124.2	117.0	104.2	101.1	96.0	97.2
河 南	Henan			119.7	105.5	104.3	106.2	118.1	124.1	115.0	104.1	100.6	95.3	95.4
湖 北	Hubei			116.7	109.0	108.1	111.0	126.3	126.2	113.1	102.7	98.6	96.2	97.8
湖 南	Hunan			118.1	100.6	104.7	111.1	128.9	117.6	121.4	105.7	99.2	95.9	98.5
广 东	Guangdong							124.1	126.0	112.3	101.8	100.1	94.8	97.7
广 西	Guangxi	106.4			101.5	103.3	112.5	121.1	118.8	117.2	102.6	97.7	95.4	95.6
海 南	Hainan													
重 庆	Chongqing				103.4	105.1	117.2	118.4	113.4	112.4	104.1	98.0	94.6	97.7
四 川	Sichuan			117.9	103.5	105.9	106.1	127.4	114.7	112.2	102.2	101.2	97.3	97.0
贵 州	Guizhou						101.6	118.1	113.3	113.1	104.9	101.2	98.2	99.7
云 南	Yunnan					106.3	105.3	125.0	116.7	110.2	101.4	100.7	97.2	98.2
西 藏	Tibet													
陕 西	Shaanxi						107.9	119.8	119.9	112.6	104.2	103.7	96.6	97.9
甘 肃	Gansu			122.0	110.7	104.2	112.1	125.3	121.2	114.9	104.4	104.9	95.2	98.1
青 海	Qinghai			112.7	109.5	108.7	102.6	124.4	124.9	114.6	106.7	104.3	100.7	102.8
宁 夏	Ningxia											100.3	97.7	98.4
新 疆	Xinjiang						107.5	126.2	118.4	117.2	104.9	104.9	95.8	100.2

2-1-5 续表 Continued

(上年价格=100) (Preceding year=100)

地 区	Region	2000	2001	2002	2003	2004	2005	2006	2007	2008	2009	2010	2011	2012	2013	2014	2015	2016
全 国	**National**	**102.8**	**98.7**	**97.8**	**102.3**	**106.1**	**104.9**	**103.0**	**103**	**106.9**	**94.6**	**105.5**	**106.0**	**98.3**	**98.1**	**98.1**	**94.8**	**98.6**
北 京	Beijing	102.5	99.4	96.6	101.5	103.0	101.3	99.1	99.7	103.3	94.4	102.2	102.3	98.4	97.4	99.1	96.9	98.1
天 津	Tianjin	102.8	95.9	95.9	102.5	104.1	100.1	100.6	101.5	104.1	92.5	105.1	103.8	97.0	97.0	96.3	90.3	97.9
河 北	Hebei	105.3	99.9	99.4	107.1	111.6	104.4	100.8	106.9	116.7	89.1	109.0	107.7	94.7	96.6	95.2	89.1	99.9
山 西	Shanxi	100.9	100.3	103.6	112.2	116.1	110.2	101.0	107.4	122.4	92.0	109.5	107.5	94.5	90.7	91.4	87.7	96.8
内蒙古	Inner Mongolia	102.8	100.1	99.3	103.2	105.1	105.1	103.0	105.7	112.5	96.2	106.7	107.8	100.2	97.0	97.3	94.0	98.9
辽 宁	Liaoning	108.8	98.6	97.8	103.6	107.1	105.1	104.1	104.4	110.9	94.0	107.4	106.5	99.9	99.0	98.2	93.9	98.8
吉 林	Jilin	105.1	100.3	98.6	102.5	105.0	104.3	101.7	102.7	104.9	96.1	105.2	105.4	99.1	98.7	99.1	95.3	98.4
黑龙江	Heilongjiang	122.9	95.9	97.8	111.9	113.1	116.7	109.9	105.3	114.0	87.4	115.0	112.0	100.0	98.0	97.1	86.0	95.1
上 海	Shanghai	102.5	96.7	96.4	101.4	103.6	101.7	100.6	101.2	102.2	93.8	102.3	102.9	98.4	98.2	98.9	96.1	98.8
江 苏	Jiangsu	101.1	99.1	97.6	102.3	106.5	102.6	101.5	102.6	104.6	95.2	107.3	106.2	97.1	98.0	98.3	95.3	98.1
浙 江	Zhejiang	101.1	98.3	96.9	100.6	105.0	102.3	103.8	102.4	104.3	94.9	106.2	105.0	97.3	98.2	98.8	96.4	98.3
安 徽	Anhui	98.9	98.6	99.8	103.5	108.2	103.3	103.1	103.6	108.4	92.8	109.0	108.3	98.3	98.2	97.4	93.9	98.5
福 建	Fujian	100.5	98.1	97.2	100.7	102.6	100.2	99.2	100.8	102.7	95.5	103.2	103.9	98.7	98.4	98.6	97.0	99.1
江 西	Jiangxi	101.0	98.1	98.5	104.0	109.7	108.8	109.7	106.2	106.4	93.0	115.3	111.3	96.5	98.5	97.8	93.7	98.6
山 东	Shandong	105.9	99.1	98.8	103.5	106.4	103.7	102.3	103.3	108.6	94.1	107.2	106.0	98.4	98.4	98.4	95.2	98.5
河 南	Henan	104.0	100.5	98.6	105.0	110.2	106.1	104.3	105.2	112.1	94.9	107.8	107.2	99.4	98.5	98.1	95.4	99.0
湖 北	Hubei	101.7	99.0	98.2	103.5	105.7	104.5	102.9	103.9	106.1	95.6	104.9	106.6	100.3	99.2	98.4	96.7	99.0
湖 南	Hunan	102.9	99.8	99.2	102.6	108.0	106.0	104.3	106.1	109.3	94.3	106.9	108.5	99.1	98.5	98.4	96.3	98.9
广 东	Guangdong	103.4	98.5	96.5	99.3	101.7	101.5	101.4	101.3	103.1	95.8	103.2	103.7	99.5	98.8	98.9	96.8	99.4
广 西	Guangxi	105.5	106.3	95.6	102.8	109.7	104.9	109.6	104.5	109.0	93.5	112.0	108.5	97.8	98.2	98.4	97.0	99.1
海 南	Hainan			98.7	99.5	100.0	99.5	100.8	102.7	104.5	90.6	107.7	108.8	100.8	99.5	97.6	89.8	96.0
重 庆	Chongqing	98.6	98.1	97.6	100.6	103.3	103.0	102.2	103.5	105.8	95.5	103.1	103.8	99.9	98.0	98.3	97.2	98.6
四 川	Sichuan	98.1	100.4	97.7	100.5	105.4	104.0	101.9	103.9	109.3	96.5	105.0	107.3	98.6	98.7	98.7	96.4	98.9
贵 州	Guizhou	100.4	102.2	98.9	103.4	108.0	107.2	104.3	105.0	112.4	95.1	104.7	105.4	101.0	97.4	98.3	96.1	97.9
云 南	Yunnan	101.2	99.9	98.2	101.4	108.8	104.5	104.6	105.7	105.8	91.5	108.8	104.7	97.9	97.5	97.8	94.9	97.6
西 藏	Tibet							106.0	101.1	105.6	98.2	105.8	104.3	99.7	99.8	99.0	93.2	102.9
陕 西	Shaanxi	101.5	100.4	100.7	105.7	107.3	110.4	109.6	102.9	108.4	96.1	108.7	107.2	100.7	97.3	97.1	90.8	97.6
甘 肃	Gansu	107.2	98.5	97.9	110.0	114.3	109.6	109.8	105.5	104.9	91.0	115.0	111.0	96.8	96.9	96.7	87.0	94.9
青 海	Qinghai	108.1	93.7	97.6	105.5	111.2	110.2	109.5	104.2	107.6	91.3	109.3	107.4	96.9	97.0	96.1	93.1	98.5
宁 夏	Ningxia	103.6	100.3	99.7	103.9	110.0	106.2	106.2	103.7	112.9	93.9	109.1	109.5	97.4	96.0	96.3	93.7	99.1
新 疆	Xinjiang	129.4	96.3	97.3	115.1	116.4	116.6	114.4	106.3	116.4	85.5	125.3	114.8	96.9	96.5	96.2	82.4	94.5

2-1-6 各地区工业生产者出厂价格分类指数(2016年)
Producer Price Indices for Industrial Products by Region (2016)

(上年价格=100) (Preceding year=100)

地区	Region	总指数 General Index	轻工业 Light Industry	1.以农产品为原料 Processing of Agricultural Products	2.以非农产品为原料 Processing of Nonagricultural Products	重工业 Heavy Industry	1.采掘 Mining & Quarrying Industry	2.原料 Raw Materials Industry	3.加工 Processing Industry
全国	**National**	**98.6**	**99.6**	**99.9**	**99.2**	**98.2**	**95.4**	**96.8**	**99.1**
北京	Beijing	98.1	101.8	102.3	101.1	97.6	97.1	97.4	97.7
天津	Tianjin	97.9	101.2	102.2	99.5	97.1	85.9	98.2	98.5
河北	Hebei	99.9	98.4	98.4	98.7	100.3	93.0	97.4	102.6
山西	Shanxi	96.8	99.8	100.2	97.5	96.7	97.8	95.6	97.6
内蒙古	Inner Mongolia	98.9	100.1	100.0	101.1	98.6	97.3	98.8	99.7
辽宁	Liaoning	98.8	100.2	100.1	100.6	98.4	102.4	96.5	98.8
吉林	Jilin	98.4	99.0	99.0	99.2	98.2	92.2	96.5	99.4
黑龙江	Heilongjiang	95.1	99.2	99.3	98.2	93.2	84.9	95.7	97.6
上海	Shanghai	98.8	99.8	100.4	99.2	98.6	92.8	96.8	99.0
江苏	Jiangsu	98.1	98.9	100.2	97.4	97.8	93.1	96.5	98.3
浙江	Zhejiang	98.3	99.1	99.6	98.4	97.8	97.0	96.3	98.4
安徽	Anhui	98.5	99.1	99.4	98.6	98.2	98.8	96.3	98.8
福建	Fujian	99.1	100.3	100.7	99.2	98.1	97.0	96.8	98.7
江西	Jiangxi	98.6	99.4	99.3	99.4	98.3	94.3	96.3	99.6
山东	Shandong	98.5	99.0	99.1	98.5	98.3	100.9	95.9	99.2
河南	Henan	99.0	99.1	99.2	98.8	99.0	96.5	99.4	99.1
湖北	Hubei	99.0	99.9	99.6	101.0	98.5	97.7	99.0	98.4
湖南	Hunan	98.9	99.9	100.0	99.6	98.5	98.8	97.2	98.9
广东	Guangdong	99.4	100.7	100.6	100.7	98.7	95.9	96.0	99.5
广西	Guangxi	99.1	101.8	102.2	100.0	98.2	100.8	96.7	98.7
海南	Hainan	96.0	97.9	98.2	95.8	95.5	95.5	93.7	99.1
重庆	Chongqing	98.6	99.5	99.9	99.1	98.3	98.0	96.6	98.6
四川	Sichuan	98.9	99.2	99.6	97.9	98.8	95.0	99.1	99.2
贵州	Guizhou	97.9	100.8	100.9	100.2	97.1	98.4	96.9	97.2
云南	Yunnan	97.6	100.1	100.2	98.9	96.6	95.4	96.1	97.6
西藏	Tibet	102.9	98.7	97.6	106.7	104.6	107.2	112.1	99.5
陕西	Shaanxi	97.6	98.7	98.6	99.1	97.4	95.6	97.2	98.7
甘肃	Gansu	94.9	99.4	99.3	101.7	94.4	85.1	91.6	101.8
青海	Qinghai	98.5	100.9	100.5	102.3	98.2	85.4	101.8	98.5
宁夏	Ningxia	99.1	98.1	97.9	99.7	99.3	96.7	98.2	103.1
新疆	Xinjiang	94.5	101.8	101.2	105.3	93.4	84.9	94.3	100.7

2-1-6 续表 Continued

(上年价格=100) (Preceding year=100)

地 区	Region	生产资料 Means of Production	1.采掘 Mining & Quarrying Industry	2.原料 Raw Materials Industry	3.加工 Processing Industry	生活资料 Consumer Goods	1.食品 Food	2.衣着 Clothing	3.一般日用品 Articles for Daily Use	4.耐用消费品 Durable Consumer Goods
全 国	**National**	**98.2**	**95.4**	**96.7**	**99.0**	**100.0**	**100.6**	**100.9**	**100.0**	**98.5**
北 京	Beijing	98.0	97.1	97.4	98.6	98.3	103.5	99.1	100.6	96.1
天 津	Tianjin	97.9	85.9	97.9	100.0	98.0	102.9	100.2	99.2	92.7
河 北	Hebei	100.2	93.0	97.3	102.3	98.8	99.0	98.8	97.5	99.7
山 西	Shanxi	96.7	97.8	95.6	97.5	99.0	101.0	97.5	94.2	97.5
内蒙古	Inner Mongolia	98.6	97.3	98.8	99.5	100.3	98.6	111.0	100.9	99.8
辽 宁	Liaoning	98.5	102.4	96.2	98.9	100.0	100.3	99.0	101.1	99.1
吉 林	Jilin	97.4	92.2	95.9	99.0	99.8	98.6	100.4	101.0	101.0
黑龙江	Heilongjiang	93.4	84.9	95.3	98.2	99.1	99.1	98.5	98.5	101.1
上 海	Shanghai	98.5	92.8	97.3	98.8	99.7	100.3	101.2	100.9	98.6
江 苏	Jiangsu	97.8	93.1	96.3	98.2	99.3	100.4	101.3	99.3	97.1
浙 江	Zhejiang	97.6	97.0	95.9	98.3	100.2	100.7	100.6	100.2	99.3
安 徽	Anhui	98.1	98.8	96.3	98.6	99.4	100.0	99.9	99.2	98.6
福 建	Fujian	97.9	97.0	95.8	98.7	101.2	101.0	101.8	101.1	100.3
江 西	Jiangxi	98.1	94.3	96.1	99.2	100.2	101.6	98.9	99.7	99.5
山 东	Shandong	98.0	100.9	95.9	98.8	100.0	100.9	100.1	99.9	96.4
河 南	Henan	99.2	96.5	100.0	99.2	98.6	99.6	99.1	97.5	96.9
湖 北	Hubei	98.4	97.7	98.9	98.3	100.2	100.2	100.7	101.4	99.1
湖 南	Hunan	98.4	98.8	96.9	98.9	100.2	100.9	100.6	99.9	97.2
广 东	Guangdong	98.6	95.9	95.9	99.4	100.8	101.4	101.3	101.5	100.0
广 西	Guangxi	98.1	100.8	96.5	98.6	102.4	104.3	100.4	100.9	98.2
海 南	Hainan	94.8	95.5	93.8	97.0	100.9	101.5		100.1	100.4
重 庆	Chongqing	98.0	98.0	96.3	98.3	99.9	100.6	99.4	99.0	99.8
四 川	Sichuan	98.7	95.0	99.1	99.0	99.5	100.2	104.7	98.5	96.6
贵 州	Guizhou	97.1	98.4	96.9	97.2	100.5	100.7	99.6	98.0	100.1
云 南	Yunnan	96.6	95.4	96.1	97.5	100.2	100.4	98.8	97.9	100.8
西 藏	Tibet	105.7	107.2	112.1	101.1	97.5	96.7	112.8	108.6	120.4
陕 西	Shaanxi	97.3	95.6	97.1	98.3	99.4	99.6	100.8	98.5	99.7
甘 肃	Gansu	94.3	85.1	91.6	101.6	100.0	100.0	100.1	97.5	101.1
青 海	Qinghai	98.2	85.4	101.8	98.6	100.5	100.7	100.8	100.0	100.5
宁 夏	Ningxia	99.2	96.7	98.2	101.8	98.1	97.9	90.5	99.6	99.7
新 疆	Xinjiang	94.0	84.9	94.8	100.7	100.5	101.1	101.6	97.1	100.1

2-1-7 各地区按部门分工业生产者出厂价格指数（2016年）
Producer Price Indices for Industrial Products by Branch and Region (2016)

（上年价格=100） (Preceding year=100)

地 区	Region	01 冶金工业 Metallurgical Industry	02 电力工业 Power Industry	03 煤炭及炼焦工业 Coal and Coking Industry	04 石油工业 Petroleum Industry	05 化学工业 Chemical Industry	06 机械工业 Machinery Industry	07 建筑材料工业 Building Materials Industry	08 森林工业 Forest Industry
全 国	**National**	**100.3**	**97.0**	**99.6**	**89.7**	**97.7**	**98.7**	**98.7**	**100.0**
北 京	Beijing	95.7	99.6	96.0	92.2	99.9	97.6	98.6	99.9
天 津	Tianjin	100.5	100.5	85.3	89.4	100.1	97.4	98.6	100.4
河 北	Hebei	104.3	93.7	104.3	90.0	96.7	98.2	98.9	100.3
山 西	Shanxi	96.1	95.5	97.4	92.3	95.9	97.1	97.1	96.9
内蒙古	Inner Mongolia	98.9	95.6	99.5	93.2	104.0	97.1	100.1	97.2
辽 宁	Liaoning	101.7	98.5	99.8	92.5	98.0	98.6	98.2	100.4
吉 林	Jilin	101.1	99.1	99.1	87.8	96.9	100.0	96.6	100.2
黑龙江	Heilongjiang	99.1	99.5	98.7	86.4	95.0	99.5	93.0	100.1
上 海	Shanghai	97.1	96.8	92.7	92.5	99.3	99.2	95.8	99.7
江 苏	Jiangsu	98.3	96.3	100.1	91.6	97.0	98.0	98.2	100.3
浙 江	Zhejiang	99.0	97.8		90.6	96.4	98.6	98.3	99.8
安 徽	Anhui	97.8	94.3	106.6	91.4	97.0	98.6	98.8	100.0
福 建	Fujian	99.4	98.1	99.0	90.4	96.7	99.0	98.7	100.6
江 西	Jiangxi	97.5	96.5	104.3	94.7	98.5	98.7	100.3	100.5
山 东	Shandong	102.7	96.2	100.3	88.4	97.5	98.7	99.2	99.0
河 南	Henan	103.7	93.6	100.9	91.9	96.9	97.8	99.0	99.4
湖 北	Hubei	99.7	97.3	94.8	94.0	97.6	99.0	100.1	100.9
湖 南	Hunan	99.3	98.2	93.0	92.9	99.0	98.6	99.4	98.5
广 东	Guangdong	98.9	98.8		90.7	98.7	99.7	98.0	101.4
广 西	Guangxi	99.0	98.0	94.6	93.7	98.4	99.0	94.5	101.6
海 南	Hainan	97.3	102.2		88.2	97.5	98.5	102.0	99.2
重 庆	Chongqing	98.3	96.4	95.5	93.7	98.3	98.7	99.0	100.0
四 川	Sichuan	99.9	99.9	98.1	91.9	99.1	98.5	98.9	99.6
贵 州	Guizhou	98.3	93.4	99.7	91.2	96.6	99.9	98.4	99.6
云 南	Yunnan	97.8	98.3	87.4	91.8	96.7	99.9	98.4	97.9
西 藏	Tibet	107.3	112.5			95.5	100.0	101.5	100.5
陕 西	Shaanxi	100.2	95.3	107.1	84.4	100.9	98.6	99.1	98.8
甘 肃	Gansu	97.4	92.1	89.4	88.8	98.4	99.6	96.7	96.1
青 海	Qinghai	104.1	100.1	100.2	77.1	96.6	99.8	92.3	100.3
宁 夏	Ningxia	106.7	98.5	95.6	95.4	98.1	98.8	99.3	100.2
新 疆	Xinjiang	100.4	97.3	96.0	85.4	98.6	100.2	102.1	90.6

2-1-7 续表 Continued

(上年价格=100) (Preceding year=100)

地 区 Region	09 食品工业 Food Industry	10 纺织工业 Textile Industry	11 缝纫工业 Tailoring Industry	12 皮革工业 Leather Industry	13 造纸工业 Paper Industry	14 文教艺术用品工业 Cultural, Educational & Handicrafts Articles	15 其他工业 Other Industry
全 国 National	**100.0**	**98.4**	**100.6**	**101.4**	**99.8**	**100.6**	**101.0**
北 京 Beijing	103.3	97.3	98.9	100.6	98.5	98.8	106.4
天 津 Tianjin	102.9	97.4	100.1	101.3	101.1	99.8	100.1
河 北 Hebei	98.5	98.2	100.5	96.4	100.5	98.7	99.4
山 西 Shanxi	100.7	97.0	97.5	86.7	97.5	97.6	96.4
内蒙古 Inner Mongolia	98.5	97.8	111.4	99.5	100.8	100.5	99.6
辽 宁 Liaoning	100.0	99.4	99.1	98.5	99.7	99.9	98.4
吉 林 Jilin	98.9	97.8	100.2	101.2	99.5	100.1	95.8
黑龙江 Heilongjiang	99.6	97.4	101.2	92.7	97.8	100.1	99.6
上 海 Shanghai	100.3	101.7	102.0	98.3	99.7	101.3	106.4
江 苏 Jiangsu	100.3	99.5	101.2	100.4	99.5	101.6	99.7
浙 江 Zhejiang	100.4	98.2	100.6	100.2	99.9	99.8	102.3
安 徽 Anhui	99.5	99.1	99.7	100.6	100.9	98.4	99.4
福 建 Fujian	100.8	98.1	100.3	103.6	99.6	101.0	101.2
江 西 Jiangxi	99.7	98.5	98.7	100.1	99.9	99.7	100.0
山 东 Shandong	99.9	97.2	99.5	101.4	99.6	100.7	100.6
河 南 Henan	99.2	98.3	97.6	105.2	99.3	97.8	99.3
湖 北 Hubei	99.7	98.7	100.7	100.8	99.3	100.0	101.9
湖 南 Hunan	100.0	100.1	100.5	101.1	99.7	99.2	98.9
广 东 Guangdong	100.1	99.4	101.4	101.0	99.9	102.2	103.9
广 西 Guangxi	102.9	101.7	100.3	100.7	100.3	98.8	97.6
海 南 Hainan	99.7	101.1			95.1	96.4	109.5
重 庆 Chongqing	100.5	98.0	97.8	100.6	99.4	99.5	100.7
四 川 Sichuan	99.7	97.8	101.8	106.8	100.2	96.9	99.0
贵 州 Guizhou	100.9	100.0	99.5	99.3	99.4	98.5	99.8
云 南 Yunnan	100.2	100.2	99.1		98.4	98.7	98.6
西 藏 Tibet	97.1	92.5	119.8	107.2	100.7	100.0	108.3
陕 西 Shaanxi	99.0	94.4	100.3	99.4	99.3	96.8	99.4
甘 肃 Gansu	99.3	97.1	100.0	98.1	101.3	100.0	91.8
青 海 Qinghai	100.7	99.5	100.8		100.3	100.2	99.9
宁 夏 Ningxia	97.7	98.1	100.0	89.7	99.8	100.2	99.0
新 疆 Xinjiang	100.5	102.8	101.6	96.4	99.9	97.0	97.6

2-1-8 各地区按行业分工业生产者出厂价格指数（2016年）
Producer Price Indices for Industrial Products by Sector and Region (2016)

（上年价格=100） (Preceding year=100)

地 区	Region	1煤炭开采和洗选业 Mining and Washing of Coal	2石油和天然气开采业 Extraction of Petroleum and Natural Gas	3黑色金属矿采选业 Mining and Processing of Ferrous Metal Ores	4有色金属矿采选业 Mining and Processing of Non-Ferrous Metal Ores	5非金属矿采选业 Mining and Processing of Non-Metal Ores
全 国	**National**	**98.3**	**83.6**	**96.5**	**102.3**	**99.0**
北 京	Beijing	96.0		96.9		99.7
天 津	Tianjin	83.4	86.7	90.7		76.6
河 北	Hebei	99.7	79.8	94.5	91.3	93.2
山 西	Shanxi	96.8	90.7	89.9	108.3	97.5
内蒙古	Inner Mongolia	99.1	88.2	93.1	96.2	98.3
辽 宁	Liaoning	98.9	82.8	109.4	98.3	98.5
吉 林	Jilin	98.9	86.7	95.9	105.6	99.3
黑龙江	Heilongjiang	97.5	80.8	103.6	103.4	93.4
上 海	Shanghai		92.8			
江 苏	Jiangsu	90.1	84.9	80.9	91.1	100.7
浙 江	Zhejiang			98.3	95.7	97.1
安 徽	Anhui	106.4		93.5	94.4	96.3
福 建	Fujian	97.6		96.9	99.8	95.7
江 西	Jiangxi	93.8		94.3	92.8	97.1
山 东	Shandong	100.3	93.3	99.1	112.3	96.0
河 南	Henan	94.4	82.5	87.5	101.7	101.1
湖 北	Hubei	94.8	89.7	95.5	103.1	100.1
湖 南	Hunan	92.9		80.7	103.6	104.0
广 东	Guangdong		94.2	95.6	101.0	99.1
广 西	Guangxi	94.6	84.9	97.2	103.2	103.5
海 南	Hainan		86.0	98.5	102.0	99.7
重 庆	Chongqing	95.5	98.0	91.4	101.8	99.4
四 川	Sichuan	98.1	77.6	94.5	100.8	100.1
贵 州	Guizhou	98.4		102.3	96.0	98.2
云 南	Yunnan	83.4		93.1	96.3	94.7
西 藏	Tibet			108.3	107.2	94.5
陕 西	Shaanxi	108.6	77.7	95.9	108.2	98.9
甘 肃	Gansu	87.9	80.7	84.5	97.9	102.8
青 海	Qinghai	109.8	70.9	96.1	99.3	98.1
宁 夏	Ningxia	96.5		100.2		100.1
新 疆	Xinjiang	96.2	78.9	94.7	100.1	98.2

2-1-8 续表 1 Continued 1

(上年价格=100) (Preceding year=100)

地 区	Region	6开采辅助活动 Support Activities for Mining	7其他采矿业 Mining of Other Ores	8农副食品加工业 Processing of Food from Agricultural Products	9食品制造业 Manufacture of Foods	10酒、饮料和精制茶制造业 Manufacture of Liquor,Beverages and Refined Tea	11烟草制品业 Manufacture of Tobacco
全 国	**National**	**99.7**		**100.2**	**99.8**	**99.1**	**100.1**
北 京	Beijing	100.2		107.7	99.4	99.4	100.2
天 津	Tianjin	95.5		106.1	101.4	100.6	100.0
河 北	Hebei			98.2	98.6	98.0	99.9
山 西	Shanxi			103.2	97.5	97.7	98.6
内蒙古	Inner Mongolia			97.5	99.2	101.6	100.0
辽 宁	Liaoning	100.1		100.5	99.9	99.0	100.1
吉 林	Jilin			98.8	100.7	97.6	99.9
黑龙江	Heilongjiang	101.6		99.9	99.1	97.0	100.0
上 海	Shanghai			100.9	100.0	99.6	100.1
江 苏	Jiangsu			100.6	99.5	99.0	100.0
浙 江	Zhejiang			100.7	98.7	100.0	100.2
安 徽	Anhui			99.1	101.2	98.7	100.0
福 建	Fujian			101.7	99.7	100.1	100.3
江 西	Jiangxi			99.4	99.5	99.6	100.1
山 东	Shandong	100.7		100.1	99.2	98.3	100.0
河 南	Henan			99.2	99.4	98.2	99.6
湖 北	Hubei			99.5	99.9	100.1	100.1
湖 南	Hunan			99.7	100.8	100.3	99.8
广 东	Guangdong			99.9	101.0	99.6	100.3
广 西	Guangxi			103.8	100.3	99.8	100.0
海 南	Hainan			98.7	101.7	100.9	100.4
重 庆	Chongqing			101.0	100.5	99.1	99.8
四 川	Sichuan			101.2	99.7	97.7	100.3
贵 州	Guizhou			99.1	101.9	102.2	100.0
云 南	Yunnan			101.8	97.2	99.8	100.0
西 藏	Tibet			104.2	95.0	96.4	
陕 西	Shaanxi	100.3		99.1	99.8	97.7	99.6
甘 肃	Gansu			99.5	95.2	100.1	100.0
青 海	Qinghai			100.9	100.4	100.5	
宁 夏	Ningxia			100.3	94.7	100.3	100.3
新 疆	Xinjiang	98.8		100.8	97.7	100.9	101.2

2-1-8 续表 2 Continued 2

(上年价格=100) (Preceding year=100)

地 区 Region	12纺织业 Manufacture of Textile	13纺织服装、服饰业 Manufacture of Textile, Wearing Apparel and Accessories	14皮革、毛皮、羽毛及其制品和制鞋业 Manufacture of Leather, Fur,Feather and Related Products and Footware	15木材加工及木、竹、藤、棕、草制品业 Processing of Timber, Manufacture of Wood, Bamboo,Rattan,Palm and Straw Products	16家具制造业 Manufacture of Furniture
全 国 National	**98.7**	**100.5**	**100.9**	**99.7**	**101.1**
北 京 Beijing	97.3	98.9	100.6	100.0	100.3
天 津 Tianjin	98.0	100.2	100.8	98.8	100.4
河 北 Hebei	98.3	99.9	96.4	99.5	102.4
山 西 Shanxi	97.0	97.5	86.7	96.1	98.7
内蒙古 Inner Mongolia	106.9	100.3	99.5	96.9	100.3
辽 宁 Liaoning	99.3	99.1	99.0	99.6	101.8
吉 林 Jilin	97.8	100.2	102.3	100.2	99.2
黑龙江 Heilongjiang	97.4	101.2	92.9	100.2	100.1
上 海 Shanghai	101.6	102.3	98.2	99.2	101.3
江 苏 Jiangsu	99.5	101.6	99.9	100.3	100.4
浙 江 Zhejiang	98.5	101.5	100.0	98.9	101.5
安 徽 Anhui	99.2	99.7	97.9	99.8	101.4
福 建 Fujian	98.7	99.8	102.6	100.4	100.8
江 西 Jiangxi	98.5	98.6	100.0	100.8	99.7
山 东 Shandong	97.3	99.6	100.8	98.5	100.5
河 南 Henan	98.3	97.5	103.1	99.5	99.2
湖 北 Hubei	98.7	100.8	100.4	100.5	99.9
湖 南 Hunan	100.0	99.9	101.0	97.6	101.1
广 东 Guangdong	100.3	101.0	101.5	99.9	102.2
广 西 Guangxi	101.7	100.3	97.4	101.5	102.3
海 南 Hainan	101.1			98.9	101.0
重 庆 Chongqing	98.2	97.8	100.1	99.3	103.1
四 川 Sichuan	97.8	101.8	105.5	100.4	99.3
贵 州 Guizhou	100.0	99.5	99.6	99.6	100.0
云 南 Yunnan	100.2	99.1	97.2	97.9	100.0
西 藏 Tibet	92.5	119.8	107.2	100.0	120.4
陕 西 Shaanxi	94.4	100.3	103.0	98.8	98.9
甘 肃 Gansu	97.1	100.1	98.1	90.1	99.9
青 海 Qinghai	99.5	100.8	99.7		100.3
宁 夏 Ningxia	98.1	100.2	89.7	100.2	100.2
新 疆 Xinjiang	102.8	101.6	96.4	88.1	102.0

2-1-8 续表 3 Continued 3

(上年价格=100) (Preceding year=100)

地 区	Region	17造纸及纸制品业 Manufacture of Paper and Paper Products	18印刷业和记录媒介的复制 Printing, Reproduction of Recording Media	19文教、工美、体育和娱乐用品制造业 Manufacture of Articles for Culture,Education, Arts and Crafts,Sport and Entertainment Activities	20石油加工、炼焦及核燃料加工业 Processing of Petroleum, Coking, Processing of Nuclear Fuel	21化学原料及化学制品制造业 Manufacture of Raw Chemical Materials and Chemical Products
全 国	**National**	**99.8**	**99.4**	**102.8**	**93.3**	**97.2**
北 京	Beijing	98.5	98.9	114.9	91.9	98.1
天 津	Tianjin	101.1	100.1	101.0	93.1	101.5
河 北	Hebei	100.5	98.3	98.8	99.8	96.0
山 西	Shanxi	97.5	98.0	97.1	99.9	96.2
内蒙古	Inner Mongolia	100.8	100.5		98.9	105.5
辽 宁	Liaoning	99.7	99.5	102.6	93.1	97.3
吉 林	Jilin	99.5	99.9	102.5	88.8	96.1
黑龙江	Heilongjiang	97.8	100.0	100.1	94.4	93.6
上 海	Shanghai	99.7	99.3	109.7	91.3	100.2
江 苏	Jiangsu	99.4	99.4	101.9	94.0	96.5
浙 江	Zhejiang	99.9	98.7	103.0	91.2	96.1
安 徽	Anhui	100.9	97.2	102.0	93.1	95.9
福 建	Fujian	99.6	98.3	102.3	91.8	96.9
江 西	Jiangxi	99.9	99.5	100.3	102.3	98.0
山 东	Shandong	99.6	102.4	100.9	88.4	96.9
河 南	Henan	99.3	96.9	102.0	110.0	95.6
湖 北	Hubei	99.3	99.6	109.8	94.3	96.5
湖 南	Hunan	99.7	98.0	100.1	93.5	98.7
广 东	Guangdong	99.9	100.7	104.1	90.8	97.4
广 西	Guangxi	100.3	98.5	100.1	94.0	97.1
海 南	Hainan	95.1	96.7	96.0	88.0	95.7
重 庆	Chongqing	99.4	99.3	107.4	96.1	97.9
四 川	Sichuan	100.2	96.5	98.9	100.8	98.5
贵 州	Guizhou	99.4	99.5	98.7	105.3	94.9
云 南	Yunnan	98.4	98.7	99.3	92.0	95.0
西 藏	Tibet	100.7	100.0	114.0		100.9
陕 西	Shaanxi	99.3	96.8	99.9	94.1	102.7
甘 肃	Gansu	101.3	100.0	95.3	92.1	97.3
青 海	Qinghai	100.3	100.2	103.8	88.0	95.8
宁 夏	Ningxia	99.8	100.2		95.3	97.8
新 疆	Xinjiang	99.9	97.0	99.9	89.3	96.7

2-1-8 续表 4 Continued 4

(上年价格=100) (Preceding year=100)

地 区	Region	22医药制造业 Manufacture of Medicines	23化学纤维制造业 Manufacture of Chemical Fibers	24橡胶和塑料制品业 Manufacture of Rubber and Plastics Products	25非金属矿物制品业 Manufacture of Non-metallic Mineral Products
全 国	**National**	**100.4**	**95.0**	**97.7**	**98.5**
北 京	Beijing	101.2	100.2	98.8	98.6
天 津	Tianjin	98.0	85.9	99.1	98.4
河 北	Hebei	98.5	98.5	97.5	99.1
山 西	Shanxi	95.4		95.1	96.7
内蒙古	Inner Mongolia	99.6		99.1	100.4
辽 宁	Liaoning	101.5	96.0	96.5	97.6
吉 林	Jilin	97.5	88.8	99.1	96.1
黑龙江	Heilongjiang	96.3	85.1	98.2	93.8
上 海	Shanghai	99.5	89.9	97.1	96.2
江 苏	Jiangsu	99.8	94.9	98.1	98.1
浙 江	Zhejiang	99.0	95.1	97.3	98.3
安 徽	Anhui	100.0	97.8	97.4	98.9
福 建	Fujian	102.7	90.2	98.3	98.8
江 西	Jiangxi	100.9	96.7	97.9	100.5
山 东	Shandong	101.8	99.5	96.3	99.2
河 南	Henan	98.5	98.3	97.9	98.7
湖 北	Hubei	101.7	100.3	97.0	99.8
湖 南	Hunan	100.9	98.5	98.7	98.3
广 东	Guangdong	102.8	95.7	98.9	98.0
广 西	Guangxi	103.4		96.7	93.8
海 南	Hainan	101.3		98.1	102.1
重 庆	Chongqing	100.0	87.6	97.5	98.8
四 川	Sichuan	102.2	95.8	97.4	98.7
贵 州	Guizhou	98.7		97.2	98.4
云 南	Yunnan	100.4	100.2	101.5	98.3
西 藏	Tibet	94.8			101.5
陕 西	Shaanxi	99.5	99.6	98.4	99.2
甘 肃	Gansu	101.2		99.3	95.0
青 海	Qinghai	100.1		98.2	92.4
宁 夏	Ningxia	101.8		95.4	99.1
新 疆	Xinjiang	100.4	116.7	98.4	101.0

2-1-8 续表 5 Continued 5

(上年价格=100) (Preceding year=100)

地 区	Region	26黑色金属冶炼及压延加工业 Smelting and Pressing of Ferrous Metals	27有色金属冶炼及压延加工业 Smelting and Pressing of Non-Ferrous Metals	28金属制品业 Manufacture of Metal Products	29通用设备制造业 Manufacture of General Purpose Machinery	30专用设备制造业 Manufacture of Special Purpose Machinery
全 国	**National**	**102.5**	**98.0**	**98.6**	**99.0**	**98.8**
北 京	Beijing	101.9	87.0	94.6	99.7	99.8
天 津	Tianjin	101.9	97.9	99.2	99.7	96.9
河 北	Hebei	106.9	95.6	98.4	98.8	97.6
山 西	Shanxi	98.4	89.3	97.1	97.4	97.5
内蒙古	Inner Mongolia	103.2	95.4	99.7	97.9	98.0
辽 宁	Liaoning	100.7	100.5	98.4	97.9	98.0
吉 林	Jilin	103.9	93.5	99.0	97.7	98.9
黑龙江	Heilongjiang	100.0	96.2	98.1	99.7	98.6
上 海	Shanghai	96.8	93.7	99.8	100.7	101.7
江 苏	Jiangsu	99.3	94.7	98.1	98.7	99.0
浙 江	Zhejiang	101.2	96.5	98.6	98.2	98.9
安 徽	Anhui	102.9	93.2	96.0	98.8	97.9
福 建	Fujian	101.4	95.8	99.0	100.3	100.1
江 西	Jiangxi	108.7	95.2	98.5	96.7	99.3
山 东	Shandong	104.0	101.5	98.8	99.1	97.8
河 南	Henan	107.5	101.8	98.3	98.2	98.9
湖 北	Hubei	100.4	101.5	97.0	98.6	100.7
湖 南	Hunan	101.4	98.4	97.7	99.2	99.8
广 东	Guangdong	100.7	97.9	99.9	100.0	99.1
广 西	Guangxi	100.1	95.6	103.0	95.2	99.4
海 南	Hainan	97.1	97.3	94.9	100.4	100.7
重 庆	Chongqing	98.3	98.2	98.2	98.8	96.0
四 川	Sichuan	101.7	98.9	96.9	99.9	98.8
贵 州	Guizhou	93.5	104.1	101.2	98.2	99.9
云 南	Yunnan	97.7	98.6	97.5	97.6	100.1
西 藏	Tibet			100.0		
陕 西	Shaanxi	100.1	99.3	99.6	99.1	99.3
甘 肃	Gansu	107.2	91.5	100.4	97.1	103.3
青 海	Qinghai	96.1	107.1	98.8	100.0	100.6
宁 夏	Ningxia	110.1	104.9	97.6	99.1	97.6
新 疆	Xinjiang	99.4	102.1	102.1	100.6	97.3

2-1-8 续表 6 Continued 6

(上年价格=100) (Preceding year=100)

地 区	Region	31汽车制造业 Manufacture of Automobiles	32铁路、船舶、航空航天和其他运输设备制造业 Manufacture of Railway, Ship,Aerospace and Other Transport Equipments	33电气机械及器材制造业 Manufacture of Electrical Machinery and Apparatus	34计算机、通信和其他电子设备制造业 Manufacture of Computers Communication and Other Electronic Equipment	35仪器仪表制造业 Manufacture of Measuring Instruments and Machinery
全 国	**National**	**98.9**	**99.7**	**98.4**	**98.6**	**99.8**
北 京	Beijing	97.4	98.2	98.6	96.3	99.9
天 津	Tianjin	98.7	102.7	98.4	92.6	101.4
河 北	Hebei	98.6	99.1	97.7	97.7	99.6
山 西	Shanxi	95.1	97.1	97.7	97.1	99.6
内蒙古	Inner Mongolia	95.7	100.3	97.8	98.9	
辽 宁	Liaoning	97.9	100.6	98.8	103.3	97.7
吉 林	Jilin	100.4	99.9	98.4	99.6	100.6
黑龙江	Heilongjiang	100.0	100.4	99.0	100.1	100.7
上 海	Shanghai	98.5	98.9	96.7	99.4	100.8
江 苏	Jiangsu	97.5	99.7	97.5	97.7	99.6
浙 江	Zhejiang	98.6	100.0	97.8	99.4	98.7
安 徽	Anhui	99.8	101.5	98.0	98.4	98.2
福 建	Fujian	98.5	99.8	99.9	98.1	101.8
江 西	Jiangxi	99.6	100.4	98.6	99.0	99.2
山 东	Shandong	99.0	99.6	98.1	98.7	102.4
河 南	Henan	99.6	97.6	97.4	96.2	99.4
湖 北	Hubei	99.1	99.2	98.5	99.0	97.5
湖 南	Hunan	97.0	99.9	98.1	97.7	95.5
广 东	Guangdong	99.7	100.2	99.7	99.8	100.3
广 西	Guangxi	99.1	104.7	98.3	100.3	101.6
海 南	Hainan	99.8	97.4	96.4	100.5	
重 庆	Chongqing	99.1	98.3	98.7	98.5	101.5
四 川	Sichuan	98.1	98.4	100.2	97.4	107.6
贵 州	Guizhou	98.8	99.8	102.1	99.8	99.8
云 南	Yunnan	102.2	100.0	96.3	100.4	100.0
西 藏	Tibet					
陕 西	Shaanxi	98.9	100.1	98.0	95.3	98.7
甘 肃	Gansu	95.3	99.4	99.4	96.4	100.0
青 海	Qinghai	99.0	100.3	100.2	99.6	100.3
宁 夏	Ningxia			99.5		95.5
新 疆	Xinjiang	100.2		100.3	103.2	99.8

2-1-8 续表 7 Continued 7

(上年价格=100) (Preceding year=100)

地 区	Region	36其他制造业 Other Manufacture	37废弃资源综合利用业 Utilization of Waste Resources	38金属制品、机械和设备修理业 Repair Service of Metal Products, Machinery and Equipment	39电力、热力的生产和供应业 Production and Supply of Electric Power and Heat Power	40燃气生产和供应业 Production and Supply of Gas	41水的生产和供应业 Production and Supply of Water
全 国	**National**	**100.8**	**97.5**	**102.4**	**96.9**	**90.4**	**101.9**
北 京	Beijing	94.8	88.8	100.2	99.6	87.8	102.8
天 津	Tianjin	96.9	96.0	100.9	100.7	86.3	100.0
河 北	Hebei	101.6	97.0	102.6	93.6	93.2	99.6
山 西	Shanxi	99.6		98.7	95.5	93.2	99.3
内蒙古	Inner Mongolia			100.0	95.6	95.5	109.1
辽 宁	Liaoning	99.8	99.9	99.3	98.5	97.1	104.7
吉 林	Jilin	96.7	98.4	104.7	99.1	97.9	101.5
黑龙江	Heilongjiang	103.7	95.3	100.0	99.5	92.0	104.5
上 海	Shanghai	93.6	92.9	104.2	96.9	98.0	99.7
江 苏	Jiangsu	102.9	101.5	99.7	95.2	91.4	103.5
浙 江	Zhejiang	100.4	99.2	101.6	97.9	88.2	101.1
安 徽	Anhui	101.8	98.2		94.3	90.8	100.5
福 建	Fujian	101.8	98.1	103.1	98.1	85.5	101.1
江 西	Jiangxi	99.1	90.3	91.8	96.4	92.0	101.7
山 东	Shandong	100.8	104.4	102.6	96.1	91.9	100.8
河 南	Henan	101.2		99.6	93.6	91.6	101.0
湖 北	Hubei		109.6		97.2	94.7	105.5
湖 南	Hunan	101.8	106.6		98.2	90.3	102.4
广 东	Guangdong	103.0	93.1	112.6	98.7	87.2	102.0
广 西	Guangxi	94.2	92.1		98.0	90.9	101.0
海 南	Hainan		87.6	101.3	102.4	100.7	111.2
重 庆	Chongqing	96.8	96.8	83.9	96.4	90.8	100.3
四 川	Sichuan	101.7	103.0	100.0	99.3	86.5	100.0
贵 州	Guizhou	100.0	95.1	99.9	93.4	94.2	103.2
云 南	Yunnan	94.6			98.3	100.1	101.8
西 藏	Tibet				112.5		104.5
陕 西	Shaanxi	96.7	117.3	100.0	95.2	90.2	101.0
甘 肃	Gansu		96.9	96.4	92.1	83.1	99.9
青 海	Qinghai	99.8			100.1	90.8	100.3
宁 夏	Ningxia				98.5	85.8	100.4
新 疆	Xinjiang		93.3	101.2	97.3	86.4	107.2

2-1-9 各地区按行业中类分工业生产者出厂价格指数(2016年)

Producer Price Indices for Industrial Products in the Category by Region(2016)

(上年价格＝100) (Preceding year=100)

地 区 Region	烟煤和无烟煤开采洗选 Mining and Cleaning of Bituminous and Anthracite	褐煤开采洗选 Mining and Cleaning of Lignite	其他煤炭采选 Mining other Coal	石油开采 Extraction of Crude Petroleum	天然气开采 Extraction of Natural Gas	铁矿采选 Mining of Iron Ores	锰矿、铬矿采选 Mining of Manganesian and Chromic Ores	其他黑色金属矿采选 Mining of Other Ferrous Metal Ores
全 国 National	**98.7**	**93.8**	**95.8**	**83.0**	**88.5**	**96.5**	**97.2**	**97.0**
北 京 Beijing	96.0					96.9		
天 津 Tianjin		82.7	96.8	86.9	84.4	90.7		
河 北 Hebei	99.7			79.8		94.5		
山 西 Shanxi	96.8				90.7	89.9	91.8	
内蒙古 Inner Mongolia	97.9	101.8		73.7	103.3	93.0	99.2	
辽 宁 Liaoning	98.9			82.8		109.8	98.0	97.0
吉 林 Jilin	100.7	92.0		87.0	76.3	95.9		
黑龙江 Heilongjiang	97.5	95.7		80.6	90.7	103.6		
上 海 Shanghai				85.8	99.6			
江 苏 Jiangsu	90.1			84.9		80.9		
浙 江 Zhejiang						98.3		
安 徽 Anhui	106.4					93.5		
福 建 Fujian	97.6					97.1	94.5	
江 西 Jiangxi	93.8					94.2	96.0	
山 东 Shandong	100.3	101.0		93.3	100.0	99.1		
河 南 Henan	94.5		89.5	82.0	89.1	87.5		
湖 北 Hubei	94.8			89.7		95.5		
湖 南 Hunan	92.9					76.3	90.3	
广 东 Guangdong				86.6	104.6	95.6		
广 西 Guangxi	91.9	96.4		84.9		95.1	99.3	
海 南 Hainan				87.6	76.2	98.5		
重 庆 Chongqing	95.5		100.6		98.0	91.5	91.4	
四 川 Sichuan	98.1				77.6	94.5		
贵 州 Guizhou	98.4		92.4			97.5	103.2	
云 南 Yunnan	81.9	96.6				93.0	99.1	
西 藏 Tibet						100.0	110.0	
陕 西 Shaanxi	108.6			77.5	79.1	96.0	90.2	
甘 肃 Gansu	87.9			80.7		84.0	100.0	
青 海 Qinghai	109.8			71.4	70.4	96.1		
宁 夏 Ningxia	96.5					97.6	108.9	
新 疆 Xinjiang	96.2	98.1		78.6	84.6	94.4	109.0	

2-1-9 续表 1 Continued 1

(上年价格＝100) (Preceding year=100)

地 区	Region	常用有色金属矿采选 Mining of Common Non-Ferrous Metal Ores	贵金属矿采选 Mining of Precious Metal Ores	稀有稀土金属矿采选 Rare Metal Ores and Rare-Earth Metal Ores	土砂石开采 Mining of Stone, Sand and Clay	化学矿开采 Mining of Chemical Ores	采盐 Extraction of Salt	石棉及其他非金属矿采选 Mining of Asbestos and Other Non-Metal Ores
全 国	**National**	**100.4**	**107.9**	**88.7**	**100.0**	**96.8**	**95.0**	**98.1**
北 京	Beijing				99.7			
天 津	Tianjin				100.2		74.5	
河 北	Hebei	98.6	104.0	79.5	95.2	99.4	75.2	94.9
山 西	Shanxi	97.1	112.3		97.5			
内蒙古	Inner Mongolia	97.6	89.9	91.5	97.8		105.1	96.3
辽 宁	Liaoning	96.3	111.0	95.8	99.8	86.6	94.7	97.5
吉 林	Jilin	97.1	113.2	98.5	99.4			98.9
黑龙江	Heilongjiang	100.8	99.4	106.7	101.0			89.0
上 海	Shanghai							
江 苏	Jiangsu	91.1			100.3	116.5	97.3	
浙 江	Zhejiang	95.7			97.1			
安 徽	Anhui	93.6	101.2		97.5	82.2	93.9	87.6
福 建	Fujian	104.4	116.1	81.8	96.7	95.5	100.0	93.5
江 西	Jiangxi	97.9	113.4	85.8	98.3		92.3	93.6
山 东	Shandong		112.3		98.2		89.3	
河 南	Henan	99.4	105.5	81.9	100.0	103.6	95.7	108.4
湖 北	Hubei	103.2	102.6		101.8	97.2	101.5	99.8
湖 南	Hunan	107.9	101.6	91.3	106.6	76.5	87.1	101.0
广 东	Guangdong	96.1	105.6	107.1	100.0	75.3	100.1	
广 西	Guangxi	103.2	104.9		105.4	101.1		100.7
海 南	Hainan	94.9		103.4	99.6		100.0	
重 庆	Chongqing	101.8			99.6	99.6		97.5
四 川	Sichuan	101.1	113.3	93.4	99.7	99.6	102.7	100.5
贵 州	Guizhou	95.7	97.5	100.0	99.4	97.8		
云 南	Yunnan	95.1	103.7	90.1	98.7	91.5	105.4	
西 藏	Tibet	107.3	121.5	100.6		94.5		
陕 西	Shaanxi	110.3	102.3	110.1	97.4	99.5	107.4	98.5
甘 肃	Gansu	100.0	93.3	91.2	100.5	98.5		103.6
青 海	Qinghai	99.3	120.0		100.3		97.4	95.0
宁 夏	Ningxia				100.1			
新 疆	Xinjiang	98.6	114.5	101.2	96.5	101.2	100.9	101.5

2-1-9 续表 2 Continued 2

(上年价格＝100) (Preceding year=100)

地 区 Region	煤炭开采和洗选辅助活动 Support Activities for Coal Mining and Cleaning	石油和天然气开采辅助活动 Support Activities for Petroleum and Natural Gas Extraction	其他开采辅助活动 Support Activities to Other Mining and Quarrying	谷物磨制 Milling of Grains	饲料加工 Processing of Animal Feeds	植物油加工 Processing of Vegetable Oils	糖制业 Manufacture of Sugar
全 国 National		**99.7**		**99.6**	**96.0**	**101.1**	**108.6**
北 京 Beijing		100.2		101.3	96.7	99.0	
天 津 Tianjin		95.5		99.3	98.8	106.9	
河 北 Hebei				100.2	95.5	101.1	113.4
山 西 Shanxi				98.7	98.8	102.0	
内蒙古 Inner Mongolia				99.2	98.8	96.7	103.2
辽 宁 Liaoning		100.1		100.6	99.2	103.7	104.6
吉 林 Jilin				99.5	96.3	103.7	100.1
黑龙江 Heilongjiang		101.6		100.3	100.2	100.9	100.0
上 海 Shanghai				100.2	96.7	103.3	99.5
江 苏 Jiangsu				100.2	97.8	100.6	105.2
浙 江 Zhejiang				101.0	95.5	100.9	
安 徽 Anhui				99.4	95.7	99.4	
福 建 Fujian				98.8	99.9	103.1	117.6
江 西 Jiangxi				99.4	93.8	101.8	
山 东 Shandong		100.7		99.3	94.3	95.9	105.8
河 南 Henan				98.3	96.0	100.2	
湖 北 Hubei				99.7	95.3	99.4	
湖 南 Hunan				100.4	94.3	102.7	100.4
广 东 Guangdong				99.4	94.4	104.0	106.0
广 西 Guangxi				99.2	94.4	107.4	110.5
海 南 Hainan				101.8	97.1		108.1
重 庆 Chongqing				100.3	97.6	101.5	98.3
四 川 Sichuan				100.1	98.3	102.3	106.7
贵 州 Guizhou				99.8	97.4	97.4	104.1
云 南 Yunnan				101.2	97.6	103.9	106.6
西 藏 Tibet				106.6	106.1	99.6	
陕 西 Shaanxi		100.3		100.2	94.2	101.5	
甘 肃 Gansu				96.3	94.2	99.3	102.6
青 海 Qinghai				99.0	93.8	99.7	
宁 夏 Ningxia				100.7	97.8	99.0	
新 疆 Xinjiang		98.8		103.1	96.5	104.3	107.7

2-1-9 续表 3 Continued 3

(上年价格＝100) (Preceding year=100)

地 区	Region	屠宰及肉类加工 Slaughtering and Processing of Meat	水产品加工 Processing of Seafood	蔬菜、水果和坚果加工 Processing of Vegetables, Fruits and Nuts	其他农副食品加工 Processing of Other Food From Agricultural Products	焙烤食品制造 Manufacture of Bakery Products	糖果、巧克力及蜜饯制品 Manufacture of Sugar Confectionery, Chocolates and Preserved Fruit in Sugar	方便食品制造 Manufacture of Instant Foods
全 国	**National**	**103.2**	**101.1**	**102.5**	**96.2**	**99.9**	**99.8**	**100.6**
北 京	Beijing	114.0		100.1	101.3	101.5	99.7	99.9
天 津	Tianjin	114.4	98.3	98.5	91.5	100.2	99.9	100.9
河 北	Hebei	101.3	101.8	99.9	91.2	100.2	98.0	99.7
山 西	Shanxi	117.2		94.5	91.9	100.7	98.0	98.2
内蒙古	Inner Mongolia	97.5		93.0	97.2	99.9		97.2
辽 宁	Liaoning	101.9	99.5	98.0	98.4	101.8	93.9	102.0
吉 林	Jilin	100.0	99.8	95.0	97.5	100.5		100.9
黑龙江	Heilongjiang	106.0		95.1	90.7	98.7	100.0	97.4
上 海	Shanghai	102.2		97.0	98.4	100.5	97.4	100.2
江 苏	Jiangsu	104.1	100.2	100.8	97.6	100.0	99.9	99.9
浙 江	Zhejiang	109.0	100.3	101.7	98.1	100.3	100.4	99.4
安 徽	Anhui	100.2	93.5	102.4	98.6	100.8	103.0	99.9
福 建	Fujian	104.2	102.8	99.5	99.1	97.3	99.9	101.6
江 西	Jiangxi	109.3	109.7	100.2	98.6	99.6	101.3	100.0
山 东	Shandong	103.6	100.7	106.9	92.8	99.6	94.8	99.7
河 南	Henan	101.9	99.3	102.6	94.4	99.0	96.2	100.6
湖 北	Hubei	102.6	102.3	99.8	99.6	100.2	98.7	101.6
湖 南	Hunan	103.7	99.2	101.8	100.1	100.5	117.8	99.7
广 东	Guangdong	109.5	100.6	101.5	95.4	101.2	101.8	100.8
广 西	Guangxi	103.7	101.8	102.4	99.9	101.4	100.9	101.7
海 南	Hainan	109.4	95.3	101.3	99.9	102.0	103.8	103.1
重 庆	Chongqing	103.8		100.2	99.8	100.2	98.5	103.6
四 川	Sichuan	102.4		103.7	100.9	100.3	102.3	100.9
贵 州	Guizhou	99.9		100.2	100.8	97.4	101.8	101.0
云 南	Yunnan	106.3	104.3	99.0	101.0	103.8	100.2	104.3
西 藏	Tibet	103.9			100.0	102.1		
陕 西	Shaanxi	106.7		98.1	89.7	100.4	98.3	99.3
甘 肃	Gansu	104.5		96.6	101.4	101.6	97.7	100.1
青 海	Qinghai	102.4	123.8	100.3	97.6	100.3		
宁 夏	Ningxia	102.9		100.8	100.9	100.3	100.7	99.7
新 疆	Xinjiang	99.7	99.2	96.0	96.9	100.8	97.9	104.1

2-1-9 续表 4 Continued 4

(上年价格＝100) (Preceding year=100)

地 区	Region	乳制品制造 Manufacture of Dairy Products	罐头食品制造 Manufacture of Can Foods	调味品、发酵制品制造 Manufacture of Condiment and Yeast	其他食品制造 Manufacture of Other Foods	酒的制造 Manufacture of Alcoholic Beverages
全 国	**National**	**98.7**	**99.4**	**99.7**	**100.3**	**98.6**
北 京	Beijing	98.6		100.4	98.2	99.7
天 津	Tianjin	99.2	87.9	100.7	102.4	98.4
河 北	Hebei	97.6	99.1	99.6	97.3	96.6
山 西	Shanxi	95.0	100.1	97.6	97.6	97.4
内蒙古	Inner Mongolia	98.9		99.3	100.2	102.1
辽 宁	Liaoning	97.3	93.9	105.2	101.8	99.9
吉 林	Jilin	99.2	88.6	99.5	102.0	96.8
黑龙江	Heilongjiang	99.0	100.0	102.1	99.1	95.6
上 海	Shanghai	100.0	100.1	102.9	99.4	99.7
江 苏	Jiangsu	99.9	100.8	99.7	98.7	97.5
浙 江	Zhejiang	99.9	100.9		96.7	99.7
安 徽	Anhui	100.9	101.5	100.9	103.0	99.0
福 建	Fujian	98.9	99.3	99.9	103.3	95.7
江 西	Jiangxi	100.2	100.7	101.0	97.9	98.9
山 东	Shandong	99.4	97.2	97.9	100.5	98.2
河 南	Henan	97.8	103.4	100.5	97.8	97.5
湖 北	Hubei	97.1	100.9	99.9	99.8	100.5
湖 南	Hunan	99.7	100.5	99.5	99.8	101.6
广 东	Guangdong	98.1	99.2	99.7	103.0	100.7
广 西	Guangxi	96.9	106.5	100.2	98.2	98.3
海 南	Hainan	103.1		127.4	99.4	100.4
重 庆	Chongqing	96.3	100.9	100.5	100.6	100.0
四 川	Sichuan	93.9	100.1	100.6	98.0	97.0
贵 州	Guizhou	100.0	100.0	103.1	101.0	102.0
云 南	Yunnan	98.2	98.4	94.0	91.3	100.8
西 藏	Tibet	94.5			100.0	95.3
陕 西	Shaanxi	102.3	98.8	92.0	95.5	95.9
甘 肃	Gansu	87.7	94.4	100.2	102.8	100.7
青 海	Qinghai	100.5		101.0	100.0	100.4
宁 夏	Ningxia	93.7	100.9	91.5	102.1	100.3
新 疆	Xinjiang	99.0	94.8	99.8	94.3	101.7

2-1-9 续表 5 Continued 5

(上年价格=100) (Preceding year=100)

地 区	Region	饮料制造 Manufacture of Soft Drinks	精制茶加工 Manufacture of Refined Tea	烟叶复烤 Redrying of Tobacco	卷烟制品 Manufacture of Cigarettes	其他烟草制品制造 Manufacture of Other Tobacco Products	棉纺织及印染精加工 Spinning, Weaving, Dyeing and Finishing of Cotton Materials
全 国	**National**	**99.5**	**100.7**	**100.3**	**100.1**	**99.9**	**98.1**
北 京	Beijing	99.3			100.2		99.4
天 津	Tianjin	100.8			100.0		98.5
河 北	Hebei	99.7			99.9		98.5
山 西	Shanxi	98.1	102.4		98.6		96.7
内蒙古	Inner Mongolia	100.4			100.0		94.6
辽 宁	Liaoning	97.8		100.1	100.1		99.3
吉 林	Jilin	99.0		99.9	99.9	99.9	95.4
黑龙江	Heilongjiang	100.4	100.0	100.0	100.0		94.4
上 海	Shanghai	99.2	105.9		100.1		100.5
江 苏	Jiangsu	100.3	104.5		100.0		99.6
浙 江	Zhejiang	100.1	100.1		100.2		98.0
安 徽	Anhui	99.4	96.7	99.8	99.8	113.9	99.8
福 建	Fujian	100.2	101.1	100.0	100.3	99.6	97.9
江 西	Jiangxi	100.2	99.8		100.1		98.0
山 东	Shandong	98.5			100.0		96.8
河 南	Henan	99.2	98.7	99.6	99.6	99.4	98.4
湖 北	Hubei	98.5	101.0		100.4	97.4	98.5
湖 南	Hunan	99.2	100.3	100.0	99.8		99.5
广 东	Guangdong	99.2	103.3	100.1	100.4	97.7	99.4
广 西	Guangxi	101.4	99.3		100.0		97.0
海 南	Hainan	101.0	100.8		100.4	100.4	102.2
重 庆	Chongqing	97.7	100.0	100.0	99.8	99.6	97.0
四 川	Sichuan	98.5	102.5		100.0	109.7	97.9
贵 州	Guizhou	101.2	104.0		100.0		
云 南	Yunnan	98.7	99.7	100.3	100.0	99.1	96.3
西 藏	Tibet	98.9					
陕 西	Shaanxi	100.1	95.6		99.6		93.2
甘 肃	Gansu	99.3			100.0	109.0	98.0
青 海	Qinghai	100.6	100.4				92.7
宁 夏	Ningxia	101.0	98.5	103.2	100.2		99.7
新 疆	Xinjiang	99.6			101.2		103.0

2-1-9 续表 6 Continued 6

(上年价格=100) (Preceding year=100)

地　区	Region	毛纺织及染整精加工 Spinning, Weaving, Dyeing and Finishing of Wool Materials	麻纺织及染整精加工 Spinning, Weaving, Dyeing and Finishing of Bast Fibres	丝绢纺织及印染精加工 Spinning, Weaving, Dyeing and Finishing of Silk	化纤织造及印染精加工 Weaving, Dyeing and Finishing of Chemical Fibres	针织或钩针编织物及其制品 Manufacture of Knitted and Crocheted Fabric Products	家用纺织制成品制造 Manufacture of Made-up Textile Articles for Household Use
全　国	**National**	**99.9**	**99.9**	**101.0**	**95.8**	**101.4**	**100.2**
北　京	Beijing	98.9					
天　津	Tianjin	99.4				99.5	99.4
河　北	Hebei	98.6			91.7	107.6	98.6
山　西	Shanxi	98.7				95.6	100.1
内蒙古	Inner Mongolia	97.7				114.0	102.2
辽　宁	Liaoning	99.1	103.0	100.5	98.6	98.2	99.3
吉　林	Jilin	98.4	103.2		94.1		
黑龙江	Heilongjiang	98.6	98.3				98.6
上　海	Shanghai	100.3				101.1	104.2
江　苏	Jiangsu	100.5	99.8	103.3	96.1	98.8	100.0
浙　江	Zhejiang	99.8	95.4	100.6	95.2	99.4	100.6
安　徽	Anhui	99.4	98.0	99.5	96.3	101.5	99.7
福　建	Fujian	98.1		98.5	92.0	101.5	103.8
江　西	Jiangxi	88.8	101.5	101.6	103.0		100.5
山　东	Shandong	100.5		98.8		99.7	99.4
河　南	Henan	100.1	102.4	99.7	95.8	97.6	99.5
湖　北	Hubei		99.5				102.5
湖　南	Hunan		103.3			100.3	99.6
广　东	Guangdong	106.2		97.6	98.3	102.8	99.2
广　西	Guangxi		89.4	103.2			101.7
海　南	Hainan						94.7
重　庆	Chongqing	98.3	101.6	99.2		102.8	104.2
四　川	Sichuan	101.8	96.9	98.5	91.1		98.4
贵　州	Guizhou		100.0				
云　南	Yunnan		92.1	102.0			
西　藏	Tibet	92.5					
陕　西	Shaanxi	90.4		101.4			97.2
甘　肃	Gansu	93.2					
青　海	Qinghai	100.0					100.3
宁　夏	Ningxia	98.0				98.1	
新　疆	Xinjiang	100.9	98.7				101.5

2-1-9 续表 7 Continued 7

(上年价格＝100) (Preceding year=100)

地 区 Region	非家用纺织制成品 Manufacture of Made-up Textile Products for Non-Household Use	机织服装制造 Manufacture of Woven Textile Wearing Apparel	针织或钩针编织服装制造 Manufacture of Knitted and Crocheted Textile Wearing Apparel	服饰制造 Manufacture of Wearing Accessories and Ornamental Products	皮革鞣制加工 Tanning and Dressing of Leather Wearing Apparel	皮革制品 Manufacture of Leather Products	毛皮鞣制及制品加工 Dressing of Fur Skins and Processing of Fur Articles	羽毛(绒)加工及制品 Manufacture and Processing of Feather, Down and Related Products
全 国 National	**98.0**	**100.4**	**100.9**	**101.2**	**100.4**	**100.9**	**99.4**	**96.2**
北 京 Beijing	95.8	98.5	100.2			100.4	101.4	
天 津 Tianjin	92.9	100.1	101.8		100.0	100.2	100.3	100.0
河 北 Hebei	93.8	99.8	99.3	101.4	91.9	98.8	95.3	86.3
山 西 Shanxi		97.5	98.6		86.7			
内蒙古 Inner Mongolia		99.8	101.1	100.6		100.0	101.2	
辽 宁 Liaoning	99.1	99.2	97.9	100.0		98.3	100.9	97.3
吉 林 Jilin	100.4	100.2	100.7	100.7		101.2		104.5
黑龙江 Heilongjiang	84.9	101.9	94.4		92.3		93.8	100.0
上 海 Shanghai	100.1	103.2	99.4	104.7	95.1	98.2		96.2
江 苏 Jiangsu	99.0	101.6	101.0	102.2	95.3	104.1		98.9
浙 江 Zhejiang	98.3	101.9	100.2	100.0	98.8	101.6	81.4	97.3
安 徽 Anhui	97.2	99.6	101.8	99.0	99.7	98.7		95.8
福 建 Fujian	98.5	99.4	102.6	101.2	98.8	103.7		88.2
江 西 Jiangxi	100.3	97.8	100.4	99.7	103.7	100.5	100.5	97.4
山 东 Shandong	97.7	99.3	100.2	101.1	98.1	103.1		
河 南 Henan	94.1	97.6	96.2	99.5	108.9	101.1	107.2	96.6
湖 北 Hubei	98.0	100.4	104.8				100.2	
湖 南 Hunan	99.7	100.5	97.4		101.8	99.8		84.3
广 东 Guangdong	97.5	100.5	102.1	102.1	104.4	100.1		94.2
广 西 Guangxi		100.2	101.4		101.7	101.1		78.0
海 南 Hainan								
重 庆 Chongqing	98.7	97.3	100.1	100.0		98.1		95.2
四 川 Sichuan	93.8	102.1	100.0	100.0	99.3	100.0		95.4
贵 州 Guizhou		99.5				99.3		
云 南 Yunnan		99.0	101.0					
西 藏 Tibet		119.8			100.0	100.0		
陕 西 Shaanxi		100.3						
甘 肃 Gansu	101.4	100.1		99.0	98.1			95.2
青 海 Qinghai		97.9	96.5	103.4				99.7
宁 夏 Ningxia	97.9	100.2			100.2		88.4	
新 疆 Xinjiang		101.2	103.5		96.4			97.4

2-1-9 续表 8 Continued 8

(上年价格＝100) (Preceding year=100)

地 区	Region	制鞋业 Manufacture of Footware	木材加工 Processing of Wood	人造板制品 Manufacture of Wood-Based Panels	木制品制造 Manufacture of Wood Products	竹、藤、棕、草制品 Manufacture of Bamboo, Vine, Palm,and Straw Products	木质家俱 Manufacture of Wooden Furniture	竹、藤家俱制造 Manufacture of Bamboo and Vine Furniture
全 国	**National**	**101.8**	**99.9**	**99.4**	**100.3**	**101.0**	**100.9**	**102.6**
北 京	Beijing			99.6	100.3		99.9	
天 津	Tianjin	101.4	100.0	97.1	99.7		100.8	
河 北	Hebei	100.0	98.9	99.5	99.1		102.0	
山 西	Shanxi			96.1			98.7	
内蒙古	Inner Mongolia	96.3	94.9	97.8	100.1	102.9	100.3	
辽 宁	Liaoning	100.9	100.2	97.8	100.4	107.5	102.0	
吉 林	Jilin		99.8	99.3	101.2		99.9	
黑龙江	Heilongjiang		99.8	99.5	100.6		100.1	
上 海	Shanghai	100.2		97.9	99.5		100.1	
江 苏	Jiangsu	99.6	99.8	100.6	98.7	100.7	100.4	91.8
浙 江	Zhejiang	101.0	100.5	96.4	99.3	102.6	101.2	102.1
安 徽	Anhui	101.3	100.7	99.6	99.6	100.5	100.9	104.4
福 建	Fujian	102.8	100.4	100.8	99.4	100.0	101.1	100.7
江 西	Jiangxi	99.7	100.1	101.3	99.5	101.0	99.5	
山 东	Shandong	101.2		97.7	101.4	98.6	100.5	
河 南	Henan	98.7	100.7	99.1	100.6	101.3	98.9	
湖 北	Hubei	100.5	100.7	100.9	99.7		102.3	
湖 南	Hunan	101.9	99.6	97.0	100.0	97.2	100.9	
广 东	Guangdong	102.0		97.9	100.7	106.9	102.2	104.5
广 西	Guangxi	99.4	101.1	101.7	99.8	102.2	103.1	
海 南	Hainan		97.4	100.3	101.7	100.9	101.0	
重 庆	Chongqing	100.5	100.7	100.7	99.4	85.8	100.9	
四 川	Sichuan	109.0	106.8	100.4	99.5	99.8	99.0	100.4
贵 州	Guizhou	99.7	99.9	99.5	98.3	98.1	100.0	
云 南	Yunnan	97.2	100.5	97.3	97.0			
西 藏	Tibet	109.8	100.0				120.4	
陕 西	Shaanxi	103.0		98.7	99.2		98.8	
甘 肃	Gansu	99.9			90.1		99.9	
青 海	Qinghai						100.3	
宁 夏	Ningxia				100.2		100.2	
新 疆	Xinjiang		96.8	87.9			101.2	

2-1-9 续表 9 Continued 9

(上年价格＝100) (Preceding year=100)

地 区	Region	金属家俱制造 Manufacture of Metal Furniture	塑料家俱 Manufacture of Plastic Furniture	其他家俱 Manufacture of Other Furniture	纸浆 Manufacture of Paper Pulp	造纸 Manufacture of Paper	纸制品 Manufacture of Paper Products
全 国	**National**	**101.4**	**98.7**	**101.2**	**97.4**	**99.6**	**100.0**
北 京	Beijing	99.9		104.0		100.9	98.4
天 津	Tianjin	100.9		98.1		102.3	99.4
河 北	Hebei	103.1		102.3	100.0	100.4	100.6
山 西	Shanxi	98.6				96.7	98.0
内蒙古	Inner Mongolia					103.3	100.4
辽 宁	Liaoning	100.1		101.1	96.4	100.6	99.4
吉 林	Jilin	99.9		93.8		100.5	98.3
黑龙江	Heilongjiang	100.0		100.6		97.1	99.7
上 海	Shanghai	101.8		101.5		100.1	99.6
江 苏	Jiangsu	96.2		103.0		99.4	99.6
浙 江	Zhejiang	101.6	97.7	102.1		100.6	98.5
安 徽	Anhui	100.3		102.8		101.8	99.5
福 建	Fujian	99.5		104.7		100.0	99.3
江 西	Jiangxi	100.2		100.2		99.9	99.8
山 东	Shandong			101.0	97.4	98.5	102.7
河 南	Henan	99.6		99.6	103.9	98.7	100.3
湖 北	Hubei			95.8		99.2	99.4
湖 南	Hunan			102.6		99.5	100.1
广 东	Guangdong	102.7	99.4	101.5	99.0	100.6	99.3
广 西	Guangxi			98.3	99.3	100.3	100.4
海 南	Hainan				96.6	93.7	95.3
重 庆	Chongqing	105.8		101.5		99.6	99.1
四 川	Sichuan	102.0		100.0	99.5	99.9	100.4
贵 州	Guizhou			100.0	87.3	101.5	100.3
云 南	Yunnan			100.0	86.7	99.8	100.8
西 藏	Tibet						100.7
陕 西	Shaanxi			99.8		98.1	100.0
甘 肃	Gansu					100.4	101.7
青 海	Qinghai						100.3
宁 夏	Ningxia					99.7	100.0
新 疆	Xinjiang	103.3			101.2	99.8	99.7

2-1-9 续表 10 Continued 10

(上年价格＝100) (Preceding year=100)

地 区	Region	印刷 Printing	装订及印刷相关服务 Binding of Printed Sheets and Other Service Activities Related to Printing	记录媒介的复制 Reproduction of Recorded Media	文教办公用品制造 Manufacture of Study, Education and Office Goods	乐器制造 Manufacture of Musical Instrument	工艺美术品制造 Manufacture of Arts and Crafts	体育用品制造 Manufacture of Sports Goods
全 国	**National**	**99.4**	**102.2**	**99.8**	**100.6**	**100.6**	**103.5**	**100.5**
北 京	Beijing	98.9	105.0			102.3	115.6	
天 津	Tianjin	100.1	97.7	100.2	102.7	100.0	101.2	100.6
河 北	Hebei	98.3	99.9			100.2	98.2	98.0
山 西	Shanxi	98.0					98.2	96.6
内蒙古	Inner Mongolia	100.5						
辽 宁	Liaoning	99.5		100.2	99.6	104.9	103.2	98.6
吉 林	Jilin	99.9			100.8	99.8	105.9	
黑龙江	Heilongjiang	100.0			99.8	106.6	100.2	
上 海	Shanghai	99.1		102.4	100.1	100.8	113.2	106.1
江 苏	Jiangsu	99.4	100.1	98.1	104.2	103.0	99.8	99.6
浙 江	Zhejiang	98.6	99.9		99.6	99.2	105.8	100.4
安 徽	Anhui	97.2	96.2		100.9		102.9	103.8
福 建	Fujian	98.3			100.1	103.0	102.1	104.4
江 西	Jiangxi	99.5		100.1	99.9	100.1	100.4	100.4
山 东	Shandong	102.6	99.2		102.5	105.2	102.0	95.0
河 南	Henan	96.9			99.7	107.9	102.2	
湖 北	Hubei	99.6					112.3	
湖 南	Hunan	98.0	100.0	99.0	100.3		98.0	102.6
广 东	Guangdong	100.6	106.0	99.2	98.6	96.2	105.2	104.1
广 西	Guangxi	98.6	95.5		98.8		100.2	
海 南	Hainan	97.2		89.5	93.6		97.3	
重 庆	Chongqing	99.3	99.6		101.0		108.2	
四 川	Sichuan	96.0	103.9		100.9	100.0	98.1	
贵 州	Guizhou	99.5			92.5		100.0	
云 南	Yunnan	98.6	106.1				99.3	
西 藏	Tibet	100.0					114.0	
陕 西	Shaanxi	96.7	99.5		95.1		100.0	
甘 肃	Gansu	100.0	100.1				95.3	99.8
青 海	Qinghai	100.2					103.8	
宁 夏	Ningxia	100.2						
新 疆	Xinjiang	96.7	101.2				99.9	

2-1-9 续表 11 Continued 11

(上年价格 = 100) (Preceding year=100)

地 区	Region	玩具制造 Manufacture of Toys	游艺器材及娱乐用品 Manufacture of Funfair Equipment and Recreational Goods	精炼石油产品制造 Manufacture of Refined Petroleum Products	炼焦 Coking	核燃料加工 Manufacture of Nuclear Fuel	基础化学原料 Manufacture of Basic Chemicals	肥料制造 Manufacture of Fertilizers
全 国	**National**	**102.9**	**100.2**	**91.3**	**105.6**		**97.5**	**94.3**
北 京	Beijing			91.9			89.6	88.1
天 津	Tianjin	100.0		92.4	102.4		105.1	98.2
河 北	Hebei	101.1	100.3	92.2	111.7		96.7	94.3
山 西	Shanxi			93.7	100.1		97.6	93.9
内蒙古	Inner Mongolia			93.9	104.9		110.0	97.0
辽 宁	Liaoning		99.5	92.9	105.6		96.8	98.5
吉 林	Jilin			88.8			93.0	97.3
黑龙江	Heilongjiang			93.6	104.0		90.0	95.2
上 海	Shanghai	99.7	101.2	91.3	77.0		107.4	
江 苏	Jiangsu	106.8	100.1	92.0	112.7		96.9	95.1
浙 江	Zhejiang	102.2	100.5	91.2			96.5	91.4
安 徽	Anhui	99.5	99.8	91.5	121.2		94.6	95.3
福 建	Fujian	102.1	100.9	91.5	112.2		98.3	90.0
江 西	Jiangxi	99.9	100.2	95.2	115.0		95.7	90.8
山 东	Shandong	99.8		87.4	100.3		96.3	94.7
河 南	Henan	99.8	102.3	97.4	119.0		99.5	91.1
湖 北	Hubei	102.1		94.3			97.3	92.4
湖 南	Hunan	99.5		93.5	93.6		95.1	98.1
广 东	Guangdong	102.7	94.8	90.8			92.3	91.6
广 西	Guangxi	100.0		94.0			97.9	97.0
海 南	Hainan			88.0			93.4	82.0
重 庆	Chongqing	103.8		96.0	96.3		99.2	99.5
四 川	Sichuan	100.0	99.7	101.6	98.2		100.8	96.0
贵 州	Guizhou			89.8	112.1		95.0	93.8
云 南	Yunnan			91.7	92.5		96.1	93.6
西 藏	Tibet							
陕 西	Shaanxi		98.8	92.4	99.4		104.2	97.2
甘 肃	Gansu			91.7	112.5		96.7	95.9
青 海	Qinghai			91.2	82.5		108.4	92.4
宁 夏	Ningxia			96.7	91.4		96.6	92.9
新 疆	Xinjiang			88.8	95.5		96.4	91.4

2-1-9 续表 12 Continued 12

(上年价格＝100) (Preceding year=100)

地 区	Region	农药制造 Manufacture of Pesticides	涂料、油墨、颜料及类似产品 Manufacture of Paints, Ink, Pigments and Similar Products	合成材料 Manufacture of Synthetic Materials	专用化学产品 Manufacture of Specific Purpose Chemical Products	炸药、火工及焰火产品制造 Manufacture of Explosives, Pyrotechnics and Fireworks	日用化学产品 Manufacture of Daily Chemical Products	原料药制造 Manufacture of Chemical Pharmaceutical Ingredient
全 国	**National**	**95.9**	**98.4**	**97.0**	**97.2**	**100.2**	**99.7**	**97.4**
北 京	Beijing	99.1	99.3	103.6	97.5		99.8	98.8
天 津	Tianjin	105.7	98.8	100.7	96.4		98.7	90.5
河 北	Hebei	92.0	99.2	95.9	93.1	97.6	102.3	94.0
山 西	Shanxi	97.8	91.8	97.9	96.5	98.4	96.1	83.0
内蒙古	Inner Mongolia	101.2	98.6	109.8	105.3	93.8	101.5	97.6
辽 宁	Liaoning	101.2	96.2	94.2	100.0	95.2	99.3	105.0
吉 林	Jilin	99.8	102.8	101.7	99.2	99.9	99.9	107.8
黑龙江	Heilongjiang	101.5	100.5	100.9	88.2	95.1	95.6	104.1
上 海	Shanghai	93.9	92.6	97.4	97.5		100.0	68.9
江 苏	Jiangsu	94.8	96.9	96.3	95.9	98.2	101.8	99.7
浙 江	Zhejiang	97.4	94.0	93.9	100.3		99.7	98.9
安 徽	Anhui	93.8	97.4	94.7	95.2	99.7	100.5	97.6
福 建	Fujian	99.3	97.8	96.1	95.5	100.1	100.6	99.9
江 西	Jiangxi	99.9	97.2	95.0	99.6	100.5	102.0	102.4
山 东	Shandong	95.5	100.2	97.1	97.5	95.2	98.4	97.2
河 南	Henan	101.2	101.4	93.1	91.9	95.0	98.4	93.2
湖 北	Hubei	94.8	109.5	94.3	102.0	96.8	98.0	103.8
湖 南	Hunan	102.2	100.2	87.4	101.2	101.8	96.3	99.7
广 东	Guangdong	94.6	98.9	98.1	97.5	100.1	99.5	97.7
广 西	Guangxi	100.7	100.3	94.1	93.0	99.1	101.2	115.7
海 南	Hainan	100.8	100.0	102.3	96.0	100.4	100.4	100.3
重 庆	Chongqing	95.7	98.5	96.5	93.2	99.7	98.4	99.4
四 川	Sichuan	90.1	107.9	100.2	96.3	99.2	95.0	102.3
贵 州	Guizhou	100.0	100.0	103.0	98.7	96.7	104.4	98.7
云 南	Yunnan	101.0	99.0	97.5	95.6	96.1	104.7	99.8
西 藏	Tibet					100.0	102.3	
陕 西	Shaanxi	100.3	94.8	114.8	95.7	95.8	103.7	96.5
甘 肃	Gansu		107.5	96.8	97.0	98.5		86.1
青 海	Qinghai			96.2	96.3	99.2		98.4
宁 夏	Ningxia	85.4	93.9	103.4	94.1	98.3	97.8	101.6
新 疆	Xinjiang		102.4	97.7	98.2	100.8	104.5	96.9

2-1-9 续表 13 Continued 13

(上年价格=100) (Preceding year=100)

地 区	Region	化学药品制剂制造 Manufacture of Chemical Compound Preparation	中药饮片加工 Processing of Chinese Traditional Herbal Pieces	中成药生产 Manufacture of Finished Traditional Chinese Herbal Medicine	兽用药品制造 Manufacture of Veterinary Medicine	生物药品制造 Manufacture of Biopharmaceuticals	卫生材料及医药用品 Manufacture of Hygienic Material and Pharmaceutical Substances
全 国	**National**	**101.2**	**102.2**	**100.3**	**100.7**	**101.9**	**100.7**
北 京	Beijing	99.7	102.2	100.8	103.6	103.2	103.4
天 津	Tianjin	100.8	99.5	100.5		101.9	
河 北	Hebei	100.7	93.2	100.5	100.1	105.8	
山 西	Shanxi	100.6	98.7	102.5	102.8	99.9	97.8
内蒙古	Inner Mongolia	101.0	95.5	102.5	99.6	99.6	
辽 宁	Liaoning	101.3	104.2	100.3	102.6	98.4	98.0
吉 林	Jilin	99.1	97.4	96.9	95.8	99.6	99.9
黑龙江	Heilongjiang	100.2	102.4	91.6	101.3	100.0	100.0
上 海	Shanghai	108.8	98.9	97.0	102.5	101.0	100.1
江 苏	Jiangsu	100.5	100.8	100.1	102.4	96.2	99.8
浙 江	Zhejiang	98.8	101.8	97.9	98.6	100.5	100.4
安 徽	Anhui	96.1	101.8	101.9	99.8	102.4	100.3
福 建	Fujian	102.8	113.0	102.5	99.9	100.1	99.0
江 西	Jiangxi	100.1	104.2	100.8	100.1	99.8	98.6
山 东	Shandong	100.5		107.0	100.0	105.0	102.3
河 南	Henan	99.1	104.7	99.2	99.9	103.9	98.3
湖 北	Hubei	102.0		103.6	101.6	93.3	102.5
湖 南	Hunan	99.0	101.9	102.0	102.8	100.0	103.3
广 东	Guangdong	104.5	107.3	100.5	100.9	102.4	98.9
广 西	Guangxi	111.4	100.1	101.3	101.0	102.1	100.0
海 南	Hainan	100.4		108.6			86.3
重 庆	Chongqing	101.8	100.5	99.4	99.7	99.8	98.9
四 川	Sichuan	100.7	103.4	102.6	99.9	105.1	100.0
贵 州	Guizhou	87.9	100.5	99.2		97.4	100.0
云 南	Yunnan	98.5	97.4	101.4	113.3	100.3	
西 藏	Tibet	109.9	109.5	93.8			
陕 西	Shaanxi	100.1	104.8	100.3	99.6	98.4	98.6
甘 肃	Gansu	100.1	97.2	101.1		107.5	
青 海	Qinghai	95.1	98.8	100.6	88.2		92.2
宁 夏	Ningxia	107.4	109.7	100.6	101.1		
新 疆	Xinjiang	103.7	103.3	101.1	96.3	98.4	101.1

2-1-9 续表 14 Continued 14

(上年价格＝100) (Preceding year=100)

地　区	Region	纤维素纤维原料及纤维制品 Manufacture of Fiber Materials and Fiber Cellulose	合成纤维制品 Manufacture of Synthetic Fibre	橡胶制品 Manufacture of Rubber Products	塑料制品业 Manufacture of Plastics Products	水泥、石灰和石膏制品 Manufacture of Cement, Lime and Gypsum
全　国	**National**	**103.6**	**93.2**	**96.4**	**98.2**	**97.9**
北　京	Beijing		100.2	100.4	98.3	105.2
天　津	Tianjin		85.9	98.4	99.5	94.8
河　北	Hebei	107.7	89.3	98.1	97.2	97.5
山　西	Shanxi			95.1	95.0	96.0
内蒙古	Inner Mongolia			93.1	99.7	101.3
辽　宁	Liaoning	104.0	90.8	93.6	97.7	95.7
吉　林	Jilin	98.8	86.6	99.3	99.0	94.2
黑龙江	Heilongjiang		85.1	92.8	98.7	95.4
上　海	Shanghai	91.3	89.9	98.8	96.6	84.9
江　苏	Jiangsu	105.1	91.9	94.9	99.5	99.4
浙　江	Zhejiang		95.1	97.1	97.3	98.6
安　徽	Anhui	98.2	97.6	95.8	97.9	98.6
福　建	Fujian	98.3	89.9	94.4	99.2	90.8
江　西	Jiangxi	96.6	96.9	99.2	97.5	106.3
山　东	Shandong	104.6	94.4	96.2	96.6	100.2
河　南	Henan	101.9	85.7	95.1	99.2	101.6
湖　北	Hubei	99.6	100.9	95.4	97.4	98.0
湖　南	Hunan	99.4	98.3	100.0	98.6	96.2
广　东	Guangdong	91.0	96.4	98.1	99.0	95.6
广　西	Guangxi			102.6	95.6	84.0
海　南	Hainan			93.9	102.7	102.2
重　庆	Chongqing		87.6	96.0	98.5	98.6
四　川	Sichuan	96.2	95.2	97.0	97.5	97.5
贵　州	Guizhou			92.8	100.0	96.8
云　南	Yunnan	100.2		105.2	97.6	99.2
西　藏	Tibet					101.5
陕　西	Shaanxi	99.6		99.6	97.8	101.4
甘　肃	Gansu			97.9	99.3	94.0
青　海	Qinghai			93.8	99.3	89.8
宁　夏	Ningxia			95.1	96.0	100.9
新　疆	Xinjiang	116.7		97.9	98.4	106.8

2-1-9 续表 15 Continued 15

(上年价格＝100) (Preceding year=100)

地 区	Region	石膏、水泥制品及类似制品 Manufacture of Gypsum, Cement and Similar Products	砖瓦、石材及其他建筑材料 Manufacture of Bricks, Stone and Other Construction Materials	玻璃制造 Manufacture of Glass	玻璃制品制造 Manufacture of Glass Products	玻璃纤维和玻璃纤维增强塑料制品 Manufacture of Glass Fibres and Glass Fibre Reinforced Plastics Products	陶瓷制品 Manufacture of Ceramic Products	耐火材料制品 Manufacture of Refractory Materials
全 国	**National**	**98.0**	**99.0**	**102.9**	**98.8**	**98.8**	**100.8**	**97.8**
北 京	Beijing	96.6	100.2		99.7	100.2	100.4	99.1
天 津	Tianjin	100.4	101.0	100.5	94.8	101.7	102.9	99.6
河 北	Hebei	97.7	100.4	103.4	99.8	99.8	100.4	99.8
山 西	Shanxi	99.3	97.3	97.0	99.0	98.4	99.1	97.3
内蒙古	Inner Mongolia	99.0	101.9	106.9	100.1	98.1		100.1
辽 宁	Liaoning	98.7	100.3	105.4	101.4	100.6	101.4	96.7
吉 林	Jilin	99.1	97.2		97.1			99.6
黑龙江	Heilongjiang	96.2	86.5	106.3	100.2	99.6	97.4	97.6
上 海	Shanghai	90.4	104.5		100.0	102.5	101.5	98.8
江 苏	Jiangsu	97.3	98.8	101.6	97.3	95.7	96.6	101.0
浙 江	Zhejiang	98.0	95.8	112.5	98.8	98.6		95.6
安 徽	Anhui	99.2	99.4	99.7	98.3	96.8	98.2	98.9
福 建	Fujian	97.8	99.8	104.0	102.2	100.0	103.2	96.2
江 西	Jiangxi	97.5	100.2	102.6	90.8	97.8	100.0	97.2
山 东	Shandong	97.8	100.0	99.9	97.2	99.0	100.3	98.7
河 南	Henan	99.5	97.9	104.7	98.6	98.9	101.7	97.7
湖 北	Hubei	100.6	100.6	105.0	100.2			97.0
湖 南	Hunan	96.9	97.6	112.7	101.7	97.5	102.1	100.3
广 东	Guangdong	95.7	97.6	97.0	101.5	101.8	100.8	102.8
广 西	Guangxi	96.4	97.7	111.3	100.8		101.1	100.0
海 南	Hainan	96.2	100.9	112.6	99.9			
重 庆	Chongqing	98.0	99.6	101.5	98.9	100.7	101.9	99.7
四 川	Sichuan	98.2	99.2	108.6	99.5	101.9	97.8	98.3
贵 州	Guizhou	100.5	100.8		99.7	90.5		93.5
云 南	Yunnan	97.0	97.5	90.8	90.0	100.0	99.2	100.9
西 藏	Tibet	101.0	102.9					
陕 西	Shaanxi	96.7	100.0	105.3	99.6	94.2	99.5	96.5
甘 肃	Gansu	98.8	97.8	97.5	100.8	94.1		
青 海	Qinghai	98.5	100.2	99.2				100.3
宁 夏	Ningxia	97.3	100.8	92.0	98.0			80.4
新 疆	Xinjiang	98.3	100.8	100.3	101.6	100.5		101.1

2-1-9 续表 16 Continued 16

(上年价格=100) (Preceding year=100)

地 区	Region	石墨及其他非金属矿物制品 Manufacture of Graphite and OtherNon-Metallic Mineral Products	炼铁 Iron Metallurgy	炼钢 Steel Metallurgy	黑色金属铸造 Casting of Ferrous Metal	钢压延加工 Smelting and Rolling Processing of Iron	铁合金冶炼 Production of Ferroalloy	常用有色金属冶炼 Production of Common Non-Ferrous Metals
全 国	**National**	**97.4**	**98.0**	**105.3**	**96.5**	**103.5**	**98.6**	**96.5**
北 京	Beijing	99.2			100.0	102.1	93.9	
天 津	Tianjin	96.2	103.7	100.2	100.5	102.4		83.0
河 北	Hebei	99.4	98.5	101.7	96.6	109.6	95.0	95.1
山 西	Shanxi	94.4	93.4	104.9	96.4	98.2	97.9	85.8
内蒙古	Inner Mongolia	94.3	90.4		96.1	108.0	99.3	100.3
辽 宁	Liaoning	90.7	99.7	112.7	99.0	100.6	99.7	100.1
吉 林	Jilin	91.9	91.0		97.4	106.1	101.7	87.6
黑龙江	Heilongjiang	96.3	101.9		100.0	99.9		
上 海	Shanghai	97.0	95.3		97.5	96.8		93.9
江 苏	Jiangsu	98.8	98.4	98.8	93.5	100.5	93.1	93.3
浙 江	Zhejiang	98.2		101.8	96.1	101.8	93.1	93.7
安 徽	Anhui	98.8	93.3	117.3	96.8	103.6	100.5	90.0
福 建	Fujian	92.8	107.7	104.5	98.4	102.0	94.4	98.5
江 西	Jiangxi	99.9		95.7	93.2	110.5	98.4	92.1
山 东	Shandong	98.3	103.2	120.1	97.1	102.5	109.4	93.1
河 南	Henan	98.0	97.6	115.9	93.2	112.1	101.3	100.4
湖 北	Hubei	96.9	99.2	109.6	98.4	98.7	97.1	101.6
湖 南	Hunan	96.5	93.8	92.4	96.8	104.0	100.4	98.0
广 东	Guangdong	97.8		113.0	95.8	100.5		97.8
广 西	Guangxi	98.5			95.7	99.7	105.5	94.8
海 南	Hainan			95.1		98.1		100.2
重 庆	Chongqing	95.9		96.5	98.5	98.1	100.9	97.6
四 川	Sichuan	95.6	99.8	102.0	99.0	102.1	101.8	97.6
贵 州	Guizhou	98.2	103.6		99.0	96.1	90.0	102.9
云 南	Yunnan	97.8	94.3	110.8	101.6	100.2	91.5	99.6
西 藏	Tibet							
陕 西	Shaanxi	97.6		106.6	99.0	99.9	99.4	102.6
甘 肃	Gansu	90.7	98.3		97.4	108.2	100.7	87.7
青 海	Qinghai	94.9	94.0			101.8	93.1	106.5
宁 夏	Ningxia	98.7	101.6	100.8	99.5	110.8	111.3	103.7
新 疆	Xinjiang	95.5	92.3		99.6	104.0	99.0	102.1

2-1-9 续表 17 Continued 17

(上年价格＝100) (Preceding year=100)

地区	Region	贵金属冶炼 Production of Precious Metals	稀有稀土金属冶炼 Production of Rare Metal and Rare Earth Metals	有色金属合金制品 Production of Non-Ferrous Metal Alloy	有色金属铸造 Casting of Non-Ferrous Metals	有色金属压延加工 Smelting and Rolling Processing of Non-Ferrous Metals	结构性金属制品 Manufacture of Structural Metal Products	金属工具制品 Manufacture of Metal Tools
全国	**National**	**110.0**	**93.4**	**99.9**	**97.8**	**97.5**	**98.5**	**100.2**
北京	Beijing			79.9	104.5	88.6	96.6	
天津	Tianjin			105.1		96.4	96.3	99.0
河北	Hebei	108.5		96.4		94.2	98.6	97.7
山西	Shanxi	105.2		106.5		104.9	96.2	99.3
内蒙古	Inner Mongolia	102.4	94.4	113.6		83.1	100.5	
辽宁	Liaoning	92.8	90.8	107.8	112.4	100.0	98.7	101.9
吉林	Jilin	112.6	94.2	96.9		97.6	98.4	99.9
黑龙江	Heilongjiang	110.1		98.6		93.3	100.8	100.0
上海	Shanghai	100.2		92.2	91.2	93.7	101.9	101.0
江苏	Jiangsu	115.3	89.4	93.0	99.3	95.2	99.2	99.1
浙江	Zhejiang	116.2		95.3		96.3	99.8	99.3
安徽	Anhui	113.2		94.3		95.6	95.6	99.6
福建	Fujian	108.1	84.8	94.3	91.8	93.0	99.9	110.6
江西	Jiangxi	97.4	99.4	87.8		97.8	96.7	95.8
山东	Shandong	113.6		115.7		99.6	97.7	99.9
河南	Henan	110.1	98.5	99.4		100.1	97.5	99.6
湖北	Hubei	118.5		97.2		96.2	96.5	98.3
湖南	Hunan	109.7	75.6	86.7	89.4	98.2	96.7	98.8
广东	Guangdong	107.3	93.5	103.1		97.3	101.0	101.4
广西	Guangxi	98.5	88.5	88.3		98.9	103.4	100.0
海南	Hainan	97.3					97.9	
重庆	Chongqing			107.0	94.7	97.6	99.2	98.5
四川	Sichuan	111.7	98.4	93.7		101.4	96.0	98.4
贵州	Guizhou	116.4	100.0			94.6	102.2	102.4
云南	Yunnan	105.4	64.7	96.0		96.5	96.5	
西藏	Tibet							
陕西	Shaanxi	106.5	86.4	96.3	92.1	96.9	96.9	100.6
甘肃	Gansu	105.6	101.7	100.9	101.3	99.0	97.5	
青海	Qinghai	106.6		114.5		106.2	98.6	
宁夏	Ningxia	110.3	100.2		103.2	110.3	98.2	
新疆	Xinjiang	114.6		98.9		100.7	100.1	98.5

2-1-9 续表 18 Continued 18

(上年价格＝100) (Preceding year=100)

地　区	Region	集装箱及金属包装容器制品 Manufacture of Metal Container and Metal Packing Vessels	金属丝绳及其制品 Manufacture of Wire, Cable and Products of the Alike	建筑、安全用金属制品 Manufacture of Metal Products for Construction and Safety	金属表面处理及热处理加工 Treatment on Surface of Metal and Heat Treatment of Metals	搪瓷制品制造 Manufacture of Porcelain Enameling Metal Products	金属制日用品制造 Manufacture of Metal Products for Domestic Use
全　国	**National**	**95.2**	**97.3**	**99.3**	**99.4**	**99.6**	**100.5**
北　京	Beijing	88.2	100.6	98.2	101.3		
天　津	Tianjin	96.2	98.9	98.8	100.0	99.5	100.3
河　北	Hebei	96.1	96.4	99.2	102.4	96.4	98.3
山　西	Shanxi	95.5	96.6	90.8	98.2		
内蒙古	Inner Mongolia	103.5	95.4	100.0			
辽　宁	Liaoning	96.1	95.3	95.1	98.5	97.3	100.2
吉　林	Jilin	100.3	114.8	99.5			
黑龙江	Heilongjiang	82.5	102.1	94.0	98.5	100.0	93.8
上　海	Shanghai	96.7		98.8	96.0		97.2
江　苏	Jiangsu	94.5	96.5	100.2	98.7		102.2
浙　江	Zhejiang	95.8	90.8	97.9	99.6	100.6	99.6
安　徽	Anhui	95.9	91.5	98.2	95.2		98.3
福　建	Fujian	93.2	93.9	98.0	101.3	99.9	99.7
江　西	Jiangxi	98.7	102.9	99.5	96.8	101.8	102.7
山　东	Shandong	99.9	100.0	101.2	101.6		95.9
河　南	Henan	98.9	101.5	101.3		99.8	99.4
湖　北	Hubei	96.7	95.4		90.6		99.7
湖　南	Hunan	99.0	98.8	99.2	99.7	100.0	102.4
广　东	Guangdong	88.9	93.1	100.2	100.3	101.4	102.0
广　西	Guangxi			98.1	101.9		103.2
海　南	Hainan	89.6			96.6		
重　庆	Chongqing	92.6	95.5	95.5	100.5		96.9
四　川	Sichuan	96.3	100.3	95.6	96.0		99.6
贵　州	Guizhou		100.2				94.8
云　南	Yunnan		93.2		103.3		
西　藏	Tibet						
陕　西	Shaanxi	99.5	103.3	99.3	94.0	99.2	99.7
甘　肃	Gansu	90.9	115.2				
青　海	Qinghai		100.7	92.7			
宁　夏	Ningxia		94.1	99.7	100.2		
新　疆	Xinjiang	97.1	117.4	103.1	95.2		

2-1-9 续表 19 Continued 19

(上年价格＝100) (Preceding year=100)

地 区	Region	其他金属制品 Manufacture of Other Fabricated Metal Products	锅炉及原动设备制造 Manufacture of Boilers and Other Original Motive Power Machinery	金属加工机械 Manufacture of Machinery for Metal Processing	物料搬运设备制造 Manufacture of Lifting and Handling Equipment	泵、阀门、压缩机及类似机械 Manufacture of Pumps, Valves, Compressor and Similar Machinery	轴承、齿轮、传动部件制造 Manufacture of Bearings, Gears, and Transmission Parts
全 国	**National**	**99.0**	**99.2**	**98.7**	**98.7**	**98.4**	**98.7**
北 京	Beijing	94.1	98.1	99.7	99.7	100.6	97.2
天 津	Tianjin	103.9	100.0	100.8	100.0	99.6	99.8
河 北	Hebei	96.6	99.3	98.8	100.3	98.9	100.5
山 西	Shanxi	98.3	96.3	93.9	97.3	95.8	98.0
内蒙古	Inner Mongolia	97.6	99.3	100.7	91.7	100.0	82.7
辽 宁	Liaoning	100.2	99.5	98.7	96.6	98.9	95.6
吉 林	Jilin	99.4	98.2	99.4	96.3	100.8	102.8
黑龙江	Heilongjiang	99.9	100.0	99.4	98.8	98.6	101.1
上 海	Shanghai	102.9	99.5	101.4	102.0	98.6	100.3
江 苏	Jiangsu	98.5	98.6	99.0	98.2	98.8	99.6
浙 江	Zhejiang	99.9	98.1	98.3	97.1	98.2	98.3
安 徽	Anhui	98.4	101.6	95.9	99.9	99.4	98.2
福 建	Fujian	99.8	101.0	102.2	101.0	100.3	98.4
江 西	Jiangxi	96.3	97.3	97.6	98.1	93.2	96.3
山 东	Shandong	98.5	99.9	98.6	99.5	96.8	99.6
河 南	Henan	96.1	97.8	99.1	96.1	98.7	97.9
湖 北	Hubei	99.2	92.7	98.2	101.7	97.5	96.2
湖 南	Hunan	95.6	100.1	95.5	97.8	98.3	101.3
广 东	Guangdong	100.1	101.2	99.6	97.2	97.4	98.6
广 西	Guangxi	105.0	95.2	90.3	100.3	99.8	99.6
海 南	Hainan						100.4
重 庆	Chongqing	96.8	100.0	99.4	97.1	99.3	97.9
四 川	Sichuan	98.5	100.6	99.9	102.3	99.5	97.1
贵 州	Guizhou	100.0	100.1	92.7	101.1	99.2	100.1
云 南	Yunnan	105.7		97.5	99.4	95.5	
西 藏	Tibet	100.0					
陕 西	Shaanxi	104.7	100.7	99.0	99.3	99.0	99.1
甘 肃	Gansu	105.7	100.0	94.3	89.8	98.6	96.9
青 海	Qinghai	97.7		100.0			
宁 夏	Ningxia	101.2	98.5	100.2	98.6	100.2	97.9
新 疆	Xinjiang	98.9	95.5	99.1	101.1		101.2

2-1-9 续表 20 Continued 20

(上年价格=100) (Preceding year=100)

地区 Region		烘炉、风机、衡器、包装等设备制造熔炉 Manufacture of Ovens, Draught Fans, Weighing Apparatus, Packing Machinery and Others	文化、办公用机械制造 Manufacture of Machinery for Culture and Office Use	通用零部件制造 Manufacture of General-Purpose Parts	其他通用设备制造业 Manufacture of Other General Purpose Machinery	采矿、冶金、建筑专用设备 Manufacture of Specialized Facilities for Mining, Metallurgy, and Construction	化工、木材、非金属加工专用设备 Manufacture of Specialized Equipment for Chemical, Timber, and Non-Metal Processing
全 国	**National**	**99.8**	**102.6**	**98.4**	**100.6**	**98.1**	**98.5**
北 京	Beijing	99.4	98.2	99.9		99.3	100.2
天 津	Tianjin	99.9	98.9	97.7		95.9	98.8
河 北	Hebei	98.6		96.3	101.3	96.7	93.2
山 西	Shanxi	98.7		101.1	89.9	97.6	98.5
内蒙古	Inner Mongolia	103.7		101.4	100.0	99.7	73.1
辽 宁	Liaoning	98.3	100.7	98.0	96.7	98.2	94.5
吉 林	Jilin	91.6	99.9	100.0	93.2	99.6	99.1
黑龙江	Heilongjiang	100.0	100.0	98.2		97.9	93.9
上 海	Shanghai	100.3	106.2	100.0	103.1	99.1	101.3
江 苏	Jiangsu	98.7	99.8	98.5	97.2	98.4	99.8
浙 江	Zhejiang	100.0	100.2	97.8	100.1	97.9	97.5
安 徽	Anhui	99.2		96.6	99.3	93.2	97.2
福 建	Fujian	98.3	102.7	99.5	97.8	99.0	100.9
江 西	Jiangxi	99.9		98.7	100.2	98.8	98.7
山 东	Shandong	101.9		98.3	100.9	96.7	97.9
河 南	Henan	97.6	100.7	99.0	109.6	97.5	100.1
湖 北	Hubei	102.2		100.0	101.1	99.6	103.9
湖 南	Hunan	101.7	101.2	99.5	104.1	99.9	99.9
广 东	Guangdong	98.2	104.0	99.7	99.4	99.5	97.6
广 西	Guangxi	102.7		85.7		99.2	99.8
海 南	Hainan	100.4					
重 庆	Chongqing	99.4		97.6	99.6	96.4	95.2
四 川	Sichuan	105.5		97.9	99.9	98.3	98.5
贵 州	Guizhou	100.1	100.0	101.3		100.4	
云 南	Yunnan			100.0		100.2	
西 藏	Tibet						
陕 西	Shaanxi	99.2		98.7	100.7	99.6	99.8
甘 肃	Gansu	99.0		108.3		106.5	92.4
青 海	Qinghai						
宁 夏	Ningxia	100.7		100.2	100.0	97.5	100.2
新 疆	Xinjiang	101.2		101.1		91.7	100.6

2-1-9 续表 21 Continued 21

(上年价格＝100) (Preceding year=100)

地 区 Region	食品、饮料、烟草及饲料生产专用设备 Manufacture of Specialized Equipment for Production of Food, Beverage,Tobacco and Feedstuff	印刷、制药、日化及日用品生产专用设备 Manufacture of Special Purpose Equipment for Printing, Pharmacy, and Domestic, Daily Used Chemical Product Processing	纺织、服装、皮革加工专用设备 Manufacture of Specialized Machinery for Textile, Clothings and Leather Processing	电子和电工机械专用设备 Manufacture of Specialized Machinery for Electronic Machinery and Electrical Machines	农、林、牧、渔专用机械 Manufacture of Specialized Machinery for Agriculture, Forestry, Animal Production, Fishing and Aquaculture	医疗仪器设备及器械 Manufacture of Medical Instruments and Appliances
全 国 National	**100.0**	**100.1**	**99.9**	**98.2**	**98.5**	**101.2**
北 京 Beijing		100.0	100.0	100.2	100.2	100.2
天 津 Tianjin	100.2	100.1	100.0		99.8	100.2
河 北 Hebei	99.7	99.0	102.1	88.1	99.3	100.4
山 西 Shanxi			94.8	99.1	98.6	
内蒙古 Inner Mongolia	105.3	100.5			97.8	
辽 宁 Liaoning	98.9	96.6	101.1	102.2	100.4	93.1
吉 林 Jilin	99.4	99.9		99.3	96.3	99.9
黑龙江 Heilongjiang	99.9	103.5		99.9	100.3	107.3
上 海 Shanghai	100.2	100.7	100.7	100.6		111.8
江 苏 Jiangsu	100.1	99.8	99.3	98.0	96.4	99.9
浙 江 Zhejiang	101.1	100.2	99.9		100.4	100.8
安 徽 Anhui	99.6	99.8	99.8	97.9	96.4	98.7
福 建 Fujian	102.2	101.5	101.2	99.3	97.9	100.0
江 西 Jiangxi	100.1	99.7	102.1		99.5	99.1
山 东 Shandong	100.1	100.5	99.2	97.8	97.9	100.2
河 南 Henan	100.9	102.2	98.5	99.8	99.3	104.8
湖 北 Hubei	100.0				98.7	
湖 南 Hunan	99.3	100.3	100.9		97.3	103.1
广 东 Guangdong	99.6	98.2	101.8	97.3	95.9	103.2
广 西 Guangxi	100.0				99.8	100.8
海 南 Hainan	101.3				100.4	
重 庆 Chongqing		96.2	100.0	99.6	99.3	98.2
四 川 Sichuan	96.1	99.2		102.4	100.0	101.2
贵 州 Guizhou				99.6	97.9	100.0
云 南 Yunnan	100.1					
西 藏 Tibet						
陕 西 Shaanxi	97.4	97.8	99.5	98.7	99.4	99.3
甘 肃 Gansu		98.3	100.0	100.0	99.8	100.0
青 海 Qinghai		104.7		99.4	100.6	
宁 夏 Ningxia					100.0	
新 疆 Xinjiang					101.2	

2-1-9 续表 22 Continued 22

(上年价格＝100) (Preceding year=100)

地 区 Region	环保、社会公共安全及其他专用设备 Manufacture of Machinery for Environment Protection, Social Public Services and Other Special Purpose	汽车整车制造 Manufacture of Finished Automobiles	改装汽车制造 Manufacture of Refitted Automobiles	低速载货汽车制造 Manufacture of Low-Speed Cargo Vehicles	电车制造 Manufacture of Electric Driven Vehicles	汽车车身、挂车制造 Manufacture of Bodies and Trailers of Automobiles
全 国 National	**99.8**	**98.9**	**98.0**	**101.4**	**100.3**	**97.6**
北 京 Beijing	99.5	96.7	99.9			
天 津 Tianjin	99.1	97.1	102.4			
河 北 Hebei	100.0	98.1	99.6			99.0
山 西 Shanxi	99.2	96.8	93.8			93.6
内蒙古 Inner Mongolia	103.7	94.7				
辽 宁 Liaoning	101.2	97.4	100.2			100.6
吉 林 Jilin	98.9	101.0	101.6			
黑龙江 Heilongjiang	97.7	100.0	100.0			100.0
上 海 Shanghai	101.4	98.6	101.3			
江 苏 Jiangsu	99.5	95.9	101.3			99.7
浙 江 Zhejiang	99.4	97.2	100.3			
安 徽 Anhui	99.6	100.2	99.3		101.2	98.4
福 建 Fujian	101.8	98.5	95.0	99.9		95.7
江 西 Jiangxi	99.5	100.2	100.5			100.3
山 东 Shandong	99.1	100.2	92.6	101.7	100.0	94.9
河 南 Henan	100.5	98.6	95.9	100.0		97.1
湖 北 Hubei	100.0	99.5	101.2			95.7
湖 南 Hunan	101.3	92.4	102.7			100.2
广 东 Guangdong	99.9	101.3	100.6			87.7
广 西 Guangxi	100.1	98.5	100.0	98.2		
海 南 Hainan	100.4	100.4				
重 庆 Chongqing	89.7	99.6	97.6			99.9
四 川 Sichuan	100.0	97.1	101.3			111.7
贵 州 Guizhou	99.1	100.1	101.8	100.8		
云 南 Yunnan	100.1	101.9				
西 藏 Tibet						
陕 西 Shaanxi	98.3	99.3	98.8		94.6	
甘 肃 Gansu	100.6	99.7	98.3			92.2
青 海 Qinghai			95.8			
宁 夏 Ningxia	100.3					
新 疆 Xinjiang	101.5	100.6	98.6			98.3

2-1-9 续表 23 Continued 23

(上年价格=100) (Preceding year=100)

地 区 Region	汽车零部件及配件制造 Manufacture of Parts and Fittings for Automobiles	铁路运输设备制造 Manufacture of Railway Transport Equipment	城市轨道交通设备制造 Manufacture of Urban Rail Transit Equipment	船舶及相关装置制造 Manufacture of Vessels and Similar Equipment	航空、航天器及设备制造 Manufacture of Aircrafts and Spacecrafts	摩托车制造 Manufacture of Motorcycles
全 国 National	**99.0**	**99.2**	**99.9**	**100.3**	**102.0**	**98.9**
北 京 Beijing	98.9	95.8			108.6	
天 津 Tianjin	100.6	100.2	100.0	99.3	105.5	105.5
河 北 Hebei	98.9	98.7				100.1
山 西 Shanxi	96.6	97.1				
内蒙古 Inner Mongolia	99.4	100.3		100.0		
辽 宁 Liaoning	98.6	100.2	100.1	100.8	101.6	
吉 林 Jilin	99.0	99.9	99.9			99.9
黑龙江 Heilongjiang	100.1	100.0		100.0	103.4	
上 海 Shanghai	98.4	100.1	100.1	99.2	93.6	100.0
江 苏 Jiangsu	98.5	97.0	99.3	100.2	100.3	100.4
浙 江 Zhejiang	98.9	101.7		100.4		98.6
安 徽 Anhui	99.6	96.3		102.4		100.8
福 建 Fujian	98.8			100.1		98.7
江 西 Jiangxi	99.1	101.0		100.7		98.4
山 东 Shandong	99.2	100.0		100.5		100.5
河 南 Henan	100.5	95.1		104.6		97.4
湖 北 Hubei	98.6	99.0		99.4		
湖 南 Hunan	99.8	99.9	100.3	100.0	100.0	99.8
广 东 Guangdong	98.0	100.0	99.8	100.4		100.1
广 西 Guangxi	100.0	109.3				100.0
海 南 Hainan	97.6			96.7		100.5
重 庆 Chongqing	98.4	104.5	100.3	99.4	93.0	98.1
四 川 Sichuan	97.9	98.0	100.0	100.4		97.6
贵 州 Guizhou	97.7	99.8				
云 南 Yunnan	105.5	100.0				
西 藏 Tibet						
陕 西 Shaanxi	98.1	101.9			98.6	99.6
甘 肃 Gansu	100.7	99.2				105.4
青 海 Qinghai	100.2	100.3				
宁 夏 Ningxia						
新 疆 Xinjiang						

2-1-9 续表 24 Continued 24

(上年价格＝100) (Preceding year=100)

地　区 Region	自行车制造 Manufacture of Bicycles	非公路休闲车及零配件制造 Manufacture of Off-Road Recreational Vehicle and Parts	潜水救捞及其他未列明运输设备 Manufacture of Equipment for Diving, Underwater Salvage and Other Transport Equipment	电机制造 Manufacture of Electric Machinery	输配电及控制设备 Manufacture of Electricity Power Transmission, Distribution Control Equipment	电线、电缆、光缆及电工器材 Manufacture of Electrical Wires, Cables, Optical Fiber Cables and Electrical Materials	电池制品 Manufacture of Battery
全　国 National	**99.7**	**98.5**	**95.4**	**99.9**	**98.1**	**96.9**	**99.3**
北　京 Beijing				98.7	99.0	93.0	103.3
天　津 Tianjin	99.9			100.7	97.9	97.4	97.8
河　北 Hebei	99.7	90.9	104.2	100.5	97.9	95.6	100.0
山　西 Shanxi				96.1	98.7	95.9	102.1
内蒙古 Inner Mongolia				98.4	99.9	92.1	99.1
辽　宁 Liaoning				101.3	99.7	96.9	89.0
吉　林 Jilin				98.4	99.3	96.3	97.6
黑龙江 Heilongjiang				98.7	98.0	99.5	102.1
上　海 Shanghai	99.9		102.0	99.9	96.1	95.2	101.2
江　苏 Jiangsu	100.9	96.8	100.2	100.8	96.7	97.2	96.5
浙　江 Zhejiang	99.7	101.0		97.7	98.5	94.0	101.0
安　徽 Anhui	99.2			100.0	98.5	96.9	99.6
福　建 Fujian	109.0			101.4	96.6	96.3	100.9
江　西 Jiangxi	100.1	100.5		99.4	98.3	96.2	102.8
山　东 Shandong	97.5		93.9	97.5	96.8	98.6	101.1
河　南 Henan	98.7			100.9	99.0	95.6	99.6
湖　北 Hubei				95.6	99.6	96.6	103.9
湖　南 Hunan			99.4	100.2	100.5	97.2	89.7
广　东 Guangdong	100.2			100.7	101.7	97.2	97.9
广　西 Guangxi				106.5	97.7	93.9	102.2
海　南 Hainan					96.5	95.9	
重　庆 Chongqing	98.2	100.4		98.0	100.1	94.2	100.1
四　川 Sichuan				95.5	100.4	101.0	101.0
贵　州 Guizhou				102.3	101.1	104.0	101.6
云　南 Yunnan				99.5	98.1	93.2	101.1
西　藏 Tibet							
陕　西 Shaanxi	100.2			102.5	96.7	99.3	
甘　肃 Gansu				100.4	97.2	97.1	
青　海 Qinghai						97.0	101.2
宁　夏 Ningxia				100.2	101.0	94.8	100.2
新　疆 Xinjiang				100.5	100.5	95.1	

2-1-9 续表 25 Continued 25

(上年价格=100) (Preceding year=100)

地 区 Region	家用电力器具 Manufacture of Domestic Electrical Appliances	非电力家用器具 Manufacture of Domestic Non-Electrical Appliances	照明器具制品 Manufacture of Illuminating Appliances	其他电气机械及器材 Manufacture of Other Electrical Machinery and Equipments	计算机制造 Manufacture of Computers	通信设备制造 Manufacture of Communication Equipment	广播电视设备制造 Manufacture of Broadcasting and Television Equipment	雷达及配套设备 Manufacture of Radar and Corollary Equipment
全 国 National	**98.8**	**100.8**	**98.4**	**100.0**	**99.6**	**97.6**	**100.5**	**99.7**
北 京 Beijing		99.8		97.7	98.5	95.7	99.0	
天 津 Tianjin	100.6	98.3	100.1		100.2	78.6		
河 北 Hebei	102.4	99.6	92.1	99.5	93.3	99.7	100.0	
山 西 Shanxi		98.7			98.7	97.5		
内蒙古 Inner Mongolia	107.2		98.5					
辽 宁 Liaoning	98.6	100.1	100.3	99.6	103.3	100.0	101.5	100.8
吉 林 Jilin	98.9		99.9	99.9	99.9			
黑龙江 Heilongjiang			103.8	100.0	93.3			
上 海 Shanghai	99.6	114.1	89.9	93.9	100.9	98.4	107.1	100.1
江 苏 Jiangsu	95.0	101.5	99.1		95.8	98.2	100.4	105.0
浙 江 Zhejiang	98.5	99.1	99.3	99.1	103.5	99.3	103.1	
安 徽 Anhui	97.9	100.0	99.9	102.5	99.8	101.3		100.0
福 建 Fujian	101.6	102.0	101.3		102.7	96.4	97.4	
江 西 Jiangxi	99.2	100.1	99.2	101.7	99.0	97.9	100.1	
山 东 Shandong	98.8	98.7	97.7	102.5	103.0	86.9	100.3	
河 南 Henan	98.6	98.6	93.4	99.6	100.0	95.9	97.8	
湖 北 Hubei	96.7	102.3	96.2		103.6	96.7	93.3	
湖 南 Hunan	99.7	100.0	98.5	100.1	100.4	91.4	93.4	100.0
广 东 Guangdong	100.0	101.1	100.3	98.1	100.6	100.0	102.0	97.6
广 西 Guangxi	99.8	100.0	100.0		101.1	99.2	102.2	
海 南 Hainan						100.5		
重 庆 Chongqing	100.3	97.1	99.8	99.2	97.9	101.7		
四 川 Sichuan	99.2	100.2	99.1		99.8	89.5	97.9	
贵 州 Guizhou	100.3		101.2					
云 南 Yunnan		100.8				102.0		
西 藏 Tibet								
陕 西 Shaanxi		100.2	100.7	100.2	104.4	100.5	99.6	99.9
甘 肃 Gansu			111.4	100.0				
青 海 Qinghai	100.5							
宁 夏 Ningxia		98.5						
新 疆 Xinjiang							99.6	

2-1-9 续表 26 Continued 26

(上年价格＝100) (Preceding year=100)

地 区 Region	视听设备制造 Manufacture of Audio and Video Equipment	电子器件制造 Manufacture of Electronic Appliances	电子元件制造 Manufacture of Electronic Components	其他电子设备 Manufacture of Other Electronic Equipment	通用仪器仪表 Manufacture of General Purpose Measuring Instruments and Meters	专用仪器仪表 Manufacture of Special Purpose Measuring Instruments and Meters	钟表与计时仪器 Manufacture of Watches and Clocks and Other Timer
全 国 National	**96.0**	**98.3**	**99.5**	**100.5**	**99.9**	**99.4**	**102.7**
北 京 Beijing	96.2	96.2	99.2	99.7	99.3	101.1	
天 津 Tianjin	98.2	96.6	100.9		99.7	99.7	110.9
河 北 Hebei		99.5	94.1	104.4	99.2	100.2	95.8
山 西 Shanxi		91.2	87.9	98.4		98.7	
内蒙古 Inner Mongolia	98.9			100.0			
辽 宁 Liaoning	107.4	99.2	103.0	102.1	96.8	99.7	110.6
吉 林 Jilin		99.5	99.9		100.7		
黑龙江 Heilongjiang		101.3			100.7	100.0	
上 海 Shanghai	89.2	99.9	96.3	102.5	101.7	98.9	
江 苏 Jiangsu	98.1	97.3	99.4	100.1	99.7	99.5	
浙 江 Zhejiang	98.5	97.2	100.3	102.7	99.3	99.2	100.8
安 徽 Anhui	98.8	96.4	98.0	100.7	97.8	98.3	
福 建 Fujian	98.4	94.3	101.1	101.0	100.5		101.2
江 西 Jiangxi	98.9	99.5	98.9	102.4	99.8	94.6	100.1
山 东 Shandong	84.1	99.8	104.1		103.4	100.0	95.1
河 南 Henan		93.9	97.7	98.4	97.7	103.3	
湖 北 Hubei		98.3	97.9		97.5		
湖 南 Hunan	100.1	101.6	100.0		95.1	95.9	
广 东 Guangdong	97.1	100.1	99.1	100.5	98.0	97.9	103.3
广 西 Guangxi	99.7	99.5	98.6	100.0	101.9		98.8
海 南 Hainan		100.3	100.4				
重 庆 Chongqing	100.8	92.7	98.0	99.2	102.3	96.0	102.0
四 川 Sichuan	92.9	101.4	88.9	99.1	110.4	98.7	
贵 州 Guizhou	100.0	100.2	99.2		99.0	100.0	
云 南 Yunnan		96.8			100.0		
西 藏 Tibet							
陕 西 Shaanxi	98.8	91.9	96.9	103.1	98.4	98.7	
甘 肃 Gansu		96.4			100.0		
青 海 Qinghai		99.6			100.3		
宁 夏 Ningxia					95.5		
新 疆 Xinjiang			104.2		99.8		

2-1-9 续表 27 Continued 27

(上年价格=100) (Preceding year=100)

地 区	Region	光学仪器及眼镜 Manufacture of Optical Instruments and Spectacles	其他仪器仪表制造业 Manufacture of Other Measuring Instruments and Meters	日用杂品制造 Manufacture of Daily Groceries	煤制品 Manufacture of Coal Products	核辐射加工 Radiation Processing
全 国	**National**	**99.4**	**99.4**	**101.2**	**96.6**	
北 京	Beijing	103.2	104.7			
天 津	Tianjin			96.9		
河 北	Hebei	103.6	99.8	101.1	100.4	
山 西	Shanxi	104.6	99.6			
内蒙古	Inner Mongolia					
辽 宁	Liaoning	98.6	97.9	100.4	98.4	
吉 林	Jilin	100.5	99.3		98.1	
黑龙江	Heilongjiang	100.8	99.9	100.0	111.9	
上 海	Shanghai	98.9	102.6	86.4		
江 苏	Jiangsu	98.1	96.9	103.0		
浙 江	Zhejiang	93.8		100.4		
安 徽	Anhui		102.1	101.0		
福 建	Fujian	103.7	101.8	101.5	100.0	
江 西	Jiangxi	99.9		99.0		
山 东	Shandong			101.0		
河 南	Henan	99.0	103.7	103.4	99.6	
湖 北	Hubei					
湖 南	Hunan	99.6		102.9	86.4	
广 东	Guangdong	101.1	99.9	102.9		
广 西	Guangxi	101.5		93.7		
海 南	Hainan					
重 庆	Chongqing	98.8	110.8	101.2	92.6	
四 川	Sichuan	100.0	100.0	106.8	89.7	
贵 州	Guizhou	100.5				
云 南	Yunnan	100.0				
西 藏	Tibet					
陕 西	Shaanxi	99.6			94.4	
甘 肃	Gansu					
青 海	Qinghai				99.8	
宁 夏	Ningxia					
新 疆	Xinjiang					

2-1-9 续表 28 Continued 28

(上年价格=100) (Preceding year=100)

地 区 Region	其他未列明制造业 Other Manufacturing n.e.c.	金属废料和碎屑的加工处理 Recycling and Disposal of Metal Waste and Scrap	非金属废料和碎屑的加工处理 Recycling and Disposal of Non-Metal Waste and Scrap	金属制品修理 Repair of Fabricated Metal Products	通用设备修理 Repair of General Purpose Machinery
全 国 National	**100.6**	**98.0**	**95.1**	**84.0**	**98.2**
北 京 Beijing	94.8	88.8			
天 津 Tianjin		96.0			
河 北 Hebei	103.1	95.8	105.5		
山 西 Shanxi	99.6				
内蒙古 Inner Mongolia					
辽 宁 Liaoning	100.7	104.1	90.5		98.1
吉 林 Jilin	95.3	98.0	99.1		
黑龙江 Heilongjiang	100.0	98.2	90.0		
上 海 Shanghai	104.7	91.8	98.0		
江 苏 Jiangsu	101.4	101.5	101.2		
浙 江 Zhejiang	100.7	100.5	88.8		
安 徽 Anhui	102.7	98.8	96.7		
福 建 Fujian	104.6	100.5	95.3		
江 西 Jiangxi	99.8	91.1	81.7		
山 东 Shandong	100.6	104.4			
河 南 Henan	99.6				
湖 北 Hubei		109.6			
湖 南 Hunan		106.6			
广 东 Guangdong	103.3	92.9	94.4		
广 西 Guangxi	95.1	92.1			
海 南 Hainan		87.6			
重 庆 Chongqing	95.2	109.0	85.0	83.9	
四 川 Sichuan	99.7	107.7	95.0		
贵 州 Guizhou	100.0	95.1			
云 南 Yunnan	94.6				
西 藏 Tibet					
陕 西 Shaanxi	99.2	126.3	96.8		
甘 肃 Gansu			96.9		
青 海 Qinghai					
宁 夏 Ningxia					
新 疆 Xinjiang		93.3			

2-1-9 续表 29 Continued 29

(上年价格＝100) (Preceding year=100)

地 区	Region	专用设备修理 Repair of Special Purpose Machinery	铁路、船舶、航空航天等运输设备修理 Repair of Railway Transports, Ships and Boats, Air and Spacecrafts and Other Transportation Equipments	电气设备修理 Repair of Electrical Machinery	仪器仪表修理 Repair of Measuring Instrument and Meters	其他机械和设备修理业 Repair of Other Machinery and Equipments
全 国	**National**	**99.8**	**102.8**	**100.5**		**100.5**
北 京	Beijing	100.2				
天 津	Tianjin		100.9			
河 北	Hebei		102.6			
山 西	Shanxi		98.7			
内蒙古	Inner Mongolia			100.0		
辽 宁	Liaoning	98.3	100.2			95.0
吉 林	Jilin					104.7
黑龙江	Heilongjiang		100.0	100.9		
上 海	Shanghai		104.2			
江 苏	Jiangsu		99.7			
浙 江	Zhejiang		101.6			
安 徽	Anhui					
福 建	Fujian		103.1			
江 西	Jiangxi					91.8
山 东	Shandong	99.1	103.6			
河 南	Henan		99.6			
湖 北	Hubei					
湖 南	Hunan					
广 东	Guangdong		112.6			
广 西	Guangxi					
海 南	Hainan			101.3		
重 庆	Chongqing					
四 川	Sichuan		100.0			
贵 州	Guizhou		99.9			
云 南	Yunnan					
西 藏	Tibet					
陕 西	Shaanxi		100.0			
甘 肃	Gansu		96.4			
青 海	Qinghai					
宁 夏	Ningxia					
新 疆	Xinjiang	101.2				

2-1-9 续表 30 Continued 30

(上年价格＝100) (Preceding year=100)

地 区 Region	电力生产 Products of Power Supply	电力供应 Supply of Electricity	热力生产和供应 Production and Supply of Heating Power	自来水生产和供应 Production and Supply of Tap Water	污水处理及其再生利用 Recycling and Treatment of Waste Water	其他水的处理、利用与分配 Other Disposal, Utilization and Distribution of Water
全 国 National	**94.5**	**98.1**	**97.4**	**102.6**	**99.3**	**99.8**
北 京 Beijing	96.6	100.2	90.9	105.6	100.2	
天 津 Tianjin	93.8	104.6	94.5	100.0		
河 北 Hebei	89.1	95.4	97.6	99.5	100.0	
山 西 Shanxi	94.1	96.6	98.7	99.3		
内蒙古 Inner Mongolia	93.7	97.6	99.4	108.7	110.8	
辽 宁 Liaoning	97.7	98.7	99.8	106.3	100.1	
吉 林 Jilin	99.0	99.1	99.0	101.5		
黑龙江 Heilongjiang	100.0	98.8	98.7	105.1	100.0	
上 海 Shanghai	92.1	98.9	92.6	99.7	99.3	
江 苏 Jiangsu	91.9	97.3	94.7	104.1	101.5	
浙 江 Zhejiang	91.8	99.2	97.9	101.3	100.2	
安 徽 Anhui	94.0	94.5	98.5	101.8	97.5	
福 建 Fujian	98.3	98.1	98.1	101.3	100.0	
江 西 Jiangxi	92.6	97.9	89.4	101.9	100.1	
山 东 Shandong	90.6	98.6	96.6	103.3	95.4	
河 南 Henan	89.9	95.6	97.9	101.2	100.1	
湖 北 Hubei	97.0	97.5	96.3	105.5		
湖 南 Hunan	96.1	99.6	87.0	103.3	100.0	
广 东 Guangdong	100.9	98.0	101.2	103.1	98.6	
广 西 Guangxi	97.2	98.4	98.8	101.1	100.0	
海 南 Hainan	103.8	101.0		111.2		103.8
重 庆 Chongqing	94.9	96.8	104.1	100.3		
四 川 Sichuan	99.5	99.0		100.8	98.2	
贵 州 Guizhou	88.1	97.1		103.8	100.6	
云 南 Yunnan	94.8	100.9		101.8		
西 藏 Tibet	108.2	119.0		104.5		
陕 西 Shaanxi	93.2	97.1	90.1	101.2	99.6	99.6
甘 肃 Gansu	85.7	97.1	99.7	99.9		
青 海 Qinghai	100.0	100.1	100.2	100.3		
宁 夏 Ningxia	96.8	99.7	100.2	100.4	100.2	
新 疆 Xinjiang	96.4	97.7	101.2	108.2	101.2	

2-2-1 全国工业生产者购进价格分类指数(1986～2016年)
Purchasing Price Indices for Industrial Producers (1986~2016)

(上年价格=100) (Preceding year=100)

年 份 Year	总指数 General Index	燃料、动力类 Fuel and Power	黑色金属材料类 Ferrous Metals	有色金属材料类 Nonferrous Metals	化工原料类 Raw Chemical Materials	木材及纸浆类 Timber and Paper Pulp	建材类 Building Materials	其他工业原料类 Other Materials	农副产品类 Agricultural Products	纺织原料类 Textile Materials
1986	109.5	109.1	110.6	107.6	105.1	110.9	126.7		107.5	
1987	111.0	109.2	110.4	108.4	115.7	138.2	111.6		107.3	107.8
1988	120.2	112.9	118.3	130.7	133.4	143.1	114.2		122.6	115.7
1989	126.4	124.7	130.3	127.6	124.4	111.4	122.7		128.9	128.5
1990	105.6	110.7	103.9	97.2	95.6	99.4	115.2		107.8	107.4
1991	109.1	112.9	112.5	101.2	99.8	105.6	101.2		106.8	108.9
1992	111.0	116.4	114.5	112.4	102.6	102.0	118.8		103.4	100.5
1993	135.1	136.7	174.1	115.8	114.3	128.6	140.9		112.2	107.1
1994	118.2	118.0	103.8	110.7	111.7	115.1	114.3		148.3	139.6
1995	115.3	108.7	98.2	128.3	127.2	115.8	102.6		143.1	123.6
1996	103.9	110.2	99.3	92.4	98.0	101.9	102.5		114.7	94.5
1997	101.3	109.3	97.4	96.2	97.1	100.9	99.7		102.0	94.7
1998	95.8	99.1	95.1	88.3	93.6	96.7	98.6	93.5	94.5	94.3
1999	96.7	100.9	94.7	98.9	97.6	100.4	98.8	97.5	89.8	96.8
2000	105.1	115.4	100.9	110.3	105.6	99.8	101.5	103.9	99.9	102.4
2001	99.8	100.2	100.5	95.6	98.4	100.4	98.6	98.8	101.2	99.7
2002	97.7	100.1	98.2	96.5	97.5	98.7	98.2	97.5	95.7	97.1
2003	104.8	107.4	107.9	105.3	102.9	100.3	99.7	100.2	106.7	101.4
2004	111.4	109.7	120.4	120.1	108.9	102.8	105.1	105.6	114.2	104.7
2005	108.3	115.0	107.5	114.0	108.3	103.5	103.1	102.5	101.7	102.4
2006	106.0	111.9	98.3	130.8	102.1	102.6	101.9	102.1	104.3	102.9
2007	104.4	104.3	105.4	111.6	103.6	102.7	103.0	102.7	106.1	101.4
2008	110.5	120.6	118.4	98.6	105.2	105.2	109.5	103.4	107.5	103.1
2009	92.1	89.2	86.3	81.1	91.3	95.8	101.1	98.0	97.0	98.8
2010	109.6	116.3	106.6	122.2	107.0	103.0	103.8	102.3	110.4	106.7
2011	109.1	110.8	109.4	112.1	110.4	104.6	108.4	104.4	115.6	112.7
2012	98.2	100.9	92.9	94.5	96.1	100.1	99.7	99.0	100.2	99.1
2013	98.0	96.6	95.7	95.4	97.3	99.6	98.7	99.1	101.6	99.9
2014	97.8	97.1	94.6	96.1	98.3	99.4	99.8	98.8	99.4	98.9
2015	93.9	88.7	88.4	92.7	93.7	99.3	95.9	97.6	97.7	97.8
2016	98.0	95.6	97.7	97.9	97.6	99.7	97.6	99.1	100.1	99.7

2-2-2 各地区工业生产者购进价格总指数(1986 ~ 2016年)

Purchasing Price Indices for Industrial Producers by Region (1986~2016)

(上年价格=100) (Preceding year=100)

地 区	Region	1986	1987	1988	1989	1990	1991	1992	1993	1994	1995	1996	1997	1998	1999
全 国	**National**	**109.5**	**111.0**	**120.2**	**126.4**	**105.6**	**109.1**	**111.0**	**135.1**	**118.2**	**115.3**	**103.9**	**101.3**	**95.8**	**96.7**
北 京	Beijing					114.8	111.7	114.2	142.7	123.8	119.8	104.2	103.4	98.1	95.8
天 津	Tianjin							108.4	139.1	121.7	112.8	101.9	99.0	95.9	96.3
河 北	Hebei							111.4	134.9	119.9	110.9	106.3	102.0	96.2	95.4
山 西	Shanxi					107.4	108.0	111.9	135.9	115.1	113.1	104.8	102.0	97.3	97.0
内蒙古	Inner Mongolia		114.9	118.2	124.4	108.3	111.2	112.1	132.6	116.8	112.8	100.8	100.9	98.1	96.8
辽 宁	Liaoning			133.9	133.3	117.6	108.1	121.2	149.9	118.2	114.2	104.8	103.1	99.3	99.1
吉 林	Jilin			115.7	131.5	102.8	114.1	127.1	173.9	113.9	113.8	102.4	103.9	96.6	100.5
黑龙江	Heilongjiang							112.9	139.6	117.6	112.7	104.2	104.4	98.6	98.2
上 海	Shanghai							113.1	129.2	121.4	114.8	101.6	97.8	94.1	97.1
江 苏	Jiangsu						107.0	110.3	125.8	120.1	117.6	104.3	98.0	91.5	94.4
浙 江	Zhejiang					104.7	102.7	106.3	126.4	124.8	119.2	101.5	96.5	92.6	96.2
安 徽	Anhui							113.9	128.8	122.3	117.9	109.9	101.7	96.0	94.5
福 建	Fujian							109.3	129.6	115.2	119.6	104.3	98.6	92.5	97.9
江 西	Jiangxi								129.4	123.4	114.7	105.8	100.4	95.4	96.9
山 东	Shandong				136.7	105.4	107.0	111.0	134.7	120.1	113.2	105.7	100.6	93.4	93.4
河 南	Henan				130.0	105.5	104.4	110.0	133.0	122.0	114.1	105.3	100.7	94.8	94.3
湖 北	Hubei				126.1	108.4	113.1	110.2	135.5	116.6	118.2	108.4	101.5	95.2	95.6
湖 南	Hunan				122.5	103.3	110.4	116.2	139.7	119.6	117.6	105.9	100.1	94.8	96.2
广 东	Guangdong								134.3	121.1	118.7	104.6	97.3	91.4	97.8
广 西	Guangxi	121.0	112.0			102.2	107.8	105.2	141.7	117.8	112.9	103.4	99.3	95.3	93.6
海 南	Hainan														
重 庆	Chongqing					103.7	109.2	123.8	124.5	124.6	111.6	106.3	100.1	95.1	96.9
四 川	Sichuan				129.4	106.4	108.6	112.5	137.2	119.1	113.5	106.1	101.6	95.3	96.8
贵 州	Guizhou							113.5	144.6	115.0	114.9	108.1	101.9	95.7	97.0
云 南	Yunnan						108.2	115.2	138.1	110.3	113.2	110.3	102.9	100.7	98.8
西 藏	Tibet														
陕 西	Shaanxi							111.5	138.4	115.6	114.3	109.1	106.8	97.1	95.5
甘 肃	Gansu				129.8	114.1	112.4	122.2	139.4	118.3	113.7	107.4	102.2	96.4	98.3
青 海	Qinghai				123.8	113.9	112.8	105.3	138.9	112.3	110.2	108.3	110.7	101.3	99.1
宁 夏	Ningxia												103.5	101.1	97.0
新 疆	Xinjiang							121.1	136.4	110.9	116.8	107.0	104.5	95.6	98.2

2-2-2 续表 Continued

(上年价格=100) (Preceding year=100)

地 区 Region	2000	2001	2002	2003	2004	2005	2006	2007	2008	2009	2010	2011	2012	2013	2014	2015	2016
全 国 National	**105.1**	**99.8**	**97.7**	**104.8**	**111.4**	**108.3**	**106.0**	**104.4**	**110.5**	**92.1**	**109.6**	**109.1**	**98.2**	**98.0**	**97.8**	**93.9**	**98.0**
北 京 Beijing	100.0	100.5	97.1	104.7	114.2	111.4	105.5	105.0	115.8	88.6	110.5	108.4	98.7	97.8	98.8	93.7	98.5
天 津 Tianjin	104.5	98.8	95.9	108.7	115.4	104.9	104.7	105.7	112.9	90.2	110.0	109.7	97.1	97.4	97.1	92.4	98.3
河 北 Hebei	103.3	101.0	97.3	109.4	118.4	107.0	105.0	107.8	115.9	93.5	110.9	110.9	96.2	97.6	95.6	90.3	98.3
山 西 Shanxi	102.0	101.8	102.6	107.8	114.5	108.2	102.6	105.3	118.3	96.6	109.0	108.1	98.1	95.5	96.2	93.1	98.1
内蒙古 Inner Mongolia	106.5	101.3	99.9	102.9	109.2	109.9	105.9	104.8	111.7	99.1	105.0	106.1	102.0	99.3	98.4	95.9	97.4
辽 宁 Liaoning	103.9	99.9	98.3	105.1	112.1	108.1	104.2	104.8	111.5	93.3	108.6	108.3	99.0	98.5	98.0	93.5	97.9
吉 林 Jilin	106.8	101.8	97.8	104.8	110.5	107.0	103.8	105.2	111.3	95.3	108.6	106.1	99.3	99.4	99.2	96.6	97.8
黑龙江 Heilongjiang	108.6	99.5	99.3	107.6	115.2	111.8	105.6	105.0	114.1	93.4	114.5	111.1	98.8	98.7	97.6	88.2	96.0
上 海 Shanghai	107.1	98.7	97.7	106.4	116.4	106.8	104.8	104.1	110.3	89.8	111.2	107.5	94.7	96.5	95.9	90.6	97.7
江 苏 Jiangsu	107.1	99.5	98.6	106.5	116.3	107.6	106.4	105.0	115.0	91.9	112.8	108.9	95.8	97.1	97.0	92.1	98.0
浙 江 Zhejiang	107.2	99.6	97.5	105.8	113.4	105.4	105.6	105.3	110.6	92.6	112.0	108.3	96.7	97.7	98.2	94.5	97.8
安 徽 Anhui	102.6	101.2	98.2	106.7	115.0	107.1	103.9	105.1	112.4	95.3	111.8	110.8	98.2	96.9	97.2	93.5	98.4
福 建 Fujian	112.4	96.7	97.6	106.3	113.3	108.1	103.9	104.3	110.2	93.2	107.7	108.0	97.7	98.4	98.3	96.1	98.0
江 西 Jiangxi	101.2	99.3	98.6	106.5	114.5	110.0	108.6	107.9	114.2	90.7	111.8	112.4	98.3	98.4	98.4	93.6	97.7
山 东 Shandong	104.7	100.0	98.7	105.7	113.4	105.9	104.3	104.8	113.1	95.5	109.3	109.2	99.2	98.4	98.2	95.0	98.0
河 南 Henan	105.1	101.9	97.6	107.8	115.7	108.3	105.3	106.4	111.9	97.1	110.2	110.1	99.2	99.3	98.4	95.4	99.2
湖 北 Hubei	105.6	100.2	97.7	108.2	113.1	107.0	104.9	104.5	110.9	93.4	110.4	111.5	98.9	98.2	97.8	92.8	98.3
湖 南 Hunan	106.7	101.1	99.3	106.7	114.4	109.4	106.5	106.1	112.0	92.6	110.0	110.8	100.1	98.4	97.9	94.5	98.0
广 东 Guangdong	110.9	99.1	96.3	104.1	110.7	105.0	103.6	103.3	107.9	93.8	107.3	107.3	99.5	98.2	98.8	95.3	98.0
广 西 Guangxi	100.9	103.7	95.6	101.2	116.3	108.2	111.4	106.1	110.6	95.1	111.2	110.0	99.2	98.9	98.2	95.7	98.3
海 南 Hainan			101.5	102.2	105.9	104.2	101.5	105.0	111.6	85.3	110.3	115.3	99.6	97.0	99.0	88.5	94.8
重 庆 Chongqing	105.6	99.5	99.2	104.9	110.3	108.2	104.8	106.2	112.2	95.0	106.9	105.7	99.5	97.6	98.1	97.1	98.4
四 川 Sichuan	101.7	98.5	97.6	101.7	112.0	109.3	104.3	105.7	112.4	95.3	106.1	112.6	100.0	99.2	98.7	96.7	98.8
贵 州 Guizhou	102.9	100.2	97.6	106.0	109.6	107.4	107.3	107.5	112.5	93.5	109.8	115.0	102.3	96.4	98.6	97.5	98.5
云 南 Yunnan	101.5	99.4	99.1	102.7	113.0	106.5	107.6	108.2	111.6	95.0	109.0	108.0	99.3	98.8	99.0	96.9	95.9
西 藏 Tibet																	
陕 西 Shaanxi	100.0	100.5	98.8	104.8	110.4	107.5	106.7	106.3	111.2	98.4	109.7	109.6	100.0	99.3	98.5	95.2	95.9
甘 肃 Gansu	111.8	101.4	98.4	105.6	112.5	109.9	108.8	104.3	110.2	90.5	114.4	115.1	98.7	97.8	97.6	87.0	94.6
青 海 Qinghai	98.9	99.1	102.8	101.8	108.5	105.3	102.8	104.4	110.4	99.8	108.6	107.0	98.6	98.8	97.6	97.7	96.2
宁 夏 Ningxia	105.8	102.5	97.8	106.8	117.3	109.7	108.5	107.1	121.8	94.7	114.1	112.8	99.5	97.0	97.0	92.1	96.9
新 疆 Xinjiang	115.2	98.9	94.9	114.8	118.2	110.7	111.1	103.8	117.8	90.6	123.9	117.8	97.9	97.8	97.5	84.3	95.5

2-2-3 各地区工业生产者购进价格分类指数(2016年)
Purchasing Price Indices for Industrial Producer by Category and Region (2016)

(上年价格=100) (Preceding year=100)

地区	Region	总指数 General Index	燃料、动力类 Fuel and Power	黑色金属材料类 Ferrous Metals	有色金属材料类 Nonferrous Metals	化工原料类 Raw Chemical Materials	木材及纸浆类 Timber and Paper Pulp	建材类 Building Materials	其他工业原料类 Other Materials	农副产品类 Agricultural Products	纺织原料类 Textile Materials
全国	**National**	**98.0**	**95.6**	**97.7**	**97.9**	**97.6**	**99.7**	**97.6**	**99.1**	**100.1**	**99.7**
北京	Beijing	98.5	98.0	99.7	97.2	96.6	99.1	100.6	98.3	112.8	99.8
天津	Tianjin	98.3	93.2	102.4	98.4	98.0	98.2	92.3	99.0	102.7	99.5
河北	Hebei	98.3	99.5	94.4	96.6	98.6	101.2	101.5	99.6	104.5	101.1
山西	Shanxi	98.1	100.5	94.4	94.0	97.7	99.7	98.6	98.6	98.8	97.7
内蒙古	Inner Mongolia	97.4	99.6	91.5	96.1	101.9	100.1	96.8	98.1	97.1	96.8
辽宁	Liaoning	97.9	94.2	98.0	99.9	97.1	99.7	98.4	99.1	100.3	100.3
吉林	Jilin	97.8	95.7	96.6	98.7	96.9	100.0	98.5	99.2	97.9	96.6
黑龙江	Heilongjiang	96.0	93.0	95.9	98.6	99.1	99.9	99.1	97.5	103.4	96.8
上海	Shanghai	97.7	91.3	101.1	99.6	97.2	98.3	98.1	99.0	94.4	100.8
江苏	Jiangsu	98.0	96.7	98.4	95.9	97.3	99.0	96.5	98.7	100.3	100.3
浙江	Zhejiang	97.8	96.4	98.6	97.0	96.5	99.8	95.7	98.6	98.6	98.9
安徽	Anhui	98.4	95.7	97.1	101.6	96.8	99.5	96.1	99.7	98.5	100.8
福建	Fujian	98.0	93.0	96.5	94.3	97.5	101.2	98.9	99.4	100.3	100.6
江西	Jiangxi	97.7	97.3	95.9	96.7	97.2	101.0	98.0	98.1	99.4	99.7
山东	Shandong	98.0	93.3	98.3	98.9	98.2	99.3	98.1	99.4	100.2	99.6
河南	Henan	99.2	98.1	96.7	101.2	99.1	98.1	97.7	100.1	100.2	100.0
湖北	Hubei	98.3	95.0	103.5	98.6	97.3	98.8	98.1	97.4	101.2	99.7
湖南	Hunan	98.0	94.3	99.2	96.4	99.4	100.4	100.2	98.7	98.6	99.3
广东	Guangdong	98.0	94.8	97.2	97.3	97.9	99.8	96.0	99.2	99.6	98.9
广西	Guangxi	98.3	94.8	96.4	99.8	97.6	100.6	98.0	99.5	102.9	98.2
海南	Hainan	94.8	90.8	93.6	95.7	95.8	98.8	97.1	99.8	99.8	99.6
重庆	Chongqing	98.4	97.6	97.1	97.5	97.8	99.3	98.0	98.8	99.9	99.4
四川	Sichuan	98.8	99.1	99.0	99.0	96.5	101.1	97.2	98.8	99.3	100.0
贵州	Guizhou	98.5	98.0	97.7	101.6	97.6	97.1	97.1	99.7	98.7	99.5
云南	Yunnan	95.9	96.7	95.8	92.8	90.7	98.5	96.5	98.2	98.9	100.2
西藏	Tibet										
陕西	Shaanxi	95.9	90.8	97.0	102.7	98.5	99.7	101.3	99.8	99.1	100.0
甘肃	Gansu	94.6	92.3	92.3	96.1	96.8	100.1	94.4	99.1	104.8	106.1
青海	Qinghai	96.2	95.0	101.5	95.4	97.4	99.2	97.1	95.5	102.3	98.8
宁夏	Ningxia	96.9	95.0	104.3	94.3	98.3	98.4	100.5	99.0	98.2	98.3
新疆	Xinjiang	95.5	92.5	99.5	95.4	99.5	97.4	98.6	98.5	98.7	101.4

2-3-1 全国固定资产投资价格分类指数(1991 ~ 2016年)

Price Indices for Investment in Fixed Assets(1991~2016)

(上年价格=100) (Preceding year=100)

年 份 Year	总指数 Geneval Index	建筑安装工程 Construction and Installation	人工费 Labour Costs	材料费 Material Costs	机械使用费 Machine Costs	设备、工器具 Purchase of Equipment, and Instruments	其他费用 Other Expenses
1991	109.5	109.7	112.2	110.9		106.1	116.8
1992	115.3	116.8	116.5	117.2		109.4	120.9
1993	126.6	131.3	137.8	134.7		119.7	123.4
1994	110.4	110.4	123.3	107.9		109.5	112.1
1995	105.9	104.7	121.5	100.6		106.3	112.4
1996	104.0	105.1	116.2	101.6	115.3	101.6	104.3
1997	101.7	102.9	113.6	100.8	105.9	98.1	102.9
1998	99.8	100.5	104.8	98.9	100.4	97.5	100.4
1999	99.6	100.3	103.0	98.9	101.2	97.5	99.9
2000	101.1	102.4	107.0	102.1	100.8	97.4	101.0
2001	100.4	101.4	104.2	100.5	101.9	97.0	101.0
2002	100.2	101.0	104.1	100.2	101.0	97.0	101.2
2003	102.2	104.2	103.8	105.0	100.9	97.0	101.6
2004	105.6	108.2	104.6	110.7	101.6	99.4	103.5
2005	101.6	101.8	105.6	100.9	101.9	99.4	103.2
2006	101.5	101.3	106.7	99.8	102.6	100.7	103.3
2007	103.9	105.1	108.9	104.5	103.3	100.2	104.2
2008	108.9	112.9	113.8	114.1	106.5	100.6	105.4
2009	97.6	96.3	106.6	92.8	102.0	97.6	102.4
2010	103.6	104.9	109.1	104.3	102.9	100.3	103.1
2011	106.6	109.2	113.5	108.7	104.9	101.1	104.0
2012	101.1	101.6	109.7	98.0	103.4	98.9	102.2
2013	100.3	100.3	108.1	97.6	102.2	99.0	101.7
2014	100.5	100.6	106.1	98.5	101.7	99.7	101.4
2015	98.2	97.3	104.6	94.0	100.9	99.3	100.7
2016	99.4	99.4	103.5	97.6	100.6	98.9	100.5

2-3-2 各地区固定资产投资价格总指数(1991 ~ 2016年)

Price Indices for Investment in Fixed Assets by Region(1991~2016)

(上年价格=100) (Preceding year=100)

地 区	Region	1991	1992	1993	1994	1995	1996	1997	1998	1999	2000	2001
全 国	**National**	**109.5**	**115.3**	**126.6**	**110.4**	**105.9**	**104.0**	**101.7**	**99.8**	**99.6**	**101.1**	**100.4**
北 京	Beijing	107.3	112.2	126.6	116.2	113.9	108.2	102.7	100.8	99.9	101.0	100.6
天 津	Tianjin		119.4	122.9	111.9	107.6	102.5	100.8	98.9	99.2	99.9	99.7
河 北	Hebei	106.8	129.3	124.8	110.0	106.9	103.9	101.5	97.8	99.4	101.1	99.9
山 西	Shanxi	107.8	116.8	124.8	108.3	106.8	104.9	101.5	98.8	99.7	101.8	101.7
内蒙古	Inner Mongolia	107.1	109.3	124.5	106.7	103.9	105.3	99.7	101.7	101.9	101.9	100.8
辽 宁	Liaoning	108.2	121.0	136.4	117.4	104.9	102.2	102.3	99.8	100.0	101.1	100.4
吉 林	Jilin	111.9	116.4	128.8	107.3	109.6	102.9	104.4	100.8	102.2	102.0	101.1
黑龙江	Heilongjiang	107.6	113.5	127.9	109.0	106.5	103.4	102.7	100.8	99.7	101.5	100.1
上 海	Shanghai	107.3	113.0	131.4	108.8	103.1	106.9	100.5	98.4	98.1	100.0	100.7
江 苏	Jiangsu	104.5	112.1	138.8	114.6	107.4	103.2	99.2	98.4	98.3	101.1	100.8
浙 江	Zhejiang			138.8	112.4	107.2	101.3	99.5	97.6	98.2	100.3	100.4
安 徽	Anhui	114.8	119.8	123.0	120.1	106.5	103.4	101.3	100.0	99.3	101.6	99.5
福 建	Fujian	108.6	114.9	134.1	107.3	104.8	104.7	101.1	98.0	98.5	100.2	99.5
江 西	Jiangxi	110.4	110.1	129.8	114.6	107.2	105.8	101.4	102.1	98.6	101.4	98.9
山 东	Shandong	112.4	119.4	122.1	115.8	106.6	103.1	100.4	99.2	99.6	102.4	101.4
河 南	Henan	109.4	119.8	126.7	106.0	105.9	103.9	102.9	98.7	98.0	102.9	100.4
湖 北	Hubei	108.3	117.0	127.4	107.9	105.0	104.0	102.1	100.5	99.5	101.7	100.1
湖 南	Hunan	108.1	116.4	129.5	113.5	109.5	104.9	101.8	102.7	100.5	102.3	101.3
广 东	Guangdong											100.2
广 西	Guangxi	101.7	117.9	131.2	112.3	103.4	103.6	100.3	99.9	96.1	101.4	102.0
海 南	Hainan										101.8	100.3
重 庆	Chongqing							101.7	98.7	100.5	102.5	100.8
四 川	Sichuan	108.1	113.9	133.2	107.3	101.2	104.8	102.2	97.5	100.5	100.9	101.5
贵 州	Guizhou	110.6	120.2	126.9	113.1	107.6	105.4	101.4	100.0	99.4	102.2	100.4
云 南	Yunnan	112.1	117.6	135.4	113.6	104.0	104.3	105.4	101.8	100.7	101.6	101.0
西 藏	Tibet											
陕 西	Shaanxi	112.9	119.1	129.5	111.7	107.9	107.8	105.3	101.8	101.2	103.6	103.6
甘 肃	Gansu	116.5	117.4	126.2	112.6	109.4	104.9	102.7	100.3	101.0	103.3	102.0
青 海	Qinghai		115.1	125.9	108.4	105.3	103.5	103.0	98.5	100.1	101.6	100.3
宁 夏	Ningxia	110.4	117.3	123.0	112.6	109.3	107.4	102.2	102.1	99.7	104.5	101.5
新 疆	Xinjiang	114.8	117.0	126.5	112.3	106.2	105.6	103.2	102.0	99.0	103.6	102.5

2-3-2 续表 Continued

(上年价格=100) (Preceding year=100)

地 区	Region	2002	2003	2004	2005	2006	2007	2008	2009	2010	2011	2012	2013	2014	2015	2016
全 国	**National**	**100.2**	**102.2**	**105.6**	**101.6**	**101.5**	**103.9**	**108.9**	**97.6**	**103.6**	**106.6**	**101.1**	**100.3**	**100.5**	**98.2**	**99.4**
北 京	Beijing	100.4	102.2	104.3	100.7	100.4	102.8	107.8	97.1	102.5	105.7	101.3	99.9	100.0	97.6	99.7
天 津	Tianjin	99.5	102.6	107.3	101.2	100.7	102.6	109.2	97.6	102.6	105.7	100.0	99.5	100.5	99.9	99.4
河 北	Hebei	99.5	102.3	107.0	101.9	101.7	103.8	109.6	96.5	103.7	105.5	100.3	99.9	100.2	98.0	99.4
山 西	Shanxi	100.5	102.9	105.2	103.0	101.5	104.1	113.3	98.1	103.7	105.5	101.2	100.5	99.6	98.2	100.0
内蒙古	Inner Mongolia	101.0	102.6	105.0	103.7	103.3	103.8	108.1	98.5	105.4	106.3	101.6	99.6	99.8	98.0	99.5
辽 宁	Liaoning	100.7	102.5	104.8	102.8	102.1	104.3	109.1	97.0	103.3	106.6	101.0	100.0	99.7	97.9	99.2
吉 林	Jilin	101.2	101.1	104.1	102.0	102.2	103.9	107.3	99.4	102.4	105.6	100.4	100.0	100.2	97.6	98.7
黑龙江	Heilongjiang	100.2	102.3	105.0	102.2	102.1	104.5	109.0	97.6	105.2	107.5	100.8	100.1	100.0	99.0	99.4
上 海	Shanghai	100.3	102.4	106.7	100.8	100.1	103.5	107.9	97.0	103.8	106.5	99.4	100.2	100.5	97.0	99.6
江 苏	Jiangsu	101.7	104.3	109.4	100.9	101.2	104.9	110.0	97.7	105.1	106.8	98.6	100.5	101.1	96.2	98.8
浙 江	Zhejiang	100.5	103.5	105.9	100.3	101.5	104.4	109.3	96.7	104.7	107.5	99.2	100.0	100.6	97.4	99.5
安 徽	Anhui	101.1	103.5	106.1	101.0	101.9	105.4	109.4	96.0	105.4	108.1	101.0	100.2	100.3	96.9	99.2
福 建	Fujian	99.7	101.4	103.4	100.7	102.0	105.9	105.9	98.0	103.3	106.2	100.3	100.1	100.4	98.3	100.0
江 西	Jiangxi	100.0	105.1	107.4	100.5	103.2	105.4	110.4	96.1	104.8	108.4	101.0	100.4	100.1	96.8	100.0
山 东	Shandong	101.1	102.9	107.4	102.9	101.8	104.0	107.7	96.9	103.6	106.8	100.8	100.4	100.3	97.7	99.1
河 南	Henan	98.7	103.8	110.1	101.4	101.6	104.6	109.0	96.4	103.5	107.4	101.0	99.9	100.0	97.6	99.2
湖 北	Hubei	99.8	103.3	106.0	102.2	101.8	104.1	109.4	98.8	104.7	107.3	101.8	100.5	101.0	99.4	100.1
湖 南	Hunan	100.3	102.8	105.5	103.6	103.1	105.8	109.9	99.7	104.0	107.2	101.7	101.3	101.5	100.4	100.4
广 东	Guangdong	99.7	102.2	106.4	101.6	100.7	102.4	108.6	96.7	103.0	105.5	101.5	101.4	101.5	99.0	100.3
广 西	Guangxi	100.3	101.8	104.6	101.4	101.2	102.3	107.9	97.9	103.0	106.2	100.6	100.1	101.6	98.8	99.5
海 南	Hainan	98.2	103.2	105.6	101.2	101.0	106.1	113.3	97.7	105.2	106.4	102.0	99.3	100.6	99.4	100.1
重 庆	Chongqing	100.7	102.9	105.1	102.3	101.7	105.5	110.2	97.8	102.1	105.9	101.8	100.5	100.3	98.2	98.9
四 川	Sichuan	100.5	102.2	106.8	103.9	102.9	104.7	112.5	98.3	102.5	105.2	101.0	100.4	100.5	97.9	99.8
贵 州	Guizhou	100.2	102.3	104.9	101.4	101.1	103.5	108.9	100.5	102.7	105.4	101.5	100.9	101.1	98.4	98.6
云 南	Yunnan	100.0	102.2	108.0	104.6	101.8	104.2	107.4	98.1	102.7	104.6	101.4	101.1	101.0	99.1	100.1
西 藏	Tibet															
陕 西	Shaanxi	102.0	101.7	104.5	103.7	102.6	104.0	109.5	99.3	103.6	105.9	102.6	102.0	101.1	98.8	99.9
甘 肃	Gansu	100.2	101.7	105.5	102.2	104.1	102.8	106.7	101.5	103.5	104.7	102.1	100.4	100.1	97.7	98.7
青 海	Qinghai	103.2	102.0	102.8	102.1	102.4	104.2	110.5	100.9	103.8	106.5	102.2	101.5	100.9	98.2	99.6
宁 夏	Ningxia	100.7	102.3	104.9	102.1	101.3	103.2	109.0	100.2	104.2	107.5	101.5	99.8	100.8	97.5	99.6
新 疆	Xinjiang	100.2	103.4	104.5	102.8	102.2	104.4	111.2	98.0	104.6	107.1	100.6	100.5	100.3	98.3	99.9

2-3-3 各地区固定资产投资价格分类指数(2015～2016年)
Price Indices for Investment in Fixed Assets by Region and Category (2015~2016)

(上年价格=100) (Preceding year=100)

地 区 Region	2015 固定资产投资 Investment in Fixed Assets	2015 建筑安装工程 Construction and Installation	2015 设备、工器具 Purchase of Equipment, and Instruments	2015 其他费用 Other Expenses	2016 固定资产投资 Investment in Fixed Assets	2016 建筑安装工程 Construction and Installation	2016 设备、工器具 Purchase of Equipment, and Instruments	2016 其他费用 Other Expenses
全 国 National	**98.2**	**97.3**	**99.3**	**100.7**	**99.4**	**99.4**	**98.9**	**100.5**
北 京 Beijing	97.6	94.4	99.5	100.5	99.7	98.8	99.0	100.7
天 津 Tianjin	99.9	99.6	99.3	101.2	99.4	98.9	98.8	101.2
河 北 Hebei	98.0	97.1	99.3	100.4	99.4	99.4	98.7	100.8
山 西 Shanxi	98.2	97.7	99.3	99.3	100.0	100.5	98.9	99.9
内蒙古 Inner Mongolia	98.0	97.3	99.3	100.6	99.5	99.6	98.9	100.6
辽 宁 Liaoning	97.9	97.0	99.3	101.1	99.2	99.1	98.8	100.9
吉 林 Jilin	97.6	96.3	99.3	100.1	98.7	98.6	98.7	100.0
黑龙江 Heilongjiang	99.0	98.7	99.2	101.9	99.4	99.4	99.0	100.7
上 海 Shanghai	97.0	94.9	99.8	100.6	99.6	99.3	99.7	100.2
江 苏 Jiangsu	96.2	93.4	99.5	101.8	98.8	98.3	98.7	102.1
浙 江 Zhejiang	97.4	95.4	99.2	100.9	99.5	99.3	98.9	100.5
安 徽 Anhui	96.9	95.5	99.3	100.8	99.2	99.3	98.5	100.2
福 建 Fujian	98.3	97.6	99.5	100.1	100.0	99.8	100.0	100.7
江 西 Jiangxi	96.8	95.4	99.2	101.1	100.0	100.3	98.7	100.5
山 东 Shandong	97.7	96.6	99.2	100.9	99.1	99.1	98.7	100.0
河 南 Henan	97.6	96.5	99.0	100.5	99.2	99.1	98.6	100.7
湖 北 Hubei	99.4	99.1	99.5	101.2	100.1	100.2	99.1	100.7
湖 南 Hunan	100.4	100.3	99.9	101.7	100.4	100.7	99.4	100.7
广 东 Guangdong	99.0	98.4	99.4	101.1	100.3	100.4	99.3	100.7
广 西 Guangxi	98.8	98.0	99.8	100.4	99.5	99.4	99.4	100.0
海 南 Hainan	99.4	99.2	99.3	100.3	100.1	100.4	98.9	99.6
重 庆 Chongqing	98.2	97.5	99.4	100.8	98.9	98.5	98.8	100.6
四 川 Sichuan	97.9	96.4	99.7	100.2	99.8	100.1	98.9	99.8
贵 州 Guizhou	98.4	98.1	99.5	99.4	98.6	98.3	99.2	100.9
云 南 Yunnan	99.1	98.7	98.8	101.0	100.1	100.1	98.6	101.0
西 藏 Tibet								
陕 西 Shaanxi	98.8	98.4	99.1	100.7	99.9	99.8	98.9	101.3
甘 肃 Gansu	97.7	97.5	97.9	99.6	98.7	98.5	99.4	100.4
青 海 Qinghai	98.2	97.7	99.5	100.9	99.6	99.6	99.1	101.0
宁 夏 Ningxia	97.5	96.9	99.1	100.1	99.6	99.5	99.0	100.8
新 疆 Xinjiang	98.3	97.6	99.1	102.6	99.9	99.9	99.3	101.7

Price Indices for Investment in Fixed Assets by Region and Category (2015—2016)

居民消费价格
Consumer Price Index

3

3-1-1 全国居民消费价格分类指数(2016年)
Consumer Price Indices by Category(2016)

(上年价格=100) (Preceding year =100)

项 目	Item	全 国 National Indeces	城 市 Urban Indices	农 村 Rural Indices
居民消费价格总指数	**Consumer Price Index**	**102.0**	**102.1**	**101.9**
一、食品烟酒	**Food tabacoo and Liquor**	**103.8**	**103.7**	**104**
1.食品	Food	104.6	104.5	104.8
(1)粮食	Grain	100.5	100.6	100.4
(2)薯类	Tubers	111.4	111.3	111.5
(3)豆类	Beans	100.9	100.9	100.9
(4)食用油	Edible Oil and Fats	101.7	101.2	102.5
(5)菜	Vegetables	110.9	110.9	111.1
(6)畜肉类	Meat of Livestock	111	110.5	112.2
(7)禽肉类	Meat of Poultry	101.5	101.6	101.3
(8)水产品	Aquatic Products	104.6	104.9	103.3
(9)蛋类	Eggs	96.8	96.8	96.8
(10)奶类	Milk	99.9	99.8	100.1
(11)干鲜瓜果类	Dried and Fresh Melons and Fruits	98.2	98.2	97.9
(12)糖果糕点类	Candy and Cake	101	101	101
(13)调味品	Falvoring	102.1	102.4	101.5
(14)其他食品类	Other Foods	101.5	101.7	101.2
2.茶及饮料	Tea and Beverages	100.4	100.5	100.3
3.烟酒	Tobacco and Liquor	101.5	101.5	101.5
(1)烟草	Tabacco	102.3	102.3	102.3
(2)酒类	Liquor	100.4	100.4	100.2
4.在外餐饮	Dining Out	102.6	102.6	102.9
二、衣着	**Clothing**	**101.4**	**101.5**	**101.3**
1.服装	Garments	101.4	101.5	101.3
(1)男式服装	Men's clothing	101.5	101.6	101.5
(2)女式服装	Women's Clothing	101.3	101.4	101
(3)儿童服装	Children's Clothing	101.6	101.6	101.6
2.服装材料	Clothing materials	101.3	101.5	100.8
3.其他衣着及配件	Other Clothing and Parts	100.8	100.6	101.4
4.衣着加工服务费	Clothing Manufacturing Services	104	103.9	104.3
5.鞋类	Footware	101.4	101.4	101.3
(1)鞋	Shoes	101.3	101.3	101.2
(2)鞋类加工服务	Footware Manufactuing Services	103.3	103.2	103.7
三、居住	**Residence**	**101.6**	**101.9**	**100.6**
1.租赁房房租	Rent of Rental Housing	102.8	102.9	102
2.住房保养维修及管理	Housing Maintenance and Management	101.2	101.4	100.7
(1)住房装潢材料	Building and Building Decoration Matrials	100.3	100.4	100.1
(2)物业管理费	Property Management fee	101.5	101.6	100.8
(3)住房装潢维修	Decoration and Repair	102.2	102.8	101.3
3.水电燃料	Water,Electricity and Fuels	99.5	99.8	98.6
(1)水	Water	104.4	104.4	104.4
(2)电	Electricity	100	100	99.9
(3)燃气	Gas	96.9	97.8	94.2
(4)取暖费	Heating fees	98.3	98.2	99.6
(5)其他燃料	Other Fuels	98.7	99.9	97.9
4.自有住房	Private Housing	102.5	102.8	101.6
四、生活用品及服务	**Articles for Daily Use and Services**	**100.5**	**100.5**	**100.2**
1.家具及室内装饰品	Furniture and Interior Decorations	100.7	100.7	100.5
(1)家具	Furniture	100.8	100.8	100.6
(2)室内装饰品	Interior Decorations	100	100	99.9
2.家用器具	Home Appliances	98.8	98.7	99.2
(1)大型家用器具	Large Houshold Appliances	98.7	98.6	99.1
(2)小家电	Small Household Appliances	99.3	99.2	99.7
3.家用纺织品	Home Textiles	100.2	100.3	100.1
(1)床上用品	Bed Articles	100.2	100.3	100.1

3-1-1 续表 continued

(上年价格=100) (Preceding year =100)

项 目	Item	全 国 National Indeces	城 市 Urban Indices	农 村 Rural Indices
(2)窗帘门帘	Curtains	100.2	100.1	100.4
(3)其他家用纺织品	Other Interior Textiles	100.3	100.4	100.2
4.家庭日用杂品	Daily Use Household Articles	100.5	100.5	100.5
(1)洗涤卫生用品	Clearing Products	100.4	100.4	100.4
(2)厨具餐具茶具	Kichenware Tableware and Teaset	100.7	100.7	100.9
(3)家用手工工具	Hand Tools for Household Use	100.5	100.5	100.6
(4)其他家庭日用杂品	Other Daily Use Household Articles	100.3	100.3	100.3
5.个人护理用品	Personal-care Supplies	101	101.1	100.5
(1)化妆品	Cosmetics	101.3	101.4	100.6
(2)其他护理用品类	Other Nursing Materials	100.5	100.5	100.3
6.家庭服务	Household Service	104.4	104.5	103.4
五、交通和通信	**Transportaion and Communications**	**98.7**	**98.6**	**98.9**
1.交通	Transport	98.6	98.5	98.7
(1)交通工具	Transport Facility	98	97.9	98.2
(2)交通工具用燃料	Fuels for Transport Facility	96	96	96.1
(3)交通工具使用和维修	Use and Maintenance of Transport Facility	101.5	101.4	101.5
(4)交通费	Traffic Fair	101.2	101.1	101.5
2.通信	Communications	99	98.9	99.3
(1)通信工具	Communication Facility	96.5	96.4	96.9
(2)通信服务	Communicaiton Service	99.7	99.6	100.1
(3)邮递服务	Postal Service	100.5	100.5	100.3
六、教育文化和娱乐	**Education, Culture and Recreation**	**101.6**	**101.5**	**101.9**
1.教育	Education	102.4	102.4	102.6
(1)教育用品	Education Articles	101.1	101.1	101.2
(2)教育服务	Education Services	102.5	102.5	102.7
2.文化娱乐	Culture and Recreation	100.4	100.5	100
(1)文娱耐用消费品	Durable Consumer Goods for Culture and Recreation	97.3	97.3	97.5
(2)其他文娱用品	Other Articles	100.8	100.8	100.8
(3)文化娱乐服务	Services for Culture and Recreation	100.9	101	100.7
(4)旅游	Touring and Outing	102	101.9	102.9
七、医疗保健	**Health Care**	**103.8**	**104.4**	**102.5**
1.药品及医疗器具	Medicine and Medical Instrument	104.3	104.4	104
(1)中药	Traditional chinese Medicine	104.8	105.2	103.7
(2)西药	Western Medicine	104.3	104.2	104.5
(3)滋补保健品	Health Care Articles	105.9	106.2	104.4
(4)医疗卫生器具	Medical Instrument	101.4	101.3	101.4
(5)保健器具	Health Care Appliances	100.5	100.6	100.4
2.医疗服务	Medical Services	103.5	104.4	101.7
(1)综合医疗类	General Practice	107.8	109.8	104.1
(2)诊断类	Diagnostic Medical	101.1	101.6	100.2
(3)治疗类	Medical Treatment	103.4	104.1	101.8
(4)康复类	Rehabilitation	104.1	105	101.8
(5)中医医疗服务类	Traditional Chinese Medical	104.3	105.5	101.8
(6)其他医疗服务	Other Health Care Services	103	103.6	101.9
八、其他用品和服务	**Other Articles and Services**	**102.8**	**102.9**	**102.2**
1.其他用品类	Other Articles	103.5	103.9	102.1
(1)首饰手表	Jewelry and Watches	105.8	106.2	103.9
(2)其他杂项用品	Other Miscellaneous Articles	100.1	100.1	100.2
2.其他服务类	Other Services	102.2	102.1	102.3
(1)旅馆住宿	Hotel Accommodations	101.3	101.2	102
(2)美容美发洗浴	Beaty Salon,Hair Salon and Scouring Bath	104	103.9	104.6
(3)养老服务	Elderly Care	102.5	102.8	101
(4)金融保险	Finance and Insurance	101.1	101	101.5
(5)其他服务类	Other Miscellaneous Services	101.3	101.5	100.7

3-1-2 各地区居民消费价格总指数(2000 ~ 2016年)

(上年价格=100)

地 区	Region	2000	2001	2002	2003	2004	2005	2006
全国平均	**National**	**100.4**	**100.7**	**99.2**	**101.2**	**103.9**	**101.8**	**101.5**
北 京	Beijing	103.5	103.1	98.2	100.2	101.0	101.5	100.9
天 津	Tianjin	99.6	101.2	99.6	101.0	102.3	101.5	101.5
河 北	Hebei	99.7	100.5	99.0	102.2	104.3	101.8	101.7
山 西	Shanxi	103.9	99.8	98.4	101.8	104.1	102.3	102.0
内蒙古	Inner Mongolia	101.3	100.6	100.2	102.2	102.9	102.4	101.5
辽 宁	Liaoning	99.9	100.0	98.9	101.7	103.5	101.4	101.2
吉 林	Jilin	98.6	101.3	99.5	101.2	104.1	101.5	101.4
黑龙江	Heilongjiang	98.3	100.8	99.3	100.9	103.8	101.2	101.9
上 海	Shanghai	102.5	100.0	100.5	100.1	102.2	101.0	101.2
江 苏	Jiangsu	100.1	100.8	99.2	101.0	104.1	102.1	101.6
浙 江	Zhejiang	101.0	99.8	99.1	101.9	103.9	101.3	101.1
安 徽	Anhui	100.7	100.5	99.0	101.7	104.5	101.4	101.2
福 建	Fujian	102.1	98.7	99.5	100.8	104.0	102.2	100.8
江 西	Jiangxi	100.3	99.5	100.1	100.8	103.5	101.7	101.2
山 东	Shandong	100.2	101.8	99.3	101.1	103.6	101.7	101.0
河 南	Henan	99.2	100.7	100.1	101.6	105.4	102.1	101.3
湖 北	Hubei	99.0	100.3	99.6	102.2	104.9	102.9	101.6
湖 南	Hunan	101.4	99.1	99.5	102.4	105.1	102.3	101.4
广 东	Guangdong	101.4	99.3	98.6	100.6	103.0	102.3	101.8
广 西	Guangxi	99.7	100.6	99.1	101.1	104.4	102.4	101.3
海 南	Hainan	101.1	98.5	99.5	100.1	104.4	101.5	101.5
重 庆	Chongqing	96.7	101.7	99.6	100.6	103.7	100.8	102.4
四 川	Sichuan	100.1	102.1	99.7	101.7	104.9	101.7	102.3
贵 州	Guizhou	99.5	101.8	99.0	101.2	104.0	101.0	101.7
云 南	Yunnan	97.9	99.1	99.8	101.2	106.0	101.4	101.9
西 藏	Tibet	99.9	100.1	100.4	100.9	102.7	101.5	102.0
陕 西	Shaanxi	99.5	101.0	98.9	101.7	103.1	101.2	101.5
甘 肃	Gansu	99.5	104.0	100.0	101.1	102.3	101.7	101.3
青 海	Qinghai	99.5	102.6	102.3	102.0	103.2	100.8	101.6
宁 夏	Ningxia	99.6	101.6	99.4	101.7	103.7	101.5	101.9
新 疆	Xinjiang	99.4	104.0	99.4	100.4	102.7	100.7	101.3

Consumer Price Indices by Region(2000~2016)

(Preceding year=100)

2007	2008	2009	2010	2011	2012	2013	2014	2015	2016
104.8	**105.9**	**99.3**	**103.3**	**105.4**	**102.6**	**102.6**	**102.0**	**101.4**	**102.0**
102.4	105.1	98.5	102.4	105.6	103.3	103.3	101.6	101.8	101.4
104.2	105.4	99.0	103.5	104.9	102.7	103.1	101.9	101.7	102.1
104.7	106.2	99.3	103.1	105.7	102.6	103.0	101.7	100.9	101.5
104.6	107.2	99.6	103.0	105.2	102.5	103.1	101.7	100.6	101.1
104.6	105.7	99.7	103.2	105.6	103.1	103.2	101.6	101.1	101.2
105.1	104.6	100.0	103.0	105.2	102.8	102.4	101.7	101.4	101.6
104.8	105.1	100.1	103.7	105.2	102.5	102.9	102.0	101.7	101.6
105.4	105.6	100.2	103.9	105.8	103.2	102.2	101.5	101.1	101.5
103.2	105.8	99.6	103.1	105.2	102.8	102.3	102.7	102.4	103.2
104.3	105.4	99.6	103.8	105.3	102.6	102.3	102.2	101.7	102.3
104.2	105.0	98.5	103.8	105.4	102.2	102.3	102.1	101.4	101.9
105.3	106.2	99.1	103.1	105.6	102.3	102.4	101.6	101.3	101.8
105.2	104.6	98.2	103.2	105.3	102.4	102.5	102.0	101.7	101.7
104.8	106.0	99.3	103.0	105.2	102.7	102.5	102.3	101.5	102
104.4	105.3	100.0	102.9	105.0	102.1	102.2	101.9	101.2	102.1
105.4	107.0	99.4	103.5	105.6	102.5	102.9	101.9	101.3	101.9
104.8	106.3	99.6	102.9	105.8	102.9	102.8	102.0	101.5	102.2
105.6	106.0	99.6	103.1	105.5	102.0	102.5	101.9	101.4	101.9
103.7	105.6	97.7	103.1	105.3	102.8	102.5	102.3	101.5	102.3
106.1	107.8	97.9	103.0	105.9	103.2	102.2	102.1	101.5	101.6
105.0	106.9	99.3	104.8	106.1	103.2	102.8	102.4	101.0	102.8
104.7	105.6	98.4	103.2	105.3	102.6	102.7	101.8	101.3	101.8
105.9	105.1	100.8	103.2	105.3	102.5	102.8	101.6	101.5	101.9
106.4	107.6	98.7	102.9	105.1	102.7	102.5	102.4	101.8	101.4
105.9	105.7	100.4	103.7	104.9	102.7	103.1	102.4	101.9	101.5
103.4	105.7	101.4	102.2	105.0	103.5	103.6	102.9	102.0	102.5
105.1	106.4	100.5	104.0	105.7	102.8	103.0	101.6	101.0	101.3
105.5	108.2	101.3	104.1	105.9	102.7	103.2	102.1	101.6	101.3
106.6	110.1	102.6	105.4	106.1	103.1	103.9	102.8	102.6	101.8
105.4	108.5	100.7	104.1	106.3	102.0	103.4	101.9	101.1	101.5
105.5	108.1	100.7	104.3	105.9	103.8	103.9	102.1	100.6	101.4

3-1-3 各地区居民消费价格指数(2016年)

Consumer Price Indices by Category and Region (2016)

(上年价格=100) (Preceding year=100)

地 区	Region	居民消费价格总指数 Consumer Price Index	一、食品烟酒 Food, Tobacco and Liquor	1.食品 Food	(1)粮食 Grain	(2)薯类 Tubers	(3)豆类 Beans
全 国	**National**	**102.0**	**103.8**	**104.6**	**100.5**	**111.4**	**100.9**
北 京	Beijing	101.4	103.0	103.3	99.1	109.9	101.0
天 津	Tianjin	102.1	102.1	102.8	100.6	106.1	101.0
河 北	Hebei	101.5	102.6	103.0	99.0	110.5	99.7
山 西	Shanxi	101.1	102.8	103.3	99.7	111.2	101.2
内蒙古	Inner Mongolia	101.2	102.2	102.6	100.8	116.5	101.1
辽 宁	Liaoning	101.6	102.5	103.0	100.2	107.6	100.9
吉 林	Jilin	101.6	103.2	103.6	100.1	107.6	99.5
黑龙江	Heilongjiang	101.5	102.6	103.1	101.0	106.5	98.2
上 海	Shanghai	103.2	103.7	104.8	100.9	113.0	100.4
江 苏	Jiangsu	102.3	103.8	104.7	100.2	110.7	99.8
浙 江	Zhejiang	101.9	104.4	105.1	100.5	103.2	100.8
安 徽	Anhui	101.8	103.7	104.6	99.6	111.1	99.2
福 建	Fujian	101.7	103.9	104.7	100.0	115.5	101.2
江 西	Jiangxi	102.0	104.4	105.6	100.6	112.6	102.9
山 东	Shandong	102.1	103.6	104.3	99.7	107.9	100.1
河 南	Henan	101.9	103.2	104.1	100.1	113.3	99.9
湖 北	Hubei	102.2	104.0	105.4	100.7	118.4	102.5
湖 南	Hunan	101.9	104.3	105.3	101.3	117.5	101.2
广 东	Guangdong	102.3	104.8	105.9	100.8	110.4	102.9
广 西	Guangxi	101.6	103.4	104.3	101.0	111.6	102.2
海 南	Hainan	102.8	105.1	106.1	100.8	110.4	101.3
重 庆	Chongqing	101.8	103.6	104.7	102.4	126.0	99.9
四 川	Sichuan	101.9	104.1	105.0	101.1	110.8	101.3
贵 州	Guizhou	101.4	103.6	104.5	100.9	108.5	100.9
云 南	Yunnan	101.5	103.5	104.3	100.3	108.6	101.5
西 藏	Tibet	102.5	104.9	104.4	105.0	104.5	104.2
陕 西	Shaanxi	101.3	103.1	103.8	100.3	111.4	99.9
甘 肃	Gansu	101.3	103.2	104.0	101.5	114.2	101.5
青 海	Qinghai	101.8	102.3	102.4	101.2	107.5	101.2
宁 夏	Ningxia	101.5	102.4	103.2	100.3	117.6	99.1
新 疆	Xinjiang	101.4	101.9	101.5	101.2	115.6	99.7

3-1-3 续表 1 continued 1

(上年价格=100) (Preceding year=100)

地 区	Region	(4)食用油 Edible Oil and Fats	(5)菜 Vegetables	(6)畜肉类 Meat of Livestock	(7)禽肉类 Meat of Poultry	(8)水产品 Aquatic Products	(9)蛋类 Eggs
全 国	**National**	**101.7**	**110.9**	**111.0**	**101.5**	**104.6**	**96.8**
北 京	Beijing	99.5	109.9	106.5	101.3	103.9	96.7
天 津	Tianjin	99.7	107.0	107.3	101.0	106.6	95.4
河 北	Hebei	100.1	109.7	110.9	100.9	99.5	96.4
山 西	Shanxi	100.3	111.1	111.0	100.3	103.0	94.8
内蒙古	Inner Mongolia	103.4	110.1	104.4	100.9	102.3	97.7
辽 宁	Liaoning	100.0	107.3	107.6	100.5	106.4	96.8
吉 林	Jilin	99.8	108.3	110.8	100.2	101.9	98.0
黑龙江	Heilongjiang	101.9	106.5	111.6	99.4	102.3	96.9
上 海	Shanghai	99.9	110.6	108.3	101.6	107.8	98.4
江 苏	Jiangsu	100.9	110.3	111.1	101.2	106.7	96.3
浙 江	Zhejiang	101.6	112.8	111.9	102.6	104.8	96.5
安 徽	Anhui	103.4	111.4	113.2	98.9	106.1	94.3
福 建	Fujian	100.1	115.0	111.3	99.4	104.1	96.0
江 西	Jiangxi	101.8	111.3	114.4	101.9	105.1	97.2
山 东	Shandong	99.8	108.4	113.4	101.6	104.0	96.3
河 南	Henan	101.2	110.6	112.8	100.0	101.4	95.6
湖 北	Hubei	101.0	115.1	111.2	101.1	106.4	97.6
湖 南	Hunan	104.1	111.3	111.9	102.7	102.0	97.9
广 东	Guangdong	100.9	115.3	111.3	103.5	104.3	97.6
广 西	Guangxi	101.4	109.1	111.4	100.0	102.8	98.6
海 南	Hainan	100.6	117.3	108.0	102.0	105.6	99.2
重 庆	Chongqing	103.0	108.7	111.9	100.3	104.7	96.4
四 川	Sichuan	103.3	107.4	113.4	99.2	102.8	96.7
贵 州	Guizhou	106.7	106.4	112.0	98.7	101.8	97.7
云 南	Yunnan	104.4	106.9	110.8	101.5	102.2	99.2
西 藏	Tibet	102.5	107.6	104.6	101.6	102.6	102.6
陕 西	Shaanxi	101.7	113.7	108.3	100.5	102.7	94.8
甘 肃	Gansu	100.9	111.6	107.2	102.1	102.0	99.0
青 海	Qinghai	100.7	109.0	103.9	97.9	101.5	96.4
宁 夏	Ningxia	98.8	113.4	104.3	100.5	100.5	96.6
新 疆	Xinjiang	100.6	108.7	99.9	100.8	98.2	97.1

3-1-3 续表 2 continued 2

(上年价格=100) (Preceding year=100)

地 区	Region	(10)奶类 Milk	(11)干鲜瓜果类 Dried and Fresh Melons and Fruits	(12)糖果糕点类 Candy and Cake	(13)调味品 Flavoring	(14)其他食品类 Other Foods	2.茶及饮料 Tea and Beverages
全 国	**National**	**99.9**	**98.2**	**101.0**	**102.1**	**101.5**	**100.4**
北 京	Beijing	102.1	98.2	103.2	105.2	105.1	100.4
天 津	Tianjin	98.8	97.6	101.3	103.4	101.0	100.2
河 北	Hebei	99.3	97.0	100.8	102.3	102.1	100.5
山 西	Shanxi	99.6	95.8	100.4	101.5	102.8	100.6
内 蒙 古	Inner Mongolia	100.4	98.1	100.3	100.9	98.3	100.0
辽 宁	Liaoning	99.0	98.5	100.8	102.2	101.3	101.0
吉 林	Jilin	101.3	100.8	100.1	101.1	101.0	100.4
黑 龙 江	Heilongjiang	96.8	97.0	100.5	101.4	100.3	99.2
上 海	Shanghai	101.4	101.8	102.3	104.8	102.3	100.8
江 苏	Jiangsu	100.1	97.0	100.5	103.5	101.3	100.3
浙 江	Zhejiang	100.2	98.5	101.3	102.6	101.7	100.5
安 徽	Anhui	99.3	95.6	100.9	102.3	101.0	100.5
福 建	Fujian	99.0	96.3	100.3	100.5	99.9	100.0
江 西	Jiangxi	100.6	95.7	100.6	101.8	102.5	100.5
山 东	Shandong	99.8	96.8	100.1	102.1	101.2	100.9
河 南	Henan	99.6	96.2	101.8	101.9	100.5	99.4
湖 北	Hubei	100.3	98.1	100.4	103.2	101.4	100.1
湖 南	Hunan	100.0	99.4	100.6	100.6	101.9	99.8
广 东	Guangdong	99.4	99.3	101.0	100.7	101.5	100.4
广 西	Guangxi	99.6	99.3	100.2	100.3	100.7	100.5
海 南	Hainan	101.0	103.3	101.6	102.6	101.0	103.0
重 庆	Chongqing	99.4	97.8	101.4	100.5	101.6	98.9
四 川	Sichuan	99.5	98.0	100.4	103.3	101.7	100.2
贵 州	Guizhou	100.1	99.0	100.6	101.2	99.5	100.1
云 南	Yunnan	99.6	97.1	100.5	100.2	101.4	100.2
西 藏	Tibet	102.7	105.1	103.1	103.0	103.0	101.9
陕 西	Shaanxi	96.7	99.1	100.7	100.9	101.0	99.9
甘 肃	Gansu	100.0	98.9	100.2	100.7	102.6	100.4
青 海	Qinghai	99.8	97.7	101.1	102.2	100.1	102.0
宁 夏	Ningxia	100.6	99.0	100.2	102.8	101.7	100.4
新 疆	Xinjiang	100.7	99.6	100.7	100.4	102.2	99.9

3-1-3 续表 3 continued 3

(上年价格=100) (Preceding year=100)

地　区	Region	3.烟酒 Tobacco and Liquor	(1)烟草 Tabacco	(2)酒类 Liquor	4.在外餐饮 Dining Out	二、衣着 Clothing	1.服装 Garments
全　国	**National**	**101.5**	**102.3**	**100.4**	**102.6**	**101.4**	**101.4**
北　京	Beijing	101.0	101.2	100.7	102.8	100.2	99.6
天　津	Tianjin	101.3	102.2	100.3	100.8	100.1	99.9
河　北	Hebei	101.9	102.4	101.4	101.6	101.8	102.0
山　西	Shanxi	101.4	102.1	100.2	101.9	101.0	101.2
内蒙古	Inner Mongolia	101.7	102.9	100.3	101.2	101.4	101.2
辽　宁	Liaoning	101.8	102.6	100.4	101.3	101.4	101.0
吉　林	Jilin	101.8	102.6	100.3	102.5	101.8	101.8
黑龙江	Heilongjiang	101.5	102.5	100.3	101.4	101.0	101.0
上　海	Shanghai	102.2	103.0	100.7	101.6	100.8	101.3
江　苏	Jiangsu	101.3	102.1	99.9	102.8	101.8	101.6
浙　江	Zhejiang	102.2	102.7	101.1	103.8	101.5	101.6
安　徽	Anhui	101.0	102.0	99.5	102.7	100.8	101.3
福　建	Fujian	101.5	102.3	100.2	103.0	100.3	100.4
江　西	Jiangxi	101.5	102.0	100.7	102.7	100.9	100.9
山　东	Shandong	101.8	102.7	100.7	102.6	101.7	101.6
河　南	Henan	100.3	101.7	98.9	102.4	100.7	100.5
湖　北	Hubei	101.9	103.1	99.8	101.1	102.3	102.0
湖　南	Hunan	101.3	101.9	100.3	102.8	101.5	101.7
广　东	Guangdong	101.1	101.4	100.7	103.2	102.7	102.8
广　西	Guangxi	100.9	101.4	100.2	102.2	101.3	101.4
海　南	Hainan	101.6	102.5	99.7	103.2	97.9	97.3
重　庆	Chongqing	100.2	100.4	99.8	102.3	102.4	102.3
四　川	Sichuan	101.2	101.9	100.2	103.2	100.6	100.5
贵　州	Guizhou	100.8	101.7	98.8	102.5	99.6	99.8
云　南	Yunnan	101.9	102.5	100.4	102.3	100.2	100.0
西　藏	Tibet	101.8	100.5	103.1	108.9	103.2	102.5
陕　西	Shaanxi	101.6	102.6	100.0	102.2	101.1	101.3
甘　肃	Gansu	101.2	101.8	100.4	101.8	101.4	102.1
青　海	Qinghai	101.2	102.5	99.8	102.3	101.2	101.6
宁　夏	Ningxia	101.8	102.4	100.2	100.5	101.7	101.7
新　疆	Xinjiang	101.9	102.9	100.6	103.3	101.3	101.3

3-1-3 续表 4 continued 4

(上年价格=100) (Preceding year=100)

地 区	Region	(1)男式服装 Men's clothing	(2)女式服装 Women's Clothing	(3)儿童服装 Children's Clothing	2.服装材料 Garments Material	3.其他衣着及配件 Other Clothing and Parts	4.衣着加工服务费 Clothing Manufacturing Service Fees
全 国	**National**	**101.5**	**101.3**	**101.6**	**101.3**	**100.8**	**104.0**
北 京	Beijing	99.3	99.7	99.5	100.7	98.1	101.7
天 津	Tianjin	101.0	99.6	97.7	101.7	101.6	103.7
河 北	Hebei	101.9	102.3	101.6	99.8	100.5	102.5
山 西	Shanxi	102.1	100.9	100.4	100.0	101.1	102.3
内蒙古	Inner Mongolia	101.0	101.0	102.2	101.1	102.0	103.1
辽 宁	Liaoning	101.0	100.9	101.0	100.7	100.4	103.8
吉 林	Jilin	102.1	101.8	101.2	100.8	101.7	106.2
黑龙江	Heilongjiang	101.9	100.3	101.1	102.6	99.5	102.4
上 海	Shanghai	101.3	101.3	101.6	103.6	100.4	103.6
江 苏	Jiangsu	101.7	101.5	101.5	103.3	101.4	102.0
浙 江	Zhejiang	101.8	101.7	100.5	101.5	100.7	105.0
安 徽	Anhui	101.2	101.1	102.2	98.9	100.1	104.3
福 建	Fujian	99.7	101.4	99.2	101.7	99.8	101.7
江 西	Jiangxi	102.2	99.4	103.6	100.5	101.3	107.2
山 东	Shandong	102.1	101.3	100.9	101.3	100.3	102.5
河 南	Henan	100.7	100.4	100.9	100.6	101.0	105.1
湖 北	Hubei	101.6	102.4	101.8	102.7	101.0	111.4
湖 南	Hunan	101.9	101.7	101.3	100.9	100.3	105.4
广 东	Guangdong	102.6	102.4	104.1	102.5	101.3	101.7
广 西	Guangxi	101.5	101.2	101.7	101.8	101.6	104.2
海 南	Hainan	94.6	99.5	95.8	99.9	99.4	102.1
重 庆	Chongqing	102.4	102.4	101.8	99.7	100.3	101.7
四 川	Sichuan	100.6	100.4	100.7	99.8	99.6	103.1
贵 州	Guizhou	100.5	99.5	99.5	101.6	100.5	102.3
云 南	Yunnan	99.9	99.5	101.1	100.4	99.9	104.5
西 藏	Tibet	103.4	102.4	101.7	101.2	103.2	114.7
陕 西	Shaanxi	100.6	101.3	103.1	100.6	101.9	102.6
甘 肃	Gansu	103.2	101.6	100.9	100.9	101.1	103.2
青 海	Qinghai	102.9	99.3	103.9	100.3	100.8	110.3
宁 夏	Ningxia	101.3	101.9	102.6	100.2	99.7	100.5
新 疆	Xinjiang	100.9	101.3	101.9	99.7	101.2	107.7

3-1-3 续表 5 continued 5

(上年价格=100) (Preceding year=100)

地 区	Region	5.鞋类 Footware	(1)鞋 Shoes	(2)鞋类加工服务 Footware Manufactuing Services	三、居住 Residence	1.租赁房房租 Rent of Rental Housing	2.住房保养维修及管理 Housing Maintenance and Management
全 国	**National**	**101.4**	**101.3**	**103.3**	**101.6**	**102.8**	**101.2**
北 京	Beijing	102.0	101.9	104.4	103.7	103.8	101.2
天 津	Tianjin	99.7	99.7	100.1	103.6	103.9	101.4
河 北	Hebei	101.4	101.3	102.5	100.7	100.6	101.3
山 西	Shanxi	100.3	100.3	102.7	99.9	100.9	99.8
内蒙古	Inner Mongolia	101.9	101.6	105.1	100.0	99.3	100.1
辽 宁	Liaoning	102.5	102.5	101.9	100.5	101.9	100.2
吉 林	Jilin	101.4	101.5	100.5	99.7	100.0	99.0
黑龙江	Heilongjiang	101.1	101.1	100.9	100.0	100.9	99.7
上 海	Shanghai	98.8	98.8	99.1	105.1	107.3	103.1
江 苏	Jiangsu	102.7	102.6	105.0	101.2	101.8	101.1
浙 江	Zhejiang	101.3	101.3	101.5	101.0	101.9	101.8
安 徽	Anhui	99.1	99.1	102.6	101.1	101.6	100.8
福 建	Fujian	99.9	99.9	100.9	100.7	101.0	101.0
江 西	Jiangxi	100.2	100.0	109.2	101.0	103.9	103.0
山 东	Shandong	102.5	102.4	103.7	100.9	102.2	100.5
河 南	Henan	100.9	100.9	101.4	102.2	103.3	101.3
湖 北	Hubei	102.4	102.3	103.3	102.8	105.4	102.7
湖 南	Hunan	100.9	100.8	106.8	101.2	102.7	100.9
广 东	Guangdong	102.8	102.7	104.7	101.7	103.4	101.7
广 西	Guangxi	100.7	100.4	103.5	100.3	101.8	101.0
海 南	Hainan	99.1	98.8	113.5	102.6	103.8	100.1
重 庆	Chongqing	103.1	103.1	102.8	101.1	101.6	100.2
四 川	Sichuan	101.1	101.0	103.2	101.2	101.5	100.0
贵 州	Guizhou	98.8	98.7	101.8	100.8	101.3	100.4
云 南	Yunnan	100.6	100.5	103.5	101.2	101.9	100.6
西 藏	Tibet	101.6	101.4	111.0	100.8	100.8	101.5
陕 西	Shaanxi	100.3	100.2	102.9	100.9	100.4	100.2
甘 肃	Gansu	99.2	99.2	100.2	100.8	101.7	100.6
青 海	Qinghai	99.6	99.6	100.1	105.2	104.8	103.2
宁 夏	Ningxia	101.9	101.8	110.4	100.4	102.3	100.5
新 疆	Xinjiang	101.2	101.1	101.6	101.2	105.1	100.6

3-1-3 续表 6 continued 6

(上年价格=100) (Preceding year=100)

地区	Region	(1)住房装潢材料 Building and Building Decoration Matrials	(2)物业管理费 Property Management fee	(3)住房装潢维修 Decoration and Repair	3.水电燃料 Water,Electricity and Fuels	(1)水 Water	(2)电 Electricity
全国	**National**	**100.3**	**101.5**	**102.2**	**99.5**	**104.4**	**100.0**
北京	Beijing	100.4	102.0	103.6	100.2	100.0	100.0
天津	Tianjin	99.6	100.0	106.0	99.8	100.0	100.0
河北	Hebei	100.4	100.8	102.2	98.8	102.7	100.0
山西	Shanxi	99.3	100.1	100.2	100.2	100.6	100.0
内蒙古	Inner Mongolia	100.1	100.8	99.8	100.7	112.1	100.0
辽宁	Liaoning	100.0	100.3	100.4	98.8	109.0	100.0
吉林	Jilin	100.3	101.9	97.4	99.5	111.6	100.0
黑龙江	Heilongjiang	99.3	100.3	99.9	98.6	109.6	100.0
上海	Shanghai	100.5	104.5	105.9	99.0	100.0	100.0
江苏	Jiangsu	100.1	100.0	102.6	100.4	105.6	100.0
浙江	Zhejiang	100.5	102.4	103.6	98.5	101.7	100.0
安徽	Anhui	99.7	103.1	101.8	100.2	109.7	100.0
福建	Fujian	100.0	103.0	101.2	98.6	100.8	100.0
江西	Jiangxi	99.8	100.1	106.0	97.6	101.3	100.0
山东	Shandong	99.8	100.8	101.1	99.6	108.6	100.1
河南	Henan	100.6	100.9	101.9	100.3	120.4	100.0
湖北	Hubei	101.6	101.3	104.8	98.0	100.8	98.3
湖南	Hunan	100.7	103.2	100.6	99.7	103.3	99.9
广东	Guangdong	100.8	101.6	103.4	98.9	101.7	100.0
广西	Guangxi	100.1	100.6	102.2	96.7	102.0	100.0
海南	Hainan	96.5	100.0	103.8	100.2	106.7	100.0
重庆	Chongqing	100.4	99.3	100.7	100.1	100.8	100.0
四川	Sichuan	99.5	100.1	100.8	101.4	104.2	100.1
贵州	Guizhou	99.1	101.3	103.1	100.5	108.0	100.0
云南	Yunnan	99.7	101.2	101.7	97.7	101.2	97.0
西藏	Tibet	101.4	100.0	102.2	101.5	113.8	101.5
陕西	Shaanxi	99.7	100.0	100.8	101.7	115.5	100.0
甘肃	Gansu	99.9	100.2	101.7	99.8	101.2	100.0
青海	Qinghai	101.3	105.1	106.9	99.8	101.3	100.0
宁夏	Ningxia	99.9	103.9	100.0	100.3	101.3	100.1
新疆	Xinjiang	99.5	100.3	102.9	99.8	102.8	100.0

3-1-3 续表 7 continued 7

(上年价格=100) (Preceding year=100)

地 区	Region	(3)燃气 Gas	(4)取暖费 Heating fees	(5)其他燃料 Other Fuels	4.自有住房 Private Housing	四、生活用品及服务 Articles for Daily Use and Services	1.家具及室内装饰品 Furniture and Interior Decorations
全 国	**National**	**96.9**	**98.3**	**98.7**	**102.5**	**100.5**	**100.7**
北 京	Beijing	100.8	100.0	103.2	104.9	99.2	101.2
天 津	Tianjin	98.6	100.0	100.0	104.9	99.4	98.0
河 北	Hebei	98.5	100.0	95.2	101.5	100.5	100.1
山 西	Shanxi	99.1	100.0	101.4	99.7	100.0	99.5
内蒙古	Inner Mongolia	97.4	100.0	101.1	99.7	100.1	99.8
辽 宁	Liaoning	100.5	94.6	100.1	101.5	100.7	101.5
吉 林	Jilin	100.8	96.8	98.2	99.9	100.5	101.8
黑龙江	Heilongjiang	99.9	95.8	96.2	100.9	100.4	99.9
上 海	Shanghai	96.0	100.0	100.0	106.4	101.2	100.2
江 苏	Jiangsu	98.1	102.0	99.6	101.5	101.6	101.1
浙 江	Zhejiang	93.6	100.0	102.5	101.6	100.2	100.1
安 徽	Anhui	96.5	100.0	101.9	101.7	100.2	99.8
福 建	Fujian	94.3	100.0	100.6	101.6	99.8	100.3
江 西	Jiangxi	91.5	100.0	102.3	102.0	100.1	100.4
山 东	Shandong	101.2	97.2	97.6	101.5	100.8	101.8
河 南	Henan	95.5	100.0	98.1	103.4	100.2	100.9
湖 北	Hubei	95.6	100.0	100.2	104.9	100.4	100.9
湖 南	Hunan	98.7	99.9	97.4	102.1	100.0	100.6
广 东	Guangdong	94.9	100.0	100.0	103.0	100.2	101.6
广 西	Guangxi	89.2	100.0	101.6	101.8	99.9	100.1
海 南	Hainan	97.0	100.0	101.8	104.9	100.8	101.1
重 庆	Chongqing	99.6	100.0	103.5	101.9	100.6	102.6
四 川	Sichuan	102.4	100.0	98.2	101.5	100.3	99.7
贵 州	Guizhou	98.0	100.0	95.7	101.0	99.9	99.5
云 南	Yunnan	94.5	96.0	103.9	102.8	100.0	99.7
西 藏	Tibet	99.5	100.0	100.9	100.2	101.5	102.1
陕 西	Shaanxi	98.7	100.3	100.5	100.6	99.5	98.6
甘 肃	Gansu	98.6	100.0	99.4	101.5	100.4	100.9
青 海	Qinghai	99.9	98.3	100.6	111.6	100.4	95.2
宁 夏	Ningxia	99.8	100.0	101.2	100.2	100.3	98.7
新 疆	Xinjiang	98.5	99.7	98.0	102.0	100.6	101.2

3-1-3 续表 8 continued 8

(上年价格=100) (Preceding year=100)

地 区	Region	(1)家具 Furniture	(2)室内装饰品 Interior Decorations	2.家用器具 Home Appliances	(1)大型家用器具 Large Houshold Appliances	(2)小家电 Small Household Appliances	3.家用纺织品 Home Textiles
全 国	**National**	**100.8**	**100.0**	**98.8**	**98.7**	**99.3**	**100.2**
北 京	Beijing	101.3	100.6	93.1	92.2	96.0	95.7
天 津	Tianjin	98.2	96.9	97.9	97.8	97.9	100.7
河 北	Hebei	100.1	100.0	100.5	100.4	100.9	99.8
山 西	Shanxi	99.4	100.3	99.1	99.0	99.7	100.0
内 蒙 古	Inner Mongolia	99.9	99.4	99.2	99.4	98.7	99.8
辽 宁	Liaoning	101.6	100.4	99.3	99.2	100.2	100.2
吉 林	Jilin	101.9	100.3	100.0	100.2	99.1	100.1
黑 龙 江	Heilongjiang	100.0	99.0	98.7	98.6	99.1	100.1
上 海	Shanghai	100.1	101.1	100.4	100.2	101.0	101.9
江 苏	Jiangsu	101.2	100.5	100.7	100.7	100.9	101.1
浙 江	Zhejiang	100.2	99.5	99.1	99.0	99.4	99.5
安 徽	Anhui	99.9	99.3	98.9	98.8	99.3	100.0
福 建	Fujian	100.6	98.2	97.2	96.9	98.2	99.7
江 西	Jiangxi	100.5	99.5	98.4	98.3	99.1	99.6
山 东	Shandong	102.0	101.0	100.2	100.2	100.1	101.3
河 南	Henan	101.0	99.8	97.6	97.4	99.0	100.0
湖 北	Hubei	100.9	100.2	98.0	97.8	99.3	100.2
湖 南	Hunan	100.6	99.9	99.6	99.6	99.9	100.1
广 东	Guangdong	101.8	99.7	97.1	96.8	97.9	100.5
广 西	Guangxi	100.2	99.5	98.4	98.3	98.9	100.0
海 南	Hainan	101.3	100.3	97.5	97.4	98.0	99.6
重 庆	Chongqing	103.0	99.7	98.8	98.5	100.0	101.2
四 川	Sichuan	99.9	98.8	99.2	99.2	99.0	99.7
贵 州	Guizhou	99.5	99.3	98.8	98.9	98.5	99.9
云 南	Yunnan	99.5	100.4	98.8	98.8	98.7	99.6
西 藏	Tibet	102.3	100.2	100.5	100.3	101.1	102.2
陕 西	Shaanxi	98.3	100.0	97.2	97.0	99.0	97.1
甘 肃	Gansu	101.1	100.2	99.8	99.6	100.7	100.1
青 海	Qinghai	94.1	101.8	99.2	99.2	99.4	106.1
宁 夏	Ningxia	98.7	99.1	98.8	98.6	99.9	101.4
新 疆	Xinjiang	101.0	102.0	99.7	99.6	100.4	100.6

3-1-3 续表 9 continued 9

(上年价格=100) (Preceding year=100)

地 区	Region	(1)床上用品 Bed Articles	(2)窗帘门帘 Curtains	(3)其他家用纺织品 Other Interior Textiles	4.家庭日用杂品 Household Articles for Daily Use	(1)洗涤卫生用品 Clearing Products	(2)厨具餐具茶具 Kichenware Tableware and Teaset
全 国	**National**	**100.2**	**100.2**	**100.3**	**100.5**	**100.4**	**100.7**
北 京	Beijing	94.8	99.4	101.1	100.2	100.3	100.5
天 津	Tianjin	101.1	98.6	99.4	99.7	98.8	99.6
河 北	Hebei	99.8	99.4	100.5	100.4	100.2	101.0
山 西	Shanxi	99.9	100.8	100.1	100.6	100.2	102.1
内 蒙 古	Inner Mongolia	99.7	100.2	99.3	100.0	100.0	100.4
辽 宁	Liaoning	100.2	100.5	99.6	100.5	100.3	100.2
吉 林	Jilin	99.9	100.7	101.1	100.2	100.0	100.4
黑 龙 江	Heilongjiang	100.1	99.9	100.0	100.8	100.7	100.6
上 海	Shanghai	102.3	99.1	100.8	100.5	100.3	100.4
江 苏	Jiangsu	101.0	102.8	101.1	100.8	100.9	101.4
浙 江	Zhejiang	99.4	100.2	100.0	100.0	100.2	100.4
安 徽	Anhui	100.0	100.3	100.0	100.3	100.1	99.9
福 建	Fujian	99.3	101.0	101.3	100.7	100.9	100.1
江 西	Jiangxi	99.3	100.8	101.6	100.0	99.8	100.3
山 东	Shandong	101.5	100.2	99.9	100.1	99.7	101.0
河 南	Henan	99.9	100.1	100.7	100.7	100.5	100.8
湖 北	Hubei	100.2	100.6	99.5	100.9	101.4	100.5
湖 南	Hunan	100.2	99.2	100.3	99.6	100.0	100.4
广 东	Guangdong	100.6	101.6	99.0	99.9	99.9	99.7
广 西	Guangxi	100.0	100.2	100.5	100.1	100.1	100.2
海 南	Hainan	99.4	100.5	100.6	101.7	100.7	100.1
重 庆	Chongqing	101.1	100.0	102.1	100.8	100.8	102.4
四 川	Sichuan	99.8	99.0	99.9	100.3	100.4	100.4
贵 州	Guizhou	99.8	99.9	100.3	100.4	100.4	100.4
云 南	Yunnan	99.6	100.7	98.4	100.3	100.8	99.8
西 藏	Tibet	102.0	101.9	105.5	101.3	101.3	101.2
陕 西	Shaanxi	97.5	94.8	98.8	101.4	101.0	102.3
甘 肃	Gansu	100.0	99.9	101.4	100.4	100.4	100.5
青 海	Qinghai	107.8	103.3	100.1	101.9	102.6	100.3
宁 夏	Ningxia	101.3	102.6	99.8	100.9	100.1	100.8
新 疆	Xinjiang	99.8	101.5	102.2	99.9	99.4	99.3

3-1-3 续表 10 continued 10

(上年价格=100) (Preceding year=100)

地 区 Region	(3)家用手工工具 Hand Tools for Household Use	(4)其他家庭日用杂品 Other Daily Use Household Articles	5.个人护理用品 Personal-care Supplies	(1)化妆品 Cosmetics	(2)其他护理用品类 Other Nursing Materials	6.家庭服务 Household Services
全 国 National	**100.5**	**100.3**	**101.0**	**101.3**	**100.5**	**104.4**
北 京 Beijing	101.2	98.4	102.5	104.2	98.0	103.4
天 津 Tianjin	98.1	102.1	100.5	101.2	99.6	101.6
河 北 Hebei	99.8	100.4	101.2	101.1	101.4	102.0
山 西 Shanxi	100.6	100.2	100.6	100.8	100.2	102.2
内 蒙 古 Inner Mongolia	100.1	99.7	100.6	100.8	100.1	103.9
辽 宁 Liaoning	100.8	101.1	101.2	101.4	100.8	103.5
吉 林 Jilin	99.7	100.6	100.7	101.2	99.6	100.6
黑 龙 江 Heilongjiang	101.6	101.3	101.1	101.1	101.1	103.5
上 海 Shanghai	97.4	101.1	99.6	99.5	99.6	106.6
江 苏 Jiangsu	100.8	100.1	101.6	102.1	101.0	107.6
浙 江 Zhejiang	100.6	99.7	100.9	101.1	100.5	103.6
安 徽 Anhui	101.0	100.9	101.3	101.2	101.3	104.1
福 建 Fujian	100.2	100.7	100.7	100.4	101.1	103.1
江 西 Jiangxi	100.5	100.3	100.8	100.8	100.9	107.1
山 东 Shandong	101.2	100.2	100.4	100.4	100.5	103.5
河 南 Henan	100.2	101.3	101.2	101.6	100.7	106.2
湖 北 Hubei	100.4	100.5	101.8	102.1	101.5	105.3
湖 南 Hunan	100.8	98.7	99.9	100.4	99.6	101.6
广 东 Guangdong	100.1	100.1	100.1	100.4	99.7	104.6
广 西 Guangxi	100.0	100.1	100.1	100.5	99.9	102.8
海 南 Hainan	100.2	104.5	102.2	101.0	102.8	105.1
重 庆 Chongqing	99.1	97.0	100.6	100.7	100.4	100.7
四 川 Sichuan	100.7	100.1	100.8	101.2	100.4	107.0
贵 州 Guizhou	99.9	100.3	100.4	100.6	100.0	101.5
云 南 Yunnan	100.4	99.8	101.3	101.3	101.3	102.6
西 藏 Tibet	101.5	101.2	100.7	101.3	100.3	105.9
陕 西 Shaanxi	100.6	99.2	101.2	102.1	99.9	102.1
甘 肃 Gansu	99.9	100.5	100.6	100.6	100.7	101.5
青 海 Qinghai	100.7	101.4	100.9	101.4	99.4	101.6
宁 夏 Ningxia	100.0	102.3	101.6	102.5	100.1	103.9
新 疆 Xinjiang	100.5	100.5	100.6	100.4	100.8	104.0

3-1-3 续表 11 continued 11

(上年价格=100) (Preceding year=100)

地　区	Region	五、交通和通信 Transport and Commu-nications	1.交通 Transport	(1)交通工具 Transport Facility	(2)交通工具用燃料 Fuels for Transport Facility	(3)交通工具使用和维修 Use and Maintenance of Transport Facility	(4)交通费 Traffic Fee
全　国	**National**	**98.7**	**98.6**	**98.0**	**96.0**	**101.5**	**101.2**
北　京	Beijing	96.6	97.9	95.3	96.3	103.1	101.3
天　津	Tianjin	98.3	98.2	97.9	95.6	99.6	100.4
河　北	Hebei	98.3	97.6	95.8	97.5	99.9	100.9
山　西	Shanxi	98.3	98.8	99.3	95.4	101.0	100.8
内蒙古	Inner Mongolia	98.9	98.5	98.8	95.3	100.9	100.0
辽　宁	Liaoning	99.8	100.2	100.0	97.2	100.4	102.6
吉　林	Jilin	98.7	97.9	98.7	95.3	101.2	97.2
黑龙江	Heilongjiang	100.0	99.9	100.0	95.2	102.4	102.2
上　海	Shanghai	97.0	96.8	97.2	95.6	101.5	96.1
江　苏	Jiangsu	98.8	98.3	98.6	95.6	102.0	100.4
浙　江	Zhejiang	98.7	98.7	98.2	95.6	101.4	103.0
安　徽	Anhui	97.6	98.2	97.5	95.9	102.2	100.5
福　建	Fujian	99.4	99.6	99.6	97.7	100.5	101.7
江　西	Jiangxi	98.8	99.2	99.3	95.5	103.5	102.2
山　东	Shandong	99.6	99.2	98.8	97.8	100.3	102.6
河　南	Henan	98.3	98.0	96.5	95.9	101.3	101.2
湖　北	Hubei	97.2	95.9	91.7	95.3	101.1	101.0
湖　南	Hunan	98.4	97.9	97.4	95.3	100.3	101.2
广　东	Guangdong	98.5	98.5	97.4	95.7	101.9	101.0
广　西	Guangxi	98.8	98.7	99.0	95.6	101.1	101.9
海　南	Hainan	98.5	97.3	94.5	97.7	100.9	100.6
重　庆	Chongqing	100.6	101.0	100.1	95.5	101.3	105.7
四　川	Sichuan	98.6	98.2	97.3	95.3	101.0	101.8
贵　州	Guizhou	98.7	98.8	98.5	95.4	100.7	102.4
云　南	Yunnan	99.3	99.3	99.9	96.1	100.9	102.1
西　藏	Tibet	99.5	99.2	100.0	96.7	102.1	99.5
陕　西	Shaanxi	98.3	98.6	97.1	95.2	102.2	101.5
甘　肃	Gansu	99.0	98.8	99.8	94.8	101.0	99.4
青　海	Qinghai	97.3	97.1	95.0	95.8	100.8	100.4
宁　夏	Ningxia	98.6	97.9	95.1	94.7	105.1	101.2
新　疆	Xinjiang	99.3	99.1	99.6	94.2	102.0	100.6

3-1-3 续表 12 continued 12

(上年价格=100) (Preceding year=100)

地 区	Region	2.通信 Commu-nications	(1)通信工具 Communication Facility	(2)通信服务 ommunicaiton Service	(3)邮递服务 Postal Serice	六、教育文化和娱乐 Education, Culture and Recreation	1.教育 Education
全 国	**National**	**99.0**	**96.5**	**99.7**	**100.5**	**101.6**	**102.4**
北 京	Beijing	93.5	82.5	98.0	100.0	98.3	101.2
天 津	Tianjin	98.6	99.7	98.0	101.0	100.6	100.8
河 北	Hebei	99.6	99.3	99.7	99.8	101.3	102.1
山 西	Shanxi	97.5	91.3	99.8	100.3	101.3	101.6
内 蒙 古	Inner Mongolia	99.8	99.5	99.8	99.9	100.7	101.1
辽 宁	Liaoning	99.1	97.1	99.8	99.8	102.8	104.9
吉 林	Jilin	100.3	100.0	100.6	98.4	100.6	100.8
黑 龙 江	Heilongjiang	100.0	100.4	99.8	101.3	101.7	102.3
上 海	Shanghai	97.3	95.6	97.6	99.6	102.7	104.6
江 苏	Jiangsu	99.8	99.7	99.8	100.7	100.9	101.6
浙 江	Zhejiang	98.9	94.4	100.3	99.9	102.7	104.0
安 徽	Anhui	96.7	95.6	96.9	100.2	102.3	103.0
福 建	Fujian	99.1	96.1	100.0	99.8	101.2	101.6
江 西	Jiangxi	98.2	88.2	101.3	100.4	101.5	102.7
山 东	Shandong	100.2	101.8	99.8	100.8	101.9	102.2
河 南	Henan	98.9	96.6	99.9	100.0	102.4	104.1
湖 北	Hubei	99.3	97.4	99.9	100.1	102.2	103.5
湖 南	Hunan	99.1	97.7	99.6	100.0	100.8	100.5
广 东	Guangdong	98.4	96.1	98.9	100.9	101.4	102.5
广 西	Guangxi	99.1	94.7	100.0	103.3	101.6	101.6
海 南	Hainan	100.4	95.5	101.6	102.8	103.0	102.9
重 庆	Chongqing	99.9	99.1	100.2	100.0	99.5	101.3
四 川	Sichuan	99.2	95.3	100.3	99.9	102.5	101.9
贵 州	Guizhou	98.6	94.2	100.0	98.7	101.3	101.9
云 南	Yunnan	99.5	97.1	100.1	102.3	100.7	102.0
西 藏	Tibet	99.9	99.0	100.2	99.3	101.1	100.6
陕 西	Shaanxi	97.6	92.3	100.0	100.0	100.0	100.7
甘 肃	Gansu	99.5	98.2	100.0	100.0	100.0	100.2
青 海	Qinghai	97.7	90.2	101.3	100.0	100.6	102.8
宁 夏	Ningxia	99.8	98.1	100.4	101.4	102.2	103.2
新 疆	Xinjiang	99.8	96.9	100.8	100.8	101.6	101.3

3-1-3 续表 13 continued 13

(上年价格=100) (Preceding year=100)

地 区	Region	(1)教育用品 Education Articles	(2)教育服务 Education Services	2.文化娱乐 Cultural and Recreational Articles	(1)文娱耐用消费品 Durable Consumer Goods for Culture and Recreation	(2)其他文娱用品 Other Articles	(3)文化娱乐服务 Cultural and Recreational Services
全 国	**National**	**101.1**	**102.5**	**100.4**	**97.3**	**100.8**	**100.9**
北 京	Beijing	100.8	101.2	96.5	92.4	101.0	101.1
天 津	Tianjin	102.4	100.8	100.4	99.9	101.5	101.4
河 北	Hebei	100.5	102.1	99.9	99.3	100.8	100.4
山 西	Shanxi	101.5	101.6	100.6	97.5	100.8	101.0
内 蒙 古	Inner Mongolia	100.3	101.2	100.0	99.2	100.1	100.8
辽 宁	Liaoning	101.8	105.1	99.2	98.6	100.3	100.4
吉 林	Jilin	100.7	100.8	100.1	97.9	100.7	100.2
黑 龙 江	Heilongjiang	102.1	102.3	100.7	100.2	100.5	100.6
上 海	Shanghai	100.7	104.7	101.6	99.8	100.2	100.7
江 苏	Jiangsu	102.5	101.6	100.0	96.6	100.8	100.2
浙 江	Zhejiang	100.6	104.1	100.8	97.8	99.9	100.4
安 徽	Anhui	101.7	103.0	101.2	97.7	101.3	100.9
福 建	Fujian	103.0	101.5	100.7	96.3	101.0	100.6
江 西	Jiangxi	99.9	102.8	99.8	97.4	101.1	101.4
山 东	Shandong	101.2	102.3	101.5	98.3	101.6	101.7
河 南	Henan	103.1	104.2	99.8	97.2	100.5	100.8
湖 北	Hubei	100.2	103.9	100.2	98.5	101.6	100.7
湖 南	Hunan	100.0	100.5	101.2	99.6	100.0	100.9
广 东	Guangdong	100.4	102.8	99.6	95.7	100.7	100.4
广 西	Guangxi	99.9	101.8	101.4	98.2	100.5	100.4
海 南	Hainan	102.0	103.0	103.2	98.9	101.6	107.3
重 庆	Chongqing	100.8	101.3	97.9	98.7	99.5	100.2
四 川	Sichuan	102.4	101.8	103.2	96.4	100.8	100.8
贵 州	Guizhou	100.2	101.9	100.7	97.0	100.3	101.7
云 南	Yunnan	100.2	102.2	99.1	96.8	99.8	100.3
西 藏	Tibet	100.4	100.6	101.6	99.9	102.4	102.1
陕 西	Shaanxi	101.7	100.5	98.9	93.0	100.5	101.5
甘 肃	Gansu	100.1	100.2	99.6	98.2	101.0	100.0
青 海	Qinghai	102.9	102.8	97.4	96.1	100.9	100.5
宁 夏	Ningxia	102.3	103.3	100.3	98.1	101.5	100.3
新 疆	Xinjiang	100.9	101.3	102.1	99.1	102.3	102.3

3-1-3 续表 14 continued 14

(上年价格=100) (Preceding year=100)

地 区	Region	(4)旅游 Touring and Outgoing	七、医疗保健 Health Care	1.药品及医疗器具 Medicine and Medical Instrument	(1)中药 Traditional chinese Medicine	(2)西药 Western Medicine	(3)滋补保健品 Health Care Articles
全 国	**National**	**102.0**	**103.8**	**104.3**	**104.8**	**104.3**	**105.9**
北 京	Beijing	97.6	102.6	103.7	101.3	105.0	105.5
天 津	Tianjin	99.6	108.8	101.3	102.7	100.6	101.9
河 北	Hebei	99.3	104.4	107.0	103.6	109.5	104.9
山 西	Shanxi	102.6	102.4	104.7	104.2	104.7	108.3
内蒙古	Inner Mongolia	99.8	104.4	102.2	102.6	102.7	102.0
辽 宁	Liaoning	98.4	102.5	103.1	103.0	103.8	102.5
吉 林	Jilin	101.2	106.1	107.2	105.2	110.0	104.7
黑龙江	Heilongjiang	101.2	103.7	104.8	105.0	105.4	104.0
上 海	Shanghai	102.9	109.0	110.6	127.6	110.2	101.8
江 苏	Jiangsu	101.0	109.1	99.7	101.5	95.4	107.6
浙 江	Zhejiang	102.7	101.3	103.5	105.7	101.4	108.5
安 徽	Anhui	103.5	103.6	105.9	104.7	107.7	104.5
福 建	Fujian	102.7	102.9	103.4	104.2	103.4	104.1
江 西	Jiangxi	99.9	102.7	103.2	104.3	104.1	101.3
山 东	Shandong	102.8	104.9	103.4	103.4	102.0	109.2
河 南	Henan	102.3	102.8	106.3	104.1	106.9	108.1
湖 北	Hubei	100.5	101.9	103.7	105.9	102.2	106.4
湖 南	Hunan	103.2	103.1	103.6	103.1	104.1	103.9
广 东	Guangdong	101.0	102.8	105.8	105.7	107.4	106.7
广 西	Guangxi	106.3	103.7	103.1	104.3	102.8	104.1
海 南	Hainan	103.9	104.4	107.4	115.5	106.0	105.4
重 庆	Chongqing	95.6	101.8	104.3	107.7	103.6	105.6
四 川	Sichuan	108.6	101.6	103.1	102.9	103.1	106.1
贵 州	Guizhou	102.8	101.5	100.7	101.0	100.8	100.1
云 南	Yunnan	100.5	102.4	104.0	104.9	104.0	104.5
西 藏	Tibet	102.1	102.1	105.8	105.6	105.9	108.4
陕 西	Shaanxi	101.4	102.4	104.8	105.3	105.7	103.1
甘 肃	Gansu	99.4	100.8	102.0	101.5	101.9	105.7
青 海	Qinghai	93.9	102.6	105.1	104.0	103.6	114.8
宁 夏	Ningxia	102.9	102.9	101.7	99.9	100.2	115.0
新 疆	Xinjiang	104.0	102.7	102.1	101.0	103.1	99.4

3-1-3 续表 15 continued 15

(上年价格=100) (Preceding year=100)

地 区	Region	(4)医疗卫生器具 Medical Instrument	(5)保健器具 Health Care Appliances	2.医疗服务 Medical Services	(1)综合医疗类 General Practice	(2)诊断类 Diagnostic Medical	(3)治疗类 Medical Treatment
全 国	**National**	**101.4**	**100.5**	**103.5**	**107.8**	**101.1**	**103.4**
北 京	Beijing	101.1	100.3	100.0	99.9	100.0	100.0
天 津	Tianjin	100.2	101.4	117.7	144.8	99.7	117.6
河 北	Hebei	102.0	100.5	102.7	104.9	100.1	103.3
山 西	Shanxi	100.6	100.3	100.8	102.2	99.3	101.3
内蒙古	Inner Mongolia	100.5	99.6	106.0	110.0	100.0	111.2
辽 宁	Liaoning	100.7	99.8	102.1	103.8	101.0	102.5
吉 林	Jilin	100.5	100.0	105.3	118.5	99.3	103.3
黑龙江	Heilongjiang	102.6	100.2	102.9	106.9	99.9	103.4
上 海	Shanghai	103.9	100.7	107.3	121.8	101.5	101.3
江 苏	Jiangsu	99.6	100.1	113.7	134.1	108.4	110.5
浙 江	Zhejiang	100.0	99.3	100.0	100.0	100.0	100.0
安 徽	Anhui	101.7	100.8	102.6	107.0	99.6	102.6
福 建	Fujian	101.3	100.3	102.7	105.7	101.2	102.7
江 西	Jiangxi	100.9	99.2	102.5	107.1	100.1	102.4
山 东	Shandong	101.1	101.1	106.2	120.2	99.4	107.4
河 南	Henan	102.8	101.2	100.8	100.8	100.2	101.5
湖 北	Hubei	100.2	101.1	100.8	102.0	99.5	101.2
湖 南	Hunan	100.2	100.1	102.9	107.6	100.5	101.3
广 东	Guangdong	101.6	100.8	100.7	101.3	99.9	101.4
广 西	Guangxi	100.9	100.2	104.1	108.5	102.7	103.9
海 南	Hainan	102.2	102.1	102.4	105.3	101.0	102.2
重 庆	Chongqing	99.8	100.4	100.0	100.3	99.9	100.0
四 川	Sichuan	100.6	100.1	100.6	101.9	100.2	100.2
贵 州	Guizhou	99.7	100.2	102.1	105.5	99.8	104.2
云 南	Yunnan	103.3	100.4	101.1	104.8	99.1	101.9
西 藏	Tibet	102.2	100.3	99.9	100.1	100.4	98.0
陕 西	Shaanxi	101.3	101.4	100.5	100.5	100.3	100.6
甘 肃	Gansu	101.1	99.9	100.0	100.1	99.6	100.0
青 海	Qinghai	102.9	100.0	100.9	103.7	99.1	100.3
宁 夏	Ningxia	100.9	100.4	104.3	107.3	99.5	103.1
新 疆	Xinjiang	101.3	100.4	103.0	104.4	100.6	103.4

3-1-3 续表 16 continued 16

(上年价格=100) (Preceding year=100)

地区	Region	(4)康复类 Rehabilitation	(5)中医医疗服务类 Traditional Chinese Medical	(6)其他医疗服务 Other Health Care Services	八、其他用品和服务 Other Articles and Services	1.其他用品类 Other Articles	(1)首饰手表 Jewelry and Watches
全国	**National**	**104.1**	**104.3**	**103.0**	**102.8**	**103.5**	**105.8**
北京	Beijing	100.0	100.0	100.0	104.3	106.1	107.8
天津	Tianjin	100.0	116.9	122.2	103.8	107.7	111.8
河北	Hebei	103.8	107.4	101.6	103.3	102.4	104.5
山西	Shanxi	100.8	101.1	101.1	101.2	100.5	100.9
内蒙古	Inner Mongolia	100.8	111.9	94.0	101.8	102.5	103.6
辽宁	Liaoning	100.0	99.9	102.2	101.6	101.9	103.0
吉林	Jilin	100.0	102.2	100.0	102.2	102.3	103.3
黑龙江	Heilongjiang	102.6	104.5	100.0	102.1	103.6	105.6
上海	Shanghai	161.1	104.1	99.1	103.3	104.6	107.1
江苏	Jiangsu	115.7	121.0	115.7	102.7	104.0	105.7
浙江	Zhejiang	100.0	100.0	100.0	102.5	104.0	107.1
安徽	Anhui	102.3	106.7	106.9	102.3	102.5	104.0
福建	Fujian	101.4	105.2	103.5	102.5	103.9	106.9
江西	Jiangxi	101.4	102.8	100.4	102.6	101.6	103.0
山东	Shandong	103.1	106.0	99.3	102.9	103.4	105.3
河南	Henan	100.7	100.5	100.2	103.9	105.8	108.0
湖北	Hubei	100.5	100.5	101.9	102.8	103.6	105.7
湖南	Hunan	102.8	102.3	101.8	101.6	102.7	105.1
广东	Guangdong	100.0	99.6	99.9	102.8	104.0	106.2
广西	Guangxi	100.8	107.0	100.0	101.9	101.1	103.7
海南	Hainan	103.3	104.1	100.0	103.6	104.4	106.9
重庆	Chongqing	100.0	100.0	100.0	102.6	104.1	108.1
四川	Sichuan	100.1	100.4	100.2	102.9	102.0	104.4
贵州	Guizhou	99.9	105.3	107.2	101.0	101.7	104.8
云南	Yunnan	102.8	102.7	107.0	101.3	101.1	101.9
西藏	Tibet	100.0	100.3	102.6	103.1	103.1	104.8
陕西	Shaanxi	100.3	100.7	100.6	102.2	103.4	106.6
甘肃	Gansu	99.9	100.8	100.0	101.5	101.7	103.6
青海	Qinghai	106.9	106.1	100.0	102.4	106.0	108.0
宁夏	Ningxia	100.9	107.7	122.1	103.2	103.5	105.2
新疆	Xinjiang	103.0	102.4	101.5	103.1	102.4	104.3

3-1-3 续表 17 continued 17

(上年价格=100) (Preceding year=100)

地 区 Region	(2)其他杂项用品 Other Miscellaneous Articles	2.其他服务类 Other Services	(1)旅馆住宿 Hotel Accommo-dations	(2)美容美发洗浴 Beaty Salon, Hair Salon and Scouring Bath	(3)养老服务 Elderly Care	(4)金融保险 Finance and Insurance	(5)其他服务类 Other Services
全 国 National	**100.1**	**102.2**	**101.3**	**104.0**	**102.5**	**101.1**	**101.3**
北 京 Beijing	96.7	103.0	102.3	106.6	102.8	100.3	99.8
天 津 Tianjin	99.8	100.9	100.8	102.0	101.1	100.0	100.0
河 北 Hebei	100.2	104.0	102.0	105.1	100.7	104.6	100.6
山 西 Shanxi	100.0	101.8	98.4	102.3	100.0	102.7	100.0
内蒙古 Inner Mongolia	100.1	101.1	101.6	104.1	100.5	100.1	100.1
辽 宁 Liaoning	100.2	101.3	99.5	103.1	100.1	100.9	100.9
吉 林 Jilin	100.9	102.1	101.9	105.9	101.6	100.2	100.0
黑龙江 Heilongjiang	100.1	101.0	101.9	102.8	100.7	100.0	100.0
上 海 Shanghai	100.4	102.5	105.8	103.7	100.0	100.9	99.1
江 苏 Jiangsu	101.0	101.7	99.5	104.0	101.3	100.5	101.3
浙 江 Zhejiang	99.1	101.6	101.2	102.9	104.6	100.2	101.7
安 徽 Anhui	100.5	102.1	99.2	105.1	103.1	100.3	102.0
福 建 Fujian	99.7	101.4	100.2	103.5	101.3	100.0	101.9
江 西 Jiangxi	99.1	103.6	101.6	105.3	104.4	102.9	100.1
山 东 Shandong	100.2	102.4	100.7	106.7	100.7	100.3	100.3
河 南 Henan	100.1	102.2	100.5	105.6	102.1	99.0	100.8
湖 北 Hubei	101.0	102.1	101.2	103.6	107.9	100.0	100.7
湖 南 Hunan	100.0	100.7	100.2	101.5	101.2	99.9	102.1
广 东 Guangdong	100.4	101.7	101.5	103.2	103.9	100.0	101.3
广 西 Guangxi	99.5	102.5	101.8	105.4	102.5	101.9	100.1
海 南 Hainan	101.6	102.9	100.0	102.1	100.0	105.6	100.0
重 庆 Chongqing	98.1	101.6	101.5	101.6	100.0	102.7	100.6
四 川 Sichuan	98.7	103.5	100.4	103.1	100.5	105.4	104.3
贵 州 Guizhou	99.4	100.5	97.6	101.9	100.2	100.5	100.5
云 南 Yunnan	100.4	101.7	102.0	101.6	100.0	101.8	101.2
西 藏 Tibet	100.5	103.2	103.2	107.5	100.0	100.0	101.7
陕 西 Shaanxi	99.5	101.2	99.0	102.6	103.4	100.7	103.5
甘 肃 Gansu	99.6	101.4	101.1	101.8	101.8	101.5	99.4
青 海 Qinghai	103.0	99.1	89.1	104.8	106.1	100.1	100.7
宁 夏 Ningxia	100.2	102.9	99.6	101.2	105.3	104.8	104.6
新 疆 Xinjiang	99.8	103.7	107.8	105.8	105.0	100.4	100.8

3-1-4 各地区城市居民消费价格指数(2016年)
Urban Consumer Price Indices by Category and Region (2016)

(上年价格=100) (Preceding year=100)

地　区	Region	居民消费价格总指数 Consumer Price Index	一、食品烟酒 Food, Tobacco and Liquor	1.食品 Food	(1)粮食 Grain	(2)薯类 Tubers	(3)豆类 Beans
全　国	**National**	**102.1**	**103.7**	**104.5**	**100.6**	**111.3**	**100.9**
北　京	Beijing	101.4	103.0	103.3	99.1	109.9	101.0
天　津	Tianjin	102.1	102.1	102.8	100.6	106.1	101.0
河　北	Hebei	101.5	102.6	103.1	99.5	111.0	99.2
山　西	Shanxi	101.1	102.8	103.4	99.6	111.7	100.2
内蒙古	Inner Mongolia	101.2	102.2	102.9	102.0	116.8	100.6
辽　宁	Liaoning	101.5	102.4	102.8	100.0	107.7	101.2
吉　林	Jilin	101.5	103.2	103.5	100.9	105.9	99.3
黑龙江	Heilongjiang	101.2	102.1	102.5	100.3	107.2	97.9
上　海	Shanghai	103.2	103.7	104.8	100.9	113.0	100.4
江　苏	Jiangsu	102.4	103.6	104.6	100.3	110.9	100.2
浙　江	Zhejiang	102.0	104.4	105.0	100.7	102.8	101.2
安　徽	Anhui	101.8	103.4	104.0	99.7	109.7	98.9
福　建	Fujian	101.8	104.0	104.8	100.1	115.0	101.2
江　西	Jiangxi	102.0	104.2	105.3	101.1	112.6	102.0
山　东	Shandong	102.2	103.5	104.3	99.9	108.2	100.7
河　南	Henan	101.9	103.1	104.0	100.2	112.4	100.6
湖　北	Hubei	102.1	103.9	105.6	100.3	116.1	101.1
湖　南	Hunan	101.9	103.8	104.6	100.7	110.8	100.3
广　东	Guangdong	102.4	104.8	105.9	100.8	111.6	103.6
广　西	Guangxi	101.6	103.3	104.2	100.6	114.7	102.3
海　南	Hainan	102.9	105.5	106.8	101.5	110.3	102.1
重　庆	Chongqing	101.8	103.6	104.7	102.4	126.0	99.9
四　川	Sichuan	102.0	103.9	104.9	101.0	113.0	101.2
贵　州	Guizhou	101.5	103.4	104.4	101.4	110.1	101.6
云　南	Yunnan	101.4	103.4	104.2	100.3	109.4	100.6
西　藏	Tibet	102.6	105.0	103.5	104.9	101.5	100.3
陕　西	Shaanxi	101.3	103.1	103.8	100.1	113.3	100.1
甘　肃	Gansu	101.2	102.8	103.6	100.5	117.8	102.2
青　海	Qinghai	101.8	102.5	102.6	100.6	105.6	100.6
宁　夏	Ningxia	101.6	102.7	103.8	100.5	119.0	100.5
新　疆	Xinjiang	101.4	102.3	101.7	101.7	117.9	98.9

3-1-4 续表 1 continued 1

(上年价格=100) (Preceding year=100)

地 区	Region	(4)食用油 Edible Oil and Fats	(5)菜 Vegetables	(6)畜肉类 Meat of Livestock	(7)禽肉类 Meat of Poultry	(8)水产品 Aquatic Products	(9)蛋类 Eggs
全 国	**National**	**101.2**	**110.9**	**110.5**	**101.6**	**104.9**	**96.8**
北 京	Beijing	99.5	109.9	106.5	101.3	103.9	96.7
天 津	Tianjin	99.7	107.0	107.3	101.0	106.6	95.4
河 北	Hebei	100.3	109.1	110.4	101.2	99.2	95.3
山 西	Shanxi	100.6	111.1	110.2	100.5	103.8	95.3
内蒙古	Inner Mongolia	103.5	111.9	104.7	100.5	102.7	96.2
辽 宁	Liaoning	100.3	107.0	106.8	100.2	106.8	96.6
吉 林	Jilin	99.5	108.5	109.0	100.0	102.0	97.4
黑龙江	Heilongjiang	100.9	106.0	109.9	98.8	102.7	96.7
上 海	Shanghai	99.9	110.6	108.3	101.6	107.8	98.4
江 苏	Jiangsu	101.2	109.6	110.9	101.0	106.8	96.4
浙 江	Zhejiang	100.9	112.9	111.5	102.6	104.8	96.5
安 徽	Anhui	102.8	109.5	112.2	98.1	105.6	94.1
福 建	Fujian	99.7	113.9	111.4	99.6	104.7	96.5
江 西	Jiangxi	101.6	111.3	112.4	101.9	106.1	97.6
山 东	Shandong	99.8	108.1	113.1	102.2	104.6	96.6
河 南	Henan	100.9	110.8	112.5	99.9	101.0	96.9
湖 北	Hubei	100.8	116.2	111.6	101.2	107.0	97.0
湖 南	Hunan	101.4	110.0	112.4	100.8	102.3	98.2
广 东	Guangdong	100.9	115.5	110.9	103.7	104.8	97.5
广 西	Guangxi	101.0	109.1	111.0	100.2	103.3	98.5
海 南	Hainan	99.8	117.4	109.2	103.4	107.9	100.2
重 庆	Chongqing	103.0	108.7	111.9	100.3	104.7	96.4
四 川	Sichuan	102.4	107.9	112.7	100.1	102.4	96.6
贵 州	Guizhou	105.5	107.7	110.9	100.5	102.7	97.2
云 南	Yunnan	105.2	107.4	110.9	100.9	101.2	98.5
西 藏	Tibet	103.1	108.6	102.5	98.1	100.1	101.4
陕 西	Shaanxi	101.4	114.5	107.7	100.5	103.5	93.7
甘 肃	Gansu	100.2	111.0	106.5	102.1	101.6	98.4
青 海	Qinghai	101.0	109.9	105.1	96.7	101.4	97.8
宁 夏	Ningxia	98.7	115.0	104.8	100.6	101.4	97.0
新 疆	Xinjiang	99.9	109.4	99.7	102.1	98.1	96.3

3-1-4 续表 2 continued 2

(上年价格=100) (Preceding year=100)

地 区	Region	(10)奶类 Milk	(11)干鲜瓜果类 Dried and Fresh Melons and Fruits	(12)糖果糕点类 Candy and Cake	(13)调味品 Falvoring	(14)其他食品类 Other Foods	2.茶及饮料 Tea and Beverages
全 国	**National**	**99.8**	**98.2**	**101.0**	**102.4**	**101.7**	**100.5**
北 京	Beijing	102.1	98.2	103.2	105.2	105.1	100.4
天 津	Tianjin	98.8	97.6	101.3	103.4	101.0	100.2
河 北	Hebei	99.1	97.6	100.5	102.5	102.7	100.4
山 西	Shanxi	99.5	95.9	100.8	101.5	103.8	100.5
内蒙古	Inner Mongolia	100.7	97.7	100.2	100.9	96.8	99.9
辽 宁	Liaoning	98.9	98.5	100.8	102.6	101.1	101.1
吉 林	Jilin	101.6	100.7	100.0	101.6	100.7	100.4
黑龙江	Heilongjiang	96.1	97.2	100.4	101.6	100.4	99.1
上 海	Shanghai	101.4	101.8	102.3	104.8	102.3	100.8
江 苏	Jiangsu	100.1	97.1	100.2	103.8	101.7	100.3
浙 江	Zhejiang	100.0	98.7	101.4	102.9	101.7	100.4
安 徽	Anhui	99.2	95.0	100.8	101.8	101.3	100.8
福 建	Fujian	98.8	96.7	100.3	100.4	99.7	99.9
江 西	Jiangxi	100.6	96.2	100.4	102.5	103.0	101.4
山 东	Shandong	99.7	96.6	99.7	102.4	101.6	101.1
河 南	Henan	99.6	96.6	101.5	101.8	100.7	99.7
湖 北	Hubei	100.5	97.3	100.4	103.7	101.6	100.6
湖 南	Hunan	99.6	98.8	100.8	101.0	100.9	99.7
广 东	Guangdong	99.3	99.9	100.9	100.9	101.7	100.3
广 西	Guangxi	99.5	99.6	100.4	100.3	100.5	100.3
海 南	Hainan	101.0	102.3	100.9	101.6	99.9	103.9
重 庆	Chongqing	99.4	97.8	101.4	100.5	101.6	98.9
四 川	Sichuan	99.6	96.9	100.4	103.9	102.2	100.4
贵 州	Guizhou	99.6	97.9	101.0	101.7	99.8	100.2
云 南	Yunnan	99.4	95.9	100.5	100.3	102.0	99.9
西 藏	Tibet	100.0	104.7	102.5	103.7	102.8	101.4
陕 西	Shaanxi	95.5	99.5	100.4	101.0	101.0	99.5
甘 肃	Gansu	100.0	99.2	100.3	101.0	103.6	101.1
青 海	Qinghai	101.0	96.1	100.9	101.6	99.1	102.2
宁 夏	Ningxia	100.9	99.0	100.2	102.3	102.1	100.6
新 疆	Xinjiang	100.0	99.5	100.7	100.2	102.0	99.7

3-1-4 续表 3 continued 3

(上年价格=100) (Preceding year=100)

地　区	Region	3.烟酒 Tobacco and Liquor	(1)烟草 Tabacco	(2)酒类 Liquor	4.在外餐饮 Dining Out	二、衣着 Clothing	1.服装 Garments
全　国	**National**	**101.5**	**102.3**	**100.4**	**102.6**	**101.5**	**101.5**
北　京	Beijing	101.0	101.2	100.7	102.8	100.2	99.6
天　津	Tianjin	101.3	102.2	100.3	100.8	100.1	99.9
河　北	Hebei	102.1	102.8	101.5	101.4	101.8	102.1
山　西	Shanxi	101.7	102.3	100.7	101.8	101.0	101.1
内蒙古	Inner Mongolia	101.4	103.3	99.2	100.7	101.7	101.5
辽　宁	Liaoning	101.6	102.3	100.5	101.3	101.4	100.9
吉　林	Jilin	101.7	102.8	99.9	102.7	101.5	101.5
黑龙江	Heilongjiang	101.6	102.5	100.4	101.0	101.2	101.4
上　海	Shanghai	102.2	103.0	100.7	101.6	100.8	101.3
江　苏	Jiangsu	101.2	102.1	99.8	102.7	101.8	101.5
浙　江	Zhejiang	102.4	103.0	101.2	103.9	101.5	101.7
安　徽	Anhui	101.4	102.1	100.5	102.8	101.0	101.4
福　建	Fujian	101.5	102.3	100.3	103.3	100.1	100.2
江　西	Jiangxi	101.6	102.0	100.7	102.6	100.8	101.0
山　东	Shandong	101.3	102.2	100.2	102.6	101.6	101.5
河　南	Henan	100.4	101.5	99.6	102.2	100.8	100.6
湖　北	Hubei	102.2	103.4	100.2	100.5	102.2	101.7
湖　南	Hunan	101.3	101.7	100.7	102.9	101.8	102.0
广　东	Guangdong	101.1	101.4	100.5	103.4	102.8	103.0
广　西	Guangxi	101.2	101.6	100.5	102.0	102.4	102.4
海　南	Hainan	101.6	102.3	100.1	102.6	96.2	95.4
重　庆	Chongqing	100.2	100.4	99.8	102.3	102.4	102.3
四　川	Sichuan	101.1	101.7	100.1	102.7	100.3	100.2
贵　州	Guizhou	100.4	101.4	98.0	102.1	100.4	100.3
云　南	Yunnan	102.0	102.6	100.3	102.2	99.8	99.4
西　藏	Tibet	101.9	99.5	104.7	110.8	103.5	102.3
陕　西	Shaanxi	101.8	102.8	100.1	102.4	101.3	101.8
甘　肃	Gansu	100.8	101.0	100.5	101.6	101.7	102.7
青　海	Qinghai	101.3	102.7	99.6	102.5	100.3	101.1
宁　夏	Ningxia	101.7	102.3	100.3	100.7	102.1	102.2
新　疆	Xinjiang	102.0	102.9	100.9	103.8	100.9	100.9

3-1-4 续表 4 continued 4

(上年价格=100) (Preceding year=100)

地 区	Region	(1)男式服装 Men's clothing	(2)女式服装 Women's Clothing	(3)儿童服装 Children's Clothing	2.服装材料 Garments Material	3.其他衣着及配件 Other Clothing and Parts	4.衣着加工服务费 Clothing Manufacturing Service Fees
全 国	**National**	**101.6**	**101.4**	**101.6**	**101.5**	**100.6**	**103.9**
北 京	Beijing	99.3	99.7	99.5	100.7	98.1	101.7
天 津	Tianjin	101.0	99.6	97.7	101.7	101.6	103.7
河 北	Hebei	102.3	102.3	101.4	99.8	100.6	102.7
山 西	Shanxi	102.2	100.9	99.2	99.4	100.8	102.2
内蒙古	Inner Mongolia	101.3	101.5	102.3	101.1	101.3	103.3
辽 宁	Liaoning	101.1	100.8	100.9	100.6	100.4	104.3
吉 林	Jilin	102.1	101.3	101.1	100.5	101.6	106.9
黑龙江	Heilongjiang	102.2	100.8	101.4	102.8	98.6	100.9
上 海	Shanghai	101.3	101.3	101.6	103.6	100.4	103.6
江 苏	Jiangsu	101.6	101.5	101.3	103.3	101.3	101.5
浙 江	Zhejiang	101.9	101.7	100.5	101.1	100.8	104.4
安 徽	Anhui	101.6	101.3	101.6	100.2	100.3	104.4
福 建	Fujian	99.3	101.4	98.4	101.9	99.7	101.9
江 西	Jiangxi	102.2	99.3	104.5	99.7	101.4	107.2
山 东	Shandong	102.0	101.3	100.8	101.6	100.3	102.3
河 南	Henan	100.5	100.6	100.9	100.4	100.9	106.3
湖 北	Hubei	100.8	102.2	101.8	103.0	100.8	109.7
湖 南	Hunan	102.3	101.9	101.6	100.2	100.4	106.8
广 东	Guangdong	102.7	102.6	104.5	102.8	100.5	101.8
广 西	Guangxi	102.5	102.4	102.4	102.3	102.3	104.5
海 南	Hainan	91.9	97.8	94.5	100.6	99.0	102.3
重 庆	Chongqing	102.4	102.4	101.8	99.7	100.3	101.7
四 川	Sichuan	100.2	100.2	100.0	100.0	99.6	103.2
贵 州	Guizhou	101.2	99.8	100.0	100.6	100.5	102.3
云 南	Yunnan	99.3	99.0	100.4	100.4	99.6	105.8
西 藏	Tibet	102.8	102.5	101.4	101.4	102.2	121.0
陕 西	Shaanxi	100.9	101.8	104.0	101.1	102.0	102.3
甘 肃	Gansu	103.7	102.3	100.8	101.4	101.3	103.7
青 海	Qinghai	102.2	98.0	104.9	99.5	101.1	107.5
宁 夏	Ningxia	101.7	102.6	102.5	100.2	100.1	100.5
新 疆	Xinjiang	100.7	100.9	101.3	99.2	101.2	107.3

3-1-4 续表 5 continued 5

(上年价格=100) (Preceding year=100)

地区	Region	5.鞋类 Footware	(1)鞋 Shoes	(2)鞋类加工服务 Footware Manufactuing Services	三、居住 Residence	1.租赁房房租 Rent of Rental Housing	2.住房保养维修及管理 Housing Maintenance and Management
全国	**National**	**101.4**	**101.3**	**103.2**	**101.9**	**102.9**	**101.4**
北京	Beijing	102.0	101.9	104.4	103.7	103.8	101.2
天津	Tianjin	99.7	99.7	100.1	103.6	103.9	101.4
河北	Hebei	101.1	101.0	101.9	100.8	100.4	100.4
山西	Shanxi	100.5	100.5	102.6	99.7	101.0	99.9
内蒙古	Inner Mongolia	102.1	101.8	105.5	100.0	99.4	100.3
辽宁	Liaoning	102.6	102.6	101.5	100.6	102.0	100.3
吉林	Jilin	100.9	101.0	100.6	99.8	100.2	100.3
黑龙江	Heilongjiang	100.9	100.9	101.2	100.4	100.9	99.7
上海	Shanghai	98.8	98.8	99.1	105.1	107.3	103.1
江苏	Jiangsu	102.8	102.7	105.7	101.5	101.8	101.4
浙江	Zhejiang	101.0	101.0	101.4	101.1	101.6	101.9
安徽	Anhui	99.3	99.2	101.3	101.9	101.9	101.1
福建	Fujian	99.6	99.6	100.4	100.9	101.1	101.3
江西	Jiangxi	99.5	99.3	111.5	101.2	103.9	103.3
山东	Shandong	102.3	102.3	103.3	100.9	102.2	100.7
河南	Henan	100.9	100.8	101.8	103.0	103.4	101.4
湖北	Hubei	103.2	103.2	103.8	103.0	105.1	103.5
湖南	Hunan	101.0	101.0	101.2	101.5	103.0	100.9
广东	Guangdong	102.9	102.7	105.2	101.9	103.6	102.1
广西	Guangxi	101.9	101.7	104.0	100.2	101.9	101.2
海南	Hainan	97.7	97.3	113.7	103.4	104.2	100.4
重庆	Chongqing	103.1	103.1	102.8	101.1	101.6	100.2
四川	Sichuan	100.7	100.6	101.5	101.6	102.2	100.1
贵州	Guizhou	100.5	100.5	100.3	100.7	100.1	100.7
云南	Yunnan	100.9	100.8	104.2	101.5	102.2	100.7
西藏	Tibet	102.1	101.9	109.2	101.1	101.2	102.6
陕西	Shaanxi	99.9	99.8	102.2	101.1	100.6	100.3
甘肃	Gansu	98.6	98.5	100.5	100.4	100.9	100.6
青海	Qinghai	97.4	97.3	100.0	105.7	104.3	104.9
宁夏	Ningxia	102.2	102.1	113.7	100.5	102.8	101.3
新疆	Xinjiang	100.5	100.5	100.8	101.6	105.1	100.7

3-1-4 续表 6 continued 6

(上年价格=100) (Preceding year=100)

地 区	Region	(1)住房装潢材料 Building and Building Decoration Matrials	(2)物业管理费 Property Management fee	(3)住房装潢维修 Decoration and Repair	3.水电燃料 Water, Electricity and Fuels	(1)水 Water	(2)电 Electricity
全 国	**National**	**100.4**	**101.6**	**102.8**	**99.8**	**104.4**	**100.0**
北 京	Beijing	100.4	102.0	103.6	100.2	100.0	100.0
天 津	Tianjin	99.6	100.0	106.0	99.8	100.0	100.0
河 北	Hebei	100.3	100.9	100.3	99.6	101.4	100.0
山 西	Shanxi	99.6	100.0	100.3	99.8	100.3	100.0
内蒙古	Inner Mongolia	100.3	100.8	99.9	100.7	115.6	100.0
辽 宁	Liaoning	100.1	100.3	100.5	98.9	109.4	100.0
吉 林	Jilin	100.8	102.0	98.7	99.2	106.1	100.0
黑龙江	Heilongjiang	99.2	100.3	99.9	99.0	110.7	100.0
上 海	Shanghai	100.5	104.5	105.9	99.0	100.0	100.0
江 苏	Jiangsu	100.2	100.0	103.3	101.1	106.5	100.0
浙 江	Zhejiang	100.4	102.5	104.0	98.7	101.4	100.0
安 徽	Anhui	100.0	103.4	102.0	101.0	110.3	100.0
福 建	Fujian	100.2	103.4	101.7	98.3	100.7	100.0
江 西	Jiangxi	100.0	100.1	106.9	98.2	101.5	100.0
山 东	Shandong	99.8	100.8	101.6	100.2	109.9	100.0
河 南	Henan	100.3	100.8	102.7	101.7	124.9	100.0
湖 北	Hubei	102.3	101.5	106.7	98.3	100.6	98.2
湖 南	Hunan	100.1	103.6	101.3	100.1	103.1	100.0
广 东	Guangdong	100.9	101.7	104.3	99.2	101.7	100.0
广 西	Guangxi	100.3	100.6	102.4	96.5	101.8	100.0
海 南	Hainan	95.5	100.0	106.4	100.0	103.5	100.0
重 庆	Chongqing	100.4	99.3	100.7	100.1	100.8	100.0
四 川	Sichuan	99.9	100.1	100.4	101.8	104.5	100.1
贵 州	Guizhou	99.5	101.7	102.9	100.3	105.4	100.0
云 南	Yunnan	99.6	101.6	101.8	97.7	101.2	97.2
西 藏	Tibet	102.6	100.0	104.3	102.2	123.4	101.2
陕 西	Shaanxi	99.9	100.0	100.9	102.0	117.2	100.0
甘 肃	Gansu	99.7	100.0	102.4	99.9	100.7	100.0
青 海	Qinghai	103.6	100.0	111.9	99.5	100.1	100.0
宁 夏	Ningxia	100.7	104.8	100.0	100.0	100.1	100.2
新 疆	Xinjiang	99.3	100.1	104.1	100.0	101.8	100.0

3-1-4 续表 7 continued 7

(上年价格=100) (Preceding year=100)

地　区	Region	(3)燃气 Gas	(4)取暖费 Heating fees	(5)其他燃料 Other Fuels	4.自有住房 Private Housing	四、生活用品及服务 Articles for Daily Use and Services	1.家具及室内装饰品 Furniture and Interior Decorations
全　国	**National**	**97.8**	**98.2**	**99.9**	**102.8**	**100.5**	**100.7**
北　京	Beijing	100.8	100.0	103.2	104.9	99.2	101.2
天　津	Tianjin	98.6	100.0	100.0	104.9	99.4	98.0
河　北	Hebei	99.0	100.0	96.6	101.4	100.7	100.1
山　西	Shanxi	100.5	100.0	97.4	99.5	100.1	99.8
内蒙古	Inner Mongolia	97.2	100.0	99.7	99.6	100.2	99.9
辽　宁	Liaoning	101.4	94.6	102.3	101.7	100.7	101.5
吉　林	Jilin	102.2	96.7	98.7	100.0	100.4	101.7
黑龙江	Heilongjiang	100.8	95.8	99.7	101.3	100.3	99.9
上　海	Shanghai	96.0	100.0	100.0	106.4	101.2	100.2
江　苏	Jiangsu	100.1	102.2	99.5	101.5	101.7	101.2
浙　江	Zhejiang	94.1	100.0	103.4	101.6	100.1	100.1
安　徽	Anhui	98.8	100.0	100.7	102.5	100.4	99.8
福　建	Fujian	93.2	100.0	100.2	102.0	99.7	100.1
江　西	Jiangxi	92.7	100.0	107.7	101.8	100.0	99.8
山　东	Shandong	104.9	97.1	98.3	101.1	101.0	102.3
河　南	Henan	97.1	100.0	99.5	103.8	100.3	100.7
湖　北	Hubei	96.8	100.0	100.0	104.8	100.5	101.1
湖　南	Hunan	98.6	99.9	101.3	102.4	100.3	100.5
广　东	Guangdong	95.9	100.0	101.5	103.1	100.2	101.6
广　西	Guangxi	88.4	100.0	101.9	101.8	100.1	100.1
海　南	Hainan	97.9	100.0	99.9	106.4	100.6	100.4
重　庆	Chongqing	99.6	100.0	103.5	101.9	100.6	102.6
四　川	Sichuan	103.2	100.0	98.2	101.9	100.3	99.5
贵　州	Guizhou	98.0	100.0	95.0	101.0	100.0	100.1
云　南	Yunnan	94.7	97.0	99.7	103.3	100.0	99.6
西　藏	Tibet	99.1	100.0	100.0	100.2	101.5	101.1
陕　西	Shaanxi	98.9	100.3	100.5	100.9	99.5	98.3
甘　肃	Gansu	98.2	100.0	100.7	100.7	100.3	101.1
青　海	Qinghai	100.0	97.4	100.3	112.3	99.7	89.5
宁　夏	Ningxia	99.9	100.0	99.4	100.2	100.6	99.5
新　疆	Xinjiang	99.1	100.0	100.9	102.5	100.6	101.1

3-1-4 续表 8 continued 8

(上年价格=100) (Preceding year=100)

地 区	Region	(1)家具 Furniture	(2)室内装饰品 Interior Decorations	2.家用器具 Home Appliances	(1)大型家用器具 Large Houshold Appliances	(2)小家电 Small Household Appliances	3.家用纺织品 Home Textiles
全 国	**National**	**100.8**	**100.0**	**98.7**	**98.6**	**99.2**	**100.3**
北 京	Beijing	101.3	100.6	93.1	92.2	96.0	95.7
天 津	Tianjin	98.2	96.9	97.9	97.8	97.9	100.7
河 北	Hebei	100.1	100.0	100.6	100.5	100.9	100.2
山 西	Shanxi	99.8	100.5	99.1	99.0	99.8	100.2
内蒙古	Inner Mongolia	99.9	99.4	99.6	99.7	99.0	99.8
辽 宁	Liaoning	101.7	100.5	99.3	99.1	100.2	100.2
吉 林	Jilin	101.8	100.4	99.8	99.9	98.9	99.9
黑龙江	Heilongjiang	100.0	98.6	98.8	98.8	98.9	100.0
上 海	Shanghai	100.1	101.1	100.4	100.2	101.0	101.9
江 苏	Jiangsu	101.3	100.4	100.7	100.7	100.7	101.4
浙 江	Zhejiang	100.3	99.3	98.8	98.6	99.5	99.4
安 徽	Anhui	99.9	99.3	99.0	99.0	99.0	100.4
福 建	Fujian	100.5	97.8	96.5	96.2	97.8	99.6
江 西	Jiangxi	100.0	99.0	98.0	97.9	98.6	99.2
山 东	Shandong	102.6	101.3	100.6	100.6	100.3	101.1
河 南	Henan	100.9	99.4	97.7	97.5	98.7	100.2
湖 北	Hubei	101.2	100.2	97.3	97.0	99.1	100.2
湖 南	Hunan	100.6	99.6	99.9	99.9	100.0	100.3
广 东	Guangdong	101.8	99.4	96.7	96.3	97.8	100.6
广 西	Guangxi	100.1	100.0	98.8	98.7	99.4	100.7
海 南	Hainan	100.5	100.1	97.5	97.4	97.9	99.2
重 庆	Chongqing	103.0	99.7	98.8	98.5	100.0	101.2
四 川	Sichuan	99.6	98.7	99.7	100.0	98.5	99.1
贵 州	Guizhou	100.1	99.9	98.9	99.1	97.9	99.5
云 南	Yunnan	99.5	100.2	98.3	98.5	97.7	99.8
西 藏	Tibet	101.2	100.3	100.0	100.0	100.3	103.6
陕 西	Shaanxi	97.8	100.5	96.7	96.5	98.4	96.4
甘 肃	Gansu	101.3	100.1	99.8	99.7	100.5	100.1
青 海	Qinghai	87.4	101.8	98.5	98.3	99.2	108.0
宁 夏	Ningxia	99.5	99.7	98.4	98.0	100.1	101.5
新 疆	Xinjiang	100.6	103.4	100.2	100.1	100.8	100.6

3-1-4 续表 9 continued 9

(上年价格=100) (Preceding year=100)

地 区	Region	(1)床上用品 Bed Articles	(2)窗帘门帘 Curtains	(3)其他家用纺织品 Other Interior Textiles	4.家庭日用杂品 Household Articles for Daily Use	(1)洗涤卫生用品 Clearing Products	(2)厨具餐具茶具 Kichenware Tableware and Teaset
全 国	**National**	**100.3**	**100.1**	**100.4**	**100.5**	**100.4**	**100.7**
北 京	Beijing	94.8	99.4	101.1	100.2	100.3	100.5
天 津	Tianjin	101.1	98.6	99.4	99.7	98.8	99.6
河 北	Hebei	100.3	98.6	100.7	100.5	100.4	101.1
山 西	Shanxi	100.2	100.4	100.2	100.4	100.2	100.7
内蒙古	Inner Mongolia	99.8	100.2	99.2	100.0	100.1	100.2
辽 宁	Liaoning	100.2	100.4	99.5	100.5	100.3	100.3
吉 林	Jilin	99.6	100.9	101.3	100.2	99.9	100.5
黑龙江	Heilongjiang	100.0	99.7	100.0	100.4	100.7	99.2
上 海	Shanghai	102.3	99.1	100.8	100.5	100.3	100.4
江 苏	Jiangsu	101.3	102.9	101.0	100.7	100.9	101.4
浙 江	Zhejiang	99.2	100.4	100.1	99.9	100.2	100.5
安 徽	Anhui	100.4	100.2	100.1	100.6	100.5	99.8
福 建	Fujian	99.1	101.2	101.6	100.8	101.1	99.9
江 西	Jiangxi	98.8	100.1	102.3	99.8	99.5	99.9
山 东	Shandong	101.3	100.1	100.1	100.0	99.6	101.0
河 南	Henan	100.1	100.1	100.9	100.5	100.4	100.5
湖 北	Hubei	100.3	100.4	99.3	101.3	101.6	100.7
湖 南	Hunan	100.3	99.8	100.4	100.3	100.2	100.4
广 东	Guangdong	100.7	101.7	98.8	99.8	99.8	99.6
广 西	Guangxi	100.8	99.9	100.5	100.0	99.9	100.4
海 南	Hainan	99.0	100.5	99.8	101.1	100.3	99.1
重 庆	Chongqing	101.1	100.0	102.1	100.8	100.8	102.4
四 川	Sichuan	99.1	98.9	99.6	100.3	100.3	100.5
贵 州	Guizhou	99.4	99.5	100.5	100.4	100.3	101.0
云 南	Yunnan	99.7	100.7	99.1	100.1	100.5	99.8
西 藏	Tibet	103.2	102.3	108.7	100.8	100.5	101.6
陕 西	Shaanxi	97.2	92.5	98.6	101.7	101.3	102.8
甘 肃	Gansu	99.9	100.3	101.5	100.1	100.2	100.3
青 海	Qinghai	110.1	104.1	100.0	102.4	103.9	100.2
宁 夏	Ningxia	101.8	102.2	99.6	101.4	100.7	100.9
新 疆	Xinjiang	99.6	101.9	102.1	99.7	99.4	99.7

3-1-4 续表 10 continued 10

(上年价格=100) (Preceding year=100)

地　区	Region	(3)家用手工工具 Hand Tools for Household Use	(4)其他家庭日用杂品 Other Daily Use Household Articles	5.个人护理用品 Personal-care Supplies	(1)化妆品 Cosmetics	(2)其他护理用品类 Other Nursing Materials	6.家庭服务 Household Services
全　国	**National**	**100.5**	**100.3**	**101.1**	**101.4**	**100.5**	**104.5**
北　京	Beijing	101.2	98.4	102.5	104.2	98.0	103.4
天　津	Tianjin	98.1	102.1	100.5	101.2	99.6	101.6
河　北	Hebei	99.6	100.6	101.5	101.3	101.8	102.3
山　西	Shanxi	99.7	100.4	100.9	101.1	100.5	102.5
内 蒙 古	Inner Mongolia	100.3	99.5	100.6	100.9	99.9	104.9
辽　宁	Liaoning	100.8	101.1	101.3	101.5	100.9	103.7
吉　林	Jilin	99.9	100.4	100.6	101.1	99.6	100.7
黑 龙 江	Heilongjiang	102.3	100.2	101.2	101.2	101.2	103.0
上　海	Shanghai	97.4	101.1	99.6	99.5	99.6	106.6
江　苏	Jiangsu	100.5	99.6	101.7	102.2	101.0	107.9
浙　江	Zhejiang	101.0	99.2	100.9	101.1	100.6	103.5
安　徽	Anhui	100.9	101.0	101.3	101.2	101.4	104.3
福　建	Fujian	100.2	100.7	100.7	100.3	101.2	103.1
江　西	Jiangxi	100.7	100.3	101.0	101.1	101.0	108.3
山　东	Shandong	101.3	99.9	100.6	100.5	100.6	103.7
河　南	Henan	100.3	101.1	101.3	101.7	100.7	107.0
湖　北	Hubei	100.3	101.2	102.1	102.4	101.8	105.5
湖　南	Hunan	100.4	100.3	100.3	100.4	100.2	101.7
广　东	Guangdong	100.0	100.0	100.0	100.4	99.6	104.9
广　西	Guangxi	100.1	99.8	99.9	100.5	99.5	103.1
海　南	Hainan	99.2	103.8	102.2	100.5	103.2	105.2
重　庆	Chongqing	99.1	97.0	100.6	100.7	100.4	100.7
四　川	Sichuan	101.1	100.1	101.0	101.5	100.5	105.8
贵　州	Guizhou	100.0	100.4	100.7	101.0	100.1	101.8
云　南	Yunnan	100.4	99.7	101.5	101.6	101.5	103.3
西　藏	Tibet	100.8	100.8	101.1	102.0	100.3	107.7
陕　西	Shaanxi	100.5	99.1	101.5	102.7	99.8	102.3
甘　肃	Gansu	99.3	100.1	100.5	100.7	100.1	100.4
青　海	Qinghai	99.8	100.6	101.1	101.8	99.3	101.9
宁　夏	Ningxia	99.9	103.3	101.4	101.9	100.5	104.0
新　疆	Xinjiang	100.6	99.9	100.7	100.4	101.1	102.9

3-1-4 续表 11 continued 11

(上年价格=100) (Preceding year=100)

地 区	Region	五、交通和通信 Transport and Communications	1.交通 Transport	(1)交通工具 Transport Facility	(2)交通工具用燃料 Fuels for Transport Facility	(3)交通工具使用和维修 Use and Maintenance of Transport Facility	(4)交通费 Traffic Fee
全 国	**National**	**98.6**	**98.5**	**97.9**	**96.0**	**101.4**	**101.1**
北 京	Beijing	96.6	97.9	95.3	96.3	103.1	101.3
天 津	Tianjin	98.3	98.2	97.9	95.6	99.6	100.4
河 北	Hebei	98.2	97.3	95.6	97.5	99.3	100.5
山 西	Shanxi	98.5	98.8	99.2	95.4	101.5	101.4
内蒙古	Inner Mongolia	98.8	98.4	98.7	95.3	100.8	99.9
辽 宁	Liaoning	99.9	100.3	99.9	97.2	100.3	102.8
吉 林	Jilin	98.9	97.8	98.8	95.4	101.8	96.2
黑龙江	Heilongjiang	99.3	98.9	100.1	95.2	99.9	99.0
上 海	Shanghai	97.0	96.8	97.2	95.6	101.5	96.1
江 苏	Jiangsu	98.7	98.2	98.5	95.6	101.9	100.4
浙 江	Zhejiang	98.8	98.9	98.5	95.6	101.6	103.2
安 徽	Anhui	97.3	97.9	97.4	96.0	101.1	100.2
福 建	Fujian	99.4	99.7	99.5	97.7	100.7	102.0
江 西	Jiangxi	99.0	99.3	99.2	95.5	104.4	102.4
山 东	Shandong	99.6	99.3	99.0	97.6	100.4	102.8
河 南	Henan	97.9	97.5	96.1	95.9	100.5	101.0
湖 北	Hubei	96.8	95.2	90.2	95.4	100.7	100.7
湖 南	Hunan	98.3	97.8	97.2	95.3	100.2	101.2
广 东	Guangdong	98.5	98.6	97.3	95.7	102.1	101.1
广 西	Guangxi	98.7	98.5	98.5	95.7	101.2	101.5
海 南	Hainan	98.4	97.1	93.9	97.7	100.9	100.5
重 庆	Chongqing	100.6	101.0	100.1	95.5	101.3	105.7
四 川	Sichuan	98.7	98.4	97.5	95.1	101.7	102.7
贵 州	Guizhou	99.1	99.2	99.6	95.4	100.1	103.0
云 南	Yunnan	99.4	99.5	100.0	96.3	101.4	102.7
西 藏	Tibet	99.5	99.1	100.0	96.0	99.8	100.4
陕 西	Shaanxi	98.2	98.7	96.8	95.0	102.6	101.8
甘 肃	Gansu	99.1	98.7	99.8	94.8	100.6	99.1
青 海	Qinghai	97.0	97.0	94.5	95.8	99.9	99.9
宁 夏	Ningxia	98.9	98.0	94.8	94.6	106.4	100.9
新 疆	Xinjiang	99.1	98.7	99.6	94.0	100.8	100.0

3-1-4 续表 12 continued 12

(上年价格=100) (Preceding year=100)

地 区	Region	2.通信 Communications	(1)通信工具 Communication Facility	(2)通信服务 Communicaiton Service	(3)邮递服务 Postal Serice	六、教育文化和娱乐 Education, Culture and Recreation	1.教育 Education
全 国	**National**	**98.9**	**96.4**	**99.6**	**100.5**	**101.5**	**102.4**
北 京	Beijing	93.5	82.5	98.0	100.0	98.3	101.2
天 津	Tianjin	98.6	99.7	98.0	101.0	100.6	100.8
河 北	Hebei	99.9	100.9	99.5	99.7	100.6	101.3
山 西	Shanxi	97.9	92.6	99.8	100.8	101.4	101.9
内 蒙 古	Inner Mongolia	99.8	99.6	99.9	99.9	100.8	101.4
辽 宁	Liaoning	99.1	97.5	99.7	99.8	102.6	105.0
吉 林	Jilin	100.7	101.1	100.9	98.5	100.7	100.9
黑 龙 江	Heilongjiang	100.0	100.4	99.7	101.6	101.7	102.2
上 海	Shanghai	97.3	95.6	97.6	99.6	102.7	104.6
江 苏	Jiangsu	99.8	99.6	99.8	100.7	100.9	101.8
浙 江	Zhejiang	98.6	93.6	100.2	99.7	102.9	104.6
安 徽	Anhui	96.2	95.6	96.2	100.2	102.2	102.5
福 建	Fujian	98.9	95.7	100.0	99.6	101.1	101.5
江 西	Jiangxi	98.4	88.1	101.7	100.0	101.5	103.2
山 东	Shandong	100.0	100.9	99.7	101.0	102.0	102.2
河 南	Henan	98.7	96.7	99.6	99.9	100.9	101.6
湖 北	Hubei	99.4	97.4	100.0	100.3	102.3	104.0
湖 南	Hunan	99.2	99.0	99.2	100.1	100.7	100.1
广 东	Guangdong	98.2	95.8	98.7	101.0	101.5	102.6
广 西	Guangxi	99.0	93.9	100.0	104.1	101.5	101.3
海 南	Hainan	100.3	93.0	102.1	103.5	103.1	102.7
重 庆	Chongqing	99.9	99.1	100.2	100.0	99.5	101.3
四 川	Sichuan	99.3	95.5	100.5	99.8	103.0	101.8
贵 州	Guizhou	98.9	94.9	100.1	98.3	101.5	102.3
云 南	Yunnan	99.3	96.0	100.1	102.9	100.5	101.7
西 藏	Tibet	100.0	99.4	100.4	98.4	100.3	100.2
陕 西	Shaanxi	97.3	91.4	100.0	100.0	100.0	100.6
甘 肃	Gansu	99.8	99.3	100.0	100.0	99.9	100.1
青 海	Qinghai	97.0	87.3	102.0	100.0	100.4	103.1
宁 夏	Ningxia	100.6	100.3	100.5	101.5	102.0	102.8
新 疆	Xinjiang	100.1	97.3	101.2	100.0	101.5	101.2

3-1-4 续表 13 continued 13

(上年价格=100) (Preceding year=100)

地 区	Region	(1)教育用品 Education Articles	(2)教育服务 Education Services	2.文化娱乐 Cultural and Recreational Articles	(1)文娱耐用消费品 Durable Consumer Goods for Culture and Recreation	(2)其他文娱用品 Other Articles	(3)文化娱乐服务 Cultural and Recreational Services
全 国	**National**	**101.1**	**102.5**	**100.5**	**97.3**	**100.8**	**101.0**
北 京	Beijing	100.8	101.2	96.5	92.4	101.0	101.1
天 津	Tianjin	102.4	100.8	100.4	99.9	101.5	101.4
河 北	Hebei	100.6	101.4	99.7	99.3	100.4	100.3
山 西	Shanxi	101.4	101.9	100.7	96.7	100.7	101.1
内蒙古	Inner Mongolia	100.6	101.4	100.1	99.5	100.2	100.9
辽 宁	Liaoning	102.0	105.1	99.2	98.5	100.4	100.4
吉 林	Jilin	100.9	100.9	100.3	97.8	100.8	100.1
黑龙江	Heilongjiang	103.1	102.2	100.8	100.0	100.6	100.4
上 海	Shanghai	100.7	104.7	101.6	99.8	100.2	100.7
江 苏	Jiangsu	101.2	101.8	100.0	96.7	100.9	100.2
浙 江	Zhejiang	100.6	104.8	100.8	97.4	99.9	100.4
安 徽	Anhui	101.8	102.5	101.7	98.0	101.4	101.0
福 建	Fujian	102.8	101.4	100.7	95.6	101.0	100.6
江 西	Jiangxi	99.8	103.3	99.8	97.7	101.2	101.5
山 东	Shandong	101.5	102.2	101.8	98.6	101.8	102.1
河 南	Henan	103.3	101.5	99.9	97.5	100.4	101.0
湖 北	Hubei	99.7	104.5	100.0	98.2	101.6	100.6
湖 南	Hunan	100.1	100.1	101.5	100.1	100.0	100.8
广 东	Guangdong	100.3	102.9	99.8	96.1	100.8	100.4
广 西	Guangxi	99.9	101.5	101.8	98.2	100.6	100.5
海 南	Hainan	100.1	103.0	103.7	99.4	101.1	107.3
重 庆	Chongqing	100.8	101.3	97.9	98.7	99.5	100.2
四 川	Sichuan	102.1	101.8	104.0	96.6	100.7	100.7
贵 州	Guizhou	99.6	102.4	100.8	97.1	100.6	102.0
云 南	Yunnan	100.1	101.9	99.3	97.1	99.5	100.6
西 藏	Tibet	99.8	100.3	100.4	99.8	102.0	100.3
陕 西	Shaanxi	101.6	100.4	98.9	91.8	100.3	101.6
甘 肃	Gansu	100.0	100.1	99.6	98.1	101.3	100.0
青 海	Qinghai	102.7	103.1	97.0	95.4	101.1	100.4
宁 夏	Ningxia	102.6	102.9	100.8	98.7	101.5	100.4
新 疆	Xinjiang	100.6	101.3	101.9	99.5	102.9	102.8

3-1-4 续表 14 continued 14

(上年价格=100) (Preceding year=100)

地 区	Region	(4)旅游 Touring and Outgoing	七、医疗保健 Health Care	1.药品及医疗器具 Medicine and Medical Instrument	(1)中药 Traditional chinese Medicine	(2)西药 Western Medicine	(3)滋补保健品 Health Care Articles
全 国	**National**	**101.9**	**104.4**	**104.4**	**105.2**	**104.2**	**106.2**
北 京	Beijing	97.6	102.6	103.7	101.3	105.0	105.5
天 津	Tianjin	99.6	108.8	101.3	102.7	100.6	101.9
河 北	Hebei	99.2	105.2	106.4	103.7	108.5	105.3
山 西	Shanxi	102.9	102.4	104.8	105.0	104.4	108.6
内 蒙 古	Inner Mongolia	99.8	104.6	102.6	103.2	103.3	101.9
辽 宁	Liaoning	98.4	102.3	103.4	102.9	104.4	102.7
吉 林	Jilin	101.5	105.5	108.1	106.3	111.8	104.4
黑 龙 江	Heilongjiang	101.7	102.9	103.7	104.1	104.0	104.0
上 海	Shanghai	102.9	109.0	110.6	127.6	110.2	101.8
江 苏	Jiangsu	101.0	111.2	99.0	101.3	93.6	107.3
浙 江	Zhejiang	102.6	101.5	103.9	106.3	101.5	109.1
安 徽	Anhui	103.8	104.6	106.0	104.8	108.2	104.4
福 建	Fujian	102.8	103.6	103.5	104.8	103.3	104.6
江 西	Jiangxi	99.6	103.6	103.5	104.0	104.6	101.6
山 东	Shandong	102.9	106.6	104.3	104.1	102.3	111.4
河 南	Henan	101.5	103.1	106.3	104.9	106.9	107.4
湖 北	Hubei	100.1	101.7	103.7	106.7	101.7	106.6
湖 南	Hunan	103.2	104.0	103.6	104.1	103.4	104.2
广 东	Guangdong	101.0	103.2	106.0	105.3	108.1	107.2
广 西	Guangxi	106.8	102.9	103.4	105.0	102.7	105.3
海 南	Hainan	104.7	103.0	104.5	108.8	104.4	101.8
重 庆	Chongqing	95.6	101.8	104.3	107.7	103.6	105.6
四 川	Sichuan	109.3	101.9	103.3	102.0	103.1	108.5
贵 州	Guizhou	102.3	102.6	102.1	101.1	103.0	101.2
云 南	Yunnan	100.4	101.8	103.6	105.8	103.2	102.6
西 藏	Tibet	100.1	102.9	107.2	103.0	108.8	112.2
陕 西	Shaanxi	101.4	102.1	104.2	105.5	104.5	103.2
甘 肃	Gansu	99.3	101.1	102.4	101.6	102.2	107.5
青 海	Qinghai	93.4	102.8	105.3	104.3	102.7	117.4
宁 夏	Ningxia	103.6	102.4	102.2	100.3	100.0	116.6
新 疆	Xinjiang	100.7	101.8	101.9	100.6	103.3	98.5

3-1-4 续表 15 continued 15

(上年价格=100) (Preceding year=100)

地　区	Region	(4)医疗卫生器具 Medical Instrument	(5)保健器具 Health Care Appliances	2.医疗服务 Medical Services	(1)综合医疗类 General Practice	(2)诊断类 Diagnostic Medical	(3)治疗类 Medical Treatment
全　国	**National**	**101.3**	**100.6**	**104.4**	**109.8**	**101.6**	**104.1**
北　京	Beijing	101.1	100.3	100.0	99.9	100.0	100.0
天　津	Tianjin	100.2	101.4	117.7	144.8	99.7	117.6
河　北	Hebei	102.1	100.5	104.3	107.4	100.5	105.3
山　西	Shanxi	100.6	100.3	100.7	101.7	99.9	100.6
内蒙古	Inner Mongolia	100.2	99.6	106.4	111.1	100.3	111.0
辽　宁	Liaoning	100.8	99.9	101.5	103.1	101.0	101.1
吉　林	Jilin	100.7	99.9	103.7	117.9	97.3	101.8
黑龙江	Heilongjiang	101.9	100.2	102.3	104.8	100.4	102.7
上　海	Shanghai	103.9	100.7	107.3	121.8	101.5	101.3
江　苏	Jiangsu	99.5	100.0	117.9	149.7	110.7	113.7
浙　江	Zhejiang	99.7	99.3	100.0	100.0	100.0	100.0
安　徽	Anhui	101.5	101.1	103.9	107.9	99.5	104.7
福　建	Fujian	101.4	100.2	103.7	107.8	101.5	103.8
江　西	Jiangxi	101.5	99.3	103.7	112.4	100.5	102.8
山　东	Shandong	101.5	101.4	108.6	128.6	99.4	110.3
河　南	Henan	103.0	100.5	101.0	101.2	100.0	102.3
湖　北	Hubei	100.0	100.2	100.3	100.9	99.8	100.4
湖　南	Hunan	100.5	100.9	104.3	109.4	100.9	103.8
广　东	Guangdong	101.6	100.9	101.2	101.5	99.9	102.4
广　西	Guangxi	100.6	99.4	102.7	107.7	102.1	101.0
海　南	Hainan	100.8	102.6	102.0	105.5	100.3	101.9
重　庆	Chongqing	99.8	100.4	100.0	100.3	99.9	100.0
四　川	Sichuan	100.7	100.0	100.9	103.2	100.3	100.3
贵　州	Guizhou	100.3	101.2	102.9	105.9	99.9	105.3
云　南	Yunnan	103.3	100.0	100.4	101.2	100.0	100.6
西　藏	Tibet	100.1	100.0	100.2	100.1	100.1	100.0
陕　西	Shaanxi	101.1	102.3	100.5	100.6	100.0	100.8
甘　肃	Gansu	100.7	99.9	100.0	100.0	100.0	100.0
青　海	Qinghai	103.1	99.9	101.1	103.8	99.2	100.2
宁　夏	Ningxia	101.7	100.2	102.6	104.3	100.3	102.1
新　疆	Xinjiang	100.0	101.0	101.8	103.8	100.2	101.9

3-1-5 续表 16 continued 16

(上年价格=100) (Preceding year=100)

地 区	Region	(4)康复类 Rehabilitation	(5)中医医疗服务类 Traditional Chinese Medical	(6)其他医疗服务 Other Health Care Services	八、其他用品和服务 Other Articles and Services	1.其他用品类 Other Articles	(1)首饰手表 Jewelry and Watches
全 国	**National**	**105.0**	**105.5**	**103.6**	**102.9**	**103.9**	**106.2**
北 京	Beijing	100.0	100.0	100.0	104.3	106.1	107.8
天 津	Tianjin	100.0	116.9	122.2	103.8	107.7	111.8
河 北	Hebei	106.3	112.0	101.2	103.6	102.7	105.1
山 西	Shanxi	100.0	100.1	100.0	101.1	100.5	100.9
内 蒙 古	Inner Mongolia	100.6	117.8	90.5	101.7	102.5	103.3
辽 宁	Liaoning	100.0	99.9	101.6	101.5	101.7	102.6
吉 林	Jilin	100.0	100.1	100.0	102.6	102.5	103.6
黑 龙 江	Heilongjiang	103.0	103.0	100.0	102.1	103.5	105.5
上 海	Shanghai	161.1	104.1	99.1	103.3	104.6	107.1
江 苏	Jiangsu	118.1	126.5	119.4	102.8	104.4	105.9
浙 江	Zhejiang	100.0	100.0	100.0	102.5	104.4	107.8
安 徽	Anhui	103.5	111.3	112.2	102.3	102.7	103.9
福 建	Fujian	102.0	106.4	104.4	102.6	104.2	107.3
江 西	Jiangxi	102.1	104.2	101.0	102.2	100.9	101.9
山 东	Shandong	103.3	108.5	99.1	103.3	104.0	106.0
河 南	Henan	100.5	100.6	100.1	103.8	106.7	108.7
湖 北	Hubei	100.0	100.0	100.7	103.4	104.5	106.8
湖 南	Hunan	102.7	102.6	102.7	102.1	103.9	106.0
广 东	Guangdong	100.1	100.4	100.4	102.9	104.3	106.8
广 西	Guangxi	100.1	105.0	100.0	102.2	101.8	105.3
海 南	Hainan	102.5	104.0	100.0	104.5	105.5	108.6
重 庆	Chongqing	100.0	100.0	100.0	102.6	104.1	108.1
四 川	Sichuan	100.1	100.1	100.0	103.1	102.3	105.1
贵 州	Guizhou	99.9	104.9	124.4	101.4	102.8	105.9
云 南	Yunnan	100.9	100.8	101.0	101.7	101.7	103.1
西 藏	Tibet	100.0	100.5	104.5	103.2	104.6	107.2
陕 西	Shaanxi	100.3	101.0	100.9	102.1	103.5	107.1
甘 肃	Gansu	100.0	100.0	100.0	101.5	102.0	103.8
青 海	Qinghai	106.9	108.5	100.0	101.9	106.5	107.8
宁 夏	Ningxia	100.4	109.2	100.5	102.6	103.5	105.3
新 疆	Xinjiang	101.2	101.6	101.0	103.3	102.8	105.0

3-1-4 续表 17 continued 17

(上年价格=100) (Preceding year=100)

地区	Region	(2)其他杂项用品 Other Miscellaneous Articles	2.其他服务类 Other Services	(1)旅馆住宿 Hotel Accommod-ations	(2)美容美发洗浴 Beaty Salon, Hair Salon and Scouring Bath	(3)养老服务 Elderly Care	(4)金融保险 Finance and Insurance	(5)其他服务类 Other Miscellaneous Services
全国	**National**	**100.1**	**102.1**	**101.2**	**103.9**	**102.8**	**101.0**	**101.5**
北京	Beijing	96.7	103.0	102.3	106.6	102.8	100.3	99.8
天津	Tianjin	99.8	100.9	100.8	102.0	101.1	100.0	100.0
河北	Hebei	99.9	104.4	102.2	105.4	101.1	105.0	100.7
山西	Shanxi	100.0	101.6	98.4	101.2	100.0	102.7	100.0
内蒙古	Inner Mongolia	100.1	101.1	101.6	103.5	100.8	100.1	100.0
辽宁	Liaoning	100.2	101.4	99.2	103.0	100.1	101.1	101.1
吉林	Jilin	100.8	102.6	102.1	107.2	101.9	99.9	100.0
黑龙江	Heilongjiang	100.1	101.1	102.2	102.5	100.9	100.0	100.0
上海	Shanghai	100.4	102.5	105.8	103.7	100.0	100.9	99.1
江苏	Jiangsu	101.5	101.6	99.4	103.8	101.1	100.5	101.0
浙江	Zhejiang	99.0	101.2	101.2	101.7	105.6	100.0	101.7
安徽	Anhui	100.7	102.0	99.1	104.7	103.8	100.4	102.5
福建	Fujian	99.5	101.3	100.0	103.5	101.3	100.0	102.2
江西	Jiangxi	98.6	103.5	101.0	104.1	105.3	103.8	100.2
山东	Shandong	100.1	102.6	100.9	108.5	100.5	100.0	100.4
河南	Henan	99.8	101.9	100.3	104.9	102.2	98.5	101.1
湖北	Hubei	101.2	102.3	101.0	103.3	110.0	100.0	100.8
湖南	Hunan	100.3	100.6	99.4	101.4	101.6	99.9	102.9
广东	Guangdong	100.4	101.7	101.2	102.7	104.3	100.0	101.5
广西	Guangxi	99.5	102.6	102.8	106.2	104.0	101.1	100.1
海南	Hainan	101.6	103.6	100.4	103.3	100.0	106.3	100.0
重庆	Chongqing	98.1	101.6	101.5	101.6	100.0	102.7	100.6
四川	Sichuan	98.1	103.7	100.2	103.3	100.5	105.4	106.7
贵州	Guizhou	99.8	100.4	97.2	102.0	100.2	100.4	100.0
云南	Yunnan	100.3	101.6	101.9	101.5	100.0	102.0	99.8
西藏	Tibet	100.8	101.8	99.5	105.6	100.0	100.0	100.0
陕西	Shaanxi	99.4	101.1	98.2	102.7	103.8	100.7	104.6
甘肃	Gansu	99.6	101.1	100.4	101.0	102.7	101.3	100.0
青海	Qinghai	104.5	98.1	80.4	104.9	107.0	100.0	100.0
宁夏	Ningxia	100.2	101.8	99.4	101.5	102.8	103.4	100.0
新疆	Xinjiang	99.8	103.7	105.5	107.0	106.7	100.7	100.4

3-1-5 各地区农村居民消费价格指数(2016年)

Rural Consumer Price Indices by Category and Region (2016)

(上年价格=100) (Preceding year=100)

地　区	Region	居民消费价格总指数 Consumer Price Index	一、食品烟酒 Food, Tobacco and Liquor	1.食品 Food	(1)粮食 Grain	(2)薯类 Tubers	(3)豆类 Beans
全　国	**National**	**101.9**	**104.0**	**104.8**	**100.4**	**111.5**	**100.9**
北　京	Beijing						
天　津	Tianjin						
河　北	Hebei	101.5	102.7	102.9	98.4	109.5	100.5
山　西	Shanxi	101.1	102.8	103.3	99.8	110.3	103.2
内蒙古	Inner Mongolia	101.1	102.1	101.8	99.1	115.8	102.6
辽　宁	Liaoning	101.8	103.1	103.6	100.6	107.1	99.3
吉　林	Jilin	101.9	103.3	104.0	99.1	112.1	99.7
黑龙江	Heilongjiang	102.1	103.9	104.6	101.9	104.1	98.9
上　海	Shanghai						
江　苏	Jiangsu	101.8	104.3	105.4	100.0	110.0	98.9
浙　江	Zhejiang	101.8	104.5	105.5	99.9	104.4	99.9
安　徽	Anhui	101.6	104.4	105.7	99.5	113.5	99.5
福　建	Fujian	101.5	103.6	104.5	99.7	117.3	101.2
江　西	Jiangxi	101.9	104.9	106.2	99.8	112.3	104.5
山　东	Shandong	101.8	103.8	104.5	99.3	107.2	99.1
河　南	Henan	102.0	103.4	104.3	99.8	114.8	98.6
湖　北	Hubei	102.2	104.2	105.1	101.3	120.9	105.0
湖　南	Hunan	101.9	105.2	106.5	102.2	125.4	102.7
广　东	Guangdong	102.0	104.8	105.8	101.1	107.2	100.8
广　西	Guangxi	101.7	103.7	104.5	101.6	108.5	102.1
海　南	Hainan	102.5	104.1	104.1	99.1	110.7	99.6
重　庆	Chongqing						
四　川	Sichuan	101.7	104.4	105.1	101.2	106.8	101.6
贵　州	Guizhou	101.1	103.9	104.6	100.4	106.2	100.0
云　南	Yunnan	101.7	103.7	104.5	100.4	107.9	102.6
西　藏	Tibet	102.5	104.7	105.3	105.1	107.5	107.2
陕　西	Shaanxi	101.2	103.1	103.8	100.6	106.4	99.3
甘　肃	Gansu	101.5	103.8	104.6	102.5	111.0	100.3
青　海	Qinghai	101.8	101.9	102.1	102.1	109.1	102.7
宁　夏	Ningxia	101.2	101.6	102.0	100.1	115.5	96.1
新　疆	Xinjiang	101.3	101.3	101.3	100.8	109.9	101.2

3-1-5 续表 1 continued 1

(上年价格=100) (Preceding year=100)

地 区	Region	(4)食用油 Edible Oil and Fats	(5)菜 Vegetables	(6)畜肉类 Meat of Livestock	(7)禽肉类 Meat of Poultry	(8)水产品 Aquatic Products	(9)蛋类 Eggs
全 国	**National**	**102.5**	**111.1**	**112.2**	**101.3**	**103.3**	**96.8**
北 京	Beijing						
天 津	Tianjin						
河 北	Hebei	100.0	110.8	111.8	100.3	100.7	97.9
山 西	Shanxi	99.8	111.1	112.7	99.6	100.9	94.1
内蒙古	Inner Mongolia	103.2	105.4	103.4	102.4	101.1	101.5
辽 宁	Liaoning	99.3	109.5	111.4	102.4	103.3	98.4
吉 林	Jilin	100.2	107.2	115.1	100.7	101.3	99.5
黑龙江	Heilongjiang	103.6	108.6	116.4	101.9	100.4	97.5
上 海	Shanghai						
江 苏	Jiangsu	100.0	113.3	111.9	102.1	106.3	96.0
浙 江	Zhejiang	103.2	112.3	113.1	102.4	105.1	96.3
安 徽	Anhui	104.2	115.7	115.1	100.3	106.9	94.6
福 建	Fujian	101.3	119.0	111.3	98.9	101.7	94.9
江 西	Jiangxi	102.0	111.5	117.5	101.8	103.2	96.4
山 东	Shandong	99.9	109.6	114.2	100.2	102.3	95.6
河 南	Henan	101.6	110.3	113.4	100.2	102.4	93.8
湖 北	Hubei	101.4	112.0	110.2	100.7	104.5	98.8
湖 南	Hunan	107.6	114.1	111.2	106.4	101.4	97.6
广 东	Guangdong	100.8	114.1	112.5	102.7	102.3	97.9
广 西	Guangxi	101.9	109.2	112.0	99.6	101.9	99.0
海 南	Hainan	102.6	116.9	105.2	98.4	98.9	96.5
重 庆	Chongqing						
四 川	Sichuan	104.7	106.4	114.5	97.5	103.7	96.8
贵 州	Guizhou	108.2	103.9	113.6	95.6	100.0	98.6
云 南	Yunnan	103.0	105.9	110.5	102.6	104.4	100.3
西 藏	Tibet	102.0	106.4	106.4	104.9	104.6	103.6
陕 西	Shaanxi	102.4	111.6	109.6	100.5	100.0	96.7
甘 肃	Gansu	101.9	112.5	108.2	102.1	103.1	100.1
青 海	Qinghai	100.3	107.0	101.8	99.7	101.7	93.5
宁 夏	Ningxia	98.8	109.7	103.1	100.4	96.7	95.6
新 疆	Xinjiang	101.3	107.3	100.2	98.6	98.5	98.2

3-1-5 续表 2 continued 2

(上年价格=100) (Preceding year=100)

地 区	Region	(10)奶类 Milk	(11)干鲜瓜果类 Dried and Fresh Melons and Fruits	(12)糖果糕点类 Candy and Cake	(13)调味品 Falvoring	(14)其他食品类 Other Foods	2.茶及饮料 Tea and Beverages
全 国	**National**	**100.1**	**97.9**	**101.0**	**101.5**	**101.2**	**100.3**
北 京	Beijing						
天 津	Tianjin						
河 北	Hebei	99.6	95.5	101.3	102.2	101.3	100.8
山 西	Shanxi	99.9	95.4	99.4	101.7	101.1	100.8
内 蒙 古	Inner Mongolia	99.7	99.4	100.8	101.1	101.3	100.4
辽 宁	Liaoning	100.3	98.5	100.6	100.7	101.5	100.2
吉 林	Jilin	100.4	100.9	100.5	100.1	101.5	100.4
黑 龙 江	Heilongjiang	100.2	96.1	100.9	101.0	100.2	99.8
上 海	Shanghai						
江 苏	Jiangsu	99.9	96.5	101.1	102.2	100.6	100.6
浙 江	Zhejiang	100.6	97.7	101.0	101.8	101.8	100.7
安 徽	Anhui	99.6	96.7	101.0	102.9	100.6	100.0
福 建	Fujian	99.5	95.1	100.2	100.8	100.4	100.3
江 西	Jiangxi	100.7	94.7	101.1	100.8	101.9	99.1
山 东	Shandong	99.8	97.7	101.0	101.2	100.4	100.4
河 南	Henan	99.8	95.2	102.0	102.0	100.3	99.0
湖 北	Hubei	99.8	100.1	100.4	102.1	100.7	99.3
湖 南	Hunan	100.9	100.7	100.3	100.1	103.4	100.0
广 东	Guangdong	100.5	96.3	101.3	100.4	100.9	101.1
广 西	Guangxi	99.9	98.8	100.0	100.4	101.1	100.9
海 南	Hainan	101.1	106.6	103.6	104.3	103.4	100.7
重 庆	Chongqing						
四 川	Sichuan	99.4	99.8	100.6	102.5	101.0	99.8
贵 州	Guizhou	101.1	100.8	100.1	100.6	99.2	100.1
云 南	Yunnan	99.9	99.6	100.6	100.2	100.3	100.7
西 藏	Tibet	105.2	105.7	103.6	102.3	103.2	102.6
陕 西	Shaanxi	100.1	98.0	101.4	100.7	100.9	101.3
甘 肃	Gansu	99.9	98.4	99.9	100.1	100.4	99.2
青 海	Qinghai	97.1	101.3	101.5	103.1	102.5	101.7
宁 夏	Ningxia	99.7	99.1	100.3	103.8	100.4	100.2
新 疆	Xinjiang	102.0	99.9	100.7	101.0	103.0	100.1

3-1-5 续表 3 continued 3

(上年价格=100) (Preceding year=100)

地 区	Region	3.烟酒 Tobacco and Liquor	(1)烟草 Tabacco	(2)酒类 Liquor	4.在外餐饮 Dining Out	二、衣着 Clothing	1.服装 Garments
全 国	**National**	**101.5**	**102.3**	**100.2**	**102.9**	**101.3**	**101.3**
北 京	Beijing						
天 津	Tianjin						
河 北	Hebei	101.7	102.0	101.3	102.4	101.8	101.8
山 西	Shanxi	101.1	101.9	99.6	102.4	101.3	101.7
内蒙古	Inner Mongolia	102.2	102.4	102.0	103.7	100.3	99.7
辽 宁	Liaoning	102.3	103.5	100.1	101.3	101.4	101.2
吉 林	Jilin	101.9	102.4	100.9	101.3	102.8	102.8
黑龙江	Heilongjiang	101.4	102.3	100.2	103.2	100.2	99.3
上 海	Shanghai						
江 苏	Jiangsu	101.5	102.0	100.4	103.3	102.0	101.9
浙 江	Zhejiang	101.8	102.1	101.0	103.5	101.5	101.3
安 徽	Anhui	100.5	101.9	98.1	102.6	100.4	101.0
福 建	Fujian	101.5	102.4	99.9	101.8	101.1	101.3
江 西	Jiangxi	101.5	101.9	100.7	103.0	101.1	100.8
山 东	Shandong	102.6	103.6	101.5	102.6	102.1	101.9
河 南	Henan	100.1	101.9	97.4	102.7	100.6	100.4
湖 北	Hubei	101.5	102.8	99.1	103.6	102.5	102.9
湖 南	Hunan	101.3	102.0	99.7	102.5	100.9	101.0
广 东	Guangdong	101.4	101.5	101.2	101.9	102.1	101.8
广 西	Guangxi	100.6	101.1	99.9	102.8	98.7	98.7
海 南	Hainan	101.7	102.9	98.8	106.1	103.0	103.1
重 庆	Chongqing						
四 川	Sichuan	101.3	102.1	100.2	104.6	101.5	101.4
贵 州	Guizhou	101.3	102.0	99.7	103.5	98.0	98.8
云 南	Yunnan	101.8	102.3	100.5	102.7	100.9	101.3
西 藏	Tibet	101.7	101.3	102.0	104.9	102.8	102.8
陕 西	Shaanxi	101.4	102.2	99.9	101.5	100.5	100.0
甘 肃	Gansu	101.8	103.0	100.3	102.5	100.9	101.0
青 海	Qinghai	101.2	102.1	100.1	101.3	103.0	102.6
宁 夏	Ningxia	102.1	102.7	100.1	99.7	100.1	100.0
新 疆	Xinjiang	101.6	102.9	100.1	101.4	102.2	102.1

3-1-5 续表 4 continued 4

(上年价格=100) (Preceding year=100)

地　区	Region	(1)男式服装 Men's clothing	(2)女式服装 Women's Clothing	(3)儿童服装 Children's Clothing	2.服装材料 Garments materials	3.其他衣着及配件 Other Clothing and Parts	4.衣着加工服务费 Clothing Manufacturing Service Fees
全　国	**National**	**101.5**	**101.0**	**101.6**	**100.8**	**101.4**	**104.3**
北　京	Beijing						
天　津	Tianjin						
河　北	Hebei	101.1	102.2	102.1	99.7	100.3	102.2
山　西	Shanxi	101.8	100.8	104.5	102.2	102.5	102.7
内 蒙 古	Inner Mongolia	99.7	98.9	102.0	101.0	106.3	101.4
辽　宁	Liaoning	100.6	101.5	101.6	101.1	100.7	100.7
吉　林	Jilin	101.8	103.9	101.4	101.7	102.3	102.9
黑 龙 江	Heilongjiang	100.4	98.3	100.3	101.7	103.3	108.7
上　海	Shanghai						
江　苏	Jiangsu	102.1	101.6	102.1	103.3	101.6	103.8
浙　江	Zhejiang	101.5	101.4	100.3	102.4	100.4	106.6
安　徽	Anhui	100.4	100.6	103.5	96.6	99.7	104.2
福　建	Fujian	100.8	101.5	101.6	101.5	100.5	101.2
江　西	Jiangxi	102.3	99.4	101.8	101.6	101.1	107.1
山　东	Shandong	102.5	101.5	101.2	100.7	100.4	103.0
河　南	Henan	101.0	99.8	100.9	101.0	101.1	102.1
湖　北	Hubei	103.8	102.9	101.5	101.9	101.4	116.7
湖　南	Hunan	101.0	101.2	100.5	102.4	99.9	100.0
广　东	Guangdong	102.3	101.3	102.1	101.0	104.6	101.0
广　西	Guangxi	99.0	98.2	99.8	99.2	99.3	103.6
海　南	Hainan	102.9	104.6	99.8	97.9	100.2	101.4
重　庆	Chongqing						
四　川	Sichuan	101.4	101.1	101.9	99.4	99.8	102.9
贵　州	Guizhou	99.0	98.7	98.5	103.5	100.5	102.1
云　南	Yunnan	101.2	100.9	102.4	100.3	100.5	100.3
西　藏	Tibet	104.1	102.3	102.1	100.9	104.1	108.2
陕　西	Shaanxi	99.8	100.0	100.4	99.9	101.7	103.2
甘　肃	Gansu	102.1	100.1	101.2	99.8	100.8	101.9
青　海	Qinghai	104.4	102.0	101.8	101.1	100.4	117.8
宁　夏	Ningxia	100.0	99.5	102.8	100.0	98.6	100.1
新　疆	Xinjiang	101.3	102.2	103.3	100.5	101.3	108.7

3-1-5 续表 5 continued 5

(上年价格=100) (Preceding year=100)

地 区	Region	5.鞋类 Footware	(1)鞋 Shoes	(2)鞋类加工服务 Footware Manufactuing Services	三、居住 Residence	1.租赁房房租 Rent of Rental Housing	2.住房保养维修及管理 Housing Maintenance and Management
全 国	**National**	**101.3**	**101.2**	**103.7**	**100.6**	**102.0**	**100.7**
北 京	Beijing						
天 津	Tianjin						
河 北	Hebei	102.1	102.1	103.2	100.5	102.4	102.2
山 西	Shanxi	99.7	99.6	102.9	100.2	100.3	99.7
内 蒙 古	Inner Mongolia	101.1	101.1	100.0	100.0	98.7	99.7
辽 宁	Liaoning	102.1	102.0	106.7	99.8	100.2	100.0
吉 林	Jilin	103.0	103.1	100.0	99.5	98.9	97.5
黑 龙 江	Heilongjiang	101.7	101.8	100.2	99.0	100.7	99.7
上 海	Shanghai						
江 苏	Jiangsu	102.3	102.2	103.1	100.3	101.5	100.4
浙 江	Zhejiang	102.1	102.1	101.9	100.8	103.5	101.3
安 徽	Anhui	98.8	98.7	104.1	99.7	99.9	100.4
福 建	Fujian	100.7	100.6	102.6	99.9	99.7	99.9
江 西	Jiangxi	101.6	101.5	106.1	100.5	103.5	102.5
山 东	Shandong	103.1	103.0	104.5	100.9	102.1	100.1
河 南	Henan	101.0	101.0	100.9	100.8	102.9	101.2
湖 北	Hubei	100.1	100.1	102.3	102.3	107.1	101.4
湖 南	Hunan	100.6	100.2	115.5	100.7	101.6	100.9
广 东	Guangdong	102.6	102.7	99.8	100.5	101.9	100.7
广 西	Guangxi	97.9	97.4	102.5	100.3	101.2	100.7
海 南	Hainan	103.4	103.1	113.0	100.2	100.7	99.4
重 庆	Chongqing						
四 川	Sichuan	102.0	101.8	105.5	100.4	99.9	99.9
贵 州	Guizhou	95.5	95.3	104.3	100.8	104.3	99.9
云 南	Yunnan	100.0	100.0	101.3	100.6	100.9	100.5
西 藏	Tibet	101.1	100.7	113.4	100.5	100.2	100.5
陕 西	Shaanxi	101.3	101.1	104.2	100.2	99.6	100.0
甘 肃	Gansu	100.5	100.5	100.0	101.5	105.0	100.6
青 海	Qinghai	104.2	104.2	100.3	104.0	106.1	100.3
宁 夏	Ningxia	100.7	100.7	100.1	100.1	97.4	99.2
新 疆	Xinjiang	102.5	102.4	103.3	100.4	104.6	100.2

3-1-5 续表 6 continued 6

(上年价格=100) (Preceding year=100)

地 区	Region	(1)住房装潢材料 Building and Building Decoration Matrials	(2)物业管理费 Property Management fee	(3)住房装潢维修 Decoration and Repair	3.水电燃料 Water, Electricity and Fuels	(1)水 Water	(2)电 Electricity
全 国	**National**	**100.1**	**100.8**	**101.3**	**98.6**	**104.4**	**99.9**
北 京	Beijing						
天 津	Tianjin						
河 北	Hebei	100.6	100.0	103.1	97.6	110.3	100.0
山 西	Shanxi	98.9	101.3	100.1	101.0	101.9	100.0
内 蒙 古	Inner Mongolia	99.6	100.2	99.7	100.7	100.1	100.0
辽 宁	Liaoning	99.7	100.4	100.2	98.2	102.4	100.0
吉 林	Jilin	99.5	100.0	96.5	100.4	166.4	100.0
黑 龙 江	Heilongjiang	99.3	100.5	99.9	97.0	100.0	100.0
上 海	Shanghai						
江 苏	Jiangsu	99.7	100.5	101.0	98.1	101.8	100.0
浙 江	Zhejiang	100.5	101.8	102.3	98.0	102.9	100.0
安 徽	Anhui	99.3	100.4	101.6	98.9	108.1	100.0
福 建	Fujian	99.7	100.7	100.1	99.4	101.1	100.0
江 西	Jiangxi	99.6	101.0	104.7	96.5	100.7	100.0
山 东	Shandong	99.8	100.1	100.4	98.0	102.5	100.3
河 南	Henan	101.0	102.2	101.3	98.2	104.4	100.0
湖 北	Hubei	100.4	100.5	102.8	97.3	101.8	98.4
湖 南	Hunan	101.8	100.0	100.0	98.9	105.0	99.7
广 东	Guangdong	100.4	100.0	101.3	97.0	101.2	100.0
广 西	Guangxi	99.8	100.4	101.7	97.2	102.4	100.0
海 南	Hainan	98.2	100.0	100.3	100.9	123.8	100.0
重 庆	Chongqing						
四 川	Sichuan	99.1	100.1	101.2	100.4	103.5	100.0
贵 州	Guizhou	98.6	100.0	103.4	100.8	114.7	100.0
云 南	Yunnan	100.0	100.0	101.5	97.8	101.4	96.4
西 藏	Tibet	100.3	100.0	100.7	100.9	100.6	101.7
陕 西	Shaanxi	99.5	100.0	100.8	100.9	110.6	100.0
甘 肃	Gansu	100.3	100.7	100.9	99.7	102.0	100.0
青 海	Qinghai	97.7	116.8	100.0	100.4	104.5	100.0
宁 夏	Ningxia	98.7	100.0	100.0	101.2	107.8	100.0
新 疆	Xinjiang	100.0	100.8	100.3	99.1	105.4	100.0

3-1-5 续表 7 continued 7

(上年价格=100) (Preceding year=100)

地 区	Region	(3)燃气 Gas	(4)取暖费 Heating fees	(5)其他燃料 Other Fuels	4.自有住房 Private Housing	四、生活用品及服务 Articles for Daily Use and Services	1.家具及室内装饰品 Furniture and Interior Decorations
全 国	**National**	**94.2**	**99.6**	**97.9**	**101.6**	**100.2**	**100.5**
北 京	Beijing						
天 津	Tianjin						
河 北	Hebei	97.7	99.3	94.7	101.7	100.1	100.0
山 西	Shanxi	95.8	100.0	103.5	100.0	99.7	98.3
内 蒙 古	Inner Mongolia	98.4	99.7	102.0	99.8	99.7	99.6
辽 宁	Liaoning	94.2	97.1	97.3	100.5	100.2	100.9
吉 林	Jilin	95.5	99.5	97.9	99.8	100.8	102.2
黑 龙 江	Heilongjiang	96.3	97.2	93.9	99.7	100.9	99.8
上 海	Shanghai						
江 苏	Jiangsu	93.2	100.0	99.6	101.1	101.0	100.9
浙 江	Zhejiang	92.2	100.0	100.4	101.5	100.3	99.9
安 徽	Anhui	92.3	100.0	102.5	99.9	99.8	99.8
福 建	Fujian	97.1	100.0	101.0	100.3	100.2	100.8
江 西	Jiangxi	89.6	100.0	96.2	102.4	100.2	101.4
山 东	Shandong	93.1	98.5	97.3	102.7	100.3	100.4
河 南	Henan	93.5	100.0	97.0	102.3	99.9	101.2
湖 北	Hubei	91.9	100.0	100.6	105.2	100.2	100.3
湖 南	Hunan	99.0	100.0	95.4	101.5	99.3	100.7
广 东	Guangdong	90.1	100.0	98.3	102.5	100.3	101.9
广 西	Guangxi	90.6	100.0	101.4	101.6	99.6	100.2
海 南	Hainan	94.4	100.0	104.2	100.2	101.2	102.7
重 庆	Chongqing						
四 川	Sichuan	100.0	100.0	98.2	100.7	100.1	100.1
贵 州	Guizhou	98.0	100.0	96.0	100.8	99.5	98.6
云 南	Yunnan	93.9	93.7	105.2	101.8	100.0	99.7
西 藏	Tibet	100.0	100.0	101.4	100.2	101.6	103.1
陕 西	Shaanxi	98.2	100.4	100.5	99.8	99.7	99.4
甘 肃	Gansu	99.3	100.0	97.5	102.7	100.7	100.7
青 海	Qinghai	99.7	99.8	101.2	109.9	101.7	103.6
宁 夏	Ningxia	99.2	100.0	102.4	100.0	99.7	97.6
新 疆	Xinjiang	96.9	99.2	94.5	101.2	100.7	101.4

3-1-5 续表 8 continued 8

(上年价格=100) (Preceding year=100)

地 区	Region	(1)家具 Furniture	(2)室内装饰品 Interior Decorations	2.家用器具 Home Appliances	(1)大型家用器具 Large Houshold Appliances	(2)小家电 Small Household Appliances	3.家用纺织品 Home Textiles
全 国	**National**	**100.6**	**99.9**	**99.2**	**99.1**	**99.7**	**100.1**
北 京	Beijing						
天 津	Tianjin						
河 北	Hebei	100.0	99.8	100.2	100.2	100.7	98.9
山 西	Shanxi	98.1	99.8	99.1	99.1	99.4	99.4
内蒙古	Inner Mongolia	99.6	99.6	98.1	98.1	98.1	99.8
辽 宁	Liaoning	101.1	99.4	99.4	99.3	99.8	100.1
吉 林	Jilin	102.5	100.0	100.8	100.8	100.3	100.6
黑龙江	Heilongjiang	99.7	100.6	98.5	98.3	99.9	100.5
上 海	Shanghai						
江 苏	Jiangsu	101.0	100.9	100.6	100.5	101.6	100.3
浙 江	Zhejiang	99.9	100.0	100.1	100.3	99.1	99.9
安 徽	Anhui	99.9	99.4	98.8	98.6	99.8	99.4
福 建	Fujian	101.0	99.7	99.0	98.8	99.9	100.0
江 西	Jiangxi	101.5	100.7	99.0	98.8	100.0	100.7
山 东	Shandong	100.5	99.8	99.4	99.4	99.6	101.8
河 南	Henan	101.3	100.6	97.4	97.2	99.7	99.5
湖 北	Hubei	100.3	100.1	99.4	99.4	99.7	100.2
湖 南	Hunan	100.7	101.0	99.1	99.1	99.6	99.7
广 东	Guangdong	101.9	101.7	98.8	98.9	98.2	100.3
广 西	Guangxi	100.3	98.4	97.9	97.8	98.0	98.7
海 南	Hainan	102.9	100.8	97.5	97.4	98.2	100.7
重 庆	Chongqing						
四 川	Sichuan	100.3	99.0	98.3	97.9	99.6	100.6
贵 州	Guizhou	98.7	98.2	98.8	98.6	99.5	100.4
云 南	Yunnan	99.6	100.7	99.4	99.3	100.2	99.4
西 藏	Tibet	103.4	100.1	101.0	100.8	102.0	101.0
陕 西	Shaanxi	99.6	98.6	98.7	98.4	100.2	98.7
甘 肃	Gansu	100.7	100.2	99.6	99.4	101.1	100.2
青 海	Qinghai	103.9	101.7	100.9	100.9	100.5	102.8
宁 夏	Ningxia	97.5	98.4	99.5	99.6	99.2	101.0
新 疆	Xinjiang	101.9	98.2	98.9	98.7	99.7	100.7

3-1-5 续表 9 continued 9

(上年价格=100) (Preceding year=100)

地　区 Region	(1)床上用品 Bed Articles	(2)窗帘门帘 Curtains	(3)其他家用纺织品 Other Interior Textiles	4.家庭日用杂品 Household Articles for Daily Use	(1)洗涤卫生用品 Clearing Products	(2)厨具餐具茶具 Kichenware Tableware and Teaset
全　国 National	**100.1**	**100.4**	**100.2**	**100.5**	**100.4**	**100.9**
北　京 Beijing						
天　津 Tianjin						
河　北 Hebei	98.5	100.5	99.5	100.0	99.8	100.7
山　西 Shanxi	98.9	101.4	99.6	101.1	100.2	104.4
内蒙古 Inner Mongolia	99.6	100.3	99.9	100.2	99.9	101.5
辽　宁 Liaoning	99.9	101.0	100.3	100.2	100.0	100.0
吉　林 Jilin	100.7	100.4	100.0	100.4	100.2	100.2
黑龙江 Heilongjiang	100.6	100.4	99.6	102.2	100.5	103.7
上　海 Shanghai						
江　苏 Jiangsu	99.9	102.3	101.7	101.1	100.9	101.2
浙　江 Zhejiang	99.9	99.6	99.7	100.3	100.0	99.9
安　徽 Anhui	99.2	100.4	99.8	100.0	99.5	100.1
福　建 Fujian	100.0	100.2	99.5	100.6	100.6	100.9
江　西 Jiangxi	100.6	101.8	99.1	100.4	100.3	100.8
山　东 Shandong	102.2	100.6	99.4	100.4	99.9	100.9
河　南 Henan	99.4	100.1	100.2	101.0	100.8	101.3
湖　北 Hubei	100.1	100.9	99.8	100.1	100.8	100.0
湖　南 Hunan	100.0	98.1	100.1	98.5	99.5	100.3
广　东 Guangdong	100.2	100.8	100.3	100.4	100.4	100.3
广　西 Guangxi	98.3	100.7	100.6	100.3	100.4	100.0
海　南 Hainan	100.5	100.3	103.5	103.0	101.6	102.6
重　庆 Chongqing						
四　川 Sichuan	100.8	99.2	100.2	100.3	100.5	100.2
贵　州 Guizhou	100.5	100.4	99.8	100.3	100.6	99.5
云　南 Yunnan	99.4	100.8	96.9	100.7	101.3	99.7
西　藏 Tibet	100.8	101.6	102.2	101.8	102.2	100.8
陕　西 Shaanxi	98.3	99.6	99.3	100.6	100.2	101.3
甘　肃 Gansu	100.3	99.5	101.2	100.9	100.8	100.9
青　海 Qinghai	103.4	102.1	100.5	100.9	100.1	100.6
宁　夏 Ningxia	100.1	103.8	100.9	99.5	98.3	100.7
新　疆 Xinjiang	100.2	100.5	102.3	100.3	99.4	98.3

3-1-5 续表 10 continued 10

(上年价格=100) (Preceding year=100)

地 区	Region	(3)家用手工工具 Hand Tools for Household Use	(4)其他家庭日用杂品 Other Daily Use Household Articles	5.个人护理用品 Personal-care Supplies	(1)化妆品 Cosmetics	(2)其他护理用品类 Other Nursing Materials	6.家庭服务 Household Services
全 国	**National**	**100.6**	**100.3**	**100.5**	**100.6**	**100.3**	**103.4**
北 京	Beijing						
天 津	Tianjin						
河 北	Hebei	100.2	100.1	100.3	100.1	100.5	101.3
山 西	Shanxi	103.0	99.8	99.1	98.8	99.5	101.5
内蒙古	Inner Mongolia	99.6	100.3	100.9	100.7	101.2	100.7
辽 宁	Liaoning	100.9	100.6	100.0	100.2	99.8	102.1
吉 林	Jilin	99.5	101.0	100.9	101.9	99.5	100.1
黑龙江	Heilongjiang	99.3	104.2	100.3	100.0	100.6	106.1
上 海	Shanghai						
江 苏	Jiangsu	101.3	101.4	101.2	101.3	101.0	104.8
浙 江	Zhejiang	99.8	100.9	100.6	100.9	100.0	103.9
安 徽	Anhui	101.3	100.8	101.0	101.1	100.8	103.5
福 建	Fujian	100.1	100.5	100.8	101.1	100.4	103.0
江 西	Jiangxi	100.3	100.2	100.1	99.8	100.3	103.5
山 东	Shandong	100.8	100.7	99.9	100.2	99.6	102.6
河 南	Henan	100.2	101.7	100.8	101.1	100.4	103.4
湖 北	Hubei	100.5	99.5	100.6	100.2	100.8	104.8
湖 南	Hunan	101.2	96.9	98.7	100.2	98.4	101.5
广 东	Guangdong	100.3	100.5	100.4	100.5	100.3	102.1
广 西	Guangxi	99.8	100.6	100.8	100.4	101.0	102.0
海 南	Hainan	101.9	106.4	102.1	104.0	101.5	104.5
重 庆	Chongqing						
四 川	Sichuan	100.3	99.9	100.1	100.2	100.1	111.0
贵 州	Guizhou	99.9	100.0	99.5	99.2	99.8	100.4
云 南	Yunnan	100.5	100.2	100.6	100.3	100.8	100.4
西 藏	Tibet	102.3	101.6	100.3	100.4	100.3	103.5
陕 西	Shaanxi	100.9	99.4	100.2	100.3	100.2	100.5
甘 肃	Gansu	101.2	101.1	100.9	100.3	101.6	104.6
青 海	Qinghai	102.6	102.9	100.0	100.0	100.1	100.9
宁 夏	Ningxia	100.8	99.9	102.8	105.4	97.8	103.9
新 疆	Xinjiang	100.2	101.6	100.4	100.6	100.2	107.8

3-1-5 续表 11 continued 11

(上年价格=100) (Preceding year=100)

地 区	Region	五、交通和通信 Transport and Communications	1.交通 Transport	(1)交通工具 Transport Facility	(2)交通工具用燃料 Fuels for Transport Facility	(3)交通工具使用和维修 Use and Maintenance of Transport Facility	(4)交通费 Traffic Fee
全 国	**National**	**98.9**	**98.7**	**98.2**	**96.1**	**101.5**	**101.5**
北 京	Beijing						
天 津	Tianjin						
河 北	Hebei	98.4	98.1	96.2	97.4	100.8	101.6
山 西	Shanxi	97.8	98.6	99.7	95.5	100.1	99.4
内 蒙 古	Inner Mongolia	99.2	98.9	99.2	95.5	101.3	100.2
辽 宁	Liaoning	99.3	99.6	100.0	97.2	100.6	100.9
吉 林	Jilin	98.4	98.1	98.1	95.2	100.3	100.1
黑 龙 江	Heilongjiang	102.0	103.1	99.9	95.2	107.8	110.1
上 海	Shanghai						
江 苏	Jiangsu	99.1	98.6	98.9	95.6	102.5	100.5
浙 江	Zhejiang	98.6	98.0	97.2	95.7	100.7	102.2
安 徽	Anhui	98.3	98.7	97.6	95.7	104.4	101.0
福 建	Fujian	99.5	99.4	99.8	97.7	99.7	100.3
江 西	Jiangxi	98.5	98.9	99.4	95.5	101.6	101.2
山 东	Shandong	99.6	98.9	98.4	98.4	100.0	101.9
河 南	Henan	98.9	98.8	97.3	95.9	103.3	101.3
湖 北	Hubei	98.2	97.7	95.6	95.3	102.4	101.9
湖 南	Hunan	98.5	98.3	97.9	95.3	100.6	101.2
广 东	Guangdong	98.7	98.2	98.4	95.7	100.6	100.1
广 西	Guangxi	99.2	99.1	99.9	95.6	100.7	102.6
海 南	Hainan	98.9	97.9	96.1	97.6	101.2	101.3
重 庆	Chongqing						
四 川	Sichuan	98.2	97.9	96.8	95.6	99.7	100.6
贵 州	Guizhou	98.2	98.2	96.3	95.3	101.6	101.6
云 南	Yunnan	99.2	98.8	99.5	95.8	100.0	101.0
西 藏	Tibet	99.4	99.3	100.0	97.5	104.2	98.2
陕 西	Shaanxi	98.4	98.4	97.8	95.6	100.9	100.4
甘 肃	Gansu	98.9	98.9	99.6	94.7	101.6	100.1
青 海	Qinghai	97.9	97.3	95.6	95.8	102.6	102.3
宁 夏	Ningxia	97.7	97.8	96.1	95.1	100.6	102.0
新 疆	Xinjiang	99.7	99.9	99.6	94.7	104.9	101.8

3-1-5 续表 12 continued 12

(上年价格=100) (Preceding year=100)

地 区	Region	2.通信 Communications	(1)通信工具 Communication Facility	(2)通信服务 ommunicaiton Service	(3)邮递服务 Postal Serice	六、教育文化和娱乐 Education, Culture and Recreation	1.教育 Education
全 国	**National**	**99.3**	**96.9**	**100.1**	**100.3**	**101.9**	**102.6**
北 京	Beijing						
天 津	Tianjin						
河 北	Hebei	99.0	96.1	100.1	100.0	102.5	103.1
山 西	Shanxi	96.5	88.1	100.0	98.4	100.9	101.2
内 蒙 古	Inner Mongolia	99.7	99.3	99.8	99.9	100.1	100.4
辽 宁	Liaoning	98.8	95.1	100.4	99.6	103.7	104.7
吉 林	Jilin	99.1	97.7	100.0	97.8	100.3	100.7
黑 龙 江	Heilongjiang	100.1	100.4	100.0	100.0	101.9	102.3
上 海	Shanghai						
江 苏	Jiangsu	99.9	100.1	99.8	100.8	100.7	101.2
浙 江	Zhejiang	99.8	97.8	100.4	100.4	101.7	102.0
安 徽	Anhui	97.8	95.6	98.3	100.0	102.6	103.7
福 建	Fujian	99.7	97.9	100.2	100.4	101.4	101.8
江 西	Jiangxi	97.8	88.3	100.4	101.4	101.6	102.0
山 东	Shandong	100.8	104.4	99.9	99.9	101.7	102.4
河 南	Henan	99.1	96.5	100.4	100.1	105.2	108.1
湖 北	Hubei	99.1	97.4	99.7	99.7	101.9	102.5
湖 南	Hunan	99.0	94.7	100.4	100.0	100.9	101.2
广 东	Guangdong	99.6	97.6	100.0	100.2	100.8	102.1
广 西	Guangxi	99.2	96.1	100.1	101.5	101.6	102.1
海 南	Hainan	100.5	102.9	99.8	99.0	102.6	103.2
重 庆	Chongqing						
四 川	Sichuan	98.8	94.8	100.1	100.0	101.6	102.0
贵 州	Guizhou	98.2	93.3	99.8	99.4	100.9	101.2
云 南	Yunnan	99.8	99.2	100.0	100.0	101.1	102.4
西 藏	Tibet	99.6	98.7	100.0	100.0	102.0	101.0
陕 西	Shaanxi	98.4	94.6	99.9	100.1	100.3	101.2
甘 肃	Gansu	98.9	96.7	99.8	100.0	100.1	100.3
青 海	Qinghai	99.6	99.4	99.6	100.1	100.9	102.1
宁 夏	Ningxia	97.6	93.3	100.0	100.9	102.6	104.0
新 疆	Xinjiang	99.3	96.2	99.9	102.4	101.8	101.4

3-1-5 续表 13 continued 13

(上年价格=100) (Preceding year=100)

地 区	Region	(1)教育用品 Teaching Materials	(2)教育服务 Tuition and Child Care	2.文化娱乐 Cultural and Recreational Articles	(1)文娱耐用消费品 Durable Consumer Goods for Culture and Recreation	(2)其他文娱用品 Other Articles	(3)文化娱乐服务 Cultural and Recreational Services
全 国	**National**	**101.2**	**102.7**	**100.0**	**97.5**	**100.8**	**100.7**
北 京	Beijing						
天 津	Tianjin						
河 北	Hebei	100.3	103.2	100.4	99.4	101.5	100.5
山 西	Shanxi	101.6	101.2	99.9	99.4	100.9	100.2
内 蒙 古	Inner Mongolia	100.1	100.5	99.3	98.0	99.9	100.3
辽 宁	Liaoning	101.1	104.8	99.6	98.8	99.9	100.2
吉 林	Jilin	100.3	100.7	98.9	98.2	100.2	100.4
黑 龙 江	Heilongjiang	100.7	102.4	99.7	100.8	100.4	102.0
上 海	Shanghai						
江 苏	Jiangsu	103.7	101.0	99.3	95.9	100.5	100.6
浙 江	Zhejiang	100.6	102.0	100.9	99.7	100.0	100.2
安 徽	Anhui	101.5	103.8	99.2	97.0	101.3	100.3
福 建	Fujian	103.4	101.7	100.3	98.9	101.0	100.8
江 西	Jiangxi	100.2	102.0	100.1	96.8	100.8	101.1
山 东	Shandong	100.6	102.4	99.9	97.7	101.0	100.0
河 南	Henan	102.4	108.3	99.4	96.8	101.0	100.0
湖 北	Hubei	101.1	102.6	100.8	99.0	101.7	101.1
湖 南	Hunan	100.0	101.3	100.4	99.0	100.0	101.3
广 东	Guangdong	100.6	102.4	98.4	94.5	100.3	100.3
广 西	Guangxi	99.9	102.3	100.4	98.1	100.0	100.1
海 南	Hainan	106.1	102.9	101.2	97.7	102.6	107.6
重 庆	Chongqing						
四 川	Sichuan	102.8	102.0	101.1	96.0	100.9	101.0
贵 州	Guizhou	101.0	101.2	100.5	96.8	99.8	100.7
云 南	Yunnan	100.3	102.6	98.6	96.1	100.5	99.2
西 藏	Tibet	101.1	100.9	103.0	99.9	102.8	105.1
陕 西	Shaanxi	102.0	101.0	99.0	95.1	101.1	101.4
甘 肃	Gansu	100.2	100.3	99.6	98.5	100.1	100.1
青 海	Qinghai	103.2	102.1	98.5	98.2	100.4	100.7
宁 夏	Ningxia	99.8	104.2	98.4	95.6	101.7	99.7
新 疆	Xinjiang	101.4	101.4	102.7	98.0	100.5	100.8

3-1-5 续表 14 continued 14

(上年价格=100) (Preceding year=100)

地区	Region	(4)旅游 Touring and Outing	七、医疗保健 Health Care	1.药品及医疗器具 Medicine and Medical Instrument	(1)中药 Traditional chinese Medicine	(2)西药 Western Medicine	(3)滋补保健品 Health Care Articles
全国	**National**	**102.9**	**102.5**	**104.0**	**103.7**	**104.5**	**104.4**
北京	Beijing						
天津	Tianjin						
河北	Hebei	100.5	103.0	108.1	103.3	111.5	104.0
山西	Shanxi	98.1	102.3	104.7	102.7	105.4	107.5
内蒙古	Inner Mongolia	100.1	103.9	100.9	100.7	100.6	102.3
辽宁	Liaoning	100.7	103.2	101.6	103.6	101.1	101.2
吉林	Jilin	97.1	107.2	105.2	103.7	106.5	106.9
黑龙江	Heilongjiang	88.9	105.4	108.0	107.2	108.9	104.0
上海	Shanghai						
江苏	Jiangsu	101.5	102.6	102.8	102.1	101.3	109.6
浙江	Zhejiang	104.1	100.7	102.3	103.8	101.2	105.0
安徽	Anhui	100.7	102.1	105.7	104.5	106.9	104.8
福建	Fujian	101.3	101.1	102.9	101.9	103.8	101.7
江西	Jiangxi	103.6	101.2	102.6	104.8	103.1	100.2
山东	Shandong	101.9	101.1	101.4	101.5	101.5	101.7
河南	Henan	104.6	102.4	106.3	103.1	106.9	109.6
湖北	Hubei	103.1	102.3	103.8	103.9	103.3	105.8
湖南	Hunan	103.6	101.8	103.7	101.3	105.2	102.4
广东	Guangdong	100.7	101.2	104.9	106.9	105.0	102.5
广西	Guangxi	104.1	104.9	102.5	103.2	103.0	100.4
海南	Hainan	97.2	108.0	115.2	131.8	109.9	117.1
重庆	Chongqing						
四川	Sichuan	105.8	101.2	102.8	104.0	103.2	100.5
贵州	Guizhou	104.2	99.7	98.1	100.7	97.2	97.4
云南	Yunnan	100.9	103.3	104.8	103.1	105.3	107.4
西藏	Tibet	105.2	101.1	104.0	108.5	102.7	100.1
陕西	Shaanxi	101.4	103.1	106.2	104.8	108.1	103.0
甘肃	Gansu	100.2	100.4	101.2	101.0	101.3	100.8
青海	Qinghai	95.3	102.0	104.8	103.1	105.4	103.5
宁夏	Ningxia	99.0	104.2	100.2	98.9	100.6	106.2
新疆	Xinjiang	112.4	104.1	102.4	101.8	102.7	100.9

3-1-5 续表 15 continued 15

(上年价格=100) (Preceding year=100)

地 区	Region	(4)医疗卫生器具 Medical Instrument	(5)保健器具 Health Care Appliances	2.医疗服务 Medical Services	(1)综合医疗类 General Practice	(2)诊断类 Diagnostic Medical	(3)治疗类 Medical Treatment
全 国	**National**	**101.4**	**100.4**	**101.7**	**104.1**	**100.2**	**101.8**
北 京	Beijing						
天 津	Tianjin						
河 北	Hebei	101.8	100.4	100.6	101.6	99.6	100.6
山 西	Shanxi	100.7	100.4	101.1	103.0	98.4	102.5
内蒙古	Inner Mongolia	101.6	100.2	105.3	107.3	99.5	111.5
辽 宁	Liaoning	100.5	98.7	104.0	106.3	101.1	106.8
吉 林	Jilin	100.2	100.7	108.3	119.4	103.0	106.1
黑龙江	Heilongjiang	105.4	100.0	104.0	111.0	99.0	104.9
上 海	Shanghai						
江 苏	Jiangsu	100.4	101.8	102.5	104.8	101.3	102.5
浙 江	Zhejiang	101.2	99.5	100.1	100.2	100.2	100.0
安 徽	Anhui	102.2	99.6	100.9	105.6	99.8	99.4
福 建	Fujian	101.2	100.7	100.6	101.1	100.3	100.4
江 西	Jiangxi	99.2	99.1	100.8	100.9	99.7	101.9
山 东	Shandong	99.9	100.0	100.9	103.9	99.2	101.2
河 南	Henan	102.4	102.1	100.4	100.2	100.5	100.6
湖 北	Hubei	100.9	104.3	101.6	104.1	98.9	102.4
湖 南	Hunan	99.3	98.0	100.9	105.5	99.9	97.4
广 东	Guangdong	101.8	100.0	99.1	100.7	99.9	98.4
广 西	Guangxi	101.4	101.2	106.1	109.5	103.5	107.6
海 南	Hainan	106.8	100.4	103.2	104.7	102.9	103.0
重 庆	Chongqing						
四 川	Sichuan	100.3	100.1	100.2	100.2	100.0	100.1
贵 州	Guizhou	98.4	98.8	100.8	104.8	99.5	101.7
云 南	Yunnan	103.3	101.1	102.2	110.6	97.8	103.8
西 藏	Tibet	105.5	100.7	99.6	100.1	100.9	95.6
陕 西	Shaanxi	101.9	98.8	100.4	100.4	101.0	100.1
甘 肃	Gansu	101.5	100.0	99.9	100.2	99.1	100.0
青 海	Qinghai	102.8	100.5	100.6	103.5	99.0	100.4
宁 夏	Ningxia	97.9	101.4	107.8	114.7	98.2	104.7
新 疆	Xinjiang	103.7	99.7	104.9	105.3	101.1	105.7

3-1-5 续表 16 continued 16

(上年价格=100) (Preceding year=100)

地 区	Region	(4)康复类 Rehabilitation	(5)中医医疗服务类 Traditional Chinese Medical	(6)其他医疗服务 Other Health Care Services	八、其他用品和服务 Other Articles and Services	1.其他用品类 Other Articles	(1)首饰手表 Jewelry and Watches
全 国	**National**	**101.8**	**101.8**	**101.9**	**102.2**	**102.1**	**103.9**
北 京	Beijing						
天 津	Tianjin						
河 北	Hebei	100.4	101.2	102.2	102.6	101.9	103.2
山 西	Shanxi	102.4	102.6	102.9	101.6	100.6	101.0
内蒙古	Inner Mongolia	101.5	103.1	100.0	102.0	102.9	106.5
辽 宁	Liaoning	100.0	100.0	103.3	102.0	103.2	106.2
吉 林	Jilin	100.0	105.0	100.0	101.1	101.5	101.8
黑龙江	Heilongjiang	100.0	108.5	100.0	102.0	103.8	106.0
上 海	Shanghai						
江 苏	Jiangsu	103.2	102.9	104.6	102.5	102.4	104.7
浙 江	Zhejiang	100.0	100.0	100.0	102.8	102.3	104.2
安 徽	Anhui	100.0	100.0	99.3	102.3	102.2	104.4
福 建	Fujian	100.0	102.1	101.6	102.2	102.8	105.7
江 西	Jiangxi	100.0	100.0	100.0	103.6	103.3	106.2
山 东	Shandong	102.7	100.0	100.0	101.5	101.4	102.3
河 南	Henan	101.0	100.4	100.5	103.9	104.6	106.8
湖 北	Hubei	101.7	101.3	103.8	101.5	101.2	102.1
湖 南	Hunan	103.3	102.2	100.0	100.7	100.7	102.4
广 东	Guangdong	100.0	97.3	97.5	102.4	102.6	103.6
广 西	Guangxi	102.5	109.3	100.0	101.2	99.6	99.9
海 南	Hainan	105.2	104.2	100.0	101.1	101.3	100.7
重 庆	Chongqing						
四 川	Sichuan	100.2	100.8	100.5	102.2	101.3	102.5
贵 州	Guizhou	100.0	105.9	93.4	100.2	99.6	101.6
云 南	Yunnan	107.8	105.4	110.7	100.2	99.9	99.2
西 藏	Tibet	100.0	100.1	100.0	103.0	101.2	101.8
陕 西	Shaanxi	100.0	100.0	99.9	102.5	103.4	105.5
甘 肃	Gansu	99.8	101.8	100.0	101.6	101.0	103.1
青 海	Qinghai	106.9	101.5	100.0	103.4	105.2	108.4
宁 夏	Ningxia	105.1	102.2	158.6	105.2	103.5	104.9
新 疆	Xinjiang	106.1	103.4	102.6	102.6	101.3	102.3

3-1-5 续表 17 continued 17

(上年价格=100) (Preceding year=100)

地区	Region	(2)其他杂项用品 Other Miscellaneous Articles	2.其他服务类 Other Services	(1)旅馆住宿 Hotel Accommodations	(2)美容美发洗浴 Beaty Salon, Hair Salon and Scouring Bath	(3)养老服务 Elderly Care	(4)金融保险 Finance and Insurance	(5)其他服务类 Other Miscellaneous Services
全国	**National**	**100.2**	**102.3**	**102.0**	**104.6**	**101.0**	**101.5**	**100.7**
北京	Beijing							
天津	Tianjin							
河北	Hebei	100.6	103.2	100.9	104.1	100.2	103.8	100.5
山西	Shanxi	100.2	102.4	98.3	104.6	100.0	102.5	100.0
内蒙古	Inner Mongolia	100.0	101.3	101.9	108.1	99.8	100.0	100.5
辽宁	Liaoning	100.2	101.1	105.6	103.2	100.1	100.2	100.0
吉林	Jilin	101.2	100.9	100.7	101.1	100.5	101.0	100.0
黑龙江	Heilongjiang	100.0	101.0	99.9	103.8	100.1	100.0	100.1
上海	Shanghai							
江苏	Jiangsu	99.9	102.7	99.8	104.6	102.6	100.3	102.2
浙江	Zhejiang	99.4	103.2	101.0	106.9	100.0	101.2	101.8
安徽	Anhui	100.1	102.4	99.8	106.0	101.2	100.0	100.8
福建	Fujian	100.2	101.7	101.3	103.5	101.4	100.0	100.8
江西	Jiangxi	99.9	104.0	103.9	108.5	101.8	100.7	100.0
山东	Shandong	100.4	101.6	99.1	102.3	101.5	101.5	100.0
河南	Henan	100.4	103.0	102.6	108.3	101.8	100.1	100.5
湖北	Hubei	100.6	101.7	101.9	104.6	102.6	100.0	100.6
湖南	Hunan	99.8	100.8	103.3	101.6	100.0	99.8	100.0
广东	Guangdong	100.3	102.1	102.4	107.4	100.0	100.0	99.9
广西	Guangxi	99.5	102.3	99.9	103.7	100.0	103.7	100.0
海南	Hainan	101.7	101.0	98.7	99.1	100.0	103.5	100.0
重庆	Chongqing							
四川	Sichuan	99.8	103.0	101.2	102.6	100.5	105.4	100.2
贵州	Guizhou	98.8	100.7	98.3	101.8	100.2	100.7	100.9
云南	Yunnan	100.5	101.8	103.6	102.2	100.0	100.4	108.1
西藏	Tibet	100.2	105.0	107.9	110.0	100.0	100.0	103.0
陕西	Shaanxi	100.0	101.3	102.3	102.4	101.0	100.9	99.9
甘肃	Gansu	99.6	102.2	103.4	104.6	100.0	101.8	98.3
青海	Qinghai	100.5	101.3	101.2	104.8	100.6	100.3	101.7
宁夏	Ningxia	100.2	107.0	100.5	100.5	128.1	108.9	114.6
新疆	Xinjiang	99.8	103.9	114.6	102.1	100.7	99.7	101.9

3-2-1 全国商品零售价格分类指数（2016年）
Retail Price by Category (2016)

(上年价格=100) Precding year =100

项　　目	Item	全国 National Indices	城市 Urban Indices	农村 Rural Indices
商品零售价格指数	**Retail Price Index**	**100.7**	**100.7**	**100.9**
一、食品	**Food**	**103.9**	**103.9**	**104.3**
1.粮食	Grain	100.4	100.5	100.2
2.薯类	Tubers	111.1	111.1	111.6
3.豆类	Beans	100.8	100.8	100.7
4.食用油	Edible Oil and Fats	101.2	101	101.8
5.菜	Vegetables	110.7	110.7	111
6.畜肉类	Meat of Livestock	110.8	110.5	112.2
7.禽肉类	Meat of Poultry	101.3	101.3	101
8.水产品	Aquatic Products	104.5	104.7	103.6
9.蛋类	Eggs	96.7	96.7	96.7
10.奶类	Milk	99.6	99.5	99.9
11.干鲜瓜果类	Dried and Fresh Melons and Fruits	97.9	97.9	97.6
12.糖果糕点类	Candy and Cake	100.8	100.8	100.9
13.调味品	Flavoring	102.1	102.2	101.6
14.其他食品类	Other Foods	101.5	101.6	101
15.在外餐饮	Dining Out	102.5	102.4	102.8
二、饮料、烟酒	**Beverages,Tobacco and Liquor**	**101.2**	**101.2**	**101.2**
1.茶及饮料	Tea and Beverages	100.3	100.3	100.4
2.烟草	Tobacco	102.2	102.2	102.3
3.酒类	Liquor	100.3	100.3	100.1
三、服装、鞋帽	**Garments , Shoes and Hats**	**101.3**	**101.3**	**101.3**
1.服装	Garments	101.4	101.4	101.4
2.鞋帽袜	Footgear and Hats	101.3	101.3	101.3
3.其他衣着配件	Other Clothing Accessories	100.7	100.8	100.3
四、纺织品	**Textiles**	**100.5**	**100.6**	**100.2**
1.服装材料	Clothing	101.5	101.7	101
2.床上用品	Bedding	100.2	100.3	99.9
五、家用电器及音像器材	**Household Appliances,Music and Video Equipment**	**98.2**	**98.1**	**98.5**
1.家庭设备	Household Facilities	98.8	98.7	99.2
2.文娱用耐用消费品	Durable Consumer Goods for Cultural and Recreational Use	96.8	96.8	97.1
3.专业音像器材	Music and Video Equipment	99	99	99.2
六、文化办公用品	**Cultural and Office Appliances**	**98.9**	**98.9**	**99.4**

3-2-1 续表 continued

(上年价格=100) Precding year =100

项目	Item	全国 National Indices	城市 Urban Indices	农村 Rural Indices
七、日用品	**Articles for Daily Use**	**100.2**	**100.2**	**100.2**
1.日用百货	General Merchandise for Daily Use	100.1	100.1	99.8
2.厨具餐具茶具	Kichenware,Tableware and Tea set	100.5	100.5	100.9
3.清洗用品	Cleaning Products	100.5	100.5	100.7
4.其他日用品	Other Aritcles for Daily Use	99.9	99.9	100.1
八、体育娱乐用品	**Sports and Recreation Articles**	**100.4**	**100.4**	**100.5**
1.体育户外用品	Sports and Outdoor Articles	100.3	100.3	100.3
2.娱乐用品	Recreation Articles	100.5	100.5	100.6
九、交通、通信用品	**Transportation and Communication Appliances**	**97.8**	**97.8**	**98.1**
1.交通运输机械	Transportation Appliances	98.3	98.3	98.2
2.通信器材	Communication Appliances	96.5	96.3	97.8
十、家具	**Furniture**	**100.7**	**100.7**	**100.5**
十一、化妆品	**Cosmetics**	**101.1**	**101.2**	**100.3**
十二、金银饰品	**Gold and Silver Ornaments**	**106.8**	**107.1**	**104.2**
十三、中西药品及医疗保健用品	**Traditional Chinese and Western Medicines and Health Care Articles**	**104.1**	**104.1**	**103.8**
1.医疗卫生器具	Medical Instrument	101.1	101.1	101.3
2.中药	Traditional Chinese Medicines	104.6	104.7	103.6
3.西药	Western Medicines	103.7	103.6	104.2
4.保健器具及用品	Health Care Appliances and Articles	105.2	105.4	103.3
十四、书报杂志及电子出版物	**Books,Newspapers,Magazines and Electronic Pubblications**	**101.3**	**101.3**	**101.4**
1.教材及参考书	Teaching Materials and Reference Books	101.2	101.2	101.1
2.书报杂志	Newspapers and Maganizes	101.5	101.6	101.2
3.计算机办公软件	Office Software	101.2	101	102.8
十五、燃料	**Fuels**	**97**	**97.1**	**96.6**
1.煤炭及制品	Coal and its product	100	100.2	99.5
2.石油及制品	Petroleum and its product	96.6	96.7	95.6
十六、建筑材料及五金电料	**Building Materials and Hardware**	**100.3**	**100.3**	**100.2**
1.建筑装璜材料	Building Decoration Materials	100.2	100.3	100.1
2.五金水暖	Hardware	100.5	100.5	100.4

3-2-2 各地区商品零售价格指数(2016年)
Retail Price Indices by Category and Region (2016)

(上年价格=100) (Preceding year=100)

地区	Region	商品零售价格指数 Retail Price Index	一、食品 Food	1.粮食 Grain	2.薯类 Tubers	3.豆类 Beans	4.食用油 Edible Oil and Fats	5.菜 Vegetables	6.畜肉类 Meat of Livestock
全国	**National**	**100.7**	**103.9**	**100.4**	**111.1**	**100.8**	**101.2**	**110.7**	**110.8**
北京	Beijing	98.1	103.2	99.1	109.9	101.0	99.5	109.9	106.5
天津	Tianjin	100.5	102.3	100.8	106.1	101.0	99.7	107.0	107.3
河北	Hebei	101.2	102.8	99.3	110.1	99.4	100.0	109.6	110.6
山西	Shanxi	100.5	102.9	99.6	111.5	100.8	100.1	111.1	110.8
内蒙古	Inner Mongolia	100.6	102.7	101.4	115.4	101.1	102.3	111.9	104.2
辽宁	Liaoning	101.0	102.9	100.3	107.2	101.1	100.2	107.0	107.7
吉林	Jilin	101.3	103.2	100.3	105.9	99.1	100.0	108.3	109.1
黑龙江	Heilongjiang	101.1	102.7	100.6	107.4	97.7	101.4	106.3	110.9
上海	Shanghai	100.8	104.1	100.9	113.0	100.4	99.9	110.6	108.3
江苏	Jiangsu	100.8	104.2	100.3	110.9	100.1	100.9	109.9	110.9
浙江	Zhejiang	101.0	104.7	100.7	103.0	100.5	101.5	112.9	111.6
安徽	Anhui	100.8	104.1	99.6	109.9	99.2	103.4	110.9	112.9
福建	Fujian	100.7	104.4	100.2	115.9	100.9	99.9	114.5	111.5
江西	Jiangxi	100.6	105.2	101.2	111.9	102.7	101.7	112.2	113.7
山东	Shandong	101.3	104.0	99.7	107.7	100.2	99.7	108.2	113.4
河南	Henan	100.3	103.4	100.1	112.8	100.4	101.0	110.8	112.6
湖北	Hubei	100.8	104.7	100.5	118.4	101.9	100.8	114.9	111.4
湖南	Hunan	101.0	104.4	100.9	114.2	100.3	102.2	110.2	112.0
广东	Guangdong	100.8	104.8	100.7	110.5	103.1	101.2	115.0	110.3
广西	Guangxi	100.4	103.9	100.6	113.4	102.8	101.1	109.4	111.3
海南	Hainan	101.0	105.6	101.1	110.5	101.6	100.8	117.4	108.5
重庆	Chongqing	101.3	104.0	102.4	126.0	99.9	103.0	108.7	111.9
四川	Sichuan	100.8	104.5	101.1	112.5	101.2	103.2	107.3	112.8
贵州	Guizhou	100.2	104.2	101.1	109.9	101.2	105.6	107.3	111.5
云南	Yunnan	100.7	103.8	100.2	111.8	100.2	105.5	108.1	110.7
西藏	Tibet	102.1	105.2	104.8	102.3	102.5	103.0	108.1	103.5
陕西	Shaanxi	100.3	103.2	100.2	112.7	100.1	101.4	113.5	109.2
甘肃	Gansu	100.9	103.0	101.3	116.3	102.0	100.3	110.9	106.2
青海	Qinghai	100.4	102.2	100.5	106.0	100.9	102.1	109.5	104.7
宁夏	Ningxia	100.7	102.5	100.6	118.6	100.1	100.7	112.7	104.5
新疆	Xinjiang	100.5	102.1	101.8	119.0	99.3	99.9	111.0	100.1

3-2-2 续表 1 continued 1

(上年价格=100) (Preceding year=100)

地 区	Region	7.禽肉类 Meat of Poultry	8.水产品 Aquatic Products	9.蛋类 Eggs	10.奶类 Milk	11.干鲜瓜果类 Dried and Fresh Melons and Fruits	12.糖果糕点类 Candy and Cake	13.调味品 Flavoring	14.其他食品类 Other Foods
全 国	**National**	**101.3**	**104.5**	**96.7**	**99.6**	**97.9**	**100.8**	**102.1**	**101.5**
北 京	Beijing	101.3	103.9	96.7	102.1	98.2	103.2	105.2	105.1
天 津	Tianjin	101.0	106.7	95.4	98.8	97.6	101.3	103.4	101.0
河 北	Hebei	100.9	99.7	96.4	99.3	97.3	101.0	102.7	102.3
山 西	Shanxi	100.3	103.2	94.9	99.5	95.9	100.6	101.4	102.9
内 蒙 古	Inner Mongolia	100.6	102.7	96.8	100.8	97.9	100.4	101.0	98.7
辽 宁	Liaoning	100.5	106.5	96.8	98.8	98.7	101.0	102.6	101.3
吉 林	Jilin	99.5	101.6	97.8	101.0	100.6	100.0	101.2	100.5
黑 龙 江	Heilongjiang	99.0	103.2	97.3	94.4	96.7	100.5	101.7	100.2
上 海	Shanghai	101.6	107.8	98.4	101.4	101.8	102.3	104.8	102.3
江 苏	Jiangsu	101.1	106.8	96.5	99.8	97.1	100.1	103.4	101.4
浙 江	Zhejiang	102.5	104.6	96.6	100.0	98.3	101.2	102.8	101.9
安 徽	Anhui	98.7	106.3	94.2	99.4	95.2	100.7	102.4	101.3
福 建	Fujian	99.5	103.9	96.9	98.7	95.9	100.3	100.2	100.0
江 西	Jiangxi	102.6	106.2	96.9	100.8	95.8	100.4	101.9	102.8
山 东	Shandong	101.3	104.0	96.2	99.8	96.8	100.0	102.1	101.6
河 南	Henan	100.0	100.9	96.3	99.6	96.3	101.6	102.0	100.7
湖 北	Hubei	101.4	105.8	96.6	100.2	97.5	100.2	102.8	101.4
湖 南	Hunan	101.2	102.0	98.3	99.7	98.9	100.7	100.9	101.1
广 东	Guangdong	103.4	104.3	97.5	99.3	99.4	100.8	100.9	101.5
广 西	Guangxi	100.1	104.1	98.3	99.0	98.7	100.1	100.0	100.7
海 南	Hainan	102.7	106.7	99.7	101.1	102.9	101.3	102.1	100.5
重 庆	Chongqing	100.3	104.7	96.4	99.4	97.8	101.4	100.5	101.6
四 川	Sichuan	99.7	103.2	96.7	99.1	97.6	100.4	103.4	101.6
贵 州	Guizhou	100.2	102.6	97.7	99.7	98.5	100.9	101.7	99.5
云 南	Yunnan	101.1	102.3	98.2	99.5	96.8	100.5	100.4	101.7
西 藏	Tibet	99.5	101.5	101.9	100.8	104.3	102.6	103.6	103.1
陕 西	Shaanxi	100.4	103.7	94.4	96.1	99.0	100.7	100.6	100.7
甘 肃	Gansu	102.3	102.2	98.7	100.1	98.8	100.3	100.6	102.4
青 海	Qinghai	96.5	101.9	97.2	100.3	96.8	100.8	102.2	98.8
宁 夏	Ningxia	100.0	100.9	97.0	100.9	98.7	100.5	103.5	101.6
新 疆	Xinjiang	99.5	98.9	96.8	100.3	99.7	100.6	100.4	101.9

3-2-2 续表 2 continued 2

(上年价格=100) (Preceding year=100)

地 区	Region	15.在外餐饮 Outward Dinner Food	二、饮料、烟酒 Beverages, Tobacco and Liquor	1.茶及饮料 Tea and Beverages	2.烟草 Tobacco	3.酒类 Liquor	三、服装、鞋帽 Garments, Shoes and Hats	1.服装 Garments	2.鞋帽袜 Footgear and Hats
全 国	**National**	**102.5**	**101.2**	**100.3**	**102.2**	**100.3**	**101.3**	**101.4**	**101.3**
北 京	Beijing	102.8	100.8	100.4	101.2	100.7	100.2	99.6	101.9
天 津	Tianjin	100.8	101.1	100.2	102.2	100.3	100.0	100.0	100.0
河 北	Hebei	101.8	101.7	100.6	102.4	101.4	101.6	101.8	101.0
山 西	Shanxi	101.7	101.4	100.5	102.4	100.2	100.9	101.1	100.6
内蒙古	Inner Mongolia	101.2	101.5	100.0	103.1	99.5	101.6	101.6	101.8
辽 宁	Liaoning	101.5	101.7	101.4	102.5	100.6	101.3	100.8	102.3
吉 林	Jilin	102.7	101.5	101.0	102.8	100.1	101.3	101.3	101.3
黑龙江	Heilongjiang	101.5	101.0	98.0	102.5	100.1	101.1	101.2	101.0
上 海	Shanghai	101.6	102.0	100.8	103.0	100.7	100.7	101.3	98.6
江 苏	Jiangsu	102.8	101.0	100.1	102.1	99.8	102.0	101.7	103.0
浙 江	Zhejiang	103.9	101.8	100.5	102.9	101.1	101.5	101.7	101.0
安 徽	Anhui	102.8	101.1	100.5	102.0	100.0	100.8	101.3	99.4
福 建	Fujian	102.8	101.2	99.9	102.6	100.4	100.3	100.2	100.6
江 西	Jiangxi	102.8	101.2	100.9	101.7	100.6	100.5	100.7	99.8
山 东	Shandong	102.7	101.5	100.9	102.5	100.4	101.8	101.7	102.1
河 南	Henan	102.3	100.0	99.7	101.6	99.1	100.6	100.5	101.0
湖 北	Hubei	101.0	101.3	100.6	103.0	100.0	101.9	102.1	101.5
湖 南	Hunan	103.2	100.8	99.8	101.6	100.7	101.6	101.9	100.9
广 东	Guangdong	102.8	100.9	100.4	101.6	100.6	102.8	103.0	102.4
广 西	Guangxi	102.1	100.8	100.1	101.7	100.2	102.1	102.3	101.3
海 南	Hainan	102.9	102.0	103.6	102.4	100.1	96.8	96.3	98.3
重 庆	Chongqing	102.3	99.9	98.9	100.4	99.8	102.4	102.3	102.9
四 川	Sichuan	103.3	100.8	100.2	101.6	100.0	100.1	100.2	99.9
贵 州	Guizhou	102.3	100.5	100.2	101.4	98.4	99.8	99.9	99.7
云 南	Yunnan	101.1	101.9	100.2	102.6	100.8	100.0	99.6	101.0
西 藏	Tibet	110.8	101.8	101.6	100.3	103.6	102.1	102.2	101.8
陕 西	Shaanxi	102.2	100.8	99.2	102.8	100.1	101.3	101.6	100.7
甘 肃	Gansu	101.6	100.9	100.4	101.5	100.4	101.5	102.4	98.9
青 海	Qinghai	102.6	101.1	101.3	102.7	99.7	100.8	101.5	98.8
宁 夏	Ningxia	100.7	101.1	100.5	102.4	100.3	101.9	102.2	101.5
新 疆	Xinjiang	103.1	101.6	99.8	102.9	100.9	100.6	100.8	100.0

3-2-2 续表 3 continued 3

(上年价格=100) (Preceding year=100)

地 区 Region	3.其他衣着配件 Other Clothing Accessories	四、纺织品 Textiles	1.服装材料 Clothing Materials	2.床上用品 Bed Articles	五、家用电器及音像器材 Household Appliances, Music and Video Equipment	1.家庭设备 Household Facilities	2.文娱用耐用消费品 Durable Consumer Goods for Cultural and Recreational Use	3.专业音像器材 Music and Video Equipment
全 国 National	**100.7**	**100.5**	**101.5**	**100.2**	**98.2**	**98.8**	**96.8**	**99.0**
北 京 Beijing	95.8	95.5	100.7	94.8	94.0	93.1	91.5	100.8
天 津 Tianjin	100.4	101.2	101.7	101.1	98.5	97.9	99.1	99.4
河 北 Hebei	101.6	99.7	100.0	99.6	100.1	100.8	98.8	99.6
山 西 Shanxi	100.3	100.0	100.3	100.0	98.6	99.1	97.0	100.5
内蒙古 Inner Mongolia	100.0	100.3	102.0	100.0	98.6	99.0	99.1	91.8
辽 宁 Liaoning	103.3	99.9	100.9	99.6	98.3	98.9	97.0	100.0
吉 林 Jilin	101.0	99.7	100.5	99.6	98.9	99.8	97.6	99.0
黑龙江 Heilongjiang	100.4	101.7	104.4	101.0	97.8	99.0	95.6	99.6
上 海 Shanghai	102.8	102.4	103.6	102.3	99.2	100.6	95.9	100.0
江 苏 Jiangsu	99.5	101.6	103.3	101.3	99.5	100.7	97.5	98.5
浙 江 Zhejiang	99.9	99.7	101.9	99.1	98.5	99.0	97.2	98.7
安 徽 Anhui	99.2	100.4	99.8	100.5	98.5	98.8	98.0	98.9
福 建 Fujian	99.9	100.1	101.9	99.5	96.4	96.7	95.1	99.7
江 西 Jiangxi	102.2	99.3	100.4	99.0	97.8	97.9	97.1	100.5
山 东 Shandong	100.4	101.3	101.4	101.3	99.9	100.3	99.0	101.4
河 南 Henan	99.9	100.1	100.6	100.0	95.6	97.6	93.3	90.4
湖 北 Hubei	101.5	101.1	102.3	100.4	98.0	97.8	97.8	99.9
湖 南 Hunan	100.1	100.4	100.6	100.3	100.0	99.8	100.5	99.7
广 东 Guangdong	101.3	101.7	102.5	101.4	96.2	96.5	94.6	99.6
广 西 Guangxi	103.3	101.3	103.1	100.4	98.1	98.6	97.2	100.0
海 南 Hainan	98.4	99.3	99.1	99.4	98.1	97.5	98.6	100.0
重 庆 Chongqing	99.2	101.1	99.7	101.1	97.9	98.8	95.5	98.7
四 川 Sichuan	99.7	99.8	100.6	99.7	98.9	99.4	98.3	97.9
贵 州 Guizhou	100.2	99.9	100.8	99.8	98.2	98.8	96.8	100.0
云 南 Yunnan	99.4	99.8	100.6	99.7	98.3	98.4	97.7	99.9
西 藏 Tibet	98.0	102.1	101.8	102.3	99.9	100.1	99.5	100.0
陕 西 Shaanxi	100.8	98.0	100.7	97.3	94.4	96.9	89.7	101.1
甘 肃 Gansu	100.3	100.3	101.2	100.1	98.6	99.8	96.6	99.5
青 海 Qinghai	100.7	108.0	99.9	110.3	97.1	98.5	95.0	99.2
宁 夏 Ningxia	100.4	102.3	100.2	102.7	97.9	98.3	98.3	93.2
新 疆 Xinjiang	100.9	99.3	98.8	99.5	99.7	99.6	99.7	100.1

3-2-2 续表 4 continued 4

(上年价格=100) (Preceding year=100)

地区 Region	六、文化办公用品 Cultural and Office Appliances	七、日用品 Articles for Daily Use	1.日用百货 General Merchandise for Daily Use	2.厨具餐具茶具 Kichenware, Tableware and Tea set	3.清洗用品 Cleaning Products	4.其他日用品 Other Aritcles for Daily Use	八、体育娱乐用品 Sports and Recreation Articles	1.体育户外用品 Sports and Outdoor Articles
全国 National	**98.9**	**100.2**	**100.1**	**100.5**	**100.5**	**99.9**	**100.4**	**100.3**
北京 Beijing	95.1	99.1	100.0	100.5	100.8	95.8	100.5	100.4
天津 Tianjin	100.3	99.6	100.1	99.6	98.1	100.0	102.1	99.8
河北 Hebei	100.2	100.4	100.1	101.3	100.3	100.4	100.2	100.6
山西 Shanxi	98.9	100.3	100.2	101.5	100.4	100.1	100.9	100.4
内蒙古 Inner Mongolia	101.1	100.0	99.9	100.0	100.3	99.8	99.9	99.7
辽宁 Liaoning	100.4	100.2	100.0	100.2	100.5	100.1	100.0	99.4
吉林 Jilin	98.5	100.4	100.1	100.7	100.3	100.5	100.6	102.0
黑龙江 Heilongjiang	102.4	100.6	100.4	99.5	102.1	100.2	100.8	102.0
上海 Shanghai	103.2	100.4	99.5	100.4	100.3	101.1	99.5	99.7
江苏 Jiangsu	97.9	101.0	100.4	101.5	101.9	100.9	100.7	99.2
浙江 Zhejiang	98.4	99.9	99.9	100.4	100.1	99.4	99.7	99.8
安徽 Anhui	98.8	100.3	100.1	99.8	100.8	100.4	101.3	102.0
福建 Fujian	98.8	100.0	99.9	99.9	100.9	99.2	100.4	99.8
江西 Jiangxi	100.6	99.9	100.3	100.4	99.8	99.1	100.7	100.3
山东 Shandong	98.8	100.0	99.9	101.0	99.5	100.1	100.7	99.7
河南 Henan	100.7	100.2	100.2	100.7	100.0	99.9	100.1	99.7
湖北 Hubei	99.7	100.7	100.1	100.5	101.7	100.6	101.5	102.9
湖南 Hunan	99.8	100.4	100.4	100.7	100.4	100.2	99.8	99.8
广东 Guangdong	97.8	100.0	99.9	99.7	100.1	100.2	100.3	99.9
广西 Guangxi	99.8	99.5	99.3	99.9	99.6	99.1	100.8	100.1
海南 Hainan	99.6	100.7	99.6	99.3	102.1	102.0	101.4	97.8
重庆 Chongqing	102.4	99.6	103.2	102.4	97.9	97.7	100.0	98.1
四川 Sichuan	96.2	99.7	99.5	100.4	100.9	98.4	99.8	99.9
贵州 Guizhou	98.9	100.0	100.5	100.5	100.0	99.4	100.3	98.3
云南 Yunnan	98.9	101.4	100.0	99.9	103.4	100.3	99.0	100.5
西藏 Tibet	100.7	100.7	100.4	101.7	100.9	100.5	101.2	101.8
陕西 Shaanxi	96.6	100.6	99.2	102.6	101.3	99.0	100.4	100.1
甘肃 Gansu	100.0	100.2	100.1	100.5	100.7	100.0	102.5	105.6
青海 Qinghai	99.0	102.0	106.1	100.7	99.8	102.5	100.3	100.0
宁夏 Ningxia	99.5	100.5	99.6	101.2	101.1	100.3	101.1	102.1
新疆 Xinjiang	99.2	99.2	100.2	99.0	98.4	100.0	102.2	101.9

3-2-2 续表 5 continued 5

(上年价格=100) (Preceding year=100)

地　区 Region	2.娱乐用品 Recreation Articles	九、交通、通信用品 Transportation and Communication Appliances	1.交通运输机械 Transportation Appliances	2.通信器材 Communication Appliances	十、家具 Furniture	十一、化妆品 Cosmetics	十二、金银饰品 Gold and Silver Ornaments	十三、中西药品及医疗保健用品 Traditional Chinese and Western Medicines and Health Care Articles
全　国 National	**100.5**	**97.8**	**98.3**	**96.5**	**100.7**	**101.1**	**106.8**	**104.1**
北　京 Beijing	100.5	90.9	95.3	82.5	101.3	103.4	111.2	104.0
天　津 Tianjin	102.3	99.5	99.5	99.7	98.2	100.7	112.8	101.3
河　北 Hebei	100.1	97.2	96.3	99.5	100.1	101.7	105.5	107.2
山　西 Shanxi	101.0	98.1	99.4	93.4	99.7	100.6	101.1	104.7
内蒙古 Inner Mongolia	99.9	99.3	98.9	100.2	100.1	101.1	105.0	102.7
辽　宁 Liaoning	100.1	99.3	100.1	97.2	101.4	101.4	103.5	104.0
吉　林 Jilin	100.2	99.6	99.1	100.3	102.2	100.8	104.3	108.5
黑龙江 Heilongjiang	100.5	100.5	100.5	100.4	100.1	101.3	106.6	104.2
上　海 Shanghai	99.5	97.1	97.3	96.1	100.1	99.4	107.4	111.0
江　苏 Jiangsu	101.4	99.6	99.5	100.1	101.3	102.0	105.9	99.0
浙　江 Zhejiang	99.6	97.8	98.6	94.6	100.2	100.9	108.4	103.8
安　徽 Anhui	101.2	97.2	97.5	95.7	100.1	101.4	105.1	105.4
福　建 Fujian	100.7	98.4	99.1	96.3	100.2	100.8	109.1	104.0
江　西 Jiangxi	100.9	96.6	99.1	88.2	100.4	100.5	101.6	103.3
山　东 Shandong	101.1	99.4	99.2	100.2	101.8	100.5	106.9	103.2
河　南 Henan	100.6	95.8	95.4	96.6	100.9	101.2	106.0	106.1
湖　北 Hubei	100.5	95.3	93.5	97.9	100.6	102.0	107.3	103.4
湖　南 Hunan	99.8	98.2	98.0	98.6	100.4	100.0	106.3	103.4
广　东 Guangdong	100.5	97.7	98.1	96.8	101.7	100.1	107.7	106.3
广　西 Guangxi	101.2	97.4	99.1	94.1	99.8	100.3	105.8	103.6
海　南 Hainan	102.9	95.9	96.1	95.3	100.8	102.8	109.6	106.2
重　庆 Chongqing	100.3	99.6	100.0	99.1	103.0	100.9	109.5	104.3
四　川 Sichuan	99.8	97.4	97.7	97.0	99.3	101.7	106.3	104.2
贵　州 Guizhou	100.6	97.6	99.6	93.6	100.0	100.6	106.6	101.5
云　南 Yunnan	98.2	99.2	100.0	97.0	99.9	102.5	102.6	103.3
西　藏 Tibet	101.0	99.9	100.1	99.5	101.6	101.0	107.0	106.4
陕　西 Shaanxi	100.5	97.3	99.6	92.0	97.8	102.0	107.9	104.5
甘　肃 Gansu	100.7	99.5	99.9	99.0	100.7	100.6	103.7	102.5
青　海 Qinghai	100.7	93.7	96.5	92.2	89.6	100.1	109.9	104.9
宁　夏 Ningxia	100.5	97.0	95.3	99.8	99.3	101.2	105.9	101.2
新　疆 Xinjiang	102.5	98.9	99.7	97.9	101.6	100.7	105.4	101.7

3-2-2 续表 6 continued 6

(上年价格=100) (Preceding year=100)

地 区	Region	1.医疗卫生器具 Medical Instrument	2.中药 Traditional Chinese Medicines	3.西药 Western Medicines	4.保健器具及用品 Health Care Appliances and Articles	十四、书报杂志及电子出版物 Books,Newspapers, Magazines and Electronic Pubblications	1.教材及参考书 Teaching Materials and Reference Books	2.书报杂志 Newspapers and Maganizes
全 国	**National**	**101.1**	**104.6**	**103.7**	**105.2**	**101.3**	**101.2**	**101.5**
北 京	Beijing	101.1	101.3	105.0	105.1	101.3	100.8	102.3
天 津	Tianjin	100.2	102.7	100.6	101.9	102.3	102.4	102.6
河 北	Hebei	103.2	103.4	109.3	104.1	102.7	100.8	105.8
山 西	Shanxi	100.5	104.3	104.7	107.2	101.0	101.6	100.6
内蒙古	Inner Mongolia	100.6	103.0	103.0	101.3	100.6	101.2	100.2
辽 宁	Liaoning	100.9	103.3	104.7	102.8	101.3	102.2	100.3
吉 林	Jilin	100.6	106.8	112.0	103.4	101.0	100.9	101.0
黑龙江	Heilongjiang	103.0	104.3	104.3	103.8	101.2	103.4	100.0
上 海	Shanghai	103.9	127.6	110.2	101.8	101.1	100.7	101.7
江 苏	Jiangsu	99.3	100.8	94.4	105.6	100.5	101.3	100.1
浙 江	Zhejiang	99.8	105.5	101.3	108.2	105.2	100.4	100.0
安 徽	Anhui	101.6	104.0	107.4	103.4	101.4	101.8	100.7
福 建	Fujian	101.5	104.4	104.0	103.8	102.0	103.1	101.7
江 西	Jiangxi	101.3	104.4	103.7	101.0	100.7	99.5	101.6
山 东	Shandong	101.1	103.3	101.7	107.8	102.2	101.3	104.7
河 南	Henan	103.1	104.6	107.0	106.5	101.8	103.1	100.9
湖 北	Hubei	100.5	105.8	102.0	103.4	99.5	100.0	101.9
湖 南	Hunan	99.9	103.3	103.9	103.3	100.2	100.1	100.7
广 东	Guangdong	101.6	105.7	107.9	106.4	99.9	100.1	101.5
广 西	Guangxi	100.8	104.9	103.3	103.1	100.4	99.9	100.7
海 南	Hainan	101.4	111.9	105.2	103.2	100.5	100.8	100.2
重 庆	Chongqing	99.8	107.7	103.6	104.8	100.0	100.8	100.0
四 川	Sichuan	100.9	102.6	104.0	108.1	102.1	101.7	103.8
贵 州	Guizhou	99.9	101.1	102.1	100.6	99.9	99.1	101.1
云 南	Yunnan	104.2	104.8	103.6	101.1	100.1	100.1	100.4
西 藏	Tibet	101.7	103.9	106.9	108.3	100.1	99.9	100.8
陕 西	Shaanxi	101.5	105.6	104.7	103.2	101.2	101.4	101.1
甘 肃	Gansu	101.6	102.3	102.1	104.7	100.4	100.0	101.1
青 海	Qinghai	103.2	104.1	103.0	113.7	100.5	102.3	100.0
宁 夏	Ningxia	101.1	99.9	100.2	111.8	102.3	102.4	102.8
新 疆	Xinjiang	99.8	100.2	103.7	98.3	100.3	100.9	100.1

3-2-2 续表 7 continued 7

(上年价格00) Preceding year=100)

地区	Region	3.计算机办公软件 Office Software	十五、燃料 Fuels	1.煤炭及制品 Coal and its product	2.石油及制品 Petroleum and its product	十六、建筑材料及五金电料 Building Materials and Hardware	1.建筑装璜材料 Building Decoration Materials	2.五金水暖 Plumbing hardware copper fittings
全国	**National**	**101.2**	**97.0**	**100.0**	**96.6**	**100.3**	**100.2**	**100.5**
北京	Beijing	98.9	96.7	103.3	96.7	101.0	100.4	102.1
天津	Tianjin	99.8	96.9	101.0	96.3	99.8	99.6	100.1
河北	Hebei	103.3	100.6	110.2	97.8	100.5	100.6	100.3
山西	Shanxi	100.2	97.9	100.3	97.0	99.5	99.4	100.0
内蒙古	Inner Mongolia	99.6	96.5	99.1	95.7	99.5	99.9	98.3
辽宁	Liaoning	100.4	99.2	101.5	98.6	99.9	99.9	99.9
吉林	Jilin	101.8	98.4	99.2	98.2	100.5	100.6	100.2
黑龙江	Heilongjiang	97.1	97.3	98.1	97.1	100.0	99.5	101.5
上海	Shanghai	100.7	95.6	100.0	95.6	99.6	100.5	97.4
江苏	Jiangsu	99.9	96.8	99.6	96.5	100.2	100.0	100.7
浙江	Zhejiang	130.1	96.7	103.9	95.9	100.3	100.5	99.9
安徽	Anhui	101.8	98.0	100.7	97.3	100.6	100.4	101.4
福建	Fujian	100.0	96.5	100.2	96.0	100.1	100.0	100.4
江西	Jiangxi	101.4	96.7	110.7	94.2	100.1	99.9	100.7
山东	Shandong	98.1	98.2	95.8	98.9	100.4	100.1	101.5
河南	Henan	100.0	96.6	98.3	96.3	100.5	100.5	100.6
湖北	Hubei	93.4	96.4	97.4	96.3	101.3	101.4	100.9
湖南	Hunan	99.3	96.9	101.0	96.5	100.2	100.4	99.7
广东	Guangdong	96.7	95.7	102.9	95.5	100.7	100.8	100.4
广西	Guangxi	101.2	92.8	101.4	91.8	100.3	100.3	100.3
海南	Hainan	100.0	97.8	100.4	97.6	97.4	95.9	102.3
重庆	Chongqing	96.8	98.1	100.6	98.1	100.3	100.4	99.8
四川	Sichuan	100.1	98.5	97.2	98.7	99.8	99.7	100.5
贵州	Guizhou	98.9	96.1	94.7	96.4	99.8	99.3	101.6
云南	Yunnan	99.9	96.1	100.8	95.7	99.8	99.7	100.2
西藏	Tibet	100.7	96.9	96.9	96.9	102.3	102.0	103.5
陕西	Shaanxi	100.2	97.4	98.6	97.0	99.8	99.9	99.5
甘肃	Gansu	99.7	97.1	99.3	96.3	100.0	99.9	100.0
青海	Qinghai	96.2	98.1	100.3	97.3	102.6	103.3	100.5
宁夏	Ningxia	99.9	97.9	102.0	97.3	100.8	100.1	103.0
新疆	Xinjiang	99.1	97.4	99.5	97.0	99.4	98.9	101.2

3-2-3 各地区城市商品零售价格指数(2016年)
Urban Retail Price Indices by Category and Region (2016)

(上年价格=100) (Preceding year=100)

地 区	Region	商品零售价格指数 Retail Price Index	一、食品 Food	1.粮食 Grain	2.薯类 Tubers	3.豆类 Beans	4.食用油 Edible Oil and Fats	5.菜 Vegetables	6.畜肉类 Meat of Livestock
全 国	**National**	**100.7**	**103.9**	**100.5**	**111.1**	**100.8**	**101.0**	**110.7**	**110.5**
北 京	Beijing	98.1	103.2	99.1	109.9	101.0	99.5	109.9	106.5
天 津	Tianjin	100.5	102.3	100.8	106.1	101.0	99.7	107.0	107.3
河 北	Hebei	101.1	102.9	99.8	110.5	99.4	100.1	109.6	110.2
山 西	Shanxi	100.5	102.9	99.5	111.8	100.3	100.5	111.2	110.2
内 蒙 古	Inner Mongolia	100.6	102.8	102.0	116.2	100.9	102.2	112.8	104.3
辽 宁	Liaoning	101.0	102.8	100.1	107.3	101.4	100.4	106.7	107.3
吉 林	Jilin	101.4	103.3	100.6	105.1	99.0	100.1	108.5	109.3
黑 龙 江	Heilongjiang	101.1	102.5	100.2	108.0	97.4	100.8	106.1	110.2
上 海	Shanghai	100.8	104.1	100.9	113.0	100.4	99.9	110.6	108.3
江 苏	Jiangsu	100.7	104.1	100.4	111.2	100.3	101.0	109.4	110.7
浙 江	Zhejiang	101.0	104.7	100.7	102.7	100.7	101.0	113.1	111.4
安 徽	Anhui	100.9	103.8	99.6	109.3	99.1	103.0	109.7	112.2
福 建	Fujian	100.7	104.4	100.3	115.7	101.0	99.8	114.1	111.6
江 西	Jiangxi	100.5	105.1	101.7	110.6	102.2	101.7	112.4	112.8
山 东	Shandong	101.4	103.9	99.9	107.7	100.6	99.8	107.6	113.2
河 南	Henan	100.3	103.4	100.1	112.6	100.6	100.8	111.0	112.4
湖 北	Hubei	100.7	104.7	100.3	116.9	101.2	100.7	115.3	111.6
湖 南	Hunan	101.0	104.2	100.8	110.6	100.0	101.3	109.8	112.1
广 东	Guangdong	100.8	104.8	100.7	111.0	103.4	101.2	115.3	110.0
广 西	Guangxi	100.4	103.8	100.5	114.3	102.9	100.8	109.2	111.2
海 南	Hainan	100.8	105.8	101.5	110.5	101.9	100.1	117.5	109.3
重 庆	Chongqing	101.3	104.0	102.4	126.0	99.9	103.0	108.7	111.9
四 川	Sichuan	100.8	104.4	101.1	112.8	101.2	102.7	107.6	112.4
贵 州	Guizhou	100.3	104.1	101.3	110.6	101.4	105.3	107.7	111.0
云 南	Yunnan	100.6	103.7	100.0	112.6	99.7	105.8	108.4	110.9
西 藏	Tibet	102.1	105.1	104.5	100.9	101.0	103.0	108.3	102.7
陕 西	Shaanxi	100.3	103.2	100.2	113.6	100.1	101.2	113.9	109.0
甘 肃	Gansu	100.8	102.7	100.7	117.8	102.1	100.4	109.7	106.0
青 海	Qinghai	100.2	102.2	100.2	105.6	100.7	102.2	109.8	105.0
宁 夏	Ningxia	100.7	102.6	100.7	118.9	100.3	101.1	113.0	104.7
新 疆	Xinjiang	100.5	102.2	102.1	120.9	99.2	99.6	111.4	100.1

3-2-3 续表 1 continued 1

(上年价格=100) (Preceding year=100)

地　区	Region	7.禽肉类 Meat of Poultry	8.水产品 Aquatic Products	9.蛋类 Eggs	10.奶类 Milk	11.干鲜瓜果类 Dried and Fresh Melons and Fruits	12.糖果糕点类 Candy and Cake	13.调味品 Flavoring	14.其他食品类 Other Foods
全　国	**National**	**101.3**	**104.7**	**96.7**	**99.5**	**97.9**	**100.8**	**102.2**	**101.6**
北　京	Beijing	101.3	103.9	96.7	102.1	98.2	103.2	105.2	105.1
天　津	Tianjin	101.0	106.7	95.4	98.8	97.6	101.3	103.4	101.0
河　北	Hebei	101.1	99.4	95.6	99.3	97.9	100.9	102.7	102.7
山　西	Shanxi	100.5	103.7	95.2	99.4	96.0	100.8	101.5	103.6
内蒙古	Inner Mongolia	100.1	103.0	96.1	100.9	97.8	100.4	100.9	98.4
辽　宁	Liaoning	100.3	106.7	96.6	98.7	98.7	101.0	102.8	101.3
吉　林	Jilin	99.5	101.7	97.8	101.1	100.3	99.8	101.3	100.4
黑龙江	Heilongjiang	98.6	103.5	97.1	94.0	96.8	100.4	101.8	100.3
上　海	Shanghai	101.6	107.8	98.4	101.4	101.8	102.3	104.8	102.3
江　苏	Jiangsu	100.9	106.9	96.5	99.8	97.2	99.9	103.6	101.5
浙　江	Zhejiang	102.4	104.8	96.6	99.9	98.4	101.2	102.9	102.0
安　徽	Anhui	98.3	106.1	94.0	99.4	94.8	100.8	102.0	101.5
福　建	Fujian	99.6	104.2	97.2	98.6	96.1	100.4	100.1	99.9
江　西	Jiangxi	102.7	106.7	97.1	100.8	95.9	100.2	102.2	103.1
山　东	Shandong	101.8	103.9	96.4	99.8	96.7	99.9	102.5	101.8
河　南	Henan	99.9	100.9	97.0	99.5	96.6	101.5	101.9	100.8
湖　北	Hubei	101.5	106.3	96.1	100.3	96.9	100.2	103.2	101.5
湖　南	Hunan	100.8	102.1	98.5	99.6	98.7	100.8	101.0	100.8
广　东	Guangdong	103.6	104.5	97.6	99.2	99.6	100.7	101.0	101.4
广　西	Guangxi	100.2	104.1	98.2	98.9	98.9	100.2	99.9	100.5
海　南	Hainan	103.4	107.9	100.2	101.0	102.4	100.9	101.7	99.9
重　庆	Chongqing	100.3	104.7	96.4	99.4	97.8	101.4	100.5	101.6
四　川	Sichuan	99.9	102.7	96.7	99.0	97.3	100.3	103.9	101.8
贵　州	Guizhou	101.0	103.2	97.2	99.6	97.8	101.1	102.0	99.7
云　南	Yunnan	100.9	101.9	97.8	99.4	96.3	100.5	100.5	102.4
西　藏	Tibet	98.4	100.9	101.1	99.9	104.0	102.4	103.8	102.9
陕　西	Shaanxi	100.4	104.0	94.2	95.6	99.2	100.6	100.6	100.7
甘　肃	Gansu	102.6	101.8	98.5	100.1	98.7	100.4	100.7	103.1
青　海	Qinghai	96.1	101.9	98.0	100.7	96.1	100.7	101.7	98.3
宁　夏	Ningxia	99.9	100.9	97.0	101.0	98.7	100.6	103.1	102.0
新　疆	Xinjiang	99.5	99.0	96.6	100.2	99.7	100.6	100.4	101.9

3-2-3 续表 2 continued 2

(上年价格=100) (Preceding year=100)

地　区	Region	15.在外餐饮 Dining Out	二、饮料、烟酒 Beverages, Tobacco and Liquor	1.茶及饮料 Tea and Beverages	2.烟草 Tobacco	3.酒类 Liquor	三、服装、鞋帽 Garments, Shoes and Hats	1.服装 Garments	2.鞋帽袜 Footgear and Hats
全　国	**National**	**102.4**	**101.2**	**100.3**	**102.2**	**100.3**	**101.3**	**101.4**	**101.3**
北　京	Beijing	102.8	100.8	100.4	101.2	100.7	100.2	99.6	101.9
天　津	Tianjin	100.8	101.1	100.2	102.2	100.3	100.0	100.0	100.0
河　北	Hebei	101.7	101.8	100.5	102.6	101.4	101.6	101.9	100.9
山　西	Shanxi	101.6	101.5	100.5	102.5	100.4	100.9	101.0	100.7
内蒙古	Inner Mongolia	101.1	101.4	99.9	103.2	99.1	101.7	101.7	101.8
辽　宁	Liaoning	101.5	101.7	101.5	102.3	100.7	101.3	100.8	102.4
吉　林	Jilin	102.9	101.5	101.0	102.8	100.0	101.1	101.1	101.0
黑龙江	Heilongjiang	101.4	101.0	97.9	102.5	100.1	101.3	101.5	100.8
上　海	Shanghai	101.6	102.0	100.8	103.0	100.7	100.7	101.3	98.6
江　苏	Jiangsu	102.8	101.0	100.1	102.1	99.7	102.0	101.7	103.1
浙　江	Zhejiang	103.9	101.9	100.4	102.9	101.2	101.5	101.7	100.9
安　徽	Anhui	102.9	101.3	100.6	102.1	100.5	100.9	101.4	99.5
福　建	Fujian	102.8	101.2	99.8	102.6	100.4	100.2	100.1	100.6
江　西	Jiangxi	102.7	101.2	101.2	101.6	100.6	100.3	100.6	99.3
山　东	Shandong	102.7	101.4	101.0	102.3	100.3	101.6	101.6	102.0
河　南	Henan	102.2	100.2	99.7	101.5	99.6	100.6	100.6	101.0
湖　北	Hubei	100.6	101.4	100.8	103.1	100.1	101.9	102.0	101.8
湖　南	Hunan	103.3	100.8	99.8	101.5	100.8	101.7	102.1	101.0
广　东	Guangdong	102.9	100.8	100.3	101.5	100.5	103.0	103.3	102.3
广　西	Guangxi	102.0	100.8	100.0	101.7	100.3	102.6	102.7	102.1
海　南	Hainan	102.6	102.1	104.0	102.3	100.4	95.9	95.4	97.5
重　庆	Chongqing	102.3	99.9	98.9	100.4	99.8	102.4	102.3	102.9
四　川	Sichuan	103.1	100.8	100.4	101.5	99.9	99.9	99.9	99.6
贵　州	Guizhou	102.0	100.3	100.1	101.3	98.1	100.2	100.1	100.6
云　南	Yunnan	101.0	101.9	100.1	102.6	100.8	99.8	99.3	101.1
西　藏	Tibet	111.2	101.8	101.4	100.1	104.1	102.0	102.1	101.8
陕　西	Shaanxi	102.3	100.8	99.0	102.8	100.2	101.5	101.8	100.7
甘　肃	Gansu	101.4	100.6	100.6	100.9	100.3	101.7	102.9	98.5
青　海	Qinghai	102.9	101.0	101.0	102.8	99.7	100.5	101.3	98.3
宁　夏	Ningxia	100.7	101.1	100.5	102.3	100.3	102.0	102.4	101.6
新　疆	Xinjiang	103.3	101.7	99.7	102.9	101.0	100.5	100.7	99.8

3-2-3 续表 3 continued 3

(上年价格=100) (Preceding year=100)

地 区	Region	3.其他衣着配件 Other Clothing Accessories	四、纺织品 Textiles	1.服装材料 Clothing Materials	2.床上用品 Bed Articles	五、家用电器及音像器材 Household Appliances, Music and Video Equipment	1.家庭设备 Household Facilities	2.文娱用耐用消费品 Durable Consumer Goods for Cultural and Recreational Use	3.专业音像器材 Music and Video Equipment
全 国	**National**	**100.8**	**100.6**	**101.7**	**100.3**	**98.1**	**98.7**	**96.8**	**99.0**
北 京	Beijing	95.8	95.5	100.7	94.8	94.0	93.1	91.5	100.8
天 津	Tianjin	100.4	101.2	101.7	101.1	98.5	97.9	99.1	99.4
河 北	Hebei	101.9	100.0	100.0	100.0	100.2	100.9	98.7	99.7
山 西	Shanxi	99.7	100.1	99.5	100.3	98.4	99.1	96.3	100.6
内蒙古	Inner Mongolia	100.0	100.4	102.6	100.0	98.7	99.0	99.7	91.7
辽 宁	Liaoning	103.5	99.8	100.9	99.6	98.2	98.9	96.8	100.0
吉 林	Jilin	101.1	99.5	100.3	99.4	99.0	99.7	97.8	99.0
黑龙江	Heilongjiang	100.5	101.9	104.9	101.0	97.8	99.1	95.3	99.6
上 海	Shanghai	102.8	102.4	103.6	102.3	99.2	100.6	95.9	100.0
江 苏	Jiangsu	99.4	101.6	103.3	101.4	99.5	100.7	97.6	98.5
浙 江	Zhejiang	100.0	99.7	101.8	99.0	98.1	98.8	96.7	98.6
安 徽	Anhui	99.1	100.8	100.6	100.9	98.6	98.8	98.3	99.2
福 建	Fujian	99.6	100.0	102.0	99.4	96.1	96.4	94.8	99.7
江 西	Jiangxi	102.7	98.9	100.0	98.7	97.6	97.6	97.1	100.6
山 东	Shandong	100.3	101.4	101.8	101.4	100.4	100.6	99.7	101.3
河 南	Henan	99.9	100.3	100.5	100.2	95.6	97.7	93.5	90.4
湖 北	Hubei	101.6	101.0	102.6	100.2	97.7	97.4	97.6	99.9
湖 南	Hunan	100.1	100.3	100.2	100.3	100.1	99.9	100.6	99.7
广 东	Guangdong	101.5	102.0	102.8	101.6	95.9	96.0	94.3	99.5
广 西	Guangxi	103.9	101.6	103.5	100.6	98.1	98.7	97.2	100.1
海 南	Hainan	98.4	99.2	99.2	99.2	98.3	97.6	98.9	100.0
重 庆	Chongqing	99.2	101.1	99.7	101.1	97.9	98.8	95.5	98.7
四 川	Sichuan	99.7	99.6	100.4	99.4	99.0	99.5	98.5	97.8
贵 州	Guizhou	100.2	99.8	100.4	99.7	98.1	98.8	96.7	99.7
云 南	Yunnan	98.7	99.9	100.7	99.8	98.3	98.3	98.0	99.9
西 藏	Tibet	98.6	102.4	102.2	102.5	99.7	99.9	99.4	100.0
陕 西	Shaanxi	100.9	98.0	100.8	97.2	94.1	96.7	89.0	101.1
甘 肃	Gansu	99.9	100.3	101.3	100.0	98.6	99.8	96.5	99.4
青 海	Qinghai	100.7	108.6	99.5	111.0	96.7	98.3	94.3	99.1
宁 夏	Ningxia	100.4	102.5	100.2	102.9	97.9	98.1	98.7	93.2
新 疆	Xinjiang	100.9	99.2	98.6	99.4	99.7	99.6	99.9	100.0

3-2-3 续表 4 continued 4

(上年价格=100) (Preceding year=100)

地 区 Region	六、文化办公用品 Cultural and Office Appliances	七、日用品 Articles for Daily Use	1.日用百货 General Merchandise for Daily Use	2.厨具餐具茶具 Kichenware, Tableware and Tea set	3.清洗用品 Cleaning Products	4.其他日用品 Other Aritcles for Daily Use	八、体育娱乐用品 Sports and Recreation Articles	1.体育户外用品 Sports and Outdoor Articles
全 国 National	**98.9**	**100.2**	**100.1**	**100.5**	**100.5**	**99.9**	**100.4**	**100.3**
北 京 Beijing	95.1	99.1	100.0	100.5	100.8	95.8	100.5	100.4
天 津 Tianjin	100.3	99.6	100.1	99.6	98.1	100.0	102.1	99.8
河 北 Hebei	100.2	100.3	100.0	101.0	100.6	100.4	100.0	100.6
山 西 Shanxi	98.7	100.3	100.4	100.8	100.3	100.1	101.1	100.6
内蒙古 Inner Mongolia	101.1	99.9	99.9	99.7	100.3	99.8	99.7	99.5
辽 宁 Liaoning	100.5	100.2	100.0	100.2	100.5	100.1	100.0	99.6
吉 林 Jilin	98.4	100.4	100.2	100.8	100.2	100.4	100.5	102.1
黑龙江 Heilongjiang	102.3	100.6	100.4	99.1	102.4	100.2	100.8	102.2
上 海 Shanghai	103.2	100.4	99.5	100.4	100.3	101.1	99.5	99.7
江 苏 Jiangsu	97.9	101.0	100.4	101.5	102.0	100.9	100.7	99.2
浙 江 Zhejiang	98.1	99.9	99.9	100.4	100.3	99.4	99.6	99.9
安 徽 Anhui	98.7	100.4	100.4	99.7	100.8	100.5	101.3	102.3
福 建 Fujian	98.7	99.9	100.0	99.9	100.7	99.1	100.3	99.7
江 西 Jiangxi	100.7	99.8	100.3	100.4	99.7	98.9	100.6	100.2
山 东 Shandong	98.8	100.1	100.2	100.9	99.3	100.1	100.7	99.7
河 南 Henan	100.7	100.2	100.5	100.6	99.8	99.8	100.0	99.6
湖 北 Hubei	99.7	100.9	100.2	100.7	101.9	100.7	101.7	103.2
湖 南 Hunan	100.0	100.5	100.6	100.7	100.4	100.2	99.8	99.8
广 东 Guangdong	97.7	99.9	99.8	99.6	100.0	100.2	100.2	99.8
广 西 Guangxi	99.9	99.4	99.2	99.9	99.5	99.1	100.9	100.1
海 南 Hainan	99.2	100.6	99.7	98.9	101.8	102.1	101.3	97.1
重 庆 Chongqing	102.4	99.6	103.2	102.4	97.9	97.7	100.0	98.1
四 川 Sichuan	96.0	99.5	99.4	100.3	100.9	98.1	99.7	99.9
贵 州 Guizhou	98.9	100.1	101.1	100.6	99.6	99.5	100.5	98.1
云 南 Yunnan	98.8	101.5	100.0	100.0	103.4	100.2	98.9	100.7
西 藏 Tibet	100.7	100.7	100.4	101.8	100.6	100.5	101.2	101.9
陕 西 Shaanxi	96.4	100.6	99.1	102.9	101.3	98.9	100.3	100.0
甘 肃 Gansu	100.0	100.2	100.2	100.3	100.7	99.9	102.9	106.4
青 海 Qinghai	98.9	102.2	107.0	100.6	99.7	102.7	100.2	99.7
宁 夏 Ningxia	99.6	100.6	99.5	101.2	101.3	100.3	101.1	102.1
新 疆 Xinjiang	99.2	99.2	100.2	99.0	98.4	100.0	102.3	102.0

3-2-3 续表 5 continued 5

(上年价格=100) (Preceding year=100)

地 区 Region	2.娱乐用品 Recreation Articles	九、交通、通信用品 Transportation and Communication Appliances	1.交通运输机械 Transportation Appliances	2.通信器材 Communication Appliances	十、家具 Furniture	十一、化妆品 Cosmetics	十二、金银饰品 Gold and Silver Ornaments	十三、中西药品及医疗保健用品 Traditional Chinese and Western Medicines and Health Care Articles
全 国 National	**100.5**	**97.8**	**98.3**	**96.3**	**100.7**	**101.2**	**107.1**	**104.1**
北 京 Beijing	100.5	90.9	95.3	82.5	101.3	103.4	111.2	104.0
天 津 Tianjin	102.3	99.5	99.5	99.7	98.2	100.7	112.8	101.3
河 北 Hebei	99.8	97.6	96.3	101.0	100.1	102.1	105.7	106.5
山 西 Shanxi	101.2	98.3	99.3	94.5	99.9	100.9	101.2	104.7
内蒙古 Inner Mongolia	99.8	99.2	98.8	100.2	100.3	101.2	104.9	102.9
辽 宁 Liaoning	100.1	99.3	100.1	97.2	101.4	101.5	103.1	104.2
吉 林 Jilin	100.1	99.7	99.1	100.7	102.2	100.8	104.6	108.9
黑龙江 Heilongjiang	100.5	100.5	100.5	100.4	100.1	101.4	106.5	103.6
上 海 Shanghai	99.5	97.1	97.3	96.1	100.1	99.4	107.4	111.0
江 苏 Jiangsu	101.4	99.6	99.5	100.0	101.3	102.0	106.1	98.6
浙 江 Zhejiang	99.5	97.8	98.8	93.8	100.2	100.9	108.8	104.1
安 徽 Anhui	101.1	97.2	97.5	95.6	100.1	101.5	105.0	105.4
福 建 Fujian	100.7	98.3	99.2	96.2	100.2	100.8	109.3	104.1
江 西 Jiangxi	100.8	96.5	99.1	87.5	100.2	100.7	100.7	103.5
山 东 Shandong	101.1	99.3	99.3	99.4	102.2	100.6	107.9	103.8
河 南 Henan	100.6	95.8	95.4	96.6	100.8	101.3	105.9	106.1
湖 北 Hubei	100.5	95.3	93.6	97.8	100.8	102.2	107.9	103.5
湖 南 Hunan	99.8	98.3	97.9	99.0	100.4	100.1	106.6	103.4
广 东 Guangdong	100.5	97.6	98.0	96.6	101.6	100.1	107.9	106.6
广 西 Guangxi	101.3	97.4	99.0	94.0	99.7	100.2	106.3	103.6
海 南 Hainan	103.0	95.4	96.1	93.8	100.5	103.0	110.8	104.9
重 庆 Chongqing	100.3	99.6	100.0	99.1	103.0	100.9	109.5	104.3
四 川 Sichuan	99.7	97.7	98.0	97.1	99.1	102.0	106.8	104.5
贵 州 Guizhou	100.9	97.7	99.8	93.6	100.1	100.8	107.0	102.1
云 南 Yunnan	97.9	99.1	99.9	96.5	99.9	102.7	103.0	103.1
西 藏 Tibet	101.0	99.9	100.0	99.8	101.2	101.2	107.5	106.9
陕 西 Shaanxi	100.4	97.2	99.5	91.6	97.5	102.2	108.0	104.3
甘 肃 Gansu	100.8	99.7	99.9	99.4	100.8	100.5	103.5	102.6
青 海 Qinghai	100.8	92.8	96.5	90.6	87.1	100.2	110.2	105.0
宁 夏 Ningxia	100.5	97.0	95.3	99.9	99.5	101.2	106.0	101.3
新 疆 Xinjiang	102.5	98.9	99.7	97.9	101.6	100.7	105.5	101.6

3-2-3 续表 6 continued 6

(上年价格=100) (Preceding year=100)

地区	Region	1.医疗卫生器具 Medical Instrument	2.中药 Traditional Chinese Medicines	3.西药 Western Medicines	4.保健器具及用品 Health Care Appliances and Articles	十四、书报杂志及电子出版物 Books,Newspapers, Magazines and Electronic Pubblications	1.教材及参考书 Teaching Materials and Reference Books	2.书报杂志 Newspapers and Maganizes
全国	**National**	**101.1**	**104.7**	**103.6**	**105.4**	**101.3**	**101.2**	**101.6**
北京	Beijing	101.1	101.3	105.0	105.1	101.3	100.8	102.3
天津	Tianjin	100.2	102.7	100.6	101.9	102.3	102.4	102.6
河北	Hebei	102.1	103.5	108.2	104.2	102.9	101.0	105.6
山西	Shanxi	100.5	104.7	104.5	107.5	101.0	101.4	100.7
内蒙古	Inner Mongolia	100.4	103.1	103.4	101.3	100.7	101.3	100.2
辽宁	Liaoning	100.9	103.3	105.1	102.8	101.3	102.3	100.4
吉林	Jilin	100.7	107.2	112.6	103.2	101.1	100.9	101.2
黑龙江	Heilongjiang	102.8	103.6	103.6	103.6	101.4	103.7	100.1
上海	Shanghai	103.9	127.6	110.2	101.8	101.1	100.7	101.7
江苏	Jiangsu	99.2	100.7	93.4	105.4	100.4	101.1	100.0
浙江	Zhejiang	99.5	106.0	101.3	108.6	105.4	100.3	100.0
安徽	Anhui	101.6	103.8	107.5	103.3	101.4	101.8	100.6
福建	Fujian	101.6	104.7	103.9	104.0	102.0	103.1	101.7
江西	Jiangxi	101.6	104.7	103.9	101.1	100.6	99.4	101.3
山东	Shandong	101.3	103.9	101.9	108.9	102.6	101.4	105.5
河南	Henan	103.1	104.9	106.9	106.7	101.8	103.2	100.9
湖北	Hubei	100.3	106.4	101.8	103.4	99.2	99.9	101.9
湖南	Hunan	100.0	103.5	103.7	103.4	100.2	100.1	100.7
广东	Guangdong	101.6	105.7	108.6	106.8	99.8	100.0	101.6
广西	Guangxi	100.8	105.1	103.2	103.3	100.3	99.8	100.7
海南	Hainan	100.7	108.9	104.5	102.0	100.0	100.0	100.0
重庆	Chongqing	99.8	107.7	103.6	104.8	100.0	100.8	100.0
四川	Sichuan	101.0	102.1	104.3	109.1	102.2	101.7	104.0
贵州	Guizhou	100.4	101.1	103.0	101.0	99.8	98.7	101.2
云南	Yunnan	104.2	105.1	103.3	100.6	100.1	100.0	100.5
西藏	Tibet	100.2	102.9	107.7	109.9	99.8	99.8	100.0
陕西	Shaanxi	101.4	105.7	104.4	103.5	101.2	101.4	101.2
甘肃	Gansu	102.0	102.0	102.2	105.6	100.5	100.1	101.2
青海	Qinghai	103.1	104.3	102.7	114.9	100.4	102.3	99.8
宁夏	Ningxia	101.7	100.0	100.1	112.2	102.5	102.6	102.9
新疆	Xinjiang	99.5	100.1	103.7	98.1	100.2	100.9	100.1

3-2-3 续表 7 continued 7

(上年价格=100) (Preceding year=100)

地区	Region	3.计算机办公软件 Office Software	十五、燃料 Fuels	1.煤炭及制品 Coal and its product	2.石油及制品 Petroleum and its product	十六、建筑材料及五金电料 Building Materials and Hardware	1.建筑装璜材料 Building Decoration Materials	2.五金水暖 Plumbing hardware copper fittings
全国	**National**	**101.0**	**97.1**	**100.2**	**96.7**	**100.3**	**100.3**	**100.5**
北京	Beijing	98.9	96.7	103.3	96.7	101.0	100.4	102.1
天津	Tianjin	99.8	96.9	101.0	96.3	99.8	99.6	100.1
河北	Hebei	103.4	99.8	109.9	97.8	100.5	100.6	100.1
山西	Shanxi	100.2	98.0	100.5	97.2	99.7	99.5	100.2
内蒙古	Inner Mongolia	99.6	96.3	98.6	95.6	99.5	100.0	97.9
辽宁	Liaoning	100.5	99.5	102.3	98.8	99.9	99.9	99.8
吉林	Jilin	101.9	98.6	99.7	98.5	100.6	100.7	100.2
黑龙江	Heilongjiang	96.8	97.8	99.6	97.3	100.1	99.6	101.8
上海	Shanghai	100.7	95.6	100.0	95.6	99.6	100.5	97.4
江苏	Jiangsu	99.9	96.9	99.6	96.7	100.2	100.1	100.6
浙江	Zhejiang	131.0	96.8	104.5	96.0	100.3	100.5	99.8
安徽	Anhui	101.5	98.4	100.5	97.9	100.9	100.7	101.5
福建	Fujian	100.0	96.4	100.2	95.9	100.1	100.0	100.4
江西	Jiangxi	101.6	97.3	114.6	94.5	100.2	100.0	100.9
山东	Shandong	97.8	98.7	96.1	99.5	100.3	99.8	101.8
河南	Henan	100.0	96.8	98.7	96.4	100.4	100.4	100.5
湖北	Hubei	92.0	96.5	97.2	96.4	101.5	101.7	100.9
湖南	Hunan	99.2	97.0	102.4	96.5	100.1	100.2	100.0
广东	Guangdong	96.6	95.8	103.7	95.6	100.8	100.9	100.4
广西	Guangxi	100.9	92.5	101.7	91.7	100.4	100.4	100.3
海南	Hainan	100.0	97.9	99.9	97.8	96.7	95.5	100.8
重庆	Chongqing	96.8	98.1	100.6	98.1	100.3	100.4	99.8
四川	Sichuan	100.0	98.7	97.3	98.9	99.9	99.8	100.6
贵州	Guizhou	98.7	96.0	94.3	96.4	100.1	99.6	102.0
云南	Yunnan	99.9	95.8	99.8	95.5	99.7	99.6	100.2
西藏	Tibet	100.0	96.5	95.9	96.7	102.8	102.5	103.8
陕西	Shaanxi	100.2	97.4	98.4	97.0	99.9	100.1	99.5
甘肃	Gansu	99.7	97.1	99.6	96.3	100.0	100.0	99.8
青海	Qinghai	96.2	98.1	100.2	97.3	103.2	104.2	99.9
宁夏	Ningxia	99.9	97.8	101.9	97.3	101.1	100.3	103.3
新疆	Xinjiang	99.1	97.4	100.1	97.1	99.4	98.8	101.3

3-2-4 各地区农村商品零售价格指数(2016年)
Rural Retail Price Indices by Category and Region (2016)

(上年价格=100) (Preceding year=100)

地区	Region	商品零售价格指数 Retail Price Index	一、食品 Food	1.粮食 Grain	2.薯类 Tubers	3.豆类 Beans	4.食用油 Edible Oil and Fats	5.菜 Vegetables	6.畜肉类 Meat of Livestock
全　国	**National**	**100.9**	**104.3**	**100.2**	**111.6**	**100.7**	**101.8**	**111.0**	**112.2**
北　京	Beijing								
天　津	Tianjin								
河　北	Hebei	101.3	102.8	98.4	109.1	99.4	99.9	109.7	111.5
山　西	Shanxi	100.4	103.1	99.8	110.4	102.5	99.2	111.0	112.9
内蒙古	Inner Mongolia	100.4	101.6	99.1	109.3	102.4	103.0	104.7	103.5
辽　宁	Liaoning	100.9	103.6	100.9	106.0	99.3	98.6	109.8	111.0
吉　林	Jilin	100.8	102.8	98.2	112.1	99.9	99.5	106.8	107.5
黑龙江	Heilongjiang	101.3	104.3	102.0	103.8	99.1	103.5	108.2	116.3
上　海	Shanghai								
江　苏	Jiangsu	101.3	105.0	100.2	109.8	98.9	100.0	113.7	112.1
浙　江	Zhejiang	101.0	104.9	100.5	104.6	99.9	103.6	112.2	112.6
安　徽	Anhui	100.8	105.3	99.7	111.9	99.7	104.2	116.2	115.1
福　建	Fujian	101.0	104.0	99.5	118.1	100.7	100.8	119.2	111.0
江　西	Jiangxi	100.8	105.7	99.8	116.7	104.6	102.0	111.0	117.0
山　东	Shandong	101.0	104.5	99.1	107.4	99.2	99.3	110.4	114.1
河　南	Henan	100.3	103.3	100.0	114.2	98.5	101.7	109.5	113.6
湖　北	Hubei	100.9	105.1	101.0	122.0	104.9	101.4	112.7	110.5
湖　南	Hunan	101.1	106.1	102.2	126.5	103.1	108.2	114.4	110.9
广　东	Guangdong	101.0	104.5	101.0	107.8	102.0	101.4	113.4	111.4
广　西	Guangxi	100.3	104.5	101.4	108.5	102.1	102.8	110.9	111.9
海　南	Hainan	102.3	104.4	98.8	110.8	100.0	104.1	117.2	104.9
重　庆	Chongqing								
四　川	Sichuan	100.9	105.1	101.1	111.3	101.3	104.7	106.1	114.1
贵　州	Guizhou	100.0	104.7	100.3	106.7	100.4	107.0	105.2	113.4
云　南	Yunnan	101.2	104.0	101.2	110.5	102.7	104.6	105.7	109.5
西　藏	Tibet	102.2	105.8	106.0	108.2	107.9	102.7	107.3	106.9
陕　西	Shaanxi	100.7	103.3	100.4	107.3	100.6	102.0	110.9	110.1
甘　肃	Gansu	101.0	104.1	102.7	113.5	101.4	100.0	115.2	107.0
青　海	Qinghai	101.5	102.4	102.6	108.2	102.5	101.8	107.5	102.7
宁　夏	Ningxia	100.0	101.7	100.1	116.9	98.5	98.3	109.3	103.2
新　疆	Xinjiang	100.5	101.6	100.1	110.9	101.0	102.1	107.4	100.5

3-2-4 续表 1 continued 1

(上年价格=100) (Preceding year=100)

地区 Region	7.禽肉类 Meat of Poultry	8.水产品 Aquatic Products	9.蛋类 Eggs	10.奶类 Milk	11.干鲜瓜果类 Dried and Fresh Melons and Fruits	12.糖果糕点类 Candy and Cake	13.调味品 Flavoring	14.其他食品类 Other Foods
全国 National	**101.0**	**103.6**	**96.7**	**99.9**	**97.6**	**100.9**	**101.6**	**101.0**
北京 Beijing								
天津 Tianjin								
河北 Hebei	100.3	101.1	98.4	99.0	95.0	101.5	102.5	101.4
山西 Shanxi	99.6	100.6	94.0	99.8	95.3	99.2	101.3	101.0
内蒙古 Inner Mongolia	103.2	100.6	100.4	99.7	98.4	100.7	101.2	100.4
辽宁 Liaoning	103.1	103.6	98.5	100.0	98.6	100.8	100.7	101.8
吉林 Jilin	99.9	101.3	98.4	100.3	103.3	101.8	100.1	101.5
黑龙江 Heilongjiang	101.8	99.7	98.1	100.0	95.9	101.0	100.7	100.2
上海 Shanghai								
江苏 Jiangsu	102.2	106.5	96.4	99.8	96.5	101.2	102.3	100.8
浙江 Zhejiang	103.1	103.8	96.4	100.6	97.9	101.1	102.3	101.4
安徽 Anhui	100.0	107.1	94.6	99.5	96.7	100.5	103.1	100.7
福建 Fujian	99.0	101.4	95.1	99.5	94.3	100.2	100.9	100.4
江西 Jiangxi	102.0	104.1	96.1	100.8	95.5	101.3	100.9	101.5
山东 Shandong	99.8	104.4	95.8	99.7	97.5	100.3	101.1	101.0
河南 Henan	100.4	101.3	93.9	99.9	94.5	101.8	102.3	100.0
湖北 Hubei	101.2	102.9	99.0	99.3	101.3	100.2	101.4	100.9
湖南 Hunan	106.1	101.8	97.0	101.4	101.3	100.3	100.2	103.1
广东 Guangdong	101.8	102.9	97.0	100.5	97.4	101.1	100.5	101.9
广西 Guangxi	99.6	103.4	99.0	99.5	97.3	99.9	100.1	101.5
海南 Hainan	98.3	98.7	96.7	101.5	106.5	103.9	104.2	103.3
重庆 Chongqing								
四川 Sichuan	98.8	104.9	96.8	99.3	98.5	100.8	102.2	101.1
贵州 Guizhou	96.0	100.1	99.8	100.4	101.6	100.4	100.6	98.6
云南 Yunnan	103.5	104.2	100.8	100.2	99.7	100.6	100.2	99.6
西藏 Tibet	104.5	104.7	105.2	103.9	105.9	103.5	102.6	103.6
陕西 Shaanxi	100.7	101.2	96.7	100.4	97.5	101.2	100.5	100.5
甘肃 Gansu	101.2	103.7	99.9	100.1	99.1	99.5	100.3	99.9
青海 Qinghai	99.3	102.0	92.9	97.2	101.8	101.9	103.7	102.7
宁夏 Ningxia	100.3	98.9	97.1	99.7	98.0	100.2	106.5	99.8
新疆 Xinjiang	100.2	98.5	98.7	101.7	99.5	100.8	101.5	103.0

3-2-4 续表 2 continued 2

(上年价格=100) (Preceding year=100)

地 区	Region	15.在外餐饮 Outward Dinner Food	二、饮料、烟酒 Beverages, Tobacco and Liquor	1.茶及饮料 Tea and Beverages	2.烟草 Tobacco	3.酒类 Liquor	三、服装、鞋帽 Garments, Shoes and Hats	1.服装 Garments	2.鞋帽袜 Footgear and Hats
全 国	**National**	**102.8**	**101.2**	**100.4**	**102.3**	**100.1**	**101.3**	**101.4**	**101.3**
北 京	Beijing								
天 津	Tianjin								
河 北	Hebei	102.4	101.5	101.0	101.9	101.1	101.5	101.5	101.5
山 西	Shanxi	102.2	101.1	100.4	102.0	99.4	101.2	101.7	99.9
内蒙古	Inner Mongolia	102.5	102.0	100.8	102.4	101.6	101.1	100.9	101.6
辽 宁	Liaoning	101.3	101.8	100.1	103.7	99.7	101.3	101.1	101.8
吉 林	Jilin	101.5	101.6	100.7	102.5	101.0	102.7	102.4	103.6
黑龙江	Heilongjiang	103.0	101.3	99.9	102.4	100.2	100.0	99.3	101.9
上 海	Shanghai								
江 苏	Jiangsu	103.4	101.2	100.5	102.0	100.3	102.1	102.0	102.3
浙 江	Zhejiang	103.9	101.7	100.9	102.5	100.8	101.5	101.6	101.5
安 徽	Anhui	102.6	100.4	99.8	101.9	98.1	100.4	100.9	99.0
福 建	Fujian	101.8	101.2	100.5	102.5	99.8	101.1	101.3	100.4
江 西	Jiangxi	103.8	101.1	99.1	102.0	100.7	101.3	101.2	101.7
山 东	Shandong	103.1	102.0	100.4	103.2	101.0	102.2	102.2	102.4
河 南	Henan	102.6	99.3	99.1	101.8	97.8	100.3	100.1	100.9
湖 北	Hubei	103.7	100.6	98.4	102.5	99.5	101.9	102.5	100.1
湖 南	Hunan	101.6	101.0	99.9	102.4	99.8	100.7	101.0	100.2
广 东	Guangdong	101.8	101.5	101.1	102.0	101.3	101.9	101.6	103.1
广 西	Guangxi	102.8	100.7	101.3	101.3	99.7	97.9	98.7	95.6
海 南	Hainan	106.3	100.8	100.2	102.9	98.1	102.5	102.6	102.7
重 庆	Chongqing								
四 川	Sichuan	104.1	101.0	99.4	102.0	100.0	101.0	101.1	100.9
贵 州	Guizhou	103.5	101.1	100.3	101.8	99.7	98.2	99.2	95.6
云 南	Yunnan	102.0	101.7	101.0	102.1	100.7	101.3	101.7	100.3
西 藏	Tibet	106.6	101.7	102.4	101.3	101.8	102.6	103.1	101.5
陕 西	Shaanxi	101.4	101.0	101.1	102.2	99.9	100.2	100.0	101.0
甘 肃	Gansu	102.9	101.7	99.5	103.8	100.8	100.7	100.9	100.2
青 海	Qinghai	101.2	101.4	102.7	102.2	100.0	102.8	102.9	102.7
宁 夏	Ningxia	99.9	101.7	100.3	103.1	100.3	100.3	100.5	99.9
新 疆	Xinjiang	101.4	101.2	100.3	102.9	99.9	102.4	102.4	102.5

3-2-4 续表 3 continued 3

(上年价格=100) (Preceding year=100)

地　区	Region	3.其他衣着配件 Other Clothing Accessories	四、纺织品 Textiles	1.服装材料 Clothing Materials	2.床上用品 Bed Articles	五、家用电器及音像器材 Household Appliances, Music and Video Equipment	1.家庭设备 Household Facilities	2.文娱用耐用消费品 Durable Consumer Goods for Cultural and Recreational Use	3.专业音像器材 Music and Video Equipment
全　国	**National**	**100.3**	**100.2**	**101.0**	**99.9**	**98.5**	**99.2**	**97.1**	**99.2**
北　京	Beijing								
天　津	Tianjin								
河　北	Hebei	100.2	98.8	100.0	98.6	99.9	100.2	99.2	99.1
山　西	Shanxi	102.3	99.6	103.0	98.9	99.3	99.2	99.5	100.4
内蒙古	Inner Mongolia	100.4	99.9	99.7	99.9	97.4	98.7	95.6	92.2
辽　宁	Liaoning	100.6	100.1	101.3	99.9	99.1	99.4	98.4	100.2
吉　林	Jilin	100.5	101.1	102.4	100.8	98.8	100.5	95.9	98.9
黑龙江	Heilongjiang	99.3	100.8	101.7	100.5	98.3	98.5	97.8	100.3
上　海	Shanghai								
江　苏	Jiangsu	99.8	101.2	103.2	100.4	99.4	100.6	96.7	98.4
浙　江	Zhejiang	99.5	100.0	102.4	99.2	100.0	100.2	99.7	99.2
安　徽	Anhui	99.7	98.7	96.5	99.2	98.0	98.8	96.6	97.8
福　建	Fujian	101.5	100.4	101.9	100.0	99.0	99.2	98.4	100.1
江　西	Jiangxi	100.2	101.1	101.7	100.8	98.7	99.5	97.2	99.4
山　东	Shandong	100.5	100.8	100.2	100.9	98.0	98.8	95.9	102.4
河　南	Henan	100.2	99.6	101.2	99.2	96.0	97.4	92.4	90.3
湖　北	Hubei	100.4	101.3	101.1	101.3	99.3	99.4	99.1	99.7
湖　南	Hunan	100.4	100.8	102.6	100.0	99.2	99.0	99.6	99.7
广　东	Guangdong	99.9	100.2	100.6	100.1	98.0	99.1	96.0	99.9
广　西	Guangxi	97.8	99.2	100.4	98.5	97.8	97.8	97.7	99.3
海　南	Hainan	98.6	99.8	98.3	100.3	97.1	97.3	96.5	99.5
重　庆	Chongqing								
四　川	Sichuan	99.8	100.6	100.9	100.5	98.3	98.6	97.6	98.6
贵　州	Guizhou	100.2	100.3	102.3	100.1	98.4	98.9	96.9	101.5
云　南	Yunnan	102.4	99.3	100.1	99.2	97.9	99.4	95.0	100.0
西　藏	Tibet	96.3	100.5	100.4	100.8	100.8	101.3	99.9	100.0
陕　西	Shaanxi	100.0	98.3	99.5	98.0	96.8	98.8	94.3	100.0
甘　肃	Gansu	101.4	100.5	101.0	100.3	98.4	99.4	97.0	99.8
青　海	Qinghai	100.1	103.3	102.1	103.8	99.5	100.3	98.7	99.7
宁　夏	Ningxia	100.0	100.1	100.0	100.1	97.1	100.5	92.7	95.7
新　疆	Xinjiang	100.9	100.5	100.6	100.4	98.8	99.1	98.3	100.3

3-2-4 续表 4 continued 4

(上年价格=100) (Preceding year=100)

地区 Region	六、文化办公用品 Cultural and Office Appliances	七、日用品 Articles for Daily Use	1.日用百货 General Merchandise for Daily Use	2.厨具餐具茶具 Kichenware, Tableware and Tea set	3.清洗用品 Cleaning Products	4.其他日用品 Other Aritcles for Daily Use	八、体育娱乐用品 Sports and Recreation Articles	1.体育户外用品 Sports and Outdoor Articles
全国 National	**99.4**	**100.2**	**99.8**	**100.9**	**100.7**	**100.1**	**100.5**	**100.3**
北京 Beijing								
天津 Tianjin								
河北 Hebei	100.3	100.5	100.7	101.9	99.4	100.4	100.9	100.4
山西 Shanxi	99.8	100.4	99.4	104.3	100.7	99.8	100.1	100.0
内蒙古 Inner Mongolia	101.1	100.3	99.9	103.1	100.2	99.9	101.0	100.5
辽宁 Liaoning	99.8	100.0	100.1	100.0	99.9	100.1	100.1	98.5
吉林 Jilin	99.5	100.2	99.2	100.1	100.4	100.9	101.1	100.8
黑龙江 Heilongjiang	103.1	100.8	100.7	102.5	100.0	100.5	100.6	99.9
上海 Shanghai								
江苏 Jiangsu	97.7	100.9	100.6	101.2	101.5	100.3	100.2	99.7
浙江 Zhejiang	99.7	99.8	100.0	100.0	99.4	99.5	99.7	99.4
安徽 Anhui	99.0	99.9	99.2	100.4	100.8	100.1	101.5	100.3
福建 Fujian	99.9	100.4	99.7	100.5	102.1	100.0	101.1	101.4
江西 Jiangxi	100.0	100.2	100.1	100.9	99.9	100.4	101.2	100.3
山东 Shandong	98.8	99.8	98.8	101.3	100.5	100.1	100.6	99.8
河南 Henan	101.2	100.3	99.6	101.7	101.5	100.1	100.2	99.9
湖北 Hubei	99.1	100.2	99.7	99.4	101.1	100.2	100.8	101.3
湖南 Hunan	98.3	99.8	99.1	100.3	100.3	99.9	100.1	100.0
广东 Guangdong	98.7	100.5	100.4	100.4	100.4	101.0	100.5	100.6
广西 Guangxi	99.5	99.9	100.0	99.9	100.2	99.4	100.0	100.0
海南 Hainan	102.5	101.7	99.6	102.4	104.2	101.9	102.3	103.0
重庆 Chongqing								
四川 Sichuan	97.5	100.3	100.1	100.8	100.8	99.6	100.3	100.0
贵州 Guizhou	98.9	99.8	98.4	99.6	101.9	99.2	99.5	99.2
云南 Yunnan	100.1	101.2	100.2	99.9	103.3	100.4	99.9	99.4
西藏 Tibet	100.9	100.9	100.4	101.0	102.3	100.6	101.3	101.5
陕西 Shaanxi	98.6	100.3	99.5	101.2	100.8	99.7	101.1	101.4
甘肃 Gansu	99.8	100.3	99.9	101.2	100.5	100.1	100.0	99.5
青海 Qinghai	99.5	100.6	100.3	101.1	100.2	100.9	101.2	102.3
宁夏 Ningxia	99.1	99.8	100.3	100.8	98.8	99.7	100.1	100.0
新疆 Xinjiang	99.5	99.4	100.5	98.6	98.1	100.2	100.8	100.3

3-2-4 续表 5 continued 5

(上年价格=100) (Preceding year=100)

地 区 Region	2.娱乐用品 Recreation Articles	九、交通、通信用品 Transportation and Communication Appliances	1.交通运输机械 Transportation Appliances	2.通信器材 Communication Appliances	十、家具 Furniture	十一、化妆品 Cosmetics	十二、金银饰品 Gold and Silver Ornaments	十三、中西药品及医疗保健用品 Traditional Chinese and Western Medicines and Health Care Articles
全 国 National	**100.6**	**98.1**	**98.2**	**97.8**	**100.5**	**100.3**	**104.2**	**103.8**
北 京 Beijing								
天 津 Tianjin								
河 北 Hebei	100.9	95.9	96.0	95.7	100.2	100.2	104.5	109.5
山 西 Shanxi	100.1	97.1	100.1	89.4	98.8	99.3	100.8	104.7
内蒙古 Inner Mongolia	101.1	100.0	100.1	99.9	98.5	100.3	106.0	101.6
辽 宁 Liaoning	100.3	98.9	100.0	96.7	101.3	100.1	107.0	101.9
吉 林 Jilin	101.1	98.4	99.0	97.4	102.6	100.8	102.2	105.8
黑龙江 Heilongjiang	100.7	100.6	100.7	100.4	100.0	99.4	106.8	108.7
上 海 Shanghai								
江 苏 Jiangsu	100.4	99.8	99.4	100.2	100.6	101.4	104.7	102.7
浙 江 Zhejiang	99.9	97.7	97.6	98.2	99.7	100.6	105.6	102.6
安 徽 Anhui	101.6	97.2	97.6	95.8	100.0	101.1	105.7	105.6
福 建 Fujian	100.9	98.8	99.0	98.0	100.5	100.8	106.4	103.2
江 西 Jiangxi	101.6	97.1	99.3	91.2	101.4	99.6	106.2	102.3
山 东 Shandong	101.0	100.0	99.1	103.0	100.0	99.8	102.5	100.8
河 南 Henan	100.4	95.9	95.3	96.6	101.4	100.8	106.6	106.0
湖 北 Hubei	100.3	95.2	93.1	98.5	99.6	100.9	102.6	103.1
湖 南 Hunan	100.1	97.2	98.7	94.6	100.3	99.3	102.7	103.6
广 东 Guangdong	100.4	98.7	99.3	97.7	102.4	100.2	104.7	104.3
广 西 Guangxi	100.0	97.7	99.5	95.2	100.5	100.6	100.3	103.4
海 南 Hainan	102.1	99.0	96.4	103.5	103.0	101.3	100.3	116.1
重 庆 Chongqing								
四 川 Sichuan	100.4	96.2	96.1	96.5	100.2	100.2	102.8	102.9
贵 州 Guizhou	99.5	96.7	98.6	93.6	99.4	99.3	104.5	98.5
云 南 Yunnan	100.2	100.0	100.2	99.4	99.7	100.7	98.9	104.9
西 藏 Tibet	101.2	99.7	100.4	98.2	103.7	100.3	103.4	103.9
陕 西 Shaanxi	101.0	98.1	99.9	94.9	99.9	100.5	106.1	105.6
甘 肃 Gansu	100.2	98.5	99.6	96.9	100.5	100.8	104.4	102.0
青 海 Qinghai	100.1	100.1	97.1	100.5	104.8	99.8	108.7	103.9
宁 夏 Ningxia	100.1	96.4	95.8	97.5	97.0	101.9	105.3	100.5
新 疆 Xinjiang	101.3	98.6	99.6	97.3	102.4	100.4	104.3	102.2

3-2-4 续表 6 continued 6

(上年价格=100) (Preceding year=100)

地 区	Region	1.医疗卫生器具 Medical Instrument	2.中药 Traditional Chinese Medicines	3.西药 Western Medicines	4.保健器具及用品 Health Care Appliances and Articles	十四、书报杂志及电子出版物 Books,Newspapers, Magazines and Electronic Pubblications	1.教材及参考书 Teaching Materials and Reference Books	2.书报杂志 Newspapers and Maganizes
全 国	**National**	**101.3**	**103.6**	**104.2**	**103.3**	**101.4**	**101.1**	**101.2**
北 京	Beijing							
天 津	Tianjin							
河 北	Hebei	104.4	103.2	112.5	102.1	102.2	100.3	106.3
山 西	Shanxi	100.4	102.7	105.8	105.8	101.2	102.1	100.2
内蒙古	Inner Mongolia	101.2	102.4	101.3	101.2	100.0	100.1	100.0
辽 宁	Liaoning	100.3	103.5	101.4	100.1	100.5	101.0	99.9
吉 林	Jilin	100.1	103.6	107.7	105.3	100.3	100.3	100.0
黑龙江	Heilongjiang	105.3	109.1	108.8	106.3	100.2	101.0	99.2
上 海	Shanghai							
江 苏	Jiangsu	100.5	102.1	101.4	109.8	101.6	103.1	100.7
浙 江	Zhejiang	101.1	103.5	101.4	105.1	104.0	100.8	99.9
安 徽	Anhui	102.0	104.7	106.7	104.2	101.7	101.8	101.0
福 建	Fujian	100.7	101.5	104.3	101.2	102.3	103.3	101.9
江 西	Jiangxi	99.1	103.0	102.6	100.4	101.3	100.1	103.1
山 东	Shandong	100.1	100.5	101.0	100.7	100.6	100.6	100.9
河 南	Henan	102.3	103.5	107.3	104.4	101.5	102.5	100.8
湖 北	Hubei	101.1	103.2	103.2	103.2	101.4	101.1	101.6
湖 南	Hunan	99.1	101.6	105.7	101.2	100.0	100.0	100.0
广 东	Guangdong	101.7	105.7	104.4	102.6	100.2	100.6	100.9
广 西	Guangxi	101.0	103.6	103.9	100.9	101.0	100.2	101.0
海 南	Hainan	107.5	132.1	109.4	115.4	104.0	106.5	101.7
重 庆	Chongqing							
四 川	Sichuan	100.5	104.2	102.9	100.4	101.9	101.8	102.8
贵 州	Guizhou	97.5	100.8	97.5	98.1	100.6	101.0	100.4
云 南	Yunnan	103.7	102.5	105.5	105.8	100.2	100.1	100.2
西 藏	Tibet	107.0	108.5	103.1	100.1	101.6	100.7	103.3
陕 西	Shaanxi	102.2	104.7	107.3	101.7	101.1	101.6	100.4
甘 肃	Gansu	100.3	103.2	101.9	99.6	100.3	99.8	100.8
青 海	Qinghai	103.2	102.7	104.9	103.1	101.3	102.7	101.2
宁 夏	Ningxia	96.9	99.1	100.9	107.9	100.4	100.5	100.5
新 疆	Xinjiang	102.6	101.6	102.9	100.5	100.8	101.5	100.1

3-2-4 续表 7 continued 7

(上年价格=100) (Preceding year=100)

地 区	Region	3.计算机办公软件 Office Software	十五、燃料 Fuels	1.煤炭及制品 Coal and its product	2.石油及制品 Petroleum and its product	十六、建筑材料及五金电料 Building Materials and Hardware	1.建筑装璜材料 Building Decoration Materials	2.五金水暖 Plumbing hardware copper fittings
全 国	**National**	**102.8**	**96.6**	**99.5**	**95.6**	**100.2**	**100.1**	**100.4**
北 京	Beijing							
天 津	Tianjin							
河 北	Hebei	102.9	103.3	110.6	97.4	100.6	100.5	101.0
山 西	Shanxi	100.0	97.3	99.4	95.9	99.0	98.9	99.2
内 蒙 古	Inner Mongolia	99.6	98.2	101.0	96.4	99.7	99.7	100.0
辽 宁	Liaoning	99.9	96.3	96.8	96.1	99.8	99.7	100.3
吉 林	Jilin	101.0	96.3	95.6	96.4	100.1	100.1	100.0
黑 龙 江	Heilongjiang	100.0	95.0	94.3	95.6	99.4	99.3	99.8
上 海	Shanghai							
江 苏	Jiangsu	99.9	95.6	99.5	94.8	100.0	99.6	101.0
浙 江	Zhejiang	124.6	96.1	101.7	95.2	100.6	100.8	100.2
安 徽	Anhui	103.9	96.3	101.3	94.5	99.6	99.3	100.7
福 建	Fujian	100.0	97.6	100.1	97.2	100.0	99.8	100.5
江 西	Jiangxi	100.0	93.7	96.5	93.1	99.7	99.6	100.1
山 东	Shandong	99.6	96.1	94.8	96.6	100.7	100.8	100.7
河 南	Henan	100.0	95.8	97.3	95.3	101.0	101.0	101.5
湖 北	Hubei	102.0	96.2	98.2	95.6	100.3	100.2	100.8
湖 南	Hunan	100.0	96.2	95.2	96.5	101.1	102.2	96.1
广 东	Guangdong	97.5	94.6	100.0	94.2	100.1	100.0	100.2
广 西	Guangxi	104.7	94.4	100.3	93.2	100.2	100.1	100.7
海 南	Hainan	100.0	97.0	102.4	96.5	101.0	98.2	112.6
重 庆	Chongqing							
四 川	Sichuan	100.4	97.6	97.2	97.8	99.7	99.5	100.2
贵 州	Guizhou	99.9	96.3	97.3	96.1	98.7	98.5	99.7
云 南	Yunnan	100.1	98.0	102.2	96.6	100.2	100.2	100.3
西 藏	Tibet	108.6	98.8	101.0	97.9	100.6	100.2	102.2
陕 西	Shaanxi	100.2	97.6	99.2	96.6	99.0	99.1	98.9
甘 肃	Gansu	100.0	97.2	98.6	96.3	100.0	99.7	100.8
青 海	Qinghai	96.2	98.2	100.7	96.9	99.7	98.3	104.3
宁 夏	Ningxia	100.0	99.0	102.3	97.4	98.7	98.4	100.3
新 疆	Xinjiang	99.9	96.7	97.2	96.4	99.8	99.7	100.2

3-3-1 各地区农业生产资料价格分类指数(2016年)

Price Indices of Means of Agricultural Production by Category(2016)

(上年价格=100) (Preceding year =100)

地 区	Region	农业生产资料价格指数 General Index	一、农用手工工具 Farm Handtools	二、饲料 Forage	三、仔畜幼禽及产品畜 Newborn Animals & Poultry, and Commodity Animals	四、半机械化农具 Semi-mechanized Farm Tools	五、机械化农具 Mechanized Farm Machinery	六、化学肥料 Chemical Fertilizer
全 国	**National**	**100.1**	**101.0**	**95.5**	**126.9**	**99.5**	**100.0**	**96.9**
河 北	Hebei	100.0	99.9	96.0	133.5	100.3	100.6	98.3
山 西	Shanxi	99.8	102.9	90.8	134.9	97.5	98.1	99.2
内 蒙 古	Inner Mongolia	96.4	99.4	84.7	114.5	98.6	99.2	96.4
辽 宁	Liaoning	100.4	100.1	97.5	131.2	99.4	99.6	95.8
吉 林	Jilin	97.4	98.2	90.9	127.8	99.7	102.8	91.3
黑 龙 江	Heilongjiang	100.0	100.6	100.0	112.2	97.8	100.3	97.9
江 苏	Jiangsu	99.9	100.1	95.1	129.3	100.5	100.0	96.0
浙 江	Zhejiang	99.5	100.6	94.1	116.8	99.8	100.1	98.1
安 徽	Anhui	99.4	103.7	94.5	132.3	99.7	101.9	94.8
福 建	Fujian	100.2	100.3	96.9	120.7	99.8	100.3	98.7
江 西	Jiangxi	101.3	100.0	101.2	125.2	100.3	100.0	97.8
山 东	Shandong	98.9	100.1	90.9	131.4	98.4	99.3	96.1
河 南	Henan	100.8	104.3	98.2	151.6	101.1	99.5	95.7
湖 北	Hubei	100.3	101.2	98.6	119.7	100.0	99.7	96.6
湖 南	Hunan	101.7	106.2	100.3	121.9	99.7	98.8	101.2
广 东	Guangdong	102.0	103.3	99.3	126.2	100.8	98.9	99.6
广 西	Guangxi	100.7	100.4	94.1	138.7	99.9	100.0	98.2
海 南	Hainan	100.1	108.0	94.9	107.2	99.8	103.2	99.0
四 川	Sichuan	103.7	100.1	95.2	139.1	98.5	98.1	98.8
贵 州	Guizhou	103.0	99.7	99.0	125.1	100.2	99.4	99.4
云 南	Yunnan	102.8	100.0	96.8	127.1	99.9	99.9	98.6
西 藏	Tibet	100.4	100.7	100.2	101.5	100.3	100.1	99.6
陕 西	Shaanxi	99.7	97.5	91.3	134.2	98.4	97.9	96.0
甘 肃	Gansu	99.9	101.0	98.5	114.9	99.4	99.7	95.8
青 海	Qinghai	101.5	100.1	95.1	123.1	100.0	99.8	98.5
宁 夏	Ningxia	98.3	100.0	89.7	108.8	100.0	99.6	96.2
新 疆	Xinjiang	98.2	100.5	95.0	109.8	99.5	99.7	92.2

3-3-1 续表 continued

(上年=100) (Precding year =100)

地 区	Region	七、农药及农药器械 Pesticide and Its Appliances	1.化学农药 Chemical Pesticide	2.农药器械 Pesticides Appliances	八、农机用油 Oil for Farm Machinery	九、其他农用生产资料 Other Means of Agricultural Production	十、农业生产服务 Service for Agricultural Production
全 国	**National**	**99.9**	**100.0**	**99.8**	**96.6**	**99.9**	**101.5**
河 北	Hebei	98.6	98.6	98.9	98.4	99.4	100.3
山 西	Shanxi	99.6	99.4	100.4	96.7	101.0	101.4
内蒙古	Inner Mongolia	97.2	96.1	102.9	95.3	96.8	101.2
辽 宁	Liaoning	99.4	99.3	99.9	98.5	101.6	99.8
吉 林	Jilin	99.2	99.6	97.4	95.1	97.9	100.6
黑龙江	Heilongjiang	99.9	99.9	100.0	96.0	100.0	99.8
江 苏	Jiangsu	100.4	100.3	101.1	94.6	100.9	102.8
浙 江	Zhejiang	100.8	100.8	100.3	99.2	102.2	102.3
安 徽	Anhui	98.9	99.0	98.7	95.3	100.1	102.4
福 建	Fujian	99.1	99.1	98.8	98.0	99.8	101.5
江 西	Jiangxi	98.3	98.3	98.5	97.5	98.4	102.0
山 东	Shandong	100.7	100.8	99.9	100.3	101.6	103.0
河 南	Henan	99.1	99.1	100.0	95.2	98.3	101.5
湖 北	Hubei	100.3	100.5	98.1	95.4	100.0	103.7
湖 南	Hunan	100.2	100.3	98.5	96.8	99.4	102.3
广 东	Guangdong	100.9	100.6	102.3	96.6	101.2	101.0
广 西	Guangxi	99.5	99.7	98.3	95.7	99.0	102.0
海 南	Hainan	104.7	105.1	98.7	97.4	99.7	105.3
四 川	Sichuan	100.0	100.0	100.2	96.2	100.9	102.5
贵 州	Guizhou	98.5	98.5	98.2	97.7	99.3	104.7
云 南	Yunnan	101.8	102.2	99.5	97.4	100.6	102.2
西 藏	Tibet	100.4	100.3	101.8	98.3	100.0	101.8
陕 西	Shaanxi	100.2	100.2	99.9	96.0	101.3	102.2
甘 肃	Gansu	99.9	99.9	100.2	94.5	100.1	101.8
青 海	Qinghai	100.7	100.7	101.6	96.2	101.4	100.4
宁 夏	Ningxia	100.0	100.0	100.0	98.5	99.7	100.1
新 疆	Xinjiang	101.6	100.9	104.2	95.4	99.4	100.8

70 个大中城市住宅价格指数

70 Large and Medium-Sized Cities Housing Price Index

4

4-1-1 2016年70个大中城市新建住宅销售价格指数
Housing Price Indices of Newly Constructed Residential Buildings in 70 Large and Medium-Sized Cities 2016

(以2015年价格为100) (2015=100)

城市	City	1月	2月	3月	4月	5月	6月	7月	8月	9月	10月	11月	12月
北京	Beijing	105.9	108.1	111.4	114.5	117.0	119.5	121.4	125.7	131.4	132.1	132.1	132.1
天津	Tianjin	102.8	103.6	105.7	108.5	111.0	113.5	116.0	120.0	124.9	126.4	127.0	127.0
石家庄	Shijiazhuang	101.2	101.8	102.3	103.2	104.2	105.3	108.1	112.0	116.9	118.9	119.7	119.8
太原	Taiyuan	101.1	101.2	101.5	101.4	101.4	102.0	101.9	102.2	102.7	103.1	103.3	103.6
呼和浩特	Hohhot	99.3	99.5	99.8	100.0	100.1	100.3	100.2	100.4	100.1	100.4	100.4	100.5
沈阳	Shenyang	99.9	99.6	99.9	100.8	101.3	101.5	101.6	101.7	102.0	102.3	102.4	103.0
大连	Dalian	99.3	99.0	99.2	100.0	100.5	100.8	100.2	100.5	100.6	101.3	101.8	101.9
长春	Changchun	99.2	99.5	100.1	100.3	100.7	100.8	101.0	101.2	101.8	102.5	103.0	103.3
哈尔滨	Harbin	100.4	100.4	100.9	100.8	101.1	101.6	101.4	101.6	101.6	102.0	101.8	102.7
上海	Shanghai	111.0	113.7	117.8	121.4	123.8	126.3	127.8	133.5	137.2	137.8	137.8	137.5
南京	Nanjing	107.6	110.3	114.0	118.7	123.3	127.9	132.3	137.5	142.4	145.6	146.0	145.8
杭州	Hangzhou	104.9	106.3	108.7	112.0	114.7	116.6	119.3	123.2	130.0	134.1	133.6	133.6
宁波	Ningbo	103.0	103.6	105.2	106.4	107.7	108.3	109.2	110.4	112.6	114.2	114.8	114.8
合肥	Hefei	103.1	105.5	110.3	116.7	122.6	128.5	133.9	140.3	146.8	149.0	148.9	148.6
福州	Fuzhou	103.3	104.8	106.9	110.0	111.8	113.2	115.1	120.0	126.1	129.3	130.5	130.1
厦门	Xiamen	106.6	108.0	113.7	119.7	126.2	132.1	138.1	143.5	147.6	148.4	148.0	147.9
南昌	Nanchang	101.9	103.1	104.6	106.1	107.7	108.9	110.8	112.5	115.2	116.4	116.8	116.3
济南	Jinan	101.2	101.8	102.7	103.8	104.8	105.7	106.6	110.0	115.7	119.6	120.9	120.6
青岛	Qingdao	100.0	100.2	101.3	102.4	103.2	103.7	104.4	106.5	111.4	112.8	113.0	112.8
郑州	Zhengzhou	102.3	102.7	104.2	105.5	106.9	108.6	110.7	116.9	125.6	130.0	130.6	130.5
武汉	Wuhan	103.7	104.5	105.8	107.9	110.2	112.3	114.6	118.1	122.6	126.1	128.0	127.7
长沙	Changsha	100.9	101.2	101.7	103.3	104.1	104.6	105.4	107.0	111.5	116.4	118.2	118.3
广州	Guangzhou	105.8	107.5	110.6	113.2	116.3	118.4	120.0	122.8	126.6	128.3	129.4	130.4
深圳	Shenzhen	125.9	130.3	135.2	138.3	139.0	142.6	145.5	148.5	151.3	150.5	150.0	149.5
南宁	Nanning	101.9	102.3	103.0	104.2	105.0	105.6	106.2	107.2	109.3	110.8	110.8	111.6
海口	Haikou	100.3	100.5	100.8	101.2	101.9	102.1	102.9	103.5	104.3	105.2	105.8	106.4
重庆	Chongqing	101.2	101.6	102.1	102.6	103.0	103.0	103.1	103.4	104.5	105.1	106.4	107.5
成都	Chengdu	101.2	101.3	101.5	102.1	102.4	103.1	104.0	104.9	107.5	106.7	106.8	106.6
贵阳	Guiyang	100.0	100.3	100.6	101.3	101.8	101.8	102.3	102.7	103.4	104.0	104.3	104.7
昆明	Kunming	99.3	99.2	99.1	99.9	100.4	100.4	100.6	100.8	101.1	102.2	102.7	103.1
西安	Xi'an	100.6	100.5	100.7	101.1	101.6	102.2	102.5	103.1	103.4	105.1	106.8	107.4
兰州	Lanzhou	100.3	100.4	100.8	101.1	101.6	101.9	102.2	103.1	103.6	103.5	103.4	103.3
西宁	Xining	98.8	98.6	98.8	99.3	99.6	99.6	99.7	100.1	100.4	100.8	100.9	100.9
银川	Yinchuan	98.5	98.5	98.7	99.3	100.0	99.8	100.0	100.1	100.4	100.4	100.6	100.9
乌鲁木齐	Urumqi	99.0	98.4	98.4	98.6	99.1	98.9	98.8	98.5	98.3	98.0	98.0	98.3

4-1-1 续表 Continued

(以2015年价格为100) (2015=100)

城 市	City	1月	2月	3月	4月	5月	6月	7月	8月	9月	10月	11月	12月
唐 山	Tangshan	99.2	99.3	99.2	99.1	99.5	99.1	99.6	99.9	100.2	100.8	101.8	102.1
秦皇岛	Qinhuangdao	98.9	99.2	99.3	99.6	99.7	100.1	100.2	100.8	101.3	103.6	105.1	105.4
包 头	Baotou	98.8	98.5	98.7	98.9	99.0	98.8	98.3	98.4	98.7	98.6	99.0	98.8
丹 东	Dandong	98.0	97.3	97.1	97.4	97.8	97.9	97.6	97.4	97.2	97.4	98.0	97.6
锦 州	Jinzhou	98.3	98.1	97.7	97.3	96.9	96.4	95.8	95.6	95.5	95.7	95.9	96.0
吉 林	Jilin	98.7	99.1	99.2	99.9	99.9	100.3	100.2	100.5	100.8	101.1	101.1	101.5
牡丹江	Mudanjiang	99.1	98.7	98.6	98.7	98.3	98.0	97.4	98.1	98.5	98.1	97.9	98.2
无 锡	Wuxi	100.0	100.3	102.3	105.2	107.0	109.8	112.7	118.2	127.9	134.1	135.2	135.1
扬 州	Yangzhou	100.5	100.7	101.1	101.6	102.1	102.4	103.4	104.1	105.3	107.0	109.0	110.0
徐 州	Xuzhou	100.1	100.4	101.0	101.9	102.7	102.9	103.5	104.0	105.3	107.0	108.6	109.2
温 州	Wenzhou	101.8	101.9	102.4	102.7	103.0	103.2	103.5	103.7	105.4	105.9	106.1	106.5
金 华	Jinhua	101.7	101.6	102.0	102.4	102.7	102.8	102.8	103.6	105.5	106.4	108.0	108.2
蚌 埠	Bengbu	98.4	98.2	99.0	99.8	100.5	100.7	101.7	102.8	104.4	105.8	107.1	107.7
安 庆	Anqing	99.7	99.3	100.1	100.6	101.0	101.5	102.4	103.5	104.4	105.0	106.4	107.1
泉 州	Quanzhou	99.9	100.3	100.9	101.9	101.7	101.5	102.1	103.3	104.9	106.1	108.2	109.0
九 江	Jiujiang	99.6	99.9	100.6	101.6	102.5	103.1	104.2	105.4	107.0	109.0	109.9	110.6
赣 州	Ganzhou	99.9	100.0	100.9	102.1	102.6	102.8	103.6	105.0	108.0	111.4	112.5	113.0
烟 台	Yantai	100.1	100.1	100.6	101.0	101.6	102.0	102.4	103.0	103.5	104.2	104.8	105.2
济 宁	Jining	98.5	98.7	98.9	99.0	99.0	99.1	98.7	98.9	99.2	99.7	100.0	100.2
洛 阳	Luoyang	99.1	99.0	99.2	99.8	100.1	100.1	100.4	100.7	101.2	101.5	103.1	103.7
平顶山	Pingdingshan	100.4	100.4	100.7	100.8	100.9	101.1	101.0	101.4	102.5	103.0	103.5	104.0
宜 昌	Yichang	99.6	99.9	100.1	100.4	100.6	101.1	101.4	101.9	102.6	103.4	104.1	104.7
襄 阳	Xiangyang	98.4	98.6	98.7	98.8	99.3	99.2	99.3	99.8	100.2	100.2	100.7	101.1
岳 阳	Yueyang	98.5	98.6	98.9	99.4	99.4	99.6	99.9	100.1	101.5	102.8	103.1	103.4
常 德	Changde	98.8	99.2	99.1	99.2	99.0	99.1	99.2	99.4	101.0	101.5	102.0	101.8
惠 州	Huizhou	100.9	101.6	102.7	106.1	109.5	112.3	114.1	115.6	120.1	122.8	124.6	125.2
湛 江	Zhanjiang	98.2	98.2	98.5	98.8	99.5	100.9	101.8	101.8	103.0	104.4	105.6	106.5
韶 关	Shaoguan	98.9	99.7	100.8	101.5	101.9	102.0	100.9	100.6	102.9	104.0	106.0	106.9
桂 林	Guilin	98.9	98.8	99.0	99.4	99.4	99.7	99.7	100.1	101.6	102.6	102.5	102.3
北 海	Beihai	99.8	100.2	100.6	100.9	100.9	100.7	100.9	101.1	102.2	102.6	103.4	103.9
三 亚	Sanya	100.1	100.2	100.0	100.0	100.4	100.2	99.9	100.6	101.8	102.7	103.5	104.7
泸 州	Luzhou	100.4	99.7	100.0	100.5	101.0	101.3	101.6	101.9	103.0	102.7	103.3	103.6
南 充	Nanchong	98.6	98.3	99.0	99.6	100.0	100.4	100.0	100.7	100.5	100.1	100.4	100.4
遵 义	Zunyi	99.3	99.4	99.6	99.7	99.9	99.9	99.8	100.6	100.3	100.5	100.7	100.9
大 理	Dali	99.7	99.6	99.0	99.2	99.8	100.4	100.7	100.7	100.9	101.3	101.8	102.1

4-1-2 2016年70个大中城市新建商品住宅销售价格指数
Housing Price Indices of Newly Constructed Commercial Residential Buildings in 70 Large and Medium-Sized Cities 2016

(以2015年价格为100) (2015=100)

城 市	City	1月	2月	3月	4月	5月	6月	7月	8月	9月	10月	11月	12月
北 京	Beijing	106.5	108.9	112.6	115.9	118.7	121.4	123.5	128.2	134.5	135.2	135.3	135.2
天 津	Tianjin	102.9	103.7	106.0	108.9	111.6	114.2	116.9	121.1	126.2	127.8	128.5	128.4
石家庄	Shijiazhuang	101.3	101.8	102.3	103.3	104.3	105.4	108.2	112.2	117.2	119.3	120.1	120.3
太 原	Taiyuan	101.1	101.2	101.6	101.5	101.4	102.0	102.0	102.2	102.8	103.2	103.4	103.7
呼和浩特	Hohhot	99.3	99.5	99.8	100.0	100.1	100.3	100.2	100.4	100.1	100.4	100.4	100.5
沈 阳	Shenyang	99.9	99.6	99.9	100.8	101.3	101.5	101.6	101.7	102.0	102.3	102.4	103.0
大 连	Dalian	99.3	99.0	99.2	100.0	100.5	100.8	100.2	100.5	100.6	101.3	101.8	101.9
长 春	Changchun	99.2	99.5	100.1	100.3	100.7	100.9	101.0	101.2	101.8	102.6	103.0	103.4
哈尔滨	Harbin	100.4	100.4	100.9	100.8	101.1	101.6	101.4	101.6	101.6	102.0	101.8	102.7
上 海	Shanghai	113.3	116.6	121.6	126.0	128.8	131.9	133.8	140.7	145.1	145.9	145.8	145.5
南 京	Nanjing	108.0	110.9	114.8	119.8	124.6	129.6	134.2	139.8	144.9	148.3	148.7	148.5
杭 州	Hangzhou	105.0	106.4	108.8	112.0	114.8	116.7	119.5	123.4	130.2	134.3	133.9	133.9
宁 波	Ningbo	103.0	103.6	105.2	106.4	107.7	108.4	109.2	110.5	112.7	114.3	115.0	114.9
合 肥	Hefei	103.1	105.5	110.4	116.7	122.7	128.6	134.0	140.5	147.0	149.2	149.1	148.8
福 州	Fuzhou	103.4	104.8	106.9	110.1	112.0	113.3	115.3	120.2	126.3	129.6	130.8	130.4
厦 门	Xiamen	106.7	108.1	113.9	119.9	126.5	132.4	138.5	144.0	148.1	148.9	148.5	148.4
南 昌	Nanchang	101.9	103.1	104.7	106.1	107.8	109.0	110.9	112.7	115.4	116.7	117.1	116.6
济 南	Jinan	101.2	101.8	102.7	103.8	104.8	105.7	106.6	110.0	115.7	119.6	120.9	120.6
青 岛	Qingdao	100.0	100.2	101.3	102.5	103.3	103.8	104.5	106.6	111.7	113.1	113.3	113.1
郑 州	Zhengzhou	102.3	102.7	104.2	105.6	107.0	108.7	110.9	117.1	126.0	130.4	131.1	131.0
武 汉	Wuhan	103.9	104.8	106.1	108.3	110.8	113.0	115.4	119.1	123.8	127.5	129.5	129.1
长 沙	Changsha	100.9	101.3	101.8	103.4	104.2	104.7	105.6	107.2	111.9	116.9	118.7	118.8
广 州	Guangzhou	105.9	107.6	110.7	113.3	116.4	118.6	120.2	123.0	126.8	128.5	129.6	130.6
深 圳	Shenzhen	126.3	130.7	135.6	138.8	139.5	143.2	146.1	149.2	152.0	151.2	150.7	150.1
南 宁	Nanning	102.1	102.6	103.3	104.6	105.5	106.2	106.9	108.0	110.3	111.9	111.9	112.8
海 口	Haikou	100.3	100.5	100.8	101.2	101.9	102.1	102.9	103.5	104.3	105.2	105.8	106.4
重 庆	Chongqing	101.2	101.6	102.1	102.6	103.1	103.0	103.2	103.4	104.5	105.1	106.4	107.6
成 都	Chengdu	101.3	101.3	101.6	102.1	102.5	103.1	104.1	105.1	107.8	106.9	107.0	106.8
贵 阳	Guiyang	100.0	100.3	100.7	101.4	101.8	101.8	102.3	102.7	103.5	104.1	104.4	104.8
昆 明	Kunming	99.3	99.2	99.1	99.9	100.4	100.4	100.6	100.8	101.1	102.2	102.8	103.1
西 安	Xi'an	100.7	100.6	100.7	101.2	101.8	102.3	102.7	103.4	103.7	105.5	107.4	108.1
兰 州	Lanzhou	100.4	100.5	100.8	101.2	101.7	101.9	102.3	103.2	103.7	103.6	103.5	103.4
西 宁	Xining	98.7	98.5	98.7	99.3	99.5	99.6	99.6	100.1	100.5	100.9	101.0	101.0
银 川	Yinchuan	98.5	98.5	98.7	99.3	100.0	99.8	100.0	100.1	100.4	100.4	100.6	100.9
乌鲁木齐	Urumqi	98.9	98.3	98.3	98.5	99.0	98.7	98.7	98.4	98.2	97.8	97.9	98.2

4-1-2 续表 Continued

(以2015年价格为100) (2015=100)

城 市	City	1月	2月	3月	4月	5月	6月	7月	8月	9月	10月	11月	12月
唐 山	Tangshan	99.1	99.3	99.2	99.1	99.4	99.1	99.5	99.8	100.2	100.8	101.9	102.2
秦皇岛	Qinhuangdao	98.8	99.1	99.3	99.5	99.7	100.1	100.2	100.9	101.4	103.8	105.4	105.7
包 头	Baotou	98.8	98.4	98.6	98.9	98.9	98.7	98.3	98.4	98.7	98.5	98.9	98.7
丹 东	Dandong	98.0	97.3	97.1	97.4	97.8	97.9	97.6	97.4	97.2	97.4	98.0	97.6
锦 州	Jinzhou	98.3	98.1	97.7	97.3	96.9	96.4	95.8	95.6	95.5	95.7	95.9	96.0
吉 林	Jilin	98.7	99.0	99.2	99.9	99.9	100.3	100.2	100.5	100.8	101.1	101.1	101.5
牡丹江	Mudanjiang	99.1	98.6	98.5	98.6	98.1	97.8	97.2	97.9	98.4	97.9	97.7	98.0
无 锡	Wuxi	100.0	100.3	102.4	105.2	107.0	109.8	112.8	118.3	128.1	134.3	135.4	135.3
扬 州	Yangzhou	100.5	100.7	101.1	101.6	102.1	102.4	103.4	104.1	105.3	107.0	109.0	110.0
徐 州	Xuzhou	100.1	100.4	101.1	102.0	102.8	103.0	103.7	104.3	105.6	107.4	109.1	109.7
温 州	Wenzhou	101.8	101.9	102.4	102.8	103.1	103.2	103.5	103.8	105.4	106.0	106.1	106.5
金 华	Jinhua	101.7	101.6	102.0	102.4	102.7	102.8	102.8	103.6	105.5	106.5	108.0	108.2
蚌 埠	Bengbu	98.4	98.2	99.0	99.8	100.5	100.7	101.7	102.8	104.5	105.9	107.1	107.7
安 庆	Anqing	99.7	99.3	100.1	100.6	101.0	101.5	102.4	103.5	104.4	105.0	106.4	107.2
泉 州	Quanzhou	99.9	100.3	100.9	101.9	101.8	101.5	102.1	103.4	105.0	106.2	108.4	109.2
九 江	Jiujiang	99.6	99.9	100.6	101.6	102.5	103.2	104.2	105.5	107.0	109.1	110.0	110.7
赣 州	Ganzhou	99.9	100.0	100.9	102.1	102.6	102.8	103.6	105.1	108.0	111.4	112.5	113.0
烟 台	Yantai	100.1	100.1	100.6	101.0	101.6	102.0	102.4	103.0	103.5	104.2	104.8	105.2
济 宁	Jining	98.5	98.7	98.9	99.0	99.0	99.1	98.7	98.9	99.2	99.7	100.0	100.2
洛 阳	Luoyang	99.1	99.0	99.1	99.7	100.1	100.1	100.4	100.7	101.2	101.6	103.2	103.9
平顶山	Pingdingshan	100.4	100.4	100.7	100.8	100.9	101.1	101.0	101.4	102.5	103.1	103.5	104.1
宜 昌	Yichang	99.6	99.8	100.1	100.4	100.7	101.1	101.4	101.9	102.7	103.5	104.2	104.7
襄 阳	Xiangyang	98.4	98.6	98.7	98.8	99.3	99.2	99.3	99.8	100.2	100.2	100.7	101.1
岳 阳	Yueyang	98.4	98.5	98.9	99.4	99.3	99.5	99.9	100.2	101.6	102.9	103.3	103.7
常 德	Changde	98.8	99.1	99.0	99.2	99.0	99.1	99.2	99.3	101.0	101.5	102.0	101.8
惠 州	Huizhou	100.9	101.6	102.7	106.1	109.5	112.3	114.1	115.6	120.2	122.9	124.7	125.3
湛 江	Zhanjiang	98.2	98.2	98.5	98.8	99.5	100.9	101.8	101.8	103.0	104.4	105.6	106.5
韶 关	Shaoguan	98.9	99.7	100.8	101.5	101.9	102.0	100.9	100.6	102.9	104.0	106.0	106.9
桂 林	Guilin	98.9	98.8	99.0	99.4	99.4	99.7	99.7	100.1	101.6	102.6	102.5	102.3
北 海	Beihai	99.8	100.2	100.6	100.9	100.9	100.7	100.9	101.1	102.2	102.6	103.4	103.9
三 亚	Sanya	100.1	100.2	100.0	100.0	100.4	100.2	99.9	100.6	101.8	102.7	103.5	104.7
泸 州	Luzhou	100.4	99.7	100.0	100.5	101.0	101.3	101.7	101.9	103.0	102.7	103.3	103.7
南 充	Nanchong	98.5	98.3	99.0	99.6	100.0	100.4	100.0	100.7	100.5	100.1	100.4	100.3
遵 义	Zunyi	99.2	99.3	99.6	99.6	99.9	99.9	99.7	100.6	100.3	100.5	100.7	100.9
大 理	Dali	99.7	99.6	98.9	99.2	99.8	100.4	100.7	100.7	101.0	101.3	101.8	102.1

4-1-3 2016年70个大中城市90㎡及以下新建商品住宅销售价格指数

Housing Price Indices of 90㎡ and below Newly Constructed Commercial Residential Buildings in 70 Large and Medium-Sized Cities 2016

(以2015年价格为100) (2015=100)

城 市	City	1月	2月	3月	4月	5月	6月	7月	8月	9月	10月	11月	12月
北 京	Beijing	99.4	100.8	102.4	106.2	108.6	110.5	111.7	115.0	120.9	121.2	121.0	121.1
天 津	Tianjin	103.7	104.6	107.0	111.3	114.7	117.9	120.8	125.6	130.3	132.2	133.0	134.0
石家庄	Shijiazhuang	101.2	101.7	102.3	102.9	104.1	105.0	106.5	110.4	114.7	117.0	117.5	119.1
太 原	Taiyuan	101.8	101.9	102.0	101.7	101.8	103.0	103.4	104.0	104.0	104.7	104.9	105.5
呼和浩特	Hohhot	98.3	98.9	98.9	99.2	98.8	99.3	98.8	99.2	98.3	98.7	98.8	98.5
沈 阳	Shenyang	100.0	99.7	100.0	101.1	101.8	102.0	102.1	102.5	102.8	103.2	103.7	104.8
大 连	Dalian	99.8	99.7	99.9	100.8	101.2	102.0	101.0	100.5	100.6	101.1	101.5	101.5
长 春	Changchun	99.5	100.0	100.8	101.2	101.7	101.9	102.2	102.6	103.3	104.0	104.6	105.0
哈尔滨	Harbin	99.5	99.2	100.0	100.5	100.8	101.1	101.2	101.3	101.4	101.6	101.3	102.1
上 海	Shanghai	113.0	116.6	122.7	127.8	131.4	134.8	136.6	143.0	148.4	148.6	148.5	147.8
南 京	Nanjing	108.4	110.6	114.6	120.4	125.0	130.1	134.7	141.5	148.1	151.4	151.7	152.3
杭 州	Hangzhou	105.6	107.3	110.6	114.5	117.4	120.0	123.2	127.5	135.3	140.0	139.1	138.6
宁 波	Ningbo	103.4	104.1	105.9	107.0	108.4	109.4	110.4	111.6	114.7	116.6	117.7	117.4
合 肥	Hefei	103.1	104.9	109.5	115.0	120.6	127.0	132.2	138.3	145.5	148.9	148.7	148.7
福 州	Fuzhou	105.0	106.5	109.1	113.1	114.1	115.5	117.7	122.5	128.3	131.0	131.8	131.0
厦 门	Xiamen	105.9	107.1	112.7	119.6	126.5	133.0	138.7	144.5	148.6	148.8	147.6	148.9
南 昌	Nanchang	103.1	103.7	105.6	107.6	108.6	109.7	111.5	113.2	116.0	117.6	118.1	117.1
济 南	Jinan	101.5	101.7	102.7	104.2	105.2	106.1	107.4	110.4	116.5	119.1	120.2	119.9
青 岛	Qingdao	99.8	99.9	101.1	102.5	103.3	103.8	104.6	106.5	111.7	113.4	113.4	113.4
郑 州	Zhengzhou	102.5	102.8	104.2	105.9	107.7	109.4	111.9	117.9	127.8	133.2	133.7	132.6
武 汉	Wuhan	103.1	104.0	105.5	108.1	110.2	112.8	115.1	118.8	124.2	127.5	129.2	129.1
长 沙	Changsha	99.7	100.0	100.8	102.0	102.5	103.0	104.0	105.6	109.9	114.4	116.4	116.5
广 州	Guangzhou	106.0	107.4	110.7	114.2	117.1	119.0	121.1	124.0	128.2	129.3	130.8	132.0
深 圳	Shenzhen	125.4	129.5	134.5	137.5	138.5	141.8	144.7	147.4	150.3	149.5	149.3	148.7
南 宁	Nanning	102.2	102.8	103.7	105.2	106.0	106.6	107.4	108.6	111.0	112.8	112.7	113.8
海 口	Haikou	100.0	100.4	100.5	101.3	102.0	102.7	103.8	104.7	106.0	106.8	107.8	108.3
重 庆	Chongqing	100.5	101.0	101.4	102.0	102.5	102.5	102.6	102.9	103.9	104.6	106.0	107.0
成 都	Chengdu	100.6	100.7	100.9	101.6	102.0	102.4	102.9	103.8	106.3	105.5	105.4	105.0
贵 阳	Guiyang	100.2	100.4	100.9	101.8	102.3	102.2	103.0	103.1	103.8	104.2	104.2	104.7
昆 明	Kunming	100.0	100.1	99.9	100.9	101.5	101.3	101.8	101.8	102.2	103.0	103.9	104.1
西 安	Xi'an	101.2	101.2	101.5	102.3	103.0	103.9	104.1	104.4	104.6	106.5	108.1	109.0
兰 州	Lanzhou	100.8	101.1	101.5	101.5	101.4	101.8	102.4	103.5	104.0	104.1	104.2	104.0
西 宁	Xining	99.5	99.3	99.6	99.7	99.9	100.2	100.0	100.6	101.1	101.7	101.8	101.5
银 川	Yinchuan	98.0	97.7	97.9	98.6	99.7	100.0	100.8	100.8	101.1	101.3	101.5	101.9
乌鲁木齐	Urumqi	98.1	97.9	97.7	98.2	98.4	98.4	98.0	97.7	97.6	97.1	97.5	97.5

4-1-3 续表 Continued

(以2015年价格为100) (2015=100)

城 市	City	1月	2月	3月	4月	5月	6月	7月	8月	9月	10月	11月	12月
唐 山	Tangshan	99.8	100.0	99.4	99.8	100.1	100.0	100.0	100.1	100.3	101.6	101.2	101.7
秦皇岛	Qinhuangdao	99.1	99.0	99.5	100.0	99.6	99.8	99.8	100.6	100.8	102.9	104.8	105.3
包 头	Baotou	98.9	99.0	99.3	99.8	99.7	99.7	99.1	99.0	98.8	99.1	99.2	98.9
丹 东	Dandong	97.5	96.9	97.3	97.6	98.2	98.5	98.6	98.3	97.8	97.2	98.2	98.3
锦 州	Jinzhou	95.7	95.3	95.2	95.1	94.7	94.3	93.6	93.4	92.9	92.6	92.8	92.4
吉 林	Jilin	98.6	99.0	98.8	99.6	99.8	99.9	100.0	100.0	100.4	100.7	100.8	101.3
牡丹江	Mudanjiang	99.0	98.5	98.1	98.3	98.0	97.6	96.8	97.7	98.2	97.8	97.8	97.4
无 锡	Wuxi	100.6	101.0	103.5	105.9	108.0	111.1	114.4	120.6	131.0	137.2	137.9	137.3
扬 州	Yangzhou	101.4	101.5	102.0	102.5	103.2	103.1	104.4	104.7	105.8	108.0	109.7	110.9
徐 州	Xuzhou	100.3	100.5	101.3	102.2	102.6	102.9	103.2	103.4	105.1	107.2	108.8	109.4
温 州	Wenzhou	101.1	101.3	101.6	101.9	102.1	102.4	102.6	102.8	104.9	105.0	105.0	105.8
金 华	Jinhua	101.8	101.7	101.9	102.5	102.8	102.9	103.1	104.0	106.3	107.2	109.0	109.4
蚌 埠	Bengbu	98.1	98.1	99.1	99.9	100.2	100.2	101.3	102.6	103.9	105.0	106.1	107.0
安 庆	Anqing	100.0	99.7	100.8	101.7	102.0	102.4	103.6	104.4	104.9	104.9	107.2	108.3
泉 州	Quanzhou	99.6	100.1	100.5	101.8	101.3	101.2	101.9	103.4	104.6	105.8	108.9	109.3
九 江	Jiujiang	99.4	99.4	100.3	101.3	102.2	103.0	104.3	106.0	107.7	109.4	109.6	110.9
赣 州	Ganzhou	100.7	101.1	101.5	102.7	103.2	103.3	104.3	105.9	108.3	111.0	112.4	113.8
烟 台	Yantai	99.7	99.7	100.0	100.4	101.0	101.3	101.7	102.0	102.4	102.9	103.3	103.8
济 宁	Jining	98.5	98.4	98.6	99.0	99.2	99.7	99.6	99.8	100.4	100.5	100.4	100.8
洛 阳	Luoyang	100.0	99.8	100.1	101.0	101.5	101.6	102.5	103.3	104.9	105.2	106.9	107.7
平顶山	Pingdingshan	99.7	99.7	100.1	100.0	99.9	99.6	99.6	99.8	101.0	101.7	101.9	103.7
宜 昌	Yichang	99.8	99.9	99.7	100.3	100.5	100.8	101.1	101.8	102.4	103.0	103.8	104.5
襄 阳	Xiangyang	99.0	99.0	99.6	100.2	100.6	100.6	100.8	101.1	101.7	101.7	102.0	102.2
岳 阳	Yueyang	98.1	98.2	98.8	99.4	99.0	99.8	100.4	100.9	102.1	103.4	103.7	104.1
常 德	Changde	98.7	99.4	99.6	99.6	99.7	99.5	99.3	99.2	101.0	101.2	101.6	101.9
惠 州	Huizhou	101.6	102.2	103.1	106.4	110.2	112.8	114.6	115.2	119.6	121.5	123.7	123.7
湛 江	Zhanjiang	98.8	98.8	99.1	99.3	100.1	101.4	102.9	102.4	104.2	105.4	106.9	107.8
韶 关	Shaoguan	99.9	100.8	102.2	102.4	103.3	102.8	102.6	102.3	104.0	105.3	107.2	107.4
桂 林	Guilin	99.8	99.1	99.3	99.3	99.4	99.5	99.8	99.9	101.0	102.0	101.8	101.9
北 海	Beihai	99.8	100.2	100.7	101.1	101.4	101.1	101.1	101.7	102.6	102.9	103.6	104.2
三 亚	Sanya	100.2	99.8	99.7	99.9	100.3	100.2	99.7	100.4	101.6	102.8	103.7	105.1
泸 州	Luzhou	100.0	99.4	99.7	100.4	100.9	101.1	101.7	102.0	103.5	102.8	104.5	105.1
南 充	Nanchong	98.5	98.3	98.9	99.4	99.9	100.1	100.0	100.6	100.5	100.0	100.2	100.0
遵 义	Zunyi	99.9	100.2	100.3	100.5	101.0	101.0	101.0	101.7	101.8	102.0	102.7	103.0
大 理	Dali	99.8	99.6	99.1	99.0	99.5	100.3	100.2	100.4	100.7	100.7	101.3	101.8

4-1-4 2016年70个大中城市90~144㎡新建商品住宅销售价格指数

Housing Price Indices of 90~144㎡ Newly Constructed Commercial Residential Buildings in 70 Large and Medium-Sized Cities 2016

(以2015年价格为100) (2015=100)

城市	City	1月	2月	3月	4月	5月	6月	7月	8月	9月	10月	11月	12月
北京	Beijing	108.5	110.6	114.7	117.6	120.5	123.3	125.6	130.9	137.3	138.5	138.9	138.8
天津	Tianjin	102.5	103.3	106.0	108.8	111.5	114.2	117.1	121.6	126.8	128.1	128.6	128.8
石家庄	Shijiazhuang	101.3	101.9	102.4	103.5	104.3	105.6	108.8	113.1	118.5	120.5	121.1	121.1
太原	Taiyuan	100.8	101.0	101.5	101.5	101.4	102.0	101.9	102.1	102.8	103.3	103.7	104.1
呼和浩特	Hohhot	99.7	99.7	100.3	100.6	100.7	101.1	101.2	101.2	101.6	101.3	101.2	101.4
沈阳	Shenyang	100.3	100.1	100.6	101.8	102.4	102.2	102.4	102.4	102.2	102.4	102.4	102.5
大连	Dalian	99.5	99.1	99.4	100.3	100.8	101.3	100.9	101.8	102.2	103.0	104.0	104.1
长春	Changchun	99.2	99.3	99.4	99.5	100.0	100.3	100.4	100.4	100.9	101.6	101.7	102.1
哈尔滨	Harbin	100.4	100.4	100.8	100.5	100.9	101.5	101.5	101.7	101.9	102.4	102.5	103.4
上海	Shanghai	113.4	116.6	121.4	125.7	128.9	132.2	133.9	140.9	145.7	146.5	146.6	146.5
南京	Nanjing	108.2	111.5	115.3	120.4	125.7	130.4	135.2	140.6	145.3	148.8	148.8	148.4
杭州	Hangzhou	104.6	106.1	108.2	111.4	114.1	116.0	118.6	122.5	129.5	133.3	133.0	133.6
宁波	Ningbo	103.2	103.7	105.4	106.5	108.0	108.8	109.5	110.9	113.2	114.9	115.4	115.4
合肥	Hefei	102.9	105.2	110.3	116.9	122.8	128.8	134.1	140.6	146.9	148.9	149.1	148.8
福州	Fuzhou	102.4	103.7	106.0	109.0	111.6	113.2	114.9	120.3	126.9	130.3	131.5	131.0
厦门	Xiamen	107.0	108.7	114.7	120.8	127.6	134.0	140.4	145.8	149.8	149.8	149.9	148.7
南昌	Nanchang	102.0	103.3	104.7	106.1	108.3	109.6	111.5	113.3	116.0	117.2	117.4	116.9
济南	Jinan	101.3	102.1	103.0	104.2	105.2	106.1	107.1	110.9	116.5	120.6	121.9	121.4
青岛	Qingdao	101.2	101.4	102.4	103.6	104.4	104.8	105.5	107.8	112.5	114.0	114.4	114.2
郑州	Zhengzhou	102.2	102.7	104.5	105.5	106.7	108.4	110.5	116.8	125.1	129.0	130.0	130.4
武汉	Wuhan	103.9	104.9	106.2	108.7	111.2	113.3	115.9	119.8	124.4	128.1	130.5	130.0
长沙	Changsha	101.2	101.6	102.2	104.2	105.0	105.6	106.3	107.9	112.6	117.7	119.1	119.4
广州	Guangzhou	105.7	107.4	110.2	112.7	115.7	118.2	119.5	122.5	126.0	128.1	129.5	130.5
深圳	Shenzhen	126.5	131.5	136.0	138.9	139.3	141.5	144.4	148.3	150.4	149.7	149.5	149.8
南宁	Nanning	102.6	103.0	104.0	105.2	106.2	106.9	107.8	108.7	110.8	112.1	112.2	113.1
海口	Haikou	100.5	100.6	101.0	101.2	102.0	102.1	103.2	103.7	104.3	105.5	106.0	106.5
重庆	Chongqing	101.3	101.5	102.1	102.6	103.0	103.0	103.1	103.2	104.4	105.2	106.5	107.9
成都	Chengdu	101.4	101.5	102.0	102.5	102.9	103.8	105.6	106.7	109.7	108.9	109.1	108.7
贵阳	Guiyang	99.7	100.0	100.5	101.4	101.8	101.9	102.2	102.8	103.6	104.4	104.8	105.3
昆明	Kunming	99.0	98.9	98.8	99.9	100.2	100.4	100.6	100.8	101.2	102.5	103.0	103.3
西安	Xi'an	100.4	100.3	100.2	100.6	101.3	101.6	102.1	102.6	103.2	105.2	107.1	107.7
兰州	Lanzhou	100.0	100.1	100.5	101.0	101.7	101.9	102.1	102.9	103.5	103.4	103.2	102.9
西宁	Xining	98.4	98.3	98.4	98.9	99.1	99.1	99.1	99.6	100.0	100.5	100.6	100.8
银川	Yinchuan	98.8	98.8	99.0	99.8	100.5	100.3	100.3	100.3	100.6	100.6	100.9	101.1
乌鲁木齐	Urumqi	99.5	99.0	99.2	99.4	99.9	99.8	99.9	99.6	99.3	99.0	99.1	99.5

4-1-4 续表 Continued

(以2015年价格为100) (2015=100)

城 市	City	1月	2月	3月	4月	5月	6月	7月	8月	9月	10月	11月	12月
唐 山	Tangshan	98.8	99.1	99.3	99.2	99.3	98.9	99.6	99.9	100.7	100.9	102.3	102.5
秦皇岛	Qinhuangdao	99.0	99.4	99.5	99.7	100.0	100.6	100.8	101.3	102.0	104.6	106.4	106.7
包 头	Baotou	98.5	98.0	98.1	98.5	98.7	98.4	98.1	98.3	99.1	98.9	99.2	99.3
丹 东	Dandong	98.4	97.6	97.2	97.8	97.8	98.1	97.3	97.3	97.3	98.3	98.7	98.2
锦 州	Jinzhou	99.4	99.3	98.8	98.1	97.7	97.2	96.6	96.5	96.5	97.0	97.2	97.5
吉 林	Jilin	98.9	99.2	99.6	100.2	100.3	100.7	100.4	100.9	101.1	101.5	101.3	101.7
牡丹江	Mudanjiang	99.3	98.9	98.9	99.1	98.6	98.4	97.9	98.5	99.0	98.3	98.0	98.7
无 锡	Wuxi	100.2	100.5	102.6	105.9	107.5	110.5	113.6	119.6	129.7	136.5	137.9	137.9
扬 州	Yangzhou	100.3	100.5	101.0	101.5	102.0	102.3	103.3	104.0	105.3	107.1	109.5	110.6
徐 州	Xuzhou	99.9	100.2	100.7	101.7	102.6	102.8	103.6	104.1	105.4	107.3	109.0	109.7
温 州	Wenzhou	102.1	102.2	102.6	103.1	103.3	103.4	103.9	104.2	106.0	106.8	107.3	107.8
金 华	Jinhua	101.5	101.4	102.0	102.4	103.0	103.1	103.1	104.0	106.0	106.9	108.7	109.0
蚌 埠	Bengbu	98.6	98.2	99.0	99.8	100.7	101.1	101.9	103.0	104.7	106.2	107.6	108.1
安 庆	Anqing	99.5	98.9	99.8	100.3	100.7	101.3	102.1	103.5	104.3	104.9	106.0	106.8
泉 州	Quanzhou	99.9	100.4	100.6	101.6	101.1	101.1	101.8	102.6	104.6	105.9	108.3	109.0
九 江	Jiujiang	99.5	99.8	100.5	101.6	102.6	103.2	104.3	105.3	107.0	109.0	110.0	110.8
赣 州	Ganzhou	99.8	99.9	100.9	102.1	102.5	102.7	103.5	104.9	108.0	111.6	112.4	112.7
烟 台	Yantai	100.6	100.8	101.3	101.8	102.3	103.0	103.3	104.0	104.7	105.7	106.3	106.6
济 宁	Jining	98.6	98.9	98.9	98.8	98.9	98.9	98.6	98.9	99.1	99.8	100.1	100.4
洛 阳	Luoyang	98.9	98.7	99.1	99.4	99.6	99.7	99.7	100.0	100.2	100.6	102.3	103.1
平顶山	Pingdingshan	100.6	100.6	100.7	100.9	101.2	101.6	101.4	101.9	103.0	103.4	104.1	104.2
宜 昌	Yichang	99.5	99.7	100.1	100.3	100.6	101.1	101.4	101.8	102.5	103.3	104.0	104.6
襄 阳	Xiangyang	98.4	98.7	98.8	98.8	99.3	99.1	99.3	100.0	100.3	100.4	100.9	101.2
岳 阳	Yueyang	98.6	98.7	98.9	99.1	99.1	99.2	99.5	99.8	101.2	102.0	102.4	102.8
常 德	Changde	99.0	99.1	98.8	99.1	98.8	99.0	99.4	99.7	101.4	102.0	102.3	102.2
惠 州	Huizhou	100.9	101.7	103.0	106.4	109.7	112.5	114.5	116.4	121.1	124.2	125.6	126.2
湛 江	Zhanjiang	98.0	98.1	98.4	98.9	99.5	100.9	101.7	101.9	103.0	104.7	106.0	106.7
韶 关	Shaoguan	98.8	99.7	100.6	101.2	101.8	101.9	100.6	100.2	102.7	103.5	104.9	106.4
桂 林	Guilin	98.4	98.7	98.6	99.2	99.2	99.4	99.3	99.5	101.2	102.2	101.7	101.7
北 海	Beihai	99.7	100.0	100.4	100.6	100.1	100.0	100.5	100.2	101.3	102.1	102.9	103.2
三 亚	Sanya	99.8	100.1	99.8	99.5	100.2	99.9	99.6	100.5	101.7	102.4	103.0	104.2
泸 州	Luzhou	100.7	100.0	100.3	100.7	101.1	101.5	101.8	102.0	103.0	102.8	103.0	103.2
南 充	Nanchong	98.6	98.3	99.0	99.7	100.1	100.6	100.1	100.7	100.5	100.2	100.4	100.7
遵 义	Zunyi	99.0	99.1	99.4	99.4	99.7	99.6	99.4	100.3	99.8	99.9	100.1	100.0
大 理	Dali	99.9	99.9	99.6	99.9	100.7	101.2	101.4	101.7	102.0	102.7	103.0	103.1

4-1-5 2016年70个大中城市144㎡以上新建商品住宅销售价格指数

Housing Price Indices of Above 144㎡ Newly Constructed Commercial Residential Buildings in 70 Large and Medium-Sized Cities 2016

(以2015年价格为100) (2015=100)

城市	City	1月	2月	3月	4月	5月	6月	7月	8月	9月	10月	11月	12月
北京	Beijing	110.0	113.6	118.5	121.8	124.8	128.1	130.6	136.0	142.5	143.1	143.2	142.9
天津	Tianjin	103.2	104.0	105.3	107.5	109.8	111.6	113.7	117.3	122.3	124.3	125.2	123.9
石家庄	Shijiazhuang	101.3	101.7	102.2	102.9	104.6	105.3	108.0	111.2	115.7	117.7	119.3	119.0
太原	Taiyuan	101.3	101.4	101.5	101.3	101.3	101.8	101.6	101.9	102.4	102.3	102.5	102.5
呼和浩特	Hohhot	99.1	99.6	99.5	99.3	99.6	99.3	99.1	99.4	98.5	99.7	99.5	99.8
沈阳	Shenyang	99.2	98.7	98.5	98.8	98.8	99.6	99.7	99.5	100.0	100.5	100.1	100.5
大连	Dalian	98.1	97.6	97.5	97.9	98.5	97.7	97.4	97.9	97.6	98.2	98.3	98.3
长春	Changchun	98.8	99.4	100.3	100.4	100.5	100.5	100.3	100.7	101.3	102.4	103.1	103.4
哈尔滨	Harbin	101.3	101.4	102.2	101.6	101.8	102.2	101.4	101.7	101.3	101.7	101.1	101.8
上海	Shanghai	113.4	116.6	121.3	125.6	127.9	130.6	132.7	139.7	143.5	144.5	144.3	143.8
南京	Nanjing	107.3	110.1	113.8	117.9	122.2	127.4	131.8	136.7	141.4	144.8	145.9	145.6
杭州	Hangzhou	104.5	105.5	107.3	109.8	112.4	113.6	115.9	119.4	125.1	128.9	128.7	128.7
宁波	Ningbo	102.6	103.4	104.7	106.0	107.1	107.4	108.4	109.6	111.3	112.5	113.3	113.2
合肥	Hefei	104.0	107.7	112.2	118.8	125.4	130.5	136.9	143.8	149.7	151.0	150.0	149.4
福州	Fuzhou	104.0	105.7	107.4	110.4	111.4	112.6	114.7	119.0	124.5	127.9	129.3	129.1
厦门	Xiamen	106.7	107.7	113.3	118.6	124.5	129.4	135.4	140.6	145.0	147.3	147.0	147.7
南昌	Nanchang	100.6	102.0	104.0	105.4	105.7	106.9	108.8	110.5	113.1	114.3	115.1	115.2
济南	Jinan	100.7	100.7	101.4	102.2	103.2	104.0	104.5	106.7	112.3	116.7	117.9	118.2
青岛	Qingdao	97.8	98.1	99.2	99.9	100.9	101.5	101.9	104.1	109.6	110.6	110.6	110.1
郑州	Zhengzhou	102.3	102.5	103.8	104.8	106.0	107.6	109.3	115.6	123.0	126.2	126.5	127.8
武汉	Wuhan	104.7	105.5	106.8	107.6	110.2	112.1	114.1	117.3	121.1	125.0	126.2	126.3
长沙	Changsha	101.4	101.6	101.8	103.3	104.0	104.4	105.6	107.1	112.1	117.2	119.5	119.5
广州	Guangzhou	106.0	107.9	111.3	113.7	117.1	118.9	120.6	123.3	127.2	128.6	129.3	130.0
深圳	Shenzhen	127.8	132.5	137.4	141.2	141.7	147.1	150.1	153.3	156.7	155.6	154.4	153.2
南宁	Nanning	100.6	101.0	100.9	101.9	102.4	103.0	103.4	104.5	107.5	109.4	109.6	109.7
海口	Haikou	100.2	100.5	100.5	100.9	101.6	101.6	101.6	101.9	102.8	103.3	103.6	104.5
重庆	Chongqing	102.0	102.7	103.3	103.5	104.0	103.9	104.0	104.6	105.6	105.9	107.0	108.0
成都	Chengdu	102.3	102.3	102.3	102.7	102.9	103.7	104.3	105.0	107.7	106.7	106.8	107.5
贵阳	Guiyang	100.4	101.0	100.6	100.6	101.2	101.2	101.8	102.0	102.5	102.8	103.1	103.3
昆明	Kunming	99.2	99.0	98.8	99.1	99.6	99.5	99.6	99.8	100.0	101.0	101.2	101.9
西安	Xi'an	100.7	100.5	100.9	101.1	101.5	102.0	102.4	103.7	103.8	105.3	107.3	108.0
兰州	Lanzhou	100.3	100.2	100.5	101.0	101.9	102.2	102.6	103.3	103.8	103.5	103.2	103.5
西宁	Xining	99.2	99.0	99.2	100.1	100.7	100.8	101.0	101.5	101.5	101.8	101.6	101.3
银川	Yinchuan	98.1	98.0	98.1	98.5	98.7	98.6	98.7	99.1	99.3	99.5	99.5	99.8
乌鲁木齐	Urumqi	97.6	96.5	96.3	96.3	96.8	96.0	96.0	95.6	95.5	95.0	94.9	95.2

4-1-5 续表 Continued

(以2015年价格为100) (2015=100)

城市	City	1月	2月	3月	4月	5月	6月	7月	8月	9月	10月	11月	12月
唐山	Tangshan	99.0	98.8	98.4	97.8	98.7	98.3	98.8	99.2	98.8	99.4	101.5	102.0
秦皇岛	Qinhuangdao	97.7	98.1	98.2	98.3	98.5	98.8	98.8	99.6	99.9	102.2	102.8	103.1
包头	Baotou	99.2	98.9	99.6	99.3	99.1	98.8	98.0	98.0	97.6	97.3	98.1	97.2
丹东	Dandong	97.7	96.9	96.4	96.0	96.7	96.6	96.4	96.3	95.8	94.7	94.7	94.1
锦州	Jinzhou	99.2	98.5	98.6	98.7	98.4	97.7	97.1	96.3	97.0	96.6	96.8	96.8
吉林	Jilin	98.6	98.7	99.2	99.6	99.1	100.2	100.4	100.5	100.8	100.9	100.9	101.4
牡丹江	Mudanjiang	97.7	97.5	97.2	96.5	95.3	94.5	94.0	94.7	95.0	95.3	95.0	96.5
无锡	Wuxi	99.3	99.5	101.1	103.3	105.3	107.6	110.0	114.2	122.7	127.9	128.8	128.8
扬州	Yangzhou	100.6	100.8	100.8	101.1	101.7	102.3	102.9	104.0	104.8	106.0	107.3	107.5
徐州	Xuzhou	101.0	101.5	102.6	103.3	104.0	104.4	104.8	105.8	107.3	108.2	109.8	110.0
温州	Wenzhou	101.9	102.0	102.7	103.1	103.4	103.5	103.7	103.9	105.0	105.6	105.3	105.5
金华	Jinhua	101.7	101.9	102.1	102.2	102.2	102.2	102.2	102.6	104.1	105.1	106.1	105.9
蚌埠	Bengbu	97.4	97.6	98.7	98.8	99.1	99.3	100.4	102.1	104.5	105.6	106.2	107.4
安庆	Anqing	100.7	100.4	100.7	100.8	101.0	101.0	101.9	102.7	104.1	105.5	106.9	107.2
泉州	Quanzhou	100.2	100.2	101.6	102.5	103.0	102.4	102.8	104.7	105.9	106.9	108.4	109.5
九江	Jiujiang	100.2	100.4	101.2	102.1	102.6	102.9	103.7	105.8	106.7	109.6	110.1	110.3
赣州	Ganzhou	99.2	99.2	100.1	101.4	102.5	102.8	103.5	104.6	107.8	111.1	113.0	113.4
烟台	Yantai	99.1	98.5	99.4	99.8	100.2	100.3	101.0	101.6	102.2	102.7	103.0	103.8
济宁	Jining	98.1	98.3	98.9	99.2	99.2	99.4	98.8	98.8	99.1	99.1	99.5	99.8
洛阳	Luoyang	98.8	99.0	98.7	99.8	100.2	100.2	100.7	100.9	101.4	101.7	103.0	103.1
平顶山	Pingdingshan	100.9	100.6	101.3	101.4	101.5	101.6	101.6	101.8	103.1	103.9	103.6	104.2
宜昌	Yichang	100.0	100.8	100.5	100.5	101.1	101.7	102.1	103.0	103.7	105.2	105.9	106.2
襄阳	Xiangyang	97.2	97.3	97.1	97.0	97.8	97.6	97.6	97.7	97.9	98.1	98.7	99.1
岳阳	Yueyang	98.2	98.2	98.7	100.0	100.1	100.1	100.2	100.4	102.1	104.7	105.0	105.2
常德	Changde	98.4	98.8	98.6	98.7	98.2	98.4	98.5	98.5	99.9	100.4	101.8	100.5
惠州	Huizhou	100.3	101.0	102.0	105.1	108.5	111.5	113.1	114.6	118.8	121.3	123.6	124.7
湛江	Zhanjiang	97.5	97.4	97.5	97.6	98.6	99.5	100.0	100.1	100.8	101.4	101.9	103.1
韶关	Shaoguan	98.7	99.5	100.8	101.7	101.8	101.9	100.9	100.7	103.0	104.4	107.2	107.6
桂林	Guilin	99.4	99.2	99.6	100.2	100.2	101.1	100.6	101.9	103.2	104.4	105.3	104.7
北海	Beihai	99.8	100.6	100.3	101.5	101.2	101.1	102.0	101.3	102.8	103.9	105.2	104.7
三亚	Sanya	100.4	101.0	100.9	100.8	100.7	100.4	100.5	101.1	102.5	103.0	103.8	104.8
泸州	Luzhou	98.8	98.2	98.9	99.8	99.9	99.6	99.9	100.1	101.4	101.2	101.6	102.2
南充	Nanchong	97.7	98.0	98.2	98.7	99.1	99.4	99.3	100.5	101.0	100.2	100.0	97.8
遵义	Zunyi	99.2	98.9	99.3	99.4	99.0	99.8	99.4	100.7	100.6	101.1	101.2	102.3
大理	Dali	99.5	99.4	98.3	98.5	99.0	99.8	100.2	99.9	100.1	100.3	100.8	101.3

4-1-6 2016年70个大中城市二手住宅销售价格指数
Housing Price Indices of Second-Hand Residential Buildings in 70 Large and Medium-Sized Cities 2016

(以2015年价格为100) (2015=100)

城市	City	1月	2月	3月	4月	5月	6月	7月	8月	9月	10月	11月	12月
北京	Beijing	112.6	116.1	123.5	128.0	130.9	132.7	134.9	140.2	148.2	149.8	150.1	150.4
天津	Tianjin	102.8	104.2	106.7	109.6	111.8	112.8	115.1	119.5	124.4	125.8	126.7	127.0
石家庄	Shijiazhuang	100.6	100.8	102.7	105.2	107.2	109.5	111.7	115.6	120.3	120.0	119.2	118.2
太原	Taiyuan	101.3	101.1	101.5	101.4	101.2	101.9	102.7	103.3	103.4	104.3	104.8	105.1
呼和浩特	Hohhot	99.9	99.9	99.9	99.9	99.9	99.6	99.6	99.5	99.5	99.3	99.1	99.1
沈阳	Shenyang	100.8	100.6	100.6	101.2	101.3	101.4	101.5	101.5	101.4	101.3	101.3	101.6
大连	Dalian	99.7	99.5	99.6	100.1	100.2	100.7	100.4	100.5	100.6	100.7	100.9	100.9
长春	Changchun	100.1	99.5	99.6	99.8	99.9	99.9	99.8	100.1	100.3	100.7	100.9	100.7
哈尔滨	Harbin	101.3	101.2	101.7	101.8	101.8	101.7	101.6	101.5	101.7	101.7	101.4	101.4
上海	Shanghai	109.0	114.8	122.0	125.0	126.7	129.6	132.1	136.9	141.5	142.0	141.6	140.9
南京	Nanjing	105.0	106.5	109.7	113.6	116.8	119.0	122.7	127.1	131.5	134.1	136.5	138.6
杭州	Hangzhou	103.3	104.5	106.5	108.4	109.8	111.1	113.7	116.8	122.1	125.2	125.2	125.1
宁波	Ningbo	102.9	103.2	103.7	104.3	105.1	105.5	106.1	106.9	108.8	109.8	110.2	110.6
合肥	Hefei	103.8	110.8	121.1	129.4	135.0	139.6	144.1	147.5	151.6	154.2	153.2	152.6
福州	Fuzhou	102.6	103.4	104.4	106.2	106.9	107.4	108.5	111.6	116.2	117.9	118.2	118.8
厦门	Xiamen	104.5	106.6	111.8	116.5	123.9	129.1	132.3	135.5	138.1	138.1	137.4	137.3
南昌	Nanchang	101.5	101.8	103.2	104.3	105.8	107.4	108.8	110.4	112.9	113.4	113.7	114.0
济南	Jinan	101.3	101.4	102.2	102.6	103.1	103.7	104.2	106.5	112.0	115.1	116.3	117.0
青岛	Qingdao	100.6	100.7	100.9	101.2	101.3	101.4	101.8	102.9	108.0	109.3	109.9	110.2
郑州	Zhengzhou	102.5	103.4	104.7	105.9	107.3	108.8	110.3	115.3	123.6	127.5	128.4	129.8
武汉	Wuhan	103.1	103.7	104.8	106.0	107.4	109.5	111.8	114.5	118.7	121.6	124.0	125.2
长沙	Changsha	100.9	100.9	101.2	102.1	102.3	102.6	102.9	103.7	107.4	109.9	111.6	113.1
广州	Guangzhou	107.4	108.7	112.5	115.4	117.6	119.5	121.2	124.6	128.6	130.7	131.7	133.5
深圳	Shenzhen	125.6	129.7	135.7	135.2	135.2	136.3	138.7	141.5	144.0	143.1	142.1	141.8
南宁	Nanning	102.1	102.3	102.3	102.9	103.2	103.2	103.3	103.9	104.7	106.1	106.5	107.1
海口	Haikou	99.1	99.2	100.0	100.2	100.4	100.5	100.7	101.0	101.2	101.6	102.1	102.5
重庆	Chongqing	102.5	102.5	102.7	103.2	103.5	103.6	104.0	104.2	104.7	104.9	105.3	106.1
成都	Chengdu	100.8	101.5	101.8	102.0	102.4	102.7	103.0	103.4	105.1	105.7	105.7	105.9
贵阳	Guiyang	100.6	100.8	101.1	101.2	101.2	101.3	101.4	101.7	101.9	102.3	102.4	102.4
昆明	Kunming	100.7	100.8	101.1	101.6	102.2	101.9	101.9	101.7	101.8	102.2	102.2	102.0
西安	Xi'an	97.7	97.5	97.2	97.0	96.7	96.8	96.7	97.0	96.7	96.8	96.5	96.6
兰州	Lanzhou	100.0	100.2	100.0	100.3	100.3	100.4	100.6	100.9	101.0	100.9	101.1	101.0
西宁	Xining	100.4	100.1	99.5	99.6	99.4	99.3	99.1	99.2	99.3	99.5	99.3	99.2
银川	Yinchuan	99.2	99.2	99.4	99.5	99.6	99.5	99.5	99.5	99.6	99.6	99.5	99.5
乌鲁木齐	Urumqi	101.2	100.1	99.5	99.3	99.2	98.9	98.7	98.7	98.6	98.4	98.0	97.9

4-1-6 续表 Continued

(以2015年价格为100) (2015=100)

城 市	City	1月	2月	3月	4月	5月	6月	7月	8月	9月	10月	11月	12月
唐 山	Tangshan	99.7	99.6	99.7	99.7	99.7	99.7	99.6	99.8	99.8	100.3	100.9	101.2
秦皇岛	Qinhuangdao	98.7	98.5	98.7	98.8	99.3	99.5	99.5	99.6	99.8	100.8	102.1	102.4
包 头	Baotou	98.9	98.4	98.0	97.7	97.3	97.2	97.1	96.8	96.2	96.5	96.6	97.3
丹 东	Dandong	98.9	98.6	98.4	98.4	98.2	98.0	98.1	98.0	98.1	98.1	97.9	97.8
锦 州	Jinzhou	96.0	95.7	95.2	94.9	94.8	94.6	94.3	94.0	93.9	93.7	93.6	93.6
吉 林	Jilin	99.8	99.7	99.8	100.0	100.1	100.3	100.5	100.6	100.8	101.1	101.3	101.5
牡丹江	Mudanjiang	100.2	100.1	100.4	100.4	100.3	100.2	99.6	99.7	99.9	99.7	99.9	100.3
无 锡	Wuxi	99.8	99.8	100.7	101.9	102.3	102.9	103.8	107.9	117.0	119.8	119.4	119.1
扬 州	Yangzhou	100.3	100.2	100.2	100.2	100.3	100.4	100.9	101.3	102.0	103.5	105.0	105.9
徐 州	Xuzhou	100.1	100.1	100.4	100.9	101.0	101.2	101.3	102.0	102.8	103.8	104.8	105.0
温 州	Wenzhou	101.9	102.3	102.8	103.1	103.1	103.2	103.4	103.5	104.4	104.7	104.7	104.9
金 华	Jinhua	100.6	100.7	101.1	101.4	101.7	101.9	102.1	102.7	103.9	104.3	105.1	105.4
蚌 埠	Bengbu	98.9	99.1	99.2	99.6	99.9	100.1	100.7	101.4	102.4	102.8	103.5	104.2
安 庆	Anqing	99.6	99.8	99.6	100.0	100.2	100.3	101.1	101.7	103.1	103.6	104.9	106.2
泉 州	Quanzhou	99.6	99.5	99.2	99.5	99.4	99.3	99.5	100.1	101.6	102.4	104.4	105.6
九 江	Jiujiang	101.1	101.0	101.5	102.4	102.4	103.7	104.3	105.7	106.4	107.3	107.4	109.0
赣 州	Ganzhou	100.5	100.7	100.5	101.2	101.7	101.9	102.5	103.2	106.4	108.9	109.8	110.2
烟 台	Yantai	99.7	99.6	99.7	99.9	100.1	100.3	100.4	101.0	101.3	101.6	101.9	102.1
济 宁	Jining	99.7	99.7	99.8	99.8	99.7	99.7	99.8	100.2	100.4	100.5	100.7	100.7
洛 阳	Luoyang	99.2	99.2	99.2	99.4	99.6	99.8	100.0	100.4	100.8	101.0	101.8	101.9
平顶山	Pingdingshan	99.8	99.8	100.0	99.9	99.9	99.8	99.8	100.1	100.6	100.7	100.6	100.4
宜 昌	Yichang	100.9	100.9	101.5	101.6	101.8	101.8	101.9	102.1	102.4	103.0	103.6	103.9
襄 阳	Xiangyang	99.9	99.7	99.6	99.6	99.6	99.7	99.7	100.1	100.2	100.2	100.4	100.4
岳 阳	Yueyang	99.5	99.6	99.7	99.9	100.0	100.1	100.3	100.5	100.9	101.5	101.6	101.9
常 德	Changde	100.1	99.9	100.0	100.2	100.3	100.6	101.0	101.0	102.0	102.3	102.5	102.5
惠 州	Huizhou	100.9	101.3	102.2	103.3	105.2	106.0	107.2	108.0	111.9	112.9	114.7	115.1
湛 江	Zhanjiang	98.5	98.5	98.2	98.2	98.3	98.4	98.6	98.7	99.2	99.5	99.8	100.8
韶 关	Shaoguan	99.6	100.3	100.6	100.9	100.9	100.4	100.0	99.8	100.9	100.9	100.8	101.4
桂 林	Guilin	98.9	98.8	98.6	98.4	98.1	98.2	98.1	98.0	98.0	97.7	97.5	97.4
北 海	Beihai	102.0	101.8	102.0	102.0	102.4	102.2	102.3	102.5	102.7	103.0	103.2	103.6
三 亚	Sanya	100.7	100.7	101.2	101.1	100.8	100.8	100.7	100.8	101.3	101.8	102.2	102.9
泸 州	Luzhou	101.9	101.5	101.9	102.4	102.6	102.8	102.9	103.1	103.6	103.8	104.1	104.2
南 充	Nanchong	100.3	100.4	100.5	100.9	101.1	101.3	101.5	101.9	102.3	102.6	102.9	103.1
遵 义	Zunyi	98.4	98.2	98.3	98.5	98.6	98.8	99.1	99.3	99.1	99.5	99.9	100.3
大 理	Dali	98.8	99.2	99.4	99.6	99.8	99.6	99.8	99.3	99.2	99.1	99.4	99.0

4-1-7 2016年70个大中城市90㎡及以下二手住宅销售价格指数

Housing Price Indices of 90㎡ and below Second-Hand Residential Buildings in 70 Large and Medium-Sized Cities 2016

(以2015年价格为100) (2015=100)

城 市	City	1月	2月	3月	4月	5月	6月	7月	8月	9月	10月	11月	12月
北 京	Beijing	112.7	116.2	123.1	127.8	130.8	132.6	134.8	140.4	148.4	150.0	150.4	151.0
天 津	Tianjin	102.8	104.5	107.0	110.8	112.8	115.1	117.9	122.8	127.8	128.8	130.1	130.2
石家庄	Shijiazhuang	100.6	100.9	102.8	105.3	107.4	110.2	112.8	117.0	121.9	121.5	120.6	120.2
太 原	Taiyuan	101.0	100.5	101.1	101.7	101.7	102.1	103.0	104.1	104.6	105.3	106.1	106.5
呼和浩特	Hohhot	100.1	100.1	100.2	100.0	100.1	99.8	99.8	99.6	99.7	99.2	98.8	98.9
沈 阳	Shenyang	100.9	100.7	100.7	101.4	101.6	101.8	102.0	102.0	101.8	101.8	101.9	102.0
大 连	Dalian	99.2	99.4	99.7	100.3	100.3	100.6	100.5	100.6	100.7	100.9	101.1	101.2
长 春	Changchun	100.5	99.9	100.1	100.3	100.4	100.4	100.3	100.8	101.1	101.5	101.7	101.6
哈尔滨	Harbin	100.9	101.0	101.6	101.7	101.7	101.7	101.6	101.5	101.8	101.8	101.8	101.8
上 海	Shanghai	109.0	114.7	122.2	125.0	127.3	130.2	132.9	137.6	142.3	143.1	142.9	143.1
南 京	Nanjing	104.3	105.8	108.9	112.1	115.3	118.0	121.2	124.9	129.1	131.1	133.0	135.3
杭 州	Hangzhou	103.1	104.2	106.4	109.0	110.7	112.0	114.3	117.3	122.9	125.7	125.7	125.8
宁 波	Ningbo	102.8	103.0	103.4	104.3	105.3	105.6	106.0	107.0	108.9	109.7	109.9	110.2
合 肥	Hefei	103.6	110.1	120.8	129.5	135.4	140.5	145.1	148.5	152.9	155.6	154.7	154.0
福 州	Fuzhou	102.7	103.4	104.3	106.1	106.8	107.4	108.3	111.2	115.6	117.0	117.3	117.9
厦 门	Xiamen	104.8	106.9	112.2	116.7	124.4	130.3	134.0	137.5	140.4	140.5	140.0	139.8
南 昌	Nanchang	100.7	101.0	102.8	103.7	105.5	107.1	108.7	110.2	112.7	113.5	113.8	114.4
济 南	Jinan	101.4	101.8	102.7	103.2	103.7	104.4	104.9	107.2	112.9	115.8	116.7	117.5
青 岛	Qingdao	100.7	100.8	100.9	101.0	101.2	101.3	101.7	102.8	108.0	109.1	109.6	110.1
郑 州	Zhengzhou	102.9	103.8	105.1	106.0	107.3	108.9	110.2	114.9	123.4	127.5	128.4	129.8
武 汉	Wuhan	103.3	103.9	105.1	106.2	108.0	109.9	112.2	115.3	120.1	122.9	125.1	126.3
长 沙	Changsha	101.0	101.1	101.6	102.5	102.6	102.9	103.0	104.0	107.1	109.4	110.8	112.1
广 州	Guangzhou	108.0	109.3	113.0	116.0	118.1	119.8	121.8	124.8	128.5	130.4	131.1	133.1
深 圳	Shenzhen	126.6	131.6	137.3	136.0	137.1	137.2	139.7	142.5	145.8	145.0	143.8	143.0
南 宁	Nanning	101.2	101.1	101.0	101.6	102.2	102.1	102.5	103.0	103.8	104.9	105.4	105.8
海 口	Haikou	98.9	98.9	99.8	100.0	100.0	100.1	100.3	100.7	100.9	101.4	101.8	102.2
重 庆	Chongqing	102.4	102.3	102.5	102.9	103.5	103.6	104.0	104.0	104.7	104.9	105.1	106.3
成 都	Chengdu	101.3	101.9	102.1	102.3	102.8	103.0	103.3	103.6	105.5	106.3	106.2	106.4
贵 阳	Guiyang	100.5	100.7	100.8	100.9	101.0	101.0	101.1	101.4	101.8	102.0	102.2	102.1
昆 明	Kunming	101.1	101.3	101.7	102.2	102.9	102.5	102.4	102.2	102.0	102.7	102.7	102.8
西 安	Xi'an	98.4	97.9	97.7	97.5	97.3	96.3	96.5	96.9	96.6	96.9	96.6	96.6
兰 州	Lanzhou	100.1	100.3	99.9	100.2	100.6	100.7	100.9	101.7	101.9	101.7	101.7	101.7
西 宁	Xining	100.4	100.0	99.6	99.7	99.3	99.2	99.2	99.2	99.4	99.4	99.4	99.4
银 川	Yinchuan	99.1	99.0	99.3	99.3	99.5	99.7	99.6	99.7	99.7	99.6	99.6	99.7
乌鲁木齐	Urumqi	100.8	99.7	98.9	98.4	98.3	98.1	97.8	97.9	97.9	97.5	97.2	96.9

4-1-7 续表 Continued

(以2015年价格为100) (2015=100)

城市	City	1月	2月	3月	4月	5月	6月	7月	8月	9月	10月	11月	12月
唐山	Tangshan	99.7	99.4	99.4	99.4	99.5	99.5	99.4	99.9	99.8	100.4	101.0	101.3
秦皇岛	Qinhuangdao	98.7	98.6	98.9	98.9	99.3	99.8	99.7	100.0	100.0	101.0	102.6	103.2
包头	Baotou	98.7	98.3	98.0	97.8	97.1	97.1	96.9	96.9	95.9	96.4	96.7	97.6
丹东	Dandong	98.8	98.3	97.9	97.7	97.8	97.4	97.4	97.3	97.4	97.4	97.3	97.2
锦州	Jinzhou	96.2	95.9	95.5	95.2	95.1	94.9	94.6	94.3	94.3	94.0	94.0	94.0
吉林	Jilin	99.9	99.8	100.0	100.2	100.3	100.7	100.8	101.0	101.2	101.3	101.5	101.7
牡丹江	Mudanjiang	100.7	100.7	101.1	101.2	101.2	101.2	100.9	101.1	101.1	101.3	101.3	101.7
无锡	Wuxi	99.7	99.5	100.3	101.6	102.0	102.7	103.8	107.6	116.9	119.6	119.7	119.6
扬州	Yangzhou	100.4	100.2	100.2	100.1	100.3	100.3	100.7	101.1	102.0	103.5	105.2	106.0
徐州	Xuzhou	100.2	100.2	100.5	101.0	101.2	101.4	101.5	102.1	103.2	104.0	105.1	105.3
温州	Wenzhou	102.5	103.1	103.7	104.2	103.9	104.1	104.4	104.4	105.7	105.9	106.0	106.2
金华	Jinhua	101.4	101.5	101.7	102.1	102.4	102.6	102.9	103.5	104.8	105.1	106.0	106.5
蚌埠	Bengbu	98.9	99.1	99.2	99.5	99.7	99.8	100.5	101.1	102.3	102.7	103.5	104.3
安庆	Anqing	99.3	99.5	99.4	99.9	100.2	100.3	100.9	101.8	103.1	103.7	104.9	106.4
泉州	Quanzhou	100.2	100.2	100.2	100.4	100.3	99.9	99.9	100.6	101.9	102.6	104.2	105.3
九江	Jiujiang	101.9	101.9	102.9	103.8	104.2	105.7	106.4	108.0	108.5	109.6	109.7	111.5
赣州	Ganzhou	100.1	100.3	100.1	101.0	101.6	101.9	102.2	103.5	106.5	108.6	109.9	109.4
烟台	Yantai	99.8	99.7	99.9	100.1	100.5	100.7	100.9	101.4	101.9	102.1	102.4	102.7
济宁	Jining	99.7	99.3	99.5	99.5	99.5	99.8	100.3	100.5	100.5	100.3	100.5	100.9
洛阳	Luoyang	100.3	100.3	100.4	100.7	101.0	101.1	101.4	101.6	102.0	102.2	103.1	103.3
平顶山	Pingdingshan	98.5	98.1	98.4	98.1	98.2	96.9	96.9	97.2	97.6	98.7	97.5	97.9
宜昌	Yichang	101.3	101.6	102.3	102.4	102.6	102.6	102.8	103.1	103.5	103.9	104.6	105.2
襄阳	Xiangyang	100.5	100.2	100.1	100.2	100.2	100.2	100.2	100.8	100.8	101.1	101.5	101.5
岳阳	Yueyang	99.4	99.5	99.7	99.8	100.0	100.1	100.1	100.2	100.8	101.6	101.8	102.3
常德	Changde	100.5	100.3	100.4	100.5	100.6	101.0	101.4	101.4	102.4	102.6	102.9	103.0
惠州	Huizhou	101.0	101.5	102.6	103.8	105.5	106.3	107.7	108.5	111.8	113.2	114.7	115.1
湛江	Zhanjiang	98.1	98.2	98.1	98.1	98.3	98.3	98.6	98.6	99.0	99.2	99.4	100.3
韶关	Shaoguan	99.3	100.5	100.8	100.9	100.7	100.4	100.2	99.7	100.7	101.2	100.8	101.5
桂林	Guilin	99.0	98.7	98.6	98.4	98.0	97.9	97.9	97.8	97.9	97.8	97.3	97.1
北海	Beihai	102.1	101.8	102.2	102.0	102.2	102.1	102.2	102.3	102.6	102.8	102.8	103.4
三亚	Sanya	100.7	100.4	101.0	100.8	100.9	100.9	100.7	100.9	101.6	102.0	102.4	103.4
泸州	Luzhou	102.2	101.8	101.9	102.5	102.7	102.8	103.0	103.0	103.5	103.7	104.1	104.2
南充	Nanchong	100.3	100.4	100.5	101.1	101.2	101.4	101.6	101.9	102.5	103.0	103.2	103.2
遵义	Zunyi	98.1	98.0	98.3	98.5	99.3	99.6	99.9	100.1	100.0	100.5	100.9	101.5
大理	Dali	98.9	99.2	99.4	99.3	99.6	99.3	99.3	98.6	98.5	98.2	98.5	98.4

4-1-8 2016年70个大中城市90~144㎡二手住宅销售价格指数
Housing Price Indices of 90~144㎡ Second-Hand Residential Buildings in 70 Large and Medium-Sized Cities 2016

(以2015年价格为100) (2015=100)

城市	City	1月	2月	3月	4月	5月	6月	7月	8月	9月	10月	11月	12月
北京	Beijing	112.5	115.9	123.7	128.1	130.6	132.3	134.3	139.4	147.3	149.0	149.1	149.3
天津	Tianjin	102.8	103.9	106.9	109.3	111.7	112.1	113.8	118.6	123.7	125.9	126.3	126.8
石家庄	Shijiazhuang	100.3	100.6	102.2	104.9	107.0	109.1	111.0	115.0	119.7	119.7	119.0	117.5
太原	Taiyuan	101.8	101.7	102.0	101.0	100.6	101.8	102.0	102.5	102.4	103.6	104.1	104.4
呼和浩特	Hohhot	99.9	99.8	99.8	99.8	99.8	99.6	99.6	99.6	99.6	99.6	99.6	99.6
沈阳	Shenyang	100.7	100.5	100.6	100.9	100.9	100.9	100.8	100.8	100.6	100.4	100.3	100.9
大连	Dalian	100.5	99.7	99.8	100.2	100.6	101.2	100.6	100.6	100.6	100.9	100.9	101.0
长春	Changchun	99.7	99.1	99.2	99.3	99.5	99.5	99.5	99.5	99.7	99.9	100.2	100.0
哈尔滨	Harbin	101.4	101.2	101.6	101.7	101.7	101.6	101.5	101.5	101.6	101.7	101.2	101.2
上海	Shanghai	109.2	114.8	121.7	124.9	126.5	129.0	131.2	135.9	139.9	140.0	139.7	138.9
南京	Nanjing	105.9	107.5	111.0	115.2	118.3	120.4	124.0	129.0	133.2	136.1	138.2	139.6
杭州	Hangzhou	103.4	104.8	106.5	108.1	109.4	110.6	113.1	116.4	121.7	125.0	125.2	124.8
宁波	Ningbo	103.1	103.4	104.0	104.5	105.3	105.6	106.5	107.1	109.2	110.5	110.9	111.3
合肥	Hefei	103.9	111.0	121.0	128.6	134.0	138.5	143.0	146.2	150.2	152.5	151.6	151.1
福州	Fuzhou	102.3	103.1	103.9	105.5	106.3	106.7	107.9	111.0	115.9	117.5	117.8	118.5
厦门	Xiamen	104.4	106.4	111.8	116.6	124.1	129.2	131.8	134.8	137.4	137.4	136.6	136.6
南昌	Nanchang	102.5	102.7	103.7	105.1	106.5	108.1	109.3	110.9	113.4	113.8	113.8	113.7
济南	Jinan	101.3	101.3	101.9	102.3	102.7	103.2	103.8	106.5	111.9	115.0	116.5	117.2
青岛	Qingdao	100.6	100.8	101.0	101.3	101.5	101.6	102.0	103.3	108.4	109.9	110.4	110.8
郑州	Zhengzhou	102.4	103.3	104.7	106.1	107.5	109.1	110.5	115.8	124.6	128.5	129.7	131.2
武汉	Wuhan	102.9	103.4	104.5	105.7	107.2	109.2	111.7	114.1	118.3	121.4	124.5	125.9
长沙	Changsha	100.8	100.9	101.0	102.0	102.1	102.5	102.7	103.4	107.0	108.9	110.5	112.2
广州	Guangzhou	106.3	107.4	111.3	114.1	116.0	118.6	119.8	123.7	128.2	130.5	132.1	133.9
深圳	Shenzhen	123.8	127.5	134.0	133.9	134.2	135.4	138.0	141.1	143.8	142.1	140.6	140.9
南宁	Nanning	102.0	102.1	102.1	102.6	102.7	102.7	102.6	102.9	103.6	105.2	105.7	106.3
海口	Haikou	99.3	99.5	100.4	100.5	100.9	101.1	101.2	101.4	101.7	102.0	102.6	103.0
重庆	Chongqing	103.1	103.2	103.4	104.0	104.2	104.2	104.7	105.3	106.1	106.1	106.8	107.0
成都	Chengdu	100.6	101.4	101.9	102.0	102.4	102.8	103.2	103.4	105.3	105.7	105.8	105.9
贵阳	Guiyang	100.5	100.8	101.1	101.2	101.3	101.4	101.6	101.7	101.8	102.2	102.3	102.4
昆明	Kunming	100.8	100.8	100.9	101.4	102.1	101.9	102.0	101.8	101.9	102.4	102.2	102.1
西安	Xi'an	97.2	97.2	96.9	96.8	96.3	97.2	97.0	97.3	96.9	96.9	96.9	97.2
兰州	Lanzhou	100.1	100.4	100.4	100.7	100.6	100.5	100.7	100.5	100.7	100.5	100.9	100.8
西宁	Xining	100.4	100.1	99.5	99.6	99.4	99.3	99.1	99.2	99.5	99.5	99.3	99.1
银川	Yinchuan	99.4	99.3	99.6	99.6	99.6	99.4	99.4	99.5	99.7	99.7	99.6	99.5
乌鲁木齐	Urumqi	101.7	100.6	100.0	100.0	99.8	99.6	99.3	99.2	99.0	99.1	98.5	98.5

4-1-8 续表 Continued

(以2015年价格为100) (2015=100)

城市	City	1月	2月	3月	4月	5月	6月	7月	8月	9月	10月	11月	12月
唐山	Tangshan	99.8	99.8	99.7	99.9	100.0	100.0	99.8	99.8	99.8	100.2	100.8	101.1
秦皇岛	Qinhuangdao	98.6	98.5	98.5	98.8	99.1	99.2	99.2	99.3	99.5	100.7	101.7	101.9
包头	Baotou	99.0	98.3	97.8	97.3	97.1	97.0	96.8	96.5	96.6	96.8	96.8	97.6
丹东	Dandong	99.4	99.7	99.6	99.7	99.5	99.4	99.7	99.6	99.9	99.9	99.8	99.7
锦州	Jinzhou	95.9	95.5	95.0	94.7	94.5	94.3	94.0	93.7	93.6	93.4	93.2	93.3
吉林	Jilin	100.0	99.9	100.0	100.2	100.3	100.4	100.5	100.7	101.0	101.4	101.7	101.8
牡丹江	Mudanjiang	99.1	98.9	98.6	98.6	97.8	97.8	96.4	95.8	96.8	95.5	96.2	96.8
无锡	Wuxi	100.0	100.1	101.2	102.3	102.6	103.2	104.1	108.0	116.9	119.6	119.0	118.8
扬州	Yangzhou	100.2	100.3	100.2	100.2	100.4	100.4	101.0	101.5	102.1	103.5	104.9	105.9
徐州	Xuzhou	100.1	100.0	100.4	100.8	100.9	101.0	101.2	102.0	102.4	103.5	104.5	104.6
温州	Wenzhou	102.0	102.3	102.8	103.0	103.1	103.3	103.5	103.7	104.6	105.0	105.0	105.1
金华	Jinhua	100.2	100.2	100.6	100.8	101.2	101.3	101.5	102.2	103.4	103.9	104.6	104.7
蚌埠	Bengbu	99.0	99.2	99.3	99.7	100.0	100.3	100.9	101.6	102.5	102.8	103.4	104.3
安庆	Anqing	99.9	100.0	99.9	100.1	100.2	100.3	101.3	101.6	103.1	103.6	104.9	106.1
泉州	Quanzhou	99.3	99.0	98.5	98.8	98.6	98.5	98.8	99.2	100.9	101.8	103.9	105.1
九江	Jiujiang	100.8	100.6	100.7	101.5	101.2	102.4	103.0	104.2	105.0	105.8	105.6	107.2
赣州	Ganzhou	101.0	101.0	100.6	101.3	101.7	102.1	102.7	103.4	107.1	109.3	110.5	111.3
烟台	Yantai	99.9	99.7	99.7	99.9	100.1	100.3	100.4	100.9	101.3	101.6	101.9	102.0
济宁	Jining	99.8	100.1	100.2	100.1	100.0	99.8	99.6	100.0	100.3	100.7	100.9	100.8
洛阳	Luoyang	99.0	98.9	99.1	99.2	99.5	99.5	99.8	100.4	100.5	100.7	101.5	101.6
平顶山	Pingdingshan	100.0	100.3	100.4	100.5	100.3	100.7	100.7	101.2	101.6	100.8	101.4	100.4
宜昌	Yichang	100.9	100.8	101.4	101.5	101.6	101.6	101.7	102.0	102.2	102.9	103.4	103.7
襄阳	Xiangyang	99.7	99.5	99.5	99.6	99.7	99.9	100.0	100.4	100.6	100.5	100.5	100.6
岳阳	Yueyang	99.6	99.7	99.8	99.9	100.1	100.2	100.4	100.6	100.8	101.2	101.3	101.6
常德	Changde	99.8	99.6	99.7	99.9	100.0	100.4	100.8	100.8	101.6	102.0	102.2	102.2
惠州	Huizhou	100.9	101.3	102.2	103.3	105.1	105.9	107.0	107.9	112.2	113.2	114.7	115.0
湛江	Zhanjiang	98.8	98.8	98.2	98.2	98.3	98.3	98.4	98.4	98.9	99.2	99.6	100.6
韶关	Shaoguan	99.9	100.4	100.8	101.1	100.9	100.8	100.1	99.6	100.7	100.7	100.9	101.5
桂林	Guilin	99.1	99.0	98.8	98.6	98.4	98.4	98.4	98.2	98.2	97.8	97.6	97.5
北海	Beihai	101.7	101.7	101.7	101.9	102.7	102.4	102.4	102.9	102.9	103.3	103.8	104.0
三亚	Sanya	101.0	101.0	101.4	101.4	100.8	101.0	101.0	101.0	101.4	101.9	102.4	103.3
泸州	Luzhou	101.8	101.5	102.0	102.5	102.7	102.8	103.0	103.2	103.8	104.0	104.3	104.4
南充	Nanchong	100.4	100.5	100.6	100.8	101.0	101.3	101.5	101.9	102.1	102.3	102.6	103.0
遵义	Zunyi	98.6	98.3	98.4	98.5	98.1	98.4	98.6	98.8	98.6	99.0	99.4	99.8
大理	Dali	99.1	99.6	100.0	100.3	100.7	100.9	100.8	100.8	100.6	100.5	100.9	100.3

4-1-9 2016年70个大中城市144㎡以上二手住宅销售价格指数
Housing Price Indices of Above 144㎡ Second-Hand Residential Buildings in 70 Large and Medium-Sized Cities 2016

(以2015年价格为100) (2015=100)

城市	City	1月	2月	3月	4月	5月	6月	7月	8月	9月	10月	11月	12月
北京	Beijing	112.6	116.4	124.0	128.2	131.6	133.8	136.2	141.2	149.3	150.9	150.9	150.9
天津	Tianjin	102.6	103.7	105.3	107.0	109.0	108.2	110.4	112.1	116.1	116.8	117.5	118.3
石家庄	Shijiazhuang	101.4	101.3	104.0	106.0	107.0	108.7	110.5	113.5	117.2	116.5	116.1	114.8
太原	Taiyuan	101.3	101.2	101.4	101.4	101.5	101.8	103.1	102.9	102.8	103.4	103.5	103.3
呼和浩特	Hohhot	99.6	99.5	99.5	99.4	99.3	98.8	98.7	98.7	98.6	98.5	98.5	98.4
沈阳	Shenyang	100.7	99.8	99.6	100.2	99.9	99.8	99.9	99.6	99.6	99.3	99.4	99.4
大连	Dalian	99.6	99.0	98.7	98.7	98.3	99.1	99.2	99.5	99.3	99.4	99.4	98.7
长春	Changchun	99.7	98.7	98.6	98.9	99.1	99.1	98.6	98.6	98.9	99.3	99.2	99.0
哈尔滨	Harbin	101.9	101.9	101.9	102.0	102.1	102.2	101.7	101.3	101.3	101.4	101.2	101.3
上海	Shanghai	108.9	114.9	122.0	125.0	126.0	129.0	131.9	137.3	142.5	142.8	142.0	139.2
南京	Nanjing	104.1	105.4	108.1	112.5	116.1	117.7	122.3	127.1	132.4	135.4	139.6	143.3
杭州	Hangzhou	103.6	104.6	106.8	107.6	108.8	110.1	113.3	116.3	121.2	124.4	124.0	124.1
宁波	Ningbo	102.8	103.2	103.5	103.9	104.2	104.8	105.3	106.1	107.9	108.4	109.2	109.5
合肥	Hefei	104.1	112.1	122.3	131.8	137.6	141.1	145.6	149.1	153.2	155.8	154.8	154.1
福州	Fuzhou	103.1	104.1	105.1	107.4	108.0	108.3	109.7	112.8	117.4	119.5	120.0	120.5
厦门	Xiamen	104.2	106.4	111.3	116.2	122.8	127.7	131.1	134.2	136.6	136.4	135.5	135.5
南昌	Nanchang	101.3	101.6	103.1	104.4	105.0	105.9	107.5	109.4	111.6	112.3	112.8	113.3
济南	Jinan	101.5	100.5	101.5	102.0	102.3	102.8	103.1	104.4	109.1	112.8	114.2	114.6
青岛	Qingdao	100.3	100.6	100.7	101.1	101.2	101.2	101.5	102.5	107.1	108.8	109.1	109.3
郑州	Zhengzhou	102.0	102.6	104.0	105.5	106.8	108.2	110.2	114.8	122.3	125.4	125.8	126.7
武汉	Wuhan	103.1	103.9	105.1	106.1	106.9	109.1	111.4	113.7	116.9	119.6	120.9	121.3
长沙	Changsha	100.9	100.9	101.0	101.9	102.1	102.6	103.1	103.9	108.3	112.0	114.2	115.5
广州	Guangzhou	108.7	109.9	114.0	117.0	120.5	120.9	123.0	126.0	130.5	132.7	133.3	133.6
深圳	Shenzhen	125.9	129.0	135.0	135.4	132.9	135.8	137.7	140.1	140.8	140.7	140.5	140.3
南宁	Nanning	104.3	105.3	105.3	106.1	106.4	106.6	106.3	107.7	108.7	110.5	110.5	111.2
海口	Haikou	99.3	99.3	100.1	100.2	100.2	100.3	100.5	100.8	101.0	101.4	101.8	102.2
重庆	Chongqing	101.5	101.6	101.6	101.8	102.0	102.0	101.9	102.1	101.4	101.7	102.2	103.0
成都	Chengdu	100.2	100.8	100.8	101.2	101.3	101.8	101.8	102.5	103.7	104.1	104.3	104.4
贵阳	Guiyang	100.9	100.9	101.1	101.4	101.2	101.3	101.5	102.0	102.4	102.9	102.9	103.0
昆明	Kunming	100.1	100.4	100.5	101.0	101.3	100.8	101.0	100.9	101.4	101.0	101.2	100.5
西安	Xi'an	98.0	97.2	97.2	96.8	96.4	96.4	96.4	96.4	96.3	96.5	95.5	95.4
兰州	Lanzhou	99.6	99.7	99.7	99.8	99.5	99.7	99.9	100.0	100.1	100.2	100.5	100.2
西宁	Xining	100.5	99.9	99.3	99.4	99.4	99.5	99.1	98.9	99.0	99.4	99.2	99.2
银川	Yinchuan	99.4	99.3	99.5	99.6	99.6	99.2	99.3	99.0	98.9	98.8	98.4	98.4
乌鲁木齐	Urumqi	101.0	99.9	99.7	100.0	100.3	100.1	100.1	100.2	100.2	99.7	99.5	99.2

4-1-9 续表 Continued

(以2015年价格为100) (2015=100)

城 市	City	1月	2月	3月	4月	5月	6月	7月	8月	9月	10月	11月	12月
唐 山	Tangshan	100.1	100.0	100.3	100.5	100.2	100.0	99.6	99.6	99.6	100.2	100.7	101.1
秦皇岛	Qinhuangdao	98.7	98.3	98.4	98.5	99.8	99.8	99.9	99.8	100.5	101.0	102.3	102.3
包 头	Baotou	98.8	98.8	98.7	98.9	98.5	98.5	98.3	97.2	95.7	95.7	95.6	95.6
丹 东	Dandong	97.4	96.9	97.1	97.4	96.5	96.3	96.3	96.3	95.6	95.7	94.8	94.4
锦 州	Jinzhou	95.3	94.9	94.0	93.9	94.1	94.3	93.4	93.0	93.1	92.8	93.0	93.1
吉 林	Jilin	98.8	98.6	98.7	98.8	98.9	99.0	99.0	98.9	99.2	99.4	99.4	99.5
牡丹江	Mudanjiang	97.6	97.6	97.6	97.1	97.1	95.7	95.2	95.2	95.2	94.4	94.3	94.4
无 锡	Wuxi	99.7	99.6	100.1	101.6	101.8	102.6	103.1	108.1	117.4	120.5	119.8	118.8
扬 州	Yangzhou	100.4	100.3	100.1	100.1	100.3	100.4	101.0	101.2	102.1	103.0	104.2	105.2
徐 州	Xuzhou	100.0	100.0	100.3	101.0	101.2	101.2	101.2	102.2	103.2	104.8	105.3	105.4
温 州	Wenzhou	101.2	101.5	102.0	102.3	102.3	102.3	102.4	102.5	103.2	103.3	103.3	103.3
金 华	Jinhua	100.0	100.1	100.8	101.1	101.4	101.5	101.5	102.1	103.2	103.7	104.4	104.6
蚌 埠	Bengbu	99.0	99.4	99.6	100.2	100.5	100.7	101.5	102.4	103.2	103.4	103.6	103.8
安 庆	Anqing	99.9	100.1	99.7	99.9	100.0	100.1	101.0	101.6	102.6	103.0	104.4	105.4
泉 州	Quanzhou	99.4	99.4	99.3	99.5	99.4	99.8	100.3	100.9	102.4	103.3	105.7	106.9
九 江	Jiujiang	98.8	98.6	99.0	99.8	99.1	100.1	100.6	101.6	103.3	103.8	104.8	105.6
赣 州	Ganzhou	100.0	100.5	100.6	101.2	101.6	101.5	102.2	102.6	104.9	108.1	108.3	108.7
烟 台	Yantai	99.1	98.8	98.6	98.7	98.8	98.8	98.7	99.1	99.2	99.4	99.5	99.6
济 宁	Jining	99.5	99.4	99.2	99.3	99.2	99.0	99.4	99.9	100.2	100.5	100.6	99.4
洛 阳	Luoyang	98.4	98.3	98.2	98.1	98.3	98.7	98.9	99.3	99.7	100.1	100.8	101.0
平顶山	Pingdingshan	101.6	101.6	102.0	102.1	102.0	102.9	103.0	102.9	103.7	103.8	104.3	104.4
宜 昌	Yichang	99.8	99.7	100.3	100.3	100.2	100.2	100.1	100.5	100.9	101.2	101.5	102.0
襄 阳	Xiangyang	99.4	99.1	98.7	98.3	98.0	97.7	97.3	97.4	97.4	97.1	97.4	97.1
岳 阳	Yueyang	99.6	99.6	99.7	99.9	100.0	100.0	100.4	101.2	101.7	102.0	102.1	102.3
常 德	Changde	99.9	99.5	99.6	99.8	100.1	100.3	100.5	100.5	101.8	102.3	102.5	102.4
惠 州	Huizhou	100.7	101.1	101.8	102.8	105.0	105.7	107.1	107.7	111.5	111.9	114.8	115.4
湛 江	Zhanjiang	98.7	98.6	98.4	98.4	98.4	98.6	99.4	99.9	100.9	101.2	101.9	103.2
韶 关	Shaoguan	99.4	99.9	100.1	100.5	101.0	99.8	99.8	100.4	101.2	100.9	100.8	101.0
桂 林	Guilin	98.3	98.6	98.3	98.0	97.9	98.0	98.1	98.1	97.4	97.0	97.6	97.6
北 海	Beihai	102.1	102.1	101.9	102.0	102.0	101.9	102.2	102.3	102.4	102.5	102.6	102.7
三 亚	Sanya	100.5	100.8	101.5	101.1	100.5	100.6	100.5	100.5	100.7	101.2	101.8	101.8
泸 州	Luzhou	101.2	100.9	100.9	101.6	102.0	102.0	102.0	102.3	102.3	102.4	102.7	102.9
南 充	Nanchong	100.0	100.1	100.1	100.5	101.0	101.1	101.3	101.8	102.2	102.7	103.0	103.3
遵 义	Zunyi	98.3	98.2	98.1	98.3	99.0	98.5	98.8	99.0	98.6	98.9	99.2	99.3
大 理	Dali	98.1	98.6	98.6	98.9	98.9	98.3	98.9	98.5	98.5	98.5	98.6	98.2

4-2-1 2016年70个大中城市新建住宅销售价格指数
Housing Price Indices of Newly Constructed Residential Buildings in 70 Large and Medium-Sized Cities 2016

(以上年同月价格为100) (Same Month of Preceding Year=100)

城 市	City	1月	2月	3月	4月	5月	6月	7月	8月	9月	10月	11月	12月
北 京	Beijing	110.3	112.9	116.0	118.3	119.5	120.3	120.7	123.5	127.8	127.5	126.4	125.9
天 津	Tianjin	103.9	104.7	106.8	109.5	111.9	113.8	116.2	119.9	124.1	125.3	125.3	124.1
石家庄	Shijiazhuang	102.1	103.0	103.2	103.8	104.7	105.6	108.0	111.3	115.8	118.1	118.6	118.6
太 原	Taiyuan	101.7	102.1	102.2	102.0	101.8	102.2	101.9	102.0	102.2	102.3	102.3	102.5
呼和浩特	Hohhot	97.7	98.7	99.2	99.9	100.2	100.4	100.5	100.7	100.4	101.3	101.1	101.1
沈 阳	Shenyang	99.5	99.6	100.1	101.0	101.8	101.5	101.4	101.2	101.6	102.4	102.6	103.3
大 连	Dalian	98.9	98.9	99.4	100.1	100.6	100.5	99.7	100.0	100.4	101.7	102.4	102.6
长 春	Changchun	98.2	98.8	99.5	100.3	101.0	101.2	101.2	101.2	101.9	102.8	103.5	103.9
哈尔滨	Harbin	100.1	100.5	101.4	101.1	101.5	101.7	101.3	101.8	101.6	101.6	101.6	102.1
上 海	Shanghai	117.5	120.6	125.0	128.0	127.7	127.7	127.3	131.2	132.7	131.1	129.0	126.5
南 京	Nanjing	110.2	113.3	116.8	121.3	125.6	129.7	133.0	136.7	140.6	142.0	140.5	138.8
杭 州	Hangzhou	107.0	108.8	111.8	114.7	116.9	117.2	119.0	122.0	128.0	131.3	129.9	128.4
宁 波	Ningbo	104.6	105.5	107.2	108.2	108.8	108.8	108.9	109.5	111.2	112.4	112.4	112.0
合 肥	Hefei	103.2	106.0	111.2	117.5	123.2	129.0	133.8	140.3	146.8	148.4	147.4	146.3
福 州	Fuzhou	103.3	105.5	107.7	111.0	112.8	113.8	115.4	120.2	126.0	128.8	128.9	127.3
厦 门	Xiamen	108.6	110.1	115.7	121.5	128.0	133.6	139.2	143.8	146.5	145.5	143.4	141.5
南 昌	Nanchang	101.8	103.7	105.4	107.0	108.4	109.4	111.3	112.8	114.9	115.6	115.4	114.2
济 南	Jinan	101.5	102.2	103.3	104.3	105.1	105.8	106.9	110.0	115.5	119.0	120.0	119.4
青 岛	Qingdao	98.6	99.5	101.1	102.6	103.6	104.0	104.4	106.5	111.6	113.2	113.6	113.1
郑 州	Zhengzhou	103.4	103.9	105.2	106.7	108.1	109.2	111.0	116.5	124.5	128.1	128.5	128.0
武 汉	Wuhan	105.3	106.2	107.3	109.1	111.3	113.1	115.0	117.7	121.3	124.4	125.5	124.2
长 沙	Changsha	100.4	101.2	101.8	103.4	104.3	104.8	105.6	107.2	111.6	116.5	118.2	117.8
广 州	Guangzhou	109.9	111.8	115.2	117.4	118.9	119.2	119.4	121.1	123.0	123.6	124.0	124.1
深 圳	Shenzhen	151.9	156.9	161.6	162.4	153.2	146.7	140.9	136.8	134.1	131.7	127.9	123.5
南 宁	Nanning	102.4	103.3	103.8	104.6	105.5	105.7	106.4	107.0	109.0	110.1	109.6	110.1
海 口	Haikou	99.6	100.4	100.6	101.4	102.3	102.6	103.4	103.4	104.1	104.9	105.8	106.2
重 庆	Chongqing	100.3	101.3	102.2	102.9	103.5	103.3	103.2	103.4	104.4	105.1	106.5	107.2
成 都	Chengdu	101.1	101.5	102.3	103.0	103.2	103.6	104.0	104.7	107.2	106.3	105.9	105.5
贵 阳	Guiyang	99.6	100.3	100.5	101.5	102.2	102.0	102.3	102.4	103.0	103.9	104.5	105.1
昆 明	Kunming	97.7	98.2	98.2	99.3	100.0	100.1	100.8	101.5	102.1	103.2	103.9	104.2
西 安	Xi'an	100.2	100.6	100.9	101.6	102.2	102.7	102.9	103.2	103.3	104.6	106.1	106.6
兰 州	Lanzhou	99.2	99.7	100.2	101.1	101.8	102.4	102.9	103.8	103.8	103.7	103.6	103.1
西 宁	Xining	97.1	97.4	97.7	98.4	99.0	99.6	100.2	100.9	101.2	101.9	101.9	102.4
银 川	Yinchuan	96.4	96.9	97.7	98.8	99.9	100.0	100.7	101.0	101.1	101.3	101.5	102.1
乌鲁木齐	Urumqi	98.0	97.7	98.1	98.5	99.1	99.0	99.0	98.9	98.7	98.5	98.3	98.7

4-2-1 续表 Continued

(以上年同月价格为100) (Same Month of Preceding Year=100)

城 市	City	1月	2月	3月	4月	5月	6月	7月	8月	9月	10月	11月	12月
唐 山	Tangshan	98.0	98.4	98.6	98.8	99.7	99.3	99.8	100.2	100.6	101.2	102.3	102.9
秦皇岛	Qinhuangdao	97.1	97.8	98.4	99.4	99.8	100.3	100.7	101.4	102.1	104.5	105.9	106.1
包 头	Baotou	97.2	97.9	98.1	98.6	98.8	98.8	98.8	98.8	99.2	99.3	99.7	99.5
丹 东	Dandong	96.2	96.1	96.2	96.9	97.5	98.0	97.6	97.9	97.8	98.3	98.8	99.3
锦 州	Jinzhou	96.5	97.2	96.9	96.8	96.8	96.5	96.2	96.2	96.2	96.1	96.7	97.1
吉 林	Jilin	97.5	98.4	98.8	99.6	100.0	100.4	100.2	100.5	101.1	101.6	101.7	102.6
牡丹江	Mudanjiang	98.4	98.3	98.2	98.5	98.1	97.8	97.4	98.3	98.8	98.5	98.4	98.9
无 锡	Wuxi	99.6	100.2	102.4	105.3	106.9	109.7	112.8	118.4	127.9	134.3	135.1	135.5
扬 州	Yangzhou	99.8	100.4	101.0	101.5	102.3	102.8	103.7	104.3	105.5	107.0	109.2	109.7
徐 州	Xuzhou	99.9	100.6	101.1	101.9	102.7	103.1	103.7	104.1	105.1	106.8	108.4	109.1
温 州	Wenzhou	102.7	103.4	104.1	103.7	103.6	103.2	103.2	103.2	104.5	105.0	104.7	104.6
金 华	Jinhua	102.0	102.5	103.2	103.1	103.1	103.1	103.1	103.4	105.1	105.6	106.8	106.5
蚌 埠	Bengbu	96.0	96.5	98.2	99.2	100.2	100.7	102.2	103.7	105.7	106.7	108.2	109.2
安 庆	Anqing	99.3	99.2	100.0	100.7	101.0	101.6	101.9	103.4	104.4	105.2	106.7	107.6
泉 州	Quanzhou	99.0	100.0	100.7	101.8	101.8	101.8	102.5	103.7	105.3	106.1	108.3	108.9
九 江	Jiujiang	98.8	99.5	100.3	101.5	102.1	103.0	103.9	105.3	107.4	109.8	110.7	111.2
赣 州	Ganzhou	99.4	99.4	100.5	101.8	102.7	103.1	103.8	104.5	108.1	112.0	113.3	113.4
烟 台	Yantai	99.0	99.6	100.2	100.8	101.5	102.1	102.7	103.4	103.9	104.9	105.2	105.4
济 宁	Jining	96.7	97.3	97.9	98.3	98.7	98.9	99.1	99.8	99.9	100.7	101.2	101.6
洛 阳	Luoyang	97.7	98.3	98.7	99.7	100.1	100.3	100.6	100.9	101.6	102.0	103.7	104.5
平顶山	Pingdingshan	99.8	100.1	100.6	100.9	101.3	101.6	101.5	101.7	102.3	102.8	103.3	103.7
宜 昌	Yichang	98.6	99.0	99.5	100.2	100.7	101.5	102.1	102.5	102.9	103.7	104.1	105.1
襄 阳	Xiangyang	96.2	97.3	97.5	98.1	98.8	99.0	99.5	100.4	100.9	101.7	102.4	102.7
岳 阳	Yueyang	96.8	97.4	97.8	98.5	98.8	99.4	100.0	100.6	102.2	104.3	104.6	105.1
常 德	Changde	97.2	98.1	98.1	98.9	99.0	99.3	99.7	100.0	101.5	102.1	102.5	102.9
惠 州	Huizhou	98.9	100.4	102.3	106.4	110.2	113.5	115.4	116.4	120.3	122.9	124.4	124.9
湛 江	Zhanjiang	95.1	96.4	97.2	98.1	99.1	100.9	102.4	102.9	104.2	105.9	107.2	108.3
韶 关	Shaoguan	96.6	98.3	99.6	101.0	102.0	102.3	101.6	101.5	104.1	105.4	106.8	107.4
桂 林	Guilin	97.3	98.1	98.5	99.2	99.5	99.8	99.8	100.3	102.2	103.2	103.1	103.2
北 海	Beihai	99.1	99.7	100.3	101.1	101.3	101.2	101.4	101.1	101.7	102.7	103.6	103.9
三 亚	Sanya	99.7	99.9	99.9	100.0	100.7	100.5	100.1	100.5	101.7	102.7	103.8	104.5
泸 州	Luzhou	99.5	98.9	99.4	100.5	101.3	101.9	102.4	102.8	103.0	102.5	103.3	103.7
南 充	Nanchong	96.7	96.8	98.0	98.8	99.7	100.4	100.5	101.3	101.5	101.2	101.5	101.7
遵 义	Zunyi	98.0	98.5	99.1	99.5	99.8	100.2	100.2	100.8	100.6	100.9	101.4	101.7
大 理	Dali	98.2	98.7	98.2	98.9	99.7	100.4	100.8	101.3	101.4	102.1	102.6	103.1

4-2-2 2016年70个大中城市新建商品住宅销售价格指数

Housing Price Indices of Newly Constructed Commercial Residential Buildings in 70 Large and Medium-Sized Cities 2016

(以上年同月价格为100) (Same Month of Preceding Year=100)

城　市	City	1月	2月	3月	4月	5月	6月	7月	8月	9月	10月	11月	12月
北　京	Beijing	111.3	114.2	117.6	120.2	121.4	122.3	122.7	125.8	130.4	130.2	128.9	128.4
天　津	Tianjin	104.1	105.0	107.2	110.0	112.5	114.6	117.0	121.0	125.4	126.6	126.6	125.4
石家庄	Shijiazhuang	102.1	103.1	103.2	103.8	104.8	105.8	108.1	111.6	116.2	118.5	118.9	119.0
太　原	Taiyuan	101.8	102.2	102.3	102.1	101.8	102.3	101.9	102.1	102.3	102.4	102.3	102.6
呼和浩特	Hohhot	97.7	98.7	99.2	99.9	100.2	100.4	100.5	100.7	100.4	101.3	101.1	101.1
沈　阳	Shenyang	99.5	99.6	100.1	101.0	101.8	101.5	101.4	101.2	101.6	102.4	102.6	103.3
大　连	Dalian	98.9	98.9	99.4	100.1	100.6	100.5	99.7	100.0	100.4	101.7	102.4	102.6
长　春	Changchun	98.2	98.8	99.5	100.3	101.0	101.3	101.2	101.2	101.9	102.9	103.5	103.9
哈尔滨	Harbin	100.1	100.5	101.4	101.1	101.5	101.7	101.3	101.8	101.6	101.6	101.6	102.2
上　海	Shanghai	121.4	125.1	130.5	134.2	133.8	133.7	133.1	137.8	139.5	137.4	134.8	131.7
南　京	Nanjing	110.8	114.1	117.8	122.6	127.1	131.5	134.9	138.8	143.0	144.4	142.8	141.0
杭　州	Hangzhou	107.1	108.9	111.9	114.8	117.0	117.4	119.1	122.2	128.2	131.5	130.1	128.6
宁　波	Ningbo	104.6	105.5	107.2	108.3	108.9	108.9	109.0	109.6	111.3	112.5	112.6	112.2
合　肥	Hefei	103.3	106.0	111.2	117.6	123.3	129.1	134.0	140.5	147.0	148.6	147.6	146.5
福　州	Fuzhou	103.3	105.5	107.7	111.1	112.9	113.9	115.5	120.4	126.2	129.1	129.2	127.6
厦　门	Xiamen	108.7	110.2	115.9	121.7	128.3	134.0	139.6	144.3	147.0	145.9	143.9	141.9
南　昌	Nanchang	101.8	103.7	105.5	107.1	108.5	109.6	111.5	113.0	115.1	115.9	115.7	114.4
济　南	Jinan	101.5	102.2	103.3	104.3	105.1	105.8	106.9	110.0	115.5	119.0	120.0	119.4
青　岛	Qingdao	98.6	99.5	101.2	102.7	103.7	104.1	104.5	106.6	111.8	113.5	113.8	113.4
郑　州	Zhengzhou	103.4	104.0	105.3	106.8	108.2	109.4	111.2	116.7	124.9	128.6	129.0	128.4
武　汉	Wuhan	105.6	106.5	107.7	109.6	111.9	113.8	115.8	118.6	122.5	125.7	126.8	125.5
长　沙	Changsha	100.4	101.2	101.8	103.5	104.4	104.9	105.7	107.4	112.0	116.9	118.7	118.2
广　州	Guangzhou	110.0	111.9	115.3	117.6	119.0	119.4	119.5	121.2	123.2	123.8	124.2	124.3
深　圳	Shenzhen	152.7	157.8	162.5	163.4	154.0	147.4	141.4	137.3	134.5	132.1	128.2	123.8
南　宁	Nanning	102.7	103.6	104.2	105.2	106.1	106.3	107.1	107.8	110.0	111.1	110.7	111.2
海　口	Haikou	99.6	100.4	100.6	101.4	102.3	102.6	103.4	103.5	104.1	105.0	105.8	106.2
重　庆	Chongqing	100.3	101.4	102.3	102.9	103.5	103.4	103.3	103.4	104.5	105.1	106.5	107.2
成　都	Chengdu	101.1	101.5	102.4	103.0	103.3	103.7	104.2	104.8	107.4	106.5	106.1	105.6
贵　阳	Guiyang	99.6	100.3	100.5	101.5	102.2	102.0	102.4	102.4	103.0	104.0	104.5	105.2
昆　明	Kunming	97.7	98.1	98.2	99.3	100.0	100.1	100.8	101.5	102.1	103.2	103.9	104.2
西　安	Xi'an	100.2	100.6	100.9	101.8	102.4	103.0	103.1	103.5	103.6	105.0	106.6	107.2
兰　州	Lanzhou	99.2	99.7	100.2	101.1	101.9	102.5	103.0	103.9	103.9	103.8	103.7	103.2
西　宁	Xining	96.9	97.2	97.6	98.3	98.9	99.5	100.2	101.0	101.3	102.1	102.1	102.5
银　川	Yinchuan	96.4	96.9	97.7	98.8	99.9	100.0	100.7	101.0	101.1	101.4	101.5	102.1
乌鲁木齐	Urumqi	97.8	97.5	97.9	98.3	99.0	98.9	98.9	98.8	98.5	98.4	98.1	98.6

4-2-2 续表 Continued

(以上年同月价格为100) (Same Month of Preceding Year=100)

城 市	City	1月	2月	3月	4月	5月	6月	7月	8月	9月	10月	11月	12月
唐 山	Tangshan	97.9	98.3	98.6	98.7	99.7	99.3	99.7	100.2	100.6	101.3	102.4	103.0
秦皇岛	Qinhuangdao	96.9	97.7	98.3	99.3	99.8	100.4	100.7	101.5	102.3	104.8	106.2	106.5
包 头	Baotou	97.1	97.8	98.0	98.5	98.7	98.8	98.7	98.7	99.2	99.2	99.7	99.4
丹 东	Dandong	96.2	96.1	96.2	96.9	97.5	98.0	97.6	97.9	97.8	98.3	98.8	99.3
锦 州	Jinzhou	96.5	97.2	96.9	96.8	96.8	96.5	96.2	96.2	96.2	96.1	96.7	97.1
吉 林	Jilin	97.5	98.4	98.8	99.6	100.0	100.4	100.2	100.5	101.1	101.6	101.8	102.6
牡丹江	Mudanjiang	98.3	98.1	98.0	98.4	98.0	97.6	97.2	98.2	98.7	98.4	98.2	98.8
无 锡	Wuxi	99.6	100.2	102.4	105.3	106.9	109.7	112.9	118.5	128.1	134.5	135.3	135.7
扬 州	Yangzhou	99.8	100.4	101.0	101.5	102.3	102.8	103.7	104.3	105.5	107.1	109.2	109.7
徐 州	Xuzhou	99.9	100.7	101.2	102.0	102.9	103.3	104.0	104.3	105.4	107.2	108.9	109.6
温 州	Wenzhou	102.8	103.5	104.2	103.7	103.6	103.2	103.2	103.2	104.6	105.0	104.7	104.7
金 华	Jinhua	102.0	102.6	103.2	103.1	103.1	103.1	103.1	103.5	105.1	105.6	106.8	106.6
蚌 埠	Bengbu	96.0	96.5	98.2	99.2	100.2	100.7	102.2	103.7	105.8	106.8	108.3	109.2
安 庆	Anqing	99.3	99.2	100.0	100.7	101.0	101.6	101.9	103.4	104.4	105.2	106.7	107.6
泉 州	Quanzhou	99.0	100.0	100.7	101.9	101.9	101.8	102.5	103.8	105.4	106.2	108.4	109.1
九 江	Jiujiang	98.8	99.5	100.3	101.6	102.1	103.0	104.0	105.3	107.4	109.9	110.8	111.3
赣 州	Ganzhou	99.4	99.4	100.5	101.8	102.7	103.1	103.8	104.5	108.2	112.0	113.4	113.5
烟 台	Yantai	99.0	99.6	100.2	100.8	101.5	102.1	102.7	103.4	103.9	104.9	105.2	105.4
济 宁	Jining	96.7	97.2	97.9	98.3	98.7	98.9	99.1	99.8	99.9	100.7	101.2	101.7
洛 阳	Luoyang	97.6	98.2	98.7	99.7	100.1	100.3	100.6	101.0	101.7	102.1	103.8	104.7
平顶山	Pingdingshan	99.8	100.1	100.6	100.9	101.3	101.6	101.6	101.8	102.3	102.9	103.4	103.7
宜 昌	Yichang	98.6	98.9	99.4	100.2	100.7	101.5	102.1	102.6	103.0	103.8	104.1	105.1
襄 阳	Xiangyang	96.2	97.2	97.5	98.1	98.8	99.0	99.5	100.4	100.9	101.7	102.4	102.7
岳 阳	Yueyang	96.5	97.3	97.7	98.4	98.8	99.3	100.0	100.6	102.4	104.6	104.9	105.4
常 德	Changde	97.1	98.1	98.0	98.8	99.0	99.3	99.7	100.0	101.5	102.2	102.5	103.0
惠 州	Huizhou	98.9	100.4	102.3	106.4	110.2	113.5	115.5	116.4	120.3	122.9	124.4	125.0
湛 江	Zhanjiang	95.1	96.4	97.2	98.1	99.1	100.9	102.4	102.9	104.2	105.9	107.2	108.3
韶 关	Shaoguan	96.6	98.3	99.6	101.0	102.0	102.3	101.6	101.5	104.1	105.4	106.8	107.4
桂 林	Guilin	97.3	98.1	98.5	99.2	99.5	99.8	99.8	100.3	102.2	103.2	103.1	103.2
北 海	Beihai	99.1	99.7	100.3	101.1	101.3	101.2	101.5	101.2	101.8	102.7	103.7	103.9
三 亚	Sanya	99.7	99.9	99.9	100.0	100.7	100.5	100.1	100.5	101.8	102.7	103.8	104.5
泸 州	Luzhou	99.5	98.9	99.3	100.5	101.3	102.0	102.4	102.8	103.0	102.6	103.4	103.7
南 充	Nanchong	96.6	96.7	97.9	98.8	99.7	100.4	100.5	101.4	101.5	101.2	101.5	101.8
遵 义	Zunyi	97.8	98.4	99.0	99.5	99.8	100.2	100.1	100.8	100.6	100.9	101.5	101.7
大 理	Dali	98.2	98.7	98.2	98.9	99.7	100.4	100.8	101.3	101.4	102.1	102.6	103.1

4-2-3　2016年70个大中城市90㎡及以下新建商品住宅销售价格指数

Housing Price Indices of 90㎡ and below Newly Constructed Commercial Residential Buildings in 70 Large and Medium-Sized Cities 2016

(以上年同月价格为100)　　(Same Month of Preceding Year=100)

城　市	City	1月	2月	3月	4月	5月	6月	7月	8月	9月	10月	11月	12月
北　京	Beijing	100.0	102.4	103.8	107.9	109.2	110.1	110.8	113.6	118.0	119.5	119.5	123.3
天　津	Tianjin	105.6	106.4	108.5	112.4	115.3	118.2	120.9	125.5	129.2	130.5	130.6	130.6
石家庄	Shijiazhuang	102.2	103.0	102.9	103.2	104.3	104.8	106.2	109.8	113.8	116.7	116.9	118.1
太　原	Taiyuan	103.1	103.6	103.4	102.6	102.1	103.1	103.0	103.6	103.1	103.6	103.6	104.0
呼和浩特	Hohhot	96.9	98.2	98.1	98.7	98.8	99.3	98.8	99.1	98.3	99.8	99.9	99.8
沈　阳	Shenyang	100.0	99.9	100.2	101.4	102.5	102.0	101.7	101.7	102.2	103.0	104.0	105.2
大　连	Dalian	99.5	100.0	100.4	101.1	101.4	101.7	100.5	100.3	100.4	101.2	101.6	101.6
长　春	Changchun	98.6	99.2	100.4	101.3	102.0	102.4	102.9	102.9	103.3	103.9	105.2	105.2
哈尔滨	Harbin	99.4	99.5	100.7	100.6	100.8	101.1	100.9	101.0	101.2	101.3	101.2	102.4
上　海	Shanghai	120.9	124.8	131.1	135.7	136.4	137.0	136.0	140.0	142.9	140.2	137.7	134.1
南　京	Nanjing	111.6	113.8	117.6	123.1	127.4	132.1	135.2	140.6	146.0	147.5	145.9	144.3
杭　州	Hangzhou	108.1	110.1	114.0	117.4	119.7	120.8	123.0	126.3	132.9	136.7	134.7	132.9
宁　波	Ningbo	105.6	106.2	108.0	108.7	109.9	110.0	110.5	110.9	113.0	114.4	114.8	114.1
合　肥	Hefei	103.2	105.2	110.1	115.8	121.2	127.5	132.2	138.4	145.8	148.6	147.3	146.5
福　州	Fuzhou	105.4	107.5	110.0	114.0	114.9	115.9	118.2	122.9	128.6	130.4	129.6	127.4
厦　门	Xiamen	108.4	109.5	114.9	121.7	128.1	134.2	139.5	145.1	147.5	145.5	142.7	142.0
南　昌	Nanchang	104.1	105.1	107.0	108.9	109.6	110.3	111.9	112.9	114.9	116.2	116.4	114.2
济　南	Jinan	101.9	102.3	103.3	104.8	105.3	106.4	107.8	110.4	116.1	118.4	118.9	118.7
青　岛	Qingdao	99.0	99.5	101.1	102.6	103.4	103.9	104.4	106.2	112.0	113.8	113.9	113.8
郑　州	Zhengzhou	103.6	104.1	105.4	107.3	108.9	110.2	112.1	117.5	126.5	131.1	131.4	129.9
武　汉	Wuhan	104.5	105.4	106.8	109.1	111.0	113.5	115.3	118.3	123.0	126.1	127.1	126.3
长　沙	Changsha	99.1	99.8	100.5	101.9	102.5	102.8	104.1	105.9	110.1	114.7	116.9	116.8
广　州	Guangzhou	110.1	111.3	114.9	118.1	120.0	120.2	120.7	122.3	125.0	124.7	125.2	125.4
深　圳	Shenzhen	150.9	155.6	160.2	161.4	152.8	146.0	140.2	135.9	133.1	130.8	127.4	123.2
南　宁	Nanning	102.9	103.9	104.6	105.7	106.6	106.8	107.6	108.1	110.3	111.9	111.5	112.4
海　口	Haikou	99.2	100.4	100.5	101.3	102.2	103.1	104.2	104.7	105.6	106.7	108.1	108.4
重　庆	Chongqing	99.4	100.4	101.2	102.0	102.6	102.8	102.9	103.1	104.0	104.8	106.5	107.3
成　都	Chengdu	100.1	100.6	101.4	102.4	102.7	103.0	103.0	103.7	106.1	105.3	104.7	104.1
贵　阳	Guiyang	99.5	99.9	100.2	101.4	102.5	102.3	103.0	102.9	103.9	104.5	105.3	105.5
昆　明	Kunming	99.2	99.2	99.5	100.8	101.7	101.3	101.7	102.2	102.6	103.4	104.4	104.5
西　安	Xi'an	100.8	101.4	101.8	102.7	103.5	104.5	104.6	104.6	104.6	106.3	107.2	107.8
兰　州	Lanzhou	100.1	100.7	101.1	101.6	101.8	102.3	102.9	104.0	104.3	104.0	104.3	103.3
西　宁	Xining	97.8	98.0	98.2	98.5	99.2	99.8	100.7	101.6	101.8	102.7	103.2	103.4
银　川	Yinchuan	96.0	96.1	96.6	98.2	99.6	100.0	101.5	101.5	101.6	102.7	102.5	103.4
乌鲁木齐	Urumqi	96.6	96.8	97.1	98.0	98.6	98.6	98.1	98.1	98.2	97.6	98.0	98.4

4-2-3 续表 Continued

(以上年同月价格为100) (Same Month of Preceding Year=100)

城 市	City	1月	2月	3月	4月	5月	6月	7月	8月	9月	10月	11月	12月
唐 山	Tangshan	99.4	99.7	99.5	99.9	100.3	100.1	99.9	100.1	100.2	101.7	101.3	101.9
秦皇岛	Qinhuangdao	97.6	98.0	98.7	99.7	99.5	100.2	100.3	101.2	101.4	103.4	105.3	105.9
包 头	Baotou	97.1	98.4	98.3	99.2	99.6	99.8	99.4	99.4	99.5	99.9	100.1	99.8
丹 东	Dandong	95.5	95.7	96.1	96.8	97.5	98.0	98.7	99.2	98.6	98.2	99.4	100.7
锦 州	Jinzhou	92.5	93.3	93.1	93.8	93.7	93.6	93.7	94.1	94.1	95.2	95.7	95.5
吉 林	Jilin	97.7	98.4	98.5	99.4	99.8	99.7	99.7	99.7	100.7	101.1	101.8	102.4
牡丹江	Mudanjiang	98.1	97.9	97.6	98.0	97.8	97.3	96.6	98.1	98.6	98.4	98.5	98.3
无 锡	Wuxi	100.3	101.3	104.0	106.3	108.0	110.7	114.2	120.4	130.9	137.5	137.6	137.1
扬 州	Yangzhou	101.3	101.6	102.0	102.5	103.3	104.3	105.3	105.1	105.8	107.5	109.0	109.4
徐 州	Xuzhou	99.5	100.5	101.3	102.2	102.5	103.2	103.7	103.4	105.0	107.2	108.6	109.7
温 州	Wenzhou	102.1	102.9	102.9	102.6	102.6	102.4	102.1	101.9	104.1	104.1	104.0	104.6
金 华	Jinhua	101.8	102.5	103.0	103.3	103.1	103.2	103.6	104.0	105.9	106.5	107.8	107.7
蚌 埠	Bengbu	95.9	96.7	98.3	99.3	99.9	100.3	101.7	103.3	105.1	106.0	107.1	108.4
安 庆	Anqing	99.7	99.8	100.8	102.2	102.3	102.5	103.2	104.0	104.8	105.0	107.2	108.4
泉 州	Quanzhou	98.2	99.3	99.9	101.1	101.0	101.5	102.1	103.8	105.5	106.5	110.0	109.8
九 江	Jiujiang	98.1	98.5	99.6	101.1	101.6	102.8	104.2	106.2	108.3	110.4	111.3	112.0
赣 州	Ganzhou	100.4	100.4	100.9	102.6	103.4	103.9	104.5	105.5	108.5	111.8	113.0	113.6
烟 台	Yantai	98.6	99.3	99.7	100.1	100.8	101.2	101.8	102.2	102.8	103.5	103.9	104.3
济 宁	Jining	96.6	96.9	97.2	98.1	99.0	99.6	100.0	100.6	101.1	101.4	101.9	102.8
洛 阳	Luoyang	99.3	99.7	100.0	100.8	102.0	102.0	102.8	103.3	104.8	105.1	106.8	108.0
平顶山	Pingdingshan	98.8	98.9	99.6	99.8	100.1	99.8	99.8	100.1	101.4	102.1	102.3	104.0
宜 昌	Yichang	98.7	98.7	98.5	99.7	100.3	101.3	101.7	102.6	103.3	103.8	104.0	105.0
襄 阳	Xiangyang	97.5	98.4	99.1	100.0	100.7	100.9	100.9	101.7	102.1	101.9	102.5	103.0
岳 阳	Yueyang	96.1	96.8	97.4	98.2	98.2	99.3	100.6	101.3	102.9	105.7	106.1	106.1
常 德	Changde	96.6	97.8	98.1	99.1	99.9	99.8	99.8	99.9	101.6	102.3	102.7	103.6
惠 州	Huizhou	101.1	102.0	103.4	106.8	111.1	113.9	115.5	115.7	119.0	120.9	122.7	122.3
湛 江	Zhanjiang	95.9	97.3	98.1	98.6	100.0	101.6	103.7	103.7	105.3	106.4	107.7	109.1
韶 关	Shaoguan	98.6	99.6	101.5	102.2	103.2	102.9	103.0	102.8	104.8	106.2	107.7	107.8
桂 林	Guilin	98.7	98.6	99.0	99.2	99.4	99.6	100.1	100.4	101.3	102.5	101.9	102.2
北 海	Beihai	99.1	99.7	100.4	101.3	101.8	101.6	101.6	101.8	102.2	102.9	103.7	104.3
三 亚	Sanya	100.0	99.8	99.9	100.3	100.8	100.8	100.0	100.2	101.2	102.5	103.6	104.7
泸 州	Luzhou	98.4	98.1	98.8	100.0	101.2	101.6	102.3	102.7	103.6	103.3	105.1	106.2
南 充	Nanchong	96.7	96.9	98.1	98.7	99.3	100.2	100.6	101.3	101.4	100.9	101.3	101.2
遵 义	Zunyi	98.6	99.3	99.8	100.5	101.0	101.4	101.3	102.0	102.3	102.6	103.2	103.2
大 理	Dali	98.3	98.5	98.4	99.1	99.9	100.4	100.5	100.9	101.0	101.3	101.9	102.4

4-2-4 2016年70个大中城市90~144㎡新建商品住宅销售价格指数

Housing Price Indices of 90~144㎡ Newly Constructed Commercial Residential Buildings in 70 Large and Medium-Sized Cities 2016

(以上年同月价格为100)　　(Same Month of Preceding Year=100)

城市	City	1月	2月	3月	4月	5月	6月	7月	8月	9月	10月	11月	12月
北京	Beijing	114.5	116.9	120.9	122.7	124.1	124.6	125.0	128.1	132.8	132.3	131.3	129.2
天津	Tianjin	103.2	104.3	106.9	109.7	112.2	114.5	117.3	121.4	126.3	127.4	127.2	126.1
石家庄	Shijiazhuang	102.0	103.0	103.1	104.1	104.9	106.1	109.0	112.5	117.3	119.6	120.0	119.9
太原	Taiyuan	101.9	102.3	102.3	102.2	102.0	102.1	101.5	101.5	102.0	102.6	102.7	103.0
呼和浩特	Hohhot	98.1	98.6	99.4	100.5	100.9	101.1	101.7	101.7	102.2	102.2	101.9	101.7
沈阳	Shenyang	99.8	100.3	101.1	102.2	102.9	102.1	102.1	102.0	102.1	102.6	102.1	102.3
大连	Dalian	99.3	99.0	99.4	100.5	100.9	101.1	100.4	101.2	102.0	103.3	104.5	104.8
长春	Changchun	98.4	98.6	98.8	99.5	100.2	100.6	100.5	100.3	101.3	102.1	102.0	102.6
哈尔滨	Harbin	100.3	100.6	101.0	100.7	101.2	101.4	101.2	101.7	102.0	102.2	102.5	103.1
上海	Shanghai	122.0	125.5	130.6	133.8	134.1	134.3	133.4	138.0	139.6	137.3	135.0	132.6
南京	Nanjing	111.1	114.8	118.6	123.5	128.3	132.5	136.0	139.8	143.4	144.4	142.4	140.4
杭州	Hangzhou	106.3	108.3	111.2	114.2	116.2	116.7	118.1	121.3	127.6	130.9	129.7	128.6
宁波	Ningbo	105.1	105.8	107.5	108.5	109.3	109.5	109.3	109.8	111.6	112.9	112.9	112.5
合肥	Hefei	103.0	105.6	111.0	117.7	123.5	129.4	134.0	140.5	146.9	148.4	147.8	146.6
福州	Fuzhou	102.1	104.0	106.7	109.8	112.3	113.5	114.9	120.4	126.8	130.1	130.5	129.1
厦门	Xiamen	108.8	110.9	116.8	122.5	129.5	135.7	141.5	145.9	148.6	147.2	145.4	142.2
南昌	Nanchang	101.9	104.0	105.7	107.2	109.0	110.2	112.1	113.8	115.6	116.3	115.8	114.4
济南	Jinan	101.9	102.8	103.9	104.7	105.5	106.3	107.2	110.7	116.0	119.7	120.9	120.1
青岛	Qingdao	100.0	101.1	102.7	104.3	105.2	105.3	105.8	107.8	112.2	113.9	114.2	113.4
郑州	Zhengzhou	103.6	104.1	105.4	106.4	107.8	108.8	110.8	116.6	124.1	127.3	127.9	127.9
武汉	Wuhan	105.8	106.5	107.5	109.9	112.3	114.1	116.3	119.2	123.1	126.4	127.9	126.3
长沙	Changsha	100.5	101.7	102.3	104.2	105.2	105.8	106.4	108.1	112.8	117.9	119.1	118.7
广州	Guangzhou	109.9	111.9	115.0	117.1	118.3	118.8	118.8	120.7	122.5	123.3	124.0	124.2
深圳	Shenzhen	153.5	159.4	164.0	163.6	153.6	145.4	139.2	136.2	132.8	130.5	127.3	123.4
南宁	Nanning	103.3	104.2	105.1	106.0	107.0	107.1	108.0	108.6	110.8	111.0	110.4	110.9
海口	Haikou	99.9	100.5	101.0	101.6	102.5	102.6	103.6	103.6	104.1	105.1	105.9	106.2
重庆	Chongqing	100.7	101.5	102.3	102.9	103.4	103.2	103.1	103.2	104.4	105.1	106.6	107.4
成都	Chengdu	101.7	102.0	103.2	103.7	103.7	104.1	105.1	106.1	109.3	108.3	107.9	107.4
贵阳	Guiyang	99.5	100.1	100.6	101.6	102.2	102.1	102.3	102.6	103.0	104.3	104.8	105.7
昆明	Kunming	97.0	97.6	97.6	99.1	99.6	100.0	101.0	101.7	102.4	103.7	104.4	104.7
西安	Xi'an	100.1	100.3	100.4	101.3	102.0	102.3	102.4	102.6	103.0	104.4	106.4	106.9
兰州	Lanzhou	98.7	99.1	99.5	100.8	101.8	102.7	103.1	104.0	103.7	103.7	103.4	103.0
西宁	Xining	96.7	96.8	97.2	97.9	98.5	98.9	99.7	100.4	101.0	101.9	101.8	102.6
银川	Yinchuan	96.7	97.2	98.2	99.4	100.5	100.5	101.0	101.2	101.4	101.4	101.7	102.1
乌鲁木齐	Urumqi	98.9	98.4	98.9	99.3	100.0	100.0	100.1	99.8	99.6	99.6	99.1	99.4

4-2-4 续表 Continued

(以上年同月价格为100) (Same Month of Preceding Year=100)

城 市	City	1月	2月	3月	4月	5月	6月	7月	8月	9月	10月	11月	12月
唐 山	Tangshan	97.4	97.7	98.3	98.6	99.6	99.0	100.0	100.5	101.3	101.5	103.1	103.7
秦皇岛	Qinhuangdao	97.0	97.8	98.5	99.6	100.3	100.9	101.3	102.0	102.9	105.6	107.2	107.2
包 头	Baotou	97.2	97.5	97.7	98.2	98.5	98.3	98.4	98.4	99.4	99.4	100.0	100.2
丹 东	Dandong	96.7	96.5	96.4	97.3	97.6	98.3	97.4	97.7	97.9	99.3	99.6	99.7
锦 州	Jinzhou	98.1	98.9	98.6	98.0	98.1	97.7	97.1	97.0	97.0	96.5	97.1	97.8
吉 林	Jilin	97.4	98.5	99.0	99.9	100.4	101.1	100.5	101.1	101.5	102.0	101.8	102.8
牡丹江	Mudanjiang	98.7	98.6	98.6	98.9	98.6	98.3	98.0	98.6	99.1	98.7	98.4	99.1
无 锡	Wuxi	100.0	100.4	102.6	106.0	107.5	110.5	113.7	119.6	129.5	136.4	137.7	138.4
扬 州	Yangzhou	99.4	100.0	100.9	101.4	102.2	102.6	103.5	104.2	105.6	107.3	109.8	110.6
徐 州	Xuzhou	99.8	100.5	100.9	101.6	102.6	103.0	103.7	104.1	105.2	107.1	108.8	109.7
温 州	Wenzhou	103.4	104.0	105.0	104.1	103.9	103.3	103.5	103.5	105.0	105.7	105.7	105.6
金 华	Jinhua	102.1	102.4	103.2	103.1	103.3	103.3	103.2	104.0	105.5	105.9	107.4	107.4
蚌 埠	Bengbu	96.0	96.4	98.2	99.3	100.5	101.0	102.6	104.0	106.0	107.1	108.8	109.5
安 庆	Anqing	99.0	98.8	99.6	100.1	100.6	101.4	101.6	103.4	104.4	105.3	106.5	107.5
泉 州	Quanzhou	99.1	100.0	100.3	101.5	101.2	101.2	102.3	103.1	104.9	106.0	108.4	108.9
九 江	Jiujiang	98.8	99.6	100.3	101.5	102.1	102.9	103.9	105.0	107.4	109.8	111.0	111.5
赣 州	Ganzhou	99.3	99.3	100.6	101.7	102.6	102.9	103.7	104.4	108.1	112.3	113.4	113.3
烟 台	Yantai	99.7	100.4	101.0	101.7	102.4	103.2	103.6	104.5	105.1	106.2	106.4	106.4
济 宁	Jining	97.1	97.6	98.2	98.2	98.3	98.5	99.1	99.9	99.8	100.7	101.1	101.5
洛 阳	Luoyang	97.1	97.8	98.5	99.3	99.6	99.9	100.0	100.3	100.8	101.2	103.0	104.0
平顶山	Pingdingshan	99.9	100.5	100.7	101.1	101.6	102.2	102.1	102.3	102.6	103.1	103.8	103.8
宜 昌	Yichang	98.4	98.8	99.6	100.3	100.7	101.5	102.1	102.3	102.7	103.5	104.0	105.0
襄 阳	Xiangyang	96.2	97.4	97.7	98.1	98.7	99.0	99.6	100.5	100.9	101.9	102.6	102.9
岳 阳	Yueyang	97.0	97.6	97.8	98.2	98.5	98.8	99.6	100.1	102.0	103.7	103.9	104.4
常 德	Changde	97.7	98.6	98.3	99.0	98.9	99.3	99.8	100.3	101.8	102.3	102.3	102.8
惠 州	Huizhou	99.0	100.4	102.7	106.9	110.5	113.8	115.8	116.8	121.2	124.4	125.4	125.6
湛 江	Zhanjiang	95.0	96.2	97.0	98.2	98.9	100.9	102.3	102.8	104.2	106.3	108.0	108.8
韶 关	Shaoguan	96.6	98.4	99.6	100.7	101.7	101.9	101.1	101.1	104.0	104.9	105.7	106.8
桂 林	Guilin	96.7	97.7	98.2	99.0	99.2	99.2	99.3	99.5	101.9	103.0	102.6	102.9
北 海	Beihai	99.1	99.6	100.2	100.7	100.4	100.4	101.1	100.1	100.8	102.2	103.3	103.0
三 亚	Sanya	99.1	99.4	99.5	99.3	100.5	100.4	99.8	100.7	101.9	102.5	103.8	104.0
泸 州	Luzhou	100.1	99.3	99.7	100.8	101.5	102.3	102.7	103.0	102.9	102.4	102.7	102.7
南 充	Nanchong	96.7	96.7	97.9	98.9	99.9	100.6	100.5	101.4	101.6	101.3	101.6	102.1
遵 义	Zunyi	97.6	98.3	98.9	99.2	99.6	99.8	99.9	100.5	100.1	100.3	100.9	101.0
大 理	Dali	99.0	99.2	99.0	99.7	100.7	101.4	101.6	102.1	102.1	103.1	103.5	103.8

4-2-5 2016年70个大中城市144㎡以上新建商品住宅销售价格指数

Housing Price Indices of Above 144㎡ Newly Constructed Commercial Residential Buildings in 70 Large and Medium-Sized Cities 2016

(以上年同月价格为100) (Same Month of Preceding Year=100)

城市	City	1月	2月	3月	4月	5月	6月	7月	8月	9月	10月	11月	12月
北京	Beijing	117.4	121.1	125.7	127.5	128.6	129.7	129.9	133.0	137.9	136.4	133.9	131.3
天津	Tianjin	104.5	105.3	106.8	108.9	111.2	112.2	113.9	117.0	121.2	122.6	122.9	120.6
石家庄	Shijiazhuang	102.6	103.3	103.8	103.5	105.0	105.5	107.3	110.4	114.8	116.9	117.7	117.5
太原	Taiyuan	101.2	101.7	101.9	101.7	101.5	102.3	102.2	102.5	102.3	101.7	101.4	101.5
呼和浩特	Hohhot	97.2	99.1	99.3	99.3	99.7	99.5	99.1	99.6	98.3	100.5	100.3	100.6
沈阳	Shenyang	98.1	98.2	98.5	98.9	98.8	99.7	99.8	99.2	100.0	101.1	100.7	101.0
大连	Dalian	96.9	96.9	97.3	97.7	98.4	97.0	96.7	97.1	97.4	99.8	100.0	100.1
长春	Changchun	97.5	98.6	99.7	100.2	101.1	101.0	100.2	100.6	101.2	102.8	104.0	104.4
哈尔滨	Harbin	100.4	101.3	102.8	102.4	102.6	103.0	101.7	102.6	101.4	100.9	100.1	100.2
上海	Shanghai	121.0	124.8	130.2	134.0	132.6	132.2	131.9	136.9	138.2	136.5	133.7	130.2
南京	Nanjing	109.6	113.0	116.5	120.5	124.4	129.0	132.4	135.5	139.5	141.8	140.7	139.2
杭州	Hangzhou	106.7	108.0	110.2	112.4	114.6	114.1	115.5	118.3	123.3	126.1	125.2	123.7
宁波	Ningbo	103.5	104.8	106.6	107.9	108.0	107.8	108.0	108.8	110.3	111.2	111.2	111.0
合肥	Hefei	104.6	109.4	114.1	119.9	126.0	130.4	136.7	143.8	149.5	149.6	147.4	146.2
福州	Fuzhou	104.2	106.8	108.2	111.6	112.9	113.5	115.1	119.2	124.1	127.0	127.0	125.3
厦门	Xiamen	108.6	109.7	115.0	120.5	126.4	131.0	136.7	141.1	144.2	144.1	142.2	141.3
南昌	Nanchang	100.2	102.2	104.1	105.6	105.9	106.8	109.2	110.5	113.5	114.2	114.7	114.6
济南	Jinan	100.0	100.2	101.3	102.7	103.3	103.8	105.0	107.2	113.2	116.9	117.6	117.3
青岛	Qingdao	94.7	95.9	97.9	99.5	101.0	101.7	102.1	104.8	110.7	111.8	112.9	112.3
郑州	Zhengzhou	102.5	103.4	104.8	106.3	107.5	108.5	109.5	114.9	122.3	124.6	124.7	125.3
武汉	Wuhan	106.6	107.9	109.2	109.4	111.9	113.1	114.6	116.9	119.5	122.5	122.6	121.5
长沙	Changsha	101.1	101.6	102.0	103.3	104.6	105.0	105.8	107.4	111.9	116.8	119.1	118.5
广州	Guangzhou	109.9	112.2	116.0	118.0	119.6	119.8	119.9	121.5	123.3	124.2	124.1	123.9
深圳	Shenzhen	155.4	160.6	165.8	167.0	156.6	151.5	145.5	141.0	138.5	136.0	130.4	125.3
南宁	Nanning	100.5	101.4	100.8	101.8	102.2	103.0	103.7	104.7	107.3	109.7	109.4	109.4
海口	Haikou	99.2	100.3	100.0	101.1	102.1	102.2	102.2	102.1	102.5	103.1	103.7	104.3
重庆	Chongqing	101.0	102.7	103.9	104.6	105.0	104.7	104.2	104.6	105.2	105.6	106.4	106.7
成都	Chengdu	102.2	102.6	103.0	103.4	103.6	104.4	104.9	105.1	107.0	106.1	105.8	105.9
贵阳	Guiyang	100.0	101.5	100.9	101.2	102.0	101.5	101.8	101.1	102.0	102.3	102.8	103.1
昆明	Kunming	97.7	98.1	97.9	98.3	99.1	99.0	99.6	100.3	101.2	102.1	102.5	103.0
西安	Xi'an	100.0	100.5	101.1	101.7	102.2	102.8	102.9	104.0	103.8	104.7	106.4	107.0
兰州	Lanzhou	99.1	99.7	100.5	101.1	102.2	102.5	103.0	103.5	103.9	103.5	103.5	103.6
西宁	Xining	97.4	98.2	98.4	99.3	100.4	101.5	101.7	102.4	102.2	102.1	102.4	101.9
银川	Yinchuan	95.9	96.6	97.1	97.8	98.3	98.6	99.4	100.1	100.3	100.3	100.3	101.4
乌鲁木齐	Urumqi	95.9	95.6	95.9	95.9	96.6	96.0	96.0	96.3	96.0	95.7	95.5	96.2

4-2-5 续表 Continued

(以上年同月价格为100) (Same Month of Preceding Year=100)

城 市	City	1月	2月	3月	4月	5月	6月	7月	8月	9月	10月	11月	12月
唐 山	Tangshan	97.4	97.9	98.0	97.4	99.1	98.8	98.8	99.4	99.2	100.0	102.1	102.7
秦皇岛	Qinhuangdao	95.6	96.6	96.9	97.8	98.1	98.6	99.2	100.2	101.2	103.7	103.8	104.7
包 头	Baotou	96.9	98.1	98.6	98.9	98.8	99.3	99.2	99.0	98.4	98.3	98.5	97.2
丹 东	Dandong	95.6	95.6	95.9	95.7	97.0	96.8	96.5	96.7	96.1	95.4	95.3	95.7
锦 州	Jinzhou	97.7	97.8	98.1	98.4	98.3	97.8	98.0	97.4	97.8	96.3	96.9	97.1
吉 林	Jilin	97.1	98.1	98.7	99.2	99.2	100.3	100.8	100.6	101.2	101.4	101.6	102.3
牡丹江	Mudanjiang	96.2	96.2	95.9	95.7	94.6	94.3	94.3	95.5	95.8	96.3	96.0	98.4
无 锡	Wuxi	98.2	98.9	100.7	103.3	105.1	107.5	110.4	114.8	123.3	128.5	128.9	129.3
扬 州	Yangzhou	100.3	100.9	100.7	100.9	101.8	102.5	103.1	104.2	105.1	106.0	107.3	107.0
徐 州	Xuzhou	100.8	101.7	102.5	103.4	104.4	104.9	105.3	106.2	106.9	108.0	109.6	108.9
温 州	Wenzhou	102.4	103.1	104.1	103.9	104.1	103.8	103.7	103.8	104.3	104.7	104.0	103.6
金 华	Jinhua	102.0	102.8	103.4	103.1	102.8	102.6	102.4	102.2	103.6	104.3	104.9	104.2
蚌 埠	Bengbu	95.6	96.3	97.5	98.1	98.6	98.9	100.6	102.6	105.6	106.7	107.7	109.5
安 庆	Anqing	100.3	100.6	101.0	101.2	101.3	101.4	101.7	102.6	103.9	105.2	106.8	106.9
泉 州	Quanzhou	99.4	100.5	101.9	102.9	103.4	102.8	103.2	104.9	106.0	106.4	107.7	109.0
九 江	Jiujiang	99.1	99.9	101.0	102.3	102.7	103.3	104.2	106.2	106.8	110.1	109.9	110.2
赣 州	Ganzhou	98.6	98.6	99.9	101.4	102.7	103.2	103.4	103.7	108.0	111.4	113.8	114.3
烟 台	Yantai	97.1	96.9	98.4	98.9	99.7	100.7	101.6	102.7	102.9	104.2	103.8	104.6
济 宁	Jining	95.6	96.5	97.3	98.4	99.3	99.5	99.0	99.3	100.0	100.6	101.3	101.9
洛 阳	Luoyang	97.5	98.0	98.0	100.0	100.1	100.0	100.6	101.2	101.8	102.3	103.9	104.2
平顶山	Pingdingshan	100.9	100.5	101.5	101.8	102.0	102.3	102.3	102.1	102.5	103.2	103.1	103.3
宜 昌	Yichang	99.2	100.2	100.0	100.3	101.0	101.9	103.0	104.0	104.1	105.4	105.4	106.2
襄 阳	Xiangyang	94.3	95.3	95.2	96.0	96.9	97.1	97.5	98.5	99.5	100.5	101.2	101.6
岳 阳	Yueyang	96.0	96.8	97.5	99.1	99.7	100.4	100.5	101.2	103.0	106.0	106.2	107.1
常 德	Changde	96.4	97.3	97.2	97.9	97.9	98.4	99.1	99.2	100.6	101.7	103.1	102.3
惠 州	Huizhou	97.3	99.0	101.0	105.2	109.1	112.6	114.7	116.2	119.7	121.6	123.8	125.7
湛 江	Zhanjiang	94.1	95.3	96.3	96.8	98.4	99.5	100.5	101.3	101.9	103.3	103.5	104.9
韶 关	Shaoguan	95.9	97.7	99.0	101.1	102.1	102.8	101.9	101.7	104.0	105.8	108.2	108.2
桂 林	Guilin	97.7	98.5	98.9	100.1	100.4	101.6	101.4	102.4	104.0	104.5	105.5	105.1
北 海	Beihai	98.0	99.4	99.9	101.5	101.6	101.7	102.6	101.6	103.1	104.6	106.0	104.6
三 亚	Sanya	100.0	100.9	100.5	100.7	100.8	100.4	100.6	101.0	102.5	103.2	104.4	105.2
泸 州	Luzhou	97.6	97.1	97.8	98.7	99.2	99.9	100.1	101.4	101.6	101.7	102.8	104.0
南 充	Nanchong	95.7	96.0	96.9	97.9	98.5	99.1	99.9	101.2	102.0	101.5	101.6	100.0
遵 义	Zunyi	97.7	97.6	98.5	99.5	99.2	100.2	99.7	100.8	100.8	101.7	101.9	103.5
大 理	Dali	97.5	98.2	97.3	98.0	98.7	99.6	100.1	100.7	100.9	101.6	102.1	102.7

4-2-6 2016年70个大中城市二手住宅销售价格指数
Housing Price Indices of Second-Hand Residential Buildings in 70 Large and Medium-Sized Cities 2016

(以上年同月价格为100) (Same Month of Preceding Year=100)

城市	City	1月	2月	3月	4月	5月	6月	7月	8月	9月	10月	11月	12月
北京	Beijing	123.7	127.7	135.1	137.2	134.5	133.4	132.2	134.8	140.5	140.4	138.7	136.7
天津	Tianjin	104.3	106.1	108.6	111.2	112.8	113.2	115.0	118.7	123.0	124.1	124.2	124.0
石家庄	Shijiazhuang	101.0	101.2	103.1	105.5	107.4	109.4	111.4	115.4	120.3	119.9	118.8	117.6
太原	Taiyuan	101.8	101.9	102.3	102.3	101.9	102.1	102.5	102.8	103.0	103.7	104.0	103.9
呼和浩特	Hohhot	99.8	100.0	100.0	100.1	100.1	99.7	99.7	99.4	99.5	99.2	98.9	98.9
沈阳	Shenyang	101.3	101.3	101.4	101.9	101.6	101.2	101.2	101.2	101.0	101.0	100.9	100.7
大连	Dalian	99.9	99.9	100.1	100.4	100.2	100.1	99.9	100.1	100.3	100.6	100.9	101.4
长春	Changchun	100.2	100.0	100.5	100.8	100.8	100.1	99.4	99.5	99.6	100.0	100.3	100.2
哈尔滨	Harbin	101.3	101.8	102.8	103.3	103.2	102.2	101.0	100.7	101.0	100.9	100.4	100.3
上海	Shanghai	114.4	120.3	127.8	130.2	129.2	130.5	131.0	134.4	137.4	136.7	135.1	132.8
南京	Nanjing	107.7	109.2	112.0	115.3	118.3	119.8	122.6	126.4	129.4	131.6	132.8	133.7
杭州	Hangzhou	104.4	105.9	108.2	109.9	111.1	111.7	113.6	116.2	121.0	123.9	123.1	121.7
宁波	Ningbo	103.6	104.4	105.0	105.7	106.2	106.1	106.2	106.5	108.2	108.8	108.4	108.0
合肥	Hefei	105.6	113.2	123.6	130.4	135.9	139.7	144.1	146.9	150.1	151.9	150.4	148.9
福州	Fuzhou	103.5	104.8	105.8	107.3	107.5	107.6	108.2	111.2	115.6	116.9	116.5	116.6
厦门	Xiamen	105.2	108.1	113.9	118.4	125.5	130.6	133.2	135.4	137.0	135.9	133.9	132.4
南昌	Nanchang	102.5	103.7	104.9	105.4	106.5	107.6	108.5	109.5	111.7	112.4	112.0	112.1
济南	Jinan	101.5	102.0	103.0	103.4	103.8	104.1	104.1	106.2	111.6	114.4	115.3	115.5
青岛	Qingdao	100.4	101.1	101.5	101.8	101.8	101.7	101.7	102.6	107.6	108.8	109.4	109.7
郑州	Zhengzhou	103.3	104.2	105.5	106.6	107.9	109.2	110.3	115.3	123.5	126.7	126.9	127.4
武汉	Wuhan	104.4	105.0	106.3	107.4	108.6	110.2	111.9	113.8	117.6	120.1	121.9	122.1
长沙	Changsha	100.9	101.2	101.7	102.7	102.6	102.9	102.8	103.5	107.2	109.6	111.0	112.3
广州	Guangzhou	113.1	114.7	118.5	120.3	120.0	119.7	119.9	122.1	124.7	125.4	125.5	125.9
深圳	Shenzhen	149.7	154.2	160.5	156.1	146.8	138.5	133.9	130.8	128.8	126.8	123.5	119.3
南宁	Nanning	104.5	105.1	104.1	104.5	103.6	102.9	102.4	102.8	103.6	104.6	104.5	105.0
海口	Haikou	96.6	97.5	98.7	99.4	100.4	101.1	101.5	101.9	102.3	102.8	103.2	103.5
重庆	Chongqing	103.0	103.3	103.5	103.8	104.0	103.7	103.6	103.6	104.0	104.4	104.8	105.5
成都	Chengdu	100.5	101.5	101.9	102.3	103.2	103.2	103.1	103.3	104.8	105.4	105.2	105.7
贵阳	Guiyang	100.7	101.0	101.3	101.4	101.5	101.5	101.5	101.6	101.8	102.0	101.9	101.9
昆明	Kunming	99.9	101.0	101.3	102.3	102.7	101.3	101.9	102.0	102.0	102.3	101.8	101.4
西安	Xi'an	95.5	96.0	96.3	96.5	96.4	96.7	97.0	97.4	97.4	97.8	97.9	98.5
兰州	Lanzhou	99.6	99.8	99.8	100.2	100.2	100.4	100.7	101.2	101.2	101.1	101.3	101.3
西宁	Xining	100.7	100.4	99.7	99.8	99.7	99.5	99.1	99.0	99.1	99.1	98.9	98.9
银川	Yinchuan	98.2	98.5	99.1	99.3	99.5	99.5	99.7	99.8	99.9	99.9	100.1	100.2
乌鲁木齐	Urumqi	102.5	101.8	101.2	100.7	99.9	98.9	98.1	97.9	97.7	97.2	96.5	96.3

4-2-6 续表 Continued

(以上年同月价格为100) (Same Month of Preceding Year=100)

城市	City	1月	2月	3月	4月	5月	6月	7月	8月	9月	10月	11月	12月
唐山	Tangshan	98.8	99.1	99.6	99.8	100.0	99.9	99.8	99.9	100.0	100.4	101.1	101.4
秦皇岛	Qinhuangdao	97.3	97.4	97.9	98.3	99.2	99.7	99.8	100.0	100.3	101.5	102.9	103.5
包头	Baotou	97.8	98.1	98.2	97.9	97.2	97.0	96.9	96.6	96.2	96.5	97.4	98.2
丹东	Dandong	97.7	97.9	98.0	98.2	98.2	98.1	98.2	98.2	98.5	98.6	98.4	98.5
锦州	Jinzhou	91.9	92.6	92.7	92.8	93.5	94.1	94.7	95.6	96.2	96.4	96.9	97.4
吉林	Jilin	99.4	99.9	100.1	100.4	100.4	100.5	100.6	100.6	100.6	100.8	101.0	101.4
牡丹江	Mudanjiang	100.1	100.5	101.0	99.7	100.5	100.4	100.2	99.9	99.7	99.5	99.4	99.8
无锡	Wuxi	99.4	99.4	100.9	102.2	102.3	103.1	103.9	108.0	117.0	119.6	119.2	119.2
扬州	Yangzhou	100.2	100.5	100.6	100.5	100.7	100.5	101.0	101.1	101.9	103.1	104.6	105.6
徐州	Xuzhou	99.4	99.8	100.3	100.9	101.2	101.3	101.4	102.4	103.1	104.0	104.8	104.9
温州	Wenzhou	102.4	103.6	104.6	104.5	104.0	103.5	103.4	102.9	103.4	103.5	103.2	103.1
金华	Jinhua	100.7	101.2	101.7	102.1	102.2	102.1	102.0	102.5	103.5	103.8	104.3	104.7
蚌埠	Bengbu	97.2	98.0	98.6	99.3	99.8	100.1	100.9	101.7	102.9	103.5	104.3	105.6
安庆	Anqing	98.8	99.1	99.1	99.6	100.2	100.8	101.5	102.1	103.4	103.9	105.0	106.6
泉州	Quanzhou	99.2	99.2	99.1	99.5	99.5	99.4	99.7	100.1	101.6	102.4	104.5	105.8
九江	Jiujiang	101.9	101.9	102.4	103.0	102.5	103.6	104.3	105.4	105.9	106.7	106.5	107.9
赣州	Ganzhou	100.7	100.7	100.7	101.5	102.1	102.3	102.6	102.8	105.9	108.6	109.7	109.7
烟台	Yantai	98.9	99.1	99.6	100.0	100.3	100.5	100.6	101.2	101.4	101.7	102.0	102.3
济宁	Jining	98.6	99.2	99.6	99.8	99.9	100.0	100.2	100.3	100.5	100.8	101.0	100.9
洛阳	Luoyang	98.2	98.5	98.9	99.3	99.7	100.1	100.3	100.7	100.9	101.2	102.1	102.5
平顶山	Pingdingshan	98.8	99.3	99.7	99.8	99.9	100.0	100.1	100.3	100.9	100.9	100.9	100.7
宜昌	Yichang	101.1	101.4	102.1	102.2	102.3	102.1	102.0	102.1	101.9	102.4	102.9	103.0
襄阳	Xiangyang	99.4	99.9	99.7	99.8	99.4	99.2	99.7	100.3	100.2	100.5	100.6	100.5
岳阳	Yueyang	98.9	99.3	99.6	99.9	100.0	100.1	100.4	100.7	101.1	101.7	101.8	102.2
常德	Changde	100.0	100.0	100.1	100.4	100.4	100.7	101.1	101.0	101.9	102.2	102.3	102.1
惠州	Huizhou	99.7	100.8	102.2	103.6	105.7	106.6	107.7	108.5	112.2	113.0	114.4	114.4
湛江	Zhanjiang	96.1	96.8	97.1	97.5	97.9	98.4	99.1	99.6	100.3	100.7	101.1	102.2
韶关	Shaoguan	100.1	101.2	101.6	101.1	101.2	100.3	99.6	99.0	100.2	100.4	100.4	101.3
桂林	Guilin	96.9	97.6	98.1	98.3	98.3	98.4	98.4	98.5	98.6	98.4	98.2	98.3
北海	Beihai	103.1	103.4	103.5	103.0	103.1	102.6	102.2	102.1	101.7	101.6	101.5	101.7
三亚	Sanya	100.7	100.9	101.5	101.5	101.4	101.5	101.3	100.9	101.1	100.9	101.3	102.0
泸州	Luzhou	103.3	102.9	103.0	103.2	103.1	102.9	102.7	102.5	102.8	102.8	102.8	102.9
南充	Nanchong	100.4	100.4	100.7	100.9	101.1	101.3	101.7	102.0	102.5	102.4	102.6	102.8
遵义	Zunyi	97.4	97.6	98.0	98.1	98.3	98.5	98.4	98.8	99.3	100.6	101.3	102.0
大理	Dali	96.4	97.3	98.2	99.3	99.8	99.8	100.1	99.8	100.3	100.2	100.7	100.3

4-2-7 2016年70个大中城市90㎡及以下二手住宅销售价格指数
Housing Price Indices of 90㎡ and below Second-Hand Residential Buildings in 70 Large and Medium-Sized Cities 2016

(以上年同月价格为100) (Same Month of Preceding Year=100)

城市	City	1月	2月	3月	4月	5月	6月	7月	8月	9月	10月	11月	12月
北京	Beijing	123.7	127.6	134.6	136.9	134.7	133.5	132.4	135.0	140.7	140.5	139.0	137.0
天津	Tianjin	104.9	106.9	109.3	112.6	113.9	115.4	117.5	121.6	125.9	126.7	127.4	127.1
石家庄	Shijiazhuang	101.2	101.5	103.3	105.8	107.6	110.1	112.3	116.6	121.8	121.2	120.0	119.5
太原	Taiyuan	101.1	101.0	101.9	102.6	102.4	102.4	102.9	103.6	104.1	104.7	105.3	105.7
呼和浩特	Hohhot	100.0	100.2	100.3	100.2	100.3	99.9	99.9	99.6	99.6	99.1	98.6	98.6
沈阳	Shenyang	101.4	101.5	101.6	102.2	101.8	101.5	101.4	101.6	101.4	101.5	101.4	101.2
大连	Dalian	99.5	99.9	100.2	100.5	100.1	99.7	99.8	100.0	100.4	101.0	101.4	102.0
长春	Changchun	100.9	100.7	101.2	101.6	101.3	100.6	99.8	100.1	100.3	100.6	100.8	100.7
哈尔滨	Harbin	101.0	101.7	103.0	103.3	102.7	101.9	101.0	100.7	101.2	100.9	100.7	100.7
上海	Shanghai	114.9	120.7	128.4	130.3	130.2	131.1	131.7	134.9	138.0	137.5	135.8	134.4
南京	Nanjing	106.0	108.0	110.7	113.9	116.7	118.8	121.4	124.4	127.4	129.2	130.0	130.9
杭州	Hangzhou	104.5	105.7	108.0	110.5	111.9	112.5	114.1	116.7	121.8	124.4	123.4	122.5
宁波	Ningbo	103.6	104.2	104.8	105.5	106.5	106.3	106.0	106.5	108.0	108.6	108.2	107.8
合肥	Hefei	105.1	112.3	122.9	130.5	135.9	140.3	145.1	148.0	151.8	153.9	152.4	150.6
福州	Fuzhou	103.7	104.9	105.9	107.2	107.4	107.6	108.1	110.7	114.9	115.8	115.4	115.5
厦门	Xiamen	105.8	108.6	114.3	118.7	126.2	131.9	134.9	137.3	139.2	138.1	136.3	134.5
南昌	Nanchang	101.4	102.3	103.9	104.4	106.0	107.3	108.6	109.6	112.0	112.6	112.5	113.1
济南	Jinan	101.8	102.3	103.5	104.0	104.4	105.1	105.0	106.9	112.6	114.9	115.4	115.9
青岛	Qingdao	100.6	101.2	101.7	101.7	101.6	101.6	101.7	102.5	107.6	108.5	109.1	109.5
郑州	Zhengzhou	104.0	104.8	106.1	106.8	108.0	109.3	110.3	114.8	123.0	126.4	126.6	127.1
武汉	Wuhan	104.5	105.2	106.6	107.7	109.3	110.3	112.2	114.7	119.0	121.4	123.0	123.3
长沙	Changsha	101.1	101.4	102.0	103.0	102.9	103.1	103.1	103.8	107.0	109.2	110.3	111.3
广州	Guangzhou	113.9	115.4	118.9	120.9	120.5	120.1	120.8	122.4	124.5	125.1	124.8	125.2
深圳	Shenzhen	151.9	156.9	162.5	157.5	148.8	139.2	134.5	131.9	130.9	128.5	124.9	119.1
南宁	Nanning	103.5	103.7	102.5	102.9	102.3	101.5	101.3	101.8	102.9	103.8	103.8	104.5
海口	Haikou	96.2	96.9	98.2	99.0	100.1	101.0	101.3	101.8	102.0	102.7	103.0	103.3
重庆	Chongqing	102.6	102.9	103.3	103.5	104.0	103.9	103.9	103.6	104.0	104.2	104.4	105.8
成都	Chengdu	101.1	102.0	102.4	102.5	103.5	103.3	103.4	103.6	105.6	106.1	105.5	105.8
贵阳	Guiyang	100.7	101.1	101.1	101.1	101.2	101.2	101.1	101.3	101.7	101.8	101.7	101.5
昆明	Kunming	99.7	101.1	101.8	103.2	103.8	102.4	102.9	103.0	102.4	102.5	101.9	101.9
西安	Xi'an	97.2	97.3	97.4	97.6	97.3	96.2	96.3	96.7	96.8	97.2	97.3	97.7
兰州	Lanzhou	99.5	99.7	99.6	100.0	100.4	100.7	101.1	102.2	102.2	102.0	102.1	101.8
西宁	Xining	100.7	100.3	99.9	100.0	99.6	99.4	99.1	99.0	99.0	98.9	99.0	99.0
银川	Yinchuan	98.0	98.2	98.8	99.1	99.4	99.6	99.8	99.9	100.1	100.1	100.4	100.5
乌鲁木齐	Urumqi	101.6	101.0	100.4	99.9	99.1	98.2	97.3	97.2	97.1	96.4	95.9	95.5

4-2-7 续表 Continued

(以上年同月价格为100) (Same Month of Preceding Year=100)

城 市	City	1月	2月	3月	4月	5月	6月	7月	8月	9月	10月	11月	12月
唐 山	Tangshan	98.7	98.8	99.4	99.6	99.7	99.7	99.7	100.0	100.1	100.6	101.1	101.5
秦皇岛	Qinhuangdao	97.7	98.0	98.4	98.5	99.0	99.8	99.9	100.2	100.3	101.5	103.3	104.2
包 头	Baotou	97.5	97.9	98.3	98.1	97.1	96.8	96.7	96.7	95.9	96.4	97.6	98.6
丹 东	Dandong	97.5	97.5	97.6	97.6	97.8	97.4	97.5	97.5	97.8	97.8	97.7	98.0
锦 州	Jinzhou	92.2	93.0	93.3	93.3	93.9	94.5	95.1	95.8	96.3	96.6	97.1	97.5
吉 林	Jilin	99.6	100.0	100.3	100.6	100.7	100.8	101.0	100.9	100.9	100.9	101.1	101.6
牡丹江	Mudanjiang	100.6	101.0	101.8	100.6	101.6	101.5	101.5	101.4	101.0	101.0	100.5	101.0
无 锡	Wuxi	99.2	99.1	100.6	101.9	102.1	102.9	103.9	107.6	116.9	119.5	119.6	119.9
扬 州	Yangzhou	100.3	100.5	100.6	100.4	100.6	100.5	100.7	100.9	101.8	103.1	104.7	105.7
徐 州	Xuzhou	99.8	100.0	100.4	101.0	101.2	101.6	101.6	102.5	103.4	104.1	105.0	105.1
温 州	Wenzhou	104.0	105.3	106.2	105.8	104.7	104.1	104.0	103.4	104.4	104.3	104.1	103.9
金 华	Jinhua	102.0	102.5	102.8	103.2	103.1	102.9	102.6	103.1	104.1	104.2	104.9	105.2
蚌 埠	Bengbu	96.9	97.7	98.3	99.1	99.6	100.0	100.8	101.5	102.9	103.5	104.4	105.8
安 庆	Anqing	98.2	98.5	98.6	99.2	100.4	101.0	101.4	102.3	103.6	104.3	105.3	107.0
泉 州	Quanzhou	99.8	100.1	100.2	100.5	100.5	100.2	100.2	100.8	101.8	102.6	104.1	105.2
九 江	Jiujiang	103.4	103.4	104.1	104.7	104.6	105.8	106.5	107.7	107.4	108.4	108.1	109.8
赣 州	Ganzhou	100.8	100.6	100.5	101.4	102.1	102.2	102.1	102.5	106.0	108.1	109.8	109.1
烟 台	Yantai	99.1	99.3	99.9	100.3	100.6	100.9	101.1	101.7	101.9	102.0	102.5	102.8
济 宁	Jining	98.7	99.0	99.4	99.5	99.7	100.3	100.7	100.6	100.3	100.5	100.5	101.1
洛 阳	Luoyang	99.8	100.0	100.6	101.0	101.5	101.6	101.7	101.6	101.9	102.0	102.8	102.9
平顶山	Pingdingshan	97.9	97.8	98.4	98.3	98.3	97.0	96.9	97.1	97.3	98.5	97.7	98.8
宜 昌	Yichang	101.8	102.4	103.0	103.0	103.2	103.1	103.0	103.0	102.8	103.0	103.6	104.0
襄 阳	Xiangyang	99.7	100.1	100.5	100.8	100.0	99.5	100.1	101.4	101.2	101.6	101.6	101.0
岳 阳	Yueyang	98.7	99.4	99.7	99.9	100.0	100.1	100.1	100.3	100.8	101.8	102.0	102.5
常 德	Changde	100.6	100.7	100.7	100.8	100.8	101.1	101.4	101.4	102.2	102.3	102.5	102.4
惠 州	Huizhou	99.9	101.0	102.5	104.0	106.1	107.0	108.2	109.1	112.1	113.2	114.3	114.2
湛 江	Zhanjiang	95.7	96.4	97.2	97.5	97.7	98.1	98.9	99.3	99.9	100.4	101.0	102.1
韶 关	Shaoguan	99.8	101.3	101.7	100.8	100.7	100.2	99.8	99.1	99.9	100.8	100.7	101.9
桂 林	Guilin	97.1	97.8	98.3	98.3	98.2	98.0	98.0	98.1	98.4	98.5	97.8	97.8
北 海	Beihai	103.3	103.4	103.8	103.2	102.9	102.5	102.2	102.0	101.6	101.4	101.1	101.3
三 亚	Sanya	100.7	100.5	101.2	101.1	101.3	101.4	101.3	101.3	101.7	101.2	101.5	102.4
泸 州	Luzhou	103.8	103.4	103.1	103.4	103.2	103.1	102.7	102.5	102.8	102.5	102.5	102.4
南 充	Nanchong	100.2	100.3	100.6	101.1	101.1	101.5	101.7	102.0	102.6	102.8	103.1	103.0
遵 义	Zunyi	97.4	97.5	98.0	98.2	98.8	99.0	99.1	99.6	100.2	101.6	102.5	103.2
大 理	Dali	96.8	97.3	98.4	99.4	99.8	99.4	99.7	99.1	99.3	99.1	99.6	99.5

4-2-8 2016年70个大中城市90~144㎡二手住宅销售价格指数
Housing Price Indices of 90~144㎡ Second-Hand Residential Buildings in 70 Large and Medium-Sized Cities 2016

(以上年同月价格为100) (Same Month of Preceding Year=100)

城 市	City	1月	2月	3月	4月	5月	6月	7月	8月	9月	10月	11月	12月
北 京	Beijing	123.6	127.5	135.2	137.2	134.2	132.8	131.5	134.0	139.6	139.7	137.9	135.9
天 津	Tianjin	103.7	105.4	108.4	110.6	112.6	112.6	113.9	118.3	122.9	124.7	124.1	123.8
石家庄	Shijiazhuang	100.7	100.9	102.4	105.0	107.0	109.0	110.7	114.9	119.7	120.0	118.6	117.0
太 原	Taiyuan	102.4	102.6	102.8	101.7	101.1	102.0	102.0	102.2	102.0	103.1	103.1	102.9
呼和浩特	Hohhot	99.7	100.0	99.9	100.0	99.9	99.8	99.8	99.4	99.4	99.4	99.4	99.4
沈 阳	Shenyang	101.0	101.0	101.1	101.4	101.3	101.1	100.7	100.6	100.3	100.1	100.0	100.1
大 连	Dalian	100.5	100.2	100.2	100.4	100.8	101.0	100.4	100.6	100.4	100.3	100.6	101.1
长 春	Changchun	99.6	99.4	99.7	100.1	100.1	99.6	99.2	99.0	99.1	99.5	99.9	99.9
哈尔滨	Harbin	101.4	101.8	102.6	103.3	103.4	102.2	100.9	100.7	100.9	100.9	100.1	99.9
上 海	Shanghai	113.8	119.7	126.9	129.5	129.0	130.1	130.5	133.8	136.4	135.2	133.8	131.2
南 京	Nanjing	109.4	110.7	113.9	117.3	120.1	121.5	124.0	128.4	130.6	132.8	133.5	133.7
杭 州	Hangzhou	104.3	106.0	108.0	109.5	110.5	111.1	113.2	116.0	120.8	124.0	123.5	121.5
宁 波	Ningbo	103.7	104.5	105.3	105.9	106.3	106.2	106.7	106.9	108.7	109.4	109.0	108.5
合 肥	Hefei	105.6	113.3	123.4	129.5	134.9	138.7	142.9	145.7	148.5	150.6	149.0	147.5
福 州	Fuzhou	103.0	104.4	105.2	106.6	106.8	106.9	107.6	110.7	115.4	116.7	116.3	116.5
厦 门	Xiamen	105.3	108.1	113.9	118.5	125.7	130.6	132.7	134.7	136.3	135.2	133.1	131.7
南 昌	Nanchang	103.7	105.2	105.9	106.6	107.5	108.4	108.9	109.9	111.8	112.3	111.6	111.3
济 南	Jinan	101.3	102.1	102.7	102.9	103.3	103.4	103.5	106.1	111.4	114.7	116.0	115.9
青 岛	Qingdao	100.4	101.3	101.6	102.0	102.1	101.8	101.8	102.9	107.9	109.3	109.9	110.2
郑 州	Zhengzhou	103.0	104.0	105.4	106.6	108.1	109.5	110.5	116.0	124.5	127.7	128.2	129.0
武 汉	Wuhan	104.3	104.7	106.0	106.9	108.3	110.2	111.8	113.4	117.1	119.8	122.4	122.8
长 沙	Changsha	100.8	101.1	101.4	102.6	102.4	102.7	102.7	103.2	106.8	108.6	109.9	111.5
广 州	Guangzhou	111.8	113.1	116.8	118.5	117.9	118.5	118.3	121.3	124.4	125.5	126.3	127.3
深 圳	Shenzhen	146.9	151.2	158.1	153.9	145.8	137.1	132.8	130.5	128.5	126.0	122.7	119.9
南 宁	Nanning	104.0	104.4	103.5	103.9	103.2	102.5	102.1	102.3	102.6	103.7	103.9	104.4
海 口	Haikou	97.1	98.3	99.2	99.9	100.8	101.3	101.8	102.3	102.8	103.1	103.5	103.8
重 庆	Chongqing	103.9	104.1	104.3	104.9	104.6	104.2	104.3	104.6	105.3	105.7	106.3	106.0
成 都	Chengdu	100.1	101.2	101.7	102.4	103.4	103.6	103.5	103.4	104.5	105.2	105.5	106.1
贵 阳	Guiyang	100.7	101.0	101.4	101.4	101.5	101.5	101.6	101.6	101.7	101.9	101.9	102.0
昆 明	Kunming	100.2	101.1	101.3	101.8	102.4	101.0	102.0	102.2	101.9	102.6	102.1	101.6
西 安	Xi'an	94.0	94.9	95.5	95.9	95.9	97.3	97.7	98.1	98.0	98.3	98.8	99.6
兰 州	Lanzhou	99.7	100.1	100.1	100.8	100.6	100.8	100.9	100.8	100.7	100.8	100.7	100.9
西 宁	Xining	100.7	100.6	99.8	99.8	99.7	99.5	99.1	99.0	99.2	99.1	98.8	98.8
银 川	Yinchuan	98.4	98.7	99.2	99.4	99.6	99.4	99.7	99.8	99.9	99.9	100.1	100.1
乌鲁木齐	Urumqi	103.6	102.8	102.1	101.5	100.5	99.3	98.6	98.4	98.0	97.7	96.8	96.7

4-2-8 续表 Continued

(以上年同月价格为100) (Same Month of Preceding Year=100)

城 市	City	1月	2月	3月	4月	5月	6月	7月	8月	9月	10月	11月	12月
唐 山	Tangshan	98.9	99.3	99.6	99.8	100.1	100.1	100.0	99.8	99.9	100.3	101.1	101.3
秦皇岛	Qinhuangdao	97.0	97.1	97.4	98.2	99.2	99.6	99.7	99.8	100.1	101.4	102.5	103.1
包 头	Baotou	97.9	98.0	97.9	97.4	96.9	96.9	96.8	96.4	96.7	96.9	97.5	98.5
丹 东	Dandong	98.8	99.4	99.4	99.6	99.5	99.6	99.7	99.6	100.1	100.2	100.3	99.8
锦 州	Jinzhou	91.8	92.4	92.3	92.5	93.1	93.8	94.5	95.4	96.1	96.3	96.6	97.2
吉 林	Jilin	99.7	100.2	100.3	100.6	100.6	100.5	100.5	100.5	100.7	101.1	101.4	101.7
牡丹江	Mudanjiang	99.2	99.6	99.1	97.5	97.5	97.7	96.9	95.9	96.4	95.2	96.4	96.8
无 锡	Wuxi	99.6	99.7	101.4	102.6	102.6	103.5	104.2	108.2	117.1	119.4	118.8	118.7
扬 州	Yangzhou	100.1	100.5	100.6	100.6	100.7	100.5	101.2	101.2	101.9	103.2	104.6	105.6
徐 州	Xuzhou	99.1	99.8	100.3	100.7	101.0	101.2	101.3	102.3	102.7	103.6	104.5	104.6
温 州	Wenzhou	102.7	103.8	104.9	104.6	104.1	103.7	103.4	102.9	103.3	103.5	103.2	103.2
金 华	Jinhua	100.1	100.5	101.0	101.3	101.6	101.6	101.6	102.2	103.2	103.4	103.8	104.2
蚌 埠	Bengbu	97.5	98.3	98.8	99.5	99.9	100.3	101.1	101.9	102.9	103.4	104.1	105.5
安 庆	Anqing	99.5	99.7	99.6	99.9	100.1	100.7	101.5	101.9	103.3	103.7	104.9	106.2
泉 州	Quanzhou	98.7	98.6	98.3	98.7	98.8	98.6	98.9	99.3	101.1	101.9	104.1	105.4
九 江	Jiujiang	101.3	101.2	101.5	102.1	101.3	102.2	102.9	103.8	104.9	105.5	105.0	106.2
赣 州	Ganzhou	101.1	101.0	101.0	101.6	102.0	102.4	103.1	103.3	106.6	109.1	110.3	110.5
烟 台	Yantai	98.9	99.2	99.6	100.0	100.3	100.5	100.6	101.2	101.4	101.8	102.0	102.3
济 宁	Jining	98.6	99.5	100.0	100.1	100.1	100.0	100.0	100.0	100.7	101.0	101.6	100.9
洛 阳	Luoyang	97.8	98.1	98.6	99.1	99.6	99.9	100.1	100.7	100.7	101.0	101.9	102.3
平顶山	Pingdingshan	98.7	99.5	99.5	99.8	100.0	100.8	100.9	101.4	102.5	101.7	102.5	100.9
宜 昌	Yichang	101.1	101.3	102.1	102.1	102.1	101.9	101.8	101.8	101.7	102.3	102.7	102.7
襄 阳	Xiangyang	99.1	99.8	99.4	99.5	99.4	99.6	100.2	100.6	100.4	100.9	100.8	101.0
岳 阳	Yueyang	99.0	99.4	99.6	99.8	100.0	100.2	100.6	100.8	101.0	101.4	101.5	101.9
常 德	Changde	99.6	99.6	99.8	100.1	100.2	100.5	100.9	100.9	101.7	101.9	102.1	101.9
惠 州	Huizhou	99.8	100.9	102.3	103.7	105.6	106.4	107.4	108.3	112.4	113.2	114.4	114.4
湛 江	Zhanjiang	96.5	97.1	97.0	97.6	97.8	98.6	99.0	99.4	100.2	100.5	100.7	101.6
韶 关	Shaoguan	100.4	101.2	101.8	101.3	101.5	100.8	99.9	98.9	100.4	100.2	100.0	101.1
桂 林	Guilin	97.2	97.8	98.3	98.4	98.2	98.8	98.7	98.7	98.8	98.5	98.4	98.4
北 海	Beihai	102.9	103.3	103.0	102.7	103.3	102.8	102.2	102.5	101.8	102.1	102.4	102.5
三 亚	Sanya	101.1	101.3	101.8	102.0	101.6	101.8	101.5	100.9	101.1	100.9	101.3	102.2
泸 州	Luzhou	103.1	102.7	103.0	103.2	103.1	102.9	102.7	102.6	103.0	103.1	103.1	103.3
南 充	Nanchong	100.6	100.6	100.9	100.8	101.1	101.3	101.7	102.0	102.4	102.0	102.2	102.5
遵 义	Zunyi	97.4	97.5	98.0	98.0	97.8	98.1	98.0	98.4	98.8	100.2	101.0	101.5
大 理	Dali	97.1	98.2	98.8	100.1	100.7	101.0	101.2	101.3	101.4	101.4	101.9	101.4

4-2-9 2016年70个大中城市144㎡以上二手住宅销售价格指数

Housing Price Indices of Above 144㎡ Second-Hand Residential Buildings in 70 Large and Medium-Sized Cities 2016

(以上年同月价格为100) (Same Month of Preceding Year=100)

城 市	City	1月	2月	3月	4月	5月	6月	7月	8月	9月	10月	11月	12月
北 京	Beijing	124.0	128.4	136.3	137.9	134.7	134.3	133.0	135.5	141.2	141.3	139.6	137.3
天 津	Tianjin	103.9	105.3	107.0	108.6	110.0	108.7	110.3	111.6	115.1	115.2	115.1	115.6
石家庄	Shijiazhuang	101.4	101.2	104.1	106.4	107.5	108.9	110.7	113.4	117.7	116.4	115.7	113.7
太 原	Taiyuan	102.1	102.3	102.4	102.5	102.1	101.6	102.6	102.3	102.1	102.8	102.8	101.9
呼和浩特	Hohhot	98.9	99.2	99.1	99.5	99.4	98.9	98.9	98.6	98.9	98.8	98.7	98.4
沈 阳	Shenyang	101.0	100.6	100.5	100.5	100.1	99.5	99.8	99.4	99.3	99.3	98.9	98.5
大 连	Dalian	99.3	99.2	99.2	99.2	98.7	99.0	98.8	98.8	99.4	99.1	99.1	99.0
长 春	Changchun	99.0	98.6	99.4	99.9	100.3	99.5	98.4	98.1	98.1	98.7	98.8	98.9
哈尔滨	Harbin	101.9	102.2	103.0	103.4	103.7	102.8	101.4	100.5	100.7	100.7	100.1	99.9
上 海	Shanghai	114.5	120.8	128.1	131.3	127.2	129.9	130.6	134.1	137.9	137.4	135.6	131.7
南 京	Nanjing	106.8	108.0	110.0	113.3	117.3	117.9	121.8	125.9	130.6	133.7	137.0	139.5
杭 州	Hangzhou	104.5	106.2	108.8	109.4	110.5	110.9	113.3	115.5	119.6	122.7	121.8	120.6
宁 波	Ningbo	103.6	104.2	104.7	105.4	105.6	105.6	105.3	105.7	107.3	107.4	107.1	107.0
合 肥	Hefei	107.2	115.6	126.1	133.8	139.3	141.5	145.8	148.1	150.7	151.3	149.8	149.0
福 州	Fuzhou	104.0	105.5	106.6	108.4	108.6	108.6	109.4	112.5	116.8	118.6	118.2	118.0
厦 门	Xiamen	104.4	107.5	113.1	118.0	124.5	129.3	132.1	134.1	135.5	134.5	132.6	131.2
南 昌	Nanchang	102.7	103.9	105.1	105.6	105.3	105.7	106.7	107.9	110.0	111.7	112.0	111.3
济 南	Jinan	101.2	101.0	102.3	102.9	103.2	103.2	103.2	104.4	108.7	112.1	113.2	113.2
青 岛	Qingdao	99.9	100.8	101.1	101.6	101.8	101.5	101.3	102.3	106.8	108.3	108.7	108.9
郑 州	Zhengzhou	102.6	103.3	104.6	106.0	107.2	108.5	109.9	114.9	122.3	125.0	124.7	124.6
武 汉	Wuhan	104.2	105.3	106.6	107.8	108.2	109.8	111.3	112.9	115.9	118.4	118.8	118.3
长 沙	Changsha	100.9	101.3	101.7	102.8	102.7	103.1	102.8	103.5	108.0	111.6	113.4	114.6
广 州	Guangzhou	114.3	116.7	122.0	123.5	123.9	121.7	121.7	123.2	125.8	125.9	125.6	124.5
深 圳	Shenzhen	149.1	153.0	159.8	156.3	144.2	139.0	134.0	128.9	125.1	124.6	121.7	119.0
南 宁	Nanning	107.8	109.4	108.4	108.9	107.4	106.7	105.3	106.1	106.9	108.0	107.3	107.0
海 口	Haikou	97.2	97.8	99.0	99.6	100.5	100.5	100.9	101.6	101.8	102.4	102.8	103.2
重 庆	Chongqing	101.7	102.4	102.3	102.2	102.2	101.7	101.3	101.2	100.6	101.8	102.3	103.0
成 都	Chengdu	99.5	100.8	101.2	101.8	101.8	102.2	101.7	102.2	103.4	104.1	103.9	104.4
贵 阳	Guiyang	100.7	101.2	101.5	101.6	101.7	101.6	101.6	101.9	102.3	102.6	102.3	102.3
昆 明	Kunming	99.7	100.6	100.7	101.9	101.5	100.3	100.3	100.4	101.6	101.6	101.3	100.4
西 安	Xi'an	96.0	96.1	96.2	96.1	95.8	96.3	96.6	96.8	97.0	97.7	96.8	97.1
兰 州	Lanzhou	99.4	99.5	99.5	99.5	99.3	99.4	99.8	99.8	100.4	100.3	100.8	100.9
西 宁	Xining	100.4	99.8	99.1	99.4	99.8	99.7	99.2	98.9	99.0	99.4	99.1	99.0
银 川	Yinchuan	98.5	98.8	99.3	99.6	99.7	99.2	99.4	99.2	99.0	99.0	98.9	99.0
乌鲁木齐	Urumqi	102.1	101.2	101.0	101.2	101.1	100.2	99.3	99.3	99.3	98.8	98.4	98.1

4-2-9 续表 Continued

(以上年同月价格为100) (Same Month of Preceding Year=100)

城市	City	1月	2月	3月	4月	5月	6月	7月	8月	9月	10月	11月	12月
唐山	Tangshan	98.9	99.8	100.3	100.9	100.7	100.4	99.7	99.7	99.8	100.2	100.8	100.7
秦皇岛	Qinhuangdao	97.2	97.1	98.1	98.4	99.7	99.7	99.9	100.3	100.8	101.4	103.4	103.4
包头	Baotou	98.1	98.7	98.9	99.2	98.7	98.2	98.0	97.1	95.8	95.8	95.9	95.9
丹东	Dandong	95.1	95.0	95.7	96.3	95.9	96.4	96.8	96.7	96.9	97.2	96.4	96.6
锦州	Jinzhou	90.5	91.3	90.9	91.2	92.5	93.6	93.9	95.4	96.0	96.1	96.7	97.6
吉林	Jilin	97.4	98.2	98.4	99.0	99.1	99.1	99.2	99.1	99.4	99.6	99.7	100.1
牡丹江	Mudanjiang	96.8	96.8	96.7	96.2	96.9	95.8	95.1	95.1	95.6	95.3	95.2	95.8
无锡	Wuxi	99.5	99.5	100.5	102.0	101.9	102.6	102.9	108.0	117.2	120.4	119.6	118.9
扬州	Yangzhou	99.8	100.4	100.3	100.3	100.6	100.5	101.6	101.4	102.1	102.9	103.8	104.7
徐州	Xuzhou	99.1	99.5	100.2	101.1	101.4	101.3	101.3	102.5	103.4	105.2	105.4	105.3
温州	Wenzhou	100.6	101.7	102.9	103.3	103.3	102.8	102.7	102.4	102.7	102.7	102.2	102.2
金华	Jinhua	99.5	100.3	100.9	101.5	101.7	101.7	101.7	102.0	103.0	103.5	104.2	104.6
蚌埠	Bengbu	97.6	98.7	99.2	100.0	100.5	100.6	101.4	102.7	103.7	104.0	104.1	105.1
安庆	Anqing	99.4	99.8	99.5	99.9	100.1	100.3	101.4	101.9	102.6	103.0	104.4	105.7
泉州	Quanzhou	99.2	99.3	99.3	99.5	99.5	99.9	100.5	100.7	102.3	103.0	105.7	107.4
九江	Jiujiang	97.8	97.6	98.3	99.4	98.7	99.7	100.9	101.9	103.5	104.6	105.9	107.1
赣州	Ganzhou	99.7	100.2	100.5	101.4	102.2	102.0	102.4	102.1	104.6	108.1	108.6	108.7
烟台	Yantai	97.7	97.8	98.2	98.5	98.9	99.0	99.0	99.3	99.6	99.8	100.1	100.4
济宁	Jining	98.0	98.5	98.8	99.2	99.6	99.4	99.6	100.5	100.9	100.9	100.7	99.7
洛阳	Luoyang	97.3	97.4	97.5	97.7	98.0	98.6	99.0	99.7	100.1	100.7	101.7	102.2
平顶山	Pingdingshan	100.6	101.4	102.0	102.3	102.2	103.7	103.8	103.8	103.9	103.5	103.7	103.5
宜昌	Yichang	98.7	98.9	99.9	100.4	100.5	100.5	100.3	100.8	101.2	101.5	101.8	102.2
襄阳	Xiangyang	99.7	99.9	99.1	98.8	98.0	97.3	96.9	97.0	97.0	96.6	97.5	97.4
岳阳	Yueyang	98.8	99.1	99.5	99.7	100.0	100.1	100.6	101.4	102.0	102.4	102.4	102.7
常德	Changde	99.3	99.5	99.7	100.0	100.1	100.4	100.5	100.5	101.9	102.5	102.6	102.3
惠州	Huizhou	99.3	100.4	101.6	103.0	105.4	106.7	107.6	108.2	111.9	112.1	114.5	114.8
湛江	Zhanjiang	95.9	96.7	97.0	97.5	98.3	99.1	100.2	101.0	102.1	102.4	103.2	104.4
韶关	Shaoguan	100.1	101.2	101.2	101.2	101.5	99.6	99.0	99.0	100.1	100.4	100.6	100.8
桂林	Guilin	95.4	96.4	96.8	97.9	98.5	98.5	98.7	98.8	98.2	97.9	98.7	99.2
北海	Beihai	102.8	103.7	103.5	103.5	103.2	102.5	102.0	101.6	101.3	101.2	100.9	100.7
三亚	Sanya	100.3	100.7	101.7	101.5	101.2	101.3	101.2	100.4	100.4	100.5	101.1	101.1
泸州	Luzhou	102.2	101.8	101.7	102.2	102.5	102.4	102.0	101.9	101.6	101.7	101.5	101.6
南充	Nanchong	100.2	100.1	100.3	100.5	100.8	101.0	101.4	101.7	102.2	102.6	102.9	103.3
遵义	Zunyi	97.3	98.0	97.9	97.9	98.7	98.4	98.1	98.6	98.9	99.6	100.1	100.8
大理	Dali	94.8	96.0	97.1	97.9	98.5	98.5	99.5	99.1	100.6	100.3	100.6	100.0

4-3-1 2016年70个大中城市新建住宅销售价格指数
Housing Price Indices of Newly Constructed Residential Buildings in 70 Large and Medium-Sized Cities 2016

(以上月价格为100) (Last Month=100)

城 市	City	1月	2月	3月	4月	5月	6月	7月	8月	9月	10月	11月	12月
北 京	Beijing	101.0	102.1	103.0	102.7	102.2	102.1	101.5	103.6	104.5	100.5	100.0	100.0
天 津	Tianjin	100.5	100.7	102.1	102.6	102.4	102.2	102.3	103.5	104.0	101.2	100.5	100.0
石家庄	Shijiazhuang	100.2	100.5	100.5	100.9	101.0	101.0	102.6	103.6	104.4	101.7	100.6	100.2
太 原	Taiyuan	100.0	100.1	100.3	99.9	100.0	100.6	99.9	100.3	100.5	100.3	100.2	100.3
呼和浩特	Hohhot	99.9	100.2	100.3	100.2	100.1	100.2	99.9	100.2	99.8	100.3	99.9	100.1
沈 阳	Shenyang	100.1	99.7	100.2	100.9	100.5	100.2	100.1	100.1	100.2	100.4	100.1	100.6
大 连	Dalian	100.0	99.7	100.2	100.8	100.5	100.3	99.4	100.3	100.1	100.6	100.5	100.1
长 春	Changchun	99.7	100.3	100.6	100.2	100.4	100.2	100.1	100.2	100.6	100.7	100.4	100.3
哈尔滨	Harbin	99.9	100.0	100.6	99.8	100.3	100.5	99.8	100.2	100.0	100.4	99.8	100.8
上 海	Shanghai	102.2	102.4	103.6	103.1	101.9	102.0	101.2	104.4	102.7	100.5	100.0	99.8
南 京	Nanjing	102.4	102.6	103.3	104.1	103.9	103.8	103.4	104.0	103.5	102.3	100.2	99.9
杭 州	Hangzhou	100.9	101.3	102.3	103.0	102.5	101.6	102.3	103.3	105.5	103.1	99.7	100.0
宁 波	Ningbo	100.5	100.6	101.6	101.1	101.2	100.6	100.8	101.2	102.0	101.4	100.6	99.9
合 肥	Hefei	101.5	102.3	104.6	105.7	105.1	104.8	104.2	104.8	104.6	101.5	99.9	99.8
福 州	Fuzhou	101.1	101.4	102.0	102.9	101.7	101.2	101.7	104.2	105.1	102.6	100.9	99.6
厦 门	Xiamen	102.0	101.3	105.3	105.2	105.4	104.7	104.6	103.9	102.9	100.5	99.8	99.9
南 昌	Nanchang	100.0	101.2	101.5	101.4	101.5	101.1	101.7	101.6	102.3	101.1	100.3	99.6
济 南	Jinan	100.2	100.6	100.9	101.1	101.0	100.8	100.9	103.2	105.2	103.4	101.1	99.7
青 岛	Qingdao	100.3	100.1	101.1	101.2	100.8	100.4	100.6	102.0	104.7	101.3	100.1	99.8
郑 州	Zhengzhou	100.3	100.4	101.5	101.3	101.4	101.6	102.0	105.5	107.5	103.5	100.5	99.9
武 汉	Wuhan	100.9	100.8	101.2	102.0	102.1	101.9	102.1	103.1	103.8	102.8	101.5	99.8
长 沙	Changsha	100.4	100.3	100.5	101.6	100.7	100.5	100.8	101.5	104.3	104.4	101.5	100.1
广 州	Guangzhou	100.8	101.6	102.9	102.4	102.7	101.8	101.3	102.4	103.1	101.3	100.9	100.7
深 圳	Shenzhen	104.0	103.5	103.7	102.3	100.5	102.6	102.0	102.1	101.9	99.5	99.7	99.6
南 宁	Nanning	100.6	100.4	100.7	101.1	100.7	100.6	100.7	100.9	102.0	101.4	100.0	100.7
海 口	Haikou	100.1	100.2	100.3	100.4	100.7	100.2	100.8	100.6	100.8	100.9	100.6	100.6
重 庆	Chongqing	100.8	100.4	100.6	100.4	100.5	100.0	100.1	100.3	101.0	100.6	101.2	101.1
成 都	Chengdu	100.2	100.0	100.2	100.6	100.3	100.6	100.9	100.9	102.5	99.2	100.0	99.8
贵 阳	Guiyang	100.3	100.3	100.4	100.7	100.5	100.0	100.5	100.4	100.7	100.6	100.3	100.4
昆 明	Kunming	100.3	100.0	99.9	100.8	100.4	100.0	100.3	100.1	100.4	101.1	100.5	100.3
西 安	Xi'an	99.8	99.9	100.1	100.4	100.6	100.5	100.3	100.6	100.3	101.6	101.6	100.6
兰 州	Lanzhou	100.2	100.1	100.3	100.4	100.5	100.3	100.3	100.9	100.4	100.0	99.9	99.8
西 宁	Xining	100.2	99.9	100.2	100.5	100.3	100.1	100.0	100.5	100.3	100.4	100.1	100.0
银 川	Yinchuan	99.7	100.0	100.2	100.7	100.6	99.9	100.2	100.1	100.2	100.1	100.2	100.3
乌鲁木齐	Urumqi	99.3	99.4	100.1	100.2	100.5	99.8	100.0	99.7	99.8	99.7	100.0	100.3

4-3-1 续表 Continued

(以上月价格为100) (Last Month=100)

城 市	City	1月	2月	3月	4月	5月	6月	7月	8月	9月	10月	11月	12月
唐 山	Tangshan	99.9	100.1	99.9	99.9	100.3	99.7	100.4	100.3	100.4	100.5	101.0	100.3
秦皇岛	Qinhuangdao	99.6	100.3	100.2	100.3	100.1	100.4	100.1	100.6	100.5	102.2	101.5	100.3
包 头	Baotou	99.5	99.6	100.2	100.3	100.1	99.8	99.6	100.1	100.3	99.9	100.4	99.8
丹 东	Dandong	99.8	99.3	99.8	100.4	100.3	100.2	99.6	99.9	99.8	100.2	100.5	99.6
锦 州	Jinzhou	99.5	99.7	99.6	99.5	99.6	99.5	99.3	99.8	99.9	100.3	100.2	100.1
吉 林	Jilin	99.8	100.3	100.2	100.7	100.0	100.4	99.9	100.2	100.3	100.4	99.9	100.4
牡丹江	Mudanjiang	99.8	99.6	99.8	100.2	99.5	99.7	99.4	100.7	100.5	99.5	99.8	100.3
无 锡	Wuxi	100.3	100.3	102.0	102.8	101.7	102.6	102.7	104.9	108.2	104.8	100.8	99.9
扬 州	Yangzhou	100.2	100.2	100.4	100.4	100.5	100.3	100.9	100.7	101.1	101.6	101.9	100.9
徐 州	Xuzhou	100.0	100.3	100.6	100.9	100.7	100.2	100.7	100.5	101.3	101.6	101.5	100.5
温 州	Wenzhou	100.0	100.1	100.5	100.4	100.3	100.1	100.3	100.2	101.6	100.5	100.1	100.4
金 华	Jinhua	100.1	100.0	100.4	100.4	100.3	100.1	100.0	100.8	101.8	100.9	101.4	100.2
蚌 埠	Bengbu	99.7	99.8	100.9	100.8	100.7	100.3	100.9	101.1	101.6	101.3	101.2	100.6
安 庆	Anqing	100.1	99.5	100.9	100.5	100.3	100.5	100.8	101.1	100.8	100.6	101.3	100.7
泉 州	Quanzhou	99.8	100.3	100.6	100.9	99.9	99.8	100.6	101.2	101.6	101.1	102.0	100.8
九 江	Jiujiang	100.1	100.3	100.7	101.0	100.9	100.6	101.0	101.2	101.5	101.9	100.8	100.7
赣 州	Ganzhou	100.3	100.1	100.9	101.2	100.5	100.2	100.8	101.4	102.8	103.1	101.0	100.5
烟 台	Yantai	100.2	100.1	100.5	100.4	100.5	100.5	100.4	100.5	100.6	100.7	100.5	100.4
济 宁	Jining	99.9	100.2	100.2	100.1	100.0	100.1	99.7	100.2	100.3	100.5	100.3	100.3
洛 阳	Luoyang	99.9	99.9	100.2	100.6	100.3	100.1	100.2	100.3	100.5	100.3	101.5	100.6
平顶山	Pingdingshan	100.1	100.0	100.3	100.1	100.1	100.2	99.9	100.4	101.1	100.5	100.4	100.5
宜 昌	Yichang	100.0	100.2	100.2	100.3	100.3	100.5	100.3	100.5	100.7	100.8	100.6	100.6
襄 阳	Xiangyang	99.9	100.2	100.1	100.1	100.5	99.9	100.2	100.5	100.3	100.1	100.5	100.3
岳 阳	Yueyang	100.1	100.1	100.3	100.5	100.0	100.2	100.3	100.2	101.3	101.3	100.3	100.3
常 德	Changde	99.9	100.3	99.9	100.1	99.8	100.1	100.2	100.1	101.7	100.4	100.5	99.8
惠 州	Huizhou	100.6	100.7	101.1	103.3	103.2	102.5	101.6	101.3	103.9	102.2	101.5	100.5
湛 江	Zhanjiang	99.9	100.0	100.3	100.4	100.7	101.3	100.9	100.0	101.2	101.3	101.2	100.8
韶 关	Shaoguan	99.3	100.9	101.1	100.6	100.5	100.0	98.9	99.7	102.3	101.1	101.9	100.9
桂 林	Guilin	99.7	100.0	100.1	100.5	100.0	100.3	99.9	100.4	101.5	101.0	99.8	99.9
北 海	Beihai	99.8	100.4	100.4	100.3	100.0	99.8	100.2	100.2	101.0	100.4	100.7	100.5
三 亚	Sanya	100.0	100.1	99.8	99.9	100.4	99.8	99.7	100.7	101.2	100.9	100.8	101.2
泸 州	Luzhou	100.4	99.4	100.3	100.5	100.4	100.3	100.3	100.2	101.1	99.7	100.6	100.3
南 充	Nanchong	99.9	99.8	100.7	100.6	100.4	100.4	99.7	100.6	99.8	99.6	100.2	100.0
遵 义	Zunyi	100.0	100.1	100.2	100.1	100.3	100.0	99.8	100.9	99.7	100.2	100.2	100.2
大 理	Dali	100.6	99.9	99.3	100.2	100.6	100.6	100.3	100.0	100.2	100.3	100.5	100.3

4-3-2 2016年70个大中城市新建商品住宅销售价格指数
Housing Price Indices of Newly Constructed Commercial Residential Buildings in 70 Large and Medium-Sized Cities 2016

(以上月价格为100) (Last Month=100)

城市	City	1月	2月	3月	4月	5月	6月	7月	8月	9月	10月	11月	12月
北京	Beijing	101.1	102.3	103.3	103.0	102.4	102.3	101.7	103.8	104.9	100.6	100.0	99.9
天津	Tianjin	100.5	100.8	102.2	102.8	102.5	102.3	102.4	103.6	104.2	101.3	100.5	100.0
石家庄	Shijiazhuang	100.2	100.6	100.5	100.9	101.0	101.1	102.7	103.7	104.4	101.8	100.6	100.2
太原	Taiyuan	100.0	100.1	100.3	99.9	100.0	100.6	99.9	100.3	100.5	100.3	100.2	100.3
呼和浩特	Hohhot	99.9	100.2	100.3	100.2	100.1	100.2	99.9	100.2	99.8	100.3	99.9	100.1
沈阳	Shenyang	100.1	99.7	100.2	100.9	100.5	100.2	100.1	100.1	100.2	100.4	100.1	100.6
大连	Dalian	100.0	99.7	100.2	100.8	100.5	100.3	99.4	100.3	100.1	100.6	100.5	100.1
长春	Changchun	99.7	100.3	100.6	100.2	100.4	100.2	100.1	100.3	100.6	100.8	100.4	100.3
哈尔滨	Harbin	99.9	100.0	100.6	99.8	100.3	100.5	99.8	100.2	100.0	100.4	99.8	100.8
上海	Shanghai	102.6	102.9	104.3	103.6	102.3	102.4	101.4	105.2	103.2	100.5	99.9	99.8
南京	Nanjing	102.5	102.7	103.5	104.4	104.1	104.0	103.6	104.1	103.7	102.4	100.2	99.9
杭州	Hangzhou	100.9	101.3	102.3	103.0	102.5	101.6	102.4	103.3	105.5	103.2	99.6	100.0
宁波	Ningbo	100.5	100.6	101.6	101.1	101.2	100.6	100.8	101.2	102.0	101.4	100.6	99.9
合肥	Hefei	101.5	102.3	104.6	105.8	105.1	104.9	104.2	104.8	104.6	101.5	99.9	99.8
福州	Fuzhou	101.1	101.4	102.0	103.0	101.7	101.2	101.7	104.3	105.1	102.6	100.9	99.6
厦门	Xiamen	102.0	101.3	105.4	105.3	105.5	104.7	104.6	103.9	102.9	100.5	99.8	99.9
南昌	Nanchang	100.0	101.2	101.5	101.4	101.5	101.2	101.8	101.6	102.4	101.1	100.3	99.6
济南	Jinan	100.2	100.6	100.9	101.1	101.0	100.8	100.9	103.2	105.2	103.4	101.1	99.7
青岛	Qingdao	100.3	100.1	101.1	101.2	100.8	100.5	100.7	102.1	104.7	101.3	100.2	99.8
郑州	Zhengzhou	100.3	100.4	101.5	101.3	101.4	101.6	102.0	105.6	107.6	103.5	100.5	99.9
武汉	Wuhan	101.0	100.9	101.3	102.1	102.3	102.0	102.2	103.2	103.9	103.0	101.6	99.7
长沙	Changsha	100.4	100.3	100.5	101.6	100.7	100.5	100.9	101.5	104.4	104.5	101.5	100.1
广州	Guangzhou	100.8	101.6	102.9	102.4	102.7	101.8	101.3	102.4	103.1	101.3	100.9	100.7
深圳	Shenzhen	104.1	103.6	103.7	102.3	100.5	102.6	102.0	102.1	101.9	99.5	99.7	99.6
南宁	Nanning	100.7	100.4	100.8	101.3	100.8	100.6	100.7	101.0	102.2	101.5	100.0	100.8
海口	Haikou	100.1	100.2	100.3	100.4	100.7	100.2	100.8	100.6	100.8	100.9	100.6	100.6
重庆	Chongqing	100.8	100.4	100.6	100.4	100.5	100.0	100.1	100.3	101.0	100.6	101.2	101.1
成都	Chengdu	100.2	100.0	100.2	100.6	100.3	100.6	101.0	100.9	102.5	99.2	100.0	99.8
贵阳	Guiyang	100.3	100.3	100.4	100.7	100.5	100.0	100.5	100.4	100.7	100.6	100.3	100.4
昆明	Kunming	100.3	100.0	99.9	100.8	100.4	100.0	100.3	100.1	100.4	101.1	100.5	100.3
西安	Xi'an	99.8	99.9	100.1	100.4	100.6	100.5	100.4	100.6	100.3	101.8	101.7	100.7
兰州	Lanzhou	100.2	100.1	100.4	100.4	100.5	100.3	100.3	100.9	100.5	100.0	99.9	99.8
西宁	Xining	100.2	99.9	100.2	100.6	100.3	100.1	100.0	100.5	100.3	100.4	100.1	100.0
银川	Yinchuan	99.7	100.0	100.2	100.7	100.6	99.9	100.2	100.1	100.2	100.1	100.2	100.3
乌鲁木齐	Urumqi	99.2	99.4	100.1	100.2	100.5	99.8	100.0	99.7	99.8	99.6	100.0	100.3

4-3-2 续表 Continued

(以上月价格为100) (Last Month=100)

城市	City	1月	2月	3月	4月	5月	6月	7月	8月	9月	10月	11月	12月
唐山	Tangshan	99.9	100.1	99.9	99.9	100.3	99.7	100.5	100.3	100.4	100.6	101.1	100.3
秦皇岛	Qinhuangdao	99.5	100.3	100.2	100.3	100.1	100.5	100.1	100.6	100.5	102.4	101.6	100.3
包头	Baotou	99.5	99.6	100.2	100.3	100.1	99.8	99.5	100.1	100.3	99.9	100.4	99.8
丹东	Dandong	99.8	99.3	99.8	100.4	100.3	100.2	99.6	99.9	99.8	100.2	100.5	99.6
锦州	Jinzhou	99.5	99.7	99.6	99.5	99.6	99.5	99.3	99.8	99.9	100.3	100.2	100.1
吉林	Jilin	99.8	100.3	100.2	100.7	100.0	100.4	99.9	100.2	100.3	100.4	99.9	100.4
牡丹江	Mudanjiang	99.8	99.6	99.8	100.2	99.5	99.7	99.4	100.7	100.5	99.5	99.8	100.3
无锡	Wuxi	100.3	100.3	102.0	102.8	101.7	102.6	102.7	104.9	108.2	104.9	100.8	99.9
扬州	Yangzhou	100.2	100.2	100.4	100.4	100.5	100.3	100.9	100.7	101.1	101.6	101.9	100.9
徐州	Xuzhou	100.0	100.3	100.6	101.0	100.8	100.2	100.7	100.5	101.3	101.7	101.6	100.6
温州	Wenzhou	100.0	100.1	100.5	100.4	100.3	100.1	100.3	100.2	101.6	100.6	100.1	100.4
金华	Jinhua	100.1	100.0	100.4	100.4	100.3	100.1	100.0	100.8	101.9	100.9	101.4	100.2
蚌埠	Bengbu	99.7	99.8	100.9	100.8	100.7	100.3	100.9	101.1	101.6	101.3	101.2	100.6
安庆	Anqing	100.1	99.5	100.9	100.5	100.3	100.5	100.9	101.2	100.8	100.6	101.3	100.7
泉州	Quanzhou	99.8	100.3	100.6	101.0	99.9	99.8	100.6	101.3	101.6	101.1	102.1	100.8
九江	Jiujiang	100.1	100.3	100.7	101.1	100.9	100.6	101.0	101.2	101.5	101.9	100.8	100.7
赣州	Ganzhou	100.3	100.1	100.9	101.2	100.5	100.2	100.8	101.4	102.8	103.1	101.0	100.5
烟台	Yantai	100.2	100.1	100.5	100.4	100.5	100.5	100.4	100.5	100.6	100.7	100.5	100.4
济宁	Jining	99.9	100.2	100.2	100.1	100.0	100.1	99.7	100.2	100.3	100.5	100.3	100.3
洛阳	Luoyang	99.9	99.9	100.2	100.6	100.3	100.1	100.3	100.3	100.5	100.4	101.6	100.6
平顶山	Pingdingshan	100.1	100.0	100.3	100.1	100.1	100.2	99.9	100.4	101.1	100.6	100.4	100.5
宜昌	Yichang	100.0	100.2	100.2	100.3	100.3	100.5	100.3	100.5	100.7	100.8	100.7	100.6
襄阳	Xiangyang	99.9	100.2	100.1	100.1	100.5	99.9	100.2	100.5	100.3	100.1	100.5	100.3
岳阳	Yueyang	100.1	100.1	100.4	100.5	100.0	100.2	100.4	100.3	101.4	101.3	100.3	100.4
常德	Changde	99.9	100.3	99.9	100.1	99.8	100.1	100.2	100.1	101.7	100.5	100.5	99.8
惠州	Huizhou	100.6	100.7	101.1	103.3	103.2	102.5	101.6	101.3	103.9	102.2	101.5	100.5
湛江	Zhanjiang	99.9	100.0	100.3	100.4	100.7	101.3	100.9	100.0	101.2	101.3	101.2	100.8
韶关	Shaoguan	99.3	100.9	101.1	100.6	100.5	100.0	98.9	99.7	102.3	101.1	101.9	100.9
桂林	Guilin	99.7	100.0	100.1	100.5	100.0	100.3	99.9	100.4	101.5	101.0	99.8	99.9
北海	Beihai	99.8	100.4	100.4	100.3	100.0	99.8	100.2	100.2	101.0	100.5	100.7	100.5
三亚	Sanya	100.0	100.1	99.8	99.9	100.4	99.8	99.7	100.7	101.2	100.9	100.8	101.2
泸州	Luzhou	100.4	99.3	100.3	100.5	100.4	100.3	100.3	100.2	101.1	99.7	100.6	100.4
南充	Nanchong	99.9	99.8	100.7	100.6	100.4	100.4	99.7	100.7	99.8	99.6	100.2	100.0
遵义	Zunyi	100.0	100.1	100.2	100.1	100.3	100.0	99.8	100.9	99.7	100.2	100.3	100.2
大理	Dali	100.6	99.9	99.3	100.2	100.6	100.6	100.3	100.0	100.2	100.3	100.5	100.3

4-3-3 2016年70个大中城市90㎡及以下新建商品住宅销售价格指数

Housing Price Indices of 90㎡ and below Newly Constructed Commercial Residential Buildings in 70 Large and Medium-Sized Cities 2016

(以上月价格为100) (Last Month=100)

城市	City	1月	2月	3月	4月	5月	6月	7月	8月	9月	10月	11月	12月
北京	Beijing	101.3	101.4	101.6	103.7	102.3	101.7	101.1	103.0	105.1	100.3	99.8	100.1
天津	Tianjin	101.1	100.8	102.4	103.9	103.1	102.8	102.5	103.9	103.8	101.4	100.6	100.8
石家庄	Shijiazhuang	100.3	100.5	100.6	100.6	101.2	100.9	101.4	103.6	103.9	102.0	100.4	101.4
太原	Taiyuan	100.4	100.1	100.2	99.7	100.1	101.2	100.3	100.6	100.0	100.8	100.1	100.5
呼和浩特	Hohhot	99.6	100.6	100.1	100.2	99.7	100.4	99.5	100.5	99.1	100.4	100.2	99.6
沈阳	Shenyang	100.4	99.7	100.3	101.0	100.7	100.2	100.2	100.3	100.4	100.4	100.5	101.0
大连	Dalian	99.9	99.9	100.2	100.9	100.3	100.8	99.0	99.6	100.1	100.5	100.3	100.1
长春	Changchun	99.8	100.4	100.8	100.4	100.5	100.1	100.4	100.4	100.7	100.7	100.6	100.3
哈尔滨	Harbin	99.8	99.7	100.8	100.5	100.4	100.3	100.1	100.0	100.1	100.2	99.7	100.8
上海	Shanghai	102.5	103.3	105.2	104.1	102.8	102.6	101.4	104.7	103.7	100.2	99.9	99.5
南京	Nanjing	102.8	102.0	103.6	105.1	103.8	104.1	103.5	105.0	104.7	102.2	100.2	100.4
杭州	Hangzhou	101.3	101.6	103.0	103.6	102.6	102.1	102.7	103.5	106.1	103.5	99.4	99.6
宁波	Ningbo	100.5	100.6	101.8	101.0	101.3	100.9	101.0	101.0	102.8	101.6	100.9	99.8
合肥	Hefei	101.5	101.8	104.4	105.0	104.9	105.3	104.1	104.6	105.2	102.3	99.8	100.0
福州	Fuzhou	102.0	101.4	102.5	103.7	100.9	101.2	101.9	104.1	104.7	102.2	100.6	99.4
厦门	Xiamen	101.0	101.1	105.2	106.1	105.8	105.1	104.2	104.2	102.8	100.2	99.2	100.9
南昌	Nanchang	100.6	100.5	101.9	101.8	100.9	101.0	101.7	101.5	102.5	101.4	100.4	99.1
济南	Jinan	100.4	100.3	101.0	101.4	101.0	100.9	101.2	102.8	105.5	102.2	100.9	99.8
青岛	Qingdao	100.2	100.0	101.3	101.4	100.7	100.5	100.8	101.9	104.9	101.5	100.0	99.9
郑州	Zhengzhou	100.4	100.3	101.3	101.7	101.7	101.6	102.2	105.4	108.4	104.2	100.4	99.2
武汉	Wuhan	100.9	100.9	101.4	102.4	102.0	102.4	102.1	103.2	104.5	102.6	101.3	99.9
长沙	Changsha	99.9	100.3	100.8	101.2	100.5	100.5	100.9	101.6	104.0	104.1	101.8	100.1
广州	Guangzhou	100.7	101.3	103.1	103.2	102.5	101.6	101.8	102.4	103.4	100.8	101.2	100.9
深圳	Shenzhen	103.9	103.3	103.8	102.2	100.7	102.4	102.0	101.9	101.9	99.5	99.8	99.6
南宁	Nanning	100.9	100.5	100.9	101.4	100.8	100.6	100.7	101.1	102.2	101.7	99.9	101.0
海口	Haikou	100.1	100.5	100.1	100.8	100.6	100.7	101.1	100.9	101.3	100.7	101.0	100.4
重庆	Chongqing	100.7	100.4	100.5	100.5	100.5	99.9	100.2	100.3	101.0	100.6	101.3	101.0
成都	Chengdu	99.8	100.0	100.2	100.7	100.3	100.4	100.5	100.9	102.4	99.3	99.9	99.6
贵阳	Guiyang	101.0	100.2	100.5	100.8	100.5	99.9	100.8	100.1	100.7	100.3	100.0	100.5
昆明	Kunming	100.5	100.0	99.9	100.9	100.6	99.8	100.5	100.1	100.3	100.9	100.8	100.2
西安	Xi'an	100.1	100.0	100.3	100.8	100.7	100.9	100.2	100.3	100.2	101.8	101.5	100.9
兰州	Lanzhou	100.2	100.2	100.4	100.0	99.8	100.5	100.5	101.1	100.4	100.1	100.1	99.8
西宁	Xining	101.4	99.8	100.3	100.1	100.2	100.3	99.8	100.7	100.5	100.6	100.1	99.8
银川	Yinchuan	99.5	99.7	100.2	100.7	101.1	100.3	100.8	100.0	100.2	100.2	100.3	100.3
乌鲁木齐	Urumqi	99.1	99.8	99.8	100.5	100.3	99.9	99.6	99.7	99.9	99.5	100.4	100.0

4-3-3 续表 Continued

(以上月价格为100) (Last Month=100)

城　市	City	1月	2月	3月	4月	5月	6月	7月	8月	9月	10月	11月	12月
唐　山	Tangshan	100.0	100.2	99.4	100.4	100.3	99.9	99.9	100.1	100.2	101.3	99.6	100.6
秦皇岛	Qinhuangdao	99.8	99.9	100.5	100.5	99.6	100.2	99.9	100.9	100.2	102.1	101.9	100.4
包　头	Baotou	99.8	100.1	100.2	100.5	99.9	100.1	99.4	99.9	99.8	100.2	100.1	99.7
丹　东	Dandong	99.9	99.5	100.3	100.3	100.6	100.3	100.2	99.7	99.5	99.4	101.1	100.0
锦　州	Jinzhou	98.9	99.6	99.9	99.9	99.6	99.6	99.2	99.8	99.5	99.7	100.2	99.6
吉　林	Jilin	99.7	100.4	99.8	100.8	100.2	100.1	100.1	100.0	100.4	100.3	100.1	100.5
牡丹江	Mudanjiang	99.9	99.5	99.5	100.3	99.7	99.6	99.2	100.9	100.6	99.6	100.0	99.6
无　锡	Wuxi	100.5	100.4	102.5	102.3	102.0	102.9	103.0	105.4	108.6	104.8	100.5	99.6
扬　州	Yangzhou	100.1	100.0	100.5	100.5	100.6	100.0	101.3	100.3	101.1	102.0	101.6	101.1
徐　州	Xuzhou	100.5	100.2	100.8	100.9	100.4	100.3	100.3	100.2	101.6	102.0	101.5	100.6
温　州	Wenzhou	99.9	100.2	100.3	100.3	100.2	100.3	100.2	100.2	102.1	100.1	100.0	100.8
金　华	Jinhua	100.3	99.9	100.2	100.6	100.3	100.2	100.1	100.9	102.2	100.9	101.6	100.4
蚌　埠	Bengbu	99.4	100.0	101.0	100.8	100.4	100.0	101.1	101.3	101.3	101.1	101.0	100.8
安　庆	Anqing	100.0	99.7	101.1	100.8	100.3	100.4	101.2	100.7	100.6	100.0	102.2	101.0
泉　州	Quanzhou	100.0	100.5	100.4	101.3	99.5	99.8	100.7	101.4	101.2	101.1	102.9	100.4
九　江	Jiujiang	100.4	100.0	101.0	101.0	100.9	100.8	101.2	101.6	101.6	101.6	100.2	101.1
赣　州	Ganzhou	100.5	100.4	100.4	101.2	100.5	100.1	100.9	101.6	102.2	102.6	101.2	101.3
烟　台	Yantai	100.2	100.0	100.4	100.3	100.7	100.2	100.4	100.3	100.4	100.4	100.4	100.5
济　宁	Jining	100.5	99.9	100.2	100.4	100.3	100.5	99.9	100.2	100.6	100.1	99.9	100.4
洛　阳	Luoyang	100.3	99.8	100.3	100.9	100.6	100.1	100.8	100.7	101.6	100.3	101.5	100.8
平顶山	Pingdingshan	100.0	100.0	100.4	99.9	99.8	99.7	100.0	100.2	101.2	100.7	100.2	101.7
宜　昌	Yichang	100.3	100.0	99.9	100.6	100.1	100.4	100.2	100.8	100.6	100.6	100.7	100.7
襄　阳	Xiangyang	99.7	100.0	100.5	100.6	100.4	100.0	100.3	100.2	100.6	100.0	100.3	100.3
岳　阳	Yueyang	100.0	100.1	100.7	100.5	99.7	100.8	100.6	100.4	101.2	101.3	100.4	100.3
常　德	Changde	100.4	100.6	100.2	100.0	100.1	99.8	99.8	99.9	101.8	100.2	100.4	100.3
惠　州	Huizhou	100.5	100.6	100.8	103.3	103.5	102.3	101.6	100.6	103.8	101.6	101.8	100.0
湛　江	Zhanjiang	100.0	100.1	100.2	100.2	100.8	101.4	101.4	99.6	101.7	101.2	101.4	100.8
韶　关	Shaoguan	100.3	101.0	101.4	100.2	100.8	99.6	99.7	99.7	101.7	101.2	101.9	100.1
桂　林	Guilin	100.1	99.3	100.3	100.0	100.1	100.1	100.3	100.1	101.1	101.0	99.8	100.1
北　海	Beihai	99.9	100.4	100.5	100.4	100.2	99.8	99.9	100.6	101.0	100.2	100.7	100.6
三　亚	Sanya	99.8	99.6	99.9	100.2	100.4	99.9	99.5	100.7	101.2	101.2	100.9	101.3
泸　州	Luzhou	101.0	99.5	100.3	100.7	100.4	100.3	100.5	100.3	101.5	99.4	101.6	100.6
南　充	Nanchong	99.7	99.7	100.7	100.5	100.5	100.2	99.9	100.7	99.9	99.5	100.3	99.8
遵　义	Zunyi	100.1	100.2	100.1	100.2	100.5	100.0	100.0	100.8	100.0	100.3	100.7	100.3
大　理	Dali	100.3	99.8	99.5	100.0	100.5	100.8	100.0	100.2	100.3	100.0	100.6	100.5

4-3-4 2016年70个大中城市90~144㎡新建商品住宅销售价格指数

Housing Price Indices of 90~144㎡ Newly Constructed Commercial Residential Buildings in 70 Large and Medium-Sized Cities 2016

(以上月价格为100) (Last Month=100)

城市	City	1月	2月	3月	4月	5月	6月	7月	8月	9月	10月	11月	12月
北京	Beijing	101.0	102.0	103.6	102.6	102.4	102.4	101.9	104.2	104.9	100.9	100.3	100.0
天津	Tianjin	100.3	100.8	102.6	102.7	102.4	102.5	102.6	103.8	104.3	101.1	100.4	100.2
石家庄	Shijiazhuang	100.3	100.6	100.5	101.1	100.7	101.2	103.0	104.0	104.7	101.7	100.4	100.0
太原	Taiyuan	99.7	100.2	100.5	100.0	99.9	100.5	99.9	100.2	100.7	100.5	100.3	100.4
呼和浩特	Hohhot	99.9	100.0	100.6	100.3	100.1	100.4	100.1	100.0	100.3	99.7	99.9	100.2
沈阳	Shenyang	100.1	99.9	100.5	101.2	100.6	99.8	100.2	100.0	99.9	100.2	100.0	100.1
大连	Dalian	100.2	99.6	100.2	101.0	100.5	100.5	99.6	100.8	100.4	100.8	100.9	100.1
长春	Changchun	99.7	100.1	100.1	100.1	100.5	100.3	100.2	100.0	100.5	100.6	100.1	100.4
哈尔滨	Harbin	100.1	100.0	100.4	99.7	100.4	100.6	100.0	100.2	100.2	100.4	100.1	100.8
上海	Shanghai	102.6	102.8	104.2	103.5	102.6	102.5	101.3	105.2	103.4	100.5	100.1	100.0
南京	Nanjing	102.3	103.1	103.4	104.4	104.4	103.8	103.7	104.0	103.3	102.4	100.0	99.8
杭州	Hangzhou	100.7	101.4	102.0	102.9	102.5	101.6	102.3	103.3	105.7	102.9	99.8	100.5
宁波	Ningbo	100.5	100.5	101.7	101.1	101.4	100.8	100.7	101.3	102.0	101.5	100.4	100.0
合肥	Hefei	101.5	102.2	104.8	106.0	105.0	104.9	104.1	104.8	104.5	101.4	100.1	99.8
福州	Fuzhou	100.9	101.2	102.2	102.9	102.4	101.4	101.5	104.7	105.5	102.7	100.9	99.6
厦门	Xiamen	102.4	101.6	105.5	105.3	105.7	105.0	104.8	103.8	102.8	100.0	100.0	99.2
南昌	Nanchang	99.9	101.3	101.3	101.4	102.0	101.2	101.7	101.6	102.3	101.1	100.2	99.5
济南	Jinan	100.3	100.8	100.9	101.1	100.9	100.9	101.0	103.5	105.1	103.5	101.1	99.6
青岛	Qingdao	100.5	100.2	101.0	101.2	100.8	100.4	100.7	102.2	104.4	101.3	100.4	99.8
郑州	Zhengzhou	100.2	100.5	101.8	101.0	101.2	101.6	101.9	105.8	107.1	103.1	100.8	100.3
武汉	Wuhan	101.0	100.9	101.3	102.3	102.3	101.9	102.3	103.3	103.9	103.0	101.8	99.6
长沙	Changsha	100.5	100.4	100.6	101.9	100.8	100.6	100.6	101.5	104.3	104.6	101.2	100.2
广州	Guangzhou	100.6	101.6	102.6	102.3	102.6	102.1	101.1	102.5	102.9	101.7	101.1	100.8
深圳	Shenzhen	104.2	104.0	103.5	102.1	100.3	101.6	102.1	102.7	101.4	99.5	99.9	100.2
南宁	Nanning	100.6	100.4	100.9	101.2	100.9	100.7	100.8	100.8	101.9	101.2	100.1	100.8
海口	Haikou	100.2	100.1	100.4	100.2	100.7	100.1	101.0	100.5	100.5	101.1	100.5	100.5
重庆	Chongqing	100.9	100.2	100.6	100.5	100.4	100.0	100.2	100.1	101.2	100.7	101.3	101.3
成都	Chengdu	100.3	100.1	100.4	100.5	100.4	100.8	101.8	101.1	102.8	99.2	100.2	99.6
贵阳	Guiyang	100.0	100.3	100.6	100.9	100.4	100.0	100.4	100.5	100.8	100.8	100.4	100.5
昆明	Kunming	100.3	100.0	99.9	101.1	100.3	100.1	100.2	100.1	100.5	101.2	100.5	100.3
西安	Xi'an	99.7	99.9	100.0	100.3	100.7	100.3	100.5	100.5	100.5	101.9	101.8	100.6
兰州	Lanzhou	100.2	100.1	100.3	100.5	100.7	100.2	100.2	100.8	100.5	99.9	99.8	99.7
西宁	Xining	100.1	99.9	100.1	100.5	100.2	100.0	100.0	100.5	100.4	100.5	100.1	100.2
银川	Yinchuan	99.7	100.0	100.2	100.8	100.7	99.8	100.0	100.0	100.3	100.0	100.3	100.2
乌鲁木齐	Urumqi	99.5	99.4	100.2	100.2	100.6	99.9	100.0	99.7	99.7	99.7	100.0	100.4

4-3-4 续表 Continued

(以上月价格为100) (Last Month=100)

城市	City	1月	2月	3月	4月	5月	6月	7月	8月	9月	10月	11月	12月
唐山	Tangshan	100.0	100.2	100.2	99.9	100.2	99.6	100.7	100.4	100.8	100.2	101.4	100.2
秦皇岛	Qinhuangdao	99.6	100.4	100.1	100.3	100.3	100.6	100.2	100.5	100.7	102.5	101.8	100.2
包头	Baotou	99.5	99.5	100.0	100.4	100.2	99.7	99.7	100.2	100.7	99.9	100.3	100.1
丹东	Dandong	99.8	99.2	99.6	100.6	100.1	100.2	99.3	100.0	100.0	101.0	100.4	99.5
锦州	Jinzhou	99.7	99.8	99.5	99.3	99.6	99.5	99.3	99.9	100.0	100.6	100.2	100.3
吉林	Jilin	99.9	100.3	100.4	100.6	100.1	100.4	99.7	100.4	100.2	100.4	99.8	100.3
牡丹江	Mudanjiang	99.8	99.6	100.0	100.3	99.5	99.8	99.5	100.6	100.5	99.3	99.7	100.6
无锡	Wuxi	100.5	100.3	102.1	103.2	101.5	102.7	102.8	105.3	108.5	105.2	101.0	100.0
扬州	Yangzhou	100.3	100.2	100.5	100.5	100.5	100.4	100.9	100.7	101.3	101.7	102.3	101.0
徐州	Xuzhou	99.9	100.3	100.5	101.0	100.9	100.2	100.8	100.4	101.3	101.8	101.6	100.7
温州	Wenzhou	100.1	100.1	100.4	100.4	100.2	100.1	100.5	100.3	101.8	100.8	100.5	100.4
金华	Jinhua	100.1	99.9	100.6	100.4	100.6	100.0	100.0	100.9	101.9	100.9	101.7	100.3
蚌埠	Bengbu	99.8	99.6	100.8	100.8	100.9	100.4	100.8	101.0	101.7	101.5	101.3	100.4
安庆	Anqing	100.1	99.4	100.9	100.5	100.4	100.6	100.7	101.3	100.8	100.6	101.1	100.7
泉州	Quanzhou	99.8	100.5	100.2	100.9	99.6	100.0	100.6	100.8	102.0	101.2	102.2	100.7
九江	Jiujiang	100.1	100.3	100.6	101.1	101.0	100.6	101.0	101.0	101.6	101.8	100.9	100.7
赣州	Ganzhou	100.3	100.1	101.0	101.2	100.4	100.2	100.8	101.4	102.9	103.3	100.7	100.3
烟台	Yantai	100.4	100.2	100.5	100.5	100.5	100.7	100.3	100.7	100.7	100.9	100.6	100.3
济宁	Jining	99.7	100.3	100.0	99.9	100.0	100.0	99.8	100.3	100.2	100.7	100.3	100.3
洛阳	Luoyang	99.8	99.8	100.3	100.3	100.2	100.1	100.0	100.3	100.2	100.4	101.7	100.8
平顶山	Pingdingshan	100.2	100.1	100.1	100.2	100.2	100.4	99.9	100.5	101.0	100.4	100.7	100.0
宜昌	Yichang	99.9	100.2	100.4	100.3	100.3	100.5	100.3	100.4	100.8	100.7	100.6	100.6
襄阳	Xiangyang	100.1	100.3	100.1	100.0	100.5	99.9	100.2	100.7	100.3	100.1	100.5	100.3
岳阳	Yueyang	100.2	100.1	100.2	100.2	100.0	100.1	100.4	100.3	101.4	100.9	100.3	100.4
常德	Changde	99.6	100.1	99.7	100.2	99.8	100.2	100.4	100.4	101.7	100.6	100.3	99.9
惠州	Huizhou	100.5	100.8	101.3	103.3	103.1	102.5	101.8	101.6	104.1	102.5	101.1	100.5
湛江	Zhanjiang	100.0	100.0	100.3	100.5	100.6	101.4	100.7	100.3	101.1	101.6	101.2	100.7
韶关	Shaoguan	99.2	100.9	100.9	100.6	100.6	100.1	98.7	99.7	102.4	100.8	101.4	101.4
桂林	Guilin	99.6	100.3	100.0	100.6	100.0	100.2	99.9	100.2	101.7	101.0	99.5	99.9
北海	Beihai	99.5	100.3	100.4	100.2	99.6	99.8	100.5	99.7	101.1	100.7	100.8	100.3
三亚	Sanya	99.6	100.2	99.7	99.7	100.8	99.7	99.7	100.9	101.1	100.7	100.6	101.2
泸州	Luzhou	100.2	99.3	100.3	100.4	100.5	100.4	100.3	100.2	100.9	99.9	100.2	100.2
南充	Nanchong	100.0	99.8	100.7	100.7	100.4	100.5	99.5	100.6	99.8	99.6	100.3	100.2
遵义	Zunyi	100.0	100.1	100.3	100.0	100.3	99.9	99.8	100.9	99.5	100.1	100.2	100.0
大理	Dali	100.6	100.0	99.7	100.3	100.8	100.5	100.2	100.3	100.3	100.7	100.3	100.1

4-3-5 2016年70个大中城市144㎡以上新建商品住宅销售价格指数
Housing Price Indices Above 144㎡ Newly Constructed Commercial Residential Buildings in 70 Large and Medium-Sized Cities 2016

(以上月价格为100) (Last Month=100)

城 市	City	1月	2月	3月	4月	5月	6月	7月	8月	9月	10月	11月	12月
北 京	Beijing	101.1	103.2	104.3	102.8	102.4	102.7	101.9	104.2	104.7	100.4	100.0	99.8
天 津	Tianjin	100.4	100.7	101.3	102.1	102.1	101.6	101.9	103.2	104.3	101.6	100.7	99.0
石家庄	Shijiazhuang	100.1	100.3	100.5	100.6	101.7	100.7	102.6	102.9	104.1	101.8	101.3	99.7
太 原	Taiyuan	100.3	100.1	100.1	99.8	99.9	100.6	99.8	100.3	100.5	100.0	100.2	100.0
呼和浩特	Hohhot	99.9	100.5	99.9	99.8	100.3	99.7	99.8	100.3	99.1	101.3	99.8	100.2
沈 阳	Shenyang	99.6	99.6	99.8	100.3	100.0	100.9	100.1	99.7	100.5	100.5	99.6	100.4
大 连	Dalian	99.9	99.4	99.9	100.4	100.7	99.2	99.7	100.5	99.7	100.6	100.1	100.0
长 春	Changchun	99.8	100.5	101.0	100.0	100.1	100.0	99.8	100.4	100.6	101.0	100.7	100.3
哈尔滨	Harbin	99.7	100.1	100.7	99.5	100.2	100.4	99.2	100.3	99.6	100.4	99.4	100.7
上 海	Shanghai	102.7	102.9	104.0	103.5	101.8	102.2	101.6	105.3	102.8	100.7	99.9	99.6
南 京	Nanjing	102.6	102.6	103.4	103.6	103.6	104.2	103.5	103.8	103.4	102.4	100.7	99.8
杭 州	Hangzhou	100.5	101.0	101.7	102.3	102.4	101.1	102.0	103.0	104.8	103.0	99.8	100.0
宁 波	Ningbo	100.6	100.8	101.3	101.2	101.1	100.3	100.9	101.1	101.6	101.1	100.7	99.9
合 肥	Hefei	101.7	103.6	104.2	105.8	105.5	104.1	105.0	105.0	104.1	100.9	99.3	99.6
福 州	Fuzhou	101.0	101.6	101.6	102.8	101.0	101.0	101.9	103.7	104.7	102.7	101.1	99.8
厦 门	Xiamen	102.1	100.9	105.2	104.7	104.9	104.0	104.6	103.9	103.1	101.6	99.8	100.5
南 昌	Nanchang	100.0	101.4	101.9	101.4	100.3	101.1	101.8	101.5	102.4	101.1	100.7	100.1
济 南	Jinan	100.0	100.0	100.8	100.7	101.1	100.8	100.5	102.1	105.2	103.9	101.1	100.2
青 岛	Qingdao	99.8	100.3	101.1	100.8	100.9	100.6	100.4	102.1	105.3	100.9	100.0	99.6
郑 州	Zhengzhou	100.3	100.3	101.3	100.9	101.1	101.5	101.6	105.7	106.4	102.6	100.2	101.0
武 汉	Wuhan	100.7	100.8	101.2	100.8	102.4	101.7	101.8	102.8	103.3	103.2	100.9	100.1
长 沙	Changsha	100.6	100.2	100.2	101.4	100.8	100.3	101.2	101.4	104.7	104.6	102.0	100.0
广 州	Guangzhou	101.0	101.8	103.1	102.2	102.9	101.6	101.4	102.3	103.1	101.1	100.5	100.6
深 圳	Shenzhen	104.5	103.7	103.7	102.7	100.4	103.8	102.0	102.2	102.2	99.3	99.2	99.2
南 宁	Nanning	100.4	100.3	100.0	100.9	100.5	100.6	100.3	101.1	102.8	101.8	100.1	100.2
海 口	Haikou	99.9	100.3	100.1	100.4	100.6	100.0	100.0	100.3	100.9	100.5	100.3	100.9
重 庆	Chongqing	100.8	100.7	100.6	100.2	100.5	99.9	100.1	100.6	100.9	100.3	101.0	100.9
成 都	Chengdu	100.8	100.0	100.0	100.4	100.2	100.8	100.5	100.7	102.5	99.1	100.1	100.7
贵 阳	Guiyang	100.2	100.6	99.6	100.0	100.7	100.0	100.6	100.2	100.5	100.3	100.3	100.1
昆 明	Kunming	100.2	99.8	99.7	100.3	100.6	99.9	100.1	100.2	100.3	100.9	100.3	100.6
西 安	Xi'an	99.8	99.9	100.3	100.3	100.3	100.6	100.3	101.3	100.2	101.4	101.9	100.6
兰 州	Lanzhou	100.4	99.9	100.3	100.5	100.9	100.3	100.3	100.8	100.4	99.7	99.7	100.3
西 宁	Xining	99.9	99.8	100.2	100.9	100.6	100.1	100.2	100.5	100.0	100.3	99.8	99.7
银 川	Yinchuan	99.6	99.9	100.1	100.4	100.2	99.8	100.1	100.4	100.2	100.2	100.0	100.4
乌鲁木齐	Urumqi	98.6	98.9	99.8	100.0	100.5	99.2	100.0	99.6	99.8	99.5	99.9	100.3

4-3-5 续表 Continued

(以上月价格为100) (Last Month=100)

城 市	City	1月	2月	3月	4月	5月	6月	7月	8月	9月	10月	11月	12月
唐 山	Tangshan	99.8	99.8	99.6	99.4	100.9	99.6	100.5	100.4	99.6	100.6	102.1	100.5
秦皇岛	Qinhuangdao	99.2	100.5	100.1	100.1	100.2	100.3	100.0	100.8	100.3	102.3	100.6	100.3
包 头	Baotou	99.2	99.6	100.7	99.7	99.8	99.7	99.2	100.0	99.6	99.7	100.8	99.1
丹 东	Dandong	99.4	99.1	99.5	99.6	100.8	99.8	99.8	99.9	99.5	98.9	100.0	99.4
锦 州	Jinzhou	99.5	99.4	100.1	100.1	99.7	99.2	99.4	99.2	100.7	99.6	100.3	99.9
吉 林	Jilin	99.6	100.1	100.5	100.4	99.6	101.1	100.2	100.1	100.3	100.2	100.0	100.4
牡丹江	Mudanjiang	99.6	99.8	99.7	99.3	98.7	99.2	99.5	100.7	100.3	100.4	99.6	101.6
无 锡	Wuxi	99.7	100.2	101.6	102.2	101.9	102.2	102.2	103.9	107.5	104.2	100.7	100.0
扬 州	Yangzhou	100.1	100.2	100.0	100.3	100.6	100.6	100.6	101.0	100.8	101.2	101.1	100.2
徐 州	Xuzhou	100.0	100.6	101.1	100.6	100.7	100.4	100.4	101.0	101.4	100.9	101.4	100.2
温 州	Wenzhou	100.1	100.1	100.7	100.4	100.4	100.1	100.2	100.3	101.0	100.6	99.7	100.1
金 华	Jinhua	100.1	100.1	100.2	100.1	100.0	100.0	100.0	100.3	101.5	101.0	100.9	99.8
蚌 埠	Bengbu	99.3	100.2	101.1	100.1	100.3	100.2	101.2	101.6	102.4	101.0	100.6	101.1
安 庆	Anqing	100.5	99.6	100.4	100.1	100.2	100.0	100.9	100.8	101.4	101.3	101.4	100.3
泉 州	Quanzhou	99.8	100.0	101.4	100.9	100.5	99.4	100.5	101.8	101.2	100.9	101.3	101.1
九 江	Jiujiang	100.1	100.2	100.8	100.9	100.4	100.3	100.8	102.0	100.8	102.8	100.5	100.2
赣 州	Ganzhou	99.9	100.0	100.9	101.3	101.1	100.3	100.7	101.1	103.1	103.0	101.7	100.4
烟 台	Yantai	99.9	99.4	100.9	100.4	100.4	100.1	100.7	100.6	100.6	100.4	100.3	100.8
济 宁	Jining	100.2	100.2	100.5	100.3	100.0	100.2	99.4	100.0	100.3	100.0	100.4	100.2
洛 阳	Luoyang	99.8	100.2	99.7	101.1	100.3	100.0	100.6	100.2	100.5	100.3	101.3	100.2
平顶山	Pingdingshan	100.0	99.7	100.6	100.1	100.1	100.1	100.1	100.1	101.3	100.8	99.8	100.5
宜 昌	Yichang	100.0	100.7	99.8	100.0	100.6	100.6	100.3	100.9	100.7	101.4	100.6	100.3
襄 阳	Xiangyang	99.6	100.1	99.8	100.0	100.8	99.7	100.0	100.1	100.2	100.2	100.6	100.4
岳 阳	Yueyang	99.9	100.0	100.6	101.3	100.1	100.0	100.1	100.1	101.8	102.5	100.3	100.3
常 德	Changde	100.1	100.5	99.8	100.1	99.5	100.1	100.2	99.9	101.4	100.5	101.4	98.7
惠 州	Huizhou	101.1	100.6	101.0	103.1	103.2	102.8	101.4	101.3	103.7	102.1	101.9	100.9
湛 江	Zhanjiang	99.2	99.9	100.1	100.2	101.0	100.9	100.6	100.0	100.7	100.5	100.5	101.2
韶 关	Shaoguan	99.2	100.8	101.3	100.9	100.1	100.0	99.0	99.8	102.3	101.4	102.7	100.4
桂 林	Guilin	99.7	99.8	100.4	100.7	99.9	100.9	99.6	101.2	101.3	101.2	100.8	99.5
北 海	Beihai	99.7	100.8	99.7	101.2	99.7	99.9	100.9	99.3	101.5	101.0	101.3	99.5
三 亚	Sanya	100.9	100.6	99.9	99.9	99.9	99.7	100.1	100.5	101.4	100.5	100.8	100.9
泸 州	Luzhou	100.6	99.4	100.6	101.0	100.1	99.8	100.2	100.3	101.3	99.8	100.4	100.6
南 充	Nanchong	99.9	100.2	100.2	100.6	100.4	100.3	99.9	101.3	100.4	99.2	99.7	97.8
遵 义	Zunyi	100.3	99.8	100.3	100.2	99.6	100.7	99.6	101.4	99.9	100.5	100.1	101.1
大 理	Dali	100.8	99.9	98.9	100.2	100.5	100.7	100.4	99.7	100.1	100.2	100.6	100.5

4-3-6 2016年70个大中城市二手住宅销售价格指数
Housing Price Indices of Second-Hand Residential Buildings in 70 Large and Medium-Sized Cities 2016

(以上月价格为100) (Last Month=100)

城市	City	1月	2月	3月	4月	5月	6月	7月	8月	9月	10月	11月	12月
北京	Beijing	102.3	103.2	106.3	103.7	102.3	101.4	101.6	103.9	105.7	101.1	100.2	100.2
天津	Tianjin	100.3	101.4	102.5	102.7	101.9	101.0	102.0	103.8	104.1	101.2	100.7	100.3
石家庄	Shijiazhuang	100.0	100.2	101.9	102.4	101.9	102.2	102.0	103.5	104.0	99.8	99.4	99.2
太原	Taiyuan	100.2	99.8	100.4	99.9	99.8	100.7	100.7	100.6	100.2	100.9	100.5	100.2
呼和浩特	Hohhot	99.8	100.0	100.0	99.9	100.0	99.7	100.0	99.9	100.0	99.7	99.8	100.0
沈阳	Shenyang	100.0	99.7	100.1	100.5	100.2	100.1	100.1	100.0	99.8	99.9	100.0	100.2
大连	Dalian	100.2	99.8	100.2	100.5	100.1	100.5	99.7	100.1	100.1	100.2	100.1	100.0
长春	Changchun	99.6	99.3	100.1	100.2	100.2	100.0	99.9	100.2	100.3	100.4	100.2	99.9
哈尔滨	Harbin	100.1	99.9	100.4	100.1	100.0	99.9	99.8	99.9	100.2	100.0	99.7	100.0
上海	Shanghai	102.7	105.3	106.2	102.5	101.4	102.2	102.0	103.7	103.4	100.3	99.8	99.5
南京	Nanjing	101.2	101.5	103.0	103.5	102.8	101.9	103.1	103.6	103.5	102.0	101.8	101.6
杭州	Hangzhou	100.5	101.1	102.0	101.8	101.3	101.2	102.3	102.8	104.5	102.5	100.0	99.9
宁波	Ningbo	100.5	100.3	100.5	100.6	100.8	100.3	100.6	100.7	101.9	100.9	100.4	100.3
合肥	Hefei	101.3	106.7	109.3	106.8	104.4	103.4	103.2	102.3	102.8	101.7	99.4	99.6
福州	Fuzhou	100.7	100.8	100.9	101.8	100.7	100.4	101.0	102.8	104.2	101.4	100.3	100.5
厦门	Xiamen	100.8	102.0	104.9	104.2	106.3	104.3	102.4	102.4	102.0	100.0	99.5	100.0
南昌	Nanchang	99.8	100.2	101.4	101.1	101.4	101.5	101.3	101.4	102.2	100.5	100.2	100.3
济南	Jinan	100.1	100.1	100.8	100.4	100.4	100.6	100.5	102.2	105.1	102.7	101.1	100.6
青岛	Qingdao	100.1	100.2	100.2	100.3	100.2	100.1	100.4	101.1	104.9	101.2	100.5	100.4
郑州	Zhengzhou	100.6	100.8	101.3	101.2	101.3	101.4	101.3	104.5	107.3	103.1	100.7	101.0
武汉	Wuhan	100.6	100.5	101.1	101.1	101.4	101.9	102.1	102.4	103.7	102.5	102.0	100.9
长沙	Changsha	100.1	100.1	100.2	100.9	100.1	100.4	100.2	100.8	103.6	102.4	101.5	101.4
广州	Guangzhou	101.3	101.2	103.5	102.6	101.9	101.6	101.4	102.8	103.3	101.6	100.8	101.3
深圳	Shenzhen	105.7	103.3	104.7	99.6	100.0	100.8	101.8	102.0	101.8	99.4	99.3	99.8
南宁	Nanning	100.1	100.2	100.0	100.6	100.3	100.0	100.1	100.6	100.8	101.4	100.4	100.5
海口	Haikou	100.1	100.1	100.8	100.2	100.2	100.1	100.2	100.3	100.3	100.4	100.5	100.4
重庆	Chongqing	101.9	100.0	100.2	100.4	100.4	100.1	100.3	100.2	100.5	100.2	100.4	100.7
成都	Chengdu	100.6	100.7	100.3	100.2	100.3	100.4	100.3	100.3	101.7	100.5	100.0	100.2
贵阳	Guiyang	100.1	100.2	100.3	100.1	100.0	100.1	100.2	100.2	100.3	100.4	100.1	100.0
昆明	Kunming	100.2	100.1	100.2	100.5	100.6	99.7	100.0	99.8	100.1	100.3	100.0	99.8
西安	Xi'an	99.6	99.7	99.8	99.8	99.6	100.1	99.9	100.3	99.7	100.2	99.7	100.1
兰州	Lanzhou	100.2	100.2	99.9	100.3	100.1	100.1	100.2	100.3	100.2	99.9	100.2	99.9
西宁	Xining	100.1	99.6	99.5	100.0	99.8	99.9	99.8	100.0	100.2	100.1	99.8	99.9
银川	Yinchuan	99.9	99.9	100.3	100.0	100.1	99.9	100.0	100.1	100.1	100.0	99.9	100.0
乌鲁木齐	Urumqi	99.5	98.9	99.3	99.8	99.9	99.8	99.8	100.0	99.9	99.8	99.6	99.9

4-3-6 续表 Continued

(以上月价格为100) (Last Month=100)

城 市	City	1月	2月	3月	4月	5月	6月	7月	8月	9月	10月	11月	12月
唐 山	Tangshan	99.9	99.8	100.1	100.0	100.1	100.0	99.9	100.2	100.0	100.5	100.6	100.3
秦皇岛	Qinhuangdao	99.7	99.8	100.1	100.2	100.5	100.2	100.0	100.1	100.2	101.0	101.2	100.4
包 头	Baotou	99.7	99.5	99.6	99.7	99.5	100.0	99.8	99.7	99.4	100.3	100.2	100.7
丹 东	Dandong	99.5	99.7	99.8	99.9	99.9	99.8	100.1	99.9	100.1	100.0	99.8	99.9
锦 州	Jinzhou	99.9	99.6	99.5	99.7	99.9	99.8	99.6	99.7	100.0	99.7	99.9	100.0
吉 林	Jilin	99.7	99.9	100.1	100.2	100.1	100.2	100.1	100.1	100.2	100.3	100.2	100.2
牡丹江	Mudanjiang	99.8	99.9	100.2	100.1	99.8	99.9	99.5	100.0	100.2	99.8	100.2	100.4
无 锡	Wuxi	99.9	100.0	100.9	101.2	100.4	100.6	100.9	103.9	108.4	102.4	99.7	99.8
扬 州	Yangzhou	99.9	99.9	100.0	100.0	100.2	100.0	100.5	100.4	100.7	101.4	101.4	100.9
徐 州	Xuzhou	100.0	99.9	100.4	100.5	100.1	100.2	100.1	100.7	100.8	101.0	100.9	100.2
温 州	Wenzhou	100.1	100.4	100.6	100.3	100.0	100.2	100.2	100.1	100.9	100.2	100.0	100.1
金 华	Jinhua	100.0	100.1	100.4	100.3	100.3	100.1	100.2	100.6	101.2	100.4	100.8	100.3
蚌 埠	Bengbu	100.3	100.2	100.1	100.4	100.2	100.2	100.7	100.6	101.0	100.3	100.7	100.8
安 庆	Anqing	99.9	100.1	99.9	100.3	100.2	100.1	100.8	100.7	101.3	100.5	101.2	101.3
泉 州	Quanzhou	99.8	99.9	99.8	100.3	99.8	99.9	100.3	100.5	101.5	100.8	101.9	101.1
九 江	Jiujiang	100.1	99.9	100.5	100.8	100.0	101.3	100.6	101.3	100.7	100.9	100.0	101.5
赣 州	Ganzhou	100.1	100.2	99.8	100.7	100.4	100.2	100.6	100.7	103.1	102.3	100.8	100.4
烟 台	Yantai	100.0	99.9	100.1	100.2	100.3	100.2	100.1	100.5	100.4	100.3	100.3	100.2
济 宁	Jining	99.9	100.0	100.1	100.0	99.9	100.0	100.1	100.3	100.2	100.1	100.2	100.0
洛 阳	Luoyang	99.8	99.9	100.1	100.2	100.3	100.2	100.2	100.4	100.3	100.2	100.8	100.2
平顶山	Pingdingshan	100.1	100.0	100.2	100.0	99.9	99.9	100.0	100.3	100.5	100.1	99.9	99.8
宜 昌	Yichang	100.1	100.0	100.6	100.1	100.2	100.0	100.1	100.2	100.3	100.6	100.5	100.4
襄 阳	Xiangyang	100.0	99.7	99.9	100.0	100.0	100.1	100.0	100.4	100.1	100.0	100.2	100.0
岳 阳	Yueyang	99.8	100.1	100.1	100.2	100.1	100.1	100.2	100.2	100.4	100.5	100.1	100.3
常 德	Changde	99.7	99.7	100.1	100.2	100.1	100.4	100.3	100.1	100.9	100.3	100.2	100.0
惠 州	Huizhou	100.3	100.4	100.9	101.1	101.8	100.8	101.2	100.8	103.6	100.9	101.6	100.4
湛 江	Zhanjiang	99.9	100.0	99.7	100.0	100.1	100.1	100.2	100.1	100.5	100.3	100.4	101.0
韶 关	Shaoguan	99.5	100.7	100.3	100.2	100.0	99.5	99.7	99.8	101.0	100.1	99.9	100.5
桂 林	Guilin	99.9	99.9	99.8	99.8	99.7	100.0	100.0	99.9	99.9	99.7	99.8	99.9
北 海	Beihai	100.1	99.8	100.2	100.0	100.4	99.8	100.1	100.2	100.2	100.3	100.2	100.4
三 亚	Sanya	99.8	100.0	100.5	99.8	99.7	100.1	99.9	100.1	100.5	100.4	100.5	100.7
泸 州	Luzhou	100.6	99.7	100.3	100.5	100.2	100.1	100.2	100.1	100.5	100.2	100.3	100.1
南 充	Nanchong	100.0	100.1	100.1	100.4	100.2	100.2	100.3	100.3	100.4	100.3	100.2	100.3
遵 义	Zunyi	100.0	99.8	100.2	100.1	100.2	100.2	100.3	100.2	99.8	100.4	100.4	100.5
大 理	Dali	100.1	100.4	100.2	100.1	100.3	99.8	100.2	99.6	99.9	99.8	100.3	99.6

4-3-7 2016年70个大中城市90㎡及以下二手住宅销售价格指数

Housing Price Indices of 90㎡ and below Second-Hand Residential Buildings in 70 Large and Medium-Sized Cities 2016

(以上月价格为100) (Last Month=100)

城市	City	1月	2月	3月	4月	5月	6月	7月	8月	9月	10月	11月	12月
北京	Beijing	102.3	103.1	106.0	103.8	102.3	101.4	101.6	104.1	105.7	101.1	100.3	100.4
天津	Tianjin	100.3	101.7	102.4	103.6	101.7	102.1	102.5	104.1	104.1	100.7	101.0	100.1
石家庄	Shijiazhuang	100.0	100.3	101.8	102.5	102.0	102.6	102.3	103.7	104.2	99.7	99.3	99.6
太原	Taiyuan	100.2	99.5	100.6	100.6	99.9	100.5	100.8	101.1	100.5	100.7	100.7	100.4
呼和浩特	Hohhot	99.8	100.0	100.1	99.8	100.0	99.7	100.0	99.8	100.0	99.5	99.6	100.0
沈阳	Shenyang	100.1	99.8	100.0	100.6	100.3	100.2	100.2	100.0	99.9	99.9	100.1	100.1
大连	Dalian	100.0	100.2	100.3	100.7	100.0	100.3	99.9	100.1	100.1	100.2	100.2	100.1
长春	Changchun	99.6	99.4	100.2	100.2	100.1	100.0	99.8	100.5	100.3	100.5	100.2	99.9
哈尔滨	Harbin	99.9	100.0	100.6	100.1	100.0	100.0	99.9	100.0	100.3	100.0	99.9	100.0
上海	Shanghai	102.4	105.3	106.5	102.3	101.8	102.4	102.0	103.5	103.5	100.6	99.8	100.2
南京	Nanjing	101.0	101.5	102.9	103.0	102.8	102.3	102.8	103.0	103.4	101.6	101.5	101.7
杭州	Hangzhou	100.5	101.0	102.1	102.5	101.6	101.1	102.1	102.6	104.7	102.3	100.0	100.1
宁波	Ningbo	100.5	100.2	100.4	100.8	101.0	100.3	100.4	101.0	101.8	100.7	100.1	100.3
合肥	Hefei	101.3	106.3	109.7	107.2	104.5	103.7	103.3	102.3	103.0	101.8	99.4	99.5
福州	Fuzhou	100.6	100.7	100.9	101.7	100.7	100.6	100.8	102.6	103.9	101.2	100.3	100.5
厦门	Xiamen	100.8	102.0	105.0	104.1	106.6	104.7	102.8	102.6	102.2	100.0	99.6	99.9
南昌	Nanchang	99.5	100.2	101.8	100.8	101.8	101.6	101.4	101.4	102.3	100.7	100.3	100.6
济南	Jinan	100.0	100.4	100.9	100.5	100.5	100.7	100.4	102.2	105.4	102.5	100.8	100.7
青岛	Qingdao	100.1	100.1	100.2	100.1	100.2	100.1	100.4	101.0	105.1	101.0	100.5	100.4
郑州	Zhengzhou	100.7	100.9	101.2	100.9	101.2	101.5	101.2	104.3	107.3	103.3	100.7	101.1
武汉	Wuhan	100.9	100.5	101.2	101.0	101.7	101.8	102.1	102.8	104.1	102.4	101.7	101.0
长沙	Changsha	100.3	100.1	100.5	100.9	100.1	100.3	100.1	100.9	103.1	102.1	101.3	101.2
广州	Guangzhou	101.5	101.3	103.3	102.7	101.8	101.4	101.7	102.5	103.0	101.5	100.5	101.5
深圳	Shenzhen	105.4	103.9	104.3	99.1	100.8	100.1	101.8	102.0	102.3	99.5	99.2	99.5
南宁	Nanning	99.9	99.9	99.9	100.6	100.5	99.9	100.4	100.5	100.8	101.1	100.4	100.4
海口	Haikou	100.0	100.0	100.8	100.2	100.1	100.1	100.2	100.3	100.2	100.5	100.4	100.3
重庆	Chongqing	101.9	99.9	100.3	100.4	100.5	100.1	100.4	100.0	100.7	100.2	100.2	101.1
成都	Chengdu	100.7	100.6	100.3	100.2	100.4	100.2	100.3	100.3	101.8	100.7	99.9	100.2
贵阳	Guiyang	100.0	100.1	100.2	100.1	100.0	100.0	100.1	100.3	100.3	100.3	100.1	99.9
昆明	Kunming	100.2	100.2	100.4	100.5	100.7	99.6	99.8	99.8	99.8	100.6	100.1	100.1
西安	Xi'an	99.5	99.5	99.8	99.8	99.8	99.0	100.1	100.4	99.7	100.3	99.7	100.0
兰州	Lanzhou	100.1	100.2	99.6	100.3	100.4	100.1	100.1	100.8	100.2	99.8	100.0	100.0
西宁	Xining	100.1	99.5	99.6	100.0	99.6	100.0	99.9	100.0	100.2	100.0	100.0	100.0
银川	Yinchuan	100.0	99.9	100.3	100.1	100.2	100.2	99.9	100.1	100.0	99.9	100.0	100.0
乌鲁木齐	Urumqi	99.2	98.9	99.2	99.5	99.9	99.7	99.8	100.1	100.0	99.6	99.6	99.8

4-3-7 续表 Continued

(以上月价格为100) (Last Month=100)

城市	City	1月	2月	3月	4月	5月	6月	7月	8月	9月	10月	11月	12月
唐山	Tangshan	99.9	99.7	100.0	99.9	100.2	100.0	100.0	100.4	100.0	100.5	100.6	100.3
秦皇岛	Qinhuangdao	99.6	99.9	100.3	100.1	100.4	100.4	99.9	100.3	100.0	101.0	101.5	100.6
包头	Baotou	99.7	99.6	99.7	99.8	99.2	100.0	99.9	100.0	98.9	100.5	100.4	100.9
丹东	Dandong	99.6	99.4	99.6	99.8	100.1	99.6	100.0	99.9	100.1	100.0	99.9	99.9
锦州	Jinzhou	99.8	99.7	99.5	99.7	99.9	99.8	99.6	99.8	99.9	99.8	99.9	100.0
吉林	Jilin	99.7	99.9	100.2	100.2	100.2	100.3	100.2	100.1	100.2	100.2	100.1	100.3
牡丹江	Mudanjiang	100.0	100.0	100.4	100.2	100.0	100.0	99.8	100.2	100.0	100.2	100.0	100.4
无锡	Wuxi	99.9	99.8	100.8	101.3	100.4	100.6	101.1	103.7	108.7	102.3	100.0	100.0
扬州	Yangzhou	100.0	99.8	100.0	100.0	100.1	100.1	100.4	100.3	100.9	101.5	101.6	100.8
徐州	Xuzhou	100.1	99.9	100.4	100.5	100.2	100.2	100.1	100.6	101.0	100.8	101.0	100.2
温州	Wenzhou	100.2	100.6	100.6	100.4	99.8	100.2	100.3	100.0	101.3	100.2	100.1	100.2
金华	Jinhua	100.2	100.1	100.2	100.4	100.3	100.2	100.3	100.6	101.2	100.3	100.9	100.4
蚌埠	Bengbu	100.3	100.2	100.1	100.3	100.2	100.1	100.7	100.6	101.1	100.4	100.8	100.8
安庆	Anqing	99.9	100.2	99.9	100.5	100.3	100.2	100.6	100.9	101.3	100.6	101.2	101.5
泉州	Quanzhou	100.1	100.0	100.0	100.3	99.9	99.6	100.0	100.6	101.3	100.8	101.6	101.0
九江	Jiujiang	100.3	100.1	100.9	100.9	100.3	101.4	100.7	101.5	100.5	101.0	100.0	101.7
赣州	Ganzhou	99.8	100.2	99.8	100.9	100.6	100.2	100.4	101.2	102.9	102.0	101.1	99.6
烟台	Yantai	99.9	99.9	100.2	100.3	100.3	100.2	100.2	100.6	100.4	100.2	100.3	100.3
济宁	Jining	99.9	99.6	100.2	100.1	100.0	100.2	100.5	100.2	100.0	99.9	100.2	100.5
洛阳	Luoyang	100.0	100.0	100.1	100.3	100.3	100.1	100.3	100.2	100.4	100.2	100.9	100.2
平顶山	Pingdingshan	99.5	99.6	100.2	99.7	100.1	98.7	100.0	100.3	100.4	101.2	98.8	100.3
宜昌	Yichang	100.1	100.3	100.6	100.1	100.3	100.0	100.2	100.2	100.4	100.5	100.7	100.5
襄阳	Xiangyang	100.0	99.7	100.0	100.0	100.0	100.0	100.0	100.6	100.0	100.3	100.4	100.0
岳阳	Yueyang	99.6	100.1	100.2	100.1	100.1	100.1	100.1	100.1	100.5	100.9	100.1	100.5
常德	Changde	99.9	99.8	100.1	100.1	100.1	100.4	100.4	100.1	100.9	100.2	100.3	100.1
惠州	Huizhou	100.2	100.5	101.1	101.1	101.7	100.8	101.3	100.7	103.1	101.2	101.3	100.3
湛江	Zhanjiang	99.9	100.0	99.9	100.1	100.2	100.1	100.2	100.0	100.4	100.2	100.2	100.9
韶关	Shaoguan	99.7	101.2	100.3	100.0	99.8	99.7	99.8	99.5	101.0	100.5	99.6	100.7
桂林	Guilin	99.8	99.7	99.9	99.8	99.5	100.0	99.9	99.9	100.2	99.9	99.5	99.8
北海	Beihai	100.1	99.7	100.4	99.7	100.2	99.9	100.1	100.1	100.3	100.2	100.0	100.6
三亚	Sanya	99.7	99.7	100.6	99.8	100.1	100.0	99.8	100.3	100.7	100.3	100.4	101.0
泸州	Luzhou	100.5	99.6	100.1	100.6	100.2	100.2	100.1	100.1	100.4	100.2	100.4	100.1
南充	Nanchong	100.1	100.1	100.1	100.6	100.1	100.1	100.2	100.3	100.6	100.5	100.2	100.0
遵义	Zunyi	99.7	99.8	100.3	100.2	100.8	100.3	100.3	100.1	99.9	100.5	100.4	100.6
大理	Dali	100.0	100.3	100.2	99.9	100.3	99.7	100.0	99.3	99.9	99.7	100.4	99.8

4-3-8 2016年70个大中城市90~144㎡二手住宅销售价格指数
Housing Price Indices of 90~144㎡ Second-Hand Residential Buildings in 70 Large and Medium-Sized Cities 2016

(以上月价格为100) (Last Month=100)

城 市	City	1月	2月	3月	4月	5月	6月	7月	8月	9月	10月	11月	12月
北 京	Beijing	102.4	103.1	106.7	103.5	102.0	101.3	101.6	103.8	105.6	101.2	100.1	100.2
天 津	Tianjin	100.4	101.1	102.9	102.2	102.2	100.4	101.5	104.3	104.3	101.8	100.3	100.4
石家庄	Shijiazhuang	99.9	100.3	101.7	102.5	102.1	101.9	101.8	103.6	104.1	100.0	99.4	98.8
太 原	Taiyuan	100.4	99.9	100.3	99.0	99.5	101.2	100.3	100.4	99.9	101.2	100.5	100.3
呼和浩特	Hohhot	99.7	100.0	100.0	100.0	100.0	99.8	100.0	100.0	100.0	100.0	100.0	100.0
沈 阳	Shenyang	99.9	99.8	100.2	100.3	100.0	100.0	99.9	100.0	99.8	99.8	99.9	100.6
大 连	Dalian	100.5	99.2	100.1	100.5	100.4	100.6	99.3	100.0	100.1	100.2	100.0	100.2
长 春	Changchun	99.6	99.3	100.1	100.1	100.1	100.1	100.0	99.9	100.2	100.3	100.2	99.8
哈尔滨	Harbin	100.1	99.8	100.4	100.1	100.0	99.9	99.9	100.0	100.2	100.1	99.5	100.0
上 海	Shanghai	103.1	105.2	106.0	102.7	101.2	102.0	101.7	103.6	103.0	100.0	99.8	99.4
南 京	Nanjing	101.4	101.6	103.2	103.8	102.7	101.8	103.0	104.0	103.3	102.2	101.6	101.0
杭 州	Hangzhou	100.6	101.3	101.7	101.5	101.2	101.1	102.2	102.9	104.5	102.8	100.2	99.7
宁 波	Ningbo	100.5	100.3	100.6	100.5	100.8	100.3	100.8	100.5	101.9	101.2	100.4	100.4
合 肥	Hefei	101.5	106.8	109.0	106.3	104.2	103.4	103.2	102.3	102.7	101.6	99.3	99.7
福 州	Fuzhou	100.6	100.7	100.8	101.5	100.7	100.4	101.1	102.9	104.4	101.4	100.2	100.6
厦 门	Xiamen	100.7	101.9	105.1	104.3	106.4	104.1	102.0	102.3	102.0	100.0	99.4	100.0
南 昌	Nanchang	100.3	100.3	101.0	101.3	101.4	101.5	101.2	101.4	102.3	100.3	100.0	100.0
济 南	Jinan	100.2	100.0	100.6	100.3	100.4	100.5	100.6	102.6	105.1	102.8	101.3	100.6
青 岛	Qingdao	100.0	100.2	100.2	100.4	100.2	100.1	100.4	101.2	105.0	101.4	100.5	100.4
郑 州	Zhengzhou	100.7	100.9	101.4	101.3	101.4	101.4	101.2	104.8	107.6	103.2	100.9	101.1
武 汉	Wuhan	100.4	100.4	101.1	101.2	101.4	101.9	102.2	102.2	103.7	102.6	102.6	101.1
长 沙	Changsha	100.1	100.1	100.2	101.0	100.1	100.4	100.2	100.7	103.5	101.8	101.4	101.6
广 州	Guangzhou	101.1	101.0	103.6	102.5	101.7	102.2	101.0	103.2	103.6	101.8	101.2	101.4
深 圳	Shenzhen	105.3	103.0	105.1	99.9	100.2	100.9	101.9	102.3	101.9	98.8	99.0	100.2
南 宁	Nanning	100.2	100.0	100.0	100.5	100.1	100.0	99.9	100.3	100.7	101.5	100.5	100.5
海 口	Haikou	100.0	100.3	100.9	100.1	100.4	100.2	100.1	100.2	100.3	100.3	100.6	100.4
重 庆	Chongqing	102.1	100.1	100.2	100.5	100.2	100.1	100.4	100.6	100.7	100.1	100.6	100.2
成 都	Chengdu	100.7	100.8	100.5	100.2	100.3	100.5	100.4	100.2	101.9	100.3	100.1	100.1
贵 阳	Guiyang	100.1	100.3	100.4	100.1	100.1	100.1	100.2	100.1	100.2	100.4	100.1	100.1
昆 明	Kunming	100.3	100.0	100.2	100.4	100.7	99.8	100.1	99.8	100.1	100.5	99.8	99.9
西 安	Xi'an	99.5	100.1	99.6	99.9	99.5	100.9	99.8	100.3	99.6	100.0	100.1	100.3
兰 州	Lanzhou	100.2	100.3	100.0	100.3	99.9	99.9	100.2	99.8	100.2	99.8	100.3	99.9
西 宁	Xining	100.0	99.7	99.4	100.0	99.8	99.9	99.8	100.1	100.3	100.1	99.7	99.9
银 川	Yinchuan	99.9	100.0	100.2	100.0	100.1	99.7	100.0	100.1	100.2	100.0	99.9	99.9
乌鲁木齐	Urumqi	99.8	99.0	99.4	100.0	99.8	99.8	99.7	99.9	99.8	100.1	99.4	100.0

4-3-8 续表 Continued

(以上月价格为100) (Last Month=100)

城市	City	1月	2月	3月	4月	5月	6月	7月	8月	9月	10月	11月	12月
唐山	Tangshan	100.0	100.0	100.0	100.1	100.1	100.0	99.8	100.0	100.0	100.4	100.6	100.3
秦皇岛	Qinhuangdao	99.8	99.8	100.1	100.3	100.3	100.1	100.0	100.1	100.2	101.2	101.0	100.2
包头	Baotou	99.9	99.3	99.5	99.6	99.8	99.9	99.8	99.6	100.2	100.1	100.1	100.7
丹东	Dandong	99.4	100.3	100.0	100.0	99.8	99.9	100.3	99.9	100.3	99.9	99.9	100.0
锦州	Jinzhou	99.9	99.6	99.4	99.7	99.9	99.7	99.7	99.6	100.0	99.7	99.9	100.0
吉林	Jilin	99.8	99.9	100.1	100.2	100.1	100.1	100.1	100.2	100.3	100.4	100.3	100.1
牡丹江	Mudanjiang	99.1	99.7	99.7	100.0	99.2	99.9	98.6	99.5	101.0	98.7	100.7	100.6
无锡	Wuxi	99.9	100.1	101.1	101.1	100.4	100.5	100.9	103.8	108.2	102.3	99.5	99.9
扬州	Yangzhou	99.9	100.1	100.0	100.0	100.2	99.9	100.7	100.5	100.6	101.4	101.3	101.0
徐州	Xuzhou	100.0	100.0	100.4	100.3	100.1	100.1	100.2	100.8	100.5	101.0	101.0	100.2
温州	Wenzhou	100.1	100.3	100.6	100.2	100.0	100.2	100.2	100.2	100.8	100.4	100.0	100.1
金华	Jinhua	99.8	100.0	100.4	100.2	100.4	100.1	100.2	100.7	101.2	100.4	100.7	100.1
蚌埠	Bengbu	100.2	100.2	100.1	100.4	100.3	100.3	100.6	100.7	100.8	100.3	100.6	100.8
安庆	Anqing	100.0	100.1	99.9	100.2	100.1	100.2	101.0	100.3	101.5	100.5	101.3	101.2
泉州	Quanzhou	99.6	99.7	99.5	100.3	99.8	99.9	100.3	100.5	101.7	100.8	102.0	101.2
九江	Jiujiang	99.8	99.8	100.1	100.8	99.7	101.2	100.6	101.2	100.7	100.8	99.8	101.6
赣州	Ganzhou	100.3	100.0	99.7	100.7	100.4	100.4	100.6	100.7	103.6	102.1	101.1	100.7
烟台	Yantai	100.1	99.9	100.0	100.2	100.2	100.2	100.1	100.5	100.3	100.3	100.3	100.1
济宁	Jining	100.0	100.3	100.0	100.0	99.9	99.8	99.7	100.4	100.4	100.3	100.3	99.9
洛阳	Luoyang	99.7	99.9	100.1	100.2	100.2	100.1	100.3	100.6	100.2	100.2	100.8	100.2
平顶山	Pingdingshan	100.5	100.3	100.0	100.1	99.8	100.4	100.0	100.5	100.4	99.1	100.6	99.0
宜昌	Yichang	100.0	99.9	100.5	100.1	100.2	100.0	100.1	100.2	100.2	100.7	100.5	100.2
襄阳	Xiangyang	100.1	99.8	100.0	100.1	100.1	100.2	100.2	100.4	100.2	99.9	100.0	100.1
岳阳	Yueyang	99.9	100.0	100.1	100.2	100.2	100.1	100.2	100.2	100.3	100.4	100.2	100.2
常德	Changde	99.5	99.7	100.2	100.2	100.1	100.4	100.4	100.1	100.8	100.4	100.2	100.0
惠州	Huizhou	100.3	100.4	100.9	101.0	101.7	100.8	101.0	100.9	103.9	100.9	101.3	100.3
湛江	Zhanjiang	99.8	99.9	99.4	100.0	100.1	100.0	100.1	100.0	100.5	100.3	100.4	101.0
韶关	Shaoguan	99.5	100.5	100.4	100.3	99.9	99.9	99.3	99.5	101.1	100.0	100.2	100.6
桂林	Guilin	99.9	99.9	99.8	99.8	99.8	100.1	100.0	99.8	100.0	99.6	99.9	99.9
北海	Beihai	100.3	100.0	99.9	100.3	100.7	99.7	100.0	100.5	100.0	100.4	100.5	100.2
三亚	Sanya	99.9	100.0	100.3	100.0	99.5	100.1	100.0	100.0	100.4	100.5	100.5	100.9
泸州	Luzhou	100.7	99.7	100.5	100.5	100.2	100.1	100.2	100.2	100.6	100.2	100.3	100.1
南充	Nanchong	99.9	100.1	100.1	100.2	100.2	100.2	100.3	100.3	100.2	100.2	100.3	100.4
遵义	Zunyi	100.2	99.7	100.1	100.1	99.6	100.3	100.2	100.2	99.8	100.4	100.4	100.5
大理	Dali	100.2	100.5	100.3	100.3	100.4	100.1	100.0	99.9	99.8	99.9	100.4	99.4

4-3-9 2016年70个大中城市144㎡以上二手住宅销售价格指数

Housing Price Indices of Above 144㎡ Second-Hand Residential Buildings in 70 Large and Medium-Sized Cities 2016

(以上月价格为100) (Last Month=100)

城市	City	1月	2月	3月	4月	5月	6月	7月	8月	9月	10月	11月	12月
北京	Beijing	102.4	103.4	106.5	103.4	102.6	101.7	101.7	103.7	105.7	101.1	100.0	100.0
天津	Tianjin	100.2	101.1	101.5	101.6	101.9	99.2	102.1	101.5	103.5	100.7	100.6	100.6
石家庄	Shijiazhuang	100.4	99.9	102.7	101.9	101.0	101.6	101.6	102.7	103.2	99.5	99.6	98.9
太原	Taiyuan	100.0	100.0	100.2	99.9	100.1	100.4	101.2	99.8	99.9	100.7	100.1	99.8
呼和浩特	Hohhot	99.6	99.9	99.9	99.9	99.9	99.4	99.9	99.9	99.9	99.9	99.9	99.9
沈阳	Shenyang	99.8	99.1	99.8	100.5	99.8	99.9	100.0	99.7	99.9	99.8	100.1	100.0
大连	Dalian	99.8	99.4	99.7	100.0	99.6	100.8	100.1	100.2	99.8	100.1	100.0	99.3
长春	Changchun	99.5	99.1	99.9	100.2	100.2	100.0	99.6	100.0	100.3	100.4	99.9	99.8
哈尔滨	Harbin	100.6	99.9	100.0	100.2	100.1	100.1	99.5	99.6	100.1	100.1	99.7	100.1
上海	Shanghai	103.0	105.5	106.2	102.5	100.8	102.4	102.3	104.1	103.8	100.2	99.4	98.1
南京	Nanjing	101.3	101.2	102.6	104.0	103.2	101.4	103.8	103.9	104.2	102.3	103.1	102.6
杭州	Hangzhou	100.6	101.0	102.1	100.7	101.1	101.2	102.9	102.7	104.2	102.6	99.8	100.1
宁波	Ningbo	100.4	100.4	100.3	100.4	100.3	100.6	100.5	100.7	101.8	100.5	100.7	100.3
合肥	Hefei	100.7	107.7	109.1	107.8	104.4	102.5	103.2	102.4	102.7	101.7	99.3	99.5
福州	Fuzhou	101.0	101.0	101.0	102.2	100.6	100.3	101.2	102.9	104.0	101.8	100.4	100.4
厦门	Xiamen	100.8	102.2	104.6	104.4	105.7	104.0	102.7	102.3	101.8	99.9	99.3	100.0
南昌	Nanchang	99.5	100.3	101.5	101.3	100.5	100.9	101.5	101.7	102.0	100.7	100.5	100.4
济南	Jinan	100.3	99.1	101.0	100.5	100.3	100.4	100.3	101.3	104.4	103.4	101.3	100.3
青岛	Qingdao	100.0	100.3	100.1	100.4	100.1	100.0	100.3	101.0	104.5	101.6	100.3	100.2
郑州	Zhengzhou	100.3	100.6	101.4	101.5	101.3	101.3	101.8	104.2	106.5	102.6	100.3	100.6
武汉	Wuhan	100.5	100.8	101.2	101.0	100.8	102.1	102.1	102.1	102.8	102.3	101.1	100.4
长沙	Changsha	100.1	100.0	100.1	100.9	100.2	100.5	100.4	100.8	104.2	103.4	101.9	101.1
广州	Guangzhou	101.2	101.2	103.7	102.6	103.0	100.3	101.8	102.5	103.5	101.7	100.4	100.3
深圳	Shenzhen	106.8	102.5	104.7	100.2	98.2	102.1	101.4	101.8	100.5	100.0	99.8	99.9
南宁	Nanning	100.5	100.9	100.0	100.8	100.2	100.3	99.7	101.3	101.0	101.7	100.0	100.6
海口	Haikou	100.2	100.1	100.8	100.1	100.1	100.1	100.2	100.3	100.2	100.3	100.4	100.5
重庆	Chongqing	101.5	100.1	100.1	100.1	100.2	100.0	99.9	100.1	99.4	100.3	100.5	100.8
成都	Chengdu	100.2	100.7	100.0	100.4	100.1	100.4	100.1	100.7	101.2	100.3	100.2	100.2
贵阳	Guiyang	100.2	100.1	100.2	100.2	99.9	100.1	100.2	100.5	100.4	100.5	100.0	100.1
昆明	Kunming	100.0	100.2	100.1	100.5	100.3	99.5	100.2	99.9	100.5	99.6	100.2	99.3
西安	Xi'an	99.7	99.3	99.9	99.6	99.6	100.0	100.0	100.0	99.9	100.3	98.9	99.9
兰州	Lanzhou	100.3	100.1	100.0	100.1	99.7	100.2	100.2	100.1	100.1	100.1	100.2	99.7
西宁	Xining	100.3	99.5	99.4	100.1	100.1	100.0	99.7	99.8	100.1	100.4	99.8	100.1
银川	Yinchuan	100.0	99.9	100.2	100.0	100.1	99.5	100.1	99.8	99.9	99.9	99.5	100.0
乌鲁木齐	Urumqi	99.8	98.9	99.8	100.2	100.3	99.8	100.0	100.1	100.0	99.5	99.8	99.7

4-3-9 续表 Continued

(以上月价格为100) (Last Month=100)

城 市	City	1月	2月	3月	4月	5月	6月	7月	8月	9月	10月	11月	12月
唐 山	Tangshan	99.7	99.9	100.3	100.2	99.7	99.8	99.6	100.0	100.1	100.6	100.5	100.4
秦皇岛	Qinhuangdao	99.8	99.6	100.1	100.1	101.4	100.0	100.1	99.9	100.7	100.5	101.3	100.0
包 头	Baotou	99.0	100.0	100.0	100.1	99.6	100.0	99.8	98.9	98.5	100.0	99.9	100.0
丹 东	Dandong	99.6	99.5	100.2	100.3	99.1	99.8	100.0	100.0	99.2	100.1	99.0	99.6
锦 州	Jinzhou	99.9	99.6	99.1	99.8	100.3	100.2	99.0	99.6	100.1	99.7	100.2	100.1
吉 林	Jilin	99.4	99.8	100.1	100.1	100.1	100.0	100.0	99.9	100.4	100.2	100.0	100.1
牡丹江	Mudanjiang	99.0	100.0	100.0	99.5	100.0	98.5	99.5	100.0	100.0	99.1	100.0	100.1
无 锡	Wuxi	99.8	99.9	100.5	101.4	100.2	100.8	100.5	104.9	108.7	102.6	99.4	99.2
扬 州	Yangzhou	100.0	99.9	99.7	100.1	100.2	100.1	100.5	100.3	100.8	100.9	101.1	101.0
徐 州	Xuzhou	99.9	99.9	100.3	100.7	100.1	100.0	100.1	100.9	101.0	101.6	100.5	100.1
温 州	Wenzhou	100.1	100.3	100.5	100.3	100.0	100.1	100.1	100.1	100.6	100.1	100.0	100.1
金 华	Jinhua	100.0	100.1	100.6	100.4	100.3	100.1	100.1	100.5	101.1	100.5	100.7	100.2
蚌 埠	Bengbu	100.3	100.4	100.2	100.5	100.4	100.2	100.8	100.8	100.8	100.2	100.2	100.2
安 庆	Anqing	100.1	100.2	99.6	100.3	100.1	100.1	100.9	100.6	101.0	100.4	101.3	101.0
泉 州	Quanzhou	99.9	100.0	99.9	100.2	99.9	100.3	100.5	100.6	101.5	100.9	102.2	101.2
九 江	Jiujiang	100.2	99.8	100.5	100.8	99.3	101.0	100.5	101.0	101.7	100.5	101.0	100.7
赣 州	Ganzhou	100.0	100.5	100.1	100.6	100.4	99.9	100.7	100.4	102.3	103.0	100.1	100.4
烟 台	Yantai	99.9	99.7	99.9	100.0	100.1	100.0	100.0	100.3	100.2	100.1	100.2	100.1
济 宁	Jining	99.9	99.8	99.9	100.0	99.9	99.8	100.4	100.5	100.3	100.3	100.1	98.8
洛 阳	Luoyang	99.6	99.9	99.9	99.9	100.2	100.4	100.2	100.4	100.5	100.4	100.7	100.1
平顶山	Pingdingshan	100.7	100.0	100.4	100.1	99.9	100.9	100.1	100.0	100.7	100.1	100.5	100.1
宜 昌	Yichang	99.9	100.0	100.5	100.0	100.0	99.9	99.9	100.4	100.3	100.3	100.3	100.5
襄 阳	Xiangyang	99.7	99.7	99.6	99.6	99.7	99.7	99.6	100.0	100.0	99.7	100.3	99.7
岳 阳	Yueyang	100.0	100.0	100.1	100.2	100.1	100.0	100.4	100.8	100.5	100.3	100.1	100.1
常 德	Changde	99.8	99.6	100.1	100.2	100.3	100.3	100.1	100.0	101.3	100.5	100.2	99.9
惠 州	Huizhou	100.2	100.4	100.7	101.0	102.1	100.7	101.3	100.6	103.5	100.4	102.5	100.6
湛 江	Zhanjiang	99.9	99.9	99.8	100.0	100.0	100.2	100.9	100.5	100.9	100.3	100.7	101.2
韶 关	Shaoguan	99.2	100.6	100.1	100.4	100.5	98.7	100.0	100.6	100.9	99.7	99.9	100.2
桂 林	Guilin	99.9	100.3	99.7	99.6	100.0	100.0	100.1	100.0	99.3	99.6	100.6	100.0
北 海	Beihai	100.1	99.9	99.8	100.2	100.0	99.9	100.3	100.1	100.1	100.1	100.1	100.1
三 亚	Sanya	99.8	100.3	100.7	99.6	99.4	100.1	99.9	100.0	100.2	100.5	100.6	100.0
泸 州	Luzhou	99.9	99.7	100.1	100.6	100.4	100.1	100.0	100.2	100.0	100.1	100.3	100.2
南 充	Nanchong	100.0	100.0	100.0	100.5	100.5	100.1	100.3	100.5	100.5	100.4	100.3	100.4
遵 义	Zunyi	99.7	99.9	99.9	100.2	100.7	99.5	100.3	100.2	99.6	100.3	100.3	100.2
大 理	Dali	99.9	100.5	100.0	100.3	100.0	99.4	100.7	99.5	100.0	100.0	100.1	99.5

4-4-1 2016年北京市住宅销售价格指数
Beijing Housing Price Indices for 2016

	项 目 Item	1月	2月	3月	4月	5月	6月	7月	8月	9月	10月	11月	12月
定基价格指数	**新建住宅价格指数**	**105.9**	**108.1**	**111.4**	**114.5**	**117.0**	**119.5**	**121.4**	**125.7**	**131.4**	**132.1**	**132.1**	**132.1**
	新建商品住宅	106.5	108.9	112.6	115.9	118.7	121.4	123.5	128.2	134.5	135.2	135.3	135.2
	一、90m²及以下	99.4	100.8	102.4	106.2	108.6	110.5	111.7	115.0	120.9	121.2	121.0	121.1
	二、90-144m²	108.5	110.6	114.7	117.6	120.5	123.3	125.6	130.9	137.3	138.5	138.9	138.8
	三、144m²以上	110.0	113.6	118.5	121.8	124.8	128.1	130.6	136.0	142.5	143.1	143.2	142.9
	二手住宅价格指数	**112.6**	**116.1**	**123.5**	**128.0**	**130.9**	**132.7**	**134.9**	**140.2**	**148.2**	**149.8**	**150.1**	**150.4**
	一、90m²及以下	112.7	116.2	123.1	127.8	130.8	132.6	134.8	140.4	148.4	150.0	150.4	151.0
	二、90-144m²	112.5	115.9	123.7	128.1	130.6	132.3	134.3	139.4	147.3	149.0	149.1	149.3
	三、144m²以上	112.6	116.4	124.0	128.2	131.6	133.8	136.2	141.2	149.3	150.9	150.9	150.9
同比价格指数	**新建住宅价格指数**	**110.3**	**112.9**	**116.0**	**118.3**	**119.5**	**120.3**	**120.7**	**123.5**	**127.8**	**127.5**	**126.4**	**125.9**
	新建商品住宅	111.3	114.2	117.6	120.2	121.4	122.3	122.7	125.8	130.4	130.2	128.9	128.4
	一、90m²及以下	100.0	102.4	103.8	107.9	109.2	110.1	110.8	113.6	118.0	119.5	119.5	123.3
	二、90-144m²	114.5	116.9	120.9	122.7	124.1	124.6	125.0	128.1	132.8	132.3	131.3	129.2
	三、144m²以上	117.4	121.1	125.7	127.5	128.6	129.7	129.9	133.0	137.9	136.4	133.9	131.3
	二手住宅价格指数	**123.7**	**127.7**	**135.1**	**137.2**	**134.5**	**133.4**	**132.2**	**134.8**	**140.5**	**140.4**	**138.7**	**136.7**
	一、90m²及以下	123.7	127.6	134.6	136.9	134.7	133.5	132.4	135.0	140.7	140.5	139.0	137.0
	二、90-144m²	123.6	127.5	135.2	137.2	134.2	132.8	131.5	134.0	139.6	139.7	137.9	135.9
	三、144m²以上	124.0	128.4	136.3	137.9	134.7	134.3	133.0	135.5	141.2	141.3	139.6	137.3
环比价格指数	**新建住宅价格指数**	**101.0**	**102.1**	**103.0**	**102.7**	**102.2**	**102.1**	**101.5**	**103.6**	**104.5**	**100.5**	**100.0**	**100.0**
	新建商品住宅	101.1	102.3	103.3	103.0	102.4	102.3	101.7	103.8	104.9	100.6	100.0	99.9
	一、90m²及以下	101.3	101.4	101.6	103.7	102.3	101.7	101.1	103.0	105.1	100.3	99.8	100.1
	二、90-144m²	101.0	102.0	103.6	102.6	102.4	102.4	101.9	104.2	104.9	100.9	100.3	100.0
	三、144m²以上	101.1	103.2	104.3	102.8	102.4	102.7	101.9	104.2	104.7	100.4	100.0	99.8
	二手住宅价格指数	**102.3**	**103.2**	**106.3**	**103.7**	**102.3**	**101.4**	**101.6**	**103.9**	**105.7**	**101.1**	**100.2**	**100.2**
	一、90m²及以下	102.3	103.1	106.0	103.8	102.3	101.4	101.6	104.1	105.7	101.1	100.3	100.4
	二、90-144m²	102.4	103.1	106.7	103.5	102.0	101.3	101.6	103.8	105.6	101.2	100.1	100.2
	三、144m²以上	102.4	103.4	106.5	103.4	102.6	101.7	101.7	103.7	105.7	101.1	100.0	100.0

注：表4-4-1至4-4-70，定基价格指数以2015年价格为100，同比价格指数以上年同月价格为100，环比价格指数以上月价格为100。

Note: Table 4-4-1 to 4-4-70, Fixed base price index:2015=100; year-on-year price index: Same month of preceding year=100; Chain price index: Last month=100.

4-4-2 2016年天津市住宅销售价格指数
Tianjin Housing Price Indices for 2016

项 目 Item		1月	2月	3月	4月	5月	6月	7月	8月	9月	10月	11月	12月
定基价格指数	**新建住宅价格指数**	**102.8**	**103.6**	**105.7**	**108.5**	**111.0**	**113.5**	**116.0**	**120.0**	**124.9**	**126.4**	**127.0**	**127.0**
	新建商品住宅	102.9	103.7	106.0	108.9	111.6	114.2	116.9	121.1	126.2	127.8	128.5	128.4
	一、90m²及以下	103.7	104.6	107.0	111.3	114.7	117.9	120.8	125.6	130.3	132.2	133.0	134.0
	二、90-144m²	102.5	103.3	106.0	108.8	111.5	114.2	117.1	121.6	126.8	128.1	128.6	128.8
	三、144m²以上	103.2	104.0	105.3	107.5	109.8	111.6	113.7	117.3	122.3	124.3	125.2	123.9
	二手住宅价格指数	**102.8**	**104.2**	**106.7**	**109.6**	**111.8**	**112.8**	**115.1**	**119.5**	**124.4**	**125.8**	**126.7**	**127.0**
	一、90m²及以下	102.8	104.5	107.0	110.8	112.8	115.1	117.9	122.8	127.8	128.8	130.1	130.2
	二、90-144m²	102.8	103.9	106.9	109.3	111.7	112.1	113.8	118.6	123.7	125.9	126.3	126.8
	三、144m²以上	102.6	103.7	105.3	107.0	109.0	108.2	110.4	112.1	116.1	116.8	117.5	118.3
同比价格指数	**新建住宅价格指数**	**103.9**	**104.7**	**106.8**	**109.5**	**111.9**	**113.8**	**116.2**	**119.9**	**124.1**	**125.3**	**125.3**	**124.1**
	新建商品住宅	104.1	105.0	107.2	110.0	112.5	114.6	117.0	121.0	125.4	126.6	126.6	125.4
	一、90m²及以下	105.6	106.4	108.5	112.4	115.3	118.2	120.9	125.5	129.2	130.5	130.6	130.6
	二、90-144m²	103.2	104.3	106.9	109.7	112.2	114.5	117.3	121.4	126.3	127.4	127.2	126.1
	三、144m²以上	104.5	105.3	106.8	108.9	111.2	112.2	113.9	117.0	121.2	122.6	122.9	120.6
	二手住宅价格指数	**104.3**	**106.1**	**108.6**	**111.2**	**112.8**	**113.2**	**115.0**	**118.7**	**123.0**	**124.1**	**124.2**	**124.0**
	一、90m²及以下	104.9	106.9	109.3	112.6	113.9	115.4	117.5	121.6	125.9	126.7	127.4	127.1
	二、90-144m²	103.7	105.4	108.4	110.6	112.6	112.6	113.9	118.3	122.9	124.7	124.1	123.8
	三、144m²以上	103.9	105.3	107.0	108.6	110.0	108.7	110.3	111.6	115.1	115.2	115.1	115.6
环比价格指数	**新建住宅价格指数**	**100.5**	**100.7**	**102.1**	**102.6**	**102.4**	**102.2**	**102.3**	**103.5**	**104.0**	**101.2**	**100.5**	**100.0**
	新建商品住宅	100.5	100.8	102.2	102.8	102.5	102.3	102.4	103.6	104.2	101.3	100.5	100.0
	一、90m²及以下	101.1	100.8	102.4	103.9	103.1	102.8	102.5	103.9	103.8	101.4	100.6	100.8
	二、90-144m²	100.3	100.8	102.6	102.7	102.4	102.5	102.6	103.8	104.3	101.1	100.4	100.2
	三、144m²以上	100.4	100.7	101.3	102.1	102.1	101.6	101.9	103.2	104.3	101.6	100.7	99.0
	二手住宅价格指数	**100.3**	**101.4**	**102.5**	**102.7**	**101.9**	**101.0**	**102.0**	**103.8**	**104.1**	**101.2**	**100.7**	**100.3**
	一、90m²及以下	100.3	101.7	102.4	103.6	101.7	102.1	102.5	104.1	104.1	100.7	101.0	100.1
	二、90-144m²	100.4	101.1	102.9	102.2	102.2	100.4	101.5	104.3	104.3	101.8	100.3	100.4
	三、144m²以上	100.2	101.1	101.5	101.6	101.9	99.2	102.1	101.5	103.5	100.7	100.6	100.6

4-4-3 2016年石家庄市住宅销售价格指数
Shijiazhuang Housing Price Indices for 2016

项 目 Item		1月	2月	3月	4月	5月	6月	7月	8月	9月	10月	11月	12月
定基价格指数	**新建住宅价格指数**	**101.2**	**101.8**	**102.3**	**103.2**	**104.2**	**105.3**	**108.1**	**112.0**	**116.9**	**118.9**	**119.7**	**119.8**
	新建商品住宅	101.3	101.8	102.3	103.3	104.3	105.4	108.2	112.2	117.2	119.3	120.1	120.3
	一、90m²及以下	101.2	101.7	102.3	102.9	104.1	105.0	106.5	110.4	114.7	117.0	117.5	119.1
	二、90-144m²	101.3	101.9	102.4	103.5	104.3	105.6	108.8	113.1	118.5	120.5	121.1	121.1
	三、144m²以上	101.3	101.7	102.2	102.9	104.6	105.3	108.0	111.2	115.7	117.7	119.3	119.0
	二手住宅价格指数	**100.6**	**100.8**	**102.7**	**105.2**	**107.2**	**109.5**	**111.7**	**115.6**	**120.3**	**120.0**	**119.2**	**118.2**
	一、90m²及以下	100.6	100.9	102.8	105.3	107.4	110.2	112.8	117.0	121.9	121.5	120.6	120.2
	二、90-144m²	100.3	100.6	102.2	104.9	107.0	109.1	111.0	115.0	119.7	119.7	119.0	117.5
	三、144m²以上	101.4	101.3	104.0	106.0	107.0	108.7	110.5	113.5	117.2	116.5	116.1	114.8
同比价格指数	**新建住宅价格指数**	**102.1**	**103.0**	**103.2**	**103.8**	**104.7**	**105.6**	**108.0**	**111.3**	**115.8**	**118.1**	**118.6**	**118.6**
	新建商品住宅	102.1	103.1	103.2	103.8	104.8	105.8	108.1	111.6	116.2	118.5	118.9	119.0
	一、90m²及以下	102.2	103.0	102.9	103.2	104.3	104.8	106.2	109.8	113.8	116.7	116.9	118.1
	二、90-144m²	102.0	103.0	103.1	104.1	104.9	106.1	109.0	112.5	117.3	119.6	120.0	119.9
	三、144m²以上	102.6	103.3	103.8	103.5	105.0	105.5	107.3	110.4	114.8	116.9	117.7	117.5
	二手住宅价格指数	**101.0**	**101.2**	**103.1**	**105.5**	**107.4**	**109.4**	**111.4**	**115.4**	**120.3**	**119.9**	**118.8**	**117.6**
	一、90m²及以下	101.2	101.5	103.3	105.8	107.6	110.1	112.3	116.6	121.8	121.2	120.0	119.5
	二、90-144m²	100.7	100.9	102.4	105.0	107.0	109.0	110.7	114.9	119.7	120.0	118.6	117.0
	三、144m²以上	101.4	101.2	104.1	106.4	107.5	108.9	110.7	113.4	117.7	116.4	115.7	113.7
环比价格指数	**新建住宅价格指数**	**100.2**	**100.5**	**100.5**	**100.9**	**101.0**	**101.0**	**102.6**	**103.6**	**104.4**	**101.7**	**100.6**	**100.2**
	新建商品住宅	100.2	100.6	100.5	100.9	101.0	101.1	102.7	103.7	104.4	101.8	100.6	100.2
	一、90m²及以下	100.3	100.5	100.6	100.6	101.2	100.9	101.4	103.6	103.9	102.0	100.4	101.4
	二、90-144m²	100.3	100.6	100.5	101.1	100.7	101.2	103.0	104.0	104.7	101.7	100.4	100.0
	三、144m²以上	100.1	100.3	100.5	100.6	101.7	100.7	102.6	102.9	104.1	101.8	101.3	99.7
	二手住宅价格指数	**100.0**	**100.2**	**101.9**	**102.4**	**101.9**	**102.2**	**102.0**	**103.5**	**104.0**	**99.8**	**99.4**	**99.2**
	一、90m²及以下	100.0	100.3	101.8	102.5	102.0	102.6	102.3	103.7	104.2	99.7	99.3	99.6
	二、90-144m²	99.9	100.3	101.7	102.5	102.1	101.9	101.8	103.6	104.1	100.0	99.4	98.8
	三、144m²以上	100.4	99.9	102.7	101.9	101.0	101.6	101.6	102.7	103.2	99.5	99.6	98.9

4-4-4 2016年太原市住宅销售价格指数
Taiyuan Housing Price Indices for 2016

	项 目 Item	1月	2月	3月	4月	5月	6月	7月	8月	9月	10月	11月	12月
定基价格指数	**新建住宅价格指数**	**101.1**	**101.2**	**101.5**	**101.4**	**101.4**	**102.0**	**101.9**	**102.2**	**102.7**	**103.1**	**103.3**	**103.6**
	新建商品住宅	101.1	101.2	101.6	101.5	101.4	102.0	102.0	102.2	102.8	103.2	103.4	103.7
	一、90m^2及以下	101.8	101.9	102.0	101.7	101.8	103.0	103.4	104.0	104.0	104.7	104.9	105.5
	二、90-144m^2	100.8	101.0	101.5	101.5	101.4	102.0	101.9	102.1	102.8	103.3	103.7	104.1
	三、144m^2以上	101.3	101.4	101.5	101.3	101.3	101.8	101.6	101.9	102.4	102.3	102.5	102.5
	二手住宅价格指数	**101.3**	**101.1**	**101.5**	**101.4**	**101.2**	**101.9**	**102.7**	**103.3**	**103.4**	**104.3**	**104.8**	**105.1**
	一、90m^2及以下	101.0	100.5	101.1	101.7	101.7	102.1	103.0	104.1	104.6	105.3	106.1	106.5
	二、90-144m^2	101.8	101.7	102.0	101.0	100.6	101.8	102.0	102.5	102.4	103.6	104.1	104.4
	三、144m^2以上	101.3	101.2	101.4	101.4	101.5	101.8	103.1	102.9	102.8	103.4	103.5	103.3
同比价格指数	**新建住宅价格指数**	**101.7**	**102.1**	**102.2**	**102.0**	**101.8**	**102.2**	**101.9**	**102.0**	**102.2**	**102.3**	**102.3**	**102.5**
	新建商品住宅	101.8	102.2	102.3	102.1	101.8	102.3	101.9	102.1	102.3	102.4	102.3	102.6
	一、90m^2及以下	103.1	103.6	103.4	102.6	102.1	103.1	103.0	103.6	103.1	103.6	103.6	104.0
	二、90-144m^2	101.9	102.3	102.3	102.2	102.0	102.1	101.5	101.5	102.0	102.6	102.7	103.0
	三、144m^2以上	101.2	101.7	101.9	101.7	101.5	102.3	102.2	102.5	102.3	101.7	101.4	101.5
	二手住宅价格指数	**101.8**	**101.9**	**102.3**	**102.3**	**101.9**	**102.1**	**102.5**	**102.8**	**103.0**	**103.7**	**104.0**	**103.9**
	一、90m^2及以下	101.1	101.0	101.9	102.6	102.4	102.4	102.9	103.6	104.1	104.7	105.3	105.7
	二、90-144m^2	102.4	102.6	102.8	101.7	101.1	102.0	102.0	102.2	102.0	103.1	103.1	102.9
	三、144m^2以上	102.1	102.3	102.4	102.5	102.1	101.6	102.6	102.3	102.1	102.8	102.8	101.9
环比价格指数	**新建住宅价格指数**	**100.0**	**100.1**	**100.3**	**99.9**	**100.0**	**100.6**	**99.9**	**100.3**	**100.5**	**100.3**	**100.2**	**100.3**
	新建商品住宅	100.0	100.1	100.3	99.9	100.0	100.6	99.9	100.3	100.5	100.3	100.2	100.3
	一、90m^2及以下	100.4	100.1	100.2	99.7	100.1	101.2	100.3	100.6	100.0	100.8	100.1	100.5
	二、90-144m^2	99.7	100.2	100.5	100.0	99.9	100.5	99.9	100.2	100.7	100.5	100.3	100.4
	三、144m^2以上	100.3	100.1	100.1	99.8	99.9	100.6	99.8	100.3	100.5	100.0	100.2	100.0
	二手住宅价格指数	**100.2**	**99.8**	**100.4**	**99.9**	**99.8**	**100.7**	**100.7**	**100.6**	**100.2**	**100.9**	**100.5**	**100.2**
	一、90m^2及以下	100.2	99.5	100.6	100.6	99.9	100.5	100.8	101.1	100.5	100.7	100.7	100.4
	二、90-144m^2	100.4	99.9	100.3	99.0	99.5	101.2	100.3	100.4	99.9	101.2	100.5	100.3
	三、144m^2以上	100.0	100.0	100.2	99.9	100.1	100.4	101.2	99.8	99.9	100.7	100.1	99.8

4-4-5 2016年呼和浩特市住宅销售价格指数
Hohhot Housing Price Indices for 2016

项 目 Item		1月	2月	3月	4月	5月	6月	7月	8月	9月	10月	11月	12月
定基价格指数	**新建住宅价格指数**	**99.3**	**99.5**	**99.8**	**100.0**	**100.1**	**100.3**	**100.2**	**100.4**	**100.1**	**100.4**	**100.4**	**100.5**
	新建商品住宅	99.3	99.5	99.8	100.0	100.1	100.3	100.2	100.4	100.1	100.4	100.4	100.5
	一、90m²及以下	98.3	98.9	98.9	99.2	98.8	99.3	98.8	99.2	98.3	98.7	98.8	98.5
	二、90-144m²	99.7	99.7	100.3	100.6	100.7	101.1	101.2	101.2	101.6	101.3	101.2	101.4
	三、144m²以上	99.1	99.6	99.5	99.3	99.6	99.3	99.1	99.4	98.5	99.7	99.5	99.8
	二手住宅价格指数	**99.9**	**99.9**	**99.9**	**99.9**	**99.9**	**99.6**	**99.6**	**99.5**	**99.5**	**99.3**	**99.1**	**99.1**
	一、90m²及以下	100.1	100.1	100.2	100.0	100.1	99.8	99.8	99.6	99.7	99.2	98.8	98.9
	二、90-144m²	99.9	99.8	99.8	99.8	99.8	99.6	99.6	99.6	99.6	99.6	99.6	99.6
	三、144m²以上	99.6	99.5	99.5	99.4	99.3	98.8	98.7	98.7	98.6	98.5	98.5	98.4
同比价格指数	**新建住宅价格指数**	**97.7**	**98.7**	**99.2**	**99.9**	**100.2**	**100.4**	**100.5**	**100.7**	**100.4**	**101.3**	**101.1**	**101.1**
	新建商品住宅	97.7	98.7	99.2	99.9	100.2	100.4	100.5	100.7	100.4	101.3	101.1	101.1
	一、90m²及以下	96.9	98.2	98.1	98.7	98.8	99.3	98.8	99.1	98.3	99.8	99.9	99.8
	二、90-144m²	98.1	98.6	99.4	100.5	100.9	101.1	101.7	101.7	102.2	102.2	101.9	101.7
	三、144m²以上	97.2	99.1	99.3	99.3	99.7	99.5	99.1	99.6	98.3	100.5	100.3	100.6
	二手住宅价格指数	**99.8**	**100.0**	**100.0**	**100.1**	**100.1**	**99.7**	**99.7**	**99.4**	**99.5**	**99.2**	**98.9**	**98.9**
	一、90m²及以下	100.0	100.2	100.3	100.2	100.3	99.9	99.9	99.6	99.6	99.1	98.6	98.6
	二、90-144m²	99.7	100.0	99.9	100.0	99.9	99.8	99.8	99.4	99.4	99.4	99.4	99.4
	三、144m²以上	98.9	99.2	99.1	99.5	99.4	98.9	98.9	98.6	98.9	98.8	98.7	98.4
环比价格指数	**新建住宅价格指数**	**99.9**	**100.2**	**100.3**	**100.2**	**100.1**	**100.2**	**99.9**	**100.2**	**99.8**	**100.3**	**99.9**	**100.1**
	新建商品住宅	99.9	100.2	100.3	100.2	100.1	100.2	99.9	100.2	99.8	100.3	99.9	100.1
	一、90m²及以下	99.6	100.6	100.1	100.2	99.7	100.4	99.5	100.5	99.1	100.4	100.2	99.6
	二、90-144m²	99.9	100.0	100.6	100.3	100.1	100.4	100.1	100.0	100.3	99.7	99.9	100.2
	三、144m²以上	99.9	100.5	99.9	99.8	100.3	99.7	99.8	100.3	99.1	101.3	99.8	100.2
	二手住宅价格指数	**99.8**	**100.0**	**100.0**	**99.9**	**100.0**	**99.7**	**100.0**	**99.9**	**100.0**	**99.7**	**99.8**	**100.0**
	一、90m²及以下	99.8	100.0	100.1	99.8	100.0	99.7	100.0	99.8	100.0	99.5	99.6	100.0
	二、90-144m²	99.7	100.0	100.0	100.0	100.0	99.8	100.0	100.0	100.0	100.0	100.0	100.0
	三、144m²以上	99.6	99.9	99.9	99.9	99.9	99.4	99.9	99.9	99.9	99.9	99.9	99.9

4-4-6 2016年沈阳市住宅销售价格指数
Shenyang Housing Price Indices for 2016

项 目 Item		1月	2月	3月	4月	5月	6月	7月	8月	9月	10月	11月	12月
定基价格指数	**新建住宅价格指数**	**99.9**	**99.6**	**99.9**	**100.8**	**101.3**	**101.5**	**101.6**	**101.7**	**102.0**	**102.3**	**102.4**	**103.0**
	新建商品住宅	99.9	99.6	99.9	100.8	101.3	101.5	101.6	101.7	102.0	102.3	102.4	103.0
	一、90m²及以下	100.0	99.7	100.0	101.1	101.8	102.0	102.1	102.5	102.8	103.2	103.7	104.8
	二、90-144m²	100.3	100.1	100.6	101.8	102.4	102.2	102.4	102.4	102.2	102.4	102.4	102.5
	三、144m²以上	99.2	98.7	98.5	98.8	98.8	99.6	99.7	99.5	100.0	100.5	100.1	100.5
	二手住宅价格指数	**100.8**	**100.6**	**100.6**	**101.2**	**101.3**	**101.4**	**101.5**	**101.5**	**101.4**	**101.3**	**101.3**	**101.6**
	一、90m²及以下	100.9	100.7	100.7	101.4	101.6	101.8	102.0	102.0	101.8	101.8	101.9	102.0
	二、90-144m²	100.7	100.5	100.6	100.9	100.9	100.9	100.8	100.8	100.6	100.4	100.3	100.9
	三、144m²以上	100.7	99.8	99.6	100.2	99.9	99.8	99.9	99.6	99.6	99.3	99.4	99.4
同比价格指数	**新建住宅价格指数**	**99.5**	**99.6**	**100.1**	**101.0**	**101.8**	**101.5**	**101.4**	**101.2**	**101.6**	**102.4**	**102.6**	**103.3**
	新建商品住宅	99.5	99.6	100.1	101.0	101.8	101.5	101.4	101.2	101.6	102.4	102.6	103.3
	一、90m²及以下	100.0	99.9	100.2	101.4	102.5	102.0	101.7	101.7	102.2	103.0	104.0	105.2
	二、90-144m²	99.8	100.3	101.1	102.2	102.9	102.1	102.1	102.0	102.1	102.6	102.1	102.3
	三、144m²以上	98.1	98.2	98.5	98.9	98.8	99.7	99.8	99.2	100.0	101.1	100.7	101.0
	二手住宅价格指数	**101.3**	**101.3**	**101.4**	**101.9**	**101.6**	**101.2**	**101.2**	**101.2**	**101.0**	**101.0**	**100.9**	**100.7**
	一、90m²及以下	101.4	101.5	101.6	102.2	101.8	101.5	101.4	101.6	101.4	101.5	101.4	101.2
	二、90-144m²	101.0	101.0	101.1	101.4	101.3	101.1	100.7	100.6	100.3	100.1	100.0	100.1
	三、144m²以上	101.0	100.6	100.5	100.5	100.1	99.5	99.8	99.4	99.3	99.3	98.9	98.5
环比价格指数	**新建住宅价格指数**	**100.1**	**99.7**	**100.2**	**100.9**	**100.5**	**100.2**	**100.1**	**100.1**	**100.2**	**100.4**	**100.1**	**100.6**
	新建商品住宅	100.1	99.7	100.2	100.9	100.5	100.2	100.1	100.1	100.2	100.4	100.1	100.6
	一、90m²及以下	100.4	99.7	100.3	101.0	100.7	100.2	100.2	100.3	100.4	100.4	100.5	101.0
	二、90-144m²	100.1	99.9	100.5	101.2	100.6	99.8	100.2	100.0	99.9	100.2	100.0	100.1
	三、144m²以上	99.6	99.6	99.8	100.3	100.0	100.9	100.1	99.7	100.5	100.5	99.6	100.4
	二手住宅价格指数	**100.0**	**99.7**	**100.1**	**100.5**	**100.2**	**100.1**	**100.1**	**100.0**	**99.8**	**99.9**	**100.0**	**100.2**
	一、90m²及以下	100.1	99.8	100.0	100.6	100.3	100.2	100.2	100.0	99.9	99.9	100.1	100.1
	二、90-144m²	99.9	99.8	100.2	100.3	100.0	100.0	99.9	100.0	99.8	99.8	99.9	100.6
	三、144m²以上	99.8	99.1	99.8	100.5	99.8	99.9	100.0	99.7	99.9	99.8	100.1	100.0

4-4-7 2016年大连市住宅销售价格指数
Dalian Housing Price Indices for 2016

项 目 Item		1月	2月	3月	4月	5月	6月	7月	8月	9月	10月	11月	12月
定基价格指数	**新建住宅价格指数**	**99.3**	**99.0**	**99.2**	**100.0**	**100.5**	**100.8**	**100.2**	**100.5**	**100.6**	**101.3**	**101.8**	**101.9**
定基价格指数	新建商品住宅	99.3	99.0	99.2	100.0	100.5	100.8	100.2	100.5	100.6	101.3	101.8	101.9
定基价格指数	一、90㎡及以下	99.8	99.7	99.9	100.8	101.2	102.0	101.0	100.5	100.6	101.1	101.5	101.5
定基价格指数	二、90-144㎡	99.5	99.1	99.4	100.3	100.8	101.3	100.9	101.8	102.2	103.0	104.0	104.1
定基价格指数	三、144㎡以上	98.1	97.6	97.5	97.9	98.5	97.7	97.4	97.9	97.6	98.2	98.3	98.3
定基价格指数	**二手住宅价格指数**	**99.7**	**99.5**	**99.6**	**100.1**	**100.2**	**100.7**	**100.4**	**100.5**	**100.6**	**100.7**	**100.9**	**100.9**
定基价格指数	一、90㎡及以下	99.2	99.4	99.7	100.3	100.3	100.6	100.5	100.6	100.7	100.9	101.1	101.2
定基价格指数	二、90-144㎡	100.5	99.7	99.8	100.2	100.6	101.2	100.6	100.6	100.6	100.9	100.9	101.0
定基价格指数	三、144㎡以上	99.6	99.0	98.7	98.7	98.3	99.1	99.2	99.5	99.3	99.4	99.4	98.7
同比价格指数	**新建住宅价格指数**	**98.9**	**98.9**	**99.4**	**100.1**	**100.6**	**100.5**	**99.7**	**100.0**	**100.4**	**101.7**	**102.4**	**102.6**
同比价格指数	新建商品住宅	98.9	98.9	99.4	100.1	100.6	100.5	99.7	100.0	100.4	101.7	102.4	102.6
同比价格指数	一、90㎡及以下	99.5	100.0	100.4	101.1	101.4	101.7	100.5	100.3	100.4	101.2	101.6	101.6
同比价格指数	二、90-144㎡	99.3	99.0	99.4	100.5	100.9	101.1	100.4	101.2	102.0	103.3	104.5	104.8
同比价格指数	三、144㎡以上	96.9	96.9	97.3	97.7	98.4	97.0	96.7	97.1	97.4	99.8	100.0	100.1
同比价格指数	**二手住宅价格指数**	**99.9**	**99.9**	**100.1**	**100.4**	**100.2**	**100.1**	**99.9**	**100.1**	**100.3**	**100.6**	**100.9**	**101.4**
同比价格指数	一、90㎡及以下	99.5	99.9	100.2	100.5	100.1	99.7	99.8	100.0	100.4	101.0	101.4	102.0
同比价格指数	二、90-144㎡	100.5	100.2	100.2	100.4	100.8	101.0	100.4	100.6	100.4	100.3	100.6	101.1
同比价格指数	三、144㎡以上	99.3	99.2	99.2	99.2	98.7	99.0	98.8	98.8	99.4	99.1	99.1	99.0
环比价格指数	**新建住宅价格指数**	**100.0**	**99.7**	**100.2**	**100.8**	**100.5**	**100.3**	**99.4**	**100.3**	**100.1**	**100.6**	**100.5**	**100.1**
环比价格指数	新建商品住宅	100.0	99.7	100.2	100.8	100.5	100.3	99.4	100.3	100.1	100.6	100.5	100.1
环比价格指数	一、90㎡及以下	99.9	99.9	100.2	100.9	100.3	100.8	99.0	99.6	100.1	100.5	100.3	100.1
环比价格指数	二、90-144㎡	100.2	99.6	100.2	101.0	100.5	100.5	99.6	100.8	100.4	100.8	100.9	100.1
环比价格指数	三、144㎡以上	99.9	99.4	99.9	100.4	100.7	99.2	99.7	100.5	99.7	100.6	100.1	100.0
环比价格指数	**二手住宅价格指数**	**100.2**	**99.8**	**100.2**	**100.5**	**100.1**	**100.5**	**99.7**	**100.1**	**100.1**	**100.2**	**100.1**	**100.0**
环比价格指数	一、90㎡及以下	100.0	100.2	100.3	100.7	100.0	100.3	99.9	100.1	100.1	100.2	100.2	100.1
环比价格指数	二、90-144㎡	100.5	99.2	100.1	100.5	100.4	100.6	99.3	100.0	100.1	100.2	100.0	100.2
环比价格指数	三、144㎡以上	99.8	99.4	99.7	100.0	99.6	100.8	100.1	100.2	99.8	100.1	100.0	99.3

4-4-8　2016年长春市住宅销售价格指数
Changchun Housing Price Indices for 2016

项　目　Item		1月	2月	3月	4月	5月	6月	7月	8月	9月	10月	11月	12月
定基价格指数	**新建住宅价格指数**	**99.2**	**99.5**	**100.1**	**100.3**	**100.7**	**100.8**	**101.0**	**101.2**	**101.8**	**102.5**	**103.0**	**103.3**
	新建商品住宅	99.2	99.5	100.1	100.3	100.7	100.9	101.0	101.2	101.8	102.6	103.0	103.4
	一、90m²及以下	99.5	100.0	100.8	101.2	101.7	101.9	102.2	102.6	103.3	104.0	104.6	105.0
	二、90-144m²	99.2	99.3	99.4	99.5	100.0	100.3	100.4	100.4	100.9	101.6	101.7	102.1
	三、144m²以上	98.8	99.4	100.3	100.4	100.5	100.5	100.3	100.7	101.3	102.4	103.1	103.4
	二手住宅价格指数	**100.1**	**99.5**	**99.6**	**99.8**	**99.9**	**99.9**	**99.8**	**100.1**	**100.3**	**100.7**	**100.9**	**100.7**
	一、90m²及以下	100.5	99.9	100.1	100.3	100.4	100.4	100.3	100.8	101.1	101.5	101.7	101.6
	二、90-144m²	99.7	99.1	99.2	99.3	99.5	99.5	99.5	99.5	99.7	99.9	100.2	100.0
	三、144m²以上	99.7	98.7	98.6	98.9	99.1	99.1	98.6	98.6	98.9	99.3	99.2	99.0
同比价格指数	**新建住宅价格指数**	**98.2**	**98.8**	**99.5**	**100.3**	**101.0**	**101.2**	**101.2**	**101.2**	**101.9**	**102.8**	**103.5**	**103.9**
	新建商品住宅	98.2	98.8	99.5	100.3	101.0	101.3	101.2	101.2	101.9	102.9	103.5	103.9
	一、90m²及以下	98.6	99.2	100.4	101.3	102.0	102.4	102.9	102.9	103.3	103.9	105.2	105.2
	二、90-144m²	98.4	98.6	98.8	99.5	100.2	100.6	100.5	100.3	101.3	102.1	102.0	102.6
	三、144m²以上	97.5	98.6	99.7	100.2	101.1	101.0	100.2	100.6	101.2	102.8	104.0	104.4
	二手住宅价格指数	**100.2**	**100.0**	**100.5**	**100.8**	**100.8**	**100.1**	**99.4**	**99.5**	**99.6**	**100.0**	**100.3**	**100.2**
	一、90m²及以下	100.9	100.7	101.2	101.6	101.3	100.6	99.8	100.1	100.3	100.6	100.8	100.7
	二、90-144m²	99.6	99.4	99.7	100.1	100.1	99.6	99.2	99.0	99.1	99.5	99.9	99.9
	三、144m²以上	99.0	98.6	99.4	99.9	100.3	99.5	98.4	98.1	98.1	98.7	98.8	98.9
环比价格指数	**新建住宅价格指数**	**99.7**	**100.3**	**100.6**	**100.2**	**100.4**	**100.2**	**100.1**	**100.2**	**100.6**	**100.7**	**100.4**	**100.3**
	新建商品住宅	99.7	100.3	100.6	100.2	100.4	100.2	100.1	100.3	100.6	100.8	100.4	100.3
	一、90m²及以下	99.8	100.4	100.8	100.4	100.5	100.1	100.4	100.4	100.7	100.7	100.6	100.3
	二、90-144m²	99.7	100.1	100.1	100.1	100.5	100.3	100.2	100.0	100.5	100.6	100.1	100.4
	三、144m²以上	99.8	100.5	101.0	100.0	100.1	100.0	99.8	100.4	100.6	101.0	100.7	100.3
	二手住宅价格指数	**99.6**	**99.3**	**100.1**	**100.2**	**100.2**	**100.0**	**99.9**	**100.2**	**100.3**	**100.4**	**100.2**	**99.9**
	一、90m²及以下	99.6	99.4	100.2	100.2	100.1	100.0	99.8	100.5	100.3	100.5	100.2	99.9
	二、90-144m²	99.6	99.3	100.1	100.1	100.1	100.1	100.0	99.9	100.2	100.3	100.2	99.8
	三、144m²以上	99.5	99.1	99.9	100.2	100.2	100.0	99.6	100.0	100.3	100.4	99.9	99.8

4-4-9 2016年哈尔滨市住宅销售价格指数
Harbin Housing Price Indices for 2016

项 目 Item		1月	2月	3月	4月	5月	6月	7月	8月	9月	10月	11月	12月
定基价格指数	**新建住宅价格指数**	**100.4**	**100.4**	**100.9**	**100.8**	**101.1**	**101.6**	**101.4**	**101.6**	**101.6**	**102.0**	**101.8**	**102.7**
	新建商品住宅	100.4	100.4	100.9	100.8	101.1	101.6	101.4	101.6	101.6	102.0	101.8	102.7
	一、90m²及以下	99.5	99.2	100.0	100.5	100.8	101.1	101.2	101.3	101.4	101.6	101.3	102.1
	二、90-144m²	100.4	100.4	100.8	100.5	100.9	101.5	101.5	101.7	101.9	102.4	102.5	103.4
	三、144m²以上	101.3	101.4	102.2	101.6	101.8	102.2	101.4	101.7	101.3	101.7	101.1	101.8
	二手住宅价格指数	**101.3**	**101.2**	**101.7**	**101.8**	**101.8**	**101.7**	**101.6**	**101.5**	**101.7**	**101.7**	**101.4**	**101.4**
	一、90m²及以下	100.9	101.0	101.6	101.7	101.7	101.7	101.6	101.5	101.8	101.8	101.8	101.8
	二、90-144m²	101.4	101.2	101.6	101.7	101.7	101.6	101.5	101.5	101.6	101.7	101.2	101.2
	三、144m²以上	101.9	101.9	101.9	102.0	102.1	102.2	101.7	101.3	101.3	101.4	101.2	101.3
同比价格指数	**新建住宅价格指数**	**100.1**	**100.5**	**101.4**	**101.1**	**101.5**	**101.7**	**101.3**	**101.8**	**101.6**	**101.6**	**101.6**	**102.1**
	新建商品住宅	100.1	100.5	101.4	101.1	101.5	101.7	101.3	101.8	101.6	101.6	101.6	102.2
	一、90m²及以下	99.4	99.5	100.7	100.6	100.8	101.1	100.9	101.0	101.2	101.3	101.2	102.4
	二、90-144m²	100.3	100.6	101.0	100.7	101.2	101.4	101.2	101.7	102.0	102.2	102.5	103.1
	三、144m²以上	100.4	101.3	102.8	102.4	102.6	103.0	101.7	102.6	101.4	100.9	100.1	100.2
	二手住宅价格指数	**101.3**	**101.8**	**102.8**	**103.3**	**103.2**	**102.2**	**101.0**	**100.7**	**101.0**	**100.9**	**100.4**	**100.3**
	一、90m²及以下	101.0	101.7	103.0	103.3	102.7	101.9	101.0	100.7	101.2	100.9	100.7	100.7
	二、90-144m²	101.4	101.8	102.6	103.3	103.4	102.2	100.9	100.7	100.9	100.9	100.1	99.9
	三、144m²以上	101.9	102.2	103.0	103.4	103.7	102.8	101.4	100.5	100.7	100.7	100.1	99.9
环比价格指数	**新建住宅价格指数**	**99.9**	**100.0**	**100.6**	**99.8**	**100.3**	**100.5**	**99.8**	**100.2**	**100.0**	**100.4**	**99.8**	**100.8**
	新建商品住宅	99.9	100.0	100.6	99.8	100.3	100.5	99.8	100.2	100.0	100.4	99.8	100.8
	一、90m²及以下	99.8	99.7	100.8	100.5	100.4	100.3	100.1	100.0	100.1	100.2	99.7	100.8
	二、90-144m²	100.1	100.0	100.4	99.7	100.4	100.6	100.0	100.2	100.2	100.4	100.1	100.8
	三、144m²以上	99.7	100.1	100.7	99.5	100.2	100.4	99.2	100.3	99.6	100.4	99.4	100.7
	二手住宅价格指数	**100.1**	**99.9**	**100.4**	**100.1**	**100.0**	**99.9**	**99.8**	**99.9**	**100.2**	**100.0**	**99.7**	**100.0**
	一、90m²及以下	99.9	100.0	100.6	100.1	100.0	100.0	99.9	100.0	100.3	100.0	99.9	100.0
	二、90-144m²	100.1	99.8	100.4	100.1	100.0	99.9	99.9	100.0	100.2	100.1	99.5	100.0
	三、144m²以上	100.6	99.9	100.0	100.2	100.1	100.1	99.5	99.6	100.1	100.1	99.7	100.1

4-4-10 2016年上海市住宅销售价格指数
Shanghai Housing Price Indices for 2016

项 目 Item		1月	2月	3月	4月	5月	6月	7月	8月	9月	10月	11月	12月
定基价格指数	**新建住宅价格指数**	**111.0**	**113.7**	**117.8**	**121.4**	**123.8**	**126.3**	**127.8**	**133.5**	**137.2**	**137.8**	**137.8**	**137.5**
	新建商品住宅	113.3	116.6	121.6	126.0	128.8	131.9	133.8	140.7	145.1	145.9	145.8	145.5
	一、90m²及以下	113.0	116.6	122.7	127.8	131.4	134.8	136.6	143.0	148.4	148.6	148.5	147.8
	二、90-144m²	113.4	116.6	121.4	125.7	128.9	132.2	133.9	140.9	145.7	146.5	146.6	146.5
	三、144m²以上	113.4	116.6	121.3	125.6	127.9	130.6	132.7	139.7	143.5	144.5	144.3	143.8
	二手住宅价格指数	**109.0**	**114.8**	**122.0**	**125.0**	**126.7**	**129.6**	**132.1**	**136.9**	**141.5**	**142.0**	**141.6**	**140.9**
	一、90m²及以下	109.0	114.7	122.2	125.0	127.3	130.2	132.9	137.6	142.3	143.1	142.9	143.1
	二、90-144m²	109.2	114.8	121.7	124.9	126.5	129.0	131.2	135.9	139.9	140.0	139.7	138.9
	三、144m²以上	108.9	114.9	122.0	125.0	126.0	129.0	131.9	137.3	142.5	142.8	142.0	139.2
同比价格指数	**新建住宅价格指数**	**117.5**	**120.6**	**125.0**	**128.0**	**127.7**	**127.7**	**127.3**	**131.2**	**132.7**	**131.1**	**129.0**	**126.5**
	新建商品住宅	121.4	125.1	130.5	134.2	133.8	133.7	133.1	137.8	139.5	137.4	134.8	131.7
	一、90m²及以下	120.9	124.8	131.1	135.7	136.4	137.0	136.0	140.0	142.9	140.2	137.7	134.1
	二、90-144m²	122.0	125.5	130.6	133.8	134.1	134.3	133.4	138.0	139.6	137.3	135.0	132.6
	三、144m²以上	121.0	124.8	130.2	134.0	132.6	132.2	131.9	136.9	138.2	136.5	133.7	130.2
	二手住宅价格指数	**114.4**	**120.3**	**127.8**	**130.2**	**129.2**	**130.5**	**131.0**	**134.4**	**137.4**	**136.7**	**135.1**	**132.8**
	一、90m²及以下	114.9	120.7	128.4	130.3	130.2	131.1	131.7	134.9	138.0	137.5	135.8	134.4
	二、90-144m²	113.8	119.7	126.9	129.5	129.0	130.1	130.5	133.8	136.4	135.2	133.8	131.2
	三、144m²以上	114.5	120.8	128.1	131.3	127.2	129.9	130.6	134.1	137.9	137.4	135.6	131.7
环比价格指数	**新建住宅价格指数**	**102.2**	**102.4**	**103.6**	**103.1**	**101.9**	**102.0**	**101.2**	**104.4**	**102.7**	**100.5**	**100.0**	**99.8**
	新建商品住宅	102.6	102.9	104.3	103.6	102.3	102.4	101.4	105.2	103.2	100.5	99.9	99.8
	一、90m²及以下	102.5	103.3	105.2	104.1	102.8	102.6	101.4	104.7	103.7	100.2	99.9	99.5
	二、90-144m²	102.6	102.8	104.2	103.5	102.6	102.5	101.3	105.2	103.4	100.5	100.1	100.0
	三、144m²以上	102.7	102.9	104.0	103.5	101.8	102.2	101.6	105.3	102.8	100.7	99.9	99.6
	二手住宅价格指数	**102.7**	**105.3**	**106.2**	**102.5**	**101.4**	**102.2**	**102.0**	**103.7**	**103.4**	**100.3**	**99.8**	**99.5**
	一、90m²及以下	102.4	105.3	106.5	102.3	101.8	102.4	102.0	103.5	103.5	100.6	99.8	100.2
	二、90-144m²	103.1	105.2	106.0	102.7	101.2	102.0	101.7	103.6	103.0	100.0	99.8	99.4
	三、144m²以上	103.0	105.5	106.2	102.5	100.8	102.4	102.3	104.1	103.8	100.2	99.4	98.1

4-4-11 2016年南京市住宅销售价格指数
Nanjing Housing Price Indices for 2016

项 目 Item		1月	2月	3月	4月	5月	6月	7月	8月	9月	10月	11月	12月
定基价格指数	**新建住宅价格指数**	**107.6**	**110.3**	**114.0**	**118.7**	**123.3**	**127.9**	**132.3**	**137.5**	**142.4**	**145.6**	**146.0**	**145.8**
	新建商品住宅	108.0	110.9	114.8	119.8	124.6	129.6	134.2	139.8	144.9	148.3	148.7	148.5
	一、90m²及以下	108.4	110.6	114.6	120.4	125.0	130.1	134.7	141.5	148.1	151.4	151.7	152.3
	二、90-144m²	108.2	111.5	115.3	120.4	125.7	130.4	135.2	140.6	145.3	148.8	148.8	148.4
	三、144m²以上	107.3	110.1	113.8	117.9	122.2	127.4	131.8	136.7	141.4	144.8	145.9	145.6
	二手住宅价格指数	**105.0**	**106.5**	**109.7**	**113.6**	**116.8**	**119.0**	**122.7**	**127.1**	**131.5**	**134.1**	**136.5**	**138.6**
	一、90m²及以下	104.3	105.8	108.9	112.1	115.3	118.0	121.2	124.9	129.1	131.1	133.0	135.3
	二、90-144m²	105.9	107.5	111.0	115.2	118.3	120.4	124.0	129.0	133.2	136.1	138.2	139.6
	三、144m²以上	104.1	105.4	108.1	112.5	116.1	117.7	122.3	127.1	132.4	135.4	139.6	143.3
同比价格指数	**新建住宅价格指数**	**110.2**	**113.3**	**116.8**	**121.3**	**125.6**	**129.7**	**133.0**	**136.7**	**140.6**	**142.0**	**140.5**	**138.8**
	新建商品住宅	110.8	114.1	117.8	122.6	127.1	131.5	134.9	138.8	143.0	144.4	142.8	141.0
	一、90m²及以下	111.6	113.8	117.6	123.1	127.4	132.1	135.2	140.6	146.0	147.5	145.9	144.3
	二、90-144m²	111.1	114.8	118.6	123.5	128.3	132.5	136.0	139.8	143.4	144.4	142.4	140.4
	三、144m²以上	109.6	113.0	116.5	120.5	124.4	129.0	132.4	135.5	139.5	141.8	140.7	139.2
	二手住宅价格指数	**107.7**	**109.2**	**112.0**	**115.3**	**118.3**	**119.8**	**122.6**	**126.4**	**129.4**	**131.6**	**132.8**	**133.7**
	一、90m²及以下	106.0	108.0	110.7	113.9	116.7	118.8	121.4	124.4	127.4	129.2	130.0	130.9
	二、90-144m²	109.4	110.7	113.9	117.3	120.1	121.5	124.0	128.4	130.6	132.8	133.5	133.7
	三、144m²以上	106.8	108.0	110.0	113.3	117.3	117.9	121.8	125.9	130.6	133.7	137.0	139.5
环比价格指数	**新建住宅价格指数**	**102.4**	**102.6**	**103.3**	**104.1**	**103.9**	**103.8**	**103.4**	**104.0**	**103.5**	**102.3**	**100.2**	**99.9**
	新建商品住宅	102.5	102.7	103.5	104.4	104.1	104.0	103.6	104.1	103.7	102.4	100.2	99.9
	一、90m²及以下	102.8	102.0	103.6	105.1	103.8	104.1	103.5	105.0	104.7	102.2	100.2	100.4
	二、90-144m²	102.3	103.1	103.4	104.4	104.4	103.8	103.7	104.0	103.3	102.4	100.0	99.8
	三、144m²以上	102.6	102.6	103.4	103.6	103.6	104.2	103.5	103.8	103.4	102.4	100.7	99.8
	二手住宅价格指数	**101.2**	**101.5**	**103.0**	**103.5**	**102.8**	**101.9**	**103.1**	**103.6**	**103.5**	**102.0**	**101.8**	**101.6**
	一、90m²及以下	101.0	101.5	102.9	103.0	102.8	102.3	102.8	103.0	103.4	101.6	101.5	101.7
	二、90-144m²	101.4	101.6	103.2	103.8	102.7	101.8	103.0	104.0	103.3	102.2	101.6	101.0
	三、144m²以上	101.3	101.2	102.6	104.0	103.2	101.4	103.8	103.9	104.2	102.3	103.1	102.6

4-4-12 2016年杭州市住宅销售价格指数
Hangzhou Housing Price Indices for 2016

项 目 Item		1月	2月	3月	4月	5月	6月	7月	8月	9月	10月	11月	12月
定基价格指数	**新建住宅价格指数**	**104.9**	**106.3**	**108.7**	**112.0**	**114.7**	**116.6**	**119.3**	**123.2**	**130.0**	**134.1**	**133.6**	**133.6**
	新建商品住宅	105.0	106.4	108.8	112.0	114.8	116.7	119.5	123.4	130.2	134.3	133.9	133.9
	一、90㎡及以下	105.6	107.3	110.6	114.5	117.4	120.0	123.2	127.5	135.3	140.0	139.1	138.6
	二、90-144㎡	104.6	106.1	108.2	111.4	114.1	116.0	118.6	122.5	129.5	133.3	133.0	133.6
	三、144㎡以上	104.5	105.5	107.3	109.8	112.4	113.6	115.9	119.4	125.1	128.9	128.7	128.7
	二手住宅价格指数	**103.3**	**104.5**	**106.5**	**108.4**	**109.8**	**111.1**	**113.7**	**116.8**	**122.1**	**125.2**	**125.2**	**125.1**
	一、90㎡及以下	103.1	104.2	106.4	109.0	110.7	112.0	114.3	117.3	122.9	125.7	125.7	125.8
	二、90-144㎡	103.4	104.8	106.5	108.1	109.4	110.6	113.1	116.4	121.7	125.0	125.2	124.8
	三、144㎡以上	103.6	104.6	106.8	107.6	108.8	110.1	113.3	116.3	121.2	124.4	124.0	124.1
同比价格指数	**新建住宅价格指数**	**107.0**	**108.8**	**111.8**	**114.7**	**116.9**	**117.2**	**119.0**	**122.0**	**128.0**	**131.3**	**129.9**	**128.4**
	新建商品住宅	107.1	108.9	111.9	114.8	117.0	117.4	119.1	122.2	128.2	131.5	130.1	128.6
	一、90㎡及以下	108.1	110.1	114.0	117.4	119.7	120.8	123.0	126.3	132.9	136.7	134.7	132.9
	二、90-144㎡	106.3	108.3	111.2	114.2	116.2	116.7	118.1	121.3	127.6	130.9	129.7	128.6
	三、144㎡以上	106.7	108.0	110.2	112.4	114.6	114.1	115.5	118.3	123.3	126.1	125.2	123.7
	二手住宅价格指数	**104.4**	**105.9**	**108.2**	**109.9**	**111.1**	**111.7**	**113.6**	**116.2**	**121.0**	**123.9**	**123.1**	**121.7**
	一、90㎡及以下	104.5	105.7	108.0	110.5	111.9	112.5	114.1	116.7	121.8	124.4	123.4	122.5
	二、90-144㎡	104.3	106.0	108.0	109.5	110.5	111.1	113.2	116.0	120.8	124.0	123.5	121.5
	三、144㎡以上	104.5	106.2	108.8	109.4	110.5	110.9	113.3	115.5	119.6	122.7	121.8	120.6
环比价格指数	**新建住宅价格指数**	**100.9**	**101.3**	**102.3**	**103.0**	**102.5**	**101.6**	**102.3**	**103.3**	**105.5**	**103.1**	**99.7**	**100.0**
	新建商品住宅	100.9	101.3	102.3	103.0	102.5	101.6	102.4	103.3	105.5	103.2	99.6	100.0
	一、90㎡及以下	101.3	101.6	103.0	103.6	102.6	102.1	102.7	103.5	106.1	103.5	99.4	99.6
	二、90-144㎡	100.7	101.4	102.0	102.9	102.5	101.6	102.3	103.3	105.7	102.9	99.8	100.5
	三、144㎡以上	100.5	101.0	101.7	102.3	102.4	101.1	102.0	103.0	104.8	103.0	99.8	100.0
	二手住宅价格指数	**100.5**	**101.1**	**102.0**	**101.8**	**101.3**	**101.2**	**102.3**	**102.8**	**104.5**	**102.5**	**100.0**	**99.9**
	一、90㎡及以下	100.5	101.0	102.1	102.5	101.6	101.1	102.1	102.6	104.7	102.3	100.0	100.1
	二、90-144㎡	100.6	101.3	101.7	101.5	101.2	101.1	102.2	102.9	104.5	102.8	100.2	99.7
	三、144㎡以上	100.6	101.0	102.1	100.7	101.1	101.2	102.9	102.7	104.2	102.6	99.8	100.1

4-4-13 2016年宁波市住宅销售价格指数
Ningbo Housing Price Indices for 2016

项 目 Item		1月	2月	3月	4月	5月	6月	7月	8月	9月	10月	11月	12月
定基价格指数	**新建住宅价格指数**	**103.0**	**103.6**	**105.2**	**106.4**	**107.7**	**108.3**	**109.2**	**110.4**	**112.6**	**114.2**	**114.8**	**114.8**
	新建商品住宅	103.0	103.6	105.2	106.4	107.7	108.4	109.2	110.5	112.7	114.3	115.0	114.9
	一、90㎡及以下	103.4	104.1	105.9	107.0	108.4	109.4	110.4	111.6	114.7	116.6	117.7	117.4
	二、90-144㎡	103.2	103.7	105.4	106.5	108.0	108.8	109.5	110.9	113.2	114.9	115.4	115.4
	三、144㎡以上	102.6	103.4	104.7	106.0	107.1	107.4	108.4	109.6	111.3	112.5	113.3	113.2
	二手住宅价格指数	**102.9**	**103.2**	**103.7**	**104.3**	**105.1**	**105.5**	**106.1**	**106.9**	**108.8**	**109.8**	**110.2**	**110.6**
	一、90㎡及以下	102.8	103.0	103.4	104.3	105.3	105.6	106.0	107.0	108.9	109.7	109.9	110.2
	二、90-144㎡	103.1	103.4	104.0	104.5	105.3	105.6	106.5	107.1	109.2	110.5	110.9	111.3
	三、144㎡以上	102.8	103.2	103.5	103.9	104.2	104.8	105.3	106.1	107.9	108.4	109.2	109.5
同比价格指数	**新建住宅价格指数**	**104.6**	**105.5**	**107.2**	**108.2**	**108.8**	**108.8**	**108.9**	**109.5**	**111.2**	**112.4**	**112.4**	**112.0**
	新建商品住宅	104.6	105.5	107.2	108.3	108.9	108.9	109.0	109.6	111.3	112.5	112.6	112.2
	一、90㎡及以下	105.6	106.2	108.0	108.7	109.9	110.0	110.5	110.9	113.0	114.4	114.8	114.1
	二、90-144㎡	105.1	105.8	107.5	108.5	109.3	109.5	109.3	109.8	111.6	112.9	112.9	112.5
	三、144㎡以上	103.5	104.8	106.6	107.9	108.0	107.8	108.0	108.8	110.3	111.2	111.2	111.0
	二手住宅价格指数	**103.6**	**104.4**	**105.0**	**105.7**	**106.2**	**106.1**	**106.2**	**106.5**	**108.2**	**108.8**	**108.4**	**108.0**
	一、90㎡及以下	103.6	104.2	104.8	105.5	106.5	106.3	106.0	106.5	108.0	108.6	108.2	107.8
	二、90-144㎡	103.7	104.5	105.3	105.9	106.3	106.2	106.7	106.9	108.7	109.4	109.0	108.5
	三、144㎡以上	103.6	104.2	104.7	105.4	105.6	105.6	105.3	105.7	107.3	107.4	107.1	107.0
环比价格指数	**新建住宅价格指数**	**100.5**	**100.6**	**101.6**	**101.1**	**101.2**	**100.6**	**100.8**	**101.2**	**102.0**	**101.4**	**100.6**	**99.9**
	新建商品住宅	100.5	100.6	101.6	101.1	101.2	100.6	100.8	101.2	102.0	101.4	100.6	99.9
	一、90㎡及以下	100.5	100.6	101.8	101.0	101.3	100.9	101.0	101.0	102.8	101.6	100.9	99.8
	二、90-144㎡	100.5	100.5	101.7	101.1	101.4	100.8	100.7	101.3	102.0	101.5	100.4	100.0
	三、144㎡以上	100.6	100.8	101.3	101.2	101.1	100.3	100.9	101.1	101.6	101.1	100.7	99.9
	二手住宅价格指数	**100.5**	**100.3**	**100.5**	**100.6**	**100.8**	**100.3**	**100.6**	**100.7**	**101.9**	**100.9**	**100.4**	**100.3**
	一、90㎡及以下	100.5	100.2	100.4	100.8	101.0	100.3	100.4	101.0	101.8	100.7	100.1	100.3
	二、90-144㎡	100.5	100.3	100.6	100.5	100.8	100.3	100.8	100.5	101.9	101.2	100.4	100.4
	三、144㎡以上	100.4	100.4	100.3	100.4	100.3	100.6	100.5	100.7	101.8	100.5	100.7	100.3

4-4-14 2016年合肥市住宅销售价格指数
Hefei Housing Price Indices for 2016

项 目 Item		1月	2月	3月	4月	5月	6月	7月	8月	9月	10月	11月	12月
定基价格指数	**新建住宅价格指数**	**103.1**	**105.5**	**110.3**	**116.7**	**122.6**	**128.5**	**133.9**	**140.3**	**146.8**	**149.0**	**148.9**	**148.6**
	新建商品住宅	103.1	105.5	110.4	116.7	122.7	128.6	134.0	140.5	147.0	149.2	149.1	148.8
	一、90m²及以下	103.1	104.9	109.5	115.0	120.6	127.0	132.2	138.3	145.5	148.9	148.7	148.7
	二、90-144m²	102.9	105.2	110.3	116.9	122.8	128.8	134.1	140.6	146.9	148.9	149.1	148.8
	三、144m²以上	104.0	107.7	112.2	118.8	125.4	130.5	136.9	143.8	149.7	151.0	150.0	149.4
	二手住宅价格指数	**103.8**	**110.8**	**121.1**	**129.4**	**135.0**	**139.6**	**144.1**	**147.5**	**151.6**	**154.2**	**153.2**	**152.6**
	一、90m²及以下	103.6	110.1	120.8	129.5	135.4	140.5	145.1	148.5	152.9	155.6	154.7	154.0
	二、90-144m²	103.9	111.0	121.0	128.6	134.0	138.5	143.0	146.2	150.2	152.5	151.6	151.1
	三、144m²以上	104.1	112.1	122.3	131.8	137.6	141.1	145.6	149.1	153.2	155.8	154.8	154.1
同比价格指数	**新建住宅价格指数**	**103.2**	**106.0**	**111.2**	**117.5**	**123.2**	**129.0**	**133.8**	**140.3**	**146.8**	**148.4**	**147.4**	**146.3**
	新建商品住宅	103.3	106.0	111.2	117.6	123.3	129.1	134.0	140.5	147.0	148.6	147.6	146.5
	一、90m²及以下	103.2	105.2	110.1	115.8	121.2	127.5	132.2	138.4	145.8	148.6	147.3	146.5
	二、90-144m²	103.0	105.6	111.0	117.7	123.5	129.4	134.0	140.5	146.9	148.4	147.8	146.6
	三、144m²以上	104.6	109.4	114.1	119.9	126.0	130.4	136.7	143.8	149.5	149.6	147.4	146.2
	二手住宅价格指数	**105.6**	**113.2**	**123.6**	**130.4**	**135.9**	**139.7**	**144.1**	**146.9**	**150.1**	**151.9**	**150.4**	**148.9**
	一、90m²及以下	105.1	112.3	122.9	130.5	135.9	140.3	145.1	148.0	151.8	153.9	152.4	150.6
	二、90-144m²	105.6	113.3	123.4	129.5	134.9	138.7	142.9	145.7	148.5	150.6	149.0	147.5
	三、144m²以上	107.2	115.6	126.1	133.8	139.3	141.5	145.8	148.1	150.7	151.3	149.8	149.0
环比价格指数	**新建住宅价格指数**	**101.5**	**102.3**	**104.6**	**105.7**	**105.1**	**104.8**	**104.2**	**104.8**	**104.6**	**101.5**	**99.9**	**99.8**
	新建商品住宅	101.5	102.3	104.6	105.8	105.1	104.9	104.2	104.8	104.6	101.5	99.9	99.8
	一、90m²及以下	101.5	101.8	104.4	105.0	104.9	105.3	104.1	104.6	105.2	102.3	99.8	100.0
	二、90-144m²	101.5	102.2	104.8	106.0	105.0	104.9	104.1	104.8	104.5	101.4	100.1	99.8
	三、144m²以上	101.7	103.6	104.2	105.8	105.5	104.1	105.0	105.0	104.1	100.9	99.3	99.6
	二手住宅价格指数	**101.3**	**106.7**	**109.3**	**106.8**	**104.4**	**103.4**	**103.2**	**102.3**	**102.8**	**101.7**	**99.4**	**99.6**
	一、90m²及以下	101.3	106.3	109.7	107.2	104.5	103.7	103.3	102.3	103.0	101.8	99.4	99.5
	二、90-144m²	101.5	106.8	109.0	106.3	104.2	103.4	103.2	102.3	102.7	101.6	99.3	99.7
	三、144m²以上	100.7	107.7	109.1	107.8	104.4	102.5	103.2	102.4	102.7	101.7	99.3	99.5

4-4-15 2016年福州市住宅销售价格指数
Fuzhou Housing Price Indices for 2016

项 目 Item		1月	2月	3月	4月	5月	6月	7月	8月	9月	10月	11月	12月
定基价格指数	**新建住宅价格指数**	**103.3**	**104.8**	**106.9**	**110.0**	**111.8**	**113.2**	**115.1**	**120.0**	**126.1**	**129.3**	**130.5**	**130.1**
	新建商品住宅	103.4	104.8	106.9	110.1	112.0	113.3	115.3	120.2	126.3	129.6	130.8	130.4
	一、90m²及以下	105.0	106.5	109.1	113.1	114.1	115.5	117.7	122.5	128.3	131.0	131.8	131.0
	二、90-144m²	102.4	103.7	106.0	109.0	111.6	113.2	114.9	120.3	126.9	130.3	131.5	131.0
	三、144m²以上	104.0	105.7	107.4	110.4	111.4	112.6	114.7	119.0	124.5	127.9	129.3	129.1
	二手住宅价格指数	**102.6**	**103.4**	**104.4**	**106.2**	**106.9**	**107.4**	**108.5**	**111.6**	**116.2**	**117.9**	**118.2**	**118.8**
	一、90m²及以下	102.7	103.4	104.3	106.1	106.8	107.4	108.3	111.2	115.6	117.0	117.3	117.9
	二、90-144m²	102.3	103.1	103.9	105.5	106.3	106.7	107.9	111.0	115.9	117.5	117.8	118.5
	三、144m²以上	103.1	104.1	105.1	107.4	108.0	108.3	109.7	112.8	117.4	119.5	120.0	120.5
同比价格指数	**新建住宅价格指数**	**103.3**	**105.5**	**107.7**	**111.0**	**112.8**	**113.8**	**115.4**	**120.2**	**126.0**	**128.8**	**128.9**	**127.3**
	新建商品住宅	103.3	105.5	107.7	111.1	112.9	113.9	115.5	120.4	126.2	129.1	129.2	127.6
	一、90m²及以下	105.4	107.5	110.0	114.0	114.9	115.9	118.2	122.9	128.6	130.4	129.6	127.4
	二、90-144m²	102.1	104.0	106.7	109.8	112.3	113.5	114.9	120.4	126.8	130.1	130.5	129.1
	三、144m²以上	104.2	106.8	108.2	111.6	112.9	113.5	115.1	119.2	124.1	127.0	127.0	125.3
	二手住宅价格指数	**103.5**	**104.8**	**105.8**	**107.3**	**107.5**	**107.6**	**108.2**	**111.2**	**115.6**	**116.9**	**116.5**	**116.6**
	一、90m²及以下	103.7	104.9	105.9	107.2	107.4	107.6	108.1	110.7	114.9	115.8	115.4	115.5
	二、90-144m²	103.0	104.4	105.2	106.6	106.8	106.9	107.6	110.7	115.4	116.7	116.3	116.5
	三、144m²以上	104.0	105.5	106.6	108.4	108.6	108.6	109.4	112.5	116.8	118.6	118.2	118.0
环比价格指数	**新建住宅价格指数**	**101.1**	**101.4**	**102.0**	**102.9**	**101.7**	**101.2**	**101.7**	**104.2**	**105.1**	**102.6**	**100.9**	**99.6**
	新建商品住宅	101.1	101.4	102.0	103.0	101.7	101.2	101.7	104.3	105.1	102.6	100.9	99.6
	一、90m²及以下	102.0	101.4	102.5	103.7	100.9	101.2	101.9	104.1	104.7	102.2	100.6	99.4
	二、90-144m²	100.9	101.2	102.2	102.9	102.4	101.4	101.5	104.7	105.5	102.7	100.9	99.6
	三、144m²以上	101.0	101.6	101.6	102.8	101.0	101.0	101.9	103.7	104.7	102.7	101.1	99.8
	二手住宅价格指数	**100.7**	**100.8**	**100.9**	**101.8**	**100.7**	**100.4**	**101.0**	**102.8**	**104.2**	**101.4**	**100.3**	**100.5**
	一、90m²及以下	100.6	100.7	100.9	101.7	100.7	100.6	100.8	102.6	103.9	101.2	100.3	100.5
	二、90-144m²	100.6	100.7	100.8	101.5	100.7	100.4	101.1	102.9	104.4	101.4	100.2	100.6
	三、144m²以上	101.0	101.0	101.0	102.2	100.6	100.3	101.2	102.9	104.0	101.8	100.4	100.4

4-4-16　2016年厦门市住宅销售价格指数
Xiamen Housing Price Indices for 2016

项　目　Item		1月	2月	3月	4月	5月	6月	7月	8月	9月	10月	11月	12月
定基价格指数	**新建住宅价格指数**	**106.6**	**108.0**	**113.7**	**119.7**	**126.2**	**132.1**	**138.1**	**143.5**	**147.6**	**148.4**	**148.0**	**147.9**
	新建商品住宅	106.7	108.1	113.9	119.9	126.5	132.4	138.5	144.0	148.1	148.9	148.5	148.4
	一、90m²及以下	105.9	107.1	112.7	119.6	126.5	133.0	138.7	144.5	148.6	148.8	147.6	148.9
	二、90-144m²	107.0	108.7	114.7	120.8	127.6	134.0	140.4	145.8	149.8	149.8	149.9	148.7
	三、144m²以上	106.7	107.7	113.3	118.6	124.5	129.4	135.4	140.6	145.0	147.3	147.0	147.7
	二手住宅价格指数	**104.5**	**106.6**	**111.8**	**116.5**	**123.9**	**129.1**	**132.3**	**135.5**	**138.1**	**138.1**	**137.4**	**137.3**
	一、90m²及以下	104.8	106.9	112.2	116.7	124.4	130.3	134.0	137.5	140.4	140.5	140.0	139.8
	二、90-144m²	104.4	106.4	111.8	116.6	124.1	129.2	131.8	134.8	137.4	137.4	136.6	136.6
	三、144m²以上	104.2	106.4	111.3	116.2	122.8	127.7	131.1	134.2	136.6	136.4	135.5	135.5
同比价格指数	**新建住宅价格指数**	**108.6**	**110.1**	**115.7**	**121.5**	**128.0**	**133.6**	**139.2**	**143.8**	**146.5**	**145.5**	**143.4**	**141.5**
	新建商品住宅	108.7	110.2	115.9	121.7	128.3	134.0	139.6	144.3	147.0	145.9	143.9	141.9
	一、90m²及以下	108.4	109.5	114.9	121.7	128.1	134.2	139.5	145.1	147.5	145.5	142.7	142.0
	二、90-144m²	108.8	110.9	116.8	122.5	129.5	135.7	141.5	145.9	148.6	147.2	145.4	142.2
	三、144m²以上	108.6	109.7	115.0	120.5	126.4	131.0	136.7	141.1	144.2	144.1	142.2	141.3
	二手住宅价格指数	**105.2**	**108.1**	**113.9**	**118.4**	**125.5**	**130.6**	**133.2**	**135.4**	**137.0**	**135.9**	**133.9**	**132.4**
	一、90m²及以下	105.8	108.6	114.3	118.7	126.2	131.9	134.9	137.3	139.2	138.1	136.3	134.5
	二、90-144m²	105.3	108.1	113.9	118.5	125.7	130.6	132.7	134.7	136.3	135.2	133.1	131.7
	三、144m²以上	104.4	107.5	113.1	118.0	124.5	129.3	132.1	134.1	135.5	134.5	132.6	131.2
环比价格指数	**新建住宅价格指数**	**102.0**	**101.3**	**105.3**	**105.2**	**105.4**	**104.7**	**104.6**	**103.9**	**102.9**	**100.5**	**99.8**	**99.9**
	新建商品住宅	102.0	101.3	105.4	105.3	105.5	104.7	104.6	103.9	102.9	100.5	99.8	99.9
	一、90m²及以下	101.0	101.1	105.2	106.1	105.8	105.1	104.2	104.2	102.8	100.2	99.2	100.9
	二、90-144m²	102.4	101.6	105.5	105.3	105.7	105.0	104.8	103.8	102.8	100.0	100.0	99.2
	三、144m²以上	102.1	100.9	105.2	104.7	104.9	104.0	104.6	103.9	103.1	101.6	99.8	100.5
	二手住宅价格指数	**100.8**	**102.0**	**104.9**	**104.2**	**106.3**	**104.3**	**102.4**	**102.4**	**102.0**	**100.0**	**99.5**	**100.0**
	一、90m²及以下	100.8	102.0	105.0	104.1	106.6	104.7	102.8	102.6	102.2	100.0	99.6	99.9
	二、90-144m²	100.7	101.9	105.1	104.3	106.4	104.1	102.0	102.3	102.0	100.0	99.4	100.0
	三、144m²以上	100.8	102.2	104.6	104.4	105.7	104.0	102.7	102.3	101.8	99.9	99.3	100.0

4-4-17 2016年南昌市住宅销售价格指数
Nanchang Housing Price Indices for 2016

项 目 Item		1月	2月	3月	4月	5月	6月	7月	8月	9月	10月	11月	12月
定基价格指数	**新建住宅价格指数**	**101.9**	**103.1**	**104.6**	**106.1**	**107.7**	**108.9**	**110.8**	**112.5**	**115.2**	**116.4**	**116.8**	**116.3**
	新建商品住宅	101.9	103.1	104.7	106.1	107.8	109.0	110.9	112.7	115.4	116.7	117.1	116.6
	一、90m²及以下	103.1	103.7	105.6	107.6	108.6	109.7	111.5	113.2	116.0	117.6	118.1	117.1
	二、90-144m²	102.0	103.3	104.7	106.1	108.3	109.6	111.5	113.3	116.0	117.2	117.4	116.9
	三、144m²以上	100.6	102.0	104.0	105.4	105.7	106.9	108.8	110.5	113.1	114.3	115.1	115.2
	二手住宅价格指数	**101.5**	**101.8**	**103.2**	**104.3**	**105.8**	**107.4**	**108.8**	**110.4**	**112.9**	**113.4**	**113.7**	**114.0**
	一、90m²及以下	100.7	101.0	102.8	103.7	105.5	107.1	108.7	110.2	112.7	113.5	113.8	114.4
	二、90-144m²	102.5	102.7	103.7	105.1	106.5	108.1	109.3	110.9	113.4	113.8	113.8	113.7
	三、144m²以上	101.3	101.6	103.1	104.4	105.0	105.9	107.5	109.4	111.6	112.3	112.8	113.3
同比价格指数	**新建住宅价格指数**	**101.8**	**103.7**	**105.4**	**107.0**	**108.4**	**109.4**	**111.3**	**112.8**	**114.9**	**115.6**	**115.4**	**114.2**
	新建商品住宅	101.8	103.7	105.5	107.1	108.5	109.6	111.5	113.0	115.1	115.9	115.7	114.4
	一、90m²及以下	104.1	105.1	107.0	108.9	109.6	110.3	111.9	112.9	114.9	116.2	116.4	114.2
	二、90-144m²	101.9	104.0	105.7	107.2	109.0	110.2	112.1	113.8	115.6	116.3	115.8	114.4
	三、144m²以上	100.2	102.2	104.1	105.6	105.9	106.8	109.2	110.5	113.5	114.2	114.7	114.6
	二手住宅价格指数	**102.5**	**103.7**	**104.9**	**105.4**	**106.5**	**107.6**	**108.5**	**109.5**	**111.7**	**112.4**	**112.0**	**112.1**
	一、90m²及以下	101.4	102.3	103.9	104.4	106.0	107.3	108.6	109.6	112.0	112.6	112.5	113.1
	二、90-144m²	103.7	105.2	105.9	106.6	107.5	108.4	108.9	109.9	111.8	112.3	111.6	111.3
	三、144m²以上	102.7	103.9	105.1	105.6	105.3	105.7	106.7	107.9	110.0	111.7	112.0	111.3
环比价格指数	**新建住宅价格指数**	**100.0**	**101.2**	**101.5**	**101.4**	**101.5**	**101.1**	**101.7**	**101.6**	**102.3**	**101.1**	**100.3**	**99.6**
	新建商品住宅	100.0	101.2	101.5	101.4	101.5	101.2	101.8	101.6	102.4	101.1	100.3	99.6
	一、90m²及以下	100.6	100.5	101.9	101.8	100.9	101.0	101.7	101.5	102.5	101.4	100.4	99.1
	二、90-144m²	99.9	101.3	101.3	101.4	102.0	101.2	101.7	101.6	102.3	101.1	100.2	99.5
	三、144m²以上	100.0	101.4	101.9	101.4	100.3	101.1	101.8	101.5	102.4	101.1	100.7	100.1
	二手住宅价格指数	**99.8**	**100.2**	**101.4**	**101.1**	**101.4**	**101.5**	**101.3**	**101.4**	**102.2**	**100.5**	**100.2**	**100.3**
	一、90m²及以下	99.5	100.2	101.8	100.8	101.8	101.6	101.4	101.4	102.3	100.7	100.3	100.6
	二、90-144m²	100.3	100.3	101.0	101.3	101.4	101.5	101.2	101.4	102.3	100.3	100.0	100.0
	三、144m²以上	99.5	100.3	101.5	101.3	100.5	100.9	101.5	101.7	102.0	100.7	100.5	100.4

4-4-18 2016年济南市住宅销售价格指数
Jinan Housing Price Indices for 2016

项 目 Item		1月	2月	3月	4月	5月	6月	7月	8月	9月	10月	11月	12月
定基价格指数	**新建住宅价格指数**	**101.2**	**101.8**	**102.7**	**103.8**	**104.8**	**105.7**	**106.6**	**110.0**	**115.7**	**119.6**	**120.9**	**120.6**
	新建商品住宅	101.2	101.8	102.7	103.8	104.8	105.7	106.6	110.0	115.7	119.6	120.9	120.6
	一、90㎡及以下	101.5	101.7	102.7	104.2	105.2	106.1	107.4	110.4	116.5	119.1	120.2	119.9
	二、90-144㎡	101.3	102.1	103.0	104.2	105.2	106.1	107.1	110.9	116.5	120.6	121.9	121.4
	三、144㎡以上	100.7	100.7	101.4	102.2	103.2	104.0	104.5	106.7	112.3	116.7	117.9	118.2
	二手住宅价格指数	**101.3**	**101.4**	**102.2**	**102.6**	**103.1**	**103.7**	**104.2**	**106.5**	**112.0**	**115.1**	**116.3**	**117.0**
	一、90㎡及以下	101.4	101.8	102.7	103.2	103.7	104.4	104.9	107.2	112.9	115.8	116.7	117.5
	二、90-144㎡	101.3	101.3	101.9	102.3	102.7	103.2	103.8	106.5	111.9	115.0	116.5	117.2
	三、144㎡以上	101.5	100.5	101.5	102.0	102.3	102.8	103.1	104.4	109.1	112.8	114.2	114.6
同比价格指数	**新建住宅价格指数**	**101.5**	**102.2**	**103.3**	**104.3**	**105.1**	**105.8**	**106.9**	**110.0**	**115.5**	**119.0**	**120.0**	**119.4**
	新建商品住宅	101.5	102.2	103.3	104.3	105.1	105.8	106.9	110.0	115.5	119.0	120.0	119.4
	一、90㎡及以下	101.9	102.3	103.3	104.8	105.3	106.4	107.8	110.4	116.1	118.4	118.9	118.7
	二、90-144㎡	101.9	102.8	103.9	104.7	105.5	106.3	107.2	110.7	116.0	119.7	120.9	120.1
	三、144㎡以上	100.0	100.2	101.3	102.7	103.3	103.8	105.0	107.2	113.2	116.9	117.6	117.3
	二手住宅价格指数	**101.5**	**102.0**	**103.0**	**103.4**	**103.8**	**104.1**	**104.1**	**106.2**	**111.6**	**114.4**	**115.3**	**115.5**
	一、90㎡及以下	101.8	102.3	103.5	104.0	104.4	105.1	105.0	106.9	112.6	114.9	115.4	115.9
	二、90-144㎡	101.3	102.1	102.7	102.9	103.3	103.4	103.5	106.1	111.4	114.7	116.0	115.9
	三、144㎡以上	101.2	101.0	102.3	102.9	103.2	103.2	103.2	104.4	108.7	112.1	113.2	113.2
环比价格指数	**新建住宅价格指数**	**100.2**	**100.6**	**100.9**	**101.1**	**101.0**	**100.8**	**100.9**	**103.2**	**105.2**	**103.4**	**101.1**	**99.7**
	新建商品住宅	100.2	100.6	100.9	101.1	101.0	100.8	100.9	103.2	105.2	103.4	101.1	99.7
	一、90㎡及以下	100.4	100.3	101.0	101.4	101.0	100.9	101.2	102.8	105.5	102.2	100.9	99.8
	二、90-144㎡	100.3	100.8	100.9	101.1	100.9	100.9	101.0	103.5	105.1	103.5	101.1	99.6
	三、144㎡以上	100.0	100.0	100.8	100.7	101.1	100.8	100.5	102.1	105.2	103.9	101.1	100.2
	二手住宅价格指数	**100.1**	**100.1**	**100.8**	**100.4**	**100.4**	**100.6**	**100.5**	**102.2**	**105.1**	**102.7**	**101.1**	**100.6**
	一、90㎡及以下	100.0	100.4	100.9	100.5	100.5	100.7	100.4	102.2	105.4	102.5	100.8	100.7
	二、90-144㎡	100.2	100.0	100.6	100.3	100.4	100.5	100.6	102.6	105.1	102.8	101.3	100.6
	三、144㎡以上	100.3	99.1	101.0	100.5	100.3	100.4	100.3	101.3	104.4	103.4	101.3	100.3

4-4-19　2016年青岛市住宅销售价格指数
Qingdao Housing Price Indices for 2016

项　目　Item		1月	2月	3月	4月	5月	6月	7月	8月	9月	10月	11月	12月
定基价格指数	**新建住宅价格指数**	**100.0**	**100.2**	**101.3**	**102.4**	**103.2**	**103.7**	**104.4**	**106.5**	**111.4**	**112.8**	**113.0**	**112.8**
	新建商品住宅	100.0	100.2	101.3	102.5	103.3	103.8	104.5	106.6	111.7	113.1	113.3	113.1
	一、90m²及以下	99.8	99.9	101.1	102.5	103.3	103.8	104.6	106.5	111.7	113.4	113.4	113.4
	二、90-144m²	101.2	101.4	102.4	103.6	104.4	104.8	105.5	107.8	112.5	114.0	114.4	114.2
	三、144m²以上	97.8	98.1	99.2	99.9	100.9	101.5	101.9	104.1	109.6	110.6	110.6	110.1
	二手住宅价格指数	**100.6**	**100.7**	**100.9**	**101.2**	**101.3**	**101.4**	**101.8**	**102.9**	**108.0**	**109.3**	**109.9**	**110.2**
	一、90m²及以下	100.7	100.8	100.9	101.0	101.2	101.3	101.7	102.8	108.0	109.1	109.6	110.1
	二、90-144m²	100.6	100.8	101.0	101.3	101.5	101.6	102.0	103.3	108.4	109.9	110.4	110.8
	三、144m²以上	100.3	100.6	100.7	101.1	101.2	101.2	101.5	102.5	107.1	108.8	109.1	109.3
同比价格指数	**新建住宅价格指数**	**98.6**	**99.5**	**101.1**	**102.6**	**103.6**	**104.0**	**104.4**	**106.5**	**111.6**	**113.2**	**113.6**	**113.1**
	新建商品住宅	98.6	99.5	101.2	102.7	103.7	104.1	104.5	106.6	111.8	113.5	113.8	113.4
	一、90m²及以下	99.0	99.5	101.1	102.6	103.4	103.9	104.4	106.2	112.0	113.8	113.9	113.8
	二、90-144m²	100.0	101.1	102.7	104.3	105.2	105.3	105.8	107.8	112.2	113.9	114.2	113.4
	三、144m²以上	94.7	95.9	97.9	99.5	101.0	101.7	102.1	104.8	110.7	111.8	112.9	112.3
	二手住宅价格指数	**100.4**	**101.1**	**101.5**	**101.8**	**101.8**	**101.7**	**101.7**	**102.6**	**107.6**	**108.8**	**109.4**	**109.7**
	一、90m²及以下	100.6	101.2	101.7	101.7	101.6	101.6	101.7	102.5	107.6	108.5	109.1	109.5
	二、90-144m²	100.4	101.3	101.6	102.0	102.1	101.8	101.8	102.9	107.9	109.3	109.9	110.2
	三、144m²以上	99.9	100.8	101.1	101.6	101.8	101.5	101.3	102.3	106.8	108.3	108.7	108.9
环比价格指数	**新建住宅价格指数**	**100.3**	**100.1**	**101.1**	**101.2**	**100.8**	**100.4**	**100.6**	**102.0**	**104.7**	**101.3**	**100.1**	**99.8**
	新建商品住宅	100.3	100.1	101.1	101.2	100.8	100.5	100.7	102.1	104.7	101.3	100.2	99.8
	一、90m²及以下	100.2	100.0	101.3	101.4	100.7	100.5	100.8	101.9	104.9	101.5	100.0	99.9
	二、90-144m²	100.5	100.2	101.0	101.2	100.8	100.4	100.7	102.2	104.4	101.3	100.4	99.8
	三、144m²以上	99.8	100.3	101.1	100.8	100.9	100.6	100.4	102.1	105.3	100.9	100.0	99.6
	二手住宅价格指数	**100.1**	**100.2**	**100.2**	**100.3**	**100.2**	**100.1**	**100.4**	**101.1**	**104.9**	**101.2**	**100.5**	**100.4**
	一、90m²及以下	100.1	100.1	100.2	100.1	100.2	100.1	100.4	101.0	105.1	101.0	100.5	100.4
	二、90-144m²	100.0	100.2	100.2	100.4	100.2	100.1	100.4	101.2	105.0	101.4	100.5	100.4
	三、144m²以上	100.0	100.3	100.1	100.4	100.1	100.0	100.3	101.0	104.5	101.6	100.3	100.2

4-4-20　2016年郑州市住宅销售价格指数
Zhengzhou Housing Price Indices for 2016

项　目　Item		1月	2月	3月	4月	5月	6月	7月	8月	9月	10月	11月	12月
定基价格指数	**新建住宅价格指数**	**102.3**	**102.7**	**104.2**	**105.5**	**106.9**	**108.6**	**110.7**	**116.9**	**125.6**	**130.0**	**130.6**	**130.5**
	新建商品住宅	102.3	102.7	104.2	105.6	107.0	108.7	110.9	117.1	126.0	130.4	131.1	131.0
	一、90m²及以下	102.5	102.8	104.2	105.9	107.7	109.4	111.9	117.9	127.8	133.2	133.7	132.6
	二、90-144m²	102.2	102.7	104.5	105.5	106.7	108.4	110.5	116.8	125.1	129.0	130.0	130.4
	三、144m²以上	102.3	102.5	103.8	104.8	106.0	107.6	109.3	115.6	123.0	126.2	126.5	127.8
	二手住宅价格指数	**102.5**	**103.4**	**104.7**	**105.9**	**107.3**	**108.8**	**110.3**	**115.3**	**123.6**	**127.5**	**128.4**	**129.8**
	一、90m²及以下	102.9	103.8	105.1	106.0	107.3	108.9	110.2	114.9	123.4	127.5	128.4	129.8
	二、90-144m²	102.4	103.3	104.7	106.1	107.5	109.1	110.5	115.8	124.6	128.5	129.7	131.2
	三、144m²以上	102.0	102.6	104.0	105.5	106.8	108.2	110.2	114.8	122.3	125.4	125.8	126.7
同比价格指数	**新建住宅价格指数**	**103.4**	**103.9**	**105.2**	**106.7**	**108.1**	**109.2**	**111.0**	**116.5**	**124.5**	**128.1**	**128.5**	**128.0**
	新建商品住宅	103.4	104.0	105.3	106.8	108.2	109.4	111.2	116.7	124.9	128.6	129.0	128.4
	一、90m²及以下	103.6	104.1	105.4	107.3	108.9	110.2	112.1	117.5	126.5	131.1	131.4	129.9
	二、90-144m²	103.6	104.1	105.4	106.4	107.8	108.8	110.8	116.6	124.1	127.3	127.9	127.9
	三、144m²以上	102.5	103.4	104.8	106.3	107.5	108.5	109.5	114.9	122.3	124.6	124.7	125.3
	二手住宅价格指数	**103.3**	**104.2**	**105.5**	**106.6**	**107.9**	**109.2**	**110.3**	**115.3**	**123.5**	**126.7**	**126.9**	**127.4**
	一、90m²及以下	104.0	104.8	106.1	106.8	108.0	109.3	110.3	114.8	123.0	126.4	126.6	127.1
	二、90-144m²	103.0	104.0	105.4	106.6	108.1	109.5	110.5	116.0	124.5	127.7	128.2	129.0
	三、144m²以上	102.6	103.3	104.6	106.0	107.2	108.5	109.9	114.9	122.3	125.0	124.7	124.6
环比价格指数	**新建住宅价格指数**	**100.3**	**100.4**	**101.5**	**101.3**	**101.4**	**101.6**	**102.0**	**105.5**	**107.5**	**103.5**	**100.5**	**99.9**
	新建商品住宅	100.3	100.4	101.5	101.3	101.4	101.6	102.0	105.6	107.6	103.5	100.5	99.9
	一、90m²及以下	100.4	100.3	101.3	101.7	101.7	101.6	102.2	105.4	108.4	104.2	100.4	99.2
	二、90-144m²	100.2	100.5	101.8	101.0	101.2	101.6	101.9	105.8	107.1	103.1	100.8	100.3
	三、144m²以上	100.3	100.3	101.3	100.9	101.1	101.5	101.6	105.7	106.4	102.6	100.2	101.0
	二手住宅价格指数	**100.6**	**100.8**	**101.3**	**101.2**	**101.3**	**101.4**	**101.3**	**104.5**	**107.3**	**103.1**	**100.7**	**101.0**
	一、90m²及以下	100.7	100.9	101.2	100.9	101.2	101.5	101.2	104.3	107.3	103.3	100.7	101.1
	二、90-144m²	100.7	100.9	101.4	101.3	101.4	101.4	101.2	104.8	107.6	103.2	100.9	101.1
	三、144m²以上	100.3	100.6	101.4	101.5	101.3	101.3	101.8	104.2	106.5	102.6	100.3	100.6

4-4-21 2016年武汉市住宅销售价格指数
Wuhan Housing Price Indices for 2016

项 目 Item		1月	2月	3月	4月	5月	6月	7月	8月	9月	10月	11月	12月
定基价格指数	**新建住宅价格指数**	**103.7**	**104.5**	**105.8**	**107.9**	**110.2**	**112.3**	**114.6**	**118.1**	**122.6**	**126.1**	**128.0**	**127.7**
	新建商品住宅	103.9	104.8	106.1	108.3	110.8	113.0	115.4	119.1	123.8	127.5	129.5	129.1
	一、90m²及以下	103.1	104.0	105.5	108.1	110.2	112.8	115.1	118.8	124.2	127.5	129.2	129.1
	二、90-144m²	103.9	104.9	106.2	108.7	111.2	113.3	115.9	119.8	124.4	128.1	130.5	130.0
	三、144m²以上	104.7	105.5	106.8	107.6	110.2	112.1	114.1	117.3	121.1	125.0	126.2	126.3
	二手住宅价格指数	**103.1**	**103.7**	**104.8**	**106.0**	**107.4**	**109.5**	**111.8**	**114.5**	**118.7**	**121.6**	**124.0**	**125.2**
	一、90m²及以下	103.3	103.9	105.1	106.2	108.0	109.9	112.2	115.3	120.1	122.9	125.1	126.3
	二、90-144m²	102.9	103.4	104.5	105.7	107.2	109.2	111.7	114.1	118.3	121.4	124.5	125.9
	三、144m²以上	103.1	103.9	105.1	106.1	106.9	109.1	111.4	113.7	116.9	119.6	120.9	121.3
同比价格指数	**新建住宅价格指数**	**105.3**	**106.2**	**107.3**	**109.1**	**111.3**	**113.1**	**115.0**	**117.7**	**121.3**	**124.4**	**125.5**	**124.2**
	新建商品住宅	105.6	106.5	107.7	109.6	111.9	113.8	115.8	118.6	122.5	125.7	126.8	125.5
	一、90m²及以下	104.5	105.4	106.8	109.1	111.0	113.5	115.3	118.3	123.0	126.1	127.1	126.3
	二、90-144m²	105.8	106.5	107.5	109.9	112.3	114.1	116.3	119.2	123.1	126.4	127.9	126.3
	三、144m²以上	106.6	107.9	109.2	109.4	111.9	113.1	114.6	116.9	119.5	122.5	122.6	121.5
	二手住宅价格指数	**104.4**	**105.0**	**106.3**	**107.4**	**108.6**	**110.2**	**111.9**	**113.8**	**117.6**	**120.1**	**121.9**	**122.1**
	一、90m²及以下	104.5	105.2	106.6	107.7	109.3	110.3	112.2	114.7	119.0	121.4	123.0	123.3
	二、90-144m²	104.3	104.7	106.0	106.9	108.3	110.2	111.8	113.4	117.1	119.8	122.4	122.8
	三、144m²以上	104.2	105.3	106.6	107.8	108.2	109.8	111.3	112.9	115.9	118.4	118.8	118.3
环比价格指数	**新建住宅价格指数**	**100.9**	**100.8**	**101.2**	**102.0**	**102.1**	**101.9**	**102.1**	**103.1**	**103.8**	**102.8**	**101.5**	**99.8**
	新建商品住宅	101.0	100.9	101.3	102.1	102.3	102.0	102.2	103.2	103.9	103.0	101.6	99.7
	一、90m²及以下	100.9	100.9	101.4	102.4	102.0	102.4	102.1	103.2	104.5	102.6	101.3	99.9
	二、90-144m²	101.0	100.9	101.3	102.3	102.3	101.9	102.3	103.3	103.9	103.0	101.8	99.6
	三、144m²以上	100.7	100.8	101.2	100.8	102.4	101.7	101.8	102.8	103.3	103.2	100.9	100.1
	二手住宅价格指数	**100.6**	**100.5**	**101.1**	**101.1**	**101.4**	**101.9**	**102.1**	**102.4**	**103.7**	**102.5**	**102.0**	**100.9**
	一、90m²及以下	100.9	100.5	101.2	101.0	101.7	101.8	102.1	102.8	104.1	102.4	101.7	101.0
	二、90-144m²	100.4	100.4	101.1	101.2	101.4	101.9	102.2	102.2	103.7	102.6	102.6	101.1
	三、144m²以上	100.5	100.8	101.2	101.0	100.8	102.1	102.1	102.1	102.8	102.3	101.1	100.4

4-4-22 2016年长沙市住宅销售价格指数
Changsha Housing Price Indices for 2016

	项 目 Item	1月	2月	3月	4月	5月	6月	7月	8月	9月	10月	11月	12月
定基价格指数	**新建住宅价格指数**	**100.9**	**101.2**	**101.7**	**103.3**	**104.1**	**104.6**	**105.4**	**107.0**	**111.5**	**116.4**	**118.2**	**118.3**
	新建商品住宅	100.9	101.3	101.8	103.4	104.2	104.7	105.6	107.2	111.9	116.9	118.7	118.8
	一、90m²及以下	99.7	100.0	100.8	102.0	102.5	103.0	104.0	105.6	109.9	114.4	116.4	116.5
	二、90-144m²	101.2	101.6	102.2	104.2	105.0	105.6	106.3	107.9	112.6	117.7	119.1	119.4
	三、144m²以上	101.4	101.6	101.8	103.3	104.0	104.4	105.6	107.1	112.1	117.2	119.5	119.5
	二手住宅价格指数	**100.9**	**100.9**	**101.2**	**102.1**	**102.3**	**102.6**	**102.9**	**103.7**	**107.4**	**109.9**	**111.6**	**113.1**
	一、90m²及以下	101.0	101.1	101.6	102.5	102.6	102.9	103.0	104.0	107.1	109.4	110.8	112.1
	二、90-144m²	100.8	100.9	101.0	102.0	102.1	102.5	102.7	103.4	107.0	108.9	110.5	112.2
	三、144m²以上	100.9	100.9	101.0	101.9	102.1	102.6	103.1	103.9	108.3	112.0	114.2	115.5
同比价格指数	**新建住宅价格指数**	**100.4**	**101.2**	**101.8**	**103.4**	**104.3**	**104.8**	**105.6**	**107.2**	**111.6**	**116.5**	**118.2**	**117.8**
	新建商品住宅	100.4	101.2	101.8	103.5	104.4	104.9	105.7	107.4	112.0	116.9	118.7	118.2
	一、90m²及以下	99.1	99.8	100.5	101.9	102.5	102.8	104.1	105.9	110.1	114.7	116.9	116.8
	二、90-144m²	100.5	101.7	102.3	104.2	105.2	105.8	106.4	108.1	112.8	117.9	119.1	118.7
	三、144m²以上	101.1	101.6	102.0	103.3	104.6	105.0	105.8	107.4	111.9	116.8	119.1	118.5
	二手住宅价格指数	**100.9**	**101.2**	**101.7**	**102.7**	**102.6**	**102.9**	**102.8**	**103.5**	**107.2**	**109.6**	**111.0**	**112.3**
	一、90m²及以下	101.1	101.4	102.0	103.0	102.9	103.1	103.1	103.8	107.0	109.2	110.3	111.3
	二、90-144m²	100.8	101.1	101.4	102.6	102.4	102.7	102.7	103.2	106.8	108.6	109.9	111.5
	三、144m²以上	100.9	101.3	101.7	102.8	102.7	103.1	102.8	103.5	108.0	111.6	113.4	114.6
环比价格指数	**新建住宅价格指数**	**100.4**	**100.3**	**100.5**	**101.6**	**100.7**	**100.5**	**100.8**	**101.5**	**104.3**	**104.4**	**101.5**	**100.1**
	新建商品住宅	100.4	100.3	100.5	101.6	100.7	100.5	100.9	101.5	104.4	104.5	101.5	100.1
	一、90m²及以下	99.9	100.3	100.8	101.2	100.5	100.5	100.9	101.6	104.0	104.1	101.8	100.1
	二、90-144m²	100.5	100.4	100.6	101.9	100.8	100.6	100.6	101.5	104.3	104.6	101.2	100.2
	三、144m²以上	100.6	100.2	100.2	101.4	100.8	100.3	101.2	101.4	104.7	104.6	102.0	100.0
	二手住宅价格指数	**100.1**	**100.1**	**100.2**	**100.9**	**100.1**	**100.4**	**100.2**	**100.8**	**103.6**	**102.4**	**101.5**	**101.4**
	一、90m²及以下	100.3	100.1	100.5	100.9	100.1	100.3	100.1	100.9	103.1	102.1	101.3	101.2
	二、90-144m²	100.1	100.1	100.2	101.0	100.1	100.4	100.2	100.7	103.5	101.8	101.4	101.6
	三、144m²以上	100.1	100.0	100.1	100.9	100.2	100.5	100.4	100.8	104.2	103.4	101.9	101.1

4-4-23 2016年广州市住宅销售价格指数
Guangzhou Housing Price Indices for 2016

项目 Item		1月	2月	3月	4月	5月	6月	7月	8月	9月	10月	11月	12月
定基价格指数	**新建住宅价格指数**	**105.8**	**107.5**	**110.6**	**113.2**	**116.3**	**118.4**	**120.0**	**122.8**	**126.6**	**128.3**	**129.4**	**130.4**
	新建商品住宅	105.9	107.6	110.7	113.3	116.4	118.6	120.2	123.0	126.8	128.5	129.6	130.6
	一、90m²及以下	106.0	107.4	110.7	114.2	117.1	119.0	121.1	124.0	128.2	129.3	130.8	132.0
	二、90-144m²	105.7	107.4	110.2	112.7	115.7	118.2	119.5	122.5	126.0	128.1	129.5	130.5
	三、144m²以上	106.0	107.9	111.3	113.7	117.1	118.9	120.6	123.3	127.2	128.6	129.3	130.0
	二手住宅价格指数	**107.4**	**108.7**	**112.5**	**115.4**	**117.6**	**119.5**	**121.2**	**124.6**	**128.6**	**130.7**	**131.7**	**133.5**
	一、90m²及以下	108.0	109.3	113.0	116.0	118.1	119.8	121.8	124.8	128.5	130.4	131.1	133.1
	二、90-144m²	106.3	107.4	111.3	114.1	116.0	118.6	119.8	123.7	128.2	130.5	132.1	133.9
	三、144m²以上	108.7	109.9	114.0	117.0	120.5	120.9	123.0	126.0	130.5	132.7	133.3	133.6
同比价格指数	**新建住宅价格指数**	**109.9**	**111.8**	**115.2**	**117.4**	**118.9**	**119.2**	**119.4**	**121.1**	**123.0**	**123.6**	**124.0**	**124.1**
	新建商品住宅	110.0	111.9	115.3	117.6	119.0	119.4	119.5	121.2	123.2	123.8	124.2	124.3
	一、90m²及以下	110.1	111.3	114.9	118.1	120.0	120.2	120.7	122.3	125.0	124.7	125.2	125.4
	二、90-144m²	109.9	111.9	115.0	117.1	118.3	118.8	118.8	120.7	122.5	123.3	124.0	124.2
	三、144m²以上	109.9	112.2	116.0	118.0	119.6	119.8	119.9	121.5	123.3	124.2	124.1	123.9
	二手住宅价格指数	**113.1**	**114.7**	**118.5**	**120.3**	**120.0**	**119.7**	**119.9**	**122.1**	**124.7**	**125.4**	**125.5**	**125.9**
	一、90m²及以下	113.9	115.4	118.9	120.9	120.5	120.1	120.8	122.4	124.5	125.1	124.8	125.2
	二、90-144m²	111.8	113.1	116.8	118.5	117.9	118.5	118.3	121.3	124.4	125.5	126.3	127.3
	三、144m²以上	114.3	116.7	122.0	123.5	123.9	121.7	121.7	123.2	125.8	125.9	125.6	124.5
环比价格指数	**新建住宅价格指数**	**100.8**	**101.6**	**102.9**	**102.4**	**102.7**	**101.8**	**101.3**	**102.4**	**103.1**	**101.3**	**100.9**	**100.7**
	新建商品住宅	100.8	101.6	102.9	102.4	102.7	101.8	101.3	102.4	103.1	101.3	100.9	100.7
	一、90m²及以下	100.7	101.3	103.1	103.2	102.5	101.6	101.8	102.4	103.4	100.8	101.2	100.9
	二、90-144m²	100.6	101.6	102.6	102.3	102.6	102.1	101.1	102.5	102.9	101.7	101.1	100.8
	三、144m²以上	101.0	101.8	103.1	102.2	102.9	101.6	101.4	102.3	103.1	101.1	100.5	100.6
	二手住宅价格指数	**101.3**	**101.2**	**103.5**	**102.6**	**101.9**	**101.6**	**101.4**	**102.8**	**103.3**	**101.6**	**100.8**	**101.3**
	一、90m²及以下	101.5	101.3	103.3	102.7	101.8	101.4	101.7	102.5	103.0	101.5	100.5	101.5
	二、90-144m²	101.1	101.0	103.6	102.5	101.7	102.2	101.0	103.2	103.6	101.8	101.2	101.4
	三、144m²以上	101.2	101.2	103.7	102.6	103.0	100.3	101.8	102.5	103.5	101.7	100.4	100.3

4-4-24 2016年深圳市住宅销售价格指数
Shenzhen Housing Price Indices for 2016

项 目 Item		1月	2月	3月	4月	5月	6月	7月	8月	9月	10月	11月	12月
定基价格指数	**新建住宅价格指数**	**125.9**	**130.3**	**135.2**	**138.3**	**139.0**	**142.6**	**145.5**	**148.5**	**151.3**	**150.5**	**150.0**	**149.5**
	新建商品住宅	126.3	130.7	135.6	138.8	139.5	143.2	146.1	149.2	152.0	151.2	150.7	150.1
	一、90m²及以下	125.4	129.5	134.5	137.5	138.5	141.8	144.7	147.4	150.3	149.5	149.3	148.7
	二、90-144m²	126.5	131.5	136.0	138.9	139.3	141.5	144.4	148.3	150.4	149.7	149.5	149.8
	三、144m²以上	127.8	132.5	137.4	141.2	141.7	147.1	150.1	153.3	156.7	155.6	154.4	153.2
	二手住宅价格指数	**125.6**	**129.7**	**135.7**	**135.2**	**135.2**	**136.3**	**138.7**	**141.5**	**144.0**	**143.1**	**142.1**	**141.8**
	一、90m²及以下	126.6	131.6	137.3	136.0	137.1	137.2	139.7	142.5	145.8	145.0	143.8	143.0
	二、90-144m²	123.8	127.5	134.0	133.9	134.2	135.4	138.0	141.1	143.8	142.1	140.6	140.9
	三、144m²以上	125.9	129.0	135.0	135.4	132.9	135.8	137.7	140.1	140.8	140.7	140.5	140.3
同比价格指数	**新建住宅价格指数**	**151.9**	**156.9**	**161.6**	**162.4**	**153.2**	**146.7**	**140.9**	**136.8**	**134.1**	**131.7**	**127.9**	**123.5**
	新建商品住宅	152.7	157.8	162.5	163.4	154.0	147.4	141.4	137.3	134.5	132.1	128.2	123.8
	一、90m²及以下	150.9	155.6	160.2	161.4	152.8	146.0	140.2	135.9	133.1	130.8	127.4	123.2
	二、90-144m²	153.5	159.4	164.0	163.6	153.6	145.4	139.2	136.2	132.8	130.5	127.3	123.4
	三、144m²以上	155.4	160.6	165.8	167.0	156.6	151.5	145.5	141.0	138.5	136.0	130.4	125.3
	二手住宅价格指数	**149.7**	**154.2**	**160.5**	**156.1**	**146.8**	**138.5**	**133.9**	**130.8**	**128.8**	**126.8**	**123.5**	**119.3**
	一、90m²及以下	151.9	156.9	162.5	157.5	148.8	139.2	134.5	131.9	130.9	128.5	124.9	119.1
	二、90-144m²	146.9	151.2	158.1	153.9	145.8	137.1	132.8	130.5	128.5	126.0	122.7	119.9
	三、144m²以上	149.1	153.0	159.8	156.3	144.2	139.0	134.0	128.9	125.1	124.6	121.7	119.0
环比价格指数	**新建住宅价格指数**	**104.0**	**103.5**	**103.7**	**102.3**	**100.5**	**102.6**	**102.0**	**102.1**	**101.9**	**99.5**	**99.7**	**99.6**
	新建商品住宅	104.1	103.6	103.7	102.3	100.5	102.6	102.0	102.1	101.9	99.5	99.7	99.6
	一、90m²及以下	103.9	103.3	103.8	102.2	100.7	102.4	102.0	101.9	101.9	99.5	99.8	99.6
	二、90-144m²	104.2	104.0	103.5	102.1	100.3	101.6	102.1	102.7	101.4	99.5	99.9	100.2
	三、144m²以上	104.5	103.7	103.7	102.7	100.4	103.8	102.0	102.2	102.2	99.3	99.2	99.2
	二手住宅价格指数	**105.7**	**103.3**	**104.7**	**99.6**	**100.0**	**100.8**	**101.8**	**102.0**	**101.8**	**99.4**	**99.3**	**99.8**
	一、90m²及以下	105.4	103.9	104.3	99.1	100.8	100.1	101.8	102.0	102.3	99.5	99.2	99.5
	二、90-144m²	105.3	103.0	105.1	99.9	100.2	100.9	101.9	102.3	101.9	98.8	99.0	100.2
	三、144m²以上	106.8	102.5	104.7	100.2	98.2	102.1	101.4	101.8	100.5	100.0	99.8	99.9

4-4-25 2016年南宁市住宅销售价格指数
Nanning Housing Price Indices for 2016

	项 目 Item	1月	2月	3月	4月	5月	6月	7月	8月	9月	10月	11月	12月
定基价格指数	**新建住宅价格指数**	**101.9**	**102.3**	**103.0**	**104.2**	**105.0**	**105.6**	**106.2**	**107.2**	**109.3**	**110.8**	**110.8**	**111.6**
	新建商品住宅	102.1	102.6	103.3	104.6	105.5	106.2	106.9	108.0	110.3	111.9	111.9	112.8
	一、90m²及以下	102.2	102.8	103.7	105.2	106.0	106.6	107.4	108.6	111.0	112.8	112.7	113.8
	二、90-144m²	102.6	103.0	104.0	105.2	106.2	106.9	107.8	108.7	110.8	112.1	112.2	113.1
	三、144m²以上	100.6	101.0	100.9	101.9	102.4	103.0	103.4	104.5	107.5	109.4	109.6	109.7
	二手住宅价格指数	**102.1**	**102.3**	**102.3**	**102.9**	**103.2**	**103.2**	**103.3**	**103.9**	**104.7**	**106.1**	**106.5**	**107.1**
	一、90m²及以下	101.2	101.1	101.0	101.6	102.2	102.1	102.5	103.0	103.8	104.9	105.4	105.8
	二、90-144m²	102.0	102.1	102.1	102.6	102.7	102.7	102.6	102.9	103.6	105.2	105.7	106.3
	三、144m²以上	104.3	105.3	105.3	106.1	106.4	106.6	106.3	107.7	108.7	110.5	110.5	111.2
同比价格指数	**新建住宅价格指数**	**102.4**	**103.3**	**103.8**	**104.6**	**105.5**	**105.7**	**106.4**	**107.0**	**109.0**	**110.1**	**109.6**	**110.1**
	新建商品住宅	102.7	103.6	104.2	105.2	106.1	106.3	107.1	107.8	110.0	111.1	110.7	111.2
	一、90m²及以下	102.9	103.9	104.6	105.7	106.6	106.8	107.6	108.1	110.3	111.9	111.5	112.4
	二、90-144m²	103.3	104.2	105.1	106.0	107.0	107.1	108.0	108.6	110.8	111.0	110.4	110.9
	三、144m²以上	100.5	101.4	100.8	101.8	102.2	103.0	103.7	104.7	107.3	109.7	109.4	109.4
	二手住宅价格指数	**104.5**	**105.1**	**104.1**	**104.5**	**103.6**	**102.9**	**102.4**	**102.8**	**103.6**	**104.6**	**104.5**	**105.0**
	一、90m²及以下	103.5	103.7	102.5	102.9	102.3	101.5	101.3	101.8	102.9	103.8	103.8	104.5
	二、90-144m²	104.0	104.4	103.5	103.9	103.2	102.5	102.1	102.3	102.6	103.7	103.9	104.4
	三、144m²以上	107.8	109.4	108.4	108.9	107.4	106.7	105.3	106.1	106.9	108.0	107.3	107.0
环比价格指数	**新建住宅价格指数**	**100.6**	**100.4**	**100.7**	**101.1**	**100.7**	**100.6**	**100.7**	**100.9**	**102.0**	**101.4**	**100.0**	**100.7**
	新建商品住宅	100.7	100.4	100.8	101.3	100.8	100.6	100.7	101.0	102.2	101.5	100.0	100.8
	一、90m²及以下	100.9	100.5	100.9	101.4	100.8	100.6	100.7	101.1	102.2	101.7	99.9	101.0
	二、90-144m²	100.6	100.4	100.9	101.2	100.9	100.7	100.8	100.8	101.9	101.2	100.1	100.8
	三、144m²以上	100.4	100.3	100.0	100.9	100.5	100.6	100.3	101.1	102.8	101.8	100.1	100.2
	二手住宅价格指数	**100.1**	**100.2**	**100.0**	**100.6**	**100.3**	**100.0**	**100.1**	**100.6**	**100.8**	**101.4**	**100.4**	**100.5**
	一、90m²及以下	99.9	99.9	99.9	100.6	100.5	99.9	100.4	100.5	100.8	101.1	100.4	100.4
	二、90-144m²	100.2	100.0	100.0	100.5	100.1	100.0	99.9	100.3	100.7	101.5	100.5	100.5
	三、144m²以上	100.5	100.9	100.0	100.8	100.2	100.3	99.7	101.3	101.0	101.7	100.0	100.6

4-4-26 2016年海口市住宅销售价格指数
Haikou Housing Price Indices for 2016

	项 目 Item	1月	2月	3月	4月	5月	6月	7月	8月	9月	10月	11月	12月
定基价格指数	**新建住宅价格指数**	**100.3**	**100.5**	**100.8**	**101.2**	**101.9**	**102.1**	**102.9**	**103.5**	**104.3**	**105.2**	**105.8**	**106.4**
	新建商品住宅	100.3	100.5	100.8	101.2	101.9	102.1	102.9	103.5	104.3	105.2	105.8	106.4
	一、90㎡及以下	100.0	100.4	100.5	101.3	102.0	102.7	103.8	104.7	106.0	106.8	107.8	108.3
	二、90-144㎡	100.5	100.6	101.0	101.2	102.0	102.1	103.2	103.7	104.3	105.5	106.0	106.5
	三、144㎡以上	100.2	100.5	100.5	100.9	101.6	101.6	101.6	101.9	102.8	103.3	103.6	104.5
	二手住宅价格指数	**99.1**	**99.2**	**100.0**	**100.2**	**100.4**	**100.5**	**100.7**	**101.0**	**101.2**	**101.6**	**102.1**	**102.5**
	一、90㎡及以下	98.9	98.9	99.8	100.0	100.0	100.1	100.3	100.7	100.9	101.4	101.8	102.2
	二、90-144㎡	99.3	99.5	100.4	100.5	100.9	101.1	101.2	101.4	101.7	102.0	102.6	103.0
	三、144㎡以上	99.3	99.3	100.1	100.2	100.2	100.3	100.5	100.8	101.0	101.4	101.8	102.2
同比价格指数	**新建住宅价格指数**	**99.6**	**100.4**	**100.6**	**101.4**	**102.3**	**102.6**	**103.4**	**103.4**	**104.1**	**104.9**	**105.8**	**106.2**
	新建商品住宅	99.6	100.4	100.6	101.4	102.3	102.6	103.4	103.5	104.1	105.0	105.8	106.2
	一、90㎡及以下	99.2	100.4	100.5	101.3	102.2	103.1	104.2	104.7	105.6	106.7	108.1	108.4
	二、90-144㎡	99.9	100.5	101.0	101.6	102.5	102.6	103.6	103.6	104.1	105.1	105.9	106.2
	三、144㎡以上	99.2	100.3	100.0	101.1	102.1	102.2	102.2	102.1	102.5	103.1	103.7	104.3
	二手住宅价格指数	**96.6**	**97.5**	**98.7**	**99.4**	**100.4**	**101.1**	**101.5**	**101.9**	**102.3**	**102.8**	**103.2**	**103.5**
	一、90㎡及以下	96.2	96.9	98.2	99.0	100.1	101.0	101.3	101.8	102.0	102.7	103.0	103.3
	二、90-144㎡	97.1	98.3	99.2	99.9	100.8	101.3	101.8	102.3	102.8	103.1	103.5	103.8
	三、144㎡以上	97.2	97.8	99.0	99.6	100.5	100.5	100.9	101.6	101.8	102.4	102.8	103.2
环比价格指数	**新建住宅价格指数**	**100.1**	**100.2**	**100.3**	**100.4**	**100.7**	**100.2**	**100.8**	**100.6**	**100.8**	**100.9**	**100.6**	**100.6**
	新建商品住宅	100.1	100.2	100.3	100.4	100.7	100.2	100.8	100.6	100.8	100.9	100.6	100.6
	一、90㎡及以下	100.1	100.5	100.1	100.8	100.6	100.7	101.1	100.9	101.3	100.7	101.0	100.4
	二、90-144㎡	100.2	100.1	100.4	100.2	100.7	100.1	101.0	100.5	100.5	101.1	100.5	100.5
	三、144㎡以上	99.9	100.3	100.1	100.4	100.6	100.0	100.0	100.3	100.9	100.5	100.3	100.9
	二手住宅价格指数	**100.1**	**100.1**	**100.8**	**100.2**	**100.2**	**100.1**	**100.2**	**100.3**	**100.3**	**100.4**	**100.5**	**100.4**
	一、90㎡及以下	100.0	100.0	100.8	100.2	100.1	100.1	100.2	100.3	100.2	100.5	100.4	100.3
	二、90-144㎡	100.0	100.3	100.9	100.1	100.4	100.2	100.1	100.2	100.3	100.3	100.6	100.4
	三、144㎡以上	100.2	100.1	100.8	100.1	100.1	100.1	100.2	100.3	100.2	100.3	100.4	100.5

4-4-27 2016年重庆市住宅销售价格指数
Chongqing Housing Price Indices for 2016

项 目 Item		1月	2月	3月	4月	5月	6月	7月	8月	9月	10月	11月	12月
定基价格指数	**新建住宅价格指数**	**101.2**	**101.6**	**102.1**	**102.6**	**103.0**	**103.0**	**103.1**	**103.4**	**104.5**	**105.1**	**106.4**	**107.5**
	新建商品住宅	101.2	101.6	102.1	102.6	103.1	103.0	103.2	103.4	104.5	105.1	106.4	107.6
	一、90㎡及以下	100.5	101.0	101.4	102.0	102.5	102.5	102.6	102.9	103.9	104.6	106.0	107.0
	二、90-144㎡	101.3	101.5	102.1	102.6	103.0	103.0	103.1	103.2	104.4	105.2	106.5	107.9
	三、144㎡以上	102.0	102.7	103.3	103.5	104.0	103.9	104.0	104.6	105.6	105.9	107.0	108.0
	二手住宅价格指数	**102.5**	**102.5**	**102.7**	**103.2**	**103.5**	**103.6**	**104.0**	**104.2**	**104.7**	**104.9**	**105.3**	**106.1**
	一、90㎡及以下	102.4	102.3	102.5	102.9	103.5	103.6	104.0	104.0	104.7	104.9	105.1	106.3
	二、90-144㎡	103.1	103.2	103.4	104.0	104.2	104.2	104.7	105.3	106.1	106.1	106.8	107.0
	三、144㎡以上	101.5	101.6	101.6	101.8	102.0	102.0	101.9	102.1	101.4	101.7	102.2	103.0
同比价格指数	**新建住宅价格指数**	**100.3**	**101.3**	**102.2**	**102.9**	**103.5**	**103.3**	**103.2**	**103.4**	**104.4**	**105.1**	**106.5**	**107.2**
	新建商品住宅	100.3	101.4	102.3	102.9	103.5	103.4	103.3	103.4	104.5	105.1	106.5	107.2
	一、90㎡及以下	99.4	100.4	101.2	102.0	102.6	102.8	102.9	103.1	104.0	104.8	106.5	107.3
	二、90-144㎡	100.7	101.5	102.3	102.9	103.4	103.2	103.1	103.2	104.4	105.1	106.6	107.4
	三、144㎡以上	101.0	102.7	103.9	104.6	105.0	104.7	104.2	104.6	105.2	105.6	106.4	106.7
	二手住宅价格指数	**103.0**	**103.3**	**103.5**	**103.8**	**104.0**	**103.7**	**103.6**	**103.6**	**104.0**	**104.4**	**104.8**	**105.5**
	一、90㎡及以下	102.6	102.9	103.3	103.5	104.0	103.9	103.9	103.6	104.0	104.2	104.4	105.8
	二、90-144㎡	103.9	104.1	104.3	104.9	104.6	104.2	104.3	104.6	105.3	105.7	106.3	106.0
	三、144㎡以上	101.7	102.4	102.3	102.2	102.2	101.7	101.3	101.2	100.6	101.8	102.3	103.0
环比价格指数	**新建住宅价格指数**	**100.8**	**100.4**	**100.6**	**100.4**	**100.5**	**100.0**	**100.1**	**100.3**	**101.0**	**100.6**	**101.2**	**101.1**
	新建商品住宅	100.8	100.4	100.6	100.4	100.5	100.0	100.1	100.3	101.0	100.6	101.2	101.1
	一、90㎡及以下	100.7	100.4	100.5	100.5	100.5	99.9	100.2	100.3	101.0	100.6	101.3	101.0
	二、90-144㎡	100.9	100.2	100.6	100.5	100.4	100.0	100.2	100.1	101.2	100.7	101.3	101.3
	三、144㎡以上	100.8	100.7	100.6	100.2	100.5	99.9	100.1	100.6	100.9	100.3	101.0	100.9
	二手住宅价格指数	**101.9**	**100.0**	**100.2**	**100.4**	**100.4**	**100.1**	**100.3**	**100.2**	**100.5**	**100.2**	**100.4**	**100.7**
	一、90㎡及以下	101.9	99.9	100.3	100.4	100.5	100.1	100.4	100.0	100.7	100.2	100.2	101.1
	二、90-144㎡	102.1	100.1	100.2	100.5	100.2	100.1	100.4	100.6	100.7	100.1	100.6	100.2
	三、144㎡以上	101.5	100.1	100.1	100.1	100.2	100.0	99.9	100.1	99.4	100.3	100.5	100.8

4-4-28 2016年成都市住宅销售价格指数
Chengdu Housing Price Indices for 2016

项 目 Item		1月	2月	3月	4月	5月	6月	7月	8月	9月	10月	11月	12月
定基价格指数	**新建住宅价格指数**	**101.2**	**101.3**	**101.5**	**102.1**	**102.4**	**103.1**	**104.0**	**104.9**	**107.5**	**106.7**	**106.8**	**106.6**
	新建商品住宅	101.3	101.3	101.6	102.1	102.5	103.1	104.1	105.1	107.8	106.9	107.0	106.8
	一、90m^2及以下	100.6	100.7	100.9	101.6	102.0	102.4	102.9	103.8	106.3	105.5	105.4	105.0
	二、90-144m^2	101.4	101.5	102.0	102.5	102.9	103.8	105.6	106.7	109.7	108.9	109.1	108.7
	三、144m^2以上	102.3	102.3	102.3	102.7	102.9	103.7	104.3	105.0	107.7	106.7	106.8	107.5
	二手住宅价格指数	**100.8**	**101.5**	**101.8**	**102.0**	**102.4**	**102.7**	**103.0**	**103.4**	**105.1**	**105.7**	**105.7**	**105.9**
	一、90m^2及以下	101.3	101.9	102.1	102.3	102.8	103.0	103.3	103.6	105.5	106.3	106.2	106.4
	二、90-144m^2	100.6	101.4	101.9	102.0	102.4	102.8	103.2	103.4	105.3	105.7	105.8	105.9
	三、144m^2以上	100.2	100.8	100.8	101.2	101.3	101.8	101.8	102.5	103.7	104.1	104.3	104.4
同比价格指数	**新建住宅价格指数**	**101.1**	**101.5**	**102.3**	**103.0**	**103.2**	**103.6**	**104.0**	**104.7**	**107.2**	**106.3**	**105.9**	**105.5**
	新建商品住宅	101.1	101.5	102.4	103.0	103.3	103.7	104.2	104.8	107.4	106.5	106.1	105.6
	一、90m^2及以下	100.1	100.6	101.4	102.4	102.7	103.0	103.0	103.7	106.1	105.3	104.7	104.1
	二、90-144m^2	101.7	102.0	103.2	103.7	103.7	104.1	105.1	106.1	109.3	108.3	107.9	107.4
	三、144m^2以上	102.2	102.6	103.0	103.4	103.6	104.4	104.9	105.1	107.0	106.1	105.8	105.9
	二手住宅价格指数	**100.5**	**101.5**	**101.9**	**102.3**	**103.2**	**103.2**	**103.1**	**103.3**	**104.8**	**105.4**	**105.2**	**105.7**
	一、90m^2及以下	101.1	102.0	102.4	102.5	103.5	103.3	103.4	103.6	105.6	106.1	105.5	105.8
	二、90-144m^2	100.1	101.2	101.7	102.4	103.4	103.6	103.5	103.4	104.5	105.2	105.5	106.1
	三、144m^2以上	99.5	100.8	101.2	101.8	101.8	102.2	101.7	102.2	103.4	104.1	103.9	104.4
环比价格指数	**新建住宅价格指数**	**100.2**	**100.0**	**100.2**	**100.6**	**100.3**	**100.6**	**100.9**	**100.9**	**102.5**	**99.2**	**100.0**	**99.8**
	新建商品住宅	100.2	100.0	100.2	100.6	100.3	100.6	101.0	100.9	102.5	99.2	100.0	99.8
	一、90m^2及以下	99.8	100.0	100.2	100.7	100.3	100.4	100.5	100.9	102.4	99.3	99.9	99.6
	二、90-144m^2	100.3	100.1	100.4	100.5	100.4	100.8	101.8	101.1	102.8	99.2	100.2	99.6
	三、144m^2以上	100.8	100.0	100.0	100.4	100.2	100.8	100.5	100.7	102.5	99.1	100.1	100.7
	二手住宅价格指数	**100.6**	**100.7**	**100.3**	**100.2**	**100.3**	**100.4**	**100.3**	**100.3**	**101.7**	**100.5**	**100.0**	**100.2**
	一、90m^2及以下	100.7	100.6	100.3	100.2	100.4	100.2	100.3	100.3	101.8	100.7	99.9	100.2
	二、90-144m^2	100.7	100.8	100.5	100.2	100.3	100.5	100.4	100.2	101.9	100.3	100.1	100.1
	三、144m^2以上	100.2	100.7	100.0	100.4	100.1	100.4	100.1	100.7	101.2	100.3	100.2	100.2

4-4-29 2016年贵阳市住宅销售价格指数
Guiyang Housing Price Indices for 2016

项 目 Item		1月	2月	3月	4月	5月	6月	7月	8月	9月	10月	11月	12月
定基价格指数	**新建住宅价格指数**	**100.0**	**100.3**	**100.6**	**101.3**	**101.8**	**101.8**	**102.3**	**102.7**	**103.4**	**104.0**	**104.3**	**104.7**
	新建商品住宅	100.0	100.3	100.7	101.4	101.8	101.8	102.3	102.7	103.5	104.1	104.4	104.8
	一、90m²及以下	100.2	100.4	100.9	101.8	102.3	102.2	103.0	103.1	103.8	104.2	104.2	104.7
	二、90-144m²	99.7	100.0	100.5	101.4	101.8	101.9	102.2	102.8	103.6	104.4	104.8	105.3
	三、144m²以上	100.4	101.0	100.6	100.6	101.2	101.2	101.8	102.0	102.5	102.8	103.1	103.3
	二手住宅价格指数	**100.6**	**100.8**	**101.1**	**101.2**	**101.2**	**101.3**	**101.4**	**101.7**	**101.9**	**102.3**	**102.4**	**102.4**
	一、90m²及以下	100.5	100.7	100.8	100.9	101.0	101.0	101.1	101.4	101.8	102.0	102.2	102.1
	二、90-144m²	100.5	100.8	101.1	101.2	101.3	101.4	101.6	101.7	101.8	102.2	102.3	102.4
	三、144m²以上	100.9	100.9	101.1	101.4	101.2	101.3	101.5	102.0	102.4	102.9	102.9	103.0
同比价格指数	**新建住宅价格指数**	**99.6**	**100.3**	**100.5**	**101.5**	**102.2**	**102.0**	**102.3**	**102.4**	**103.0**	**103.9**	**104.5**	**105.1**
	新建商品住宅	99.6	100.3	100.5	101.5	102.2	102.0	102.4	102.4	103.0	104.0	104.5	105.2
	一、90m²及以下	99.5	99.9	100.2	101.4	102.5	102.3	103.0	102.9	103.9	104.5	105.3	105.5
	二、90-144m²	99.5	100.1	100.6	101.6	102.2	102.1	102.3	102.6	103.0	104.3	104.8	105.7
	三、144m²以上	100.0	101.5	100.9	101.2	102.0	101.5	101.8	101.1	102.0	102.3	102.8	103.1
	二手住宅价格指数	**100.7**	**101.0**	**101.3**	**101.4**	**101.5**	**101.5**	**101.5**	**101.6**	**101.8**	**102.0**	**101.9**	**101.9**
	一、90m²及以下	100.7	101.1	101.1	101.1	101.2	101.2	101.1	101.3	101.7	101.8	101.7	101.5
	二、90-144m²	100.7	101.0	101.4	101.4	101.5	101.5	101.6	101.6	101.7	101.9	101.9	102.0
	三、144m²以上	100.7	101.2	101.5	101.6	101.7	101.6	101.6	101.9	102.3	102.6	102.3	102.3
环比价格指数	**新建住宅价格指数**	**100.3**	**100.3**	**100.4**	**100.7**	**100.5**	**100.0**	**100.5**	**100.4**	**100.7**	**100.6**	**100.3**	**100.4**
	新建商品住宅	100.3	100.3	100.4	100.7	100.5	100.0	100.5	100.4	100.7	100.6	100.3	100.4
	一、90m²及以下	101.0	100.2	100.5	100.8	100.5	99.9	100.8	100.1	100.7	100.3	100.0	100.5
	二、90-144m²	100.0	100.3	100.6	100.9	100.4	100.0	100.4	100.5	100.8	100.8	100.4	100.5
	三、144m²以上	100.2	100.6	99.6	100.0	100.7	100.0	100.6	100.2	100.5	100.3	100.3	100.1
	二手住宅价格指数	**100.1**	**100.2**	**100.3**	**100.1**	**100.0**	**100.1**	**100.2**	**100.2**	**100.3**	**100.4**	**100.1**	**100.0**
	一、90m²及以下	100.0	100.1	100.2	100.1	100.0	100.0	100.1	100.3	100.3	100.3	100.1	99.9
	二、90-144m²	100.1	100.3	100.4	100.1	100.1	100.1	100.2	100.1	100.2	100.4	100.1	100.1
	三、144m²以上	100.2	100.1	100.2	100.2	99.9	100.1	100.2	100.5	100.4	100.5	100.0	100.1

4-4-30 2016年昆明市住宅销售价格指数
Kunming Housing Price Indices for 2016

	项 目 Item	1月	2月	3月	4月	5月	6月	7月	8月	9月	10月	11月	12月
定基价格指数	**新建住宅价格指数**	**99.3**	**99.2**	**99.1**	**99.9**	**100.4**	**100.4**	**100.6**	**100.8**	**101.1**	**102.2**	**102.7**	**103.1**
	新建商品住宅	99.3	99.2	99.1	99.9	100.4	100.4	100.6	100.8	101.1	102.2	102.8	103.1
	一、90m²及以下	100.0	100.1	99.9	100.9	101.5	101.3	101.8	101.8	102.2	103.0	103.9	104.1
	二、90-144m²	99.0	98.9	98.8	99.9	100.2	100.4	100.6	100.8	101.2	102.5	103.0	103.3
	三、144m²以上	99.2	99.0	98.8	99.1	99.6	99.5	99.6	99.8	100.0	101.0	101.2	101.9
	二手住宅价格指数	**100.7**	**100.8**	**101.1**	**101.6**	**102.2**	**101.9**	**101.9**	**101.7**	**101.8**	**102.2**	**102.2**	**102.0**
	一、90m²及以下	101.1	101.3	101.7	102.2	102.9	102.5	102.4	102.2	102.0	102.7	102.7	102.8
	二、90-144m²	100.8	100.8	100.9	101.4	102.1	101.9	102.0	101.8	101.9	102.4	102.2	102.1
	三、144m²以上	100.1	100.4	100.5	101.0	101.3	100.8	101.0	100.9	101.4	101.0	101.2	100.5
同比价格指数	**新建住宅价格指数**	**97.7**	**98.2**	**98.2**	**99.3**	**100.0**	**100.1**	**100.8**	**101.5**	**102.1**	**103.2**	**103.9**	**104.2**
	新建商品住宅	97.7	98.1	98.2	99.3	100.0	100.1	100.8	101.5	102.1	103.2	103.9	104.2
	一、90m²及以下	99.2	99.2	99.5	100.8	101.7	101.3	101.7	102.2	102.6	103.4	104.4	104.5
	二、90-144m²	97.0	97.6	97.6	99.1	99.6	100.0	101.0	101.7	102.4	103.7	104.4	104.7
	三、144m²以上	97.7	98.1	97.9	98.3	99.1	99.0	99.6	100.3	101.2	102.1	102.5	103.0
	二手住宅价格指数	**99.9**	**101.0**	**101.3**	**102.3**	**102.7**	**101.3**	**101.9**	**102.0**	**102.0**	**102.3**	**101.8**	**101.4**
	一、90m²及以下	99.7	101.1	101.8	103.2	103.8	102.4	102.9	103.0	102.4	102.5	101.9	101.9
	二、90-144m²	100.2	101.1	101.3	101.8	102.4	101.0	102.0	102.2	101.9	102.6	102.1	101.6
	三、144m²以上	99.7	100.6	100.7	101.9	101.5	100.3	100.3	100.4	101.6	101.6	101.3	100.4
环比价格指数	**新建住宅价格指数**	**100.3**	**100.0**	**99.9**	**100.8**	**100.4**	**100.0**	**100.3**	**100.1**	**100.4**	**101.1**	**100.5**	**100.3**
	新建商品住宅	100.3	100.0	99.9	100.8	100.4	100.0	100.3	100.1	100.4	101.1	100.5	100.3
	一、90m²及以下	100.5	100.0	99.9	100.9	100.6	99.8	100.5	100.1	100.3	100.9	100.8	100.2
	二、90-144m²	100.3	100.0	99.9	101.1	100.3	100.1	100.2	100.1	100.5	101.2	100.5	100.3
	三、144m²以上	100.2	99.8	99.7	100.3	100.6	99.9	100.1	100.2	100.3	100.9	100.3	100.6
	二手住宅价格指数	**100.2**	**100.1**	**100.2**	**100.5**	**100.6**	**99.7**	**100.0**	**99.8**	**100.1**	**100.3**	**100.0**	**99.8**
	一、90m²及以下	100.2	100.2	100.4	100.5	100.7	99.6	99.8	99.8	99.8	100.6	100.1	100.1
	二、90-144m²	100.3	100.0	100.2	100.4	100.7	99.8	100.1	99.8	100.1	100.5	99.8	99.9
	三、144m²以上	100.0	100.2	100.1	100.5	100.3	99.5	100.2	99.9	100.5	99.6	100.2	99.3

4-4-31 2016年西安市住宅销售价格指数
Xi'an Housing Price Indices for 2016

项目 Item		1月	2月	3月	4月	5月	6月	7月	8月	9月	10月	11月	12月
定基价格指数	**新建住宅价格指数**	**100.6**	**100.5**	**100.7**	**101.1**	**101.6**	**102.2**	**102.5**	**103.1**	**103.4**	**105.1**	**106.8**	**107.4**
	新建商品住宅	100.7	100.6	100.7	101.2	101.8	102.3	102.7	103.4	103.7	105.5	107.4	108.1
	一、90m²及以下	101.2	101.2	101.5	102.3	103.0	103.9	104.1	104.4	104.6	106.5	108.1	109.0
	二、90-144m²	100.4	100.3	100.2	100.6	101.3	101.6	102.1	102.6	103.2	105.2	107.1	107.7
	三、144m²以上	100.7	100.5	100.9	101.1	101.5	102.0	102.4	103.7	103.8	105.3	107.3	108.0
	二手住宅价格指数	**97.7**	**97.5**	**97.2**	**97.0**	**96.7**	**96.8**	**96.7**	**97.0**	**96.7**	**96.8**	**96.5**	**96.6**
	一、90m²及以下	98.4	97.9	97.7	97.5	97.3	96.3	96.5	96.9	96.6	96.9	96.6	96.6
	二、90-144m²	97.2	97.2	96.9	96.8	96.3	97.2	97.0	97.3	96.9	96.9	96.9	97.2
	三、144m²以上	98.0	97.2	97.2	96.8	96.4	96.4	96.4	96.4	96.3	96.5	95.5	95.4
同比价格指数	**新建住宅价格指数**	**100.2**	**100.6**	**100.9**	**101.6**	**102.2**	**102.7**	**102.9**	**103.2**	**103.3**	**104.6**	**106.1**	**106.6**
	新建商品住宅	100.2	100.6	100.9	101.8	102.4	103.0	103.1	103.5	103.6	105.0	106.6	107.2
	一、90m²及以下	100.8	101.4	101.8	102.7	103.5	104.5	104.6	104.6	104.6	106.3	107.2	107.8
	二、90-144m²	100.1	100.3	100.4	101.3	102.0	102.3	102.4	102.6	103.0	104.4	106.4	106.9
	三、144m²以上	100.0	100.5	101.1	101.7	102.2	102.8	102.9	104.0	103.8	104.7	106.4	107.0
	二手住宅价格指数	**95.5**	**96.0**	**96.3**	**96.5**	**96.4**	**96.7**	**97.0**	**97.4**	**97.4**	**97.8**	**97.9**	**98.5**
	一、90m²及以下	97.2	97.3	97.4	97.6	97.3	96.2	96.3	96.7	96.8	97.2	97.3	97.7
	二、90-144m²	94.0	94.9	95.5	95.9	95.9	97.3	97.7	98.1	98.0	98.3	98.8	99.6
	三、144m²以上	96.0	96.1	96.2	96.1	95.8	96.3	96.6	96.8	97.0	97.7	96.8	97.1
环比价格指数	**新建住宅价格指数**	**99.8**	**99.9**	**100.1**	**100.4**	**100.6**	**100.5**	**100.3**	**100.6**	**100.3**	**101.6**	**101.6**	**100.6**
	新建商品住宅	99.8	99.9	100.1	100.4	100.6	100.5	100.4	100.6	100.3	101.8	101.7	100.7
	一、90m²及以下	100.1	100.0	100.3	100.8	100.7	100.9	100.2	100.3	100.2	101.8	101.5	100.9
	二、90-144m²	99.7	99.9	100.0	100.3	100.7	100.3	100.5	100.5	100.5	101.9	101.8	100.6
	三、144m²以上	99.8	99.9	100.3	100.3	100.3	100.6	100.3	101.3	100.2	101.4	101.9	100.6
	二手住宅价格指数	**99.6**	**99.7**	**99.8**	**99.8**	**99.6**	**100.1**	**99.9**	**100.3**	**99.7**	**100.2**	**99.7**	**100.1**
	一、90m²及以下	99.5	99.5	99.8	99.8	99.8	99.0	100.1	100.4	99.7	100.3	99.7	100.0
	二、90-144m²	99.5	100.1	99.6	99.9	99.5	100.9	99.8	100.3	99.6	100.0	100.1	100.3
	三、144m²以上	99.7	99.3	99.9	99.6	99.6	100.0	100.0	100.0	99.9	100.3	98.9	99.9

4-4-32 2016年兰州市住宅销售价格指数
Lanzhou Housing Price Indices for 2016

项 目 Item		1月	2月	3月	4月	5月	6月	7月	8月	9月	10月	11月	12月
定基价格指数	**新建住宅价格指数**	**100.3**	**100.4**	**100.8**	**101.1**	**101.6**	**101.9**	**102.2**	**103.1**	**103.6**	**103.5**	**103.4**	**103.3**
	新建商品住宅	100.4	100.5	100.8	101.2	101.7	101.9	102.3	103.2	103.7	103.6	103.5	103.4
	一、90m²及以下	100.8	101.1	101.5	101.5	101.4	101.8	102.4	103.5	104.0	104.1	104.2	104.0
	二、90-144m²	100.0	100.1	100.5	101.0	101.7	101.9	102.1	102.9	103.5	103.4	103.2	102.9
	三、144m²以上	100.3	100.2	100.5	101.0	101.9	102.2	102.6	103.3	103.8	103.5	103.2	103.5
	二手住宅价格指数	**100.0**	**100.2**	**100.0**	**100.3**	**100.3**	**100.4**	**100.6**	**100.9**	**101.0**	**100.9**	**101.1**	**101.0**
	一、90m²及以下	100.1	100.3	99.9	100.2	100.6	100.7	100.9	101.7	101.9	101.7	101.7	101.7
	二、90-144m²	100.1	100.4	100.4	100.7	100.6	100.5	100.7	100.5	100.7	100.5	100.9	100.8
	三、144m²以上	99.6	99.7	99.7	99.8	99.5	99.7	99.9	100.0	100.1	100.2	100.5	100.2
同比价格指数	**新建住宅价格指数**	**99.2**	**99.7**	**100.2**	**101.1**	**101.8**	**102.4**	**102.9**	**103.8**	**103.8**	**103.7**	**103.6**	**103.1**
	新建商品住宅	99.2	99.7	100.2	101.1	101.9	102.5	103.0	103.9	103.9	103.8	103.7	103.2
	一、90m²及以下	100.1	100.7	101.1	101.6	101.8	102.3	102.9	104.0	104.3	104.0	104.3	103.3
	二、90-144m²	98.7	99.1	99.5	100.8	101.8	102.7	103.1	104.0	103.7	103.7	103.4	103.0
	三、144m²以上	99.1	99.7	100.5	101.1	102.2	102.5	103.0	103.5	103.9	103.5	103.5	103.6
	二手住宅价格指数	**99.6**	**99.8**	**99.8**	**100.2**	**100.2**	**100.4**	**100.7**	**101.2**	**101.2**	**101.1**	**101.3**	**101.3**
	一、90m²及以下	99.5	99.7	99.6	100.0	100.4	100.7	101.1	102.2	102.2	102.0	102.1	101.8
	二、90-144m²	99.7	100.1	100.1	100.8	100.6	100.8	100.9	100.8	100.7	100.8	100.7	100.9
	三、144m²以上	99.4	99.5	99.5	99.5	99.3	99.4	99.8	99.8	100.4	100.3	100.8	100.9
环比价格指数	**新建住宅价格指数**	**100.2**	**100.1**	**100.3**	**100.4**	**100.5**	**100.3**	**100.3**	**100.9**	**100.4**	**100.0**	**99.9**	**99.8**
	新建商品住宅	100.2	100.1	100.4	100.4	100.5	100.3	100.3	100.9	100.5	100.0	99.9	99.8
	一、90m²及以下	100.2	100.2	100.4	100.0	99.8	100.5	100.5	101.1	100.4	100.1	100.1	99.8
	二、90-144m²	100.2	100.1	100.3	100.5	100.7	100.2	100.2	100.8	100.5	99.9	99.8	99.7
	三、144m²以上	100.4	99.9	100.3	100.5	100.9	100.3	100.3	100.8	100.4	99.7	99.7	100.3
	二手住宅价格指数	**100.2**	**100.2**	**99.9**	**100.3**	**100.1**	**100.1**	**100.2**	**100.3**	**100.2**	**99.9**	**100.2**	**99.9**
	一、90m²及以下	100.1	100.2	99.6	100.3	100.4	100.1	100.1	100.8	100.2	99.8	100.0	100.0
	二、90-144m²	100.2	100.3	100.0	100.3	99.9	99.9	100.2	99.8	100.2	99.8	100.3	99.9
	三、144m²以上	100.3	100.1	100.0	100.1	99.7	100.2	100.2	100.1	100.1	100.1	100.2	99.7

4-4-33 2016年西宁市住宅销售价格指数
Xining Housing Price Indices for 2016

项 目 Item		1月	2月	3月	4月	5月	6月	7月	8月	9月	10月	11月	12月
定基价格指数	**新建住宅价格指数**	**98.8**	**98.6**	**98.8**	**99.3**	**99.6**	**99.6**	**99.7**	**100.1**	**100.4**	**100.8**	**100.9**	**100.9**
	新建商品住宅	98.7	98.5	98.7	99.3	99.5	99.6	99.6	100.1	100.5	100.9	101.0	101.0
	一、90㎡及以下	99.5	99.3	99.6	99.7	99.9	100.2	100.0	100.6	101.1	101.7	101.8	101.5
	二、90-144㎡	98.4	98.3	98.4	98.9	99.1	99.1	99.1	99.6	100.0	100.5	100.6	100.8
	三、144㎡以上	99.2	99.0	99.2	100.1	100.7	100.8	101.0	101.5	101.5	101.8	101.6	101.3
	二手住宅价格指数	**100.4**	**100.1**	**99.5**	**99.6**	**99.4**	**99.3**	**99.1**	**99.2**	**99.3**	**99.5**	**99.3**	**99.2**
	一、90㎡及以下	100.4	100.0	99.6	99.7	99.3	99.2	99.2	99.2	99.4	99.4	99.4	99.4
	二、90-144㎡	100.4	100.1	99.5	99.6	99.4	99.3	99.1	99.2	99.5	99.5	99.3	99.1
	三、144㎡以上	100.5	99.9	99.3	99.4	99.4	99.5	99.1	98.9	99.0	99.4	99.2	99.2
同比价格指数	**新建住宅价格指数**	**97.1**	**97.4**	**97.7**	**98.4**	**99.0**	**99.6**	**100.2**	**100.9**	**101.2**	**101.9**	**101.9**	**102.4**
	新建商品住宅	96.9	97.2	97.6	98.3	98.9	99.5	100.2	101.0	101.3	102.1	102.1	102.5
	一、90㎡及以下	97.8	98.0	98.2	98.5	99.2	99.8	100.7	101.6	101.8	102.7	103.2	103.4
	二、90-144㎡	96.7	96.8	97.2	97.9	98.5	98.9	99.7	100.4	101.0	101.9	101.8	102.6
	三、144㎡以上	97.4	98.2	98.4	99.3	100.4	101.5	101.7	102.4	102.2	102.1	102.4	101.9
	二手住宅价格指数	**100.7**	**100.4**	**99.7**	**99.8**	**99.7**	**99.5**	**99.1**	**99.0**	**99.1**	**99.1**	**98.9**	**98.9**
	一、90㎡及以下	100.7	100.3	99.9	100.0	99.6	99.4	99.1	99.0	99.0	98.9	99.0	99.0
	二、90-144㎡	100.7	100.6	99.8	99.8	99.7	99.5	99.1	99.0	99.2	99.1	98.8	98.8
	三、144㎡以上	100.4	99.8	99.1	99.4	99.8	99.7	99.2	98.9	99.0	99.4	99.1	99.0
环比价格指数	**新建住宅价格指数**	**100.2**	**99.9**	**100.2**	**100.5**	**100.3**	**100.1**	**100.0**	**100.5**	**100.3**	**100.4**	**100.1**	**100.0**
	新建商品住宅	100.2	99.9	100.2	100.6	100.3	100.1	100.0	100.5	100.3	100.4	100.1	100.0
	一、90㎡及以下	101.4	99.8	100.3	100.1	100.2	100.3	99.8	100.7	100.5	100.6	100.1	99.8
	二、90-144㎡	100.1	99.9	100.1	100.5	100.2	100.0	100.0	100.5	100.4	100.5	100.1	100.2
	三、144㎡以上	99.9	99.8	100.2	100.9	100.6	100.1	100.2	100.5	100.0	100.3	99.8	99.7
	二手住宅价格指数	**100.1**	**99.6**	**99.5**	**100.0**	**99.8**	**99.9**	**99.8**	**100.0**	**100.2**	**100.1**	**99.8**	**99.9**
	一、90㎡及以下	100.1	99.5	99.6	100.0	99.6	100.0	99.9	100.0	100.2	100.0	100.0	100.0
	二、90-144㎡	100.0	99.7	99.4	100.0	99.8	99.9	99.8	100.1	100.3	100.1	99.7	99.9
	三、144㎡以上	100.3	99.5	99.4	100.1	100.1	100.0	99.7	99.8	100.1	100.4	99.8	100.1

4-4-34 2016年银川市住宅销售价格指数
Yinchuan Housing Price Indices for 2016

项 目 Item		1月	2月	3月	4月	5月	6月	7月	8月	9月	10月	11月	12月
定基价格指数	**新建住宅价格指数**	**98.5**	**98.5**	**98.7**	**99.3**	**100.0**	**99.8**	**100.0**	**100.1**	**100.4**	**100.4**	**100.6**	**100.9**
	新建商品住宅	98.5	98.5	98.7	99.3	100.0	99.8	100.0	100.1	100.4	100.4	100.6	100.9
	一、90㎡及以下	98.0	97.7	97.9	98.6	99.7	100.0	100.8	100.8	101.1	101.3	101.5	101.9
	二、90-144㎡	98.8	98.8	99.0	99.8	100.5	100.3	100.3	100.3	100.6	100.6	100.9	101.1
	三、144㎡以上	98.1	98.0	98.1	98.5	98.7	98.6	98.7	99.1	99.3	99.5	99.5	99.8
	二手住宅价格指数	**99.2**	**99.2**	**99.4**	**99.5**	**99.6**	**99.5**	**99.5**	**99.5**	**99.6**	**99.6**	**99.5**	**99.5**
	一、90㎡及以下	99.1	99.0	99.3	99.3	99.5	99.7	99.6	99.7	99.7	99.6	99.6	99.7
	二、90-144㎡	99.4	99.3	99.6	99.6	99.6	99.4	99.4	99.5	99.7	99.7	99.6	99.5
	三、144㎡以上	99.4	99.3	99.5	99.6	99.6	99.2	99.3	99.0	98.9	98.8	98.4	98.4
同比价格指数	**新建住宅价格指数**	**96.4**	**96.9**	**97.7**	**98.8**	**99.9**	**100.0**	**100.7**	**101.0**	**101.1**	**101.3**	**101.5**	**102.1**
	新建商品住宅	96.4	96.9	97.7	98.8	99.9	100.0	100.7	101.0	101.1	101.4	101.5	102.1
	一、90㎡及以下	96.0	96.1	96.6	98.2	99.6	100.0	101.5	101.5	101.6	102.7	102.5	103.4
	二、90-144㎡	96.7	97.2	98.2	99.4	100.5	100.5	101.0	101.2	101.4	101.4	101.7	102.1
	三、144㎡以上	95.9	96.6	97.1	97.8	98.3	98.6	99.4	100.1	100.3	100.3	100.3	101.4
	二手住宅价格指数	**98.2**	**98.5**	**99.1**	**99.3**	**99.5**	**99.5**	**99.7**	**99.8**	**99.9**	**99.9**	**100.1**	**100.2**
	一、90㎡及以下	98.0	98.2	98.8	99.1	99.4	99.6	99.8	99.9	100.1	100.1	100.4	100.5
	二、90-144㎡	98.4	98.7	99.2	99.4	99.6	99.4	99.7	99.8	99.9	99.9	100.1	100.1
	三、144㎡以上	98.5	98.8	99.3	99.6	99.7	99.2	99.4	99.2	99.0	99.0	98.9	99.0
环比价格指数	**新建住宅价格指数**	**99.7**	**100.0**	**100.2**	**100.7**	**100.6**	**99.9**	**100.2**	**100.1**	**100.2**	**100.1**	**100.2**	**100.3**
	新建商品住宅	99.7	100.0	100.2	100.7	100.6	99.9	100.2	100.1	100.2	100.1	100.2	100.3
	一、90㎡及以下	99.5	99.7	100.2	100.7	101.1	100.3	100.8	100.0	100.2	100.2	100.3	100.3
	二、90-144㎡	99.7	100.0	100.2	100.8	100.7	99.8	100.0	100.0	100.3	100.0	100.3	100.2
	三、144㎡以上	99.6	99.9	100.1	100.4	100.2	99.8	100.1	100.4	100.2	100.2	100.0	100.4
	二手住宅价格指数	**99.9**	**99.9**	**100.3**	**100.0**	**100.1**	**99.9**	**100.0**	**100.1**	**100.1**	**100.0**	**99.9**	**100.0**
	一、90㎡及以下	100.0	99.9	100.3	100.1	100.2	100.2	99.9	100.1	100.0	99.9	100.0	100.0
	二、90-144㎡	99.9	100.0	100.2	100.0	100.1	99.7	100.0	100.1	100.2	100.0	99.9	99.9
	三、144㎡以上	100.0	99.9	100.2	100.0	100.1	99.5	100.1	99.8	99.9	99.9	99.5	100.0

4-4-35 2016年乌鲁木齐市住宅销售价格指数
Urumqi Housing Price Indices for 2016

项 目 Item		1月	2月	3月	4月	5月	6月	7月	8月	9月	10月	11月	12月
定基价格指数	**新建住宅价格指数**	**99.0**	**98.4**	**98.4**	**98.6**	**99.1**	**98.9**	**98.8**	**98.5**	**98.3**	**98.0**	**98.0**	**98.3**
	新建商品住宅	98.9	98.3	98.3	98.5	99.0	98.7	98.7	98.4	98.2	97.8	97.9	98.2
	一、90㎡及以下	98.1	97.9	97.7	98.2	98.4	98.4	98.0	97.7	97.6	97.1	97.5	97.5
	二、90-144㎡	99.5	99.0	99.2	99.4	99.9	99.8	99.9	99.6	99.3	99.0	99.1	99.5
	三、144㎡以上	97.6	96.5	96.3	96.3	96.8	96.0	96.0	95.6	95.5	95.0	94.9	95.2
	二手住宅价格指数	**101.2**	**100.1**	**99.5**	**99.3**	**99.2**	**98.9**	**98.7**	**98.7**	**98.6**	**98.4**	**98.0**	**97.9**
	一、90㎡及以下	100.8	99.7	98.9	98.4	98.3	98.1	97.8	97.9	97.9	97.5	97.2	96.9
	二、90-144㎡	101.7	100.6	100.0	100.0	99.8	99.6	99.3	99.2	99.0	99.1	98.5	98.5
	三、144㎡以上	101.0	99.9	99.7	100.0	100.3	100.1	100.1	100.2	100.2	99.7	99.5	99.2
同比价格指数	**新建住宅价格指数**	**98.0**	**97.7**	**98.1**	**98.5**	**99.1**	**99.0**	**99.0**	**98.9**	**98.7**	**98.5**	**98.3**	**98.7**
	新建商品住宅	97.8	97.5	97.9	98.3	99.0	98.9	98.9	98.8	98.5	98.4	98.1	98.6
	一、90㎡及以下	96.6	96.8	97.1	98.0	98.6	98.6	98.1	98.1	98.2	97.6	98.0	98.4
	二、90-144㎡	98.9	98.4	98.9	99.3	100.0	100.0	100.1	99.8	99.6	99.6	99.1	99.4
	三、144㎡以上	95.9	95.6	95.9	95.9	96.6	96.0	96.0	96.3	96.0	95.7	95.5	96.2
	二手住宅价格指数	**102.5**	**101.8**	**101.2**	**100.7**	**99.9**	**98.9**	**98.1**	**97.9**	**97.7**	**97.2**	**96.5**	**96.3**
	一、90㎡及以下	101.6	101.0	100.4	99.9	99.1	98.2	97.3	97.2	97.1	96.4	95.9	95.5
	二、90-144㎡	103.6	102.8	102.1	101.5	100.5	99.3	98.6	98.4	98.0	97.7	96.8	96.7
	三、144㎡以上	102.1	101.2	101.0	101.2	101.1	100.2	99.3	99.3	99.3	98.8	98.4	98.1
环比价格指数	**新建住宅价格指数**	**99.3**	**99.4**	**100.1**	**100.2**	**100.5**	**99.8**	**100.0**	**99.7**	**99.8**	**99.7**	**100.0**	**100.3**
	新建商品住宅	99.2	99.4	100.1	100.2	100.5	99.8	100.0	99.7	99.8	99.6	100.0	100.3
	一、90㎡及以下	99.1	99.8	99.8	100.5	100.3	99.9	99.6	99.7	99.9	99.5	100.4	100.0
	二、90-144㎡	99.5	99.4	100.2	100.2	100.6	99.9	100.0	99.7	99.7	99.7	100.0	100.4
	三、144㎡以上	98.6	98.9	99.8	100.0	100.5	99.2	100.0	99.6	99.8	99.5	99.9	100.3
	二手住宅价格指数	**99.5**	**98.9**	**99.3**	**99.8**	**99.9**	**99.8**	**99.8**	**100.0**	**99.9**	**99.8**	**99.6**	**99.9**
	一、90㎡及以下	99.2	98.9	99.2	99.5	99.9	99.7	99.8	100.1	100.0	99.6	99.6	99.8
	二、90-144㎡	99.8	99.0	99.4	100.0	99.8	99.8	99.7	99.9	99.8	100.1	99.4	100.0
	三、144㎡以上	99.8	98.9	99.8	100.2	100.3	99.8	100.0	100.1	100.0	99.5	99.8	99.7

4-4-36 2016年唐山市住宅销售价格指数
Tangshan Housing Price Indices for 2016

	项 目 Item	1月	2月	3月	4月	5月	6月	7月	8月	9月	10月	11月	12月
定基价格指数	**新建住宅价格指数**	**99.2**	**99.3**	**99.2**	**99.1**	**99.5**	**99.1**	**99.6**	**99.9**	**100.2**	**100.8**	**101.8**	**102.1**
	新建商品住宅	99.1	99.3	99.2	99.1	99.4	99.1	99.5	99.8	100.2	100.8	101.9	102.2
	一、90m²及以下	99.8	100.0	99.4	99.8	100.1	100.0	100.0	100.1	100.3	101.6	101.2	101.7
	二、90-144m²	98.8	99.1	99.3	99.2	99.3	98.9	99.6	99.9	100.7	100.9	102.3	102.5
	三、144m²以上	99.0	98.8	98.4	97.8	98.7	98.3	98.8	99.2	98.8	99.4	101.5	102.0
	二手住宅价格指数	**99.7**	**99.6**	**99.7**	**99.7**	**99.7**	**99.7**	**99.6**	**99.8**	**99.8**	**100.3**	**100.9**	**101.2**
	一、90m²及以下	99.7	99.4	99.4	99.4	99.5	99.5	99.4	99.9	99.8	100.4	101.0	101.3
	二、90-144m²	99.8	99.8	99.7	99.9	100.0	100.0	99.8	99.8	99.8	100.2	100.8	101.1
	三、144m²以上	100.1	100.0	100.3	100.5	100.2	100.0	99.6	99.6	99.6	100.2	100.7	101.1
同比价格指数	**新建住宅价格指数**	**98.0**	**98.4**	**98.6**	**98.8**	**99.7**	**99.3**	**99.8**	**100.2**	**100.6**	**101.2**	**102.3**	**102.9**
	新建商品住宅	97.9	98.3	98.6	98.7	99.7	99.3	99.7	100.2	100.6	101.3	102.4	103.0
	一、90m²及以下	99.4	99.7	99.5	99.9	100.3	100.1	99.9	100.1	100.2	101.7	101.3	101.9
	二、90-144m²	97.4	97.7	98.3	98.6	99.6	99.0	100.0	100.5	101.3	101.5	103.1	103.7
	三、144m²以上	97.4	97.9	98.0	97.4	99.1	98.8	98.8	99.4	99.2	100.0	102.1	102.7
	二手住宅价格指数	**98.8**	**99.1**	**99.6**	**99.8**	**100.0**	**99.9**	**99.8**	**99.9**	**100.0**	**100.4**	**101.1**	**101.4**
	一、90m²及以下	98.7	98.8	99.4	99.6	99.7	99.7	99.7	100.0	100.1	100.6	101.1	101.5
	二、90-144m²	98.9	99.3	99.6	99.8	100.1	100.1	100.0	99.8	99.9	100.3	101.1	101.3
	三、144m²以上	98.9	99.8	100.3	100.9	100.7	100.4	99.7	99.7	99.8	100.2	100.8	100.7
环比价格指数	**新建住宅价格指数**	**99.9**	**100.1**	**99.9**	**99.9**	**100.3**	**99.7**	**100.4**	**100.3**	**100.4**	**100.5**	**101.0**	**100.3**
	新建商品住宅	99.9	100.1	99.9	99.9	100.3	99.7	100.5	100.3	100.4	100.6	101.1	100.3
	一、90m²及以下	100.0	100.2	99.4	100.4	100.3	99.9	99.9	100.1	100.2	101.3	99.6	100.6
	二、90-144m²	100.0	100.2	100.2	99.9	100.2	99.6	100.7	100.4	100.8	100.2	101.4	100.2
	三、144m²以上	99.8	99.8	99.6	99.4	100.9	99.6	100.5	100.4	99.6	100.6	102.1	100.5
	二手住宅价格指数	**99.9**	**99.8**	**100.1**	**100.0**	**100.1**	**100.0**	**99.9**	**100.2**	**100.0**	**100.5**	**100.6**	**100.3**
	一、90m²及以下	99.9	99.7	100.0	99.9	100.2	100.0	100.0	100.4	100.0	100.5	100.6	100.3
	二、90-144m²	100.0	100.0	100.0	100.1	100.1	100.0	99.8	100.0	100.0	100.4	100.6	100.3
	三、144m²以上	99.7	99.9	100.3	100.2	99.7	99.8	99.6	100.0	100.1	100.6	100.5	100.4

4-4-37 2016年秦皇岛市住宅销售价格指数
Qinhuangdao Housing Price Indices for 2016

项 目 Item		1月	2月	3月	4月	5月	6月	7月	8月	9月	10月	11月	12月
定基价格指数	**新建住宅价格指数**	**98.9**	**99.2**	**99.3**	**99.6**	**99.7**	**100.1**	**100.2**	**100.8**	**101.3**	**103.6**	**105.1**	**105.4**
	新建商品住宅	98.8	99.1	99.3	99.5	99.7	100.1	100.2	100.9	101.4	103.8	105.4	105.7
	一、90m²及以下	99.1	99.0	99.5	100.0	99.6	99.8	99.8	100.6	100.8	102.9	104.8	105.3
	二、90-144m²	99.0	99.4	99.5	99.7	100.0	100.6	100.8	101.3	102.0	104.6	106.4	106.7
	三、144m²以上	97.7	98.1	98.2	98.3	98.5	98.8	98.8	99.6	99.9	102.2	102.8	103.1
	二手住宅价格指数	**98.7**	**98.5**	**98.7**	**98.8**	**99.3**	**99.5**	**99.5**	**99.6**	**99.8**	**100.8**	**102.1**	**102.4**
	一、90m²及以下	98.7	98.6	98.9	98.9	99.3	99.8	99.7	100.0	100.0	101.0	102.6	103.2
	二、90-144m²	98.6	98.5	98.5	98.8	99.1	99.2	99.2	99.3	99.5	100.7	101.7	101.9
	三、144m²以上	98.7	98.3	98.4	98.5	99.8	99.8	99.9	99.8	100.5	101.0	102.3	102.3
同比价格指数	**新建住宅价格指数**	**97.1**	**97.8**	**98.4**	**99.4**	**99.8**	**100.3**	**100.7**	**101.4**	**102.1**	**104.5**	**105.9**	**106.1**
	新建商品住宅	96.9	97.7	98.3	99.3	99.8	100.4	100.7	101.5	102.3	104.8	106.2	106.5
	一、90m²及以下	97.6	98.0	98.7	99.7	99.5	100.2	100.3	101.2	101.4	103.4	105.3	105.9
	二、90-144m²	97.0	97.8	98.5	99.6	100.3	100.9	101.3	102.0	102.9	105.6	107.2	107.2
	三、144m²以上	95.6	96.6	96.9	97.8	98.1	98.6	99.2	100.2	101.2	103.7	103.8	104.7
	二手住宅价格指数	**97.3**	**97.4**	**97.9**	**98.3**	**99.2**	**99.7**	**99.8**	**100.0**	**100.3**	**101.5**	**102.9**	**103.5**
	一、90m²及以下	97.7	98.0	98.4	98.5	99.0	99.8	99.9	100.2	100.3	101.5	103.3	104.2
	二、90-144m²	97.0	97.1	97.4	98.2	99.2	99.6	99.7	99.8	100.1	101.4	102.5	103.1
	三、144m²以上	97.2	97.1	98.1	98.4	99.7	99.7	99.9	100.3	100.8	101.4	103.4	103.4
环比价格指数	**新建住宅价格指数**	**99.6**	**100.3**	**100.2**	**100.3**	**100.1**	**100.4**	**100.1**	**100.6**	**100.5**	**102.2**	**101.5**	**100.3**
	新建商品住宅	99.5	100.3	100.2	100.3	100.1	100.5	100.1	100.6	100.5	102.4	101.6	100.3
	一、90m²及以下	99.8	99.9	100.5	100.5	99.6	100.2	99.9	100.9	100.2	102.1	101.9	100.4
	二、90-144m²	99.6	100.4	100.1	100.3	100.3	100.6	100.2	100.5	100.7	102.5	101.8	100.2
	三、144m²以上	99.2	100.5	100.1	100.1	100.2	100.3	100.0	100.8	100.3	102.3	100.6	100.3
	二手住宅价格指数	**99.7**	**99.8**	**100.1**	**100.2**	**100.5**	**100.2**	**100.0**	**100.1**	**100.2**	**101.0**	**101.2**	**100.4**
	一、90m²及以下	99.6	99.9	100.3	100.1	100.4	100.4	99.9	100.3	100.0	101.0	101.5	100.6
	二、90-144m²	99.8	99.8	100.1	100.3	100.3	100.1	100.0	100.1	100.2	101.2	101.0	100.2
	三、144m²以上	99.8	99.6	100.1	100.1	101.4	100.0	100.1	99.9	100.7	100.5	101.3	100.0

4-4-38 2016年包头市住宅销售价格指数
Baotou Housing Price Indices for 2016

项 目 Item		1月	2月	3月	4月	5月	6月	7月	8月	9月	10月	11月	12月
定基价格指数	**新建住宅价格指数**	**98.8**	**98.5**	**98.7**	**98.9**	**99.0**	**98.8**	**98.3**	**98.4**	**98.7**	**98.6**	**99.0**	**98.8**
	新建商品住宅	98.8	98.4	98.6	98.9	98.9	98.7	98.3	98.4	98.7	98.5	98.9	98.7
	一、90m²及以下	98.9	99.0	99.3	99.8	99.7	99.7	99.1	99.0	98.8	99.1	99.2	98.9
	二、90-144m²	98.5	98.0	98.1	98.5	98.7	98.4	98.1	98.3	99.1	98.9	99.2	99.3
	三、144m²以上	99.2	98.9	99.6	99.3	99.1	98.8	98.0	98.0	97.6	97.3	98.1	97.2
	二手住宅价格指数	**98.9**	**98.4**	**98.0**	**97.7**	**97.3**	**97.2**	**97.1**	**96.8**	**96.2**	**96.5**	**96.6**	**97.3**
	一、90m²及以下	98.7	98.3	98.0	97.8	97.1	97.1	96.9	96.9	95.9	96.4	96.7	97.6
	二、90-144m²	99.0	98.3	97.8	97.3	97.1	97.0	96.8	96.5	96.6	96.8	96.8	97.6
	三、144m²以上	98.8	98.8	98.7	98.9	98.5	98.5	98.3	97.2	95.7	95.7	95.6	95.6
同比价格指数	**新建住宅价格指数**	**97.2**	**97.9**	**98.1**	**98.6**	**98.8**	**98.8**	**98.8**	**98.8**	**99.2**	**99.3**	**99.7**	**99.5**
	新建商品住宅	97.1	97.8	98.0	98.5	98.7	98.8	98.7	98.7	99.2	99.2	99.7	99.4
	一、90m²及以下	97.1	98.4	98.3	99.2	99.6	99.8	99.4	99.4	99.5	99.9	100.1	99.8
	二、90-144m²	97.2	97.5	97.7	98.2	98.5	98.3	98.4	98.4	99.4	99.4	100.0	100.2
	三、144m²以上	96.9	98.1	98.6	98.9	98.8	99.3	99.2	99.0	98.4	98.3	98.5	97.2
	二手住宅价格指数	**97.8**	**98.1**	**98.2**	**97.9**	**97.2**	**97.0**	**96.9**	**96.6**	**96.2**	**96.5**	**97.4**	**98.2**
	一、90m²及以下	97.5	97.9	98.3	98.1	97.1	96.8	96.7	96.7	95.9	96.4	97.6	98.6
	二、90-144m²	97.9	98.0	97.9	97.4	96.9	96.9	96.8	96.4	96.7	96.9	97.5	98.5
	三、144m²以上	98.1	98.7	98.9	99.2	98.7	98.2	98.0	97.1	95.8	95.8	95.9	95.9
环比价格指数	**新建住宅价格指数**	**99.5**	**99.6**	**100.2**	**100.3**	**100.1**	**99.8**	**99.6**	**100.1**	**100.3**	**99.9**	**100.4**	**99.8**
	新建商品住宅	99.5	99.6	100.2	100.3	100.1	99.8	99.5	100.1	100.3	99.9	100.4	99.8
	一、90m²及以下	99.8	100.1	100.2	100.5	99.9	100.1	99.4	99.9	99.8	100.2	100.1	99.7
	二、90-144m²	99.5	99.5	100.0	100.4	100.2	99.7	99.7	100.2	100.7	99.9	100.3	100.1
	三、144m²以上	99.2	99.6	100.7	99.7	99.8	99.7	99.2	100.0	99.6	99.7	100.8	99.1
	二手住宅价格指数	**99.7**	**99.5**	**99.6**	**99.7**	**99.5**	**100.0**	**99.8**	**99.7**	**99.4**	**100.3**	**100.2**	**100.7**
	一、90m²及以下	99.7	99.6	99.7	99.8	99.2	100.0	99.9	100.0	98.9	100.5	100.4	100.9
	二、90-144m²	99.9	99.3	99.5	99.6	99.8	99.9	99.8	99.6	100.2	100.1	100.1	100.7
	三、144m²以上	99.0	100.0	100.0	100.1	99.6	100.0	99.8	98.9	98.5	100.0	99.9	100.0

4-4-39 2016年丹东市住宅销售价格指数
Dandong Housing Price Indices for 2016

项 目 Item		1月	2月	3月	4月	5月	6月	7月	8月	9月	10月	11月	12月
定基价格指数	**新建住宅价格指数**	**98.0**	**97.3**	**97.1**	**97.4**	**97.8**	**97.9**	**97.6**	**97.4**	**97.2**	**97.4**	**98.0**	**97.6**
	新建商品住宅	98.0	97.3	97.1	97.4	97.8	97.9	97.6	97.4	97.2	97.4	98.0	97.6
	一、90㎡及以下	97.5	96.9	97.3	97.6	98.2	98.5	98.6	98.3	97.8	97.2	98.2	98.3
	二、90-144㎡	98.4	97.6	97.2	97.8	97.8	98.1	97.3	97.3	97.3	98.3	98.7	98.2
	三、144㎡以上	97.7	96.9	96.4	96.0	96.7	96.6	96.4	96.3	95.8	94.7	94.7	94.1
	二手住宅价格指数	**98.9**	**98.6**	**98.4**	**98.4**	**98.2**	**98.0**	**98.1**	**98.0**	**98.1**	**98.1**	**97.9**	**97.8**
	一、90㎡及以下	98.8	98.3	97.9	97.7	97.8	97.4	97.4	97.3	97.4	97.4	97.3	97.2
	二、90-144㎡	99.4	99.7	99.6	99.7	99.5	99.4	99.7	99.6	99.9	99.9	99.8	99.7
	三、144㎡以上	97.4	96.9	97.1	97.4	96.5	96.3	96.3	96.3	95.6	95.7	94.8	94.4
同比价格指数	**新建住宅价格指数**	**96.2**	**96.1**	**96.2**	**96.9**	**97.5**	**98.0**	**97.6**	**97.9**	**97.8**	**98.3**	**98.8**	**99.3**
	新建商品住宅	96.2	96.1	96.2	96.9	97.5	98.0	97.6	97.9	97.8	98.3	98.8	99.3
	一、90㎡及以下	95.5	95.7	96.1	96.8	97.5	98.0	98.7	99.2	98.6	98.2	99.4	100.7
	二、90-144㎡	96.7	96.5	96.4	97.3	97.6	98.3	97.4	97.7	97.9	99.3	99.6	99.7
	三、144㎡以上	95.6	95.6	95.9	95.7	97.0	96.8	96.5	96.7	96.1	95.4	95.3	95.7
	二手住宅价格指数	**97.7**	**97.9**	**98.0**	**98.2**	**98.2**	**98.1**	**98.2**	**98.2**	**98.5**	**98.6**	**98.4**	**98.5**
	一、90㎡及以下	97.5	97.5	97.6	97.6	97.8	97.4	97.5	97.5	97.8	97.8	97.7	98.0
	二、90-144㎡	98.8	99.4	99.4	99.6	99.5	99.6	99.7	99.6	100.1	100.2	100.3	99.8
	三、144㎡以上	95.1	95.0	95.7	96.3	95.9	96.4	96.8	96.7	96.9	97.2	96.4	96.6
环比价格指数	**新建住宅价格指数**	**99.8**	**99.3**	**99.8**	**100.4**	**100.3**	**100.2**	**99.6**	**99.9**	**99.8**	**100.2**	**100.5**	**99.6**
	新建商品住宅	99.8	99.3	99.8	100.4	100.3	100.2	99.6	99.9	99.8	100.2	100.5	99.6
	一、90㎡及以下	99.9	99.5	100.3	100.3	100.6	100.3	100.2	99.7	99.5	99.4	101.1	100.0
	二、90-144㎡	99.8	99.2	99.6	100.6	100.1	100.2	99.3	100.0	100.0	101.0	100.4	99.5
	三、144㎡以上	99.4	99.1	99.5	99.6	100.8	99.8	99.8	99.9	99.5	98.9	100.0	99.4
	二手住宅价格指数	**99.5**	**99.7**	**99.8**	**99.9**	**99.9**	**99.8**	**100.1**	**99.9**	**100.1**	**100.0**	**99.8**	**99.9**
	一、90㎡及以下	99.6	99.4	99.6	99.8	100.1	99.6	100.0	99.9	100.1	100.0	99.9	99.9
	二、90-144㎡	99.4	100.3	100.0	100.0	99.8	99.9	100.3	99.9	100.3	99.9	99.9	100.0
	三、144㎡以上	99.6	99.5	100.2	100.3	99.1	99.8	100.0	100.0	99.2	100.1	99.0	99.6

4-4-40 2016年锦州市住宅销售价格指数
Jinzhou Housing Price Indices for 2016

	项 目 Item	1月	2月	3月	4月	5月	6月	7月	8月	9月	10月	11月	12月
定基价格指数	**新建住宅价格指数**	**98.3**	**98.1**	**97.7**	**97.3**	**96.9**	**96.4**	**95.8**	**95.6**	**95.5**	**95.7**	**95.9**	**96.0**
	新建商品住宅	98.3	98.1	97.7	97.3	96.9	96.4	95.8	95.6	95.5	95.7	95.9	96.0
	一、90m²及以下	95.7	95.3	95.2	95.1	94.7	94.3	93.6	93.4	92.9	92.6	92.8	92.4
	二、90-144m²	99.4	99.3	98.8	98.1	97.7	97.2	96.6	96.5	96.5	97.0	97.2	97.5
	三、144m²以上	99.2	98.5	98.6	98.7	98.4	97.7	97.1	96.3	97.0	96.6	96.8	96.8
	二手住宅价格指数	**96.0**	**95.7**	**95.2**	**94.9**	**94.8**	**94.6**	**94.3**	**94.0**	**93.9**	**93.7**	**93.6**	**93.6**
	一、90m²及以下	96.2	95.9	95.5	95.2	95.1	94.9	94.6	94.3	94.3	94.0	94.0	94.0
	二、90-144m²	95.9	95.5	95.0	94.7	94.5	94.3	94.0	93.7	93.6	93.4	93.2	93.3
	三、144m²以上	95.3	94.9	94.0	93.9	94.1	94.3	93.4	93.0	93.1	92.8	93.0	93.1
同比价格指数	**新建住宅价格指数**	**96.5**	**97.2**	**96.9**	**96.8**	**96.8**	**96.5**	**96.2**	**96.2**	**96.2**	**96.1**	**96.7**	**97.1**
	新建商品住宅	96.5	97.2	96.9	96.8	96.8	96.5	96.2	96.2	96.2	96.1	96.7	97.1
	一、90m²及以下	92.5	93.3	93.1	93.8	93.7	93.6	93.7	94.1	94.1	95.2	95.7	95.5
	二、90-144m²	98.1	98.9	98.6	98.0	98.1	97.7	97.1	97.0	97.0	96.5	97.1	97.8
	三、144m²以上	97.7	97.8	98.1	98.4	98.3	97.8	98.0	97.4	97.8	96.3	96.9	97.1
	二手住宅价格指数	**91.9**	**92.6**	**92.7**	**92.8**	**93.5**	**94.1**	**94.7**	**95.6**	**96.2**	**96.4**	**96.9**	**97.4**
	一、90m²及以下	92.2	93.0	93.3	93.3	93.9	94.5	95.1	95.8	96.3	96.6	97.1	97.5
	二、90-144m²	91.8	92.4	92.3	92.5	93.1	93.8	94.5	95.4	96.1	96.3	96.6	97.2
	三、144m²以上	90.5	91.3	90.9	91.2	92.5	93.6	93.9	95.4	96.0	96.1	96.7	97.6
环比价格指数	**新建住宅价格指数**	**99.5**	**99.7**	**99.6**	**99.5**	**99.6**	**99.5**	**99.3**	**99.8**	**99.9**	**100.3**	**100.2**	**100.1**
	新建商品住宅	99.5	99.7	99.6	99.5	99.6	99.5	99.3	99.8	99.9	100.3	100.2	100.1
	一、90m²及以下	98.9	99.6	99.9	99.9	99.6	99.6	99.2	99.8	99.5	99.7	100.2	99.6
	二、90-144m²	99.7	99.8	99.5	99.3	99.6	99.5	99.3	99.9	100.0	100.6	100.2	100.3
	三、144m²以上	99.5	99.4	100.1	100.1	99.7	99.2	99.4	99.2	100.7	99.6	100.3	99.9
	二手住宅价格指数	**99.9**	**99.6**	**99.5**	**99.7**	**99.9**	**99.8**	**99.6**	**99.7**	**100.0**	**99.7**	**99.9**	**100.0**
	一、90m²及以下	99.8	99.7	99.5	99.7	99.9	99.8	99.6	99.8	99.9	99.8	99.9	100.0
	二、90-144m²	99.9	99.6	99.4	99.7	99.9	99.7	99.7	99.6	100.0	99.7	99.9	100.0
	三、144m²以上	99.9	99.6	99.1	99.8	100.3	100.2	99.0	99.6	100.1	99.7	100.2	100.1

4-4-41　2016年吉林市住宅销售价格指数
Jilin Housing Price Indices for 2016

项　目　　Item		1月	2月	3月	4月	5月	6月	7月	8月	9月	10月	11月	12月
定基价格指数	**新建住宅价格指数**	**98.7**	**99.1**	**99.2**	**99.9**	**99.9**	**100.3**	**100.2**	**100.5**	**100.8**	**101.1**	**101.1**	**101.5**
	新建商品住宅	98.7	99.0	99.2	99.9	99.9	100.3	100.2	100.5	100.8	101.1	101.1	101.5
	一、90m²及以下	98.6	99.0	98.8	99.6	99.8	99.9	100.0	100.0	100.4	100.7	100.8	101.3
	二、90-144m²	98.9	99.2	99.6	100.2	100.3	100.7	100.4	100.9	101.1	101.5	101.3	101.7
	三、144m²以上	98.6	98.7	99.2	99.6	99.1	100.2	100.4	100.5	100.8	100.9	100.9	101.4
	二手住宅价格指数	**99.8**	**99.7**	**99.8**	**100.0**	**100.1**	**100.3**	**100.5**	**100.6**	**100.8**	**101.1**	**101.3**	**101.5**
	一、90m²及以下	99.9	99.8	100.0	100.2	100.3	100.7	100.8	101.0	101.2	101.3	101.5	101.7
	二、90-144m²	100.0	99.9	100.0	100.2	100.3	100.4	100.5	100.7	101.0	101.4	101.7	101.8
	三、144m²以上	98.8	98.6	98.7	98.8	98.9	99.0	99.0	98.9	99.2	99.4	99.4	99.5
同比价格指数	**新建住宅价格指数**	**97.5**	**98.4**	**98.8**	**99.6**	**100.0**	**100.4**	**100.2**	**100.5**	**101.1**	**101.6**	**101.7**	**102.6**
	新建商品住宅	97.5	98.4	98.8	99.6	100.0	100.4	100.2	100.5	101.1	101.6	101.8	102.6
	一、90m²及以下	97.7	98.4	98.5	99.4	99.8	99.7	99.7	99.7	100.7	101.1	101.8	102.4
	二、90-144m²	97.4	98.5	99.0	99.9	100.4	101.1	100.5	101.1	101.5	102.0	101.8	102.8
	三、144m²以上	97.1	98.1	98.7	99.2	99.2	100.3	100.8	100.6	101.2	101.4	101.6	102.3
	二手住宅价格指数	**99.4**	**99.9**	**100.1**	**100.4**	**100.4**	**100.5**	**100.6**	**100.6**	**100.6**	**100.8**	**101.0**	**101.4**
	一、90m²及以下	99.6	100.0	100.3	100.6	100.7	100.8	101.0	100.9	100.9	100.9	101.1	101.6
	二、90-144m²	99.7	100.2	100.3	100.6	100.6	100.5	100.5	100.5	100.7	101.1	101.4	101.7
	三、144m²以上	97.4	98.2	98.4	99.0	99.1	99.1	99.2	99.1	99.4	99.6	99.7	100.1
环比价格指数	**新建住宅价格指数**	**99.8**	**100.3**	**100.2**	**100.7**	**100.0**	**100.4**	**99.9**	**100.2**	**100.3**	**100.4**	**99.9**	**100.4**
	新建商品住宅	99.8	100.3	100.2	100.7	100.0	100.4	99.9	100.2	100.3	100.4	99.9	100.4
	一、90m²及以下	99.7	100.4	99.8	100.8	100.2	100.1	100.1	100.0	100.4	100.3	100.1	100.5
	二、90-144m²	99.9	100.3	100.4	100.6	100.1	100.4	99.7	100.4	100.2	100.4	99.8	100.3
	三、144m²以上	99.6	100.1	100.5	100.4	99.6	101.1	100.2	100.1	100.3	100.2	100.0	100.4
	二手住宅价格指数	**99.7**	**99.9**	**100.1**	**100.2**	**100.1**	**100.2**	**100.1**	**100.1**	**100.2**	**100.3**	**100.2**	**100.2**
	一、90m²及以下	99.7	99.9	100.2	100.2	100.2	100.3	100.2	100.1	100.2	100.2	100.1	100.3
	二、90-144m²	99.8	99.9	100.1	100.2	100.1	100.1	100.1	100.2	100.3	100.4	100.3	100.1
	三、144m²以上	99.4	99.8	100.1	100.1	100.1	100.0	100.0	99.9	100.4	100.2	100.0	100.1

4-4-42 2016年牡丹江市住宅销售价格指数
Mudanjiang Housing Price Indices for 2016

	项 目 Item	1月	2月	3月	4月	5月	6月	7月	8月	9月	10月	11月	12月
定基价格指数	**新建住宅价格指数**	**99.1**	**98.7**	**98.6**	**98.7**	**98.3**	**98.0**	**97.4**	**98.1**	**98.5**	**98.1**	**97.9**	**98.2**
	新建商品住宅	99.1	98.6	98.5	98.6	98.1	97.8	97.2	97.9	98.4	97.9	97.7	98.0
	一、90㎡及以下	99.0	98.5	98.1	98.3	98.0	97.6	96.8	97.7	98.2	97.8	97.8	97.4
	二、90-144㎡	99.3	98.9	98.9	99.1	98.6	98.4	97.9	98.5	99.0	98.3	98.0	98.7
	三、144㎡以上	97.7	97.5	97.2	96.5	95.3	94.5	94.0	94.7	95.0	95.3	95.0	96.5
	二手住宅价格指数	**100.2**	**100.1**	**100.4**	**100.4**	**100.3**	**100.2**	**99.6**	**99.7**	**99.9**	**99.7**	**99.9**	**100.3**
	一、90㎡及以下	100.7	100.7	101.1	101.2	101.2	101.2	100.9	101.1	101.1	101.3	101.3	101.7
	二、90-144㎡	99.1	98.9	98.6	98.6	97.8	97.8	96.4	95.8	96.8	95.5	96.2	96.8
	三、144㎡以上	97.6	97.6	97.6	97.1	97.1	95.7	95.2	95.2	95.2	94.4	94.3	94.4
同比价格指数	**新建住宅价格指数**	**98.4**	**98.3**	**98.2**	**98.5**	**98.1**	**97.8**	**97.4**	**98.3**	**98.8**	**98.5**	**98.4**	**98.9**
	新建商品住宅	98.3	98.1	98.0	98.4	98.0	97.6	97.2	98.2	98.7	98.4	98.2	98.8
	一、90㎡及以下	98.1	97.9	97.6	98.0	97.8	97.3	96.6	98.1	98.6	98.4	98.5	98.3
	二、90-144㎡	98.7	98.6	98.6	98.9	98.6	98.3	98.0	98.6	99.1	98.7	98.4	99.1
	三、144㎡以上	96.2	96.2	95.9	95.7	94.6	94.3	94.3	95.5	95.8	96.3	96.0	98.4
	二手住宅价格指数	**100.1**	**100.5**	**101.0**	**99.7**	**100.5**	**100.4**	**100.2**	**99.9**	**99.7**	**99.5**	**99.4**	**99.8**
	一、90㎡及以下	100.6	101.0	101.8	100.6	101.6	101.5	101.5	101.4	101.0	101.0	100.5	101.0
	二、90-144㎡	99.2	99.6	99.1	97.5	97.5	97.7	96.9	95.9	96.4	95.2	96.4	96.8
	三、144㎡以上	96.8	96.8	96.7	96.2	96.9	95.8	95.1	95.1	95.6	95.3	95.2	95.8
环比价格指数	**新建住宅价格指数**	**99.8**	**99.6**	**99.8**	**100.2**	**99.5**	**99.7**	**99.4**	**100.7**	**100.5**	**99.5**	**99.8**	**100.3**
	新建商品住宅	99.8	99.6	99.8	100.2	99.5	99.7	99.4	100.7	100.5	99.5	99.8	100.3
	一、90㎡及以下	99.9	99.5	99.5	100.3	99.7	99.6	99.2	100.9	100.6	99.6	100.0	99.6
	二、90-144㎡	99.8	99.6	100.0	100.3	99.5	99.8	99.5	100.6	100.5	99.3	99.7	100.6
	三、144㎡以上	99.6	99.8	99.7	99.3	98.7	99.2	99.5	100.7	100.3	100.4	99.6	101.6
	二手住宅价格指数	**99.8**	**99.9**	**100.2**	**100.1**	**99.8**	**99.9**	**99.5**	**100.0**	**100.2**	**99.8**	**100.2**	**100.4**
	一、90㎡及以下	100.0	100.0	100.4	100.2	100.0	100.0	99.8	100.2	100.0	100.2	100.0	100.4
	二、90-144㎡	99.1	99.7	99.7	100.0	99.2	99.9	98.6	99.5	101.0	98.7	100.7	100.6
	三、144㎡以上	99.0	100.0	100.0	99.5	100.0	98.5	99.5	100.0	100.0	99.1	100.0	100.1

4-4-43 2016年无锡市住宅销售价格指数
Wuxi Housing Price Indices for 2016

	项 目 Item	1月	2月	3月	4月	5月	6月	7月	8月	9月	10月	11月	12月
定基价格指数	**新建住宅价格指数**	**100.0**	**100.3**	**102.3**	**105.2**	**107.0**	**109.8**	**112.7**	**118.2**	**127.9**	**134.1**	**135.2**	**135.1**
	新建商品住宅	100.0	100.3	102.4	105.2	107.0	109.8	112.8	118.3	128.1	134.3	135.4	135.3
	一、90m²及以下	100.6	101.0	103.5	105.9	108.0	111.1	114.4	120.6	131.0	137.2	137.9	137.3
	二、90-144m²	100.2	100.5	102.6	105.9	107.5	110.5	113.6	119.6	129.7	136.5	137.9	137.9
	三、144m²以上	99.3	99.5	101.1	103.3	105.3	107.6	110.0	114.2	122.7	127.9	128.8	128.8
	二手住宅价格指数	**99.8**	**99.8**	**100.7**	**101.9**	**102.3**	**102.9**	**103.8**	**107.9**	**117.0**	**119.8**	**119.4**	**119.1**
	一、90m²及以下	99.7	99.5	100.3	101.6	102.0	102.7	103.8	107.6	116.9	119.6	119.7	119.6
	二、90-144m²	100.0	100.1	101.2	102.3	102.6	103.2	104.1	108.0	116.9	119.6	119.0	118.8
	三、144m²以上	99.7	99.6	100.1	101.6	101.8	102.6	103.1	108.1	117.4	120.5	119.8	118.8
同比价格指数	**新建住宅价格指数**	**99.6**	**100.2**	**102.4**	**105.3**	**106.9**	**109.7**	**112.8**	**118.4**	**127.9**	**134.3**	**135.1**	**135.5**
	新建商品住宅	99.6	100.2	102.4	105.3	106.9	109.7	112.9	118.5	128.1	134.5	135.3	135.7
	一、90m²及以下	100.3	101.3	104.0	106.3	108.0	110.7	114.2	120.4	130.9	137.5	137.6	137.1
	二、90-144m²	100.0	100.4	102.6	106.0	107.5	110.5	113.7	119.6	129.5	136.4	137.7	138.4
	三、144m²以上	98.2	98.9	100.7	103.3	105.1	107.5	110.4	114.8	123.3	128.5	128.9	129.3
	二手住宅价格指数	**99.4**	**99.4**	**100.9**	**102.2**	**102.3**	**103.1**	**103.9**	**108.0**	**117.0**	**119.6**	**119.2**	**119.2**
	一、90m²及以下	99.2	99.1	100.6	101.9	102.1	102.9	103.9	107.6	116.9	119.5	119.6	119.9
	二、90-144m²	99.6	99.7	101.4	102.6	102.6	103.5	104.2	108.2	117.1	119.4	118.8	118.7
	三、144m²以上	99.5	99.5	100.5	102.0	101.9	102.6	102.9	108.0	117.2	120.4	119.6	118.9
环比价格指数	**新建住宅价格指数**	**100.3**	**100.3**	**102.0**	**102.8**	**101.7**	**102.6**	**102.7**	**104.9**	**108.2**	**104.8**	**100.8**	**99.9**
	新建商品住宅	100.3	100.3	102.0	102.8	101.7	102.6	102.7	104.9	108.2	104.9	100.8	99.9
	一、90m²及以下	100.5	100.4	102.5	102.3	102.0	102.9	103.0	105.4	108.6	104.8	100.5	99.6
	二、90-144m²	100.5	100.3	102.1	103.2	101.5	102.7	102.8	105.3	108.5	105.2	101.0	100.0
	三、144m²以上	99.7	100.2	101.6	102.2	101.9	102.2	102.2	103.9	107.5	104.2	100.7	100.0
	二手住宅价格指数	**99.9**	**100.0**	**100.9**	**101.2**	**100.4**	**100.6**	**100.9**	**103.9**	**108.4**	**102.4**	**99.7**	**99.8**
	一、90m²及以下	99.9	99.8	100.8	101.3	100.4	100.6	101.1	103.7	108.7	102.3	100.0	100.0
	二、90-144m²	99.9	100.1	101.1	101.1	100.4	100.5	100.9	103.8	108.2	102.3	99.5	99.9
	三、144m²以上	99.8	99.9	100.5	101.4	100.2	100.8	100.5	104.9	108.7	102.6	99.4	99.2

4-4-44 2016年扬州市住宅销售价格指数
Yangzhou Housing Price Indices for 2016

项 目 Item		1月	2月	3月	4月	5月	6月	7月	8月	9月	10月	11月	12月
定基价格指数	**新建住宅价格指数**	**100.5**	**100.7**	**101.1**	**101.6**	**102.1**	**102.4**	**103.4**	**104.1**	**105.3**	**107.0**	**109.0**	**110.0**
	新建商品住宅	100.5	100.7	101.1	101.6	102.1	102.4	103.4	104.1	105.3	107.0	109.0	110.0
	一、90m²及以下	101.4	101.5	102.0	102.5	103.2	103.1	104.4	104.7	105.8	108.0	109.7	110.9
	二、90-144m²	100.3	100.5	101.0	101.5	102.0	102.3	103.3	104.0	105.3	107.1	109.5	110.6
	三、144m²以上	100.6	100.8	100.8	101.1	101.7	102.3	102.9	104.0	104.8	106.0	107.3	107.5
	二手住宅价格指数	**100.3**	**100.2**	**100.2**	**100.2**	**100.3**	**100.4**	**100.9**	**101.3**	**102.0**	**103.5**	**105.0**	**105.9**
	一、90m²及以下	100.4	100.2	100.2	100.1	100.3	100.3	100.7	101.1	102.0	103.5	105.2	106.0
	二、90-144m²	100.2	100.3	100.2	100.2	100.4	100.4	101.0	101.5	102.1	103.5	104.9	105.9
	三、144m²以上	100.4	100.3	100.1	100.1	100.3	100.4	101.0	101.2	102.1	103.0	104.2	105.2
同比价格指数	**新建住宅价格指数**	**99.8**	**100.4**	**101.0**	**101.5**	**102.3**	**102.8**	**103.7**	**104.3**	**105.5**	**107.0**	**109.2**	**109.7**
	新建商品住宅	99.8	100.4	101.0	101.5	102.3	102.8	103.7	104.3	105.5	107.1	109.2	109.7
	一、90m²及以下	101.3	101.6	102.0	102.5	103.3	104.3	105.3	105.1	105.8	107.5	109.0	109.4
	二、90-144m²	99.4	100.0	100.9	101.4	102.2	102.6	103.5	104.2	105.6	107.3	109.8	110.6
	三、144m²以上	100.3	100.9	100.7	100.9	101.8	102.5	103.1	104.2	105.1	106.0	107.3	107.0
	二手住宅价格指数	**100.2**	**100.5**	**100.6**	**100.5**	**100.7**	**100.5**	**101.0**	**101.1**	**101.9**	**103.1**	**104.6**	**105.6**
	一、90m²及以下	100.3	100.5	100.6	100.4	100.6	100.5	100.7	100.9	101.8	103.1	104.7	105.7
	二、90-144m²	100.1	100.5	100.6	100.6	100.7	100.5	101.2	101.2	101.9	103.2	104.6	105.6
	三、144m²以上	99.8	100.4	100.3	100.3	100.6	100.5	101.6	101.4	102.1	102.9	103.8	104.7
环比价格指数	**新建住宅价格指数**	**100.2**	**100.2**	**100.4**	**100.4**	**100.5**	**100.3**	**100.9**	**100.7**	**101.1**	**101.6**	**101.9**	**100.9**
	新建商品住宅	100.2	100.2	100.4	100.4	100.5	100.3	100.9	100.7	101.1	101.6	101.9	100.9
	一、90m²及以下	100.1	100.0	100.5	100.5	100.6	100.0	101.3	100.3	101.1	102.0	101.6	101.1
	二、90-144m²	100.3	100.2	100.5	100.5	100.5	100.4	100.9	100.7	101.3	101.7	102.3	101.0
	三、144m²以上	100.1	100.2	100.0	100.3	100.6	100.6	100.6	101.0	100.8	101.2	101.1	100.2
	二手住宅价格指数	**99.9**	**99.9**	**100.0**	**100.0**	**100.2**	**100.0**	**100.5**	**100.4**	**100.7**	**101.4**	**101.4**	**100.9**
	一、90m²及以下	100.0	99.8	100.0	100.0	100.1	100.1	100.4	100.3	100.9	101.5	101.6	100.8
	二、90-144m²	99.9	100.1	100.0	100.0	100.2	99.9	100.7	100.5	100.6	101.4	101.3	101.0
	三、144m²以上	100.0	99.9	99.7	100.1	100.2	100.1	100.5	100.3	100.8	100.9	101.1	101.0

4-4-45　2016年徐州市住宅销售价格指数
Xuzhou Housing Price Indices for 2016

项　目　Item		1月	2月	3月	4月	5月	6月	7月	8月	9月	10月	11月	12月
定基价格指数	**新建住宅价格指数**	**100.1**	**100.4**	**101.0**	**101.9**	**102.7**	**102.9**	**103.5**	**104.0**	**105.3**	**107.0**	**108.6**	**109.2**
	新建商品住宅	100.1	100.4	101.1	102.0	102.8	103.0	103.7	104.3	105.6	107.4	109.1	109.7
	一、90m²及以下	100.3	100.5	101.3	102.2	102.6	102.9	103.2	103.4	105.1	107.2	108.8	109.4
	二、90-144m²	99.9	100.2	100.7	101.7	102.6	102.8	103.6	104.1	105.4	107.3	109.0	109.7
	三、144m²以上	101.0	101.5	102.6	103.3	104.0	104.4	104.8	105.8	107.3	108.2	109.8	110.0
	二手住宅价格指数	**100.1**	**100.1**	**100.4**	**100.9**	**101.0**	**101.2**	**101.3**	**102.0**	**102.8**	**103.8**	**104.8**	**105.0**
	一、90m²及以下	100.2	100.2	100.5	101.0	101.2	101.4	101.5	102.1	103.2	104.0	105.1	105.3
	二、90-144m²	100.1	100.0	100.4	100.8	100.9	101.0	101.2	102.0	102.4	103.5	104.5	104.6
	三、144m²以上	100.0	100.0	100.3	101.0	101.2	101.2	101.2	102.2	103.2	104.8	105.3	105.4
同比价格指数	**新建住宅价格指数**	**99.9**	**100.6**	**101.1**	**101.9**	**102.7**	**103.1**	**103.7**	**104.1**	**105.1**	**106.8**	**108.4**	**109.1**
	新建商品住宅	99.9	100.7	101.2	102.0	102.9	103.3	104.0	104.3	105.4	107.2	108.9	109.6
	一、90m²及以下	99.5	100.5	101.3	102.2	102.5	103.2	103.7	103.4	105.0	107.2	108.6	109.7
	二、90-144m²	99.8	100.5	100.9	101.6	102.6	103.0	103.7	104.1	105.2	107.1	108.8	109.7
	三、144m²以上	100.8	101.7	102.5	103.4	104.4	104.9	105.3	106.2	106.9	108.0	109.6	108.9
	二手住宅价格指数	**99.4**	**99.8**	**100.3**	**100.9**	**101.2**	**101.3**	**101.4**	**102.4**	**103.1**	**104.0**	**104.8**	**104.9**
	一、90m²及以下	99.8	100.0	100.4	101.0	101.2	101.6	101.6	102.5	103.4	104.1	105.0	105.1
	二、90-144m²	99.1	99.8	100.3	100.7	101.0	101.2	101.3	102.3	102.7	103.6	104.5	104.6
	三、144m²以上	99.1	99.5	100.2	101.1	101.4	101.3	101.3	102.5	103.4	105.2	105.4	105.3
环比价格指数	**新建住宅价格指数**	**100.0**	**100.3**	**100.6**	**100.9**	**100.7**	**100.2**	**100.7**	**100.5**	**101.3**	**101.6**	**101.5**	**100.5**
	新建商品住宅	100.0	100.3	100.6	101.0	100.8	100.2	100.7	100.5	101.3	101.7	101.6	100.6
	一、90m²及以下	100.5	100.2	100.8	100.9	100.4	100.3	100.3	100.2	101.6	102.0	101.5	100.6
	二、90-144m²	99.9	100.3	100.5	101.0	100.9	100.2	100.8	100.4	101.3	101.8	101.6	100.7
	三、144m²以上	100.0	100.6	101.1	100.6	100.7	100.4	100.4	101.0	101.4	100.9	101.4	100.2
	二手住宅价格指数	**100.0**	**99.9**	**100.4**	**100.5**	**100.1**	**100.2**	**100.1**	**100.7**	**100.8**	**101.0**	**100.9**	**100.2**
	一、90m²及以下	100.1	99.9	100.4	100.5	100.2	100.2	100.1	100.6	101.0	100.8	101.0	100.2
	二、90-144m²	100.0	100.0	100.4	100.3	100.1	100.1	100.2	100.8	100.5	101.0	101.0	100.2
	三、144m²以上	99.9	99.9	100.3	100.7	100.1	100.0	100.1	100.9	101.0	101.6	100.5	100.1

4-4-46 2016年温州市住宅销售价格指数
Wenzhou Housing Price Indices for 2016

项 目 Item		1月	2月	3月	4月	5月	6月	7月	8月	9月	10月	11月	12月
定基价格指数	**新建住宅价格指数**	**101.8**	**101.9**	**102.4**	**102.7**	**103.0**	**103.2**	**103.5**	**103.7**	**105.4**	**105.9**	**106.1**	**106.5**
	新建商品住宅	101.8	101.9	102.4	102.8	103.1	103.2	103.5	103.8	105.4	106.0	106.1	106.5
	一、90m²及以下	101.1	101.3	101.6	101.9	102.1	102.4	102.6	102.8	104.9	105.0	105.0	105.8
	二、90-144m²	102.1	102.2	102.6	103.1	103.3	103.4	103.9	104.2	106.0	106.8	107.3	107.8
	三、144m²以上	101.9	102.0	102.7	103.1	103.4	103.5	103.7	103.9	105.0	105.6	105.3	105.5
	二手住宅价格指数	**101.9**	**102.3**	**102.8**	**103.1**	**103.1**	**103.2**	**103.4**	**103.5**	**104.4**	**104.7**	**104.7**	**104.9**
	一、90m²及以下	102.5	103.1	103.7	104.2	103.9	104.1	104.4	104.4	105.7	105.9	106.0	106.2
	二、90-144m²	102.0	102.3	102.8	103.0	103.1	103.3	103.5	103.7	104.6	105.0	105.0	105.1
	三、144m²以上	101.2	101.5	102.0	102.3	102.3	102.3	102.4	102.5	103.2	103.3	103.3	103.3
同比价格指数	**新建住宅价格指数**	**102.7**	**103.4**	**104.1**	**103.7**	**103.6**	**103.2**	**103.2**	**103.2**	**104.5**	**105.0**	**104.7**	**104.6**
	新建商品住宅	102.8	103.5	104.2	103.7	103.6	103.2	103.2	103.2	104.6	105.0	104.7	104.7
	一、90m²及以下	102.1	102.9	102.9	102.6	102.6	102.4	102.1	101.9	104.1	104.1	104.0	104.6
	二、90-144m²	103.4	104.0	105.0	104.1	103.9	103.3	103.5	103.5	105.0	105.7	105.7	105.6
	三、144m²以上	102.4	103.1	104.1	103.9	104.1	103.8	103.7	103.8	104.3	104.7	104.0	103.6
	二手住宅价格指数	**102.4**	**103.6**	**104.6**	**104.5**	**104.0**	**103.5**	**103.4**	**102.9**	**103.4**	**103.5**	**103.2**	**103.1**
	一、90m²及以下	104.0	105.3	106.2	105.8	104.7	104.1	104.0	103.4	104.4	104.3	104.1	103.9
	二、90-144m²	102.7	103.8	104.9	104.6	104.1	103.7	103.4	102.9	103.3	103.5	103.2	103.2
	三、144m²以上	100.6	101.7	102.9	103.3	103.3	102.8	102.7	102.4	102.7	102.7	102.2	102.2
环比价格指数	**新建住宅价格指数**	**100.0**	**100.1**	**100.5**	**100.4**	**100.3**	**100.1**	**100.3**	**100.2**	**101.6**	**100.5**	**100.1**	**100.4**
	新建商品住宅	100.0	100.1	100.5	100.4	100.3	100.1	100.3	100.2	101.6	100.6	100.1	100.4
	一、90m²及以下	99.9	100.2	100.3	100.3	100.2	100.3	100.2	100.2	102.1	100.1	100.0	100.8
	二、90-144m²	100.1	100.1	100.4	100.4	100.2	100.1	100.5	100.3	101.8	100.8	100.5	100.4
	三、144m²以上	100.1	100.1	100.7	100.4	100.4	100.1	100.2	100.3	101.0	100.6	99.7	100.1
	二手住宅价格指数	**100.1**	**100.4**	**100.6**	**100.3**	**100.0**	**100.2**	**100.2**	**100.1**	**100.9**	**100.2**	**100.0**	**100.1**
	一、90m²及以下	100.2	100.6	100.6	100.4	99.8	100.2	100.3	100.0	101.3	100.2	100.1	100.2
	二、90-144m²	100.1	100.3	100.6	100.2	100.0	100.2	100.2	100.2	100.8	100.4	100.0	100.1
	三、144m²以上	100.1	100.3	100.5	100.3	100.0	100.1	100.1	100.1	100.6	100.1	100.0	100.1

4-4-47 2016年金华市住宅销售价格指数
Jinhua Housing Price Indices for 2016

项 目 Item		1月	2月	3月	4月	5月	6月	7月	8月	9月	10月	11月	12月
定基价格指数	**新建住宅价格指数**	**101.7**	**101.6**	**102.0**	**102.4**	**102.7**	**102.8**	**102.8**	**103.6**	**105.5**	**106.4**	**108.0**	**108.2**
	新建商品住宅	101.7	101.6	102.0	102.4	102.7	102.8	102.8	103.6	105.5	106.5	108.0	108.2
	一、90㎡及以下	101.8	101.7	101.9	102.5	102.8	102.9	103.1	104.0	106.3	107.2	109.0	109.4
	二、90-144㎡	101.5	101.4	102.0	102.4	103.0	103.1	103.1	104.0	106.0	106.9	108.7	109.0
	三、144㎡以上	101.7	101.9	102.1	102.2	102.2	102.2	102.2	102.6	104.1	105.1	106.1	105.9
	二手住宅价格指数	**100.6**	**100.7**	**101.1**	**101.4**	**101.7**	**101.9**	**102.1**	**102.7**	**103.9**	**104.3**	**105.1**	**105.4**
	一、90㎡及以下	101.4	101.5	101.7	102.1	102.4	102.6	102.9	103.5	104.8	105.1	106.0	106.5
	二、90-144㎡	100.2	100.2	100.6	100.8	101.2	101.3	101.5	102.2	103.4	103.9	104.6	104.7
	三、144㎡以上	100.0	100.1	100.8	101.1	101.4	101.5	101.5	102.1	103.2	103.7	104.4	104.6
同比价格指数	**新建住宅价格指数**	**102.0**	**102.5**	**103.2**	**103.1**	**103.1**	**103.1**	**103.1**	**103.4**	**105.1**	**105.6**	**106.8**	**106.5**
	新建商品住宅	102.0	102.6	103.2	103.1	103.1	103.1	103.1	103.5	105.1	105.6	106.8	106.6
	一、90㎡及以下	101.8	102.5	103.0	103.3	103.1	103.2	103.6	104.0	105.9	106.5	107.8	107.7
	二、90-144㎡	102.1	102.4	103.2	103.1	103.3	103.3	103.2	104.0	105.5	105.9	107.4	107.4
	三、144㎡以上	102.0	102.8	103.4	103.1	102.8	102.6	102.4	102.2	103.6	104.3	104.9	104.2
	二手住宅价格指数	**100.7**	**101.2**	**101.7**	**102.1**	**102.2**	**102.1**	**102.0**	**102.5**	**103.5**	**103.8**	**104.3**	**104.7**
	一、90㎡及以下	102.0	102.5	102.8	103.2	103.1	102.9	102.6	103.1	104.1	104.2	104.9	105.2
	二、90-144㎡	100.1	100.5	101.0	101.3	101.6	101.6	101.6	102.2	103.2	103.4	103.8	104.2
	三、144㎡以上	99.5	100.3	100.9	101.5	101.7	101.7	101.7	102.0	103.0	103.5	104.2	104.6
环比价格指数	**新建住宅价格指数**	**100.1**	**100.0**	**100.4**	**100.4**	**100.3**	**100.1**	**100.0**	**100.8**	**101.8**	**100.9**	**101.4**	**100.2**
	新建商品住宅	100.1	100.0	100.4	100.4	100.3	100.1	100.0	100.8	101.9	100.9	101.4	100.2
	一、90㎡及以下	100.3	99.9	100.2	100.6	100.3	100.2	100.1	100.9	102.2	100.9	101.6	100.4
	二、90-144㎡	100.1	99.9	100.6	100.4	100.6	100.0	100.0	100.9	101.9	100.9	101.7	100.3
	三、144㎡以上	100.1	100.1	100.2	100.1	100.0	100.0	100.0	100.3	101.5	101.0	100.9	99.8
	二手住宅价格指数	**100.0**	**100.1**	**100.4**	**100.3**	**100.3**	**100.1**	**100.2**	**100.6**	**101.2**	**100.4**	**100.8**	**100.3**
	一、90㎡及以下	100.2	100.1	100.2	100.4	100.3	100.2	100.3	100.6	101.2	100.3	100.9	100.4
	二、90-144㎡	99.8	100.0	100.4	100.2	100.4	100.1	100.2	100.7	101.2	100.4	100.7	100.1
	三、144㎡以上	100.0	100.1	100.6	100.4	100.3	100.1	100.1	100.5	101.1	100.5	100.7	100.2

4-4-48　2016年蚌埠市住宅销售价格指数
Bengbu Housing Price Indices for 2016

项　目　Item		1月	2月	3月	4月	5月	6月	7月	8月	9月	10月	11月	12月
定基价格指数	**新建住宅价格指数**	**98.4**	**98.2**	**99.0**	**99.8**	**100.5**	**100.7**	**101.7**	**102.8**	**104.4**	**105.8**	**107.1**	**107.7**
	新建商品住宅	98.4	98.2	99.0	99.8	100.5	100.7	101.7	102.8	104.5	105.9	107.1	107.7
	一、90m²及以下	98.1	98.1	99.1	99.9	100.2	100.2	101.3	102.6	103.9	105.0	106.1	107.0
	二、90-144m²	98.6	98.2	99.0	99.8	100.7	101.1	101.9	103.0	104.7	106.2	107.6	108.1
	三、144m²以上	97.4	97.6	98.7	98.8	99.1	99.3	100.4	102.1	104.5	105.6	106.2	107.4
	二手住宅价格指数	**98.9**	**99.1**	**99.2**	**99.6**	**99.9**	**100.1**	**100.7**	**101.4**	**102.4**	**102.8**	**103.5**	**104.2**
	一、90m²及以下	98.9	99.1	99.2	99.5	99.7	99.8	100.5	101.1	102.3	102.7	103.5	104.3
	二、90-144m²	99.0	99.2	99.3	99.7	100.0	100.3	100.9	101.6	102.5	102.8	103.4	104.3
	三、144m²以上	99.0	99.4	99.6	100.2	100.5	100.7	101.5	102.4	103.2	103.4	103.6	103.8
同比价格指数	**新建住宅价格指数**	**96.0**	**96.5**	**98.2**	**99.2**	**100.2**	**100.7**	**102.2**	**103.7**	**105.7**	**106.7**	**108.2**	**109.2**
	新建商品住宅	96.0	96.5	98.2	99.2	100.2	100.7	102.2	103.7	105.8	106.8	108.3	109.2
	一、90m²及以下	95.9	96.7	98.3	99.3	99.9	100.3	101.7	103.3	105.1	106.0	107.1	108.4
	二、90-144m²	96.0	96.4	98.2	99.3	100.5	101.0	102.6	104.0	106.0	107.1	108.8	109.5
	三、144m²以上	95.6	96.3	97.5	98.1	98.6	98.9	100.6	102.6	105.6	106.7	107.7	109.5
	二手住宅价格指数	**97.2**	**98.0**	**98.6**	**99.3**	**99.8**	**100.1**	**100.9**	**101.7**	**102.9**	**103.5**	**104.3**	**105.6**
	一、90m²及以下	96.9	97.7	98.3	99.1	99.6	100.0	100.8	101.5	102.9	103.5	104.4	105.8
	二、90-144m²	97.5	98.3	98.8	99.5	99.9	100.3	101.1	101.9	102.9	103.4	104.1	105.5
	三、144m²以上	97.6	98.7	99.2	100.0	100.5	100.6	101.4	102.7	103.7	104.0	104.1	105.1
环比价格指数	**新建住宅价格指数**	**99.7**	**99.8**	**100.9**	**100.8**	**100.7**	**100.3**	**100.9**	**101.1**	**101.6**	**101.3**	**101.2**	**100.6**
	新建商品住宅	99.7	99.8	100.9	100.8	100.7	100.3	100.9	101.1	101.6	101.3	101.2	100.6
	一、90m²及以下	99.4	100.0	101.0	100.8	100.4	100.0	101.1	101.3	101.3	101.1	101.0	100.8
	二、90-144m²	99.8	99.6	100.8	100.8	100.9	100.4	100.8	101.0	101.7	101.5	101.3	100.4
	三、144m²以上	99.3	100.2	101.1	100.1	100.3	100.2	101.2	101.6	102.4	101.0	100.6	101.1
	二手住宅价格指数	**100.3**	**100.2**	**100.1**	**100.4**	**100.2**	**100.2**	**100.7**	**100.6**	**101.0**	**100.3**	**100.7**	**100.8**
	一、90m²及以下	100.3	100.2	100.1	100.3	100.2	100.1	100.7	100.6	101.1	100.4	100.8	100.8
	二、90-144m²	100.2	100.2	100.1	100.4	100.3	100.3	100.6	100.7	100.8	100.3	100.6	100.8
	三、144m²以上	100.3	100.4	100.2	100.5	100.4	100.2	100.8	100.8	100.8	100.2	100.2	100.2

4-4-49　2016年安庆市住宅销售价格指数
Anqing Housing Price Indices for 2016

	项　目　Item	1月	2月	3月	4月	5月	6月	7月	8月	9月	10月	11月	12月
定基价格指数	**新建住宅价格指数**	**99.7**	**99.3**	**100.1**	**100.6**	**101.0**	**101.5**	**102.4**	**103.5**	**104.4**	**105.0**	**106.4**	**107.1**
	新建商品住宅	99.7	99.3	100.1	100.6	101.0	101.5	102.4	103.5	104.4	105.0	106.4	107.2
	一、90m²及以下	100.0	99.7	100.8	101.7	102.0	102.4	103.6	104.4	104.9	104.9	107.2	108.3
	二、90-144m²	99.5	98.9	99.8	100.3	100.7	101.3	102.1	103.5	104.3	104.9	106.0	106.8
	三、144m²以上	100.7	100.4	100.7	100.8	101.0	101.0	101.9	102.7	104.1	105.5	106.9	107.2
	二手住宅价格指数	**99.6**	**99.8**	**99.6**	**100.0**	**100.2**	**100.3**	**101.1**	**101.7**	**103.1**	**103.6**	**104.9**	**106.2**
	一、90m²及以下	99.3	99.5	99.4	99.9	100.2	100.3	100.9	101.8	103.1	103.7	104.9	106.4
	二、90-144m²	99.9	100.0	99.9	100.1	100.2	100.3	101.3	101.6	103.1	103.6	104.9	106.1
	三、144m²以上	99.9	100.1	99.7	99.9	100.0	100.1	101.0	101.6	102.6	103.0	104.4	105.4
同比价格指数	**新建住宅价格指数**	**99.3**	**99.2**	**100.0**	**100.7**	**101.0**	**101.6**	**101.9**	**103.4**	**104.4**	**105.2**	**106.7**	**107.6**
	新建商品住宅	99.3	99.2	100.0	100.7	101.0	101.6	101.9	103.4	104.4	105.2	106.7	107.6
	一、90m²及以下	99.7	99.8	100.8	102.2	102.3	102.5	103.2	104.0	104.8	105.0	107.2	108.4
	二、90-144m²	99.0	98.8	99.6	100.1	100.6	101.4	101.6	103.4	104.4	105.3	106.5	107.5
	三、144m²以上	100.3	100.6	101.0	101.2	101.3	101.4	101.7	102.6	103.9	105.2	106.8	106.9
	二手住宅价格指数	**98.8**	**99.1**	**99.1**	**99.6**	**100.2**	**100.8**	**101.5**	**102.1**	**103.4**	**103.9**	**105.0**	**106.6**
	一、90m²及以下	98.2	98.5	98.6	99.2	100.4	101.0	101.4	102.3	103.6	104.3	105.3	107.0
	二、90-144m²	99.5	99.7	99.6	99.9	100.1	100.7	101.5	101.9	103.3	103.7	104.9	106.2
	三、144m²以上	99.4	99.8	99.5	99.9	100.1	100.3	101.4	101.9	102.6	103.0	104.4	105.7
环比价格指数	**新建住宅价格指数**	**100.1**	**99.5**	**100.9**	**100.5**	**100.3**	**100.5**	**100.8**	**101.1**	**100.8**	**100.6**	**101.3**	**100.7**
	新建商品住宅	100.1	99.5	100.9	100.5	100.3	100.5	100.9	101.2	100.8	100.6	101.3	100.7
	一、90m²及以下	100.0	99.7	101.1	100.8	100.3	100.4	101.2	100.7	100.6	100.0	102.2	101.0
	二、90-144m²	100.1	99.4	100.9	100.5	100.4	100.6	100.7	101.3	100.8	100.6	101.1	100.7
	三、144m²以上	100.5	99.6	100.4	100.1	100.2	100.0	100.9	100.8	101.4	101.3	101.4	100.3
	二手住宅价格指数	**99.9**	**100.1**	**99.9**	**100.3**	**100.2**	**100.1**	**100.8**	**100.7**	**101.3**	**100.5**	**101.2**	**101.3**
	一、90m²及以下	99.9	100.2	99.9	100.5	100.3	100.2	100.6	100.9	101.3	100.6	101.2	101.5
	二、90-144m²	100.0	100.1	99.9	100.2	100.1	100.2	101.0	100.3	101.5	100.5	101.3	101.2
	三、144m²以上	100.1	100.2	99.6	100.3	100.1	100.1	100.9	100.6	101.0	100.4	101.3	101.0

4-4-50 2016年泉州市住宅销售价格指数
Quanzhou Housing Price Indices for 2016

	项 目 Item	1月	2月	3月	4月	5月	6月	7月	8月	9月	10月	11月	12月
定基价格指数	**新建住宅价格指数**	**99.9**	**100.3**	**100.9**	**101.9**	**101.7**	**101.5**	**102.1**	**103.3**	**104.9**	**106.1**	**108.2**	**109.0**
	新建商品住宅	99.9	100.3	100.9	101.9	101.8	101.5	102.1	103.4	105.0	106.2	108.4	109.2
	一、90m²及以下	99.6	100.1	100.5	101.8	101.3	101.2	101.9	103.4	104.6	105.8	108.9	109.3
	二、90-144m²	99.9	100.4	100.6	101.6	101.1	101.1	101.8	102.6	104.6	105.9	108.3	109.0
	三、144m²以上	100.2	100.2	101.6	102.5	103.0	102.4	102.8	104.7	105.9	106.9	108.4	109.5
	二手住宅价格指数	**99.6**	**99.5**	**99.2**	**99.5**	**99.4**	**99.3**	**99.5**	**100.1**	**101.6**	**102.4**	**104.4**	**105.6**
	一、90m²及以下	100.2	100.2	100.2	100.4	100.3	99.9	99.9	100.6	101.9	102.6	104.2	105.3
	二、90-144m²	99.3	99.0	98.5	98.8	98.6	98.5	98.8	99.2	100.9	101.8	103.9	105.1
	三、144m²以上	99.4	99.4	99.3	99.5	99.4	99.8	100.3	100.9	102.4	103.3	105.7	106.9
同比价格指数	**新建住宅价格指数**	**99.0**	**100.0**	**100.7**	**101.8**	**101.8**	**101.8**	**102.5**	**103.7**	**105.3**	**106.1**	**108.3**	**108.9**
	新建商品住宅	99.0	100.0	100.7	101.9	101.9	101.8	102.5	103.8	105.4	106.2	108.4	109.1
	一、90m²及以下	98.2	99.3	99.9	101.1	101.0	101.5	102.1	103.8	105.5	106.5	110.0	109.8
	二、90-144m²	99.1	100.0	100.3	101.5	101.2	101.2	102.3	103.1	104.9	106.0	108.4	108.9
	三、144m²以上	99.4	100.5	101.9	102.9	103.4	102.8	103.2	104.9	106.0	106.4	107.7	109.0
	二手住宅价格指数	**99.2**	**99.2**	**99.1**	**99.5**	**99.5**	**99.4**	**99.7**	**100.1**	**101.6**	**102.4**	**104.5**	**105.8**
	一、90m²及以下	99.8	100.1	100.2	100.5	100.5	100.2	100.2	100.8	101.8	102.6	104.1	105.2
	二、90-144m²	98.7	98.6	98.3	98.7	98.8	98.6	98.9	99.3	101.1	101.9	104.1	105.4
	三、144m²以上	99.2	99.3	99.3	99.5	99.5	99.9	100.5	100.7	102.3	103.0	105.7	107.4
环比价格指数	**新建住宅价格指数**	**99.8**	**100.3**	**100.6**	**100.9**	**99.9**	**99.8**	**100.6**	**101.2**	**101.6**	**101.1**	**102.0**	**100.8**
	新建商品住宅	99.8	100.3	100.6	101.0	99.9	99.8	100.6	101.3	101.6	101.1	102.1	100.8
	一、90m²及以下	100.0	100.5	100.4	101.3	99.5	99.8	100.7	101.4	101.2	101.1	102.9	100.4
	二、90-144m²	99.8	100.5	100.2	100.9	99.6	100.0	100.6	100.8	102.0	101.2	102.2	100.7
	三、144m²以上	99.8	100.0	101.4	100.9	100.5	99.4	100.5	101.8	101.2	100.9	101.3	101.1
	二手住宅价格指数	**99.8**	**99.9**	**99.8**	**100.3**	**99.8**	**99.9**	**100.3**	**100.5**	**101.5**	**100.8**	**101.9**	**101.1**
	一、90m²及以下	100.1	100.0	100.0	100.3	99.9	99.6	100.0	100.6	101.3	100.8	101.6	101.0
	二、90-144m²	99.6	99.7	99.5	100.3	99.8	99.9	100.3	100.5	101.7	100.8	102.0	101.2
	三、144m²以上	99.9	100.0	99.9	100.2	99.9	100.3	100.5	100.6	101.5	100.9	102.2	101.2

4-4-51 2016年九江市住宅销售价格指数
Jiujiang Housing Price Indices for 2016

项 目 Item		1月	2月	3月	4月	5月	6月	7月	8月	9月	10月	11月	12月
定基价格指数	**新建住宅价格指数**	**99.6**	**99.9**	**100.6**	**101.6**	**102.5**	**103.1**	**104.2**	**105.4**	**107.0**	**109.0**	**109.9**	**110.6**
	新建商品住宅	99.6	99.9	100.6	101.6	102.5	103.2	104.2	105.5	107.0	109.1	110.0	110.7
	一、90m²及以下	99.4	99.4	100.3	101.3	102.2	103.0	104.3	106.0	107.7	109.4	109.6	110.9
	二、90-144m²	99.5	99.8	100.5	101.6	102.6	103.2	104.3	105.3	107.0	109.0	110.0	110.8
	三、144m²以上	100.2	100.4	101.2	102.1	102.6	102.9	103.7	105.8	106.7	109.6	110.1	110.3
	二手住宅价格指数	**101.1**	**101.0**	**101.5**	**102.4**	**102.4**	**103.7**	**104.3**	**105.7**	**106.4**	**107.3**	**107.4**	**109.0**
	一、90m²及以下	101.9	101.9	102.9	103.8	104.2	105.7	106.4	108.0	108.5	109.6	109.7	111.5
	二、90-144m²	100.8	100.6	100.7	101.5	101.2	102.4	103.0	104.2	105.0	105.8	105.6	107.2
	三、144m²以上	98.8	98.6	99.0	99.8	99.1	100.1	100.6	101.6	103.3	103.8	104.8	105.6
同比价格指数	**新建住宅价格指数**	**98.8**	**99.5**	**100.3**	**101.5**	**102.1**	**103.0**	**103.9**	**105.3**	**107.4**	**109.8**	**110.7**	**111.2**
	新建商品住宅	98.8	99.5	100.3	101.6	102.1	103.0	104.0	105.3	107.4	109.9	110.8	111.3
	一、90m²及以下	98.1	98.5	99.6	101.1	101.6	102.8	104.2	106.2	108.3	110.4	111.3	112.0
	二、90-144m²	98.8	99.6	100.3	101.5	102.1	102.9	103.9	105.0	107.4	109.8	111.0	111.5
	三、144m²以上	99.1	99.9	101.0	102.3	102.7	103.3	104.2	106.2	106.8	110.1	109.9	110.2
	二手住宅价格指数	**101.9**	**101.9**	**102.4**	**103.0**	**102.5**	**103.6**	**104.3**	**105.4**	**105.9**	**106.7**	**106.5**	**107.9**
	一、90m²及以下	103.4	103.4	104.1	104.7	104.6	105.8	106.5	107.7	107.4	108.4	108.1	109.8
	二、90-144m²	101.3	101.2	101.5	102.1	101.3	102.2	102.9	103.8	104.9	105.5	105.0	106.2
	三、144m²以上	97.8	97.6	98.3	99.4	98.7	99.7	100.9	101.9	103.5	104.6	105.9	107.1
环比价格指数	**新建住宅价格指数**	**100.1**	**100.3**	**100.7**	**101.0**	**100.9**	**100.6**	**101.0**	**101.2**	**101.5**	**101.9**	**100.8**	**100.7**
	新建商品住宅	100.1	100.3	100.7	101.1	100.9	100.6	101.0	101.2	101.5	101.9	100.8	100.7
	一、90m²及以下	100.4	100.0	101.0	101.0	100.9	100.8	101.2	101.6	101.6	101.6	100.2	101.1
	二、90-144m²	100.1	100.3	100.6	101.1	101.0	100.6	101.0	101.0	101.6	101.8	100.9	100.7
	三、144m²以上	100.1	100.2	100.8	100.9	100.4	100.3	100.8	102.0	100.8	102.8	100.5	100.2
	二手住宅价格指数	**100.1**	**99.9**	**100.5**	**100.8**	**100.0**	**101.3**	**100.6**	**101.3**	**100.7**	**100.9**	**100.0**	**101.5**
	一、90m²及以下	100.3	100.1	100.9	100.9	100.3	101.4	100.7	101.5	100.5	101.0	100.0	101.7
	二、90-144m²	99.8	99.8	100.1	100.8	99.7	101.2	100.6	101.2	100.7	100.8	99.8	101.6
	三、144m²以上	100.2	99.8	100.5	100.8	99.3	101.0	100.5	101.0	101.7	100.5	101.0	100.7

4-4-52 2016年赣州市住宅销售价格指数
Ganzhou Housing Price Indices for 2016

项 目 Item		1月	2月	3月	4月	5月	6月	7月	8月	9月	10月	11月	12月
定基价格指数	**新建住宅价格指数**	**99.9**	**100.0**	**100.9**	**102.1**	**102.6**	**102.8**	**103.6**	**105.0**	**108.0**	**111.4**	**112.5**	**113.0**
	新建商品住宅	99.9	100.0	100.9	102.1	102.6	102.8	103.6	105.1	108.0	111.4	112.5	113.0
	一、90m²及以下	100.7	101.1	101.5	102.7	103.2	103.3	104.3	105.9	108.3	111.0	112.4	113.8
	二、90-144m²	99.8	99.9	100.9	102.1	102.5	102.7	103.5	104.9	108.0	111.6	112.4	112.7
	三、144m²以上	99.2	99.2	100.1	101.4	102.5	102.8	103.5	104.6	107.8	111.1	113.0	113.4
	二手住宅价格指数	**100.5**	**100.7**	**100.5**	**101.2**	**101.7**	**101.9**	**102.5**	**103.2**	**106.4**	**108.9**	**109.8**	**110.2**
	一、90m²及以下	100.1	100.3	100.1	101.0	101.6	101.9	102.2	103.5	106.5	108.6	109.9	109.4
	二、90-144m²	101.0	101.0	100.6	101.3	101.7	102.1	102.7	103.4	107.1	109.3	110.5	111.3
	三、144m²以上	100.0	100.5	100.6	101.2	101.6	101.5	102.2	102.6	104.9	108.1	108.3	108.7
同比价格指数	**新建住宅价格指数**	**99.4**	**99.4**	**100.5**	**101.8**	**102.7**	**103.1**	**103.8**	**104.5**	**108.1**	**112.0**	**113.3**	**113.4**
	新建商品住宅	99.4	99.4	100.5	101.8	102.7	103.1	103.8	104.5	108.2	112.0	113.4	113.5
	一、90m²及以下	100.4	100.4	100.9	102.6	103.4	103.9	104.5	105.5	108.5	111.8	113.0	113.6
	二、90-144m²	99.3	99.3	100.6	101.7	102.6	102.9	103.7	104.4	108.1	112.3	113.4	113.3
	三、144m²以上	98.6	98.6	99.9	101.4	102.7	103.2	103.4	103.7	108.0	111.4	113.8	114.3
	二手住宅价格指数	**100.7**	**100.7**	**100.7**	**101.5**	**102.1**	**102.3**	**102.6**	**102.8**	**105.9**	**108.6**	**109.7**	**109.7**
	一、90m²及以下	100.8	100.6	100.5	101.4	102.1	102.2	102.1	102.5	106.0	108.1	109.8	109.1
	二、90-144m²	101.1	101.0	101.0	101.6	102.0	102.4	103.1	103.3	106.6	109.1	110.3	110.5
	三、144m²以上	99.7	100.2	100.5	101.4	102.2	102.0	102.4	102.1	104.6	108.1	108.6	108.7
环比价格指数	**新建住宅价格指数**	**100.3**	**100.1**	**100.9**	**101.2**	**100.5**	**100.2**	**100.8**	**101.4**	**102.8**	**103.1**	**101.0**	**100.5**
	新建商品住宅	100.3	100.1	100.9	101.2	100.5	100.2	100.8	101.4	102.8	103.1	101.0	100.5
	一、90m²及以下	100.5	100.4	100.4	101.2	100.5	100.1	100.9	101.6	102.2	102.6	101.2	101.3
	二、90-144m²	100.3	100.1	101.0	101.2	100.4	100.2	100.8	101.4	102.9	103.3	100.7	100.3
	三、144m²以上	99.9	100.0	100.9	101.3	101.1	100.3	100.7	101.1	103.1	103.0	101.7	100.4
	二手住宅价格指数	**100.1**	**100.2**	**99.8**	**100.7**	**100.4**	**100.2**	**100.6**	**100.7**	**103.1**	**102.3**	**100.8**	**100.4**
	一、90m²及以下	99.8	100.2	99.8	100.9	100.6	100.2	100.4	101.2	102.9	102.0	101.1	99.6
	二、90-144m²	100.3	100.0	99.7	100.7	100.4	100.4	100.6	100.7	103.6	102.1	101.1	100.7
	三、144m²以上	100.0	100.5	100.1	100.6	100.4	99.9	100.7	100.4	102.3	103.0	100.1	100.4

4-4-53　2016年烟台市住宅销售价格指数
Yantai Housing Price Indices for 2016

项　目　Item		1月	2月	3月	4月	5月	6月	7月	8月	9月	10月	11月	12月
定基价格指数	**新建住宅价格指数**	**100.1**	**100.1**	**100.6**	**101.0**	**101.6**	**102.0**	**102.4**	**103.0**	**103.5**	**104.2**	**104.8**	**105.2**
	新建商品住宅	100.1	100.1	100.6	101.0	101.6	102.0	102.4	103.0	103.5	104.2	104.8	105.2
	一、90㎡及以下	99.7	99.7	100.0	100.4	101.0	101.3	101.7	102.0	102.4	102.9	103.3	103.8
	二、90-144㎡	100.6	100.8	101.3	101.8	102.3	103.0	103.3	104.0	104.7	105.7	106.3	106.6
	三、144㎡以上	99.1	98.5	99.4	99.8	100.2	100.3	101.0	101.6	102.2	102.7	103.0	103.8
	二手住宅价格指数	**99.7**	**99.6**	**99.7**	**99.9**	**100.1**	**100.3**	**100.4**	**101.0**	**101.3**	**101.6**	**101.9**	**102.1**
	一、90㎡及以下	99.8	99.7	99.9	100.1	100.5	100.7	100.9	101.4	101.9	102.1	102.4	102.7
	二、90-144㎡	99.9	99.7	99.7	99.9	100.1	100.3	100.4	100.9	101.3	101.6	101.9	102.0
	三、144㎡以上	99.1	98.8	98.6	98.7	98.8	98.8	98.7	99.1	99.2	99.4	99.5	99.6
同比价格指数	**新建住宅价格指数**	**99.0**	**99.6**	**100.2**	**100.8**	**101.5**	**102.1**	**102.7**	**103.4**	**103.9**	**104.9**	**105.2**	**105.4**
	新建商品住宅	99.0	99.6	100.2	100.8	101.5	102.1	102.7	103.4	103.9	104.9	105.2	105.4
	一、90㎡及以下	98.6	99.3	99.7	100.1	100.8	101.2	101.8	102.2	102.8	103.5	103.9	104.3
	二、90-144㎡	99.7	100.4	101.0	101.7	102.4	103.2	103.6	104.5	105.1	106.2	106.4	106.4
	三、144㎡以上	97.1	96.9	98.4	98.9	99.7	100.7	101.6	102.7	102.9	104.2	103.8	104.6
	二手住宅价格指数	**98.9**	**99.1**	**99.6**	**100.0**	**100.3**	**100.5**	**100.6**	**101.2**	**101.4**	**101.7**	**102.0**	**102.3**
	一、90㎡及以下	99.1	99.3	99.9	100.3	100.6	100.9	101.1	101.7	101.9	102.0	102.5	102.8
	二、90-144㎡	98.9	99.2	99.6	100.0	100.3	100.5	100.6	101.2	101.4	101.8	102.0	102.3
	三、144㎡以上	97.7	97.8	98.2	98.5	98.9	99.0	99.0	99.3	99.6	99.8	100.1	100.4
环比价格指数	**新建住宅价格指数**	**100.2**	**100.1**	**100.5**	**100.4**	**100.5**	**100.5**	**100.4**	**100.5**	**100.6**	**100.7**	**100.5**	**100.4**
	新建商品住宅	100.2	100.1	100.5	100.4	100.5	100.5	100.4	100.5	100.6	100.7	100.5	100.4
	一、90㎡及以下	100.2	100.0	100.4	100.3	100.7	100.2	100.4	100.3	100.4	100.4	100.4	100.5
	二、90-144㎡	100.4	100.2	100.5	100.5	100.5	100.7	100.3	100.7	100.7	100.9	100.6	100.3
	三、144㎡以上	99.9	99.4	100.9	100.4	100.4	100.1	100.7	100.6	100.6	100.4	100.3	100.8
	二手住宅价格指数	**100.0**	**99.9**	**100.1**	**100.2**	**100.3**	**100.2**	**100.1**	**100.5**	**100.4**	**100.3**	**100.3**	**100.2**
	一、90㎡及以下	99.9	99.9	100.2	100.3	100.3	100.2	100.2	100.6	100.4	100.2	100.3	100.3
	二、90-144㎡	100.1	99.9	100.0	100.2	100.2	100.2	100.1	100.5	100.3	100.3	100.3	100.1
	三、144㎡以上	99.9	99.7	99.9	100.0	100.1	100.0	100.0	100.3	100.2	100.1	100.2	100.1

4-4-54 2016年济宁市住宅销售价格指数
Jining Housing Price Indices for 2016

项 目 Item		1月	2月	3月	4月	5月	6月	7月	8月	9月	10月	11月	12月
定基价格指数	**新建住宅价格指数**	**98.5**	**98.7**	**98.9**	**99.0**	**99.0**	**99.1**	**98.7**	**98.9**	**99.2**	**99.7**	**100.0**	**100.2**
	新建商品住宅	98.5	98.7	98.9	99.0	99.0	99.1	98.7	98.9	99.2	99.7	100.0	100.2
	一、90m²及以下	98.5	98.4	98.6	99.0	99.2	99.7	99.6	99.8	100.4	100.5	100.4	100.8
	二、90-144m²	98.6	98.9	98.9	98.8	98.9	98.9	98.6	98.9	99.1	99.8	100.1	100.4
	三、144m²以上	98.1	98.3	98.9	99.2	99.2	99.4	98.8	98.8	99.1	99.1	99.5	99.8
	二手住宅价格指数	**99.7**	**99.7**	**99.8**	**99.8**	**99.7**	**99.7**	**99.8**	**100.2**	**100.4**	**100.5**	**100.7**	**100.7**
	一、90m²及以下	99.7	99.3	99.5	99.5	99.5	99.8	100.3	100.5	100.5	100.3	100.5	100.9
	二、90-144m²	99.8	100.1	100.2	100.1	100.0	99.8	99.6	100.0	100.3	100.7	100.9	100.8
	三、144m²以上	99.5	99.4	99.2	99.3	99.2	99.0	99.4	99.9	100.2	100.5	100.6	99.4
同比价格指数	**新建住宅价格指数**	**96.7**	**97.3**	**97.9**	**98.3**	**98.7**	**98.9**	**99.1**	**99.8**	**99.9**	**100.7**	**101.2**	**101.6**
	新建商品住宅	96.7	97.2	97.9	98.3	98.7	98.9	99.1	99.8	99.9	100.7	101.2	101.7
	一、90m²及以下	96.6	96.9	97.2	98.1	99.0	99.6	100.0	100.6	101.1	101.4	101.9	102.8
	二、90-144m²	97.1	97.6	98.2	98.2	98.3	98.5	99.1	99.9	99.8	100.7	101.1	101.5
	三、144m²以上	95.6	96.5	97.3	98.4	99.3	99.5	99.0	99.3	100.0	100.6	101.3	101.9
	二手住宅价格指数	**98.6**	**99.2**	**99.6**	**99.8**	**99.9**	**100.0**	**100.2**	**100.3**	**100.5**	**100.8**	**101.0**	**100.9**
	一、90m²及以下	98.7	99.0	99.4	99.5	99.7	100.3	100.7	100.6	100.3	100.5	100.5	101.1
	二、90-144m²	98.6	99.5	100.0	100.1	100.1	100.0	100.0	100.0	100.7	101.0	101.6	100.9
	三、144m²以上	98.0	98.5	98.8	99.2	99.6	99.4	99.6	100.5	100.9	100.9	100.7	99.7
环比价格指数	**新建住宅价格指数**	**99.9**	**100.2**	**100.2**	**100.1**	**100.0**	**100.1**	**99.7**	**100.2**	**100.3**	**100.5**	**100.3**	**100.3**
	新建商品住宅	99.9	100.2	100.2	100.1	100.0	100.1	99.7	100.2	100.3	100.5	100.3	100.3
	一、90m²及以下	100.5	99.9	100.2	100.4	100.3	100.5	99.9	100.2	100.6	100.1	99.9	100.4
	二、90-144m²	99.7	100.3	100.0	99.9	100.0	100.0	99.8	100.3	100.2	100.7	100.3	100.3
	三、144m²以上	100.2	100.2	100.5	100.3	100.0	100.2	99.4	100.0	100.3	100.0	100.4	100.2
	二手住宅价格指数	**99.9**	**100.0**	**100.1**	**100.0**	**99.9**	**100.0**	**100.1**	**100.3**	**100.2**	**100.1**	**100.2**	**100.0**
	一、90m²及以下	99.9	99.6	100.2	100.1	100.0	100.2	100.5	100.2	100.0	99.9	100.2	100.5
	二、90-144m²	100.0	100.3	100.0	100.0	99.9	99.8	99.7	100.4	100.4	100.3	100.3	99.9
	三、144m²以上	99.9	99.8	99.9	100.0	99.9	99.8	100.4	100.5	100.3	100.3	100.1	98.8

4-4-55 2016年洛阳市住宅销售价格指数
Luoyang Housing Price Indices for 2016

项 目 Item		1月	2月	3月	4月	5月	6月	7月	8月	9月	10月	11月	12月
定基价格指数	**新建住宅价格指数**	**99.1**	**99.0**	**99.2**	**99.8**	**100.1**	**100.1**	**100.4**	**100.7**	**101.2**	**101.5**	**103.1**	**103.7**
	新建商品住宅	99.1	99.0	99.1	99.7	100.1	100.1	100.4	100.7	101.2	101.6	103.2	103.9
	一、90m²及以下	100.0	99.8	100.1	101.0	101.5	101.6	102.5	103.3	104.9	105.2	106.9	107.7
	二、90-144m²	98.9	98.7	99.1	99.4	99.6	99.7	99.7	100.0	100.2	100.6	102.3	103.1
	三、144m²以上	98.8	99.0	98.7	99.8	100.2	100.2	100.7	100.9	101.4	101.7	103.0	103.1
	二手住宅价格指数	**99.2**	**99.2**	**99.2**	**99.4**	**99.6**	**99.8**	**100.0**	**100.4**	**100.8**	**101.0**	**101.8**	**101.9**
	一、90m²及以下	100.3	100.3	100.4	100.7	101.0	101.1	101.4	101.6	102.0	102.2	103.1	103.3
	二、90-144m²	99.0	98.9	99.1	99.2	99.5	99.5	99.8	100.4	100.5	100.7	101.5	101.6
	三、144m²以上	98.4	98.3	98.2	98.1	98.3	98.7	98.9	99.3	99.7	100.1	100.8	101.0
同比价格指数	**新建住宅价格指数**	**97.7**	**98.3**	**98.7**	**99.7**	**100.1**	**100.3**	**100.6**	**100.9**	**101.6**	**102.0**	**103.7**	**104.5**
	新建商品住宅	97.6	98.2	98.7	99.7	100.1	100.3	100.6	101.0	101.7	102.1	103.8	104.7
	一、90m²及以下	99.3	99.7	100.0	100.8	102.0	102.0	102.8	103.3	104.8	105.1	106.8	108.0
	二、90-144m²	97.1	97.8	98.5	99.3	99.6	99.9	100.0	100.3	100.8	101.2	103.0	104.0
	三、144m²以上	97.5	98.0	98.0	100.0	100.1	100.0	100.6	101.2	101.8	102.3	103.9	104.2
	二手住宅价格指数	**98.2**	**98.5**	**98.9**	**99.3**	**99.7**	**100.1**	**100.3**	**100.7**	**100.9**	**101.2**	**102.1**	**102.5**
	一、90m²及以下	99.8	100.0	100.6	101.0	101.5	101.6	101.7	101.6	101.9	102.0	102.8	102.9
	二、90-144m²	97.8	98.1	98.6	99.1	99.6	99.9	100.1	100.7	100.7	101.0	101.9	102.3
	三、144m²以上	97.3	97.4	97.5	97.7	98.0	98.6	99.0	99.7	100.1	100.7	101.7	102.2
环比价格指数	**新建住宅价格指数**	**99.9**	**99.9**	**100.2**	**100.6**	**100.3**	**100.1**	**100.2**	**100.3**	**100.5**	**100.3**	**101.5**	**100.6**
	新建商品住宅	99.9	99.9	100.2	100.6	100.3	100.1	100.3	100.3	100.5	100.4	101.6	100.6
	一、90m²及以下	100.3	99.8	100.3	100.9	100.6	100.1	100.8	100.7	101.6	100.3	101.5	100.8
	二、90-144m²	99.8	99.8	100.3	100.3	100.2	100.1	100.0	100.3	100.2	100.4	101.7	100.8
	三、144m²以上	99.8	100.2	99.7	101.1	100.3	100.0	100.6	100.2	100.5	100.3	101.3	100.2
	二手住宅价格指数	**99.8**	**99.9**	**100.1**	**100.2**	**100.3**	**100.2**	**100.2**	**100.4**	**100.3**	**100.2**	**100.8**	**100.2**
	一、90m²及以下	100.0	100.0	100.1	100.3	100.3	100.1	100.3	100.2	100.4	100.2	100.9	100.2
	二、90-144m²	99.7	99.9	100.1	100.2	100.2	100.1	100.3	100.6	100.2	100.2	100.8	100.2
	三、144m²以上	99.6	99.9	99.9	99.9	100.2	100.4	100.2	100.4	100.5	100.4	100.7	100.1

4-4-56 2016年平顶山市住宅销售价格指数
Pingdingshan Housing Price Indices for 2016

项 目 Item		1月	2月	3月	4月	5月	6月	7月	8月	9月	10月	11月	12月
定基价格指数	**新建住宅价格指数**	**100.4**	**100.4**	**100.7**	**100.8**	**100.9**	**101.1**	**101.0**	**101.4**	**102.5**	**103.0**	**103.5**	**104.0**
	新建商品住宅	100.4	100.4	100.7	100.8	100.9	101.1	101.0	101.4	102.5	103.1	103.5	104.1
	一、90㎡及以下	99.7	99.7	100.1	100.0	99.9	99.6	99.6	99.8	101.0	101.7	101.9	103.7
	二、90-144㎡	100.6	100.6	100.7	100.9	101.2	101.6	101.4	101.9	103.0	103.4	104.1	104.2
	三、144㎡以上	100.9	100.6	101.3	101.4	101.5	101.6	101.6	101.8	103.1	103.9	103.6	104.2
	二手住宅价格指数	**99.8**	**99.8**	**100.0**	**99.9**	**99.9**	**99.8**	**99.8**	**100.1**	**100.6**	**100.7**	**100.6**	**100.4**
	一、90㎡及以下	98.5	98.1	98.4	98.1	98.2	96.9	96.9	97.2	97.6	98.7	97.5	97.9
	二、90-144㎡	100.0	100.3	100.4	100.5	100.3	100.7	100.7	101.2	101.6	100.8	101.4	100.4
	三、144㎡以上	101.6	101.6	102.0	102.1	102.0	102.9	103.0	102.9	103.7	103.8	104.3	104.4
同比价格指数	**新建住宅价格指数**	**99.8**	**100.1**	**100.6**	**100.9**	**101.3**	**101.6**	**101.5**	**101.7**	**102.3**	**102.8**	**103.3**	**103.7**
	新建商品住宅	99.8	100.1	100.6	100.9	101.3	101.6	101.6	101.8	102.3	102.9	103.4	103.7
	一、90㎡及以下	98.8	98.9	99.6	99.8	100.1	99.8	99.8	100.1	101.4	102.1	102.3	104.0
	二、90-144㎡	99.9	100.5	100.7	101.1	101.6	102.2	102.1	102.3	102.6	103.1	103.8	103.8
	三、144㎡以上	100.9	100.5	101.5	101.8	102.0	102.3	102.3	102.1	102.5	103.2	103.1	103.3
	二手住宅价格指数	**98.8**	**99.3**	**99.7**	**99.8**	**99.9**	**100.0**	**100.1**	**100.3**	**100.9**	**100.9**	**100.9**	**100.7**
	一、90㎡及以下	97.9	97.8	98.4	98.3	98.3	97.0	96.9	97.1	97.3	98.5	97.7	98.8
	二、90-144㎡	98.7	99.5	99.5	99.8	100.0	100.8	100.9	101.4	102.5	101.7	102.5	100.9
	三、144㎡以上	100.6	101.4	102.0	102.3	102.2	103.7	103.8	103.8	103.9	103.5	103.7	103.5
环比价格指数	**新建住宅价格指数**	**100.1**	**100.0**	**100.3**	**100.1**	**100.1**	**100.2**	**99.9**	**100.4**	**101.1**	**100.5**	**100.4**	**100.5**
	新建商品住宅	100.1	100.0	100.3	100.1	100.1	100.2	99.9	100.4	101.1	100.6	100.4	100.5
	一、90㎡及以下	100.0	100.0	100.4	99.9	99.8	99.7	100.0	100.2	101.2	100.7	100.2	101.7
	二、90-144㎡	100.2	100.1	100.1	100.2	100.2	100.4	99.9	100.5	101.0	100.4	100.7	100.0
	三、144㎡以上	100.0	99.7	100.6	100.1	100.1	100.1	100.1	100.1	101.3	100.8	99.8	100.5
	二手住宅价格指数	**100.1**	**100.0**	**100.2**	**100.0**	**99.9**	**99.9**	**100.0**	**100.3**	**100.5**	**100.1**	**99.9**	**99.8**
	一、90㎡及以下	99.5	99.6	100.2	99.7	100.1	98.7	100.0	100.3	100.4	101.2	98.8	100.3
	二、90-144㎡	100.5	100.3	100.0	100.1	99.8	100.4	100.0	100.5	100.4	99.1	100.6	99.0
	三、144㎡以上	100.7	100.0	100.4	100.1	99.9	100.9	100.1	100.0	100.7	100.1	100.5	100.1

4-4-57 2016年宜昌市住宅销售价格指数
Yichang Housing Price Indices for 2016

项 目 Item		1月	2月	3月	4月	5月	6月	7月	8月	9月	10月	11月	12月
定基价格指数	**新建住宅价格指数**	**99.6**	**99.9**	**100.1**	**100.4**	**100.6**	**101.1**	**101.4**	**101.9**	**102.6**	**103.4**	**104.1**	**104.7**
	新建商品住宅	99.6	99.8	100.1	100.4	100.7	101.1	101.4	101.9	102.7	103.5	104.2	104.7
	一、90㎡及以下	99.8	99.9	99.7	100.3	100.5	100.8	101.1	101.8	102.4	103.0	103.8	104.5
	二、90-144㎡	99.5	99.7	100.1	100.3	100.6	101.1	101.4	101.8	102.5	103.3	104.0	104.6
	三、144㎡以上	100.0	100.8	100.5	100.5	101.1	101.7	102.1	103.0	103.7	105.2	105.9	106.2
	二手住宅价格指数	**100.9**	**100.9**	**101.5**	**101.6**	**101.8**	**101.8**	**101.9**	**102.1**	**102.4**	**103.0**	**103.6**	**103.9**
	一、90㎡及以下	101.3	101.6	102.3	102.4	102.6	102.6	102.8	103.1	103.5	103.9	104.6	105.2
	二、90-144㎡	100.9	100.8	101.4	101.5	101.6	101.6	101.7	102.0	102.2	102.9	103.4	103.7
	三、144㎡以上	99.8	99.7	100.3	100.3	100.2	100.2	100.1	100.5	100.9	101.2	101.5	102.0
同比价格指数	**新建住宅价格指数**	**98.6**	**99.0**	**99.5**	**100.2**	**100.7**	**101.5**	**102.1**	**102.5**	**102.9**	**103.7**	**104.1**	**105.1**
	新建商品住宅	98.6	98.9	99.4	100.2	100.7	101.5	102.1	102.6	103.0	103.8	104.1	105.1
	一、90㎡及以下	98.7	98.7	98.5	99.7	100.3	101.3	101.7	102.6	103.3	103.8	104.0	105.0
	二、90-144㎡	98.4	98.8	99.6	100.3	100.7	101.5	102.1	102.3	102.7	103.5	104.0	105.0
	三、144㎡以上	99.2	100.2	100.0	100.3	101.0	101.9	103.0	104.0	104.1	105.4	105.4	106.2
	二手住宅价格指数	**101.1**	**101.4**	**102.1**	**102.2**	**102.3**	**102.1**	**102.0**	**102.1**	**101.9**	**102.4**	**102.9**	**103.0**
	一、90㎡及以下	101.8	102.4	103.0	103.0	103.2	103.1	103.0	103.0	102.8	103.0	103.6	104.0
	二、90-144㎡	101.1	101.3	102.1	102.1	102.1	101.9	101.8	101.8	101.7	102.3	102.7	102.7
	三、144㎡以上	98.7	98.9	99.9	100.4	100.5	100.5	100.3	100.8	101.2	101.5	101.8	102.2
环比价格指数	**新建住宅价格指数**	**100.0**	**100.2**	**100.2**	**100.3**	**100.3**	**100.5**	**100.3**	**100.5**	**100.7**	**100.8**	**100.6**	**100.6**
	新建商品住宅	100.0	100.2	100.2	100.3	100.3	100.5	100.3	100.5	100.7	100.8	100.7	100.6
	一、90㎡及以下	100.3	100.0	99.9	100.6	100.1	100.4	100.2	100.8	100.6	100.6	100.7	100.7
	二、90-144㎡	99.9	100.2	100.4	100.3	100.3	100.5	100.3	100.4	100.8	100.7	100.6	100.6
	三、144㎡以上	100.0	100.7	99.8	100.0	100.6	100.6	100.3	100.9	100.7	101.4	100.6	100.3
	二手住宅价格指数	**100.1**	**100.0**	**100.6**	**100.1**	**100.2**	**100.0**	**100.1**	**100.2**	**100.3**	**100.6**	**100.5**	**100.4**
	一、90㎡及以下	100.1	100.3	100.6	100.1	100.3	100.0	100.2	100.2	100.4	100.5	100.7	100.5
	二、90-144㎡	100.0	99.9	100.5	100.1	100.2	100.0	100.1	100.2	100.2	100.7	100.5	100.2
	三、144㎡以上	99.9	100.0	100.5	100.0	100.0	99.9	99.9	100.4	100.3	100.3	100.3	100.5

4-4-58　2016年襄阳市住宅销售价格指数
Xiangyang Housing Price Indices for 2016

项　目　Item		1月	2月	3月	4月	5月	6月	7月	8月	9月	10月	11月	12月
定基价格指数	**新建住宅价格指数**	**98.4**	**98.6**	**98.7**	**98.8**	**99.3**	**99.2**	**99.3**	**99.8**	**100.2**	**100.2**	**100.7**	**101.1**
	新建商品住宅	98.4	98.6	98.7	98.8	99.3	99.2	99.3	99.8	100.2	100.2	100.7	101.1
	一、90㎡及以下	99.0	99.0	99.6	100.2	100.6	100.6	100.8	101.1	101.7	101.7	102.0	102.2
	二、90-144㎡	98.4	98.7	98.8	98.8	99.3	99.1	99.3	100.0	100.3	100.4	100.9	101.2
	三、144㎡以上	97.2	97.3	97.1	97.0	97.8	97.6	97.6	97.7	97.9	98.1	98.7	99.1
	二手住宅价格指数	**99.9**	**99.7**	**99.6**	**99.6**	**99.6**	**99.7**	**99.7**	**100.1**	**100.2**	**100.2**	**100.4**	**100.4**
	一、90㎡及以下	100.5	100.2	100.1	100.2	100.2	100.2	100.2	100.8	100.8	101.1	101.5	101.5
	二、90-144㎡	99.7	99.5	99.5	99.6	99.7	99.9	100.0	100.4	100.6	100.5	100.5	100.6
	三、144㎡以上	99.4	99.1	98.7	98.3	98.0	97.7	97.3	97.4	97.4	97.1	97.4	97.1
同比价格指数	**新建住宅价格指数**	**96.2**	**97.3**	**97.5**	**98.1**	**98.8**	**99.0**	**99.5**	**100.4**	**100.9**	**101.7**	**102.4**	**102.7**
	新建商品住宅	96.2	97.2	97.5	98.1	98.8	99.0	99.5	100.4	100.9	101.7	102.4	102.7
	一、90㎡及以下	97.5	98.4	99.1	100.0	100.7	100.9	100.9	101.7	102.1	101.9	102.5	103.0
	二、90-144㎡	96.2	97.4	97.7	98.1	98.7	99.0	99.6	100.5	100.9	101.9	102.6	102.9
	三、144㎡以上	94.3	95.3	95.2	96.0	96.9	97.1	97.5	98.5	99.5	100.5	101.2	101.6
	二手住宅价格指数	**99.4**	**99.9**	**99.7**	**99.8**	**99.4**	**99.2**	**99.7**	**100.3**	**100.2**	**100.5**	**100.6**	**100.5**
	一、90㎡及以下	99.7	100.1	100.5	100.8	100.0	99.5	100.1	101.4	101.2	101.6	101.6	101.0
	二、90-144㎡	99.1	99.8	99.4	99.5	99.4	99.6	100.2	100.6	100.4	100.9	100.8	101.0
	三、144㎡以上	99.7	99.9	99.1	98.8	98.0	97.3	96.9	97.0	97.0	96.6	97.5	97.4
环比价格指数	**新建住宅价格指数**	**99.9**	**100.2**	**100.1**	**100.1**	**100.5**	**99.9**	**100.2**	**100.5**	**100.3**	**100.1**	**100.5**	**100.3**
	新建商品住宅	99.9	100.2	100.1	100.1	100.5	99.9	100.2	100.5	100.3	100.1	100.5	100.3
	一、90㎡及以下	99.7	100.0	100.5	100.6	100.4	100.0	100.3	100.2	100.6	100.0	100.3	100.3
	二、90-144㎡	100.1	100.3	100.1	100.0	100.5	99.9	100.2	100.7	100.3	100.1	100.5	100.3
	三、144㎡以上	99.6	100.1	99.8	100.0	100.8	99.7	100.0	100.1	100.2	100.2	100.6	100.4
	二手住宅价格指数	**100.0**	**99.7**	**99.9**	**100.0**	**100.0**	**100.1**	**100.0**	**100.4**	**100.1**	**100.0**	**100.2**	**100.0**
	一、90㎡及以下	100.0	99.7	100.0	100.0	100.0	100.0	100.0	100.6	100.0	100.3	100.4	100.0
	二、90-144㎡	100.1	99.8	100.0	100.1	100.1	100.2	100.2	100.4	100.2	99.9	100.0	100.1
	三、144㎡以上	**99.7**	**99.7**	**99.6**	**99.6**	**99.7**	**99.7**	**99.6**	**100.0**	**100.0**	**99.7**	**100.3**	**99.7**

4-4-59 2016年岳阳市住宅销售价格指数
Yueyang Housing Price Indices for 2016

	项 目 Item	1月	2月	3月	4月	5月	6月	7月	8月	9月	10月	11月	12月
定基价格指数	**新建住宅价格指数**	**98.5**	**98.6**	**98.9**	**99.4**	**99.4**	**99.6**	**99.9**	**100.1**	**101.5**	**102.8**	**103.1**	**103.4**
	新建商品住宅	98.4	98.5	98.9	99.4	99.3	99.5	99.9	100.2	101.6	102.9	103.3	103.7
	一、90m²及以下	98.1	98.2	98.8	99.4	99.0	99.8	100.4	100.9	102.1	103.4	103.7	104.1
	二、90-144m²	98.6	98.7	98.9	99.1	99.1	99.2	99.5	99.8	101.2	102.0	102.4	102.8
	三、144m²以上	98.2	98.2	98.7	100.0	100.1	100.1	100.2	100.4	102.1	104.7	105.0	105.2
	二手住宅价格指数	**99.5**	**99.6**	**99.7**	**99.9**	**100.0**	**100.1**	**100.3**	**100.5**	**100.9**	**101.5**	**101.6**	**101.9**
	一、90m²及以下	99.4	99.5	99.7	99.8	100.0	100.1	100.1	100.2	100.8	101.6	101.8	102.3
	二、90-144m²	99.6	99.7	99.8	99.9	100.1	100.2	100.4	100.6	100.8	101.2	101.3	101.6
	三、144m²以上	99.6	99.6	99.7	99.9	100.0	100.0	100.4	101.2	101.7	102.0	102.1	102.3
同比价格指数	**新建住宅价格指数**	**96.8**	**97.4**	**97.8**	**98.5**	**98.8**	**99.4**	**100.0**	**100.6**	**102.2**	**104.3**	**104.6**	**105.1**
	新建商品住宅	96.5	97.3	97.7	98.4	98.8	99.3	100.0	100.6	102.4	104.6	104.9	105.4
	一、90m²及以下	96.1	96.8	97.4	98.2	98.2	99.3	100.6	101.3	102.9	105.7	106.1	106.1
	二、90-144m²	97.0	97.6	97.8	98.2	98.5	98.8	99.6	100.1	102.0	103.7	103.9	104.4
	三、144m²以上	96.0	96.8	97.5	99.1	99.7	100.4	100.5	101.2	103.0	106.0	106.2	107.1
	二手住宅价格指数	**98.9**	**99.3**	**99.6**	**99.9**	**100.0**	**100.1**	**100.4**	**100.7**	**101.1**	**101.7**	**101.8**	**102.2**
	一、90m²及以下	98.7	99.4	99.7	99.9	100.0	100.1	100.1	100.3	100.8	101.8	102.0	102.5
	二、90-144m²	99.0	99.4	99.6	99.8	100.0	100.2	100.6	100.8	101.0	101.4	101.5	101.9
	三、144m²以上	98.8	99.1	99.5	99.7	100.0	100.1	100.6	101.4	102.0	102.4	102.4	102.7
环比价格指数	**新建住宅价格指数**	**100.1**	**100.1**	**100.3**	**100.5**	**100.0**	**100.2**	**100.3**	**100.2**	**101.3**	**101.3**	**100.3**	**100.3**
	新建商品住宅	100.1	100.1	100.4	100.5	100.0	100.2	100.4	100.3	101.4	101.3	100.3	100.4
	一、90m²及以下	100.0	100.1	100.7	100.5	99.7	100.8	100.6	100.4	101.2	101.3	100.4	100.3
	二、90-144m²	100.2	100.1	100.2	100.2	100.0	100.1	100.4	100.3	101.4	100.9	100.3	100.4
	三、144m²以上	99.9	100.0	100.6	101.3	100.1	100.0	100.1	100.1	101.8	102.5	100.3	100.3
	二手住宅价格指数	**99.8**	**100.1**	**100.1**	**100.2**	**100.1**	**100.1**	**100.2**	**100.2**	**100.4**	**100.5**	**100.1**	**100.3**
	一、90m²及以下	99.6	100.1	100.2	100.1	100.1	100.1	100.1	100.1	100.5	100.9	100.1	100.5
	二、90-144m²	99.9	100.0	100.1	100.2	100.2	100.1	100.2	100.2	100.3	100.4	100.2	100.2
	三、144m²以上	100.0	100.0	100.1	100.2	100.1	100.0	100.4	100.8	100.5	100.3	100.1	100.1

4-4-60 2016年常德市住宅销售价格指数
Changde Housing Price Indices for 2016

	项 目 Item	1月	2月	3月	4月	5月	6月	7月	8月	9月	10月	11月	12月
定基价格指数	**新建住宅价格指数**	**98.8**	**99.2**	**99.1**	**99.2**	**99.0**	**99.1**	**99.2**	**99.4**	**101.0**	**101.5**	**102.0**	**101.8**
	新建商品住宅	98.8	99.1	99.0	99.2	99.0	99.1	99.2	99.3	101.0	101.5	102.0	101.8
	一、90㎡及以下	98.7	99.4	99.6	99.6	99.7	99.5	99.3	99.2	101.0	101.2	101.6	101.9
	二、90-144㎡	99.0	99.1	98.8	99.1	98.8	99.0	99.4	99.7	101.4	102.0	102.3	102.2
	三、144㎡以上	98.4	98.8	98.6	98.7	98.2	98.4	98.5	98.5	99.9	100.4	101.8	100.5
	二手住宅价格指数	**100.1**	**99.9**	**100.0**	**100.2**	**100.3**	**100.6**	**101.0**	**101.0**	**102.0**	**102.3**	**102.5**	**102.5**
	一、90㎡及以下	100.5	100.3	100.4	100.5	100.6	101.0	101.4	101.4	102.4	102.6	102.9	103.0
	二、90-144㎡	99.8	99.6	99.7	99.9	100.0	100.4	100.8	100.8	101.6	102.0	102.2	102.2
	三、144㎡以上	99.9	99.5	99.6	99.8	100.1	100.3	100.5	100.5	101.8	102.3	102.5	102.4
同比价格指数	**新建住宅价格指数**	**97.2**	**98.1**	**98.1**	**98.9**	**99.0**	**99.3**	**99.7**	**100.0**	**101.5**	**102.1**	**102.5**	**102.9**
	新建商品住宅	97.1	98.1	98.0	98.8	99.0	99.3	99.7	100.0	101.5	102.2	102.5	103.0
	一、90㎡及以下	96.6	97.8	98.1	99.1	99.9	99.8	99.8	99.9	101.6	102.3	102.7	103.6
	二、90-144㎡	97.7	98.6	98.3	99.0	98.9	99.3	99.8	100.3	101.8	102.3	102.3	102.8
	三、144㎡以上	96.4	97.3	97.2	97.9	97.9	98.4	99.1	99.2	100.6	101.7	103.1	102.3
	二手住宅价格指数	**100.0**	**100.0**	**100.1**	**100.4**	**100.4**	**100.7**	**101.1**	**101.0**	**101.9**	**102.2**	**102.3**	**102.1**
	一、90㎡及以下	100.6	100.7	100.7	100.8	100.8	101.1	101.4	101.4	102.2	102.3	102.5	102.4
	二、90-144㎡	99.6	99.6	99.8	100.1	100.2	100.5	100.9	100.9	101.7	101.9	102.1	101.9
	三、144㎡以上	99.3	99.5	99.7	100.0	100.1	100.4	100.5	100.5	101.9	102.5	102.6	102.3
环比价格指数	**新建住宅价格指数**	**99.9**	**100.3**	**99.9**	**100.1**	**99.8**	**100.1**	**100.2**	**100.1**	**101.7**	**100.4**	**100.5**	**99.8**
	新建商品住宅	99.9	100.3	99.9	100.1	99.8	100.1	100.2	100.1	101.7	100.5	100.5	99.8
	一、90㎡及以下	100.4	100.6	100.2	100.0	100.1	99.8	99.8	99.9	101.8	100.2	100.4	100.3
	二、90-144㎡	99.6	100.1	99.7	100.2	99.8	100.2	100.4	100.4	101.7	100.6	100.3	99.9
	三、144㎡以上	100.1	100.5	99.8	100.1	99.5	100.1	100.2	99.9	101.4	100.5	101.4	98.7
	二手住宅价格指数	**99.7**	**99.7**	**100.1**	**100.2**	**100.1**	**100.4**	**100.3**	**100.1**	**100.9**	**100.3**	**100.2**	**100.0**
	一、90㎡及以下	99.9	99.8	100.1	100.1	100.1	100.4	100.4	100.1	100.9	100.2	100.3	100.1
	二、90-144㎡	99.5	99.7	100.2	100.2	100.1	100.4	100.4	100.1	100.8	100.4	100.2	100.0
	三、144㎡以上	99.8	99.6	100.1	100.2	100.3	100.3	100.1	100.0	101.3	100.5	100.2	99.9

4-4-61 2016年惠州市住宅销售价格指数
Huizhou Housing Price Indices for 2016

	项 目 Item	1月	2月	3月	4月	5月	6月	7月	8月	9月	10月	11月	12月
定基价格指数	**新建住宅价格指数**	**100.9**	**101.6**	**102.7**	**106.1**	**109.5**	**112.3**	**114.1**	**115.6**	**120.1**	**122.8**	**124.6**	**125.2**
	新建商品住宅	100.9	101.6	102.7	106.1	109.5	112.3	114.1	115.6	120.2	122.9	124.7	125.3
	一、90㎡及以下	101.6	102.2	103.1	106.4	110.2	112.8	114.6	115.2	119.6	121.5	123.7	123.7
	二、90-144㎡	100.9	101.7	103.0	106.4	109.7	112.5	114.5	116.4	121.1	124.2	125.6	126.2
	三、144㎡以上	100.3	101.0	102.0	105.1	108.5	111.5	113.1	114.6	118.8	121.3	123.6	124.7
	二手住宅价格指数	**100.9**	**101.3**	**102.2**	**103.3**	**105.2**	**106.0**	**107.2**	**108.0**	**111.9**	**112.9**	**114.7**	**115.1**
	一、90㎡及以下	101.0	101.5	102.6	103.8	105.5	106.3	107.7	108.5	111.8	113.2	114.7	115.1
	二、90-144㎡	100.9	101.3	102.2	103.3	105.1	105.9	107.0	107.9	112.2	113.2	114.7	115.0
	三、144㎡以上	100.7	101.1	101.8	102.8	105.0	105.7	107.1	107.7	111.5	111.9	114.8	115.4
同比价格指数	**新建住宅价格指数**	**98.9**	**100.4**	**102.3**	**106.4**	**110.2**	**113.5**	**115.4**	**116.4**	**120.3**	**122.9**	**124.4**	**124.9**
	新建商品住宅	98.9	100.4	102.3	106.4	110.2	113.5	115.5	116.4	120.3	122.9	124.4	125.0
	一、90㎡及以下	101.1	102.0	103.4	106.8	111.1	113.9	115.5	115.7	119.0	120.9	122.7	122.3
	二、90-144㎡	99.0	100.4	102.7	106.9	110.5	113.8	115.8	116.8	121.2	124.4	125.4	125.6
	三、144㎡以上	97.3	99.0	101.0	105.2	109.1	112.6	114.7	116.2	119.7	121.6	123.8	125.7
	二手住宅价格指数	**99.7**	**100.8**	**102.2**	**103.6**	**105.7**	**106.6**	**107.7**	**108.5**	**112.2**	**113.0**	**114.4**	**114.4**
	一、90㎡及以下	99.9	101.0	102.5	104.0	106.1	107.0	108.2	109.1	112.1	113.2	114.3	114.2
	二、90-144㎡	99.8	100.9	102.3	103.7	105.6	106.4	107.4	108.3	112.4	113.2	114.4	114.4
	三、144㎡以上	99.3	100.4	101.6	103.0	105.4	106.7	107.6	108.2	111.9	112.1	114.5	114.8
环比价格指数	**新建住宅价格指数**	**100.6**	**100.7**	**101.1**	**103.3**	**103.2**	**102.5**	**101.6**	**101.3**	**103.9**	**102.2**	**101.5**	**100.5**
	新建商品住宅	100.6	100.7	101.1	103.3	103.2	102.5	101.6	101.3	103.9	102.2	101.5	100.5
	一、90㎡及以下	100.5	100.6	100.8	103.3	103.5	102.3	101.6	100.6	103.8	101.6	101.8	100.0
	二、90-144㎡	100.5	100.8	101.3	103.3	103.1	102.5	101.8	101.6	104.1	102.5	101.1	100.5
	三、144㎡以上	101.1	100.6	101.0	103.1	103.2	102.8	101.4	101.3	103.7	102.1	101.9	100.9
	二手住宅价格指数	**100.3**	**100.4**	**100.9**	**101.1**	**101.8**	**100.8**	**101.2**	**100.8**	**103.6**	**100.9**	**101.6**	**100.4**
	一、90㎡及以下	100.2	100.5	101.1	101.1	101.7	100.8	101.3	100.7	103.1	101.2	101.3	100.3
	二、90-144㎡	100.3	100.4	100.9	101.0	101.7	100.8	101.0	100.9	103.9	100.9	101.3	100.3
	三、144㎡以上	100.2	100.4	100.7	101.0	102.1	100.7	101.3	100.6	103.5	100.4	102.5	100.6

4-4-62　2016年湛江市住宅销售价格指数
Zhanjiang Housing Price Indices for 2016

项　目　Item		1月	2月	3月	4月	5月	6月	7月	8月	9月	10月	11月	12月
定基价格指数	**新建住宅价格指数**	**98.2**	**98.2**	**98.5**	**98.8**	**99.5**	**100.9**	**101.8**	**101.8**	**103.0**	**104.4**	**105.6**	**106.5**
	新建商品住宅	98.2	98.2	98.5	98.8	99.5	100.9	101.8	101.8	103.0	104.4	105.6	106.5
	一、90m²及以下	98.8	98.8	99.1	99.3	100.1	101.4	102.9	102.4	104.2	105.4	106.9	107.8
	二、90-144m²	98.0	98.1	98.4	98.9	99.5	100.9	101.7	101.9	103.0	104.7	106.0	106.7
	三、144m²以上	97.5	97.4	97.5	97.6	98.6	99.5	100.0	100.1	100.8	101.4	101.9	103.1
	二手住宅价格指数	**98.5**	**98.5**	**98.2**	**98.2**	**98.3**	**98.4**	**98.6**	**98.7**	**99.2**	**99.5**	**99.8**	**100.8**
	一、90m²及以下	98.1	98.2	98.1	98.1	98.3	98.3	98.6	98.6	99.0	99.2	99.4	100.3
	二、90-144m²	98.8	98.8	98.2	98.2	98.3	98.3	98.4	98.4	98.9	99.2	99.6	100.6
	三、144m²以上	98.7	98.6	98.4	98.4	98.4	98.6	99.4	99.9	100.9	101.2	101.9	103.2
同比价格指数	**新建住宅价格指数**	**95.1**	**96.4**	**97.2**	**98.1**	**99.1**	**100.9**	**102.4**	**102.9**	**104.2**	**105.9**	**107.2**	**108.3**
	新建商品住宅	95.1	96.4	97.2	98.1	99.1	100.9	102.4	102.9	104.2	105.9	107.2	108.3
	一、90m²及以下	95.9	97.3	98.1	98.6	100.0	101.6	103.7	103.7	105.3	106.4	107.7	109.1
	二、90-144m²	95.0	96.2	97.0	98.2	98.9	100.9	102.3	102.8	104.2	106.3	108.0	108.8
	三、144m²以上	94.1	95.3	96.3	96.8	98.4	99.5	100.5	101.3	101.9	103.3	103.5	104.9
	二手住宅价格指数	**96.1**	**96.8**	**97.1**	**97.5**	**97.9**	**98.4**	**99.1**	**99.6**	**100.3**	**100.7**	**101.1**	**102.2**
	一、90m²及以下	95.7	96.4	97.2	97.5	97.7	98.1	98.9	99.3	99.9	100.4	101.0	102.1
	二、90-144m²	96.5	97.1	97.0	97.6	97.8	98.6	99.0	99.4	100.2	100.5	100.7	101.6
	三、144m²以上	95.9	96.7	97.0	97.5	98.3	99.1	100.2	101.0	102.1	102.4	103.2	104.4
环比价格指数	**新建住宅价格指数**	**99.9**	**100.0**	**100.3**	**100.4**	**100.7**	**101.3**	**100.9**	**100.0**	**101.2**	**101.3**	**101.2**	**100.8**
	新建商品住宅	99.9	100.0	100.3	100.4	100.7	101.3	100.9	100.0	101.2	101.3	101.2	100.8
	一、90m²及以下	100.0	100.1	100.2	100.2	100.8	101.4	101.4	99.6	101.7	101.2	101.4	100.8
	二、90-144m²	100.0	100.0	100.3	100.5	100.6	101.4	100.7	100.3	101.1	101.6	101.2	100.7
	三、144m²以上	99.2	99.9	100.1	100.2	101.0	100.9	100.6	100.0	100.7	100.5	100.5	101.2
	二手住宅价格指数	**99.9**	**100.0**	**99.7**	**100.0**	**100.1**	**100.1**	**100.2**	**100.1**	**100.5**	**100.3**	**100.4**	**101.0**
	一、90m²及以下	99.9	100.0	99.9	100.1	100.2	100.1	100.2	100.0	100.4	100.2	100.2	100.9
	二、90-144m²	99.8	99.9	99.4	100.0	100.1	100.0	100.1	100.0	100.5	100.3	100.4	101.0
	三、144m²以上	99.9	99.9	99.8	100.0	100.0	100.2	100.9	100.5	100.9	100.3	100.7	101.2

4-4-63 2016年韶关市住宅销售价格指数
Shaoguan Housing Price Indices for 2016

项 目 Item		1月	2月	3月	4月	5月	6月	7月	8月	9月	10月	11月	12月
定基价格指数	**新建住宅价格指数**	**98.9**	**99.7**	**100.8**	**101.5**	**101.9**	**102.0**	**100.9**	**100.6**	**102.9**	**104.0**	**106.0**	**106.9**
	新建商品住宅	98.9	99.7	100.8	101.5	101.9	102.0	100.9	100.6	102.9	104.0	106.0	106.9
	一、90m²及以下	99.9	100.8	102.2	102.4	103.3	102.8	102.6	102.3	104.0	105.3	107.2	107.4
	二、90-144m²	98.8	99.7	100.6	101.2	101.8	101.9	100.6	100.2	102.7	103.5	104.9	106.4
	三、144m²以上	98.7	99.5	100.8	101.7	101.8	101.9	100.9	100.7	103.0	104.4	107.2	107.6
	二手住宅价格指数	**99.6**	**100.3**	**100.6**	**100.9**	**100.9**	**100.4**	**100.0**	**99.8**	**100.9**	**100.9**	**100.8**	**101.4**
	一、90m²及以下	99.3	100.5	100.8	100.9	100.7	100.4	100.2	99.7	100.7	101.2	100.8	101.5
	二、90-144m²	99.9	100.4	100.8	101.1	100.9	100.8	100.1	99.6	100.7	100.7	100.9	101.5
	三、144m²以上	99.4	99.9	100.1	100.5	101.0	99.8	99.8	100.4	101.2	100.9	100.8	101.0
同比价格指数	**新建住宅价格指数**	**96.6**	**98.3**	**99.6**	**101.0**	**102.0**	**102.3**	**101.6**	**101.5**	**104.1**	**105.4**	**106.8**	**107.4**
	新建商品住宅	96.6	98.3	99.6	101.0	102.0	102.3	101.6	101.5	104.1	105.4	106.8	107.4
	一、90m²及以下	98.6	99.6	101.5	102.2	103.2	102.9	103.0	102.8	104.8	106.2	107.7	107.8
	二、90-144m²	96.6	98.4	99.6	100.7	101.7	101.9	101.1	101.1	104.0	104.9	105.7	106.8
	三、144m²以上	95.9	97.7	99.0	101.1	102.1	102.8	101.9	101.7	104.0	105.8	108.2	108.2
	二手住宅价格指数	**100.1**	**101.2**	**101.6**	**101.1**	**101.2**	**100.3**	**99.6**	**99.0**	**100.2**	**100.4**	**100.4**	**101.3**
	一、90m²及以下	99.8	101.3	101.7	100.8	100.7	100.2	99.8	99.1	99.9	100.8	100.7	101.9
	二、90-144m²	100.4	101.2	101.8	101.3	101.5	100.8	99.9	98.9	100.4	100.2	100.0	101.1
	三、144m²以上	100.1	101.2	101.2	101.2	101.5	99.6	99.0	99.0	100.1	100.4	100.6	100.8
环比价格指数	**新建住宅价格指数**	**99.3**	**100.9**	**101.1**	**100.6**	**100.5**	**100.0**	**98.9**	**99.7**	**102.3**	**101.1**	**101.9**	**100.9**
	新建商品住宅	99.3	100.9	101.1	100.6	100.5	100.0	98.9	99.7	102.3	101.1	101.9	100.9
	一、90m²及以下	100.3	101.0	101.4	100.2	100.8	99.6	99.7	99.7	101.7	101.2	101.9	100.1
	二、90-144m²	99.2	100.9	100.9	100.6	100.6	100.1	98.7	99.7	102.4	100.8	101.4	101.4
	三、144m²以上	99.2	100.8	101.3	100.9	100.1	100.0	99.0	99.8	102.3	101.4	102.7	100.4
	二手住宅价格指数	**99.5**	**100.7**	**100.3**	**100.2**	**100.0**	**99.5**	**99.7**	**99.8**	**101.0**	**100.1**	**99.9**	**100.5**
	一、90m²及以下	99.7	101.2	100.3	100.0	99.8	99.7	99.8	99.5	101.0	100.5	99.6	100.7
	二、90-144m²	99.5	100.5	100.4	100.3	99.9	99.9	99.3	99.5	101.1	100.0	100.2	100.6
	三、144m²以上	99.2	100.6	100.1	100.4	100.5	98.7	100.0	100.6	100.9	99.7	99.9	100.2

4-4-64 2016年桂林市住宅销售价格指数
Guilin Housing Price Indices for 2016

	项 目 Item	1月	2月	3月	4月	5月	6月	7月	8月	9月	10月	11月	12月
定基价格指数	**新建住宅价格指数**	**98.9**	**98.8**	**99.0**	**99.4**	**99.4**	**99.7**	**99.7**	**100.1**	**101.6**	**102.6**	**102.5**	**102.3**
	新建商品住宅	98.9	98.8	99.0	99.4	99.4	99.7	99.7	100.1	101.6	102.6	102.5	102.3
	一、90m^2及以下	99.8	99.1	99.3	99.3	99.4	99.5	99.8	99.9	101.0	102.0	101.8	101.9
	二、90-144m^2	98.4	98.7	98.6	99.2	99.2	99.4	99.3	99.5	101.2	102.2	101.7	101.7
	三、144m^2以上	99.4	99.2	99.6	100.2	100.2	101.1	100.6	101.9	103.2	104.4	105.3	104.7
	二手住宅价格指数	**98.9**	**98.8**	**98.6**	**98.4**	**98.1**	**98.2**	**98.1**	**98.0**	**98.0**	**97.7**	**97.5**	**97.4**
	一、90m^2及以下	99.0	98.7	98.6	98.4	98.0	97.9	97.9	97.8	97.9	97.8	97.3	97.1
	二、90-144m^2	99.1	99.0	98.8	98.6	98.4	98.4	98.4	98.2	98.2	97.8	97.6	97.5
	三、144m^2以上	98.3	98.6	98.3	98.0	97.9	98.0	98.1	98.1	97.4	97.0	97.6	97.6
同比价格指数	**新建住宅价格指数**	**97.3**	**98.1**	**98.5**	**99.2**	**99.5**	**99.8**	**99.8**	**100.3**	**102.2**	**103.2**	**103.1**	**103.2**
	新建商品住宅	97.3	98.1	98.5	99.2	99.5	99.8	99.8	100.3	102.2	103.2	103.1	103.2
	一、90m^2及以下	98.7	98.6	99.0	99.2	99.4	99.6	100.1	100.4	101.3	102.5	101.9	102.2
	二、90-144m^2	96.7	97.7	98.2	99.0	99.2	99.2	99.3	99.5	101.9	103.0	102.6	102.9
	三、144m^2以上	97.7	98.5	98.9	100.1	100.4	101.6	101.4	102.4	104.0	104.5	105.5	105.1
	二手住宅价格指数	**96.9**	**97.6**	**98.1**	**98.3**	**98.3**	**98.4**	**98.4**	**98.5**	**98.6**	**98.4**	**98.2**	**98.3**
	一、90m^2及以下	97.1	97.8	98.3	98.3	98.2	98.0	98.0	98.1	98.4	98.5	97.8	97.8
	二、90-144m^2	97.2	97.8	98.3	98.4	98.2	98.8	98.7	98.7	98.8	98.5	98.4	98.4
	三、144m^2以上	95.4	96.4	96.8	97.9	98.5	98.5	98.7	98.8	98.2	97.9	98.7	99.2
环比价格指数	**新建住宅价格指数**	**99.7**	**100.0**	**100.1**	**100.5**	**100.0**	**100.3**	**99.9**	**100.4**	**101.5**	**101.0**	**99.8**	**99.9**
	新建商品住宅	99.7	100.0	100.1	100.5	100.0	100.3	99.9	100.4	101.5	101.0	99.8	99.9
	一、90m^2及以下	100.1	99.3	100.3	100.0	100.1	100.1	100.3	100.1	101.1	101.0	99.8	100.1
	二、90-144m^2	99.6	100.3	100.0	100.6	100.0	100.2	99.9	100.2	101.7	101.0	99.5	99.9
	三、144m^2以上	99.7	99.8	100.4	100.7	99.9	100.9	99.6	101.2	101.3	101.2	100.8	99.5
	二手住宅价格指数	**99.9**	**99.9**	**99.8**	**99.8**	**99.7**	**100.0**	**100.0**	**99.9**	**99.9**	**99.7**	**99.8**	**99.9**
	一、90m^2及以下	99.8	99.7	99.9	99.8	99.5	100.0	99.9	99.9	100.2	99.9	99.5	99.8
	二、90-144m^2	99.9	99.9	99.8	99.8	99.8	100.1	100.0	99.8	100.0	99.6	99.9	99.9
	三、144m^2以上	99.9	100.3	99.7	99.6	100.0	100.0	100.1	100.0	99.3	99.6	100.6	100.0

4-4-65 2016年北海市住宅销售价格指数
Beihai Housing Price Indices for 2016

项 目 Item		1月	2月	3月	4月	5月	6月	7月	8月	9月	10月	11月	12月
定基价格指数	**新建住宅价格指数**	**99.8**	**100.2**	**100.6**	**100.9**	**100.9**	**100.7**	**100.9**	**101.1**	**102.2**	**102.6**	**103.4**	**103.9**
	新建商品住宅	99.8	100.2	100.6	100.9	100.9	100.7	100.9	101.1	102.2	102.6	103.4	103.9
	一、90m²及以下	99.8	100.2	100.7	101.1	101.4	101.1	101.1	101.7	102.6	102.9	103.6	104.2
	二、90-144m²	99.7	100.0	100.4	100.6	100.1	100.0	100.5	100.2	101.3	102.1	102.9	103.2
	三、144m²以上	99.8	100.6	100.3	101.5	101.2	101.1	102.0	101.3	102.8	103.9	105.2	104.7
	二手住宅价格指数	**102.0**	**101.8**	**102.0**	**102.0**	**102.4**	**102.2**	**102.3**	**102.5**	**102.7**	**103.0**	**103.2**	**103.6**
	一、90m²及以下	102.1	101.8	102.2	102.0	102.2	102.1	102.2	102.3	102.6	102.8	102.8	103.4
	二、90-144m²	101.7	101.7	101.7	101.9	102.7	102.4	102.4	102.9	102.9	103.3	103.8	104.0
	三、144m²以上	102.1	102.1	101.9	102.0	102.0	101.9	102.2	102.3	102.4	102.5	102.6	102.7
同比价格指数	**新建住宅价格指数**	**99.1**	**99.7**	**100.3**	**101.1**	**101.3**	**101.2**	**101.4**	**101.1**	**101.7**	**102.7**	**103.6**	**103.9**
	新建商品住宅	99.1	99.7	100.3	101.1	101.3	101.2	101.5	101.2	101.8	102.7	103.7	103.9
	一、90m²及以下	99.1	99.7	100.4	101.3	101.8	101.6	101.6	101.8	102.2	102.9	103.7	104.3
	二、90-144m²	99.1	99.6	100.2	100.7	100.4	100.4	101.1	100.1	100.8	102.2	103.3	103.0
	三、144m²以上	98.0	99.4	99.9	101.5	101.6	101.7	102.6	101.6	103.1	104.6	106.0	104.6
	二手住宅价格指数	**103.1**	**103.4**	**103.5**	**103.0**	**103.1**	**102.6**	**102.2**	**102.1**	**101.7**	**101.6**	**101.5**	**101.7**
	一、90m²及以下	103.3	103.4	103.8	103.2	102.9	102.5	102.2	102.0	101.6	101.4	101.1	101.3
	二、90-144m²	102.9	103.3	103.0	102.7	103.3	102.8	102.2	102.5	101.8	102.1	102.4	102.5
	三、144m²以上	102.8	103.7	103.5	103.5	103.2	102.5	102.0	101.6	101.3	101.2	100.9	100.7
环比价格指数	**新建住宅价格指数**	**99.8**	**100.4**	**100.4**	**100.3**	**100.0**	**99.8**	**100.2**	**100.2**	**101.0**	**100.4**	**100.7**	**100.5**
	新建商品住宅	99.8	100.4	100.4	100.3	100.0	99.8	100.2	100.2	101.0	100.5	100.7	100.5
	一、90m²及以下	99.9	100.4	100.5	100.4	100.2	99.8	99.9	100.6	101.0	100.2	100.7	100.6
	二、90-144m²	99.5	100.3	100.4	100.2	99.6	99.8	100.5	99.7	101.1	100.7	100.8	100.3
	三、144m²以上	99.7	100.8	99.7	101.2	99.7	99.9	100.9	99.3	101.5	101.0	101.3	99.5
	二手住宅价格指数	**100.1**	**99.8**	**100.2**	**100.0**	**100.4**	**99.8**	**100.1**	**100.2**	**100.2**	**100.3**	**100.2**	**100.4**
	一、90m²及以下	100.1	99.7	100.4	99.7	100.2	99.9	100.1	100.1	100.3	100.2	100.0	100.6
	二、90-144m²	100.3	100.0	99.9	100.3	100.7	99.7	100.0	100.5	100.0	100.4	100.5	100.2
	三、144m²以上	100.1	99.9	99.8	100.2	100.0	99.9	100.3	100.1	100.1	100.1	100.1	100.1

4-4-66 2016年三亚市住宅销售价格指数
Sanya Housing Price Indices for 2016

项 目 Item		1月	2月	3月	4月	5月	6月	7月	8月	9月	10月	11月	12月
定基价格指数	**新建住宅价格指数**	**100.1**	**100.2**	**100.0**	**100.0**	**100.4**	**100.2**	**99.9**	**100.6**	**101.8**	**102.7**	**103.5**	**104.7**
	新建商品住宅	100.1	100.2	100.0	100.0	100.4	100.2	99.9	100.6	101.8	102.7	103.5	104.7
	一、90m²及以下	100.2	99.8	99.7	99.9	100.3	100.2	99.7	100.4	101.6	102.8	103.7	105.1
	二、90-144m²	99.8	100.1	99.8	99.5	100.2	99.9	99.6	100.5	101.7	102.4	103.0	104.2
	三、144m²以上	100.4	101.0	100.9	100.8	100.7	100.4	100.5	101.1	102.5	103.0	103.8	104.8
	二手住宅价格指数	**100.7**	**100.7**	**101.2**	**101.1**	**100.8**	**100.8**	**100.7**	**100.8**	**101.3**	**101.8**	**102.2**	**102.9**
	一、90m²及以下	100.7	100.4	101.0	100.8	100.9	100.9	100.7	100.9	101.6	102.0	102.4	103.4
	二、90-144m²	101.0	101.0	101.4	101.4	100.8	101.0	101.0	101.0	101.4	101.9	102.4	103.3
	三、144m²以上	100.5	100.8	101.5	101.1	100.5	100.6	100.5	100.5	100.7	101.2	101.8	101.8
同比价格指数	**新建住宅价格指数**	**99.7**	**99.9**	**99.9**	**100.0**	**100.7**	**100.5**	**100.1**	**100.5**	**101.7**	**102.7**	**103.8**	**104.5**
	新建商品住宅	99.7	99.9	99.9	100.0	100.7	100.5	100.1	100.5	101.8	102.7	103.8	104.5
	一、90m²及以下	100.0	99.8	99.9	100.3	100.8	100.8	100.0	100.2	101.2	102.5	103.6	104.7
	二、90-144m²	99.1	99.4	99.5	99.3	100.5	100.4	99.8	100.7	101.9	102.5	103.8	104.0
	三、144m²以上	100.0	100.9	100.5	100.7	100.8	100.4	100.6	101.0	102.5	103.2	104.4	105.2
	二手住宅价格指数	**100.7**	**100.9**	**101.5**	**101.5**	**101.4**	**101.5**	**101.3**	**100.9**	**101.1**	**100.9**	**101.3**	**102.0**
	一、90m²及以下	100.7	100.5	101.2	101.1	101.3	101.4	101.3	101.3	101.7	101.2	101.5	102.4
	二、90-144m²	101.1	101.3	101.8	102.0	101.6	101.8	101.5	100.9	101.1	100.9	101.3	102.2
	三、144m²以上	100.3	100.7	101.7	101.5	101.2	101.3	101.2	100.4	100.4	100.5	101.1	101.1
环比价格指数	**新建住宅价格指数**	**100.0**	**100.1**	**99.8**	**99.9**	**100.4**	**99.8**	**99.7**	**100.7**	**101.2**	**100.9**	**100.8**	**101.2**
	新建商品住宅	100.0	100.1	99.8	99.9	100.4	99.8	99.7	100.7	101.2	100.9	100.8	101.2
	一、90m²及以下	99.8	99.6	99.9	100.2	100.4	99.9	99.5	100.7	101.2	101.2	100.9	101.3
	二、90-144m²	99.6	100.2	99.7	99.7	100.8	99.7	99.7	100.9	101.1	100.7	100.6	101.2
	三、144m²以上	100.9	100.6	99.9	99.9	99.9	99.7	100.1	100.5	101.4	100.5	100.8	100.9
	二手住宅价格指数	**99.8**	**100.0**	**100.5**	**99.8**	**99.7**	**100.1**	**99.9**	**100.1**	**100.5**	**100.4**	**100.5**	**100.7**
	一、90m²及以下	99.7	99.7	100.6	99.8	100.1	100.0	99.8	100.3	100.7	100.3	100.4	101.0
	二、90-144m²	99.9	100.0	100.3	100.0	99.5	100.1	100.0	100.0	100.4	100.5	100.5	100.9
	三、144m²以上	99.8	100.3	100.7	99.6	99.4	100.1	99.9	100.0	100.2	100.5	100.6	100.0

4-4-67 2016年泸州市住宅销售价格指数
Luzhou Housing Price Indices for 2016

项 目 Item		1月	2月	3月	4月	5月	6月	7月	8月	9月	10月	11月	12月
定基价格指数	**新建住宅价格指数**	**100.4**	**99.7**	**100.0**	**100.5**	**101.0**	**101.3**	**101.6**	**101.9**	**103.0**	**102.7**	**103.3**	**103.6**
	新建商品住宅	100.4	99.7	100.0	100.5	101.0	101.3	101.7	101.9	103.0	102.7	103.3	103.7
	一、90m²及以下	100.0	99.4	99.7	100.4	100.9	101.1	101.7	102.0	103.5	102.8	104.5	105.1
	二、90-144m²	100.7	100.0	100.3	100.7	101.1	101.5	101.8	102.0	103.0	102.8	103.0	103.2
	三、144m²以上	98.8	98.2	98.9	99.8	99.9	99.6	99.9	100.1	101.4	101.2	101.6	102.2
	二手住宅价格指数	**101.9**	**101.5**	**101.9**	**102.4**	**102.6**	**102.8**	**102.9**	**103.1**	**103.6**	**103.8**	**104.1**	**104.2**
	一、90m²及以下	102.2	101.8	101.9	102.5	102.7	102.8	103.0	103.0	103.5	103.7	104.1	104.2
	二、90-144m²	101.8	101.5	102.0	102.5	102.7	102.8	103.0	103.2	103.8	104.0	104.3	104.4
	三、144m²以上	101.2	100.9	100.9	101.6	102.0	102.0	102.0	102.3	102.3	102.4	102.7	102.9
同比价格指数	**新建住宅价格指数**	**99.5**	**98.9**	**99.4**	**100.5**	**101.3**	**101.9**	**102.4**	**102.8**	**103.0**	**102.5**	**103.3**	**103.7**
	新建商品住宅	99.5	98.9	99.3	100.5	101.3	102.0	102.4	102.8	103.0	102.6	103.4	103.7
	一、90m²及以下	98.4	98.1	98.8	100.0	101.2	101.6	102.3	102.7	103.6	103.3	105.1	106.2
	二、90-144m²	100.1	99.3	99.7	100.8	101.5	102.3	102.7	103.0	102.9	102.4	102.7	102.7
	三、144m²以上	97.6	97.1	97.8	98.7	99.2	99.9	100.1	101.4	101.6	101.7	102.8	104.0
	二手住宅价格指数	**103.3**	**102.9**	**103.0**	**103.2**	**103.1**	**102.9**	**102.7**	**102.5**	**102.8**	**102.8**	**102.8**	**102.9**
	一、90m²及以下	103.8	103.4	103.1	103.4	103.2	103.1	102.7	102.5	102.8	102.5	102.5	102.4
	二、90-144m²	103.1	102.7	103.0	103.2	103.1	102.9	102.7	102.6	103.0	103.1	103.1	103.3
	三、144m²以上	102.2	101.8	101.7	102.2	102.5	102.4	102.0	101.9	101.6	101.7	101.5	101.6
环比价格指数	**新建住宅价格指数**	**100.4**	**99.4**	**100.3**	**100.5**	**100.4**	**100.3**	**100.3**	**100.2**	**101.1**	**99.7**	**100.6**	**100.3**
	新建商品住宅	100.4	99.3	100.3	100.5	100.4	100.3	100.3	100.2	101.1	99.7	100.6	100.4
	一、90m²及以下	101.0	99.5	100.3	100.7	100.4	100.3	100.5	100.3	101.5	99.4	101.6	100.6
	二、90-144m²	100.2	99.3	100.3	100.4	100.5	100.4	100.3	100.2	100.9	99.9	100.2	100.2
	三、144m²以上	100.6	99.4	100.6	101.0	100.1	99.8	100.2	100.3	101.3	99.8	100.4	100.6
	二手住宅价格指数	**100.6**	**99.7**	**100.3**	**100.5**	**100.2**	**100.1**	**100.2**	**100.1**	**100.5**	**100.2**	**100.3**	**100.1**
	一、90m²及以下	100.5	99.6	100.1	100.6	100.2	100.2	100.1	100.1	100.4	100.2	100.4	100.1
	二、90-144m²	100.7	99.7	100.5	100.5	100.2	100.1	100.2	100.2	100.6	100.2	100.3	100.1
	三、144m²以上	99.9	99.7	100.1	100.6	100.4	100.1	100.0	100.2	100.0	100.1	100.3	100.2

4-4-68 2016年南充市住宅销售价格指数
Nanchong Housing Price Indices for 2016

项 目 Item		1月	2月	3月	4月	5月	6月	7月	8月	9月	10月	11月	12月
定基价格指数	**新建住宅价格指数**	**98.6**	**98.3**	**99.0**	**99.6**	**100.0**	**100.4**	**100.0**	**100.7**	**100.5**	**100.1**	**100.4**	**100.4**
	新建商品住宅	98.5	98.3	99.0	99.6	100.0	100.4	100.0	100.7	100.5	100.1	100.4	100.3
	一、90m²及以下	98.5	98.3	98.9	99.4	99.9	100.1	100.0	100.6	100.5	100.0	100.2	100.0
	二、90-144m²	98.6	98.3	99.0	99.7	100.1	100.6	100.1	100.7	100.5	100.2	100.4	100.7
	三、144m²以上	97.7	98.0	98.2	98.7	99.1	99.4	99.3	100.5	101.0	100.2	100.0	97.8
	二手住宅价格指数	**100.3**	**100.4**	**100.5**	**100.9**	**101.1**	**101.3**	**101.5**	**101.9**	**102.3**	**102.6**	**102.9**	**103.1**
	一、90m²及以下	100.3	100.4	100.5	101.1	101.2	101.4	101.6	101.9	102.5	103.0	103.2	103.2
	二、90-144m²	100.4	100.5	100.6	100.8	101.0	101.3	101.5	101.9	102.1	102.3	102.6	103.0
	三、144m²以上	100.0	100.1	100.1	100.5	101.0	101.1	101.3	101.8	102.2	102.7	103.0	103.3
同比价格指数	**新建住宅价格指数**	**96.7**	**96.8**	**98.0**	**98.8**	**99.7**	**100.4**	**100.5**	**101.3**	**101.5**	**101.2**	**101.5**	**101.7**
	新建商品住宅	96.6	96.7	97.9	98.8	99.7	100.4	100.5	101.4	101.5	101.2	101.5	101.8
	一、90m²及以下	96.7	96.9	98.1	98.7	99.3	100.2	100.6	101.3	101.4	100.9	101.3	101.2
	二、90-144m²	96.7	96.7	97.9	98.9	99.9	100.6	100.5	101.4	101.6	101.3	101.6	102.1
	三、144m²以上	95.7	96.0	96.9	97.9	98.5	99.1	99.9	101.2	102.0	101.5	101.6	100.0
	二手住宅价格指数	**100.4**	**100.4**	**100.7**	**100.9**	**101.1**	**101.3**	**101.7**	**102.0**	**102.5**	**102.4**	**102.6**	**102.8**
	一、90m²及以下	100.2	100.3	100.6	101.1	101.1	101.5	101.7	102.0	102.6	102.8	103.1	103.0
	二、90-144m²	100.6	100.6	100.9	100.8	101.1	101.3	101.7	102.0	102.4	102.0	102.2	102.5
	三、144m²以上	100.2	100.1	100.3	100.5	100.8	101.0	101.4	101.7	102.2	102.6	102.9	103.3
环比价格指数	**新建住宅价格指数**	**99.9**	**99.8**	**100.7**	**100.6**	**100.4**	**100.4**	**99.7**	**100.6**	**99.8**	**99.6**	**100.2**	**100.0**
	新建商品住宅	99.9	99.8	100.7	100.6	100.4	100.4	99.7	100.7	99.8	99.6	100.2	100.0
	一、90m²及以下	99.7	99.7	100.7	100.5	100.5	100.2	99.9	100.7	99.9	99.5	100.3	99.8
	二、90-144m²	100.0	99.8	100.7	100.7	100.4	100.5	99.5	100.6	99.8	99.6	100.3	100.2
	三、144m²以上	99.9	100.2	100.2	100.6	100.4	100.3	99.9	101.3	100.4	99.2	99.7	97.8
	二手住宅价格指数	**100.0**	**100.1**	**100.1**	**100.4**	**100.2**	**100.2**	**100.3**	**100.3**	**100.4**	**100.3**	**100.2**	**100.3**
	一、90m²及以下	100.1	100.1	100.1	100.6	100.1	100.1	100.2	100.3	100.6	100.5	100.2	100.0
	二、90-144m²	99.9	100.1	100.1	100.2	100.2	100.2	100.3	100.3	100.2	100.2	100.3	100.4
	三、144m²以上	100.0	100.0	100.0	100.5	100.5	100.1	100.3	100.5	100.5	100.4	100.3	100.4

4-4-69 2016年遵义市住宅销售价格指数
Zunyi Housing Price Indices for 2016

	项 目 Item	1月	2月	3月	4月	5月	6月	7月	8月	9月	10月	11月	12月
定基价格指数	**新建住宅价格指数**	**99.3**	**99.4**	**99.6**	**99.7**	**99.9**	**99.9**	**99.8**	**100.6**	**100.3**	**100.5**	**100.7**	**100.9**
	新建商品住宅	99.2	99.3	99.6	99.6	99.9	99.9	99.7	100.6	100.3	100.5	100.7	100.9
	一、90m²及以下	99.9	100.2	100.3	100.5	101.0	101.0	101.0	101.7	101.8	102.0	102.7	103.0
	二、90-144m²	99.0	99.1	99.4	99.4	99.7	99.6	99.4	100.3	99.8	99.9	100.1	100.0
	三、144m²以上	99.2	98.9	99.3	99.4	99.0	99.8	99.4	100.7	100.6	101.1	101.2	102.3
	二手住宅价格指数	**98.4**	**98.2**	**98.3**	**98.5**	**98.6**	**98.8**	**99.1**	**99.3**	**99.1**	**99.5**	**99.9**	**100.3**
	一、90m²及以下	98.1	98.0	98.3	98.5	99.3	99.6	99.9	100.1	100.0	100.5	100.9	101.5
	二、90-144m²	98.6	98.3	98.4	98.5	98.1	98.4	98.6	98.8	98.6	99.0	99.4	99.8
	三、144m²以上	98.3	98.2	98.1	98.3	99.0	98.5	98.8	99.0	98.6	98.9	99.2	99.3
同比价格指数	**新建住宅价格指数**	**98.0**	**98.5**	**99.1**	**99.5**	**99.8**	**100.2**	**100.2**	**100.8**	**100.6**	**100.9**	**101.4**	**101.7**
	新建商品住宅	97.8	98.4	99.0	99.5	99.8	100.2	100.1	100.8	100.6	100.9	101.5	101.7
	一、90m²及以下	98.6	99.3	99.8	100.5	101.0	101.4	101.3	102.0	102.3	102.6	103.2	103.2
	二、90-144m²	97.6	98.3	98.9	99.2	99.6	99.8	99.9	100.5	100.1	100.3	100.9	101.0
	三、144m²以上	97.7	97.6	98.5	99.5	99.2	100.2	99.7	100.8	100.8	101.7	101.9	103.5
	二手住宅价格指数	**97.4**	**97.6**	**98.0**	**98.1**	**98.3**	**98.5**	**98.4**	**98.8**	**99.3**	**100.6**	**101.3**	**102.0**
	一、90m²及以下	97.4	97.5	98.0	98.2	98.8	99.0	99.1	99.6	100.2	101.6	102.5	103.2
	二、90-144m²	97.4	97.5	98.0	98.0	97.8	98.1	98.0	98.4	98.8	100.2	101.0	101.5
	三、144m²以上	97.3	98.0	97.9	97.9	98.7	98.4	98.1	98.6	98.9	99.6	100.1	100.8
环比价格指数	**新建住宅价格指数**	**100.0**	**100.1**	**100.2**	**100.1**	**100.3**	**100.0**	**99.8**	**100.9**	**99.7**	**100.2**	**100.2**	**100.2**
	新建商品住宅	100.0	100.1	100.2	100.1	100.3	100.0	99.8	100.9	99.7	100.2	100.3	100.2
	一、90m²及以下	100.1	100.2	100.1	100.2	100.5	100.0	100.0	100.8	100.0	100.3	100.7	100.3
	二、90-144m²	100.0	100.1	100.3	100.0	100.3	99.9	99.8	100.9	99.5	100.1	100.2	100.0
	三、144m²以上	100.3	99.8	100.3	100.2	99.6	100.7	99.6	101.4	99.9	100.5	100.1	101.1
	二手住宅价格指数	**100.0**	**99.8**	**100.2**	**100.1**	**100.2**	**100.2**	**100.3**	**100.2**	**99.8**	**100.4**	**100.4**	**100.5**
	一、90m²及以下	99.7	99.8	100.3	100.2	100.8	100.3	100.3	100.1	99.9	100.5	100.4	100.6
	二、90-144m²	100.2	99.7	100.1	100.1	99.6	100.3	100.2	100.2	99.8	100.4	100.4	100.5
	三、144m²以上	99.7	99.9	99.9	100.2	100.7	99.5	100.3	100.2	99.6	100.3	100.3	100.2

4-4-70 2016年大理市住宅销售价格指数
Dali Housing Price Indices for 2016

	项 目 Item	1月	2月	3月	4月	5月	6月	7月	8月	9月	10月	11月	12月
定基价格指数	**新建住宅价格指数**	**99.7**	**99.6**	**99.0**	**99.2**	**99.8**	**100.4**	**100.7**	**100.7**	**100.9**	**101.3**	**101.8**	**102.1**
	新建商品住宅	99.7	99.6	98.9	99.2	99.8	100.4	100.7	100.7	101.0	101.3	101.8	102.1
	一、90㎡及以下	99.8	99.6	99.1	99.0	99.5	100.3	100.2	100.4	100.7	100.7	101.3	101.8
	二、90-144㎡	99.9	99.9	99.6	99.9	100.7	101.2	101.4	101.7	102.0	102.7	103.0	103.1
	三、144㎡以上	99.5	99.4	98.3	98.5	99.0	99.8	100.2	99.9	100.1	100.3	100.8	101.3
	二手住宅价格指数	**98.8**	**99.2**	**99.4**	**99.6**	**99.8**	**99.6**	**99.8**	**99.3**	**99.2**	**99.1**	**99.4**	**99.0**
	一、90㎡及以下	98.9	99.2	99.4	99.3	99.6	99.3	99.3	98.6	98.5	98.2	98.5	98.4
	二、90-144㎡	99.1	99.6	100.0	100.3	100.7	100.9	100.8	100.8	100.6	100.5	100.9	100.3
	三、144㎡以上	98.1	98.6	98.6	98.9	98.9	98.3	98.9	98.5	98.5	98.5	98.6	98.2
同比价格指数	**新建住宅价格指数**	**98.2**	**98.7**	**98.2**	**98.9**	**99.7**	**100.4**	**100.8**	**101.3**	**101.4**	**102.1**	**102.6**	**103.1**
	新建商品住宅	98.2	98.7	98.2	98.9	99.7	100.4	100.8	101.3	101.4	102.1	102.6	103.1
	一、90㎡及以下	98.3	98.5	98.4	99.1	99.9	100.4	100.5	100.9	101.0	101.3	101.9	102.4
	二、90-144㎡	99.0	99.2	99.0	99.7	100.7	101.4	101.6	102.1	102.1	103.1	103.5	103.8
	三、144㎡以上	97.5	98.2	97.3	98.0	98.7	99.6	100.1	100.7	100.9	101.6	102.1	102.7
	二手住宅价格指数	**96.4**	**97.3**	**98.2**	**99.3**	**99.8**	**99.8**	**100.1**	**99.8**	**100.3**	**100.2**	**100.7**	**100.3**
	一、90㎡及以下	96.8	97.3	98.4	99.4	99.8	99.4	99.7	99.1	99.3	99.1	99.6	99.5
	二、90-144㎡	97.1	98.2	98.8	100.1	100.7	101.0	101.2	101.3	101.4	101.4	101.9	101.4
	三、144㎡以上	94.8	96.0	97.1	97.9	98.5	98.5	99.5	99.1	100.6	100.3	100.6	100.0
环比价格指数	**新建住宅价格指数**	**100.6**	**99.9**	**99.3**	**100.2**	**100.6**	**100.6**	**100.3**	**100.0**	**100.2**	**100.3**	**100.5**	**100.3**
	新建商品住宅	100.6	99.9	99.3	100.2	100.6	100.6	100.3	100.0	100.2	100.3	100.5	100.3
	一、90㎡及以下	100.3	99.8	99.5	100.0	100.5	100.8	100.0	100.2	100.3	100.0	100.6	100.5
	二、90-144㎡	100.6	100.0	99.7	100.3	100.8	100.5	100.2	100.3	100.3	100.7	100.3	100.1
	三、144㎡以上	100.8	99.9	98.9	100.2	100.5	100.7	100.4	99.7	100.1	100.2	100.6	100.5
	二手住宅价格指数	**100.1**	**100.4**	**100.2**	**100.1**	**100.3**	**99.8**	**100.2**	**99.6**	**99.9**	**99.8**	**100.3**	**99.6**
	一、90㎡及以下	100.0	100.3	100.2	99.9	100.3	99.7	100.0	99.3	99.9	99.7	100.4	99.8
	二、90-144㎡	100.2	100.5	100.3	100.3	100.4	100.1	100.0	99.9	99.8	99.9	100.4	99.4
	三、144㎡以上	99.9	100.5	100.0	100.3	100.0	99.4	100.7	99.5	100.0	100.0	100.1	99.5

附　　录

Appendix

主要统计指标解释

一、生产者价格

（一）统计范围

工业生产者出厂价格统计调查涵盖 1638 个基本分类的 20000 多种工业产品的价格；工业生产者购进价格统计调查涵盖 900 多个基本分类的 10000 多种工业产品的价格。

（二）调查方法

工业生产者价格调查采取重点调查与典型调查相结合的调查方法。年主营业务收入 2000 万元以上的企业采用重点调查方法；年主营业务收入 2000 万元以下的企业采用典型调查方法。工业生产者价格调查涉及全国 400 多个城市的 5 万余家工业企业。

（三）指标解释

工业生产者价格指数　包括工业生产者出厂价格指数（Producer Price Index for Industrial Products，简称 PPI）和工业生产者购进价格指数。

工业生产者出厂价格指数　反映工业企业产品第一次出售时的出厂价格的变化趋势和变动幅度。

工业生产者购进价格指数　反映工业企业作为中间投入产品的购进价格的变化趋势和变动幅度。

二、固定资产投资价格

固定资产投资额　固定资产投资额(又称固定资产投资完成额)是以货币形式表现的在一定时期内建造和购置固定资产的工作量以及与此有关的费用的总称。它是反映固定资产投资规模、结构和发展速度的综合性指标，又是观察工程进度和考核投资效果的重要依据。

固定资产投资额的构成　指固定资产投资额的工程内容和实现方式，包括:

1.建筑安装工程是指各种房屋、建筑物的建造工程和各种设备、装置的安装工程。这部分投资额是固定资产投资额的重要组成部分。

2.设备、工具、器具购置是指把工业企业生产的产品转为固定资产的购置活动，包括建设单位或企、事业单位购置或自制的，达到固定资产标准的设备、工具、器具的价值。

3.其他费用是指在固定资产建造和购置过程中发生的，除上述几项内容以外的各种应分摊计入固定资产的费用。

建筑安装工程投资额的费用项目　建筑安装工程费用包括人工费、材料费和机械使用费。

1.人工费，指直接从事建筑安装工程施工的生产工人开支的各项费用，内容包括: (1)基本工资；(2)工资性补贴；(3)生产工人辅助工资；(4)职工福利费；(5)生产工人劳动保护费。

2.材料费，指施工过程中耗用的构成工程实体的原材料、辅助材料、构配件、零件和半成品的费用以及周转使用材料的摊销(或租赁)费用，内容包括: (1)材料原价(或供应价)；(2)供销部门手续费；(3)包装费；(4)材料装卸费、运输费及途耗；(5)采购及保管费。

3.施工机械使用费，指使用施工机械作业所发生的机械使用费以及机械安、拆及进出场费用，内容包括: (1)折旧费；(2)大修费；(3)经修费；(4)安拆费及场外运输费；(5)燃料动力费；(6)人工费；(7)运输机械养路费、车船使用税及保险费。

三、居民消费价格

（一）统计范围

全国居民消费价格指数（CPI）涵盖全国城乡居民生活消费的食品烟酒、衣着、居住、生活用品及服务、交通和通信、教育文化和娱乐、医疗保健、其他用品和服务等八大类，共 262 个基本分类的商品与服务价格。

（二）调查方法

采用抽样调查方法抽选确定调查网点，按照“定人、定点、定时”的原则，直接派人到调查网点采集原始价格。数据来源于全国 31 个省（区、市）500 个市县，约 8.8 万余家价格调查点，包括食杂店、百货店、超市、便利店、专业市场、专卖店、购物中心以及农贸市场与服务消费单位等。

（三）指标解释

居民消费价格指数（Consumer Price Index，简称 CPI）是度量居民生活消费品和服务价格水平随着时间变动的相对数，综合反映居民购买的生活消费品和服务价格水平的变动情况。

1.食品烟酒　指居民为摄取身体所需要的营养和满足某种嗜好而购买消费的食品和烟酒、茶及饮料等。

2.衣着　指与居民穿着有关的支出，包括服装、服装材料、鞋类、其他衣类及配件、衣类加工服务、鞋类配件及加工服务的支出。

3.居住　指与居住有关的支出，包括租赁房房租、住房保养维修及管理、水电燃料和自有住房等。

4.生活用品及服务　指家庭及个人用于各类生活用品及家庭服务的支出。包括家具及室内装饰品、家用器具、家用纺织品、家庭日用杂品、个人护理用品和家庭服务。

5.交通和通信　指用于交通和通信工具及相关的各种服务费、维修费等支出。

6.教育文化和娱乐 指用于教育和文化娱乐方面的支出。

7.医疗保健 指用于医疗和保健的药品、用品和服务的总费用。包括医疗器具及药品，以及医疗服务。

8.其他用品和服务 指无法直接计入上述各类支出的其他用品与服务支出。

四、商品零售价格

商品的零售价格是商品在流通过程中最后一个环节的价格，是工业、商业、餐饮业和其他零售企业向城乡居民、机关团体出售生活消费品和办公用品的价格。

五、农业生产资料价格

农业生产资料价格是农业生产资料在流通领域最后一个环节的价格，是工业、商业及其他单位和个人向农民出售农业生产资料（包括主要生产性服务）的价格。

六、房地产价格

（一）现行《住宅销售价格统计调查方案》自 2011 年 1 月起开始实施。

（二）调查范围。住宅销售价格的调查范围为 70 个大中城市的市辖区，不包括县。

（三）调查方法。70 个大中城市的新建住宅销售价格、面积、金额等资料直接采用当地房地产管理部门的网签数据。二手住宅销售价格调查为非全面调查，采用重点调查和典型调查相结合的方法，按照房地产经纪机构上报、房地产管理部门提供与调查员实地采价相结合的方式收集基础数据。

（四）新建住宅含保障性住房；新建商品住宅不含保障性住房。

（五）价格指数的计算方法详见中国统计信息网《住宅销售价格统计调查方案》。

（六）表格中“——”表示本月无成交记录。

（七）主要指标解释

房地产 从广义上讲，房地产是房产与地产的总称，指国家、集体及个人所拥有的房屋和土地。但就我国目前房地产业的业务范围而言，它包括归国家所有的城镇生产性或非生产性用地（城市地产），及附着在其上的城镇生产、生活用建筑和辅助设施（城市房产）和对这些建筑、辅助设施的管理等。农村生产用地、用房及宅基地等不属城市房地产业的业务范围。国家有偿征用农村土地用于城镇建设时，只有所有权转让过程结束后，才纳入城市房地产业的经营范围。小产权房屋不属于本方案统计范围。

房地产价格 按取得所有权（使用权）的方式分为房屋销售价格和房屋租赁价格两种形式。

新建商品住宅 指新建的专供居住用的商品住房，本方案主要包括：90 平方米及以下、90—144 平方米、144 平方米以上等。不包括新建的国家政策性住房；不包括住宅楼中作为人防用、不住人的地下室、车库等，也不包括托儿所、病房、疗养院、旅馆等具有专门用途的房屋。

二手住宅 指进入房屋市场进行交易，第二次及以上进行产权登记的住宅，包括二手商品住宅、允许上市交易的已售公房等。本方案主要包括 90 平方米及以下、90—144 平方米、144 平方米以上等分类。

90 平方米及以下住宅 指住宅中套型建筑面积不大于 90 平方米的住宅。套型建筑面积由套内使用面积和分摊的共有建筑面积组成，报表时以销售合同中实际测绘的建筑面积为准，若销售合同为套内使用面积则需折算成建筑面积。

90～144 平方米住宅 指套型建筑面积大于 90 平方米，不超过 144 平方米的住宅。

144 平方米以上住宅 指套型建筑面积在 144 平方米以上的住宅。

住宅销售价格 指房产所有权转移时买卖双方实际成交的价格（合同价格）。房产买卖时，买房人购买的是房产的所有权，卖房人将房产所有权出让，同时要获得房产所有权出让的价值补偿。它主要包括新建住宅销售和二手住宅销售两部分。

新建商品住宅销售价格 指新建的、用于居住的进入房地产市场进行交易的房屋，第一次进行产权登记时的实际交易价格（合同价格）。其价格由成本、税金、利润、代收费用等组成，它受地段、层次、朝向、质量、材料差价等因素的影响。

二手住宅销售价格 指用于居住的进入房地产市场进行交易的房屋，再次进行产权登记时的实际交易价格。该指标取自《存量房屋买卖合同》。若合同中含有相关税费，则应将其扣除。